Collection Revue générale du droit -

www.revuegeneraledudroit.eu

Série Colloques

Collection dirigée par Philippe Cossalter

Agrégé des facultés de droit

Chaire de droit public français de l'Université de la Sarre

http://lfoer.cjfa.eu

Philippe Cossalter (Hrsg.)

Grenzüberschreitende Zusammenarbeit in der Großregion

La coopération transfrontalière en Grande Région

Editions juridiques franco-allemandes

Impressum / Mentions légales

Bibliografische Information der Deutschen Nationalbibliothek: Die Deutsche Nationalbibliothek verzeichnet diese Publikation in der Deutschen Nationalbibliografie; detaillierte bibliografische Daten sind im Internet über http://dnb.d-nb.de abrufbar.

Information bibliographique publiée par la Deutsche Nationalbibliothek: La Deutsche Nationalbibliothek inscrit cette publication à la Deutsche Nationalbibliografie; des données bibliographiques détaillées sont disponibles sur internet à l'adresse http://dnb.d-nb.de.

Coverbild / Photo de couverture: www.ingimage.com

Verlag / Editeur:
Editions juridiques franco-allemandes
ist ein Imprint der / est une marque de
OmniScriptum GmbH & Co. KG
Bahnhofstraße 28, 66111 Saarbrücken, Deutschland / Allemagne
Email: info@omniscriptum.com

Für die Publikation verantwortlich / Responsable de la publication:
Association "Editions juridiques franco-allemandes"
contacts@ejfa-editions.eu

Herstellung: siehe letzte Seite /
Impression: voir la dernière page
ISBN: 978-3-639-56094-7

Avant-propos / Vorwort

Le présent ouvrage réunit les contributions écrites faisant suite au colloque « La coopération transfrontalière en Grande Région : état des lieux » organisé par le Centre juridique franco-allemand à Sarrebruck le 11 octobre 2013, en coopération avec l'Institut François Gény de l'Université de Lorraine. Nous tenons ici à remercier le professeur Olivier Cachard, alors directeur adjoint de l'Institut Gény et les nombreux collègues de l'Université de Lorraine, qui ont participé avec enthousiasme à ce projet.

Le délai de publication de ces actes peut paraître long. Ce délai s'explique par deux raisons.

En premier lieu, et c'est pour nous une grande fierté, ces actes sont proposés en version bilingue intégrale. Chaque article soumis par les contributeurs, que ce soit en français ou en allemand, a été traduit par l'équipe de la Chaire de droit public français de l'Université de la Sarre : Audrey Eugénie Schlegel, Lyn Paula Fischer et Cedric Schemien. Nos remerciements vont à Marlies Weber pour sa relecture attentive. L'ensemble des versions françaises sont proposées dans la première partie de cet ouvrage. Les versions allemandes sont réunies dans la seconde partie.

La seconde raison tient au fait que la Chaire a assuré l'intégralité du travail éditorial. La publication de ces actes est en effet assurée dans le cadre des Editions juridiques franco-allemandes, service d'impression à la demande permettant au CJFA de publier ses travaux sans être soumis aux contraintes financières et juridiques de l'édition classique. Ce procédé, qui nous a déjà permis de publier des manuels et des actes de colloques, nous laisse ensuite la liberté de diffuser gratuitement les travaux scientifiques réalisés par ou sous l'égide du CJFA sur les sites Internet de Bijus (www.bijus.eu) et la Revue générale du droit (www.revuegeneraledudroit.eu). Les difficultés techniques rencontrées dans le travail de collecte, de suivi et de mise en forme de ces actes nous enseignent combien le métier d'éditeur est ardu. Il l'est d'autant plus quand tout, des marques de ponctuation aux formats de citation, doit être adapté à la langue utilisée. Avoir relevé ce défi n'est pas la moindre de nos satisfactions.

Certaines contributions écrites qui étaient parfaitement à jour au moment du colloque ne reflètent plus exactement l'état du droit actuel.

Das vorliegende Werk umfasst die Beiträge zum Kolloquium „Grenzüberschreitende Zusammenarbeit in der Großregion: eine Bestandsaufnahme“, welches vom Centre juridique franco-allemand am 11. Oktober 2013 in Saarbrücken in Zusammenarbeit mit dem Institut Francois Gény der Université de Lorraine veranstaltet wurde. Wir möchten uns an dieser Stelle bei Professor Olivier Cachard, dem damaligen stellvertretenden Direktor des Institut Gény, sowie bei den zahlreichen Kollegen der Université de Lorraine bedanken, welche mit Begeisterung an diesem Projekt mitgewirkt haben.

Der Zeitpunkt der Veröffentlichung dieser Beiträge mag etwas verspätet wirken. Hierfür gibt es zwei Gründe.

Zum einen stellen wir die Beiträge in zweisprachiger Ausführung zur Verfügung, worauf wir sehr stolz sind. Jeder uns zugeschickte Artikel, ob auf Deutsch oder auf Französisch, wurde vom Team des Lehrstuhls für französisches Öffentliches Recht der Universität des Saarlandes, namentlich Audrey Eugénie Schlegel, Lyn Paula Fischer und Cedric Schemien, übersetzt. Wir bedanken uns bei Marlies Weber für ihre aufmerksame Zweitlektüre. Die französischen Versionen sind im ersten Teil des Buches zu lesen, die deutschen Versionen bilden den zweiten Teil.

Zum anderen hat der Lehrstuhl die gesamte verlegerische Arbeit übernommen. Die Veröffentlichung erfolgt im Rahmen der „Editions juridiques franco-allemandes“, einem deutsch-französischen Verlag für Rechtswissenschaften, welcher dem CJFA im sog. „Print-On-Demand“-Verfahren eine rechtlich und finanziell vergleichsweise unkomplizierte Veröffentlichung seiner Werke ermöglicht. Dieses Verfahren, mit welchem wir bereits Lehrbücher und Tagungsbände veröffentlichen konnten, gibt uns anschließend die Möglichkeit, die vom CJFA oder unter dessen Ägide verfassten wissenschaftlichen Werke kostenlos auf den Webseiten Bijus (www.bijus.eu) und Revue générale du droit (www.revuegeneraledudroit.eu) zu publizieren. Die während der Sammlung, Bearbeitung und Formatierung der Beiträge aufgetretenen technischen Probleme haben uns spüren lassen, mit

L'organisation du colloque et la publication de ces actes ont été rendus possibles par le soutien financier de l'Université franco-allemande et l'aide matérielle de l'Université de la Grande Région. L'Ordre des avocats du barreau de Metz et le Ministère sarrois pour les finances et l'Europe nous ont également apporté une aide financière précieuse. Mention particulière doit être faite du soutien de Madame la députée Nathalie Griesbeck, qui outre son intervention personnelle nous a assuré le soutien financier de l'Alliance des libéraux et des démocrates pour l'Europe.

Le programme de ce colloque peut être trouvé sur le site dédié http://regio.cjfa.eu. Il est également reproduit à la suite du présent avant-propos.

Notons qu'un certain nombre d'interventions, notamment celles de Roland Theis et Nathalie Griesbeck, ont conservé leur caractère oral. Concernant le passage de l'oral à l'écrit, la retranscription complète des débats ne nous a pas semblé utile. Ainsi la table ronde organisée en fin de journée n'a pas été proposée à l'écrit.

* * *

La coopération transfrontalière est un thème d'étude majeur, tant en droit privé qu'en droit public. La position privilégiée de Sarrebruck en fait certes un point d'observation idéal sur les procédés de coopération entre l'Allemagne, la France, le Luxembourg et la Belgique. Mais la coopération transfrontalière propose un point d'entrée pouvant être exploité, d'une manière plus générale, pour l'étude comparée et même dans une perspective purement nationale. Pour profiter d'un jeu de mots un peu facile, nous pourrions dire que la coopération transfrontalière interroge les frontières de chaque droit national, en mettant ses limites à l'épreuve. Le thème de la frontière, exposé par Stephan Toscani[1] et Hughes Rabault[2], nous enseigne qu'elle peut être autant un lieu d'échange, que de conflits.

---

[1] Stephan Toscani (représenté par Dr. Martin Niedermeyer), « Allocution du Ministre des affaires européennes ».
[2] Huges Rabault, « La frontière comme source de litiges en droit fiscal : quelques effets de la déterritorialisation en matière fiscale ».

welchen Schwierigkeiten der Beruf des Verlegers verbunden ist, besonders, wenn die Texte vollständig, von Zeichensetzung bis Zitierweise, an die verwendete Sprache angepasst werden müssen. Wir dürfen heute mit großen Befriedigung feststellen, dass wir uns dieser Herausforderung erfolgreich gestellt haben.

Wir möchten darauf hinweisen, dass die Rechtslage auf einigen der hier behandelten Bereiche sich seit dem Zeitpunkt des Kolloquiums entwickelt hat.

Die Organisation des Kolloquiums und die Veröffentlichung dieses Tagungsbands wurden durch die finanzielle Hilfe der Deutsch-Französischen Hochschule und der Universität der Großregion ermöglicht. Die Rechtsanwaltskammer Metz sowie das saarländische Ministerium für Finanzen und Europa haben ebenfalls eine wertvolle finanzielle Unterstützung geleistet. Ein besonderer Dank geht an Frau Abgeordnete Nathalie Griesbeck, welche uns über ihren persönlichen Beitrag hinaus auch die finanzielle Unterstützung der Allianz der Liberalen und Demokraten für Europa gesichert hat.

Das Programm des Kolloquiums ist auf dessen Webseite http://regio.cjfa.eu sowie ebenfalls im Anschluss an dieses Vorwort zu finden.

Es sei darauf hingewiesen, dass eine gewisse Anzahl an Beiträgen, insbesondere die von Roland Theis und Nathalie Griesbeck ihren mündlichen Charakter beibehalten haben. Weiterhin ist zu erwähnen, dass auf eine Niederschrift der Podiumsdiskussion am Ende des Kolloquiums verzichtet wurde.

* * *

Die grenzüberschreitende Zusammenarbeit ist sowohl im Privat- als auch im öffentlichen Recht ein zentrales Thema. Die günstige Lage Saarbrückens macht die Stadt zu einem idealen Ort zur Analyse der Kooperationsmechanismen zwischen Deutschland, Frankreich, Luxemburg und Belgien. Die grenzüberschreitende Zusammenarbeit lässt sich allerdings auch allgemeiner untersuchen, etwa im Rahmen der

Il en va ainsi des sources (Jérôme Germain) comme des structures (Jochen Sohnle ; Gilbert Schuh) de la coopération transfrontalière, qui sont élaborées au vu des limites identifiées dans chaque droit au fur et à mesure des besoins exprimés. Le travail au niveau local (Roland Theis) est la condition pour identifier ces limites et les faire remonter au niveau national et fédéral afin que de nouveaux traités internationaux ou des accords administratifs permettent de faciliter la coopération.

La détermination d'un thème aussi vaste et ambitieux que celui de ce colloque aboutit nécessairement à quelques approximations. Le terme « transfrontalier » est en effet porteur d'approximation par le caractère extrêmement large de la notion. Peut être considéré comme transfrontalier tout ce qui passe la frontière.

Il est ainsi nécessaire de distinguer ce qui, dans le transfrontalier, concerne deux ou plusieurs Etats sans considération de géographie, et ce qui concerne spécifiquement la situation frontalière. Il est, en d'autres termes, nécessaire de distinguer ce qui concerne toutes les frontières et ce qui intéresse plus spécifiquement la Grande Région.

Sans respecter l'ordre des interventions orales, nous avons réuni, après les propos introductifs et la présentation des sources et structures de la coopération transfrontalière, les interventions portant sur les problématiques générales de la coopération transfrontalière. Les six contributions réunies au sein de ces problématiques générales portent sur les régimes matrimoniaux (Véronique David-Balestriero), la coopération judiciaire en matière civile et commerciale (Paul Klötgen), la coopération entre entreprises (Francine Mansuy), la fiscalité (Hugues Rabault), la participation du public en matière environnementale (Annette Guckelberger) et la coopération en matière de sécurité (Thierry Thomas).

Rechtsvergleichung oder aus einer rein nationalen Perspektive. Mit einem zugegebenermaßen etwas einfachen Wortspiel lässt sich sagen, dass die grenzüberschreitende Zusammenarbeit die Grenzen des jeweiligen nationalen Rechts hinterfragt, indem sie seine Grenzen auf die Probe stellt. Die Beiträge von Stephan Toscani[1] und Hugues Rabault[2], die sich mit der Thematik der Grenze befasst haben, zeigen, dass diese sowohl ein Ort des Austausches als auch ein Ort des Konflikts sein kann.

Dies gilt sowohl für die Rechtsquellen (Jérôme Germain) als auch für die Strukturen (Jochen Sohnle) der grenzüberschreitenden Zusammenarbeit, welche entsprechend den zum Ausdruck gebrachten Bedürfnissen im Hinblick auf die im jeweiligen Recht identifizierten Grenzen ausgearbeitet werden. Die Arbeit auf lokaler Ebene (Roland Theis) ist Vorbedingung für die Identifizierung dieser Grenzen und ihre Vermittlung auf eine nationale oder föderale Ebene, damit neue internationale Abkommen oder Verwaltungsvereinbarungen die Zusammenarbeit erleichtern können.

Die Festlegung eines so weiten und ehrgeizigen Themas wie dem dieses Kolloquiums führt zwangsläufig zu einigen Ungenauigkeiten. Der Begriff „grenzüberschreitend" ist insofern ungenau, als er einen sehr weiten Bedeutungsgehalt innehat. Als grenzüberschreitend kann alles angesehen werden, was eine Grenze überschreitet.

Begrifflich muss daher zwischen dem „Grenzüberschreitenden", welches unabhängig von geographischen Gegebenheiten zwei oder mehrere Staaten betrifft und dem „Grenzüberschreitenden", welches spezifisch eine Grenzsituation betrifft, unterschieden werden. Mit anderen Worten muss eine Unterscheidung erfolgen zwischen dem, was generell alle Grenzen betrifft und dem, was speziell die Großregion betrifft.

Unabhängig von der Reihenfolge der mündlichen Beiträge, haben wir nach den Einführungsvorträgen und der Vorstellung der Rechtsquellen

---

[1] Stephan Toscani (Stellvertreter: Dr. Martin Niedermeyer), „Grußwort des Europaministers".

[2] Hugues Rabault, „Die Grenze als Ursache steuerrechtlicher Streitigkeiten: Einige Auswirkungen der Deterritorialisierung im Steuerrecht".

La quatrième et dernière partie de l'ouvrage propose sept contributions portant sur la coopération dans la Grande Région à travers certaines de ses réalisations emblématiques. Au titre des institutions le Conseil parlementaire interrégional (Roland Theis), l'Eurodistrict SaarMoselle (Gilbert Schuh) et la Task Force Frontaliers (Kerstin Geginat) sont ici réunies. Notons que la Maison ouverte des services pour l'Allemagne (Mosa) n'existait pas encore. A également été étudiée l'implantation des sociétés commerciales sous un angle de droit comparé (Liliane Nau), avant que ne soit évoquée, dans deux contributions complémentaires, la coopération sanitaire en Grande Région (Olivier Renaudie et Valérie Scheffzek). Une seule étude de cas a été proposée : celle de la participation de la Communauté d'Agglomération Sarreguemines Confluences à la Projektgesellschaft Thermalbad Rilchingen mbH, les thermes de la Sarre (Roland Roth).

Cette présentation des contributions en quatre parties distinctes répond donc à une logique particulière. Une autre logique eut été possible, distinguant le transfrontalier au sens large et les études frontalières au sens strict.

* * *

Nous avons fait le choix, dans le cadre de ce colloque, de placer nos travaux sous la bannière du « transfrontalier », par habitude et parce que le terme est familier. Nous avons procédé par ailleurs à un « état des lieux » ce qui implique une approche la plus large et donc exhaustive possible.

und Strukturen der grenzüberschreitenden Zusammenarbeit die Beiträge über die allgemeinen Fragen der grenzüberschreitenden Zusammenarbeit angeordnet. Die sechs Beiträge befassen sich mit den ehelichen Güterständen (Véronique David-Balestriero), der justiziellen Zusammenarbeit in Zivil- und Handelssachen (Paul Klötgen), der Zusammenarbeit zwischen Unternehmen (Francine Mansuy), der Besteuerung (Hugues Rabault), der Öffentlichkeitsbeteiligung im Umweltbereich (Annette Guckelberger) und der Zusammenarbeit im Bereich der Sicherheit (Thierry Thomas).

Der vierte und letzte Teil des Werkes besteht aus sieben Beiträgen, welche die Zusammenarbeit in der Großregion anhand einiger emblematischer Aspekte ihrer Umsetzung beleuchten. Die vorgestellten Institutionen sind der Interregionale Parlamentarierrat (Roland Theis), der Eurodistrict SaarMoselle (Gilbert Schuh) und die Grenzgänger Task Force (Kerstin Geginat). An dieser Stelle ist zu beachten, dass die „Maison Ouverte des Services pour l'Allemagne“ (Mosa), eine Servicestelle für französische Grenzgänger, im Zeitpunkt des Kolloquiums noch nicht existierte. Es folgt eine Analyse der Ansiedlung von Handelsgesellschaften aus einer rechtsvergleichenden Perspektive (Liliane Nau), bevor in zwei weiteren Beiträgen die Zusammenarbeit im Gesundheitswesen in der Großregion erläutert wird (Olivier Renaudie und Valérie Scheffzek). Die einzige vorgestellte Fallstudie befasst sich mit dem Thema der Teilnahme des Gemeindeverbandes Communauté d'Agglomération Sarreguemines Confluences an der Projektgesellschaft Thermalbad Rilchingen mbH, der Saarland Therme (Roland Roth).

Die Vorstellung der Beiträge in vier unterschiedlichen Abschnitten folgt demnach einer bestimmten Logik. Ebenso hätte die Präsentation der Beiträge der Unterscheidung zwischen dem „Grenzüberschreitenden“ im weiteren Sinne und dem „Grenzüberschreitenden“ im engeren Sinne folgen können.

* * *

Aus Gewohnheit und weil es ein uns vertrauter Begriff ist, haben wir uns im Rahmen dieses Kolloquiums entschieden, unsere Beiträge unter dem Banner des „Grenzüberschreitenden“ zu stellen. Weiterhin haben wir

Mais parler de transfrontalier à propos de la Grande Région, ou de toute autre région frontalière déterminée, passe sous silence la spécificité d'un certain nombre de règles juridiques qui ne s'appliquent qu'en zone frontalière. Il serait ainsi plus juste, dans un certain nombre de cas, de parler de droit « frontalier » (*Grenznachbarliches Recht*) plutôt que de droit « transfrontalier » (*Grenzüberschreitendes Recht*).

Ce qui est « transfrontalier » est ce qui « traverse la frontière ». Le terme se rapproche de la célèbre définition du droit « transnational » donnée par le professeur Jessup[3]. Le transnational se distinguerait du droit international public lorsque les effets d'un acte ou d'une norme se feraient sentir directement à l'égard d'un destinataire situé sur le territoire d'un autre Etat, et non par un Etat souverain.

Le transfrontalier est encore plus vaste que le transnational car il inclut en raison de sa ductilité et de son imprécision à la fois l'international et le transnational.

Beaucoup de branches du droit sont ainsi impliquées dans le « transfrontalier » et ne concernent pas spécifiquement le droit international public. C'est en premier lieu le droit international privé, qui règle les conflits de lois dans l'espace par exemple le mariage entre personnes de nationalités différentes, l'adoption internationale, l'activité d'entreprises multinationales, etc.

Mais ce qui manque à cette acception très large qui est traditionnellement conférée au terme « transfrontalier » est un élément essentiel à notre propos : l'idée de proximité.

---

[3] Philip C. JESSUP, Transnational Law, Storrs lectures on jurisprudence / Yale Law School, Yale University Press, 1956.

eine „Bestandsaufnahme“ erstellt, was eine möglichst breite und damit ausführliche Herangehensweise mit sich brachte.

Mit Bezug zur Großregion oder jeder anderen bestimmten Grenzregion von „grenzüberschreitend“ zu reden, verschweigt die Besonderheit einer gewissen Anzahl an Rechtsvorschriften, welche lediglich innerhalb von Grenzzonen anwendbar sind. Es wäre daher richtiger, in einer gewissen Zahl von Fällen, von grenznachbarlichem Recht (*droit frontalier*) anstatt von grenzüberschreitenden Recht (*droit transfrontalier*) zu sprechen.

Das „grenzüberschreitende“ ist das, was „die Grenze überschreitet“. Der Begriff ähnelt der berühmten Definition des „transnationalen“ Rechts von Professor Jessup[3]. Das transnationale Recht unterscheidet sich vom Völkerrecht insofern, als die Auswirkungen eines Aktes oder einer Norm unmittelbar einen in einem anderen Staat ansässigen Adressaten treffen, und nicht einen souveränen Staat.

Das „Grenzüberschreitende“ ist noch weiter als das Transnationale, da es aufgrund seiner Dehnbarkeit und seiner Ungenauigkeit gleichzeitig das Internationale und Transnationale enthält.

Das „Grenzüberschreitende“ umfasst also viele Rechtsbereiche und betrifft nicht spezifisch das Völkerrecht. In erster Linie umfasst es das internationale Privatrecht, welches Normenkollisionen regelt, wie z. B. die Ehe zwischen Personen verschiedener Nationalitäten, die internationale Adoption, die Tätigkeit von multinationalen Unternehmen, usw.

Unserer Ansicht nach fehlt der sehr verbreiteten Bedeutung des Begriffs „grenzüberschreitend“ jedoch ein wichtiger Bestandteil: die Idee der geografischen Nähe.

Die Situation in der Großregion, des Eurodistricts SaarMoselle oder des Eurodistricts Pamina wurzelt nicht nur im Willen, trotz der bestehenden Grenzen zusammen zu arbeiten. Die Besonderheit dieser Institutionen liegt vielmehr an der von ihnen vorausgesetzten Kontinuität, oder zumindest territorialen Nähe.

---

[3] Philipp C. JESSUP, Transnational Law, Storrs lectures on jurisprudence / Yale Law School, Yale University Press, 1956.

La situation de la Grande Région, de l'Eurodistrict SaarMoselle ou de l'Eurodistrict Pamina ne tient pas seulement à la volonté de travailler ensemble malgré la présence d'une frontière. Ce qui fait l'intérêt de ces institutions est la continuité ou au moins la proximité territoriale qu'elles impliquent.

Certaines situations ne sont pas seulement transfrontalières : elles sont plus spécifiquement « frontalières », elles s'établissent entre administrations, individus, entreprises situés sur des territoires nationaux différents, mais voisins.

Notre hypothèse est que le droit frontalier peut être constitué, si ce n'est comme une branche du droit autonome, au moins comme un objet d'étude spécifique.

Quant au droit public, il joue un rôle très particulier dans le droit frontalier.

Nous l'avons dit le droit international privé règle les conflits de lois dans l'espace, mais la proximité ne joue aucun rôle dans la solution d'un litige. Le régime juridique d'un mariage ou d'un divorce mixte sera le même, que les époux vivent à Paris et Berlin, ou à Sarreguemines et Saarlouis.

Les règles du commerce transfrontalier seront identiques quelle que soit la distance du siège ou de l'établissement des entreprises.

Le droit public en revanche n'est pas indifférent à la proximité territoriale de part et d'autre de la frontière.

Par exemple, les règles internationales du droit de l'environnement s'appliquent spécifiquement aux situations frontalières[4].

L'accord de Karlsruhe *sur la coopération transfrontalière entre les collectivités territoriales et organismes publics locaux* du 23 janvier 1996 définit son champ d'application territorial par référence aux collectivités territoriales françaises (à la région Alsace, à la région Franche-Comté, à la région Lorraine et à la région Rhône-Alpes), allemandes (*Länder* de Bade-Wurtemberg, Rhénanie-Palatinat et Sarre) et suisses situées sur une frontière (le Luxembourg étant considéré entièrement comme frontalier).

---

[4] Sur les conventions d'Aarhus et d'Espoo, v. Annette Guckelberger, « La participation du public transfrontalier » dans le présent ouvrage.

Einige Situationen sind nicht nur grenzüberschreitend: sie sind genauer gesagt „grenznachbarlich“, und entstehen zwischen Verwaltungsstellen, Einzelpersonen und Unternehmen, die sich auf unterschiedlichen, jedoch benachbarten, nationalen Territorien befinden.

Unsere Hypothese ist, dass das grenznachbarliche Recht zwar nicht als eigenständiger Rechtsbereich, jedoch zumindest als besonderer Untersuchungsgegenstand anzusehen ist.

Das öffentliche Recht spielt im grenznachbarlichen Recht eine sehr besondere Rolle.

Wie oben erwähnt, regelt das internationale Privatrecht Normenkollisionen, wobei die geografische Nähe keine Rolle in der Auflösung einer solchen Kollision spielt. Die auf eine Ehe bzw. Scheidung anwendbaren Rechtsnormen sind dieselben, ob die Ehepartner in Paris und Berlin, oder in Saargemünd und Saarbrücken wohnhaft sind.

Die Vorschriften des grenzüberschreitenden Handels werden identisch sein, unabhängig von der Distanz zum jeweiligen Sitz oder zur Filiale der betroffenen Unternehmen.

Im öffentlichen Recht ist die geografische Nähe auf beiden Seiten der Grenze jedoch nicht gleichgültig.

Zum Beispiel sind die internationalen Vorschriften zum Umweltschutz insbesondere auf Grenzsituationen[4] anwendbar.

Das Karlsruher Übereinkommen vom 23. Januar 1996 über die grenzüberschreitende Zusammenarbeit zwischen Gebietskörperschaften und örtlichen öffentlichen Stellen definiert seinen territorialen Anwendungsbereich unter Bezugnahme auf die an der Grenze liegenden Gebietskörperschaften Frankreichs (die Regionen Elsass, Franche-Comté, Lothringen, Rhône-Alpes), Deutschlands (die Länder Baden-

---

[4] Zu den Aahrus- und Espoo-Konventionen siehe u. a. Annette Guckelberger, „die grenzüberschreitende Öffentlichkeitsbeteiligung“ im vorliegenden Werk.

C'est aussi le cas d'un certain nombre de règles communautaires, notamment l'obligation de réaliser une publicité communautaire lorsqu'un contrat même de faible montant présente un « intérêt transfrontalier certain » [5].

Les conventions fiscales prévoient les situations frontalières et leur donnent une traduction juridique. La convention franco-allemande visant à éviter les double-impositions se réfère à une zone géographique située à moins de 20 kilomètres de la frontière [6].

Le caractère frontalier a un sens en matière de services publics : collecte et traitement des déchets (partenariat entre l'EntsorgungsVerband Saar et le Sydeme), de l'eau, transport en commun (le tramway Sarreguemines – Sarrebruck), création d'activités de loisirs (les thermes de la Sarre, le parc archéologique de Bliesbruck), prise en charge par les services de secours et hospitalisation (accord entre le CHIC Unisanté de Forbach et la SHG Kliniken Völklingen).

* * *

Le colloque du 11 octobre 2013 et les actes qui en sont issus ne doivent donc être envisagés que comme une première étape. Ils sont l'occasion de construire un réseau et d'identifier des problématiques fructueuses.

L'un des développements contemporains de l'Université est l'exigence croissante, qui lui est imposée par le pouvoir politique, de travailler de manière directement utile à la société. Cette contrainte de l'utilité a des effets délétères sur la qualité de la recherche et même de l'enseignement, qui ne peuvent plus s'élever au-delà des contraintes immédiates d'une utilité sociale confondue avec un dérisoire souci de rentabilité et d'efficience.

---

[5] CJUE, 15 mai 2008, SECAP SpA, C-147/06, cons. 31 ; CJUE, 21 juillet 2005, Coname, C-231/03, cons. 20.

[6] Convention fiscale du 21 juillet 1959, article 13 5. b) : « La zone frontalière de chaque Etat contractant comprend les communes dont tout ou partie du territoire est situé à une distance de la frontière n'excédant pas 20 kilomètres ».

Württemberg, Rheinland-Pfalz und das Saarland) und der Schweiz (Luxemburg wird wiederum in seiner Gesamtheit als grenznah angesehen).

Dies gilt auch für eine gewisse Anzahl an unionsrechtlichen Normen, insbesondere für die Pflicht zur unionsweiten Bekanntgabe der Vergabe eines Auftrags, selbst mit geringem Wert, wenn ein „eindeutiges grenzüberschreitendes Interesse“[5] besteht.

Steuerabkommen sehen Vorschriften für grenznachbarliche Situationen vor und verleihen ihnen somit eine juristische Ausformung. Das deutsch-französische Abkommen zur Vermeidung von Doppelbesteuerung bezieht sich auf die geographische Zone, welche sich weniger als 20 Kilometer von der Grenze[6] entfernt befindet.

Der grenznachbarliche Charakter findet auch im Bereich der gemeinwirtschaftlichen Dienstleistungen einen Sinn: Bei der Sammlung und Verwertung von Abfällen (Partnerschaft zwischen dem Entsorgungsverband Saar und dem Sydeme), sowie bei der Wasserversorgung, den öffentlichen Verkehrsmitteln (die Saarbahn zwischen Saargemünd und Saarbrücken), der Schaffung von Freizeiteinrichtungen (Saarland Therme, Europäischer Kulturpark Bliesbruck-Reinheim), sowie im Rettungs- und Krankenwesen (Abkommen zwischen dem CHIC Unisanté von Forbach und der SHG Kliniken Völklingen).

* * *

Das Kolloquium vom 11. Oktober 2013 und die hieraus hervorgegangenen Beiträge sollen also nur als eine erste Etappe angesehen werden. Sie bieten die Gelegenheit zum Aufbau eines Netzwerks und zur Identifizierung fruchtbarer Fragestellungen.

---

[5] EuGH, 15. Mai 2008, SECAP SpA, C-147/06, Rn. 31 ; EuGH, 21. Juli 2005, Coname, C-231/03, Rn. 20.

[6] Doppelbesteuerungsabkommen vom 21. Juli 1959, Artikel 13 V b: „das Grenzgebiet jedes Vertragsstaats umfasst die Gemeinden, deren Gebiet ganz oder teilweise höchstens 20 km von der Grenze entfernt liegt.“

Très heureusement, le thème du droit frontalier rencontre sans effort l'objectif d'une utilité sociale directe. La matière première de la réflexion est concrète. Les résultats de toute réflexion sont eux aussi éminemment concrets. Les études du droit frontalier sont pourtant l'occasion, pour le juriste, de solliciter conjointement différentes branches du droit dans le cadre de perspectives d'études innovantes et intellectuellement fructueuses.

Ces actes en sont la meilleure preuve.

Philippe COSSALTER

Sarrebruck, le 13 juillet 2016

Eine der zeitgenössischen Entwicklungen der Universität, welche ihr von der Politik auferlegt wird, ist die wachsende Erwartung, auf unmittelbar für die Gesellschaft nützliche Weise zu arbeiten. Dies verursacht schädigende Wirkungen auf die Qualität der Forschung und sogar der Bildung, da beide sich nicht mehr über die unmittelbaren Einschränkungen einer solchen sozialen Nützlichkeit erheben können, wobei Nützlichkeit sogar teilweise mit einer etwas unglücklichen Sorge um Rentabilität und Effizienz verwechselt wird.

Glücklicherweise erreicht das Thema des grenznachbarlichen Rechts zweifelsfrei das Ziel eines unmittelbaren sozialen Nutzens. Der Grundstoff der Überlegungen ist konkret und die Ergebnisse jeder dieser Überlegungen sind äußert konkret. Die Untersuchung des grenznachbarlichen Rechts bietet Juristen die Gelegenheit, gemeinsam verschiedene Bereiche des Rechts im Rahmen von innovativen und intellektuell fruchtbaren Studien heranzuziehen.

Der vorliegende Tagungsband ist der beste Beweis dafür.

Philippe COSSALTER

Saarbrücken, den 13. Juli 2016

PLÉNUM 9:00 – 12:15 (MUSIKSAAL)

ALLOCUTIONS D'OUVERTURE 9:00 S.T.

Mot de bienvenue des organisateurs et présentation de la journée par le Prof. Philippe COSSALTER, co-directeur du Centre juridique franco-allemand

Allocution de Stephan TOSCANI, Ministre des finances et pour l'Europe du Land de Sarre

Allocution de Nathalie GRIESBECK, Vice-présidente du Conseil général de la Moselle, députée européenne

LA CADRE JURIDIQUE DE LA COOPÉRATION FRONTALIÈRE 9:30 S.T.

Jérôme GERMAIN, Maître de conférences en droit public à l'Université de Lorraine, « Les sources de la coopération transfrontalière »

Jochen SOHNLE, Maître de conférences en droit public à l'Université de Lorraine, « L'institutionnalisation de la coopération transfrontalière »

15 minutes de questions – réponses

LES INSTITUTIONS DE LA COOPÉRATION FRONTALIÈRE 11:00

Gilbert SCHUH, Président de L'Eurodistrict Sarre-Moselle, « L'Eurodistrict Sarre-Moselle, Origine, Compétences, Avenir »

Roland THEIS, secrétaire général de la CDU Saar, député au Landtag de Sarre, membre du Conseil parlementaire interrégional, « Der Interregionale Parlamentarier-Rat» (Le Conseil parlementaire interrégional)

Patricia OSTER-STIERLE, Professeur à l'Université de la Sarre, Vice-président de l'Université franco-allemande, « La coopération universitaire »

Kerstin GEGINAT, Directrice de la Task Force Frontaliers, « La Task-Force frontaliers »

PAUSE DEJEUNER 12:15 – 14:00 S.T. (AULA)

PLENUM 9:00 – 12:15 UHR (MUSIKSAAL)

ERÖFFNUNG DER TAGUNG 9:00 UHR

Begrüßung durch Prof. Philippe COSSALTER, Co-Direktor des Centre juridique franco-allemand

Grußwort des Ministers für Finanzen und Europa des Saarlandes Stephan TOSCANI

Grußwort der Vizepräsidentin des Generalrats der Mosel (Conseil général de Moselle) und Europaabgeordneten Nathalie GRIESBECK

DER RECHTLICHE RAHMEN GRENZÜBERSCHREITENDER ZUSAMMENARBEIT 9:30 UHR

Jérôme GERMAIN, Maître de conférences für öffentliches Recht an der Universität Lothringen, „Les sources de la coopération transfrontalière" (Rechtsquellen der grenzüberschreitenden Zusammenarbeit)

Jochen SOHNLE, Maître de conférences für öffentliches Recht an der Univerität Lothringen, „L'institutionnalisation de la coopération transfrontalière" (Institutionalisierung der grenzüberschreitenden Zusammenarbeit)

Fragen/Antworten – 15 Minuten

DIE INSTITUTIONEN DER GRENZÜBERSCHREITENDEN ZUSAMMENARBEIT 11:00 UHR

Gilbert SCHUH, Präsident des Eurodistrikts Sarre-Moselle, „L'Eurodistrict Sarre-Moselle, Origine, Compétences, Avenir" (Der Eurodistrikt Saar-Mosel: Entstehung, Zuständigkeiten, Zukunft)

Roland THEIS, Generalsekretär der CDU Saar, MdL, Mitglied des Interregionalen Parlamentarierrates, „Der Interregionale Parlamentarierrat"

Atelier I : Le statut des individus et des entreprises frontalières 14:00 – 16:30 s.t. (MUSIKSAAL)

Atelier animé par Pierre TIFINE, Professeur à l'Université de Lorraine

Libre circulation des travailleurs frontaliers, avantages sociaux et condition de résidence:

> Jörg GERKRATH, Professeur à l'Université du Luxembourg : « L'interdiction des discriminations et entraves »
>
> Eleftheria NEFRAMI, Professeur à l'Université du Luxembourg : « La justification d'exceptions relevant de l'intérêt général »

Florent ROEMER, Doyen de la faculté de droit de Metz, Maître de conférences en droit public, « Le statut fiscal du travailleur frontalier »

Véronique DAVID-BALESTRIERO, Maître de conférences en droit privé à l'Université de Lorraine, « Le régime matrimonial franco-allemand, approche notariale »

Francine MANSUY et Liliane NAU, Maîtres de conférences en droit privé à l'Université de Lorraine, « Formes et exemples de coopération des entreprises »

Paul KLÖTGEN, Maître de conférences en droit privé à l'Université de Lorraine, « La coopération judiciaire en matière civile et commerciale »

Atelier II : Les matières de la coopération transfrontalière 14:00 – 16:15 S.T. (AULA)

Atelier animé par Philippe COSSALTER, Professeur à l'Université de la Sarre

Olivier RENAUDIE, Professeur de droit public à l'Université de Lorraine et Valérie SCHEFFZEK, AP-HP, « La coopération frontalière en matière sanitaire »

Annette GUCKELBERGER, Professeur de droit public à l'Université de la Sarre, « Die grenzüberschreitende Öffentlichkeitsbeteiligung bei Umweltangelegenheiten» (La participation du public en matière environnementale en zone frontalière).

Colonel Thierry THOMAS, Commandant la région de gendarmerie d'Alsace, « La coopération en matière de sécurité »

Roland ROTH, Président de la communauté d'agglomération de Sarreguemines-Confluences, « La participation d'une collectivité publique française dans une société privée étrangère : l'exemple des Thermes de la Sarre »

Echanges avec la salle 30 minutes

Patricia OSTER-STIERLE, Vizepräsidentin der Deutsch-Französischen Hochschule, Professorin an der Universität des Saarlandes, „La coopération universitaire“ (Die universitäre Kooperation)

Kerstin GEGINAT, Leiterin der Task Force Grenzgänger, „Task Force Grenzgänger“

MITTAGSPAUSE 12:15 – 14:00 UHR (AULA)

WORKSHOP I : DER STATUS VON PRIVATPERSONEN UND UNTERNEHMEN IM GRENZGEBIET 14:00 - 16:30 UHR (MUSIKSAAL)

moderiert von Pierre TIFINE, Professor der Universität Lothringen

Libre circulation des travailleurs frontaliers, avantages sociaux et condition de résidence (Freizügigkeit der grenzüberschreitenden Arbeitnehmer, soziale Begünstigungen und Wohnsitzbedingung):

> Jörg GERKRATH, Professor an der Universität Luxemburg : „L'interdiction des discriminations et entraves" (Das Verbot von Diskriminierungen und Beeinträchtigungen)
>
> Eleftheria NEFRAMI, Professorin an der Universität Luxemburg: „La justification d'exceptions relevant de l'intérêt général“ (Die Rechtfertigung von Ausnahmen aus gemeinnützigen Gründen)

Florent ROEMER, Dekan der rechtswissenschaftlichen Fakultät in Metz, Maître de conférences für öffentliches Recht, „Le statut fiscal du travailleur frontalier“ (Der Steuerstatus des grenzüberschreitenden Arbeitnehmers)

Véronique DAVID-BALESTRIERO, Maître de conférences für Zivilrecht an der Universität Lothringen, „Le régime matrimonial franco-allemand, approche notariale“ (Der deutsch-französische Güterstand aus notarieller Sicht)

Francine MANSUY et Liliane NAU, Maîtres de conférences für Zivilrecht an der Universität Lothringen, „Formes et exemples de

<u>CLÔTURE EN PLÉNUM 17 :15 – 18 :30 S.T. (MUSIKSAAL)</u>

Hugues RABAULT, Professeur à l'Université de Lorraine, « La frontière comme source du litige en droit fiscal »

Table ronde : Coopération ou concurrence transfrontalière ?

Les effets du droit fiscal, social et des sociétés sur les choix d'implantation des entreprises.

Table ronde animée par Lisa HUTH, Saarländische Rundfunk

Avec la participation de :

Julie COROUGE, Coordinatrice du bureau central de l'Université de la Grande Région, ancienne chef de projet au CNAM

Laurent DAMIANI, Directeur Pépinière d'entreprises/Leiter Gründerzentrum EURODEV CENTER – Forbach, Directeur Hôtel d'entreprises/Leiter Businesszentrum – Technopôle Forbach-Sud

Jacques RENARD, Conseiller du Commerce Extérieur de la France / Kirkel, vice-président du Club des affaires Saar-Lorraine

18 :30 Fin des travaux

coopération entre entreprises“ (Formen der Unternehmenszusammenarbeit und konkrete Beispiele)

Paul KLÖTGEN, Maître de conférences für Zivilrecht an der Universität Lothringen, „La coopération judiciaire en matière civile et commerciale“ (Die justizielle Zusammenarbeit in Zivil- und Handelssachen)

WORKSHOP II : DIE GEBIETE GRENZÜBERSCHREITENDER ZUSAMMENARBEIT 14:00 – 16:15 UHR (AULA)

moderiert von Philippe COSSALTER, Professor an der Universität des Saarlandes

Olivier RENAUDIE, Professor an der Universität Lothringen „La coopération frontalière en matière hospitalière“ (Die grenzüberschreitende Zusammenarbeit im Bereich der Krankenhäuser)

Annette GUCKELBERGER, Professorin an der Universität des Saarlandes, „Die grenzüberschreitende Öffentlichkeitsbeteiligung bei Umweltangelegenheiten“

Colonel Thierry THOMAS, Kommandant der Gendarmerieregion Alsass, „La coopération en matière de sécurité“ (Die Zusammenarbeit im Bereich der Sicherheit)

Roland ROTH, Präsident der „Gemeinschaft des Ballungsraumes Saargemünd-Einmündungen“, „La participation d'une collectivité publique française dans une société privée étrangère : l'exemple des Thermes de la Sarre“ (Die Teilnahme einer französischen öffentlich-rechtlichen Gebietskörperschaft an einer ausländischen privatrechtlichen Gesellschaft: Das Beispiel der Saarland Therme)

Diskussion mit dem Publikum – 30 Minuten

ABSCHLUSS: PLENUM 17:15 – 18:30 UHR (MUSIKSAAL)

Hugues RABAULT, Professor an der Universität Lothringen, „La frontière comme source du litige en droit fiscal" (Die Grenze als Ursache steuerrechtlicher Streitigkeiten)

Podiumsdiskussion : Grenzüberschreitende Kooperation oder Konkurrenz? 17:00 – 18:00 Uhr

Die Auswirkungen von Steuer-, Arbeits- und Gesellschaftsrecht auf die Wahl des Standortes der Betriebe

Moderation durch Lisa HUTH, Saarländischer Rundfunk

Mitwirkung von:

Julie COROUGE, Koordinatorin des Zentralbüros der Universität der Großregion, ehemalige Leiterin des Projektes „CNAM"

Laurent DAMIANI, Leiter Gründerzentrum EURODEV CENTER – Forbach, Leiter Businesszentrum – Technopôle Forbach-Sud

Jacques RENARD, Außenhandelsberater der Französischen Republik/ Vize-Präsident des Club des affaires Saar-Lorrain (deutsch-französischer Wirtschaftsclub)

18:30 Uhr: Ende der Veranstaltung

Sommaire / Inhaltverzeichnis

La coopération transfrontalière en Grande Région : état des lieux

Textes allemands traduits en français par Audrey Eugénie Schlegel, Lyn Paula Fischer et Cedric Schemien

Propos introductifs

Allocution du Ministre des affaires européennes

Stephan TOSCANI*

Discours tenu au nom du ministre par Dr. Martin NIEDERMEYER**

* Ministre des Affaires européennes de la Sarre.
** Représentant du ministre, directeur du département „coopération transfrontlière Sarre-Lorraine-Luxembourg“ au sein du Ministère des Affaires européennes de la Sarre.

Je vous remercie très cordialement de l'invitation à cet évènement important. Il faut tout particulièrement remercier et féliciter le Centre juridique franco-allemand pour cette conférence. Cette dernière marque le coup d'envoi pour recenser et analyser la thématique de la législation dans l'espace frontalier et pour identifier des solutions. Il convient de souhaiter beaucoup de succès à la réalisation de ces objectifs ambitieux.

La démarche de ce congrès montre qu'une telle thématique requiert une approche transfrontalière au sujet. Il est particulièrement réjouissant qu'avec le congrès d'aujourd'hui, vous ayez réussi à réunir déjà un nombre important d'experts réputés ici à Sarrebruck.

Dans ce contexte, je tiens tout particulièrement à saluer les représentants de la région voisine, la Lorraine.

Soyez toutes et tous les bienvenus ici à Sarrebruck !

La question de la législation de l'espace frontalier franco-allemand n'est pas seulement une affaire franco-allemande, mais représente également un intérêt européen. Je me réjouis que la conférence d'aujourd'hui se soit vue décerner le label « local event des open days 2013 ». Ce sont ces manifestations décentralisées des open days européens qui ont lieu ces jours-ci à Bruxelles. En coopération avec le Rhin supérieur, la Grande Région est également de nouveau représentée dans un atelier sur les coopérations interrégionales de recherche pour y présenter l'Université de la Grande Région.

À cette occasion, dans sa dernière édition du 7 octobre 2013, l'hebdomadaire « Die Zeit » a publié un rapport détaillé sur ces coopérations transfrontalières de recherche en constatant :

« La Sarre, la Lorraine, le Luxembourg, le Wallonie et la Rhénanie-Palatinat – il n'existe guère d'autres grandes régions en Europe, dans lesquelles la coopération et la recherche sont si intenses. »

Nous pouvons légitimement en tirer une grande fierté. Car ce congrès contribue également à cette position privilégiée.

1. Point de départ historique

En cette année 2013, la France et l'Allemagne célèbrent le cinquantenaire du traité d'amitié franco-allemand. Le Traité de l'Élysée n'était certainement pas le début de la réconciliation franco-allemande, mais il en a marqué un jalon important.

Charles de Gaulle a conclu son fameux discours, lors duquel il s'est adressé à la jeunesse allemande à Ludwigsburg, par les paroles suivantes :

« L'avenir de nos deux pays, la base sur laquelle peut et doit se construire l'union de l'Europe, le plus solide atout de la liberté du monde, c'est l'estime, la confiance, l'amitié mutuelles du peuple français et du peuple allemand. »

Si l'on remonte dans l'histoire commune de nos deux peuples jusqu'au 19ème siècle, le Traité de l'Élysée constitue un tournant majeur de l'histoire franco-allemande ainsi qu'européenne.

L'inimitié héréditaire s'est transformée en amitié entre les peuples.

Les champs de bataille d'autrefois sont devenus des lieux de rencontre.

Les frontières se sont transformées en jonctions.

Cette politique unique de réconciliation est le résultat de sagesse politique et de grandeur humaine.

2. La coopération franco-allemande comme contribution à l'intégration européenne

Aujourd'hui, la France et l'Allemagne entretiennent tout naturellement des relations étroites en matière de politique, d'économie, d'échanges scolaires ou universitaires et dans le cadre de nombreux jumelages. La réconciliation entre l'Allemagne et la France compte parmi les plus grandes histoires à succès du 20ème siècle.

Il n'y a pas de doutes : le projet initié il y a 50 ans dans le Palais de l'Élysée par Charles de Gaulle et Konrad Adenauer porte ses fruits, et il est vivant dans les cœurs des citoyens.

Depuis bien longtemps, l'amitié franco-allemande est devenue une réalité.

Quand en décembre dernier, le prix Nobel à été remis aux Européens, un fait capital a été soulignée : le fait que l'Union Européenne a pu devenir un projet exceptionnel de paix est principalement le mérite de la réconciliation franco-allemande.

3. La particularité des relations franco-allemandes

Récemment, l'historien français Pierre Nora a constaté au sujet des relations franco-allemandes dans le journal allemand *Frankfurter Allgemeine Zeitung* : « Notre quotidien commun nous a éloignés ». Je voudrais répliquer : « Non, au contraire : Notre quotidien commun nous a rapprochés. Il est devenu si normal, que nous l'ignorons ! »

Mais chaque nouvelle génération doit de nouveau reconnaître l'importance de l'amitié franco-allemande pour elle-même. Et cela, par contre, n'est pas une évidence.

C'est pourquoi l'engagement pour l'avenir de notre amitié franco-allemande reste si important.

4. Comment cela peut se présenter et se mettre en œuvre concrètement ?

L'Année de la France et la Stratégie France en Sarre

Étant le plus français des *Länder* allemands, c'est une évidence pour la Sarre de célébrer l'anniversaire du Traité de l'Élysée dignement. Le gouvernement sarrois a déclaré l'année 2013 Année de la France en Sarre. C'est une joie particulière de voir à quel point l'Année de la France mobilise les acteurs en Sarre, représentant une mission commune de la recherche, de l'économie, de la société civile, des associations, fédérations et municipalités.

Avec l'Année de la France, nous souhaitons expliciter le profil particulièrement français de la Sarre par rapport aux autres *Länder* allemands.

Nous visons à souligner le rôle de la Sarre en tant que passerelle entre l'Allemagne et la France.

5. Sujets et projets communs sarro-lorrains

Déjà aujourd'hui, notre région frontalière sarro-lorraine abrite une multitude impressionnante d'institutions et centres de compétence franco-allemands, parmi lesquels :

- le Centre juridique franco-allemand au sein de l'Université de la Sarre, fondé par la République française délivrant jusqu'à aujourd'hui des diplômes français en Allemagne ;
- le Secrétariat franco-allemand d'Échanges en Formation professionnelle
- l'Université franco-allemande à Sarrebruck ;
- le DFHI-ISFATES,
- le Centre franco-allemand CEFALOR au sein de l'Université de Lorraine,
- sans oublier le Haut Conseil culturel franco-allemand qui transférera sous peu son bureau français de Berlin à Sarrebruck,
- l'inauguration imminente d'un bureau de l'Office franco-allemand pour la Jeunesse à Sarrebruck,
- l'un des trois lycées franco-allemands, implanté à Sarrebruck,
- ainsi que le Consulat général de la République française à Sarrebruck,

et bien d'autres. Présenter une liste exhaustive dépasserait de loin le cadre de ce congrès.

Nulle part ailleurs entre Paris et Berlin, le bilinguisme est aussi répandu dans les crèches et dans les écoles que dans notre région frontalière. Une coopération étroite existe entre les universités populaires de part et d'autre de la frontière ainsi qu'entre les associations de citoyens du troisième âge, entre les services d'urgences ainsi que les forces de sécurité, entre les offices de travail et entre les administrations locales des finances. Bref : un réseau étroit de coopération franco-allemande.

Lors de cette Année de la France, la Sarre est par ailleurs le lieu de nombreuses réunions franco-allemandes de haut niveau ainsi que de manifestations attirant l'attention des capitales sur notre région frontalière :

- l'ouverture officielle de l'Année franco-allemande de l'Élysée a eu lieu le 9 septembre 2013 au *Staatstheater* de Sarrebruck, dans le cadre d'une grande cérémonie.

- La conférence sur la coopération dans l'espace frontalier franco-allemand des deux ministres chargés des relations franco-allemandes, Thierry Repentin et Michael Link, le 15 juillet 2013 à la Villa Europa à Sarrebruck, avec la signature de la Déclaration de Sarrebruck sur la coopération entre les régions frontalières.

- La visite de la Ministre française de la Culture et des Médias, Aurélie Filippetti, à Sarrebruck le 9 Septembre 2013 dans le cadre de l'ouverture de la journée allemande du patrimoine.

- Le congrès stratégique franco-allemand sur la formation professionnelle du 25 septembre 2013 a eu lieu au Château de Sarrebruck avec la signature d'une déclaration d'intention sarro-lorraine sur la formation professionnelle transfrontalière.

- Jusqu'à la fin de l'année 2013, environ 200 manifestations auront lieu en Sarre sous le label de « l'Année de la France », dont notamment cette conférence d'experts du CJFA.

Le magazine renommé « Paris-Berlin » a récemment fait une proposition intéressante : pour continuer à donner corps au Traité de l'Élysée à l'avenir, l'axe transfrontalier entre Sarrebruck et Metz devrait être transformé en capitale franco-allemande.

La Lorraine et la Sarre peuvent en être fières !

6. L'histoire commune en tant que mission - Une politique pour l'espace frontalier

Malgré tous les acquis incontestables, malgré les progrès réalisés souvent avec des efforts considérables, même 50 ans après le Traité de l'Élysée et plus de 25 ans après les accords de Schengen sur la liberté de circulation au sein de l'Union européenne, des barrières et des frontières persistent.

Celles-ci apparaissent au fur et à mesure que l'on se rapproche de la frontière géographique et disparaissent souvent de la perception des pouvoirs législatifs nationaux dans les capitales avec une distance croissante. Les régions frontalières se trouvent souvent dans une « zone grise ».

Et pourtant les frontières ne sont pas négatives en soi. Le politologue Ulrich von Aleman a même postulé dans son article dans l'hebdomadaire « Die Zeit » : « Grenzen schaffen Frieden » [Les frontières créent la paix] – une idée néanmoins paradoxale pour notre région frontalière, compte tenu ses expériences historiques douloureuses !

Le sujet de la « frontière » cependant, auquel ce congrès se consacre d'un point de vue juridique, constitue un sujet tout à fait ambivalent et complexe : en allemand, la notion de « Grenze » [frontière] est utilisée pour des conceptions pour lesquelles l'anglais connaît quatre termes différents : *frontier*, *limit*, *border* et *boundary*.

Si la notion de frontière est utilisée pour définir une clôture [*Umfriedung*] et une « délimitation » positive créant un lieu de paix [*Frieden*], la duplicité de la notion de frontière devient évidente.

Du point de vue du droit international, il est incontesté qu'un État se définit entre autres par ses frontières. Du point de vue historique, l´idée était une distinction claire, la dichotomie de la ligne de démarcation permettant une distinction très schématique entre les deux côtés. La distinction « ami/ennemi » derrière cette conception des frontières était et est trop souvent la cause de conflits. Le fait que nous l'ayons durablement surmontée ici au sein de notre région frontalière, est également le mérite de la coopération franco-allemande. Même si nous nous apercevons de moins en moins les frontières, beaucoup d'entre elles persistent au niveau juridique ainsi que factuel.

Pour surmonter les frontières qui existent également dans nos esprits, nous devons changer de perspective. Cela présuppose la volonté de se mettre dans la peau du voisin et de considérer les choses à partir d'une autre perspective.

Ce changement de perspective, qui favorise la compréhension et promeut l'empathie pour des comportements supposés différents, constitue une chance pour les régions frontalières. Dialoguer et se comprendre, c'est une compétence interculturelle intrinsèque dans la région frontalière entre la Sarre et la Lorraine.

Ce n'est pas par hasard qu'un grand européen comme Robert Schuman soit originaire de notre région frontalière. En tant que frontalier lorrain-luxembourgeois, il expérimentait la vie pratique commune, de même que les effets désunissant des frontières au quotidien dans la région. Il a compris ce qui constitue pour nous aujourd'hui une évidence : les régions frontalières sont les jonctions de l'Europe.

Le rapprochement entre l'Allemagne et la France se produit surtout le long des frontières. Il s'agit de poursuivre cette histoire à succès.

Cultiver cette compréhension, c'est une mission perpétuelle qui doit toujours être retransmise – de génération en génération.

Dans ce contexte, il y a de nombreux exemples réussis qui sont réputés bien au-delà des frontières de notre région, comme le manuel d'histoire franco-allemand offrant une comparaison explicative de l'histoire commune et des différentes perspectives nationales respectives, ou le calendrier mural pédagogique de la Grande Région s'adressant à des élèves de l'école primaire, ainsi que le marketing touristique interrégional soulignant justement la diversité culturelle de la Grande Région, pour ne citer que quelques exemples.

L'ancien président fédéral allemand Richard von Weizsäcker a souligné à juste titre : « Il ne s'agit pas de déplacer les frontières, mais de leur enlever leur caractère séparateur pour les peuples. »

7. Structures et législation dans les espaces frontaliers

Une question centrale de ce colloque est de savoir comment réussir à créer de nouveaux champs d'action et de nouvelles marges de manœuvre à partir de cette situation frontalière.

Pour cela, nous disposons d'une variété de possibilités.

Il existe un riche réseau de structures de coopération servant de plate-forme pour discuter et résoudre des problèmes administratifs :

- les structures permanentes du Sommet de la Grande Région, son Comité économique et social ayant une fonction consultative, ainsi que la Commission régionale établie lors des années 1970 sur la base d'un traité intergouvernemental ;

- depuis les années 1990, le Comité parlementaire interrégional se réunit régulièrement ;

- au niveau communal, les Accords de Karlsruhe de 1986 constituent la base du nouvel instrument juridique, le GECT, applicable pour l'ensemble de l'Union européenne depuis 2006, et permettant la création de « Groupements européens de coopération territoriale ». Ou bien la création d'un Task Force Frontaliers de la Grande Région analysant les incompatibilités du droit des frontaliers et cherchant des solutions. Plusieurs de ces institutions feront objet de ce congrès.

Au niveau des experts, des accords bilatéraux prévoient des dispositions spéciales permettant des exceptions pour les régions frontalières, du « droit local » historique d'Alsace-Moselle, qui est en partie encore valable aujourd'hui, en passant par la législation cadre franco-allemande pour la coopération dans le domaine de la santé, l'instrument juridique inhérent à la législation française du droit à l'expérimentation, jusqu'à la création de dispositions spéciales pour les espaces frontaliers dans l'imposition forfaitaire des entreprises de réseaux (IFER) ou dans le cadre de la convention franco-allemande contre la double imposition.

Des initiatives comme la Mission parlementaire de l'ancien Président français visant à identifier des propositions de solution pour une meilleure politique de coopération dans les espaces frontaliers français, ou la réflexion européenne pour la prise en compte de l'« impact territorial » dans le cadre des projets législatifs illustrent l'importance et l'intérêt du sujet de cette conférence.

Je vous souhaite pour cette conférence des débats constructifs et fructueux. Je suis convaincu que nous allons réussir, car il ne s'agit pas seulement d'échanger des discours, mais de présenter et de discuter des sujets et des expériences extrêmement complexes.

Dans cet esprit, je vous souhaite un bon démarrage et je me réjouis de résultats prometteurs.

Propos introductifs : l'avenir de la coopération transfrontalière

Nathalie GRIESBECK*

* Membre de la fraction de l'Alliance des Démocrates et des Libéraux pour l'Europe (ALDE) au sein du Parlement Européen, membre du parti MoDem.

Nathalie GRIESBECK

Monsieur Niedermeyer représentant de Monsieur le Ministre,

Monsieur le Consul général de la France à Sarrebruck,

Madame la Vice-Présidente de l'Université de la Sarre,

Madame la Vice-Présidente de l'Université franco-allemande de la Sarre

Mesdames et Messieurs les Elus, les Maires, membres des établissements de copération intercommunale,

Mesdames et Messieurs les représentants de cette belle université,

Mesdames et Messieurs les étudiants, qui êtes nombreux ce matin à être présents, dans ce séduisant amphithéâtre, en cette journée d'automne,

Et cher Philippe Cossalter, l'artisan de notre rencontre d'aujourd'hui pour parler de nos expériences, de nos espérances, de nos espoirs, et aussi pour, en tenant compte de ces expériences, de ces espérances et de ces espoirs, construire une Grande Région qui soit encore plus concrète pour les plus de dix millions de citoyens qui y vivent. Ces citoyens qui vivent ensemble, qui échangent, qui tombent parfois amoureux, qui créent des entreprises, qui échangent au sens propre du terme dans cet espace.

Pour moi c'est une double joie, ou peut-être même une triple, de dire quelques mots à l'occasion de l'ouverture de cette rencontre aujourd'hui. Cette rencontre qui va vous réunir, nous réunir pour travailler sur cette question, qui mérite de l'être, dans un cadre universitaire.

Une joie double ou triple : d'abord un peu comme universitaire, puisque c'est ma vie professionnelle que d'enseigner, devant des amphithéâtres, le droit public. Et aussi comme représentante de la Moselle, qui au quotidien essaie justement de concrétiser ces ponts entre les peuples, entre les acteurs de cette Grande Région.

Et enfin également comme collègue de Jo Leinen, de Doris Pack, de Jorgo Chatzimarkakis, de tous nos collègues, aussi nos collègues belges, qui essaient tout comme moi de rendre cette Europe plus lisible, plus concrète, plus authentique dans l'action concrète. Et ceci à un moment où cette Europe est – permettez-moi de le dire, après je vais quand même rentrer plus précisément dans le sujet qui nous occupe – qui pour certains dans mon pays, un espace institutionnel sur lequel il faudrait mettre une croix, mais qui est pour moi un espace à la croisée des chemins, à un moment qui est délicat pour tous les citoyens européens, et évidemment au plan institutionnel.

C'est une autre question mais en fait elle est en filigrane présente tout au long de cette journée. Cette journée qui va être une journée d'échanges et qui surtout, je m'en félicite, sera ensuite traduite en actes de facon à ce qu'on puisse prolonger les échanges pour les illustrer ou les concrétiser dans la réalité qui est la nôtre.

Donc à ces trois titres c'est pour moi non seulement un plaisir, mais aussi un honneur d'avoir été invitée à ce colloque européen sur la coopération transfrontalière dans la Grande Région. On a parlé de frontières, là on parle de transfrontalier. Il pourrait y avoir tout un débat sur la sémantique du terme « frontière », quand on construit, même si c'est avec difficultés, l'espace européen. Mais c'est un autre sujet, sur lequel je ne m'étendrai pas. En tout cas, ce colloque vient à point nommé, ici, dans ce que l'on peut considérer, au fond, comme le laboratoire de l'Europe. Je viendrai un instant sur cette notion, qui était une notion chère aux pères fondateurs de l'Europe.

Située donc au cœur de l'Europe, profondément européenne, cette Grande Région a une identité forte et commune. Cette identité est historique, elle est culturelle, elle est économique. Elle est aussi tout simplement géographique.

Concernant l'identité historique, ce n'est pas dans une faculté que j'enfoncerai des portes ouvertes. Nos racines communes, quand on le dit au fin fond de la Nièvre, qui est par exemple à la limite de ma circonscription « Grand Est », ca peut paraître nouveau, étonnant, magnifique. En effet, si je dis à Nevers que je viens d'une Région qui est au fond européenne depuis plus d'un millénaire et qui remonte à l'ancienne Lotharingie, où on était déjà en train de décliner et de traduire en actes cette Europe dont on parle, et où il y avait déjà une communauté d'esprit et de culture, semblable à celle aujourd'hui répartie dans plusieurs pays qui vivent ensemble, cela semble tout simplement incroyable.

Nous avons des affinités fortes, notamment une affinité géographique, la Grande Région étant située à l'épicentre des États fondateurs de l'Union européenne. Même avec le déport de la capitale allemande à Berlin, pour marquer les symboles que l'on sait, notre région reste géographiquement encore très centrale et en même temps très forte en démographie, ce qui est évidemment un atout majeur dans le monde des continents émergents qui est le nôtre.

Nos territoires sont liés. Ils sont liés historiquement, ils sont liés géographiquement, ils sont liés culturellement parce que les liens sont évidents, ils ont été tissés au fil de l'histoire et favorisés justement par la géographie et la proximité des habitants. Les populations de la Grande Région ressentent d'ailleurs unaninement ce sentiment d'appartenance à la Grande Région.

Et puis économiquement, je reparle encore d'Europe, car l'Europe nous l'avons construite, nous l'avons portée sur les fonts baptismaux, avec le Traité CECA, avec notre économie commune. Et pour ma part aujourd'hui, fin 2013, je regrette que l'on mette tant de temps à traduire à nouveau dans les faits des politiques communautaires industrielles. Je pense à la sidérurgie, je pense à l'énergie, donc des politiques qui nous rassemblent.

Concernant la sidérurgie, tout le monde connaît bien le dossier ARCELOR-MITTAL. Or MITTAL a des entreprises sidérurgiques en Allemagne, au Luxembourg, en France, en Belgique, en Espagne... et pourquoi ne pas imaginer, pour une fois, que l'histoire puisse bégayer ou plutôt se répéter de manière favorable en ce qui concerne la construction, comme au départ de l'Europe ? Avec de vraies politiques communautaires, type industriel, ou type de la politique de l'énergie. Et l'histoire bégayerait, sous un angle non pas négatif comme le veut l'expression, mais sous l'angle pleinement positif.

Donc économiquement, ces liens sont anciens et en même temps modernes et contemporains. Et je ne vais pas survoler toute l'histoire économique, mais vous m'accorderez la séduction intellectuelle de faire ce lien entre l'origine du pacte européen et les soucis économiques qui sont les nôtres aujourd'hui.

Donc nous avons beaucoup d'atouts dans cette Grande Région. Et c'est un laboratoire de l'histoire européenne, c'est un laboratoire de la coopération transfrontalière. Monsieur Niedermeyer vient de rappeler toutes les réalisations qui ont été produites, et mêmes les réalisations dont les sigles sont absolument technocratiques et parfois incompréhensibles pour le grand public, comme le Groupement Européen de Coopération Territoriale, qui est une façon d'exprimer cette coopération avec des fonds européens. Mais surtout cette Grande Région a un formidable potentiel pour devenir aujourd'hui carrément une région motrice, une région-concept européen, pour essayer à partir de ce que nous faisons ici de devenir une sorte de modèle pour les autres grandes régions d'Europe, étant donné ce qui nous construit, ce qui nous rassemble depuis tant de temps.

Quelques mots, juste trois-quatre thèmes puisqu'il faut faire vite. Car nous allons passer aux travaux, après ce que j'espére que vous ne considérerez pas seulement comme des pensums introductifs. Quelques mots, et en plus en francais, mais traduits! Je commence avec un peu de gravité, car à pareille époque l'année dernière, j'organisais dans les locaux du Kirchberg à Luxembourg une journée un petit peu comme aujourd'hui, qui était un petit peu plus provocatrice. Vous remarquerez que j'ai un tempérament, cela se voit, un peu provocateur de temps en temps, pour bouger les lignes. Et cette journée que j'organisais en novembre l'an dernier s'intitulait « Grande Région : où en sommes-nous ? », avec un gros point d'interrogation. Je voulais parler, évidemment, surtout des aspects institutionnels et de la gouvernance.

Ici et aujourd'hui, on va plus loin, avec ce colloque organisé par le Centre juridique, pour essayer, à partir des constats, de tracer un chemin, de tracer une direction, et surtout de tracer des pistes. Des pistes nouvelles, des pistes classiques, des pistes qui marchent pour cet avenir dont parlaient mes prédécesseurs à ce micro. Des pistes qui permettraient de tracer des perspectives, peut-être de les changer, de les amender… Et surtout j'ai bien aimé l'expression qui a été utilisée à l'instant et que j'ai comprise comme telle : « voir avec le regard de l'autre ». C'est-à-dire pour s'enrichir, essayer de comprendre l'autre, de comprendre comme il comprend, pour pouvoir traduire dans les faits ce qui nous anime et ce que nous ressentons, pour s'inscrire dans le futur.

La première piste c'est l'emploi, c'est incontestablement l'emploi. Au plan du Parlement européen, au plan des gouvernements des États membres, nous ne parlons en priorité que de cela. C'est le sujet du premier atelier qui nous occupera tout à l'heure. Mais pour nous, on peut dire – les chiffres varient parfois un peu – que dans la Grande Région, plus de 200.000 travailleurs salariés traversent et passent d'un État membre à l'autre, entre l'État où ils dorment et l'État où ils travaillent, l'État où ils consomment et l'État où ils se trouvent. C'est énorme, 200.000.

C'est extrêment important à mes yeux et cela démontre que les citoyens de la Grande Région s'activent dans le même sens, au moment où certains voudraient sortir de l'Europe. Pas seulement sortir de l'euro, mais sortir de l'Europe ! Imaginez la catastrophe, économique et sociale, que cela représenterait pour nous, nous les habitants de la Grande Région.

Ces difficultés, les difficultés de ces 200.000 personnes, existent aussi à bien des endroits. Et il nous faudra bien avancer - et ce sera sans doute une des pistes de cette journée - en termes de formation professionnelle, et même en termes de reconnaissance des diplômes entre deux États : car cela reste parfois compliqué. Cela reste parfois le parcours du combattant, en termes de fiscalité, en termes d'accès aux soins de santé, en termes de remboursement des prestations médicales, d'assurance maladie, de retraite… Pour ne citer que les exemples les plus emblématiques, ceux qui reviennent dans le cadre des rencontres avec les citoyens. Encore hier, à Strasbourg, je recevais un certain nombre d'élus, et la question des associations dans le secteur franco-allemand était posée. La question des définitions juridiques, on peut en parler ici, de la définition juridique de l'invalidité, de la facon de calculer la retraite entre les deux pays, etc. Des questions extrêmement concrètes, qui sont celles des citoyens de la Grande Région. A quoi servirait-il de faire de belles envolées lyriques sur des éléments théoriques de gouvernance, si ce n'était pour essayer d'apporter des réponses et aller de l'avant avec les citoyens qui vivent ici ?

Donc il reste des obstacles juridiques, des obstacles administratifs qui peuvent être parfois des freins à cette mobilité ou au développement de la Grande Région, et qui doivent être aplanis. Sans doute ces ateliers, et cette journée d'aujourd'hui, apporteront l'image de ce qui va, de ce qui pourrait être utilisé, dans d'autres schémas, et de ce qui continue de « clocher ».

Puis la piste institutionnelle, vous aurez compris qu'elle est en filigrane derrière mes quelques mots. Cette question aussi va être abordée et c'est une excellente initiative puisque, même si cela apparaît comme éventuellement un débat de la doctrine, c'est quand même ce qui sous-tend l'organisation, la vie, l'animation de la Grande Région. Oui, il faut peut-être repenser l'architecture institutionnelle de la Grande Région.

Peut-être suis-je un peu iconoclaste. Et on doit peut-être aussi être très politiquement correct, et dire que tout va très bien, Madame la Marquise, en ce qui concerne l'architecture de la Grande Région. Je pense que le mode de gouvernance pourrait être plus efficace, plus compréhensible aussi, et qu'il y a – et c'est dommage, car c'est un des gros travers de mon pays, la France – il y a une sorte de mille-feuille institutionnel. Le mille-feuille est un délicieux gâteau, que moi j'adore, mais qui est arrivé maintenant dans le langage populaire en France comme étant un truc « mal fichu », dont il faut se débarasser. Le gâteau, on continue de le manger, mais dans la Grande Région il commence malheureusement à poser problème. Et c'est regrettable, étant donné qu'on aurait pu profiter du pragmatisme de la pensée allemande pour simplifier, pour alléger, pour rendre souple et efficace la gouvernance de la Grande Région. Je suis prête à en débattre, car peut-être j'y vais trop fort de bon matin, mais je pense pour ma part que c'est au cœur du problème de certaines lenteurs de la Grande Région.

Alors, est-ce qu'on doit la réinventer, est-ce qu'on doit la toiletter, est-ce qu'on doit la garder telle qu'elle, est-ce qu'on doit la supprimer (je n'en crois rien) ? Mais on peut peut-être revoir un certain nombre d'éléments.

Pourquoi ne pas instaurer une sorte d'exécutif fort, lisible, de la Grande Région ? Vous me direz, elle exagère cette députée européenne, puisqu'en Europe c'est la même chose : trois présidents, deux qui sont inconnus et un qui est connu, dont on pense pis que pendre d'ailleurs et dont on pense qu'il est le président de l'Union alors que c'est Van Rompuy. Alors vous me direz, « cette élue, elle exagère ». Mais ce n'est pas parce qu'on vit des turpitudes administratives ici ou là qu'il ne faut pas s'en rendre compte et proposer d'évoluer.

Moi je pense qu'il faut peut-être s'interroger sur une nouvelle forme de l'exécutif, et peut-être même une légitimité démocratique. Dans un centre juridique, ce sont des questions qui peuvent se poser, qui peuvent ne pas être résolues, mais qui doivent se poser. Dans la maïeutique juridique, c'est intéressant, puisqu'on pense que s'il n'y a pas d'élections, il n'y a pas de sanction.

Donc peut-être simplifier les modalités d'action de la Grande Région, réformer les institutions, rationaliser les modalités d'action et de fonctionnement des institutions. Et faire entrer – je finirai sur cet aspect, je n'en ai plus qu'un –, et faire entrer la Grande Région dans l'imaginaire collectif. C'est-à-dire que de la même façon que les citoyens connaissent le nom de leur mère, ils puissent connaître l'exécutif de ce qui les rassemble dans la Grande Région européenne. C'est une piste peut-être difficile à mettre en œuvre, mais les juristes sont là pour imaginer cet avenir. C'est une piste qui donnerait de l'identité, de la force : on connaîtrait l'interlocuteur. Cette dernière piste est un vrai projet, et pose des perspectives pour la Grande Région, pour que les habitants y adhèrent pleinement.

Cela a été évoqué dans toutes les réalisations superbes, tout à l'heure en traversant Sarrebruck en voiture (de manière confortable, d'ailleurs plus confortable que dans d'autres grandes métropoles de notre Grande Région) je voyais le tram-train, je voyais cette vie des citoyens de la Grande Région, et c'était réjouissant. Il y a plein de réalisations, il faut les intensifier, il faut marquer cette coopération encore davantage, avec l'instauration d'un marché du travail qui soit encore plus unifié, avec une coordination des politiques économiques entre les différentes entités.

Aussi avec si possible, et le plus vite possible, plus d'Europe, c'est-à-dire un rapprochement des politiques fiscales et sociales, de façon à ce que nous ne parlions pas nécessairement la même langue – ceci c'est une richesse à condition d'être bilingue. Moi j'arrive à comprendre, mais je ne peux pas parler aussi vite en allemand. Mais donc que l'on ait enfin une véritable harmonisation de nos politiques fiscales et sociales.

Donc beaucoup, beaucoup de pistes, dans le respect de la qualité de la vie de chacun, auxquelles il faut adjoindre, évidemment ici, dans le temple de l'éducation et de la formation, je ne voudrais pas vous quitter sans l'avoir dit, l'éducation et la culture pour le développement profond, sociologique, de cette identité de la Grande Région. Avec le bilinguisme, dans le département de la Moselle et ici aussi des efforts sont faits, même si parfois on a un petit coup de déprime à voir que parfois, au lieu de voir une augmentation des étudiants et des élèves apprenant la langue du voisin, on peut assister à une diminution.

Donc pour conclure, continuons, avançons, faisons comme le dit le philosophe Bergson, que moi j'aime beaucoup, à propos de l'avenir, il disait « le futur n'est pas ce qui va arriver, mais ce qui se passe aujourd'hui ». Donc construisons ce futur, ensembles, avec la jeunesse, avec les étudiants, avec les acteurs que le professeur Philippe Cossalter a eu le talent aujourd'hui de rassembler, pour dessiner cet avenir plein de potentialités, plein de richesses.

Je vous remercie.

Sources et structures de la coopération trans-frontalière

Les sources juridiques de la coopération transfrontalière entre collectivités publiques françaises et allemandes*

Jérôme GERMAIN**

* L'auteur remercie son collègue J. Sohnle pour avoir mis sa documentation à sa disposition.

** Maître de Conférences en droit public, IRENEE-UL et IMH-UTC, Faculté de droit de Metz, Université de Lorraine

Introduction

Pour justifier le plan suivi par nos développements, il nous faut commencer par définir les principaux termes de notre sujet, à savoir : les sources juridiques, la coopération transfrontalière et les collectivités publiques en France et en Allemagne.

A. Du terme de source juridique à la notion de forme juridique

Depuis le début du XXème siècle notamment, la doctrine est réservée vis-à-vis du terme de source juridique. Elle lui reproche en particulier ses connotations jusnaturalistes peu compatibles avec la scientificité du positivisme contemporain.

Par exemple, Kelsen lui préfère la notion de méthode de production du droit (*Methode der Rechtserzeugung*). Ce refus du terme de source juridique vise essentiellement à contester le caractère déclaratif du droit afin d'affirmer sa nature constitutive. Kelsen s'oppose ainsi aux conceptions traditionnelles qui faisaient des normes juridiques de simples duplications reconnaissant un droit préexistant, jaillissant des profondeurs du monde intelligible au-delà de toute volonté humaine. Cette nouvelle approche permet à Kelsen, d'une part, de redéfinir la coutume comme un droit spontané, décentralisé et démocratique, c'est à dire comme un droit posé par l'homme et non comme quelque chose d'indisponible pour lui et le dépassant. Cette nouvelle approche lui permet, d'autre part, d'intégrer la jurisprudence comme un mode supplémentaire (et même primordial) de création du droit. L'approche classique en effet niait le caractère subjectif et créatif de l'interprétation jurisprudentielle et limitait le rôle du juge à une simple fonction de reconnaissance objective du droit applicable[1].

---

1 KELSEN (Hans), Reine Rechtslehre, Wien, F. Deuticke, 1960, p. 233 et s., CUBERTAFOND (Bernard), « Du droit enrichi par ses sources », in Revue du droit public, 1992, p. 353 et s., JESTAZ (Philippe), Les sources du droit, Dalloz, 2005, MILLARD (Éric), Théorie générale du droit, Dalloz, 2006, p. 99 et s., LUHMANN (Niklas), « L'unité du système juridique », in Archives de philosophie du droit, tome 31, 1986, p. 163 et s. et AMSELEK (Paul), « Brèves réflexions sur la notion de sources du droit », in Archives de philosophie du droit, tome 27, 1982, p. 252 et s.

C'est pourquoi il semble plus juste aujourd'hui de redéfinir ce terme de source juridique et de distinguer l'aspect formel et l'aspect matériel des normes juridiques. L'aspect matériel désigne la règle juridique contenue tandis que l'aspect formel, ou forme juridique, désigne le contenant de cette règle juridique. Ce *distinguo* entre la règle juridique et la forme juridique permet de mieux cerner le champ de notre étude. Nous n'allons pas étudier le contenu des normes relatives à la coopération transfrontalière mais le système dessiné par les formes juridiques qui contiennent ces règles normatives. Les Constitutions, les traités, les lois, les règlements, voire les jurisprudences, seront étudiés en tant que formes et non par le biais de leur contenu.

Nous espérons ici montrer que la comparaison des sources françaises et allemandes de la coopération transfrontière n'épuise pas tout son intérêt dans le dévoilement des convergences et des divergences entre ces deux ordres juridiques en ce domaine. Au-delà de la problématisation des techniques juridiques liées à la coordination minimale entre collectivités voisines en zone frontalière, cette étude ambitionne de contribuer à la prise de conscience des potentialités et des domaines restant à conquérir en matière d'autonomie locale et de régionalisation, notamment en France.

B. Les définitions positives de la coopération transfrontalière et les distinctions doctrinales relatives à la coopération transfrontalière

L'autonomie locale consiste en la reconnaissance de compétences propres à une personne publique autre que l'État central sur un territoire donné. Cette autonomie locale mène les autorités locales (les collectivités locales ou les États fédérés) à coopérer, notamment dans les zones frontalières, avec une personne publique située sur un territoire étranger. Ce phénomène est désigné par le nom de coopération transfrontalière.

Le besoin de coopérer avec des collectivités locales situées dans un État limitrophe peut se trouver compliqué par les incompatibilités entre systèmes juridiques ou la peur d'appliquer un droit étranger[2]. Le droit de la

---

[2] Le système juridique français présente une frontière commune avec 23 systèmes juridiques différents. V. SOHNLE (Jochen), « L'autonomie locale à

coopération transfrontalière est certes apparu dès le XIXème siècle mais son développement s'est largement accéléré depuis la fin du XXème siècle. Les commentateurs observent ainsi depuis une trentaine d'années la sophistication d'un droit de la coopération transfrontalière.

En France, le Code général des collectivités territoriales (CGCT) en reste à la notion plus étroite de coopération décentralisée qui exclut les États fédérés puisqu'ils ne procèdent pas de la décentralisation mais du fédéralisme[3]. En Allemagne, la Loi fondamentale parle depuis 1992 d'institution de voisinage frontalier, ce qui limite la coopération entre autorités locales à des zones frontalières. Au-delà de ces définitions finalistes, désignant le phénomène par son but, d'autres termes, se référant aux moyens employés, peuvent aussi être rencontrés comme ceux d'action extérieure ou internationale des collectivités territoriales ou des États fédérés.

La doctrine distingue parfois au sein de la coopération transfrontalière *lato sensu* entre la coopération transfrontalière *stricto sensu*, la coopération interterritoriale et la coopération transnationale[4].

La coopération transfrontalière *stricto sensu*, en premier lieu, prend la forme d'une coopération de voisinage ou de proximité entre autorités locales seulement séparées par une frontière internationale commune. Cette proximité peut être définie par le droit soit par la continuité territo-

---

l'épreuve du droit de la coopération transfrontalière », in POTVIN-SOLIS (Laurence) (dir.), *L'Union européenne et l'autonomie locale et régionale, Bruxelles*, Bruylant, 2016, p. 245-277..

[3] Chapitre V du titre unique du livre 1er de la 1ère partie du Code général des collectivités locales (CGCT). V. aussi SOHNLE (Jochen), Fascicule « L'action extérieure des collectivités territoriales », folio n° 1212, n° 7, Dalloz, Encyclopédie des collectivités locales, 2015.

[4] COMTE (Henri) et LEVRAT (Nicolas) (sd.), Aux coutures de l'Europe, L'Harmattan, 2006, LABAYLE (Henri), Vers un droit commun de la coopération transfrontalière ?, Bruxelles, Bruylant, 2005, MARCORI (Claude) et THOIN (Muriel), La coopération transfrontalière, Documentation française, 2011. Certains auteurs préfèrent le terme de coopération décentralisée : MARE (Cyril), La coopération décentralisée, Studyrama, 2012 ou FAURE (Bernard), Droit des collectivités territoriales, Dalloz, 2011.

riale, soit par une bande territoriale d'une certaine profondeur[5]. La coopération transfrontalière *stricto sensu* est la principale modalité de coopération transfrontalière *lato sensu* qui nous intéressera ici.

La coopération interterritoriale, en second lieu, dépasse le cadre de proximité de la coopération transfrontalière *stricto sensu*. Le droit français parle à son sujet de coopération interrégionale bien qu'elle ne soit pas réservée aux régions[6]. Elle peut avoir pour objet des jumelages ou l'action humanitaire[7].

La coopération transnationale, en dernier lieu, permet à des États membres de participer à une coopération transfrontalière dès lors qu'une de leurs collectivités ou autorités locales y participent. L'État membre apparaît dans cette configuration comme un simple échelon intermédiaire entre l'Union européenne et les autorités locales[8].

C. Les collectivités publiques concernées

La distinction, méconnue par le droit français mais présente en droit allemand, entre collectivité territoriale et collectivité locale (1) permet de mieux identifier les différences d'autonomie locale entre le fédéralisme, le régionalisme et la décentralisation (2).

---

[5] En ce qui concerne la continuité territoriale, il peut s'agir par exemple de l'autorisation donnée à toutes les collectivités de la région Lorraine de coopérer avec les collectivités allemandes, luxembourgeoises ou belges comme dans l'Accord quadripartite de Karlsruhe de 1996. En ce qui concerne la bande d'une certaine profondeur, il peut s'agir par exemple d'une bande de 25 km le long de la frontière franco-italienne à l'intérieur de laquelle les collectivités italiennes peuvent coopérer avec leurs homologues français comme le prévoit l'Accord de Rome de 1993.

[6] V. par exemple l'article 1115-4-2 du Code général des collectivités territoriales.

[7] V. par exemple le Protocole n°2 de 1998 de la Convention-cadre de Madrid du Conseil de l'Europe.

[8] Nous l'évoquerons rapidement dans la dernière section de ce travail. V. aussi infra l'article L. 1115-4-2 CGCT appliquant le règlement communautaire 1082 de 2006.

1) La distinction entre collectivités territoriales et collectivités locales

Le droit français comme le droit allemand distinguent les collectivités publiques au sein des personnes publiques.

En Allemagne, ces collectivités publiques peuvent être des collectivités territoriales ou personnelles[9]. Les collectivités territoriales allemandes se subdivisent entre l'État et les collectivités locales. L'État lui-même comprend l'État fédéral et les États fédérés. Les collectivités locales (*Kommunen*), quant à elles, sont les communes (*Gemeinden*), les arrondissements ou cercles ruraux (*Landkreise*), les provinces de Rhénanie du Nord-Westphalie (*Landschaften*) et les districts bavarois (*Bezirke*)[10].

En France, la doctrine récente s'appuie sur la révision constitutionnelle de 2003 qui a remplacé le terme de collectivité locale par celui de collectivité territoriale, jusqu'alors en concurrence avec lui, dans la Constitution. Sur ce fondement, la doctrine française distingue deux sortes de collectivités publiques : l'État et les collectivités territoriales. Les collectivités territoriales sont, pour en rester à la France continentale, les com-

---

[9] Les Églises protestantes et catholiques ainsi que les structures intercommunales sont deux exemples standards de collectivités personnelles en droit public allemand. Pour la distinction entre collectivités publiques et collectivités personnelles, v. GERMAIN (Jérôme), « Le droit de l'Union européenne et les marchés publics des collectivités territoriales en Allemagne », in ALLEMAND (Roselyne) (sd.), Les effets du droit de l'Union européenne sur les collectivités territoriales, L'Harmattan, 2011, p. 129-131.

[10] GERMAIN (Jérôme), « La voie étroite de l'intercommunalité en Allemagne », in MONJAL (Pierre-Yves) (sd.), La réforme de l'intercommunalité en France, L'Harmattan, 2013. Les communes représentent les collectivités locales de droit commun en Allemagne. Elles couvrent uniformément le territoire. Les cercles ne se rencontrent que dans les zones moins peuplées (les cercles ruraux) ou bien ont été créées pour unifier certaines agglomérations (à l'Est par exemple). Il en est de même pour le cas particulier des communes composées de communes que l'on trouve en Rhénanie-Palatinat ou en Basse-Saxe. Les autres collectivités locales comme les provinces de Rhénanie du Nord-Westphalie ou les districts de Bavière possèdent peu de compétences et visent en partie à faire exister certaines identités locales à l'intérieur des *Länder*.

munes, les départements et les régions[11]. Pour les juristes français, seules les collectivités locales sont des collectivités territoriales alors que pour les juristes allemands, l'État est aussi une collectivité territoriale.

L'absence de collectivités personnelles dans la systématisation française et le caractère unitaire de l'État conduisent en France à refuser à l'État le titre de collectivité territoriale et à confondre les collectivités territoriales et les collectivités locales. Considérer l'État comme une collectivité universelle, aux compétences non limitées par le territoire national, se heurte tout d'abord aux réalités politiques les plus élémentaires. Ce refus de faire de l'État une collectivité territoriale oblige ensuite à employer dans les textes normatifs des notions encore plus indéterminées comme autorité locale[12]. Pour éviter les confusions liées au terme de collectivité territoriale, nous parlerons donc de collectivité publique (lorsque l'État, y compris fédéré, est inclus) et de collectivité locale (lorsque l'État, unitaire, fédéral ou fédéré, est exclu).

Ces précisions faites, il est possible de mieux cerner les collectivités publiques susceptibles de participer à une coopération transfrontalière. Si l'on met à part pour l'instant l'État central, qui est aussi un acteur de la coopération transfrontalière, les collectivités publiques concernées peuvent être de trois sortes différentes.

D'une part, la coopération transfrontalière peut amener à travailler ensemble des collectivités locales dépourvues de pouvoirs législatifs, à l'instar des collectivités locales françaises (communes, départements et régions) ou allemandes (communes et « groupements de communes » - *Gemeindeverbände*- comme les arrondissements, les provinces de Rhénanie du Nord – Westphalie et les districts bavarois).

---

[11] Le cas particulier des grandes villes à statut spécial (Paris, Lyon et Marseille) ne sera pas étudié ici. En ce qui concerne la France métropolitaine, il faudrait aussi ajouter la collectivité territoriale de Corse, assimilée à une région. En ce qui concerne les Outre-Mers, il faudrait ajouter les DROM (départements et régions d'outre-mer), les collectivités uniques (dernier alinéa de l'article 73 de la Constitution), les COM (collectivités d'outre-mer), les POM (les pays d'outre-mer), la Nouvelle-Calédonie et les autres territoires au statut *sui generis*.

[12] Le CGCT et la Convention-cadre de Madrid y recourent par exemple.

D'autre part, la coopération transfrontalière peut concerner des régions autonomes[13] dotées de pouvoirs législatifs (formels et matériels) d'attribution, comme les communautés espagnoles, les régions italiennes ou encore, au Royaume-Uni, l'Écosse et l'Irlande du Nord[14]. Ces régions autonomes ne sont pas considérées comme des États fédérés mais comme des subdivisions autonomisées de l'État, créées par l'État. À ce titre, elles appartiennent à notre sens à la catégorie des collectivités locales.

Enfin, la coopération transfrontalière peut aussi voir s'associer à une coopération transfrontalière un État fédéré, donc une entité étatique, non seulement dotée d'un pouvoir législatif de principe mais aussi d'une partie du pouvoir constituant. Cette participation au pouvoir constituant garantit à l'État fédéré un partage avec l'État central du pouvoir de réviser la Constitution et donc du pouvoir de répartir les compétences exercées entre les niveaux fédéral et fédéré. C'est le cas avec les *Länder* (États fédérés) allemands ou autrichiens et les cantons suisses.

À chaque type d'autorité locale correspond un degré d'autonomie locale.

2) Les différents niveaux d'autonomie locale (État fédéral, État autonomique et État décentralisé)

a) L'État fédéral

Dans le cas de l'État fédéral, tout d'abord, les États fédérés, en plus de leurs pouvoirs législatifs, possèdent le droit de participer au pouvoir constituant. Cette compétence a pour conséquence que la répartition verticale des compétences entre le niveau fédéral et le niveau fédéré procède d'une co-décision entre l'État fédéral et les États fédérés. Les compétences respectives des États fédérés et de l'État fédéral étant inscrites dans la Constitution, l'État fédéral ne peut pas imposer unilatéralement une modification du champ des compétences des États fédérés comme dans le cas de l'État unitaire et de ses collectivités décentralisées. Il ne peut pas non plus se contenter de leur proposer une liste close de com-

---

13 FAVOREU (Louis), Droit constitutionnel, Dalloz, 2011, p. 471 et s.

14 PIRON (Michel), L'équilibre territorial des pouvoirs, Assemblée nationale, 2006, p. 169 et s..

pétences à accepter ou rejeter, comme dans le cas de l'État régional espagnol. Les compétences de l'État fédéral ainsi que les compétences des États fédérés procèdent d'un accord entre les deux niveaux. La différence avec un régime mixte tient à ce que les différents titulaires de la souveraineté, ou co-souverains, possèdent la même assise territoriale.

b) L'État régional ou autonomique

L'État régional, quant à lui, permet non seulement à une catégorie particulière de collectivités locales appelées régions autonomes d'exercer d'authentiques pouvoirs législatifs formels et matériels. Il leur accorde aussi parfois le droit de participer à la délimitation de leurs compétences. En Espagne, par exemple, les Communautés autonomes ont pu choisir lors de leur création parmi les compétences proposées par l'État celles qu'elles désiraient assumer et celles qu'elles préféraient laisser à l'État[15].

c) L'État décentralisé et les diverses formes de pouvoir réglementaire local

L'État décentralisé, enfin, n'accorde à ses collectivités locales qu'un pouvoir administratif réglementaire ou individuel et leurs compétences leur sont attribuées unilatéralement par l'État par le biais de la loi. Ch. Eisenmann parlait à son sujet d'une certaine dose de décentralisation par opposition à la décentralisation authentique qui confie des compétences législatives exercées sous forme législative aux collectivités locales[16]. Il n'est certes pas envisageable dans le cadre de cette étude de procéder à une analyse complète des diverses formes nationales de pouvoir réglementaire local afin de déterminer leur degré de participation à l'autonomie locale. Nous pouvons toutefois présenter les principales formes de ce pouvoir réglementaire local en France et en Allemagne.

Le pouvoir réglementaire local peut parfois consister à adopter des lois matérielles sous forme réglementaire. C'est par exemple le cas dans les

15 En Espagne, les Communautés autonomes ont même été créées par les généralités (correspondant à nos départements) qui ont choisi de se regrouper. Leurs frontières n'ont donc pas été dessinées par le pouvoir central.

16 EISENMANN (Charles), « Déconcentration et décentralisation », in Revue du droit public, 1947, passim.

COM françaises pour les compétences que la loi leur attribue. En ces domaines, elles possèdent un authentique pouvoir de décision même si dans la pyramide des formes juridiques l'acte adopté ne possède qu'une valeur infra-législative.

De leur côté, les communes et les autres collectivités locales allemandes se voient aussi reconnaître comme une conséquence découlant de la garantie constitutionnelle de leur autonomie locale un pouvoir réglementaire local. Ce pouvoir réglementaire local confère à leurs organes délibérants (parfois exécutifs comme en France) la possibilité d'édicter des normes unilatérales et générales appelées *Rechtssatzungen* dans leurs domaines de compétences. Il complète les autres instruments juridiques nécessaires à l'exercice de leurs compétences (passation de contrats administratifs ou de droit privé et décisions individuelles par exemple). Ces *Rechtssatzungen* se distinguent des *Rechtsverordnungen*, qui sont aussi des règlements administratifs, par la marge d'appréciation qui est laissée à l'organe qui édicte l'acte. Cependant, ce pouvoir réglementaire local est encadré. Il doit respecter les lois et règlements des *Länder* et du *Bund* sous peine d'invalidité. L'autonomie locale des *Länder* et la taille importante des villes (par l'impact qu'elle donne à l'exercice de leurs compétences) compensent cependant en partie cette faiblesse de l'autonomie locale des collectivités locales en Allemagne. En outre, un noyau dur de compétences semble mieux protégé du côté des collectivités locales allemandes que de leurs homologues françaises : le *Land* ne peut pas se réapproprier des compétences décentralisées qui videraient de son contenu l'autonomie des collectivités locales[17].

---

[17] BURGI (Martin), Kommunalrecht, München, Beck, 2010, p. 185 et s. (sur le pouvoir réglementaire local) et p. 44 et s., plus particulièrement p. 62 et s. (sur le respect du noyau dur de compétences décentralisées). Le texte de l'article 28 II LF impliquant un pouvoir réglementaire local est le suivant : « Aux communes doit être garanti le droit de régler sous leur propre responsabilité (*in eigener Verantwortung*) toutes les affaires de la communauté locale dans le cadre des lois ». Pour les autres collectivités locales : « Les groupements de communes ont également le droit à l'autonomie locale dans le cadre de leur domaine légal de compétences et dans le respect de la loi ». Pour l'identification des groupements de communes aux collectivités locales

Ce pouvoir réglementaire local peut, dans certains cas, encore plus se réduire à un pouvoir assez proche de l'exécution des lois et réglements nationaux, laissant peu d'espace à la décision autonome. C'est par exemple le cas du pouvoir réglementaire reconnu aux collectivités locales métropolitaines en France. Ce pouvoir réglementaire que définit l'article 72 alinéa 3 de la Constitution française est en effet à distinguer du pouvoir réglementaire des organes de l'État. Il est tout d'abord dérivé des lois et règlements nationaux. Il ne peut intervenir que sur le fondement explicite ou implicite d'une loi ou d'un règlement national. Il est ensuite résiduel. Sa reconnaissance par des lois ou règlements nationaux n'empêche pas les organes de l'État d'intervenir dans son domaine et de primer sur lui. Il est enfin subordonné au respect des lois et règlements nationaux qui encadrent son exercice[18]. Sa non conformité à des textes nationaux qui entourent son domaine d'intervention peut conduire à son invalidité[19].

Par sa dimension exécutive laissant peu de place à la création de ses propres normes, cette forme de décentralisation semble se rapprocher de ce que Jellinek nommait la décentralisation passive. La principale différence avec la décentralisation active tient à ce que les organes élus des collectivités décentralisées jouent un rôle proche des organes déconcentrés de l'État nommés par le pouvoir central[20].

L'autonomie locale est ainsi manifestement plus avancée dans le cas de la régionalisation et de l'État fédéré que dans le cas des collectivités locales simplement décentralisées comme en France ou en Allemagne. Les collectivités locales françaises et allemandes se placent donc en droit com-

---

supra-communales, voir par exemple : JARASS (Hans) et PIEROTH (Bodo), Grundgesetz für die Bundesrepublik Deutschland, Kommentar, München, Beck, 2012, p. 634. Un recours spécifique, la requête statutaire territoriale (*Kommunalverfassungsbeschwerde*), se trouve à la disposition des collectivités locales pour protéger leur autonomie locale.

18 V. par exemple, LONGUET (Gérard), L'expérimentation par les collectivités territoriales, Sénat, 2003, p. 10-12.

19 FAVOREU (Louis) et autres, Droit constitutionnel, op. cit., p. 495 et s..

20 JELLINEK (Georg), L'État moderne et son droit, Éditions Panthéon Assas, 2005, tome 2, p. 371.

paré parmi les pays présentant une forme inférieure d'autonomie locale. La région autonome représente, dans cette perspective, une forme intermédiaire d'autonomie locale tandis que l'État fédéré en constitue une forme supérieure[21]. Les collectivités locales françaises et allemandes se caractérisent, en conséquent, par une autonomie locale aux marges de progression importantes et par un faible pouvoir de décision en matière de coopération transfrontalière.

I. — Les sources juridiques communes à la France et l'Allemagne de la coopération transfrontalière

Les sources supranationales sont les sources juridiques communes à la France et à l'Allemagne. Il faut distinguer, d'une part, les sources externes : les traités internationaux qui peuvent encadrer le développement de la coopération transfrontalière (A) et, d'autre part, les sources internes : le droit communautaire qui le règlemente de façon plus intégrée (B). L'apparition d'un droit supranational de la coopération transfrontalière demeure cependant un phénomène essentiellement européen.

A. Les traités internationaux

La naissance d'une coopération transfrontalière possède deux types possibles d'origine. Soit elle trouve son fondement dans un traité international classique entre États indépendants[22]. Soit la coopération internationale découle de pratiques spontanées, comme par exemple les jumelages entre communes européennes[23].

Dans le cas franco-allemand, le droit en la matière provient du Conseil de l'Europe. Le Conseil de l'Europe a en effet signé le 21 mai 1980 la Convention-cadre de Madrid. Elle est aujourd'hui complétée par trois Protocoles[24]. Elle est de surcroît précisée par des accords régionaux

---

21 V. infra annexe 1.

22 Un tel traité peut directement créer un organisme en charge de cette coopération, comme par exemple la Commission internationale des Pyrénées en 1875.

23 Le premier d'entre eux apparut entre les communes française de Poix du Nord et britannique de Keighley en 1920.

24 Protocole additionnel de Strasbourg du 9 novembre 1995, Protocole n°2 de Strasbourg du 5 mai 1998 et Protocole n°3 d'Utrecht du 16 novembre 2009

d'application à des frontières concrètes comme l'Accord quadripartite de Karlsruhe du 26 janvier 1996.

B. Le droit communautaire

Les sources juridiques de la coopération transfrontalière franco-allemande peuvent aussi prendre la forme d'une réglementation communautaire.

L'Union européenne s'est tout d'abord contentée de participer au financement de la coopération transfrontalière avec le Programme Interreg à partir de 1990. En 2006, le règlement 1082 de l'UE a mis ensuite en place la formule du GECT (Groupement européen de coopération territoriale). Le règlement (UE) 1302/2013 du 17 décembre 2013 a depuis clarifié et simplifié la constitution et le fonctionnement des GECT. Il n'est cependant applicable qu'à partir du 22 juin 2014. La différence avec les sources nationales tient au fait que l'intervention européenne est plus récente mais joue un rôle plus incitatif que les droits nationaux en matière de coopération transfrontalière.

II. — Les sources juridiques de la coopération transfrontalière propres à la France ou l'Allemagne

Les normes juridiques réglementant la coopération transfrontalière sont beaucoup plus denses en France qu'en Allemagne. Cette réglementation plus précise en France qu'en Allemagne s'explique en ce domaine par la moindre autonomie locale des collectivités locales françaises (A) par rapport à leurs homologues allemands (B).

A. Les sources juridiques propres à la France

La combinaison de normes européennes et internes (1) ainsi que la diversité des sources internes relatives à la coopération transfrontalière (2) en France constituent les deux traits saillants du droit français de la coopération transfrontalière par rapport à l'Allemagne[25].

(relatif aux Groupements eurorégionaux de coopération ou GEC). V. aussi le site dédié à la coopération transfrontalière : espaces-transfrontaliers.org

[25] La suppression de la clause générale de compétence des départements et des régions à nouveau en discussion au Parlement en 2015 après une première

1) La combinaison des sources internes et européennes en France

Le droit national encadre la coopération transfrontalière de deux manières différentes en France. D'une part, il peut développer une réglementation propre, parallèle aux dispositions européennes, qui, loin de l'appliquer, semble l'ignorer. Cette réglementation nationale spécifique témoigne le plus souvent d'une certaine méfiance vis-à-vis de la coopération transfrontalière. Cette tendance particularise le cas de la France. D'autre part, le droit national peut incorporer les dispositions européennes dans des textes internes. Cette technique semble aussi en ce domaine une particularité du droit français. En effet, la plupart des États membres appliquent directement, sans transposition, le droit européen relatif à la coopération transfrontalière.

Ce phénomène entraîne un certain dédoublement du droit français de la coopération transfrontalière. Ainsi se côtoient dans le CGCT les GECT (groupement européen de coopération territoriale, de l'article L. 1115-4-2, voir *infra*) en transposition du droit communautaire et les GLCT (groupement locaux de coopération transfrontalière, aussi appelés districts européens, de l'article 1115-4-1, voir *infra*) qui n'ont pas de fondement juridique en droit communautaire mais conventionnel (Accord de Karlsruhe). Un filtre étatique reformule ainsi le droit applicable aux collectivités locales comme si l'État craignait le symbole d'une application directe de ces normes supranationales.

Ce dédoublement est toutefois porteur d'effets extensifs. Les GLCT concernent à l'origine les États signataires de l'Accord de Karlsruhe. Leur reprise dans le CGCT les rend aussi applicables sur les autres frontières de la France. Ce dédoublement, cependant, ne peut pas contrarier la supériorité des traités sur la loi dans les conditions prévues par l'article 55 de la Constitution. En cas de contradiction entre le droit supranational et sa transposition nationale prime le droit supranational.

suppression en 2010 et son rétablissement en 2014 ne concerne pas la coopération transfrontalière même si elle est de nature à réduire ses domaines d'intervention. L'actuelle majorité envisage de toute façon de supprimer cette réforme avant son entrée en vigueur.

2) La diversité des sources internes en France

La France est un des rares pays dont l'ordre juridique présente des dispositions précises relatives à la coopération transfrontalière avant même la ratification de la Convention de Madrid de 1986. L'article 64 de la loi du 2 mars 1982 relative aux droits et libertés des collectivités territoriales est cependant teinté d'une certaine méfiance vis à vis de la coopération transfrontalière. La loi ATR (administration territoriale de la République) du 6 février 1992 encourage plus franchement le développement de la coopération transfrontalière[26]. Depuis 1996, les principales dispositions relatives à la coopération transfrontière sont intégrées dans les parties législatives et réglementaires du CGCT.

Dans la partie législative, on compte les articles L. 1115-1, L. 1115-1-1, L. 1115-4, L. 1115-4-1, L. 1115-4-2, L. 1115-5, L. 1115-6 et L. 1115-7 complétés par les articles L. 1521-1 et L. 1522-1 relatifs aux SEML. On trouve aussi des dispositions particulières relatives à Paris (article L. 2512-11 CGCT), aux métropoles (article L. 5217-2 CGCT) et aux pôles métropolitains (articles L. 5731-1, -2 et -3 CGCT). Le code de l'urbanisme prévoit aussi des dispositions relatives à l'occupation des sols en zone frontalière (article L. 121-4-1) et le code des transports contient par ailleurs trois articles relatifs aux transports interrégionaux (articles L. 1111-3, L. 2121-7 et L. 2121-12). Enfin, d'après l'article L. 213-9-2 du Code de l'environnement, l'Agence de l'eau peut s'associer à des coopérations internationales.

Au-delà des articles relatifs à la Commission nationale de la coopération décentralisée (articles R. 1115-8 à -15 CGCT), on trouve au niveau réglementaire des dispositions spécifiques à certains services publics : article R. 1424-50 pour les services d'incendie et de secours ainsi que les annexes V et VI aux articles D. 2224-1 à -3 pour le service public d'eau potable et pour le service public de l'assainissement.

---

[26] La loi ATR créant dans sa version originelle le futur article L. 1115-1 CGCT qui sera codifié à droit constant par la loi n°96-142 du 21 février 1996 et la loi n°2004-809 du 10 septembre 2004 comme article L. 1114-1 CGCT.

B. Les sources allemandes de la coopération transfrontalière

Alors qu'en France les sources juridiques de la coopération transfrontalière se caractérisent par la combinaison des sources internes et européennes ainsi que par la diversité des sources internes, l'Allemagne se singularise en raison de sa structure fédérale. Cette nature fédérale de l'État oblige à distinguer entre les sources relatives aux collectivités locales (1) et les sources relatives aux *Länder* (2).

1) Le cas des collectivités locales

Comparé à la France, le nombre de normes juridiques relatives à la coopération transfrontalière est relativement modeste (a). Ce faible nombre s'explique par la l'auto-suffisance des normes européennes et l'étendue de l'autonomie locale, notamment au niveau communal, que garantissent la Loi fondamentale (la Constitution fédérale) et les Constitutions fédérées (b).

a) Le faible nombre de normes juridiques relatives à la coopération transfrontalière

Au niveau constitutionnel, la coopération transfrontalière fait l'objet de proclamations fortement incitatives mais peu précises au niveau fédéral comme fédéré.

Dans la Loi fondamentale, l'article 24 alinéa 1a LF, inséré par la loi constitutionnelle de 1992, encourage le développement de la coopération transfrontalière des collectivités locales[27].

Au niveau fédéré, on retrouve parfois dans les Constitutions des *Länder* des dispositions semblables à celle de l'article 24 alinéa 1a LF. Elles sont antérieures à la Convention de Madrid de 1980. Par exemple, le Préambule de la Constitution du Bade-Wurtemberg de 1953 parle explicitement de promotion active de la coopération transfrontalière[28]. La Constitution

---

[27] « Lorsque les Länder sont compétents pour l'exercice de compétences étatiques, ils peuvent, avec l'approbation du gouvernement fédéral, transférer des droits de souveraineté à des institutions de voisinage frontalier ».

[28] (le peuple du Land) « ... a décidé de contribuer activement à la promotion de la coopération transfrontalière ... ». L'article 71 de cette même Constitu-

de la Sarre de 1947 soutient dans son article 60 phrase 2 les relations entre les collectivités locales sarroises et les institutions étrangères voisines[29].

Au niveau législatif, seuls les *Länder* sont compétents en matière de collectivités locales et donc de coopération transfrontalière. Les articles 30 et 28 alinéa 2 de la Loi fondamentale attribuent aux *Länder* la compétence pour légiférer en matière de collectivités locales et donc de coopération transfrontalière de leurs collectivités locales. L'État fédéral ou *Bund* est incompétent en matière de collectivités locales. Rares sont les normes infra-constitutionnelles dans le domaine de la coopération transfrontalière en Allemagne. La loi sur les collectivités locales (*Kommunalverfassungsgesetz*) de Mecklembourg-Poméranie antérieure du 8 juin 2004 fait figure d'exception. Elle reconnaît aux communes la possibilité de développer des relations de partenariat avec des communes d'autres États (en l'occurrence la Pologne). Chaque coopération transfrontalière est néanmoins soumise à l'approbation du *Land*.

b) L'auto-suffisance du droit européen et l'étendue de la garantie constitutionnelle de l'autonomie locale

Ce silence des lois fédérées dans le domaine de la coopération transfrontalière ne freine pas le développement des coopérations transfrontalières. En effet, l'autonomie communale est fortement ancrée dans la Loi fondamentale comme dans les Constitutions fédérées. Cette autonomie communale est généralement interprétée comme englobant la possibilité de développer des coopérations transfrontalières[30]. Le silence de la loi

---

tion inscrit cette politique dans le cadre de l'autonomie des collectivités locales qu'il consacre.

29 « La Sarre … coopère avec d'autres régions européennes et soutient les relations transfrontalières entre collectivités territoriales et institutions voisines ». V. GRÖPL (Christoph), in WENDT (Rudolf) et RIZECKER (Rolland) (sd.), Verfassung des Saarlandes, Kommentar, Saarbrücken, Alma Mater, p. 336-337.

30 GERN (Alfons), Deutsches Kommunalrecht, Baden Baden, Nomos, 2003, n° 927, SOHNLE (Jochen), « L'intercommunalité, une alternative aux fusions de communes ? », in Pouvoirs locaux, 2009, II, p. 75 et s. et SOHNLE (Jochen) et SCHNEIDER (Françoise), « La coopération transfrontalière

vaut en la matière autorisation en raison du champ étendu de l'autonomie communale garantie au niveau constitutionnel. Les communes, qui sont les collectivités locales de droit commun en Allemagne, peuvent se passer des lois pour développer des coopérations transfrontalières[31].

Les collectivités locales supra-communales sont moins systématiquement instaurées en Allemagne qu'en France. L'autonomie locale que leur garantit la Loi fondamentale est moins large que celle dont jouissent les communes. Pour cette raison, leur autonomie locale est considérée comme dérivée et seconde par rapport à celle des communes[32].

Ces collectivités locales, en effet, sont conçues comme des groupements de communes, c'est à dire des structures subsidiaires. Elles ne sont présentes que dans les grandes conurbations ou les zones, au contraire, dépeuplées afin de palier les insuffisances du niveau communal. Elles entrent ainsi parfois en concurrence avec l'intercommunalité.

La principale différence avec l'autonomie communale tient à ce que leur autonomie ne peut pas empiéter celle des communes. Les collectivités supra-communales doivent donc respecter l'autonomie locale des communes. Cette réserve mise à part, rien ne semble s'opposer à ce que ces collectivités supra-communales s'engagent aussi dans le développement de coopérations transfrontalières.

Dans tous les cas, l'ensemble des collectivités locales peut se fonder directement sur le droit européen. La Convention-cadre de Madrid est en

---

dans l'espace du Rhin supérieur et le cas particulier de l'agglomération trinationale de Bâle », in COMTE (Henri) et LEVRAT (Nicolas) (sd.), op. cit., p. 58.

31 SOHNLE (Jochen), « L'autonomie locale à l'épreuve du droit de la coopération transfrontalière », op. cit. p. 11.

32 GERMAIN (Jérôme), « L'intercommunalité en Allemagne, un espace réduit et des fonctions secondaires », Actes du colloque du Grale, Nancy, 30–31 mai 2013, in STECKEL-ASSOUÈRE (Marie-Christine) (sd.), Regards croisés sur les mutations de l'intercommunalité, L'Harmattan, 2013, p. 365 s.

effet directement applicable aux collectivités locales[33]. Par ailleurs, le règlement communautaire de 2006, révisé en 2013, sur les GECT s'applique comme tous les règlements de l'Union européenne aussi directement dans les États membres sans transposition en droit national.

Il en ressort que les juristes allemands considèrent que le droit européen et la garantie constitutionnelle de l'autonomie locale suffisent pour que les collectivités locales allemandes concluent des conventions avec des collectivités étrangères et créent des institutions communes de coopération.

Ces institutions communes de coopération peuvent par exemple prendre la forme des GLCT (groupements locaux de coopération territoriale) prévus par l'Accord quadripartite de Karlsruhe de 1996. La Convention-cadre de Madrid a en outre créé par le biais du Protocole n° 3 de 2009 les GEC (groupements euro-régionaux de coopération). Ces formules sont assez appréciées des élus locaux qui y retrouvent la transcription de leurs revendications[34].

2) Le cas des *Länder*

Les *Länder* en tant qu'ils sont, contrairement aux collectivités locales, un niveau de l'État et en même temps, contrairement au *Bund*, une autorité locale se trouvent placés dans une situation ambiguë. D'une part, ils sont législateurs vis-à-vis des collectivités locales allemandes. D'autre part, ils peuvent eux-mêmes être partenaires de collectivités locales françaises[35].

L'article 30 LF attribue de façon implicite la compétence législative de principe aux *Länder*. Sur son fondement, l'article 32 alinéa 3 LF permet aux *Länder* de conclure avec l'accord du gouvernement fédéral des accords de droit international dans les limites de leurs compétences avec des États étrangers. Si le partenaire n'est pas un État mais une collectivité locale ou un autre État fédéré, l'article 24 alinéa 1a LF permet depuis

---

[33] Ce que rappelle la loi du 17 décembre 1996 de Rhénanie-Palatinat relative à l'Accord quadripartite de Karlsruhe signé en application de cette Convention-cadre.

[34] SOHNLE (Jochen), « L'autonomie locale à l'épreuve du droit de la coopération transfrontalière », op. cit. p. 12.

[35] SOHNLE (Jochen), ibid. p. 18.

1992 de transférer des droits de souveraineté à des institutions de voisinage frontalier dans le cadre de conventions internationales signées par le *Land*. L'accord du gouvernement fédéral est toutefois là encore indispensable.

Depuis la loi du 2 février 2007, les collectivités locales françaises peuvent coopérer avec les *Länder* en raison de la nouvelle formulation de l'article L. 1115-1 CGCT. Cette nouvelle rédaction inclut les autorités locales parmi les partenaires de coopérations transfrontalières (et donc les États fédérés) et ainsi n'en reste plus aux collectivités locales. Le CGCT parle toujours cependant de coopération décentralisée ce qui demeure en deçà de la coopération avec des *Länder*.

Il est évident qu'une telle collaboration entre un *Land* et une collectivité locale française est par nature déséquilibrée tant le différentiel de compétences aux dépens des collectivités françaises est important. C'est pourquoi dans le cadre de ces coopérations transfrontalières dans lesquels un *Land* est partie prenante, l'État français appuie les collectivités locales françaises dans l'organisation de cette coopération[36].

---

[36] COMTE (Henri), in COMTE (Henri) et LEVRAT (Nicolas) (sd.), op. cit. p. 190 et s. et art. L. 1111-2 CGCT.

Annexe 1 : État décentralisé, État autonomique et État fédéré

<table>
<tr><td></td><td></td><td colspan="3">Régimes unicistes ou unipersonnels (individuels ou corporatistes)</td><td>Régimes mixtes ou pluripersonnels</td></tr>
<tr><td rowspan="2">Formes d'État</td><td rowspan="2">État unitaire (centralisé, décentralisé ou autonomique)</td><td colspan="3">Une seule souveraineté
et un seul souverain : soit un individu comme un monarque ou un dictateur ; soit un groupe comme un parti, une junte ; soit le peuple (i.e. : le corps électoral)</td><td rowspan="2">Une souveraineté
mais plusieurs co-souverains assis sur une même base territoriale (i.e. : partageant le même territoire) et représentant des formes de légitimité en concurrence (par exemple le</td></tr>
<tr><td>Centralisé
(France avant Vème République)</td><td>Décentralisé
(France depuis notamment 1982)</td><td>Autonomique ou régional
(Espagne, Italie, Royaume-Uni pour l'Écosse et l'Irlande du Nord)</td></tr>
</table>

		Les collectivités locales n'ont qu'un pouvoir d'exécution. Elles ne participent pas à la définition de leurs compétences.	Les collectivités locales n'ont qu'un pouvoir réglementaire. Leurs compétences leurs sont attribuées unilatéralement par la loi de l'État.	Les régions sont autonomes. Elles possèdent un pouvoir législatif matériel et formel. Elles participent éventuellement à la délimitation de leurs compétences. Par exemple en choisissant dans une liste proposée par l'État celles qu'elles veulent exercer et celles dont elles ne veulent pas.	Roi, la Noblesse et la Bourgeoisie chez Montesquieu) et donc devant s'accorder pour modifier la Constitution (écrite ou coutumière) ou adopter la loi à l'unanimité des co-souverains même si les composantes de chaque co-souverain peuvent décider à la majorité

	État fédéral (Allemagne, Autriche, Suisse, Belgique ... Etats-Unis depuis 1787 ...)	Une seule souveraineté mais plusieurs co-souverains assis sur des bases territoriales différentes : pouvoir constituant originaire exercé à l'unanimité des États fédérés et pouvoir constituant dérivé exercé à la majorité des États fédérés (i.e. : leur souverain ou ses représentants) avec l'accord de l'État fédéral (i.e. : son souverain ou ses représentants) : partage de la révision constitutionnelle par le besoin d'un accord entre le niveau fédéral et fédéré	
Associations d'États	**Fédération (Union européenne)**	Plusieurs souverainetés et plusieurs souverains : unanimité requise pour décider les compétences exercées en commun et si elles le seront à la majorité ou l'unanimité. Ensuite, unanimité ou majorité pour prendre chaque décision dans ces domaines mis en commun	
	Confédération (Etats-Unis entre 1776 et 1787)	Plusieurs souverainetés et toujours plusieurs souverains : unanimité pour décider quelles compétences seront mises en commun et pour prendre chaque décision dans ces domaines mis en commun	

L'institutionnalisation de la coopération transfrontalière entre collectivités locales

Jochen SOHNLE*

* Professeur de droit public, Faculté de droit, sciences économiques et gestion de Nancy, France.

La coopération transfrontalière est à l'origine réservée aux autorités centrales ou fédérales de l'Etat souverain investies du treaty making power. C'est notamment par le biais du ministre des affaires étrangères qu'il agit. Exceptionnellement ce pouvoir peut aussi relever des autorités des Etats fédérés. A partir des années 1970, une certaine marge de manœuvre est laissée aux autorités déconcentrées (p. ex. aux préfets en France) pour régler les affaires transfrontalières présentant un intérêt seulement local. Une nouvelle étape, débutant dans les années 1980, permet aux collectivités locales elles-mêmes, grâce à un changement de paradigme intervenu sur le continent européen[1], de nouer une coopération avec leurs pendants étrangers. L'autonomie locale n'est désormais plus arrêtée par une frontière internationale[2]. Un rôle hybride est réservé aux entités fédérées qui peuvent agir tantôt comme sujets (partiels) de droit international, tantôt comme entités assimilées, à des fins de coopération transfrontalière, aux collectivités locales. Dans ce nouveau contexte, les Etats souverains étaient exclus de la coopération entre collectivités locales. Une évolution récente change également cet ordre d'idées : depuis 2006, les collectivités locales et les Etats souverains, voire d'autres acteurs, peuvent intervenir côte à côte dans les projets de coopération transfrontalière.

Ces phénomènes sont particulièrement prégnants lorsque l'on s'intéresse au volet institutionnel de la coopération transfrontalière. Le terme institution est communément utilisé pour désigner des réalités assez variées, mais toutes caractérisées par l'idée d'une manifestation créatrice et organisatrice de la volonté humaine. C'est l'aspect organique de l'institutionnalisation qui sera approfondi par la suite[3].

---

1 Comp. LEVRAT (Nicolas), *L'Europe et ses collectivités territoriales – Réflexions sur l'organisation et l'exercice du pouvoir territorial dans un monde globalisé*, P.I.E.-Peter Lang Bruxelles 2005 (304 p.), p. 260.

2 Comp. SOHNLE (Jochen), *L'action extérieure des collectivités territoriales*, Dalloz, Encyclopédie des collectivités locales, Folios 1212 et 1222, 2015; le même, « L'autonomie locale à l'épreuve du droit de la coopération transfrontalière », *in* : POTVIN-SOLIS (Laurence) (dir.), *L'Union européenne et l'autonomie régionale locale*, Bruxelles, Bruylant, 2016, p. 245-277.

3 On peut distinguer les institutions-organes (les organismes dont le statut et le fonctionnement sont régis par le droit comme le parlement ou la famille) et

Historiquement, cette institutionnalisation se réalise d'abord dans le **cadre intergouvernemental**. On assiste, dès la fin du XIXe siècle, à la création de commissions mixtes entre Etats frontaliers, même si des représentants de collectivités locales peuvent y être associés. La doyenne en est la Commission internationale des Pyrénées, créée par un échange de lettres franco-espagnol de 1875 et dont les compétences ont été étendues en 1887. Plus récemment, la plupart des grandes régions frontalières ont fait l'objet de tels accords créant systématiquement des organes communs, comme pour le Rhin supérieur (Accord du 21 septembre 2000), espace de coopération entre l'Allemagne, la Suisse et la France, ou en ce qui concerne la Grande Région (Accord du 23 mai 2005) associant la Belgique, le Luxembourg, l'Allemagne et la France.

L'institutionnalisation de la coopération transfrontalière, à l'instar de l'évolution générale exposée, s'étend ensuite aux **entités non souveraines**, à savoir aux « collectivités ou autorités locales ». Cette expression générique forgée dans le cadre du Conseil de l'Europe comprend les collectivités territoriales à la française (dont le prototype européen est la commune), mais aussi les entités régionalisées (dotées du pouvoir législatif), les entités fédérées (jouissant d'un statut étatique), les agents déconcentrés et les *local authorities* de type anglais. Nous les qualifierons par la suite simplement de collectivités (locales). Cette institutionnalisation peut recourir à des modalités diverses. Il est possible de les classer d'après leur intensité par rapport au degré d'intégration.

Le degré minimal se manifeste dans le cadre d'une **concertation non juridique** entre collectivités locales issues d'Etats différents. Dans cette modalité informelle s'inscrivent traditionnellement les relations de jume-

---

les institutions-mécanismes (les faisceaux de règles régissant une certaine institution-organe ou une situation juridique donnée comme le droit de dissolution, le mariage, la responsabilité juridique). En ce sens : Lexique des termes juridiques, Dalloz, 15e éd., v. Institution.

lage entre communes[4]. D'une manière plus générale, il peut s'agir de l'établissement de contacts ponctuels ou réguliers, à distance ou directs, ayant recours ou non à des organismes (conférences/réunions des exécutifs et/ou des organes délibérants, commissions mixtes, groupes de travail). Ces contacts ne reposent sur aucune base juridique contraignante, même s'ils peuvent entraîner la prise de décisions au niveau de l'ordre juridique des collectivités impliquées (p.ex. une délibération portant aide humanitaire spontanée à une commune jumelée).

Un second degré est atteint par la conclusion d'une **convention**[5] qui permet aux collectivités de nouer des **relations juridiques réciproques** avec leurs pendants étrangers. A l'intérieur de cette modalité, désormais formelle, il est possible de déceler des graduations.

- D'abord, la **convention** peut être conclue simplement, **sans création d'aucun organisme commun**. Ainsi l'une des communes impliquées dans un projet transfrontalier peut-elle, p. ex., être chargée de l'exécution d'un service commun.

- Ensuite, la **convention** peut instaurer un **organisme commun non doté de la personnalité juridique**, p. ex. sous forme d'une conférence/commission mixte ou de groupes de travail. Contrairement à l'hypothèse de la concertation non juridique (*supra*) et même si les institutions se ressemblent, un tel organisme a dans l'hypothèse présente une origine conventionnelle et repose donc sur un engagement juridique.

- La graduation la plus intense, la plus intégrée, se présente enfin dans le cas où la **convention** crée un **organisme commun doté de la person-**

---

[4] Sur la ritualisation des jumelages, v. VION (Antoine), « L'invention de la tradition des jumelages (1951-1956) : mobilisations pour un droit », Revue française de science politique, 2003/4 Vol. 53, p. 559-582.

[5] Le droit des collectivités et autorités locales de conclure des conventions découle du Protocole additionnel à la Convention-cadre de Madrid sur la coopération transfrontalière (1980) qui a été adopté en 1995. Une base juridique complémentaire pour les collectivités françaises se trouve à l'article L. 1115-1 du Code général des collectivités territoriales (CGCT) dont la rédaction résulte initialement de la loi n° 92-125 du 6 févr. 1992.

nalité juridique (par la suite : organisme[6]), comptant parmi ses membres des collectivités de part et d'autre d'une frontière internationale. Cette sous-modalité réalise conceptuellement un saut qualitatif et pose des problèmes juridiques plus complexes en raison de la création d'un écran supplémentaire de personnalité morale. Les actes communs sont en effet directement imputés à l'organisme transfrontalier. C'est cette dernière hypothèse qui sera approfondie par la suite. On s'efforcera de mettre en relief l'aspect organique de l'institutionnalisation à travers des personnes juridiques[7].

Cette institutionnalisation peut s'inscrire en premier lieu dans des **relations de longue distance** entre collectivités issues d'Etats différents (p.ex. une commune française coopère avec une commune polonaise), ce qui est le cas pour les jumelages ou pour l'aide humanitaire entre collectivités.[8] On parle de coopération interterritoriale (terme européen) ou interrégionale (terme français)[9]. Comme dans un tel contexte le degré d'institutionnalisation est moins développé en pratique, la problématique ne sera pas approfondie par la suite[10].

En second lieu, l'institutionnalisation peut intervenir dans un **contexte de voisinage** dans la mesure où les collectivités qui coopèrent sont proches par rapport à la frontière internationale. Cette proximité se définit de deux manières : d'abord par la contiguïté, soit de la collectivité coopérante elle-même (p. ex. le territoire de la commune coopérante

---

6 Le terme organisme (*Stelle*) est celui utilisé par les accords interétatiques de coopération transfrontalière.

7 V. aussi sur ces aspects : CNCD (Commission nationale de la coopération décentralisée), Guide de la coopératin décentralisée, La documentation française, 2006 (178 p.), p. 85-86 ; TULARD, (Marie-José), *La coopération décentralisée*, LGDJ 2006 (114 p.), p. 30-37 ; MARÉ (Cyril), *La coopération décentralisée*, Studyrama, 2012 (172 p.), p. 53-63.

8 Cette dernière hypothèse, encadrée dans un premier temps par la seule jurisprudence (notamment CE, 28 juillet 1995, Commune de Villeneuve d'Ascq, Rec. p. 324, 325), a été codifiée à l'article L. 1115-1 al. 2 du CGCT.

9 Protocole additionnel n° 2 (Strasbourg, 1998) à la Convention-cadre de Madrid et CGCT, art. L. 1115-4-2.

10 Sur cet aspect : SOHNLE (Jochen), Folio 1212 « L'action extérieure des collectivités locales », Dalloz, n° 96-102.

touche la frontière internationale), soit de la collectivité englobante dans laquelle est située la collectivité englobée (p. ex. le territoire de la commune coopérante ne touche pas la frontière, mais celui du département dans lequel est situé la commune), ensuite par rapport à une bande parallèle à la frontière (p. ex. de 25 km) à l'intérieur de laquelle doit se situer la collectivité coopérante. C'est dans ce contexte qu'a été conçu[11] le terme de coopération transfrontalière[12]. La présente contribution se limitera à cette hypothèse étant donné que les organismes mentionnés interviennent quasiment toujours dans un contexte de voisinage.

Comme toute catégorie de personne morale, les organismes de coopération transfrontalière doivent être créés par un acte investi de l'autorité étatique souveraine. Or, il y a deux manières de faire. D'un côté, les organismes peuvent être « inventés » exclusivement par les autorités de droit interne et avoir une origine purement nationale. De l'autre côté, ils peuvent être issus d'un acte intergouvernemental (notamment un traité) et avoir une origine supranationale. En effet, la pratique n'a pas consacré un droit spécifique de la coopération transfrontalière, autonome (*sui generis*), s'opposant à la fois au droit international public et aux systèmes de droit interne, à l'image du droit transnational des sociétés commerciales fondé sur une *lex mercantoria*, dégagée à partir des contrats internationaux et les régissant en même temps. Il en résulte que les collectivités-Parties à une convention de coopération transfrontalière se voient obligées de choisir l'un des systèmes juridiques nationaux impliqués (découlant normalement du choix du siège de l'organisme). Cela crée une situation d'inégalité dans la mesure où l'une des Parties continue à appliquer son

---

[11] Par la Convention-cadre de Madrid (1980) précitée et son (premier) protocole additionnel (Strasbourg, 1995).

[12] Le choix d'une terminologie exacte et uniforme désignant le phénomène de la coopération transfrontalière pose un problème énorme et l'étendue d'épithètes attachées au terme de coopération, comme transfrontalière, transfrontière, décentralisée, territoriale, internationale ou extérieure des collectivités territoriales, n'est pas claire et varie selon les textes (d'origine française, du Conseil de l'Europe, de l'Union européenne (UE) ou d'un contexte interétatique bilatéral) et selon les auteurs. Pour des détails, v. SOHNLE (Jochen), Folio 1212 « L'action extérieure des collectivités territoriales », Dalloz, Encyclopédie précitée, n° 3-12.

système juridique national alors que l'autre doit évoluer dans un cadre juridique non familier.

Dans un tel contexte, il est évident qu'en principe les organismes de coopération transfrontalière d'origine nationale, bien qu'opératoires, présentent un intérêt limité (I) face aux organismes supranationaux qui prennent en compte les spécificités des différents ordres juridiques impliqués et créent partiellement du droit uniforme. Toutefois, il convient de souligner que les solutions varient non seulement d'un système juridique à un autre, mais également à l'intérieur d'un même système juridique en fonction de la frontière concrète considérée. Ainsi, pour le droit français, les solutions institutionnelles ne se présentent pas de la même manière sur les huit frontières terrestres où la France métropolitaine se trouve confrontée à 23 systèmes différents en matière de droit des collectivités locales[13]. L'intérêt d'un recours à des organismes d'origine supranationale reste donc mitigé (II).

I. — l'intérêt limité des organismes d'origine nationale

La pratique apprécie beaucoup l'**association** comme organisme de coopération transfrontalière qui fait ainsi exception parmi les organismes d'origine nationale « à intérêt limité ». Elle n'est évidemment pas une institution spécifiquement prévue à cette fin et se présente comme une sorte d'institution « détournée » au profit de la coopération transfrontalière. Un tel objectif n'est cependant pas contraire à sa conception, la figure associative étant extrêmement souple. C'est justement cette caractéristique qui est l'un des avantages pour les acteurs de la coopération transfrontalière. L'autre avantage tient à sa nature juridique privée. En effet, comme il faut choisir à travers le siège de l'organisme un système juridique national, l'association permet de contourner le recours au droit public, jugé comme étant plus autoritaire et présentant des spécificités nationales plus prononcées. Etant donné que la figure associative existe

[13] Flandre (Be), Wallonie (Be), Luxembourg (Lux), Rhénanie-Palatinat (D), Sarre (D), Bade-Wurtemberg (D), Bâle-Ville (CH), Bâle-Campagne (CH), Soleure (CH), Jura (CH), Neuchâtel (CH), Vaud (CH), Genève (CH), Valais (CH), Vallée d'Aoste (I), Piémont (I), Ligurie (I), Monaco (MC), Catalogne (E), Aragon (E), Navarre (E), Euskadi (E), Andorre (And).

dans tous les systèmes juridiques étudiés, elle peut être choisie facilement sur l'ensemble de ces frontières et accueillir des membres très hétérogènes (personnes publiques ou privées). Il convient de noter l'intérêt particulier en France de l'association de droit local, existante dans les trois départements de l'Est (Haut-Rhin, Bas-Rhin, Moselle) et intéressant de ce fait une coopération sur les frontières de la France avec la Suisse (pour la part limitrophe de l'Alsace), l'Allemagne et le Luxembourg. L'association de droit local est originaire d'une loi allemande de 1908 et peut être considérée comme étant familière aux partenaires allemands et, sous réserve, aussi aux partenaires suisses[14]. L'Eurodistrict trinational de Bâle (ETB/*Trinationaler Eurodistrict Basel - TEB*) s'organise notamment autour d'une telle association qui a son siège dans la commune française de Village-Neuf (Haut-Rhin)[15].

Même si l'association relève d'un système juridique national, sa configuration est à peu près la même partout. Ce n'est pas le cas pour d'autres organismes, même s'ils sont conçus spécifiquement pour la coopération transfrontalière. On en trouve en droit français (A) et dans les systèmes juridiques des Etats voisins de la France (B).

A. Les organismes spécifiques de droit français

Un organisme typiquement adapté pour la coopération transfrontalière par le droit français est le groupement d'intérêt public transfrontalier. Faute de succès dans la pratique (manque d'attractivité pour les collectivités étrangères surtout en raison du contrôle préfectoral poussé), cette institution a disparu du Code général des collectivités territoriales (CGCT)[16]. Il y subsiste actuellement la société d'économie mixte locale

---

[14] Loi du 1er juin 1924 mettant en vigueur la législation civile française dans les départements du Bas-Rhin, du Haut-Rhin et de la Moselle. Institut du droit local alsacien-mosellan (texte de droit local) : http://www.idl-am.org/index.asp ; v. aussi : http://www.associations.gouv.fr/631-le-droit-local-des-associations-en.html.

[15] http://www.eurodistrictbasel.eu/fr/ . Tous les sites Internet cités ont été consultés le 28/02/2014.

[16] CGCT, ex-Articles L. 1115-2 et -3, issus de la loi organique n° 2004-758 du 29 juillet 2004 art. 1, I et abrogés par loi n° 2008-352 du 16 avril 2008, art.

dans le contexte transfrontalier (1) et le groupement local de coopération transfrontalière (GLCT) dénommé district européen (2).

1) La socie□ té d'économie mixte locale (SEML)

La société d'économie mixte locale (SEML) est prévue au CGCT aux articles L1521-1 et suivants. D'une manière générale, la SEML est une variante de la société anonyme, ouverte aux personnes publiques, en l'occurrence aux collectivités territoriales et à leurs groupements. Ces personnes publiques locales doivent détenir plus de la moitié du capital et des voix. L'article L1522-1 aborde spécifiquement les SEML dans le **contexte de la coopération transfrontalière.** Une SEML, personne de droit français, ne peut être créée que sur le seul **territoire** de la France. Dans le présent contexte de voisinage, cela vaut pour l'espace frontalier avec les Etats membres de l'Union européenne (UE) de plein droit et avec d'autres Etats si un accord interétatique l'autorise préalablement. De tels accords existent pour la Suisse (Accord de Karlsruhe, 1996 – *infra* II, A, 1) et Andorre (Accord de Bayonne élargi – *infra* II, B, 1). La SEML est une **personne de droit privé** qui dispose d'un capital. Quant au **droit applicable**, ce sont les règles sur les sociétés anonymes qui relèvent du livre II du code de commerce et dont les dispositions se combinent avec celles, pertinentes, du CGCT. Dans le contexte transfrontalier, le **capital est ouvert** aux collectivités locales étrangères et leurs groupements, mais dans la limite de 50%. Les collectivités étrangères peuvent donc atteindre la parité, mais pas détenir la majorité.

2) Le « groupement local de coopération transfrontalière (GLCT) dénommé district européen »

Le « groupement local de coopération transfrontalière (GLCT) dénommé district européen »[17] » est instauré par l'article L1115-4-1 (CGCT) comme organisme de coopération décentralisée français, doté de la per-

---

unique, I (régime transitoire : *ibid.* II). V. toutefois : Loi n° 2011-525 du 17 mai 2011 de simplification et d'amélioration de la qualité du droit, art. 103.

[17] Si les deux termes de cette formule semblent être synonymes, il est préférable de privilégier le premier puisque le second, sur le plan européen, n'est pas une « appellation contrôlée » et peut être utilisé, sous le nom également d'Eurodistrict, pour des figures juridiques multiples (*infra* II, A).

sonnalité morale et de l'autonomie financière. Il s'agit de la transposition d'une solution interétatique (consacrée par les Accords de Karlsruhe et de Bruxelles – *infra* II, A, 1) valable spécialement pour le territoire français. Un GLCT créé sur le fondement de l'article L1115-4-1 doit forcément avoir son **siège sur le territoire français**. Il jouit de la **personnalité morale de droit public** qui est reconnue à partir de la décision de création (adoption de la convention fondatrice autorisée par le préfet de région). On applique au GLCT les **dispositions du CGCT sur les syndicats mixtes ouverts** (associant des collectivités territoriales, des groupements de collectivités territoriales et d'autres personnes morales de droit public, art. L5721-1 et s.), et, le cas échéant, les dispositions issues d'un accord interétatique. En effet, sur les frontières de la France avec la Belgique, le Luxembourg, l'Allemagne et la Suisse, le GLCT trouve une base supplémentaire dans un accord interétatique (qui, par ailleurs, a précédé la législation française sur le GLCT). Rappelons qu'en cas d'incompatibilité entre une disposition législative française et celle d'un accord international, c'est le dernier qui prime (art. 55 de la Constitution). Deux **modalités de création** sont concevables. En premier lieu, un GLCT peut être créé *ab initio* avec des collectivités étrangères. En second lieu, des collectivités étrangères peuvent adhérer à un syndicat mixte ouvert existant (composé auparavant exclusivement de personnes de droit français) qui se transforme *ipso facto* en GLCT.

Les **personnes susceptibles d'adhérer** à un GLCT de droit français sont les collectivités territoriales étrangères situées dans un Etat frontalier de la France[18]. La loi ne limite pas cette coopération à certaines catégories d'Etats (p.ex. les membres de l'UE), les (huit) frontières métropolitaines françaises sont donc concernées. L'accessibilité en faveur de certaines entités spéciales que le droit français ne connaît pas varie cependant d'une frontière à l'autre. La question se pose d'abord à propos des Etats fédérés. Dans les relations avec l'Allemagne et la Suisse, les Laender et les cantons sont assimilés aux collectivités territoriales et peuvent adhérer à un GLCT français, sur le fondement de l'Accord de Karlsruhe

[18] Comp. réponse ministérielle, avril 2005, Q. 48188, JORF 08/03/2005, p. 2491.

(*infra* II, A, 1). Ce n'est pas le cas des entités fédérées belges[19]. La question se pose ensuite à propos des régions autonomes dotées du pouvoir législatif comme les régions italiennes et les communautés autonomes espagnoles, qui, dans leurs ordres juridiques respectifs, ne sont pas considérées comme des collectivités territoriales. Alors que le Traité franco-italien (Rome, 1993) est muet sur le sujet, le Traité franco-espagnol-andorran (Bayonne, 1995, révisé) donne la possibilité d'adhésion aux communautés autonomes (art. 2 combiné avec l'art. 5 al. 3). La réforme législative du 27 janvier 2014 ouvre le GLCT français également aux Etats étrangers souverains qui désormais peuvent devenir Parties à la convention sous réserve qu'une de leurs collectivités territoriales est déjà membre (CLCT, art. L1115-5).

La coopération décentralisée permet non seulement la participation de collectivités étrangères à des organismes de droit français, mais autorise également les collectivités françaises et leurs groupements à adhérer à une personne morale de droit étranger ou à participer à son capital à condition qu'il y participe au moins une collectivité territoriale ou un groupement d'un Etat membre de l'UE ou du Conseil de l'Europe (CGCT, art. L1115-4). Certains organismes sont prévus à ce même effet dans les systèmes juridiques des Etats voisins de la France.

B) Les organismes prévus dans les systèmes juridiques des Etats voisins de la France

On rencontre l'association (*supra* I introduction) et la société dotée d'un capital[20]. Approfondissons cependant les organismes spécialement prévus en matière de coopération transfrontalière[21].

---

19 Accord de Bruxelles 2002, art. 4, al. 3.

20 Aspect non approfondi ici. Comp. p. ex. pour l'Allemagne, où le recours à de telles sociétés (SARL, SA) est traditionnellement très répandu MAURER (Hartmut), *Allgemeines Verwaltungsrecht*, 17. Auflage, Verlag C. H. Beck, par. 23, n° 61 et par. 21, n° 15.

21 La fondation de droit public allemand est préconisée comme structure de coopération transfrontalière (HALMES (Gregor), L'accord de Karlsruhe et ses outils pour la coopération transfrontalière, *in* : Le groupement local de coopération transfrontalière, Enjeux et spécificités d'une nouvelle forme ju-

1) La figure du syndicat mixte

La figure du syndicat mixte[22] présente dans tous les systèmes juridiques considérés, est sans doute la modalité juridique de droit commun la plus adaptée à la coopération transfrontalière. L'admissibilité des collectivités étrangères peut être implicite ou explicite. Implicite lorsque le droit national est supposé ne mettre aucun obstacle à des relations avec des collectivités étrangères, sans mentionner ces dernières formellement[23]. Explicite lorsque le système juridique mentionne expressément que la forme syndicale peut accueillir parmi ses membres des collectivités étrangères. C'est la seconde solution qui sera développée.

- Le ***consorcio***[24] espagnol est proche du syndicat mixte français[25] et du *Zweckverband* allemand. Ses sources juridiques sont multiples[26]. La loi sur

---

ridique, Euro-Institut, oct. 2004, p. 7-11 (p. 9), http://www.coordination-transfrontaliere.org/institutions/autres-organismes/accords-de-karlsruhe/). Toutefois, la création par une loi rend la procédure très lourde (p. ex. Loi sarroise du 2 juillet 1969 sur l'organisation du Land (*Landesorganisationsgesetz*), §§ 21, 18). Sinon, la loi communale sarroise (*Kommunalselbstverwaltungsgesetz*) de 1997 favorise la coopération transfrontalière : § 5 al. 2, § 143 al 3, § 211a al 1 (4).

22 Comp. SOHNLE (Jochen), « L'intercommunalité, une alternative aux fusions des communes ? Variantes institutionnelles dans une perspective de droit comparé (France, Allemagne, Italie, Espagne) », *Pouvoirs locaux – les cahiers de la décentralisation*, II/2009, p. 75-80.

23 Réponse en ce sens d'un haut fonctionnaire du Land de Bade-Wurtemberg interrogé par l'auteur en 2002 (comp. SOHNLE (Jochen) et SCHNEIDER (Françoise), « La coopération transfrontalière dans l'espace du Rhin supérieur (France, Allemagne, Suisse) et le cas particulier de l'agglomération trinationale de Bâle », *in* : COMTE (Henri), LEVRAT (Nicolas) (*dir. de*), *Aux coutures de l'Europe – Défis et enjeux juridiques de la coopération transfrontalière*, Paris, L'Harmattan, 2006, (365 p.), p. 58). V. aussi : ROTH (Norbert), « Le droit du groupement local en Allemagne (Bade-Wurtemberg) », *in* : *Le groupement local de coopération transfrontalière* (*op. cit*), Euro-Institut, Kehl, oct. 2004, p. 17 ; GERN (Alfons), *Deutsches Kommunalrecht*, Baden-Baden, Nomos Verlagsgesellschaft, 2003 (766 p.), p. 593, n° 927.

24 La version française du traité de Bayonne (*infra* II, B, 1) utilise le terme espagnol, sans le traduire (art. 5).

les bases du régime local (*Ley 7/1985 reguladora de las Bases del Régimen Local* - LBRL) de 1985 met l'organisme à disposition des collectivités locales qui peuvent le constituer avec d'autres administrations publiques, de l'Etat ou des communautés autonomes, ainsi qu'avec des personnes privées sans but lucratif et poursuivant un intérêt public (LBRL, art. 87, al. 1, art. 57). Suite à une réforme législative de 2003, l'organisme a été ouvert expressément à la coopération transfrontalière (art. 87, al. 2)[27]. Cette solution était déjà réalisée sur la frontière franco-espagnole sur la base du Traité de Bayonne de 1995 sur la coopération transfrontalière (art. 5). Un *consorcio* a été créé notamment dans le cadre de la Communauté de travail des Pyrénées (*infra* II, B, 1).

- A propos de l'**intercommunale** wallonne, le Code wallon de la démocratie locale et de la décentralisation de 2004 autorise les personnes morales assujetties à un système juridique étranger à participer à une intercommunale (article L1524-1, al. 2)[28]. Par ailleurs, une solution analogue

---

25 Une autre figure du droit espagnol, la *mancomunidad (de municipios)*, correspond aux syndicats intercommunaux français.

26 Règlement de service des corporations locales (*Reglamento de servicios de las Corporaciones locales*), Décret du 17 juin 1955, art. 37-40 ; Texte refondu des dispositions légales en vigueur en matière de régime local (*Texto Refundido de las disposiciones legales vigentes en materia de Régimen Local*), Décret législatif 781/1986 du 18 avril 1986, art. 110 ; Loi 30/1992 du 26 nov. 1992 sur le régime juridique des administrations publiques et de la procédure administrative commune (*Régimen Jurídico de las Administraciones Públicas y del Procedimiento Administrativo Común*), art. 6, al. 5 et 20e disposition additionnelle sur le régime juridique des *consorcios*.

27 Le recours aux *consorcios* est possible pour gérer des services publics locaux dans le cadre des conventions de coopération transfrontalière auxquelles participent des collectivités territoriales espagnoles et en conformité avec les accords internationaux ratifiés par l'Espagne dans ce domaine.

28 L'alinéa 1er du même article autorise les communes, les associations de projet et les intercommunales à participer à des personnes morales de droit public étranger. Comp. HAVARD (Charles), Manuel pratique de droit communal en Wallonie, La Charte, Bruxelles, 2006 (444 p.), p. 404.

se trouve dans les dispositifs d'autres systèmes juridiques[29]. Le recours au syndicat mixte est également privilégié par certains traités interétatiques[30].

2) Le groupement régional (*Regionalverband*) du Land de Bade-Wurtemberg et la communauté régionale de programmation (*Planungsgemeinschaft*) du Land de Rhénanie-Palatinat

Dans les deux Laender allemands, on est en présence de groupements fonctionnels de collectivités territoriales, chargés de mettre en œuvre l'autonomie communale dans le domaine de l'aménagement du territoire[31]. Ils se voient accorder un rôle spécifique en matière de coopération transfrontalière tout en étant composés de **membres** exclusivement de droit allemand (bien qu'issus de Laender différents)[32]. Un organisme mixte de coopération transfrontalière (associant aussi des collectivités

---

29 Décret flamand portant réglementation de la coopération intercommunale (*Decreet houdende de intergemeentelijke samenwerking*) du 6 juillet 2001, art. 4 ; Loi communale du 23 février 2001 du Grand-Duché de Luxembourg, art. 3 (relatif aux syndicats de communes) ; Constitution du canton de Bâle-Ville du 23 mars 2005, art 67, al. 2 ; Constitution du canton de Soleure du 8 juin 1986, art. 48, al. 1.

30 Accord sur la coopération transfrontalière conclu entre le Land de Rhénanie du Nord-Westphalie, le Land de Basse Saxe et le Royaume des Pays-Bas (Isselburg-Anholt, 23 mai 1991), art. 3 (Zweckverband) ; Accord sur la coopération transfrontalière conclu entre le Land de Rhénanie-Palatinat, la région wallonne et la communauté germanophone de Belgique, Mayence, 8 mars 1996), art. 3 (intercommunale/*Zweckverband*).

31 Ainsi la Loi de Rhénanie-Palatinat sur l'aménagement du territoire (*Landesplanungsgesetz*) de 2003 à propos des communautés régionales de programmation (*Planungsgemeinschaft*), par. 14, al. 3.

32 Cette situation ressemble en France à des solutions anciennes comme l'institution de l'ex-District (devenu la Communauté de communes) des trois frontières rassemblant actuellement dix communes françaises à proximité de Bâle), créé par arrêté préfectoral du 11 juillet 1974 et n'étant pas ouvert aux communes étrangères (Comp. Conseil de l'Europe, Coll. Etudes et travaux, La coopération transfrontalière et l'Administration française, auteur : ECKLY (Pierre), Strasbourg 1989, p. 29 (note 70)). Actuellement, depuis les lois françaises n° 2010-1563 du 16 déc. 2010 et n° 2014-58 du 27 janv. 2014 (relative à la modernisation de l'action publique territoriale et l'affirmation des métropoles), le pôle métropolitain s'inscrit dans la même logique : CGCT, art. L. 5731-2 (al. 2 : disposition spéciale concernant le contexte frontalier, visant de fait l'espace franco-genevois).

étrangères) doit être réalisé dans un cadre différent, notamment par recours à l'un des organismes spécifiques (*infra* II, A).

L'appellation « **groupement régional** » (*Regionalverband*) a des significations différentes d'après les Laender. Au Bade-Wurtemberg, le groupement régional est, d'après la loi sur l'aménagement du territoire (*Landesplanungsgesetz*) de 2003 (§ 32), une **corporation de droit public** (*Koerperschaft des oeffentlichen Rechts*) qui se concrétise sous la forme d'un groupement de collectivités territoriales du niveau du cercle[33]. L'organe délibérant du groupement est élu par les membres des organes délibérants et des organes exécutifs des collectivités participantes (§ 35). Sur le territoire du Bade-Wurtemberg, douze groupements régionaux ont été constitués dont **quatre sont limitrophes** par rapport à la France[34]. La loi consacre une disposition spécifique à la vocation transfrontalière de ce groupement[35]. Le **droit applicable** est celui de la loi, mais aussi, bien

---

[33] Le cercle (*Kreis*) est une collectivité territoriale supracommunale. Il y a des cercles ruraux (*Landkreise*) et des cercles urbains (*Stadtkreise*). Dans ces derniers, les institutions du niveau de la commune et du niveau du cercle sont fusionnées. Indépendamment de ses attributions de collectivité territoriales, le cercle exerce aussi les fonctions de l'organe déconcentré inférieur de l'Etat (= du Land).

[34] *Rhein-Neckar* (avec, parmi les membres, des cercles situés en Rhénanie-Palatinat et en Hesse ; ce groupement fait l'objet d'un traité d'Etat (*Staatsvertrag*) spécial conclu le 26 juillet 2005 entre les trois Laender sur la coopération en matière d'aménagement et de développement du territoire dans la région du Rhin-Neckar/*Staatsvertrag ueber die Zusammenarbeit bei der Raumordnung und Weiterentwicklung im Rhein-Neckar-Gebiet*), *Mittlerer Oberrhein, Suedlicher Oberrhein, Hochrhein* : Loi précitée du B-W sur l'aménagement du territoire, § 31.

[35] Loi précitée du B-W sur l'aménagement du territoire, § 17, al. 1 : Les groupements régionaux appuient la coopération transfrontalière avec des organismes publics et des personnes du droit privé dans les régions voisines, les Laender voisins et les Etats voisins dans tous les domaines pertinents au niveau de la région. Pour la réalisation de cet objectif, les groupements régionaux peuvent devenir membre dans des groupements, sociétés, syndicats et d'autres organismes qui exercent une activité transfrontalière. (*Die Regionalverbaende unterstuetzen die grenzueberschreitende Zusammenarbeit mit oeffentlichen Stellen und Personen des Privatrechts in den Nachbarregionen, Nachbarlaendern und Nachbarstaaten in allen regionalbedeutsamen Angelegenheiten, insbesondere durch die Mitglied-*

que marginalement, celui de l'Accord de Karlsruhe qui a été expressément étendu à ces groupements (*infra* II, A, 1).

Une solution analogue vaut selon la loi de Rhénanie-Palatinat sur l'aménagement du territoire (*Landesplanungsgesetz*) de 2003 (§ 13, al. 1 et 2) pour les quatre **communautés régionales de programmation** (*Planungsgemeinschaften*) constituées dans ce Land (dont l'une est limitrophe avec la France : Palatinat occidental – *Westpfalz*) auxquelles il faut ajouter la région Rhin-Neckar (§ 13, al. 3) partagé avec le Bade-Wurtemberg et le Hesse, déjà mentionnée (qui est également limitrophe avec la France). Il s'agit de corporations de droit public soumises essentiellement aux règles du syndicat mixte (§ 15, al. 1) dont les membres ne se situent pas seulement au niveau des cercles[36], mais comprennent également, sur demande, les grandes communes, les chambres consulaires et les groupements représentatifs des intérêts des salariés et du patronat (§ 14). Des impératifs de coopération transfrontalière avec des Laender ou des Etats étrangers limitrophes peuvent justifier une restructuration de la composition des communautés régionales de programmation (§ 13, al. 5).

Les autres systèmes juridiques nationaux vont privilégier le recours à des organismes d'origine supranationale.

II. — l'intérêt mitigé des organismes d'origine supranationale

Les organismes d'origine supranationale présentent l'avantage d'avoir été conçus dans un contexte bi- ou multilatéral, prenant en compte les spécificités d'organisation territoriale des divers systèmes nationaux impliqués. Ils sont désormais dominants en matière de coopération transfrontalière de voisinage. Ceux qui sont les plus appréciés ont recours à un régime partiellement uniforme (A). D'autres sont en déclin, voire en voie de disparition en raison de leur caractère atypique, désormais désuet, dans le droit de la coopération transfrontalière (B).

---

schaft in Koerperschaften, Gesellschaften, Zweckverbaenden und sonstigen Einrichtungen, die grenzueberschreitend taetig sind.)

[36] Cercles ruraux (*Landkreise*) et les cercles-métropoles (*kreisfreie Staedte*). Par opposition au Bade-Wurtemberg, l'organe délibérant se compose des seuls exécutifs des collectivités du niveau du cercle. Les autres membres sont élus par les organes délibérants des entités participantes (§ 15, al. 3).

A. Le succès des organismes partiellement uniformes de la coopération transfrontalière

Depuis quelques années prolifèrent les Eurorégions, Eurodistricts et Eurométropoles. Ces termes ne renvoient pas à des figures juridiques précises. Le plus souvent[37] les groupements se cachant derrière ces appellations empruntent la forme d'un organisme supranational qui comporte un noyau de règles uniformes, selon une technique éprouvée en droit international privé : un régime spécifique[38] est conçu entre deux ou plusieurs Etats dans le cadre d'un traité international et mis en œuvre ensuite sur le plan national. La question délicate du siège de l'organisme commun est désamorcée puisque le régime ne repose plus exclusivement sur le droit national de seulement l'une des Parties, l'autre ayant dû renoncer au sien. Selon la frontière considérée, les collectivités peuvent choisir entre trois organismes nommés de coopération transfrontalière, à savoir le Groupement local de coopération transfrontalière (1), le Groupement européen de coopération territoriale (2) et le Groupement eurorégional de coopération (3). Seules les grandes lignes de ces organismes seront présentées ici.

1) Le Groupement local de coopération transfrontalière (GLCT)

Le Groupement local de coopération transfrontalière (GLCT) (*grenzüberschreitender örtlicher Zweckverband*) a été conçu dans le cadre franco-allemand. Les négociations aboutiront cependant à un traité quadripartite, puisque le Luxembourg et la Suisse vont rejoindre le couple franco-allemand. L'Accord sur la coopération transfrontalière entre les collectivités territoriales et organismes publics locaux est adopté le 23 janvier 1996 et sera amendé par la suite (Accord de Karlsruhe)[39]. Par ailleurs, un autre accord, très étroitement inspiré de celui de Karlsruhe – il

---

[37] Il y en a aussi qui n'ont pas de personnalité juridique ou s'organisent comme association (v. *supra* I : l'ETB).

[38] Contrairement à la solution adoptée dans l'Accord précité d'Isselburg-Anholt (1991) qui reprend comme institution commune essentiellement le *Zweckverband* (syndicat mixte) issu du droit allemand (art. 4 et 5).

[39] Texte en français et en allemand : http://archiv.jura.uni-saarland.de/BIJUS/karlsruhe/.

reprend notamment l'institution du GLCT – sera conclu entre la France et la Belgique (Accord de Bruxelles)[40].

Le GLCT a déjà été étudié (*supra* I, A, 2) comme institution de droit français. Il doit être repris ici en tant qu'institution d'origine interétatique. Cela signifie notamment que le GLCT peut avoir son siège indistinctement sur l'**espace frontalier** de l'un des Etats Partis[41]. Cela vise : sur la **frontière franco-belge**, du côté français les régions Nord-Pas-de-Calais, Picardie, Champagne-Ardenne et Lorraine ainsi que du côté belge les régions flamande et wallonne ; la **frontière franco-luxembourgeoise**[42] ; sur la **frontière franco-allemande**, du côté français les régions Lorraine et Alsace ainsi que du côté allemand les trois Laender limitrophes[43] (Rhénanie-Palatinat, Sarre, Bade-Wurtemberg) et, après des extensions successives[44], sur l'ensemble de **la frontière franco-suisse**, du côté français, les régions Alsace, Franche-Comté et Rhône-Alpes[45] et du côté suisse, les cantons de Bâle-Ville, Bâle-Campagne, Soleure et Jura (depuis l'origine) ainsi que les cantons de Neuchâtel[46],

---

[40] Accord du 16 sept. 2002 (portant le même titre que l'Accord de Karlsruhe).

[41] Rappelons toutefois que des règles particulières sont applicables en vertu de l'article L. 1115-4-1 (CGCT) si le GLCT a son siège en France (p. ex. sur la possibilité d'adhésion pour les Etats souverains).

[42] Du côté français, une partie seulement de la frontière de la région Lorraine : Accord de Karlsruhe, art. 2 al. 1(2).

[43] Accord de Karlsruhe, art. 2 al. 1(1). Comp. la loi de Rhénanie-Palatinat du 17 déc. 1996 (*Landesgesetz zu dem Übereinkommen über die grenzüberschreitende Zusammenarbeit zwischen Gebietskörperschaften und örtlichen öffentlichen Stellen*) ; Loi équivalente du Bade-Wurtemberg du 8 févr. 1996.

[44] Décret français n° 2006-187 du 15 févr. 2006 portant publication de l'accord sous forme d'échange de notes relatif a□ l'extension du champ d'application de l'accord de Karlsruhe aux cantons de Berne, de Vaud, du Valais, de Neuchâtel et de Genève, 12 janv., 27 janv., 12 mars et 15 mars 2004, entrée en vigueur : 15 mars 2004.

[45] Décret n° 2004-956 du 2 sept. 2004 portant publication de l'accord sous forme d'échange de notes relatif à l'extension du champ d'application de l'accord de Karlsruhe aux régions de Franche-Comté□ et Rhône-Alpes, 24 nov. 2003, 30 janv., 2 avril et 29 juin 2004, entrée en vigueur : 2 juillet 2004.

[46] Décret du Grand Conseil du 22 février 2006 relatif a□ l'extension au canton de Neuchâtel de l'Accord de Karlsruhe (Recueil systématique (RS) de la législation neuchâteloise, n° 109).

Berne[47] (même si ce canton n'est pas limitrophe), Vaud[48], Genève[49] et Valais[50]. Le GLCT peut être créé aussi sur la **frontière germano-luxembourgeoise**, sur une partie de la **frontière germano-suisse** (du côté allemand : le Bade-Wurtemberg, du côté suisse : Bâle-Ville, Bâle-Campagne, Soleure, Argovie et Schaffhouse[51]) et de la frontière germano-belge (Rhénanie-Palatinat ; Région wallonne).

Le GLCT est une **personne morale de droit public** (Accord de Karlsruhe, art. 11, al. 2). Le **droit applicable** à un GLCT concret se subdivise en plusieurs types de règles : celles qui résultent de l'Accord de Karlsruhe et qui correspondent à la part de droit uniforme (*ibid.*, art. 11 à 15), celles adoptées par la convention particulière qui crée le GLCT (art. 8 al. 1 et art. 3 et 4), celles fixées par les statuts adoptés pour le GLCT (art. 12) et, de manière subsidiaire, même si elles restent importantes, celles issues du droit interne des établissements publics de coopération intercommunale où le GLCT a son siège (art. 11 al. 1). Ce dernier aspect concerne essentiellement le contrôle administratif et juridictionnel.

Le GLCT présente des particularités au niveau des personnes susceptibles d'y adhérer (Accord de Karlsruhe, art. 2) dans la mesure où des **membres** au-delà de la seule catégorie des collectivités territoriales sont admis. Du côté français, peuvent adhérer les régions limitrophes ainsi

---

[47] Arrêté du 14 févr. 2005 concernant l'adhésion à l'Accord de Karlsruhe (*Beschluss betreffend den Beitritt zum Karlsruher Übereinkommen*), entrée en vigueur : 1er oct. 2005 (RS des lois bernoises, n° 173.11).

[48] Décret du 1er mars 2005, entrée en vigueur : 1er juillet 2005 (RS de la législation vaudoise, n° 111.25).

[49] Loi du 22 avril 2004 ratifiant l'extension au canton de Genève de l'Accord de Karlsruhe, entrée en vigueur : 1er juillet 2004 (Législation genevoise, n° A 1 11.0).

[50] Loi d'adhésion du 10 nov. 2004 ratifiant l'extension au canton du Valais de l'Accord de Karlsruhe, entrée en vigueur : 1er avril 2005 (Législation cantonale, n° 111.21).

[51] Décret n° 2003-649 du 9 juillet 2003 portant publication de l'accord sous forme d'échange de notes relatif a□ l'extension du champ d'application de l'accord de Karlsruhe au canton suisse de Schaffhouse, 3 juin, 5 juillet, 22 juillet, 9 sept. et 7 oct. 2002, entrée en vigueur : 9 sept. 2003 : Rechtsbuch Kanton Schaffhausen, n° 190.101).

que les départements[52], les communes, leurs groupements[53] et les établissements publics locaux[54] (p.ex. écoles, hôpitaux) situés dans ces régions[55]. Pour la Belgique, l'accès est ouvert aux provinces, communes, structures de coopération intercommunales et à d'autres établissements publics locaux situés dans les deux régions limitrophes. Au Luxembourg, ce sont les communes, les syndicats de communes et les établissements publics sous surveillance des communes qui peuvent adhérer. Du côté allemand, la participation est possible pour les Laender frontaliers, leurs communes, cercles (Landkreise) et pour les groupements territoriaux spécifiques aux Laender. Il s'agit en Rhénanie-Palatinat des communes fédérées (*Verbandsgemeinden*), du district Palatinat (*Bezirksverband Pfalz*) et des communautés régionales de programmation (*Planungsgemeinschaften*), en Sarre de la fédération urbaine de Sarrebruck (*Stadtverband Saarbruecken*) et au Bade-Wurtemberg des groupements régionaux (*Regionalverbaende*)[56]. Enfin, quant à la Suisse, outre les cantons mentionnés, ce sont leurs communes ainsi que des collectivités cantonales spécifiques[57]. Rappelons

---

[52] Sur les espaces frontaliers considérés existe depuis la loi précitée n° 2014-58 du 27 janv. 2014 une collectivité à statut spécial, la métropole de Lyon, se substituant sur son territoire aux compétences du département (CGCT, art. L. 3611-1, L. 3641-2). En revanche, le référendum (avril 2013) sur la collectivité d'Alsace, a échoué.

[53] Syndicats, communauté de communes, communauté d'agglomération, communauté urbaine, métropole (comp. pour cette dernière, art. L. 5217-2 VIII et -9, Loi précitée n° 2014-58 du 27 janv. 2014).

[54] Sous réserve qu'une collectivité territoriale participe à la coopération transfrontalière. En 1996, la prise en compte de cette catégorie de personnes publiques constituait une innovation remarquable.

[55] Accord de Karlsruhe, art. 2 al. 1(2) ; Accord de Bruxelles, art. 2 al. 1(2).

[56] Décret n° 2003-43 du 9 janvier 2003 portant publication de l'accord sous forme d'échange de notes relatif à l'extension du champ d'application de l'accord de Karlsruhe aux groupements régionaux (*Regionalverbaende*) du Land de Bade-Wurtemberg et aux communautés régionales de programmation (*Planungsgemeinschaften*) du Land de Rhénanie-Palatinat, 16 nov. 2001, 7 déc. 2001, 23 mai 2002, 24 juin 2002, 12 avril 2002, entrée en vigueur (fin de la procédure d'extension - *Abschluss des Erstreckungsverfahrens*) : 24 mai 2002.

[57] P. ex. districts (Soleure, Jura), groupement de communes et établissements publics autonomes (Jura), syndicats et établissements publics autonomes (Schaffhouse, v. décision du 4 mars 2003 (RB, n° 190.102)).

que l'Accord de Karlsruhe prend en compte la nature juridique hybride des ces entités fédérées allemandes et suisses[58]. A titre d'**exemple**, on trouve le GLCT 'Projet d'agglomération franco-valdo-genevois', le GLCT 'Regio Pamina' (Alsace du Nord, Bade, Palatinat) et, depuis 2003, l'Euro-Institut à Kehl (D).

2) Le Groupement européen de coopération territoriale (GECT)

Le Groupement européen de coopération territoriale (GECT) se trouve consacré par l'ordre juridique de l'UE qui reprend à son compte la « formule à succès » du GLCT en la poussant plus loin dans le contexte de l'intégration européenne. Le fondement juridique résulte du Règlement (CE) n° 1082/2006 du 5 juillet 2006 relatif à un groupement européen de coopération territoriale (*Europäischer Verbund für territoriale Zusammenarbeit - EVTZ*), modifié de manière substantielle par le Règlement (UE) n° 1302/2013 du 17 décembre 2013 concernant la clarification, la simplification et l'amélioration de la constitution et du fonctionnement des GECT. Les modifications seront applicables à partir du 22 juin 2014 sans que les GECT existants doivent s'aligner sur les modifications. Pendant la phase transitoire, en fonction du stade de création du GLCT, on applique tantôt les règles anciennes tantôt les règles nouvelles (art. 2 et 3).

Le GECT doit être constitué **sur le territoire de l'Union** (Règlmt. 1082/2006 modifié, art. 1, al. 1) et y avoir son siège, entendu qu'au moins un membre doit être issu de l'Etat du siège (*ibid.* art. 1, al. 5). Ainsi le GECT peut se constituer sur une ou plusieurs frontières intérieures de l'UE, mais également sur une frontière extérieure[59] (p. ex sur la frontière franco-suisse) où désormais l'implication d'entités d'un seul Etat membre suffit (art. 3bis, al. 2).

Le GECT possède la **personnalité juridique** (art. 1, al. 3). La législation étatique peut préciser sa nature juridique exacte. Ainsi le droit français

---

[58] Traité de Karlsruhe, art. 2 al. 2. Comp. la solution différente dans le Traité de Bruxelles, art. 2 al. 4.

[59] Par ailleurs, les territoires d'outre-mer sont également visés depuis la réforme (aspect non traité ici).

considère-t-il que le GECT est une personne morale de droit public (CGCT, art. L1115-2-4 par. 2). Au sein d'un GECT, on **applique** le Règlement 1082/2006 (qui représente la dimension de droit uniforme), la convention conclue entre les membres (art. 8), les statuts (art. 9) et le droit de l'Etat ou de l'entité territoriale autonome (p. ex. un Etat fédéré) où le GECT a son siège (contrôle financier, tutelle administrative, recours juridictionnel). Le nouveau dispositif est désormais plus strict en ce qui concerne les aspects qui doivent figurer dans la convention[60] ou, au contraire, dans les statuts.

Les entités pouvant devenir **membre** du GECT sont très diverses (art. 3). Il s'agit d'abord des **Etats membres** (donc souverains). Cette innovation de 2006 rompt avec la solution traditionnelle (*supra* introduction). Sur un plan conceptuel, on peut considérer que pour le législateur de l'UE, le niveau étatique souverain n'est désormais (dans une perspective supranationale, voire préfédérale) qu'un échelon d'organisation territoriale parmi d'autres, juxtaposé aux collectivités régionales et territoriales. Dans la relation horizontale de la convention constitutive du GECT, l'Etat (souverain) est par ailleurs une Partie égale aux autres. Sur un plan d'opportunité politique, il est intéressant d'associer l'Etat souverain dans des situations opposant d'un côté des collectivités situées dans un Etat national fort (Etats de petite taille ou centralisés) et de l'autre des collectivités dotées du pouvoir législatif situées dans un Etat autonomique ou fédéral. Ensuite une nouvelle catégorie de membres potentiels apparaît avec la modification de décembre 2013 : les **autorités à l'échelon national** (version allemande : *Gebietskörperschaften auf nationaler Ebene* – corporations territoriales au niveau national). Il s'agit d'autorités qui ne représentent pas directement l'Etat dans son ensemble, mais qui agissent au niveau national. Cet ajout est assez énigmatique, surtout lorsque l'on regarde le motif du règlement (par. 7) qui mentionne à ce propos les si-

---

[60] Les règles relatives à la gestion du personnel (recrutement, contrat) et aux modalités de responsabilité du GECT doivent figurer obligatoirement dans la convention.

tuations dans les Etats de petite taille ou centralisés[61]. On peut toutefois songer à des collectivités territoriales nationales spécialisées fonctionnellement.

Les **collectivités régionales** (au sens de l'UE : régions autonomes, Etats fédérés) ainsi que les **collectivités territoriales** (classiques) peuvent également devenir membres. L'accès est ouvert aussi à un certain nombre d'**organismes publics** définis dans la directive 2004/18/CE[62] (et spécifiés dans l'annexe III[63]) ainsi que, depuis la réforme de décembre 2013, à des **entreprises publiques** au sens de la directive 2004/17/CE[64]. On y ajoute également les **entreprises chargées de l'exploitation de services d'intérêt économique général**. Rappelons enfin que le GECT a été ouvert aux autorités nationales, collectivités régionales et locales, organismes et entreprises publiques équivalentes issus de **pays tiers**. Parmi de nombreux **exemples**, on trouve le GECT Eurométropole Lille-Kortrijk-Tournai (contexte franco-belge), le GECT Grande région (contexte franco-germano-belgo-luxembourgeois), le GECT Eurodistrict Strasbourg-Ortenau (contexte franco-allemand), le GECT SaarMoselle

---

[61] Mentionnons en dehors de l'UE la situation andorrane où une collectivité spéciale a été créée au niveau national pour centraliser toutes les actions des collectivités andorranes (les sept *parròquies*), à savoir l'Organisme andorran de coopération transfrontalière (*Organisme andorrà de cooperació transfronterera*). Le cas de Monaco, qui n'est pas non plus un membre de l'UE, vient également à l'esprit : Ici le territoire étatique se confond avec celui de la seule collectivité (commune) qui le compose.

[62] Directive 2004/18/CE du 31 mars 2004 relative a□ la coordination des procédures de passation des marche□ s publics de travaux, de fournitures et de services, art. 1er, par. 9, al. 2 et al. 3.

[63] Pour l'Allemagne il y a p. ex. les universités (*Wissenschaftliche Hochschulen*), les fondations (*Stiftungen*) ou encore certaines personnes morales de droit privé ayant un caractère autre qu'industriel ou commercial, soumises au contrôle de l'E□ tat, et agissant dans l'intérêt général (hôpitaux, musées), en France, les universités, les agences de l'eau, les collèges et lycées, les établissements publics hospitaliers.

[64] Directive 2004/17/CE du 31 mars 2004 portant coordination des procédures de passation des marche□ s dans les secteurs de l'eau, de l'énergie, des transports et des services postaux, art. 2, par. 1, point b.

(contexte franco-allemand) et le GECT Hôpital de Cerdagne (contexte franco-espagnol)[65].

3) Le Groupement eurorégional de coopération (GEC)

Le Groupement eurorégional de coopération (GEC) est prévu par le Protocole n° 3 à la Convention-cadre de Madrid (Utrecht, 16 nov. 2009). Après l'échec au sein du Conseil de l'Europe de projets plus ambitieux en matière de législation uniforme[66], ce Protocole s'inspire beaucoup du Règlement 1082/2006 dans sa version de 2006 qu'il étend en quelque sorte aux Etats du Conseil de l'Europe, tout en y apportant certaines particularités. Une annexe facultative (prévue par l'art. 13 al. 2 du Protocole), adoptée le 10 juillet 2013 par le Comité des Ministres du Conseil de l'Europe, suggère des solutions pratiques afin de faciliter la création ou le fonctionnement de GEC. Elle oriente le choix hypothétique d'un législateur national pour compléter l'encadrement normatif du Protocole.

Le Protocole couvre le **territoire** des Etats membres du Conseil de l'Europe étant Parties du Protocole (art. 1, al. 1). Il s'étend aux Etats non Parties ayant une frontière commune avec un Etat Partie (art. 3, al. 2)[67]. Dans l'état actuel des ratifications (février 2014), cela concerne dans le champ de notre étude l'Allemagne, la France et la Suisse (depuis mars/mai 2013). Le processus de ratification est entamé en Belgique, au Luxembourg et aux Pays-Bas. Le GEC est doté de la personnalité juridique régie par l'Etat du siège qui peut déterminer sa **nature juridique** précise. La loi française n° 2014-58 du 27 janvier 2014, tout en intégrant le GEC dans le CGCT (art. L1115-5), n'apporte cependant pas de précisions comme dans le cas du GECT. En effet, le GEC peut présenter une nature de droit public ou de droit privé[68]. Il fournit un noyau dur de

---

[65] V. aussi : TRILLE (Stéphanie), *La coopération territoriale en Europe – L'exemple de la frontière franco-espagnole*, L'Harmattan 2013 (148 p.), p. 95-108.

[66] Comp. Rapport explicatif au Protocole n° 3, Conseil de l'Europe, point I (considérations générales).

[67] Il faut que les deux Etats aient une frontière commune, qu'ils aient conclu un traité à cet effet et que le GEC ait son siège dans l'Etat qui légifère (Annexe au Protocole n° 3 du 10 juillet 2013, rubrique II).

[68] Annexe au Protocole n° 3, rubrique IV (*in fine*) : Les personnes morales de droit privé (associations internationales, associations à but non lucratif,

règles reposant sur un ensemble commun harmonisé, tout en étant assujetti au droit de l'Etat du siège[69]. Ainsi, en matière de **droit applicable**, le Protocole (art. 2, art. 10-12) reprend *mutatis mutandis* les solutions déjà expérimentées à propos des deux organismes étudiés précédemment.

La catégorie principale de **membre** du GEC est constituée, conformément à la logique traditionnelle du droit de la coopération transfrontalière du Conseil de l'Europe, des **collectivités ou autorités territoriales** (art. 1 al. 1 et art. 3 al. 1). A l'image de l'Accord de Karlsruhe, les collectivités et autorités publiques autonomes investies d'un pouvoir législatif leur sont assimilées (art. 16, al. 2). Le GEC peut aussi comprendre des **Etats** membres (souverains) du Conseil de l'Europe et tout **établissement doté de la personnalité morale** créé pour satisfaire spécifiquement des besoins d'intérêt général ayant un caractère autre qu'industriel ou commercial (art. 3, al. 1). Il a été vu que le GEC est ouvert aux **collectivités et autorités territoriales d'un Etat non Partie**. Les collectivités et autorités territoriales doivent avoir la majorité au sein du GEC.

B. Le déclin des organismes atypiques de la coopération transfrontalière

La marginalisation d'un organisme détourné vers la coopération transfrontalière entre personnes publiques, à savoir le Groupement européen d'intérêt économique (GEIE), sera exposée (2) après avoir présenté la crise des groupements de fait ayant pris la forme de communautés de travail régionales (1).

1) La crise des groupements de fait sous forme de communautés de travail régionales

Les tous premiers organismes se lançant à partir des années 1970 dans l'aventure de la coopération transfrontalière, sans s'appuyer sur un cadre préétabli par des accords interétatiques, sont les communautés de travail,

---

fondations de droit privé□, sociétés d'économie mixte locale...) peuvent également servir de « vêtement juridique » aux GEC sous réserve d'être ouvertes aux collectivités ou autorités territoriales nationales et de pouvoir comprendre des collectivités ou autorités territoriales étrangères.

[69] Comp. Rapport explicatif au Protocole n° 3, Conseil de l'Europe, point I (considérations générales).

constitués dans l'espace montagnard. A l'époque, les acteurs conçoivent l'idée d'un droit *sui generis* de la coopération transfrontalière (*supra* introduction) et la mettent en œuvre à travers ces communautés[70]. Parmi ces communautés, la première survit, la deuxième traverse une crise grave, la troisième est tombée en désuétude et la quatrième s'est transformée en une figure juridique plus actuelle.

Le statut fondateur de la **Communauté de travail des pays alpins (*Arbeitsgemeinschaft Alpenländer – ARGE ALP*)**, qui couvre géographiquement l'axe central de l'espace alpin[71], date du 12 octobre 1972[72]. Une structure *sui generis* a été mise en place[73]. La conférence de la communauté reste très active[74], soulignant son rôle politique (résolution du 24 juin 2005).

La **Communauté de travail des Alpes orientales** (*Arbeitsgemeinschaft der oestlichen Alpenlaender*) a été constituée le 20 novembre 1978[75]. Depuis une

---

70 En appliquant les catégories actuelles, il faudrait les classer soit parmi les institutions informelles, constituées sans convention juridiquement contraignante, soit parmi les organismes qui sont bien fondés par une convention, mais ne possèdent pas la personnalité juridique (*supra* introduction). Une telle classification dénature cependant l'esprit initial qui a prévalu lors de leur fondement.

71 Membres : Bavière (Allemagne) ; Bolzano et Trentin (provinces autonomes italiennes), Lombardie (région italienne) ; Grisons, Saint-Gall, Tessin (cantons suisses) ; Salzbourg, Tirol, Vorarlberg (Laender autrichiens).

72 La version actuelle date du 29 mai 2012. Comp. sur l'ARGE ALP : http://www.argealp.org/startseite.

73 Avec une conférence des chefs de gouvernement (*Konferenz der Regierungschefs*), une présidence (*Praesidium*), un secrétariat (*Geschaeftsstelle*), des groupes de projet (*Projektgruppen*) et une prise en charge commune des coûts (*Kostentragung*).

74 Elle adopte des décisions à portée politique dans des domaines très divers p. ex. pour prendre position sur les programmes Interreg (16 juin 2000, Locarno, Tessin) et sur la coopération territoriale européenne (22 juin 2007, Bregenz, Vorarlberg), sur la mise en œuvre de la Convention alpine (27 juin 2003, Innsbruck, Tirol) et aussi sur les instruments juridiques de la coopération transfrontalière (24 juin 2005, Trentin/Trient).

75 Déclaration des chefs de gouvernement des entités suivantes : Bavière (observateur) ; Frioul-Vénétie Julienne et Vénétie (régions italiennes) ; Carinthie, Haute-Autriche, Salzbourg (observateur), Styrie (Laender autrichiens) ; Croa-

résolution des chefs de gouvernement du 22 novembre 2013, elle s'appelle Alliance Alpes-Adria pour souligner son rôle de réseau (*Netzwerk*). Comme organisme politique, elle prône le recours à des organismes dotés de la personnalité juridique pour réaliser des projets communs (Déclaration de Pamhagen, 21 nov. 2008). Elle a compté dans le passé jusqu'à 19 participants, mais est actuellement victime d'une véritable hémorragie de ses membres qui se sont réduits à six[76].

La **Communauté de travail des alpes occidentales (COTRAO)** a été conçue le 2 avril 1982[77] comme une structure de coopération transfrontalière à l'image de ses homologues alpins. Elle est tombée en désuétude et est remplacée par l'**Eurorégion Alpes Méditerranée**. Il s'agit d'une autre institution, composée différemment[78]. Le 18 juillet 2007, ses Présidents ont signé un Protocole d'entente, représentant une première étape pour son évolution vers un GECT[79].

La **Communauté de travail des Pyrénées (CTP)** réunit depuis 1983[80] huit membres, dont sept entités territoriales infra-étatiques situées le long de la chaîne des Pyrénées[81]. Andorre, entité féodale avant 1993 et Etat souverain depuis, y participe également ce qui souligne le caractère juridique particulier de cette institution[82]. Plus récemment, la CTP cherche à se doter de structures plus actuelles : une association (1993) et un *consorcio*

---

tie et Slovénie (à l'époque entités fédérées yougoslaves). V. http://www.alpeadria.org/deutsch/.

[76] Burgenland, Carinthie, Styrie (Laender autrichiens) ; Croatie ; Slovénie ; Vas (Comté/*Komitat* hongrois), comp. Procès verbal de l'assemblée générale du 27 novembre 2012 (Zagreb), points 6 et 7.

[77] Genève, Vaud, Valais (cantons suisses) ; Ligurie, Piémont, Vallée d'Aoste (régions italiennes) ; Rhône-Alpes, Provence-Alpes-Côte d'Azur (PACA) (régions françaises).

[78] Ligurie, Piémont, Vallée d'Aoste ; Rhône-Alpes, PACA. A noter, l'absence de cantons suisses.

[79] http://www.euroregion-alpes-mediterranee.eu/-Historique-.html.

[80] Protocoles d'accord du 15 avril 1983 (Bordeaux) et du 4 nov. 1983 (Pau) ; http://www.ctp.org/.

[81] Aquitaine, Languedoc-Roussillon, Midi-Pyrénées (régions françaises) ; Catalogne, Aragon, Navarre, Euskadi (communautés autonomes espagnoles).

[82] SOHNLE (Jochen), « L'autonomie locale … » (étude précitée).

(2005) ont été créés (*supra* I, B, 1). Suite à l'adoption, le 16 février 2010, du Protocole d'adhésion d'Andorre au Traité (franco-espagnol) de Bayonne de 1995, l'Organisme andorran de coopération transfrontalière[83] a pu adhérer au *consorcio* de la CTP (Accord de Pampelune, 15 nov. 2012). Il est envisagé de transformer le *consorcio* en GECT[84] ce qui confirme la tendance générale de mutation de ces communautés.

2) La marginalisation d'un organisme « détourné », le Groupement européen d'intérêt économique (GEIE)

Le GEIE, établi par le Règlement (CEE) n° 2137/85 du 25 juillet 1985, a été utilisé à des fins de coopération transfrontalière essentiellement avant les solutions plus adaptées proposées depuis la fin des années 1990 (GLCT, GECT, GEC). Son but est de faciliter ou de développer l'activité économique de ses membres sans réaliser des bénéfices pour lui même (art. 3, al. 1). En France, le GEIE est régi par les articles L252-1 à L252-12 du Code de commerce[85]. Nous sommes en présence d'une technique de nature privée, à mi-chemin entre la société et l'association (ainsi le GEIE peut être doté ou non d'un capital[86]) qui présente l'avantage, contrairement aux organismes officiels de la coopération transfrontalière (GLCT, GECT, GEC), de pouvoir être mise en place rapidement, en principe (Règlement, art. 4, al. 4) sans autorisation préalable (simple immatriculation dans un registre, art. 6 et 7).

Le **champ d'application géographique** du GEIE couvre le territoire des Etats membres de l'Union Européenne. Les entités d'au moins deux

---

[83] Il s'agit d'une institution constituée par le gouvernement et les communes andorrans.

[84] Comp. note du ministère français des affaires étrangères du 14 avril 2011 (NOR : MAEJ1100807L/Bleue-1) sur le projet de loi autorisant l'approbation du protocole d'amendement et d'adhésion de la Principauté d'Andorre au traite entre la République française et le Royaume d'Espagne relatif a la coopération transfrontalière entre collectivités territoriales, point II (conséquences juridiques).

[85] Il correspond à l'adaptation au plan de l'UE du groupement d'intérêt économique français (GIE), créé par l'ordonnance n° 67-821 du 23 septembre 1967 (actuellement codifié au Code de commerce, art. L. 251-1 et s.).

[86] Comp. GIE français : Code de commerce, art. L. 251-3.

Etats membres doivent être impliqués (Règlement, art. 4, al. 2) et le siège est fixé obligatoirement sur le territoire de l'UE (art. 12 et 13). L'institution privilégie donc les frontières intérieures de l'UE. Quant à sa **nature juridique**, le GEIE est doté de la personnalité juridique si elle est accordée par le droit national. En France, elle est de nature civile ou commerciale, selon l'objet du GEIE (Code de commerce, art. L252-1 et -2). Le GEIE fonctionne sur le **fondement** du Règlement 2137/85, des règles complémentaires de droit national (p. ex. le Code de commerce français), le contrat constitutif du GEIE et le droit du siège (Règlement, art. 1, al. 1(2), art. 2, al. 1). Il peut être constitué entre sociétés, personnes physiques exerçant une activité économique et d'autres entités juridiques de droit public ou privé de droit national (art. 4), y compris les collectivités locales. Il est néanmoins nécessaire que leurs activités puissent être réputées avoir une nature économique. L'Euro-Institut était entre 1993 et 2003 un GEIE (actuellement c'est un GLCT). L'Agence Transfrontalière pour le développement de l'Eurocité basque Bayonne-San Sebastián existe encore sous la forme d'un GEIE.

Conclusion

Une évolution chaque fois plus riche du dispositif juridique (national et supranational) et un changement profond des mentalités des acteurs ont fait progresser l'institutionnalisation de la coopération transfrontalière des collectivités locales de manière inimaginable pour les fondateurs de cette forme de rapprochement entre Etats européens. Pourtant, des obstacles importants subsistent, résultant essentiellement de la complexité de cette spécialité juridique qui s'accroît corrélativement avec son évolution. Une véritable législation européenne harmonisée, réduisant au minimum les différences nationales et les variétés propres à chacune des frontières reste à élaborer.

Problématiques générales de la coopération transfrontalière

Le régime matrimonial optionnel franco-allemand, approche notariale

Véronique DAVID-BALESTRIERO*

* Docteur en droit privé, Maître de conférences à la Faculté de Droit, Sciences Economiques et Gestion de Nancy, Université de Lorraine, Institut François Gény EA 7301.

La profession de notaire est très ancienne : elle existait au Moyen Âge et trouve même son origine chez les fonctionnaires romains qui l'introduisirent en Gaule.

En France, le notaire est l'officier public chargé de recevoir et d'authentifier les actes juridiques tels que le testament, le contrat de mariage, la donation, la vente immobilière, et d'en conserver les minutes. Il en assure la publication auprès des registres nationaux, spécialement en matière de publicité foncière. Outre ces cas où son intervention est obligatoire, le notaire peut encore donner l'authenticité à tout acte (et notamment tout contrat) s'il en est requis par un client[1]. Dans son activité, le notaire délivre ses conseils et apporte une grande sécurité juridique, car en tant qu'officier public il engage sa responsabilité non seulement à l'égard de son client, mais de toutes les parties à l'acte. De plus l'acte ainsi passé en la forme authentique[2] est directement exécutoire, ce qui permet par exemple de procéder à une saisie sans devoir passer par l'étape judiciaire.

Ce notaire des « pays latin » ne doit pas être confondu avec le « *public notary* » des pays de Common Law et de certains pays scandinaves, qui peut délivrer ou légaliser des actes, notamment pour leur production à l'étranger, mais ne peut pas leur conférer la force exécutoire.

---

[1] Y compris par une personne publique : v. le thème du 109e Congrès des notaires, Lyon, 2013 : « Propriétés publiques, quels contrat pour quels projets ? »

[2] V. les travaux de la Commission de réflexion sur l'Authenticité présidée par le professeur Laurent AYNÈS et son rapport remis au président du Conseil supérieur du notariat : AYNÈS (Laurent) (sous la dir.), *L'authenticité*, La Documentation française, 2013 ; MEKKI (Mustapha), « Retour vers le futur de l'acte authentique ! », *La semaine juridique, édition notariale* 2013, act. 1064 ; « Entretien avec Laurent AYNÈS », *La semaine juridique, édition notariale* 2013, act. 1004 : « On aura toujours besoin d'une autorité de vérification sur laquelle les parties, le tribunaux et les tiers puissent s'appuyer » ; MEKKI (Mustapha), « Voyage au pays l'authenticité. Quelques réflexions à partir du rapport de la commission présidée par le professeur Laurent Aynès », *La semaine juridique, édition notariale* 2013, n° 41, 1237.

En France, les notaires relèvent d'un statut réglé par décret[3] et sont soumis à une déontologie sous le contrôle de leur Ordre ; leurs émoluments sont fixés par l'Etat. Ils tiennent divers fichiers, notamment le Fichier central des déclarations de dernières volontés où sont enregistrés tous les testaments authentiques[4]. Les notaires de France sont réunis en chambres départementales et régionales, et sont représentés au niveau national par le Conseil supérieur du Notariat (CSN) dont l'une des missions est de contribuer à l'évolution et au rayonnement de leur profession, en participant à la sécurité juridique et notamment à la sécurité foncière[5].

Les missions et l'organisation du Notariat allemand sont très proches. Ces officiers publics[6] dressent des actes authentiques, notamment en matière de vente immobilière et de contrat de mariage, ils sont soumis à une déontologie et leurs émoluments sont fixés par l'Etat. Ils sont également regroupés en Chambres[7].

Les instruments de coopération transfrontalière entre notaires sont multiples, souvent sous forme de réseaux ayant le statut d'association à but non lucratif[8]. On citera en particulier le CNUE (Conseil des Notariats de l'Union Européenne[9]) auquel on doit notamment le site internet « Suc-

---

[3] Il existe aussi, pour des raisons historiques, un régime dérogatoire applicable aux notaires des 3 départements d'Alsace-Moselle.

[4] Consultable notamment par internet : http://www.adsn.notaires.fr/fcddvPublic/home.htm.

[5] On citera à ce titre le récent établissement d'un Notariat en Chine, en 2012.

[6] Sous quelques différences locales de régime dans certains Länder.

[7] V. le site internet (en français) de la Bundesnotarkammer : http://www.bnotk.de/fr/.

[8] Par exemple l'ARERT (Association du réseau européen des registres testamentaires) comprend 17 membres et 2 partenaires, tous Etats membres de l'Union européenne, comme le Luxembourg qui l'a rejoint le 6 septembre 2013. Ou encore l'ANF (association du notariat francophone), qui vise à assurer la sécurité foncière et à doter tous les enfants d'Afrique d'un état civil.

[9] Créé en 1993, le CNUE représente les notariats de tous les États membres connaissant cette institution : Allemagne, Autriche, Belgique, Bulgarie, Croatie, Espagne, Estonie, France, Grèce, Hongrie, Italie, Lettonie, Lituanie, Luxembourg, Malte, Pays-Bas, Pologne, Portugal, République tchèque, Roumanie, Slovaquie et Slovénie. La Turquie bénéficie quant à elle du statut

cessions en Europe »[10] cofinancé par la Commission européenne et accessible en 22 langues, et plus récemment sur le même modèle le site « Couples en Europe »[11], accessible en 21 langues.

Les notariats européens adhèrent également à l'UINL (Union internationale des notaires[12]) qui prévoit la coopération entre notaires frontaliers pour les questions relevant de leur spécialité.

Les Notaires, en professionnels du droit, n'hésitent donc pas à communiquer entre eux pour résoudre des cas concrets. Par ailleurs, ils peuvent intervenir auprès des législateurs des différents Etats comme force de proposition pour l'évolution de la législation, mais ils n'ont évidemment pas le pouvoir de modifier eux-mêmes la règle de droit.

Ainsi, la coopération professionnelle entre notaires n'a pas suffi pour répondre aux difficultés soulevées par les disparités de la loi applicable aux successions internationales dans les différents Etats membres de

---

d'observateur : http://www.notaries-of-europe.eu/fr/presentation/vue-d-ensemble. Le CNUE offre notamment aux notaires le Réseau Notarial Européen, un service destiné à les aider à résoudre les cas transfrontaliers.

10 http://www.successions-europe.eu/fr/ : le site décrit sommairement le droit applicable aux successions dans chacun des Etats membres. Les citoyens peuvent ainsi s'informer sur l'autorité compétente et sur la manière dont les héritiers sont identifiés. Le site répond également aux questions relatives aux successions internationales : « Quelle législation s'applique lors du décès d'un citoyen européen propriétaire d'une maison ou titulaire d'un compte bancaire dans un autre Etat membre de l'Union européenne ? », en précisant également s'il est possible de choisir une législation plutôt qu'une autre.

11 http://www.coupleseurope.eu/fr/home : couples unis par mariage ou engagés dans un partenariat.

12 Anciennement « Union internationale du notariat latin », ce réseau créé en 1948 a gardé parmi ses finalités de « promouvoir des relations avec des organisations autres que celles du système de droit continental afin de collaborer avec elles dans des domaines d'intérêt commun ». Il comporte aujourd'hui 83 membres (v. la carte : http://www.uinl.org/6/notariats-membres-pays). Cette OING est actuellement présidée par un notaire français, Maître Jean-Paul DECORPS, qui s'exprime dans un entretien avec C. Larée : « UINL : "Faire prendre conscience de l'existence d'un réseau mondial du notariat" », *La semaine juridique, édition notariale* 2013, n° 23, 659.

l'Union européenne ; c'est un Règlement communautaire du 4 juillet 2012[13] qui soumet désormais[14] les successions internationales à une loi unique[15] et donne aux citoyens des Etats membres[16] un certain droit d'option pour choisir la loi applicable à leur succession. Sur le même modèle, un projet de règlement est encore en cours d'élaboration, pour proposer une règle de conflit de loi commune en matière de régimes matrimoniaux.

Il est pourtant un domaine où le notaire dispose en droit français d'une grande latitude pour fournir à ses clients l'acte le plus adapté à leurs besoins et à leur demande. Ce domaine est celui des régimes matrimoniaux : en France comme en Allemagne, le législateur impose un régime légal aux couples qui n'ont pas fait d'autre choix, mais laisse une grande liberté aux époux qui veulent organiser eux-mêmes leur régime, par un contrat de mariage qui doit prendre la forme notariée[17]. Les trois grands types de régimes proposés dans le Code civil peuvent être aménagés au moyen de clauses appropriées dont le nombre n'est certainement pas fini, et que le notaire reste libre d'aménager dès lors qu'elles ne contreviennent pas à l'ordre public.

Aucun principe n'interdit donc d'intégrer dans un contrat de mariage français des dispositions inspirées d'un droit étranger. Tel était d'ailleurs

---

[13] PE et Cons UE, règl (UE) n° 650/2012, 4 juil. 2012, *Journal officiel de l'Union européenne* n° L 201/107, 27 juillet 2012. Voir notamment *L'avenir du droit européen des successions internationales*, Lexis-Nexis, coll. Travaux du CREDIMI, 2011, vol. 36.

[14] Le règlement sera applicable à compter du 17 août 2015, aux successions ouvertes à compter de cette date, mais cela n'empêche pas les personnes concernées d'exprimer dès aujourd'hui leur option : JACOBY (Edmond), « Application du règlement communautaire sur les successions internationales : le compte à rebours a commencé ! », *La semaine juridique, édition notariale* 2012, n° 35, 777 et 785.

[15] Unité de loi allant de pair avec unité de compétence judiciaire. La loi crée également un instrument nouveau, le certificat successoral européen, appelé à circuler, et censé faciliter la preuve de la qualité d'héritier dans les différents Etats membres.

[16] Et même aux autres, car il est d'application universelle.

[17] Code civil, art. 1394.

le cas pour le régime conventionnel de participation aux acquêts, déjà proposé par des notaires français[18] avant même d'être inscrit dans le Code civil par la loi du 13 juillet 1965.

Mais cela ne suffit pas à résoudre les difficultés rencontrées par les couples binationaux, ou même les couples de français s'installant à l'étranger. Tel était précisément l'objectif fixé au groupe de travail très restreint[19] à l'origine du nouveau régime optionnel franco-allemand[20] : proposer un régime unique, qui s'applique et se liquide de manière identique dans les deux pays[21]. L'accord bilatéral[22] signé le 4 février 2010 par la République fédérale d'Allemagne et la République française est entré en vigueur le 1er mai 2013[23], ayant été ratifié dans ces deux Etats, respectivement par lois du 15 mars 2012 et du 28 janvier 2013[24].

Ainsi, la France et l'Allemagne ont inscrit dans leurs droits nationaux respectifs ce régime qui s'ajoute aux autres régimes conventionnels proposés. La méthode consistant à créer une véritable législation commune

---

18 Inspirés par la législation des Etats voisins.

19 V. notamment KLEITZ (Clémentine), « Au cœur de l'élaboration du régime matrimonial franco-allemand : entretien avec Brigitte Weiss-Gout », *Gazette du Palais* 2010, n° 63, p. 7 ; SIMLER (Philippe), « Le nouveau régime matrimonial optionnel franco-allemand de participation aux acquêts », *La Semaine juridique, édition notariale* 2013, n° 4, 1052, p. 25-33.

20 SIMLER (Philippe), précité ; NAUDIN (Estelle), « Un nouveau modèle de régime matrimonial : le régime franco-allemand de la participation aux acquêts », *Revue Lamy Droit civil* /1, p. 45-50 ; FARABOLINI (Isabelle), « Droit international privé notarial », *La semaine juridique, édition notariale* 2013, n° 42, 1242, spéc. n° 2.

21 « Tour de force » salué par la doctrine : LETELLIER (Hugues), « Un nouveau régime matrimonial à la disposition de tous les couples : le régime commun franco-allemand », *Gazette du Palais* 2010, n° 12, p. 24.

22 Publié par D. n° 2013-488, 10 juin 2013, *Journal officiel de la République française*, 12 juin 2013, p. 9733.

23 Soit « le premier jour du mois suivant l'échange des instruments de ratification », conformément à l'art. 20, § 2.

24 L. n° 2013-98, 28 janvier 2013, *Journal officiel de la République française* 29 janvier 2013, p. 1721. Voir notamment SIMLER (Philippe), « L'accord franco-allemand sur le régime matrimonial optionnel de participation aux acquêts est définitivement approuvé », *La semaine juridique, édition notariale* 2013, n° 6, act. 238.

à deux Etats est originale en ce qu'elle dépasse la simple harmonisation, et pourrait même encourager d'autres expériences de rapprochement de ce type en droit de la famille[25]. A cet égard, le nouveau régime suscite l'intérêt de la doctrine[26], mais on peut se demander si ce sera suffisant pour assurer son succès.

En pratique, ce régime devra être choisi par contrat de mariage établi avant le mariage par de futurs époux[27] ou dans le cadre d'un changement de régime d'un couple déjà marié sous un autre régime[28]. Pour que les notaires français recommandent ce régime optionnel à leurs clients, il faudra qu'ils soient convaincus de sa supériorité (I) par rapport aux autres solutions juridiques à leur disposition[29], mais aussi qu'ils soient en mesure d'anticiper suffisamment clairement sa liquidation (II).

---

25 V. FONGARO (Eric), « Vers un droit européen de la famille ? », *La semaine juridique, édition notariale* 2013, n° 15, 1079 (Travaux du Colloque de l'IRDAP « Vers un droit patrimonial européen de la famille ? », Bordeaux, 25 janvier 2013).

26 V. les auteurs cités supra, note 22 ; TISSERAND-MARTIN (Alice), « Un nouvel instrument optionnel : le régime matrimonial franco-allemand de la participation aux acquêts », in L'avenir européen du droit des successions internationales, précité, p. 85 ; NAUDIN (Estelle), « Les instruments optionnels destinés à régler les difficultés de la famille européenne », *Les Petites Affiches*, 29 juin 2012, n° 130, p. 47 ; MEIER-BOURDEAU (Alice), « Le nouveau régime matrimonial franco-allemand », *La semaine juridique*, édition générale 2013, 163.

27 Code civil, art. 1395.

28 Code civil, art. 1397.

29 Or selon Me Edmond JACOBY, notaire à Forbach (ville frontalière voisine de Sarrebruck) qui pratique quotidiennement des opérations binationales entre Allemands et Français, les Allemands apprécient en général le régime légal français de communauté d'acquêts, de même que la dévolution successorale de droit commun française.

I. — POURQUOI CONSEILLER LE REGIME OPTIONNEL FRANCO-ALLEMAND DE PARTICIPATION AUX ACQUETS

La participation aux acquêts figure au nombre des régimes conventionnels proposés par le Code civil français, aux articles 1569 à 1581 du Code civil, issus de la loi du 13 juillet 1965[30]. Sa ressemblance formelle avec le régime allemand de communauté différée des augments[31] - qui est le régime légal allemand - en faisait le candidat idéal (B) pour un régime commun à proposer aux couples ne pouvant pas se contenter d'un régime français ou d'un régime allemand (A).

A. Les candidats au régime optionnel franco-allemand

Selon les documents de présentation du décret de 2013, le « cœur de cible » est constitué des couples franco-allemands. Mais le domaine d'application qui résulte de l'article 1er est plus large, puisque « le régime optionnel de la participation aux acquêts peut être choisi par des époux dont la loi applicable au régime matrimonial est celle d'un Etat contractant », donc la loi française ou la loi allemande, sans même qu'il soit besoin d'établir un élément d'extranéité[32]. Il faudra donc dans un premier temps appliquer les règles de conflit de loi, françaises et allemandes, pour s'assurer que les époux relèvent bien de l'une ou l'autre législation[33].

Le choix de ce régime n'implique pas pour les époux de choisir la loi d'un Etat contractant, mais il sera prudent de leur suggérer de désigner dans leur contrat de mariage la loi applicable à leur régime matrimonial[34] !

---

30 V. notamment PILLEBOUT (Jean-François), *La participation aux acquêts*, LexisNexis Litec, 2ème éd. 2005 ; PIEDELIEVRE (Stéphane), *Juris-Classeur civil*, art. 1569 à 1581.

31 Régi par les articles 1373 et suiv. du BGB.

32 LETELLIER (Hugues), précité.

33 V. FARABOLINI (Isabelle), « Droit international privé notarial », précité.

34 PERROTIN (François), « La famille à l'heure européenne », *Les Petites Affiches* 2010, n° 76, p. 4.

En application des règles de droit international privé françaises et allemandes, il suffit donc que l'un ou l'autre des époux ait la nationalité française ou allemande, ou que les époux résident habituellement en France ou en Allemagne, ou qu'ils y aient établi leur première résidence[35].

Ainsi, un couple de Français pourrait adopter ce régime, par exemple parce qu'ils envisagent d'acquérir un bien immobilier de l'autre côté du Rhin, ou même parce qu'ils prévoient de s'établir à l'étranger et qu'ils veulent profiter des règles des articles 5 et 6, qui reprennent certaines des dispositions protectrices du régime primaire français. Il s'agit en l'espèce d'interdire à un époux de disposer, sans le consentement de son conjoint, des droits par lesquels est assuré le logement de la famille ou d'objets du ménage[36], ou encore de donner pouvoir à chacun des époux pour passer seul les contrats ayant pour objet l'entretien du ménage ou l'éducation des enfants, en obligeant son conjoint solidairement[37], sauf si cette dette présente un caractère manifestement excessif eu égard au train de vie des époux et que ce caractère était connu ou aurait dû être connu du cocontractant[38]. L'article 5, §2 prévoit même une autorisation judiciaire permettant à un époux d'accomplir seul un acte pour lequel le consentement du conjoint serait nécessaire, lorsque ce dernier ne peut pas ou ne veut pas s'y prêter[39].

Le fait que le régime optionnel soit un régime de participation aux acquêts pourrait inciter un couple franco-allemand à le choisir, car il semblera familier à chacun des époux, et surtout le notaire français ou alle-

---

35 Ou possèdent des biens immobiliers en France ou en Allemagne, pour ces biens.

36 Article 5, §1, rappelant l'article 215 al 3 du Code civil qui exige le consentement des deux époux pour tout acte de disposition portant sur les droits par lesquels est assuré le logement de la famille ainsi que les meubles meublants qui le garnissent. La notion de « biens du ménage » sera beaucoup plus claire pour le juriste allemand.

37 Article 6 §1, rappelant l'article 220 al 1er du Code civil.

38 Article 6 §2, rappelant l'article 220 al 2 du Code civil.

39 Parce qu'il est hors d'état de manifester sa volonté, ou parce que son refus n'est pas justifié par l'intérêt de la famille, ce qui rappelle l'article 217 Code civil.

mand qui liquidera le régime n'aura pas à appliquer la loi de l'autre Etat[40], puisque ce régime appartient à son propre ordre juridique interne.

B. L'intérêt d'un régime de participation aux acquêts

Sur le papier, le régime français de participation aux acquêts a tout pour séduire, combinant les avantages de la séparation de biens à ceux de la communauté d'acquêts. Les patrimoines des époux y restent séparés, ce qui assure leur parfaite autonomie dans l'administration et la disposition de leurs biens[41] et garantit leur protection contre les créanciers du conjoint[42], tout comme dans le régime de séparation de biens. Mais si le régime de séparation des biens évite à un époux d'être entraîné dans l'appauvrissement de son conjoint, il lui interdit aussi de profiter de son enrichissement. C'est la raison pour laquelle on parle de régime d'égoïste, la négation même d'un régime matrimonial selon le Doyen Carbonnier.

La participation aux acquêts n'encourt pas ce reproche : sa liquidation permet d'associer un époux à la prospérité de son conjoint, en donnant à l'époux qui s'est le moins enrichi pendant le mariage une créance contre l'autre, à la mesure de la moitié de la différence de leurs enrichissements, calculés par soustraction du patrimoine originaire de chaque époux à son patrimoine final.

Les règles de composition et d'évaluation du patrimoine final et du patrimoine originaire sont établies dans de façon à ce que le résultat de la liquidation soit le même, en valeur, que si les époux s'étaient mariés sous le régime de communauté d'acquêts[43].

---

[40] Sous réserve de ce qui sera dit en conclusion sur les autres règles applicables en cas de divorce et en matière successorale.

[41] Sauf pour ce qui relève du régime primaire des articles 212 à 226 du Code civil.

[42] Ces créanciers ne peuvent même pas demander la liquidation anticipée de la créance de participation de leur débiteur avant la dissolution du régime.

[43] Toutefois, il ne s'agit pas d'une obligation légale, mais de l'esprit qui a animé le législateur. Il se peut que le résultat soit différent, notamment en raison de l'évaluation du passif ou lorsque les acquêts d'un époux sont « négatifs », le passif excédant l'actif.

Le régime allemand de communauté différée des augments assure également la séparation des biens des époux pendant le mariage, et les associe finalement à parts égales dans les acquêts réalisés durant l'union.

Le régime optionnel franco-allemand étant un compromis entre la participation aux acquêts de droit français et la communauté différée des augments de droit allemand, les Allemands devraient y retrouver la structure de leur régime légal (sous quelques modifications), et les Français le moyen de participer à l'enrichissement du conjoint sans courir le risque d'être entraîné dans sa faillite.

Mais cette familiarité avec chacun de nos droits nationaux ne doit pas faire oublier que le nouveau régime optionnel a sa propre économie. Issu d'un texte de compromis, il ne se calque exactement ni sur la participation aux acquêts française, ni sur la communauté différée des augments allemande, et les notaires qui seraient appelés à le liquider en sont déjà bien conscients.

II. — COMMENT LIQUIDER LE REGIME OPTIONNEL FRANCO-ALLEMANDE DE PARTICIPATION AUX ACQUETS

Le régime français de participation aux acquêts reste très peu choisi (moins de 0,5% des couples mariés)[44], les notaires se plaignant en parti-

---

[44] On saluera toutefois la vivacité des réflexions menées par les praticiens pour aménager ce régime et l'adapter aux besoins particuliers des époux, signe de son intérêt au moins théorique : DUCHANGE (Nicolas), « La minoration du taux de participation aux acquêts », *Répertoire du notariat Defrénois* 1993, art. 35.618, p. 1393 ; MARIE (Annabelle), « Réflexions sur l'appauvrissement des époux dans les régimes de communauté légale et de participation aux acquêts », *Répertoire du notariat Defrénois* 2001, p. 1307 ; LETELLIER (François), « La clause d'exclusion des biens professionnels sous le régime de participation aux acquêts à l'épreuve du divorce. Quelques éléments de réponse à une question angoissante », *La semaine juridique, édition notariale* 2008, n° 12, 1150 ; DUCHANGE (Nicolas), « Quelques précisions sur l'évaluation des avantages matrimoniaux à propos d'une formule de participation aux acquêts », *Répertoire du notariat Defrénois* 1993, p. 1089 ; FÉNARDON (Clément), « La

culier de la complexité de sa liquidation[45], ainsi que de son caractère incertain dans la mesure où l'article 1579 du Code civil comporte une sorte de sauvegarde judiciaire, la possibilité pour le juge d'écarter les règles légales d'évaluation du patrimoine si leur application devait conduire à un résultat manifestement inéquitable[46]. On peut craindre que le nouveau régime optionnel ne soulève pas plus d'enthousiasme, même si l'on ne peut pas nier l'avantage résultant du fait que le régime se liquide de la même manière de part et d'autre de la frontière[47].

La liquidation risque donc de réserver des surprises[48]. Certes l'économie générale reste celle d'une participation aux acquêts[49], à savoir l'établissement d'une créance de participation (C) calculée à partir de la différence entre les acquêts nets des conjoints, obtenus par soustraction du patrimoine originaire (A) de l'époux à son patrimoine final (B). Mais le résultat pourrait surprendre le juriste français, qui serait peut-être bien inspiré d'user de la faculté de l'article 3, §3 qui permet de déroger, dans le contrat de mariage, aux règles du chapitre V (détermination de la créance de participation) et à celles de l'art. 14 du chapitre VI (liquidation de la créance de participation).

---

participation aux acquêts élargie : vers une participation universelle en nature », *La semaine juridique, édition notariale* 2009, n° 27, 1226 ; « La participation aux acquêts et la protection des biens professionnels. Des billevesées ? » ibid, n° 30-34, 1245 ; DUCHANGE (Nicolas), « La participation aux acquêts antérieurs », *Répertoire du notariat Defrénois* 2009, art. 38.939, p. 91.

45 V. un exemple de différend dans la liquidation du régime français de participation aux acquêts adopté par un couple bi-national français-allemand : Cass. 1ère civ., 18 juillet 1995, pourvoi n° 93-15.981, *Bulletin des arrêts de la Première chambre civile de la Cour de cassation* 1995, n° 325, p. 228 ; *Répertoire du notariat Defrénois 1996*, p. 411, note CHAMPENOIS (Gérard).

46 En droit allemand l'inéquité peut être invoquée par le débiteur pour refuser de payer la créance de participation : v. Ph. SIMLER, *op. cit.*, n° 21, p. 32.

47 Si bien que le notaire français est dispensé d'appliquer le BGB, et le notaire allemand n'est pas tenu de connaître le Code civil.

48 Sur la liquidation, voir les exemples précis et l'analyse détaillée par le Doyen SIMLER, *in* « Le nouveau régime... », préc.

49 Pour les causes de dissolution, voir l'art. 7. En outre, le régime conventionnel prévoit aussi, comme le droit français, la faculté pour un époux de demander en justice la liquidation anticipée de cette créance à titre de sanction (article 18), pour passer en séparation de biens.

A. Les particularités du patrimoine originaire

Les différences sont grandes à cet égard entre le système français et le système allemand, qu'il s'agisse de la composition (1) ou de l'évaluation (2) du patrimoine originaire. Le nouveau régime y reflète les compromis qui ont été faits, et comporte aussi une règle bien sévère relative à l'inventaire (3).

1) Quant à sa composition

En France, on fait figurer dans le patrimoine originaire tous les biens qui seraient propres sous le régime de communauté d'acquêts, à savoir les biens présents au jour du mariage[50], mais aussi les biens acquis à titre gratuit pendant le mariage[51], ainsi que les biens propres par nature, notion inconnue du droit allemand.

Dans le nouveau régime optionnel, le patrimoine originaire d'un époux comprend les biens présents au jour de l'entrée en vigueur du régime, les biens acquis ultérieurement par succession ou donation, ainsi que les indemnités reçues en réparation d'un dommage corporel ou moral, ce qui ne reflète qu'une partie des biens propres par nature du droit français.

De plus, selon l'article 8 §3, il convient de retirer du patrimoine originaire[52] les biens originaires qui ont été donnés[53] par un époux à des parents en ligne directe au cours du régime matrimonial.

Le passif comporte les dettes antérieures et celles qui sont afférentes à un bien du patrimoine originaire acquis pendant le mariage. Le passif peut excéder l'actif, art. 8, § 1 et 2[54].

---

[50] Ou de l'application du régime, en cas de changement de régime matrimonial.

[51] Sauf si la donation a été faite aux époux conjointement.

[52] Outre les fruits des biens qui le composent.

[53] Mais pas les biens qui auraient été dissipés ou cédés dans le but de léser l'autre : ces biens seront seulement fictivement réunis au patrimoine final, dans certains cas.

[54] En droit français, sous le régime ordinaire de participation aux acquêts, si le passif originaire excède l'actif originaire, « cet excédent est réuni fictivement au patrimoine final », art. 1571, al 2, du Code civil.

2) Quant à son évaluation

Il a fallu trouver un compromis entre la règle française de la valorisation au jour de la liquidation et la règle allemande de l'absence de réévaluation (ce dont il résulte un accroissement de l'enrichissement, les plus-values des biens originaires n'étant pas neutralisées), sauf décision du juge[55].

Le résultat, exprimé dans l'art. 9, est mixte, inspiré pour partie du droit français et pour partie du droit allemand. On retiendra que la règle d'évaluation n'est pas la même selon que le bien est mobilier ou immobilier.

Les biens originaires sont évalués au jour du mariage ou au jour de leur acquisition, cette valeur étant indexée sur la variation moyenne de l'indice général des prix à la consommation des Etats contractants entre l'entrée dans le patrimoine originaire et le jour de la dissolution.

Pour les immeubles[56], on retient la valeur au jour de la dissolution, compte tenu de leur état d'origine. Mais s'ils ont été aliénés, la valeur au jour de l'aliénation sera indexée suivant la règle déjà énoncée.

Les dettes sont évaluées suivant les mêmes modalités que les meubles (art. 9, §4).

3) Quant à l'absence d'inventaire

Comme en droit français, les époux établissent la consistance et la valeur de leur patrimoine originaire au moyen d'un inventaire, lequel est présumé exact lorsque les deux époux l'ont signé. L'art. 8, §5 ajoute que « si aucun inventaire n'a été établi, le patrimoine originaire est présumé nul. » On perçoit aisément les conséquences d'une telle règle sur la créance de participation, surtout si les époux avaient des patrimoines originaires très inégaux et qu'ils n'ont fait ni l'un ni l'autre d'inventaire. On pourrait

[55] Le juge allemand peut indexer la valeur des biens originaires sur l'indice des prix à la consommation : CALLÉ (Pierre), « Publication de l'accord franco-allemand instituant un régime matrimonial optionnel de la participation aux acquêts », *Répertoire du notariat Defrénois* 2013, p. 917-920.

[56] Ainsi que les droits réels immobiliers, à l'exception de l'usufruit et du droit d'usage et d'habitation.

même envisager une stratégie patrimoniale sur fond de remariage, qui consisterait à s'abstenir volontairement d'établir l'inventaire du patrimoine originaire d'un époux ayant des enfants d'un premier lit, et ainsi majorer ses acquêts, et donc augmenter indirectement la créance de participation de son nouveau conjoint, sans avoir à craindre une quelconque qualification d'avantage matrimonial.

B. Les particularités du patrimoine final

Ici encore, les règlent reflètent les négociations entre droit français et droit allemand, pour la composition et l'évaluation du patrimoine final.

En cas de divorce[57], la date à retenir pour la composition et l'évaluation du patrimoine est celle de la date d'introduction de la demande[58] en justice, selon l'art. 13.

1) Quant à sa composition

Le patrimoine final d'un époux se compose des biens appartenant à cet époux au jour de la dissolution du régime. Les dettes s'inscrivent au passif, si bien que le patrimoine final peut être négatif, tout comme le patrimoine originaire.

Selon l'article 10 (§ 2, 2 et 3), il faut ajouter fictivement au patrimoine final d'un époux les biens qu'il a dissipés, cédés dans l'intention de léser son conjoint ou donnés, sauf si la donation, l'aliénation frauduleuse ou la dissipation a été approuvée par le conjoint. Mais il n'y a pas d'ajout lorsque la donation, l'aliénation frauduluse ou la dissipation a lieu plus de 10 ans avant la dissolution du régime matrimonial (art. 10 *in fine*). Voilà une

---

[57] Ou « si le régime matrimonial est dissous par une autre décision judiciaire », ce qui fait penser à la séparation de corps ainsi qu'à la séparation judiciaire de l'art. 18, mais sans doute pas au changement de régime judiciaire sur requête conjointe (en ce sens, l'article 7).

[58] Pour un divorce français, on retiendra en général la date de la demande introductive d'instance postérieure à l'ordonnance de non conciliation (plutôt que la demande initiale) ; pour les détails, voir l'article 262-1 du Code civil.

règle originale[59] et périlleuse, une prescription[60] extinctive très courte qui pourrait être utilisée à mauvais escient par un époux de mauvaise foi[61] !

Le cas de la donation donne encore lieu à d'autres dispositions : aucune réunion fictive n'est due si cette donation n'était pas excessive eu égard au train de vie des époux (art. 10, §2, 1, a). La donation faite par un époux à des parents en ligne directe n'est jamais réunie fictivement, mais il convient néanmoins d'ajouter au patrimoine final, s'il y a lieu, la valeur des améliorations réalisées pendant la vie du régime avec des deniers ne relevant pas du patrimoine originaire (art. 10, §2, 1, b).

2) Quant à son évaluation

La date retenue pour l'évaluation du patrimoine final (dans son actif comme dans son passif) est celle de la dissolution, art. 11 §1[62].

Toutefois lorsqu'il y a lieu à réunion fictive en cas de donation, dissipation ou aliénation frauduleuse, c'est la valeur au jour de la disposition qui est retenue, et indexée sur la variation moyenne de l'indice général des prix à la consommation des Etats contractants.

C. Les particularités de la créance de participation

Comme en droit français et en droit allemand, les acquêts de chaque époux sont déterminés en déduisant le patrimoine originaire du patrimoine final, même si cette règle n'est pas formellement exposée dans l'accord franco-allemand. Il conviendra ensuite de comparer les acquêts des deux époux, selon l'art. 12, et celui dont les acquêts sont les plus faibles peut faire valoir contre son conjoint une créance de participation égale à la moitié de la différence.

Selon l'article 15, le droit à la créance de participation se prescrit par 3 ans, comme en droit français, avec un point de départ original : le jour de

---

59 Mais qui est conforme au droit allemand, art. 1375 du BGB.

60 Alors que selon le droit français la prescription extinctive ne court pas entre époux (c. civ., art. 2236).

61 Il faut toutefois reconnaître que cela évite de compliquer la liquidation.

62 Et non pas la date de la liquidation, comme en droit français.

la connaissance par l'époux de la dissolution du régime, sans pouvoir excéder 10 ans après cette dissolution[63].

Le régime franco-allemand fait une place originale à l'équité[64] : un époux peut l'invoquer pour obtenir du juge des délais de paiement pendant lesquel la créance produira intérêts (art. 17) ou même demander à s'acquitter de sa créance en nature, par dation en paiement (art. 12, §2).

Sa plus grande originalité tient dans le plafonnement[65] de la créance de participation à « la moitié de la valeur du patrimoine de l'époux débiteur tel qu'il existe, après déduction des dettes, à la date retenue pour la détermination de cette créance » (art. 14)[66].

CONCLUSION

Il faut signaler que le nouveau texte n'aborde pas, car ce n'était pas son objet, de nombreuses questions connexes très importantes pour les époux, qu'il s'agisse de la répartition des droits à pension et leur réversion en droit allemand, de la combinaison avec les règles successorales[67] ou avec les règles du divorce... sans parler des conséquences fiscales de la dissolution du régime[68].

En conclusion, pour que le nouveau régime optionnel franco-allemand de participation aux acquêts puisse espérer devenir un jour le droit

---

[63] Il faudrait imaginer, par exemple, que les époux aient été séparés de fait, et que l'un d'eux soit décédé sans que son conjoint l'apprenne.

[64] Mais de la même manière que droit allemand ou le droit français.

[65] Ce plafonnement est à rapprocher de la règle française de l'article 1575 al 1er selon lequel « si le patrimoine final d'un époux est inférieur à son patrimoine originaire, le déficit est supporté par cet époux ».

[66] Limite relevée de la moitié de la valeur ajoutée fictivement en cas de donation, dissipation ou aliénation frauduleuse (art. 10, §2, sauf s'il s'agit de biens originaires donnés à des parents en ligne directe (art. 10, §2, 1, b).

[67] Ainsi, les époux doivent savoir que le choix du régime optionnel franco-allemand interdira au conjoint, si la succession est régie par le droit allemand, de réclamer sa part forfaitaire (en ce sens, Ph. SIMLER, précité, n° 21, p. 32).

[68] Sur tous ces points, v. LETELLIER (Hugues), précité.

commun des couples binationaux de l'Union européenne[69], il faudra que les notaires, de part et d'autres du pont de Kehl, se l'approprient[70] en usant de la faculté d'aménager conventionnellement certaines dispositions, telles que le calcul de la créance. Et surtout, qu'ils coopèrent entre eux pour la bonne application de ce régime, car certaines de ses dispositions paraissent bien dangereuses[71], notamment la faculté quasiment offerte à un époux de vider son patrimoine final[72] en donnant ses biens, puisque la réunion fictive ne se fait plus après dix ans pour les biens « sortis » du patrimoine, même s'ils avaient été acquis au cours du régime.

---

[69] Il est prévu à l'art. 21 que « tout Etat membre de l'Union européenne peut adhérer » à cet accord. Cette ambition affichée est très improbable, surtout auprès des Etats membres ne connaissant pas la participation aux acquêts.

[70] Les notaires français s'y préparent : v. les Formules proposées par COLLARD (Fabrice), « Formules contenant adoption du régime optionnel franco-allemand de participation aux acquêts », *La semaine juridique, édition notariale* 2013, n° 4, 1053, p. 35-38.

[71] V. toutefois la conclusion de SIMLER (Philippe), « Le nouveau régime… », préc.

[72] Et donc de réduire d'autant son enrichissement, à son détriment mais aussi au détriment de ses héritiers, y compris ses héritiers réservataires.

La coopération judiciaire en matière civile et commerciale

Paul KLÖTGEN*

* Maître de conférences HDR, Université de Lorraine (Faculté de droit de Nancy/ Institut François Gény).

Introduction

La « Coopération judiciaire en matière civile » n'est que l'une des quatre dimensions de l'Espace de Liberté, de Sécurité et de Justice (Chapitre 3, Titre V de la Partie III) consacré par le Traité sur le Fonctionnement de l'Union Européenne (TFUE) à côté des autres « dimensions » que sont les « Politiques relatives aux contrôles aux frontières, à l'asile et à l'immigration » (Chapitre 2), la « Coopération judiciaire en matière pénale » (Chapitre 4) et de la « Coopération policière » (Chapitre 5).

C'est l'exercice croissant des libertés garanties par les traités (libre circulation des personnes, des biens et des services) qui entraîne une augmentation des litiges transfrontières dans l'Union européenne. Or si les intéressés peuvent rencontrer des difficultés dans la mise en œuvre de leurs droits civils au sens large, ce qui inclut les aspects de droit commercial, ces difficultés constituent autant d'entraves à l'exercice des grandes libertés européennes. Surmonter ces difficultés, tel est précisément l'objet de la « coopération judiciaire en matière civile ». Celle-ci vise en effet à surmonter différents obstacles qui se présentent dans le cadre de la justice civile et commerciale du fait de l'existence de frontières, de souverainetés et de systèmes juridiques différents.

Aux fins du présent exposé, nous commencerons par une présentation générale de la coopération judiciaire civile (I.) avant d'évoquer trois points particuliers qui nous paraissent révélateurs de l'évolution actuelle de cette coopération (II.)

I. — Présentation générale de la coopération judiciaire en matière civile

Malheureusement, nous ne possédons pas de définition – en tout cas pas dans les traités européens – de ce qu'il faut entendre par coopération judiciaire en matière civile et commerciale. Nous pouvons nous interroger : La coopération est-elle une *forme* de relation ? La coopération est-elle une convergence *matérielle* ?

Adoptons, pour les besoins de cette première partie, un plan simple : la forme (A.) puis la matière (B.) tout en gardant à l'esprit qu'il est, au fond, impossible à l'homme de concevoir une matière sans forme, comme il lui est impossible d'imaginer une forme sans matière… Les deux sont donc inévitablement liés et le tableau que nous offre la coopération judiciaire en matière civile ne fait pas exception sur ce point.

A. La forme

Dans un système juridique, tel que le Droit de l'Union, la coopération n'est-t-elle pas d'abord une forme particulière d'adoption de textes. Pour en dessiner les contours, il nous faut nous interroger non seulement sur le *type de textes* adoptés (Quelles sont ici les « sources » du droit utilisées ? 1.) mais aussi sur le type de *source institutionnelle* (Quelle institution élabore les textes ? 2.)

1) Quelles « sources » de droit pour la coopération en matière civile ?

La coopération est mise en œuvre au moyen d'instruments « communautaires », sources dites de « droit dérivé ». Parmi les soixante et onze textes que nous avons pu répertorier en ce domaine, tous ne sont plus en vigueur, car ils ont pu être abrogés ou reformatés. Nous comptons des règlements, directives, décisions, accords, actes du Conseil, conventions, résolutions, recommandations, déclarations communes, protocoles et actions communes adoptées par le Conseil !

Il existe donc une grande diversité formelle de textes européens de coopération judiciaire civile. Dès lors, comment s'y retrouver ? L'importance de ces instruments est variable. Certains sont purement conjoncturels ou précisent une application territoriale, ajoutent un protocole venant préciser le sens d'un texte principal ou encore établissent un formulaire standard (cf. par exemple, la Décision de la Commission du 9 novembre 2004 établissant un formulaire standard pour les demande d'aide judiciaire en application de la directive 2003/8/CE, JO L 365 du 10.12.2004, p. 27-34).

En pratique, les règlements constituent l'instrument législatif le plus puissant de cette politique. On sait qu'ils ont l'avantage d'être immédiatement et directement applicables dans les Etats membres, sans aucune mesure de mise en œuvre particulière. Et la Cour de justice de l'Union a compétence pour en unifier l'interprétation et en sanctionner l'application dans les Etat membres. Parmi les textes, nous comptons seize règlements et une seule directive (Directive 2002/8/CE du Conseil du 27 janvier 2003 visant à améliorer l'accès à la justice dans les affaires transfrontalières par l'établissement de règles minimales communes relatives à l'aide judiciaire accordée dans le cadre de telles affaires, *JO* L 26 du 31.1.2003, p. 41-47).

Le reste, notamment les Décisions d'adhésion à des conventions et la seule et unique Recommandation de la Commission (du 4 avril 2001 relative aux principes applicables aux organes extrajudiciaires chargés de la résolution consensuelle des litiges de consommation (EEE), JO L 109 du 19.4.2001, p. 56-61), ne fait qu'accompagner le droit positif de la coopération. Les mesures lourdes se trouvent donc pour l'essentiel dans les règlements.

2) Quelle institution élabore les instruments ?

Il convient de se rappeler que la coopération en matière civile n'a pas attendu l'Union européenne, ni même la Communauté européenne, pour se mettre en marche. Déjà la Conférence de La Haye de droit international privé, fondée en 1893, a produit en tant qu'organisation intergouvernementale de nombreux textes de coopération judiciaire. On dénombre à ce jour trente-huit conventions ou protocoles internationaux conclus depuis 1954.

Certes, ce qui nous intéresse aujourd'hui est certainement la « coopération européenne » ou « communautaire »... judiciaire en matière civile. Il est incontestable que les Etats européens (du moins, certains Etats membres des Communautés européennes) ont souhaité aller plus loin que la coopération internationale proposée par la Conférence de La Haye. Il faut citer ici d'abord l'importante Convention de Bruxelles du 27 septembre 1968 *sur la compétence judiciaire et l'exécution des décisions en matière civile et commerciale* qui a été conclue entre des Etats contractants européens afin précisément de répondre à ces attentes, plus pressantes dans un cadre communautaire, en matière d'intégration juridique des relations de droit privé. Certes cette convention, simple traité classique conclu entre des Etats, ne saurait être considérée comme du droit communautaire dérivé. Elle n'en constitue par moins, spécialement depuis son « reformatage » en règlement communautaire (Règlement n° 44/2001 du Conseil, du 22 décembre 2000 *concernant la compétence judiciaire, la reconnaissance et l'exécution des décisions en matière civile et commerciale*) une sorte de *ius commune* de la coopération judiciaire civile et commerciale.

Toutefois, par un curieux retour des choses, l'Union européenne s'est tournée de nouveau vers la Conférence de La Haye en 2006, très probablement dans un *but d'externalisation* de la politique de coopération judiciaire civile qui constitue aujourd'hui un souci important. L'externalisation peut d'ailleurs passer par d'autres voies que la Conférence de la Haye (CEDH, UNIDROIT, conclusion d'accords entre Etats membres et Etats tiers…).

La Communauté européenne est devenue membre de la Conférence de La Haye le 3 avril 2007. Avec l'entrée en vigueur du Traité de Lisbonne le 1er décembre 2009, l'Union européenne, personne juridique, lui succède et participe ainsi aux négociations des Conventions dans ce cadre. Et les trois derniers instruments élaborés par la Conférence ont reçu l'adhésion ou la signature de l'UE. Ainsi l'Union adhère au Protocole du 23 novembre 2007 sur *la loi applicable aux obligations alimentaires* (entré en vigueur depuis le 1er août 2013, avec la Serbie) et a signé la Convention du 30 juin 2005 sur *les accords d'élection de for*, sans la ratifier cependant (ce qui en hypothèque d'ailleurs sensiblement l'entrée en vigueur) et a signé, mais ici encore sans la ratifier, la Convention du 27 novembre 2007 sur *le recouvrement international des aliments destinés aux enfants et à d'autres membres de la famille*. En fait, le bilan de cette externalisation demeure donc assez maigre pour le moment.

Pour ce qui est du côté purement intra-communautaire, on connaît la base juridique actuelle de la coopération judiciaire en matière civile et commerciale. C'est aujourd'hui (depuis le traité de Lisbonne entré en vigueur le 1er déc. 2009) l'art. 67 du TFUE. Mais ce texte n'énonce que des principes ou lignes générales à faible contenu technique :

« 1. L'Union constitue un espace de liberté, de sécurité et de justice dans le respect des droits fondamentaux et des différents systèmes et traditions des Etats membres ».

« 4. L'Union facilite l'accès à la justice, notamment par le principe de reconnaissance mutuelle des décisions judiciaires et extrajudiciaires en matière civile».

En pratique, il faut aller au-delà de ces déclarations de principe pour en connaître la mise en œuvre concrète. Cette dernière s'avère d'une grande complexité technique et surtout politique car sont en jeu des questions de fond.

B. La matière

Le contenu de la règlementation de la coopération judiciaire européenne en matière civile (2.) est la concrétisation d'objectifs d'ordre général que l'Europe s'est fixés (1.).

1) Les objectifs généraux

Les objectifs généraux sont fixés dans *l'art. 81 TFUE* (ex-art. 65 TCE) qui vient apporter toutes précisions sur le contenu de cette coopération judiciaire en matière civile. Son paragraphe 1 constitue un texte important car il fixe les grandes lignes directrices :

«1. L'Union développe une coopération judiciaire dans les matières civiles ayant une incidence transfrontière, fondée sur le principe de reconnaissance mutuelle des décisions judiciaires et extrajudiciaires. Cette coopération peut inclure l'adoption de mesures de rapprochement des dispositions législatives et réglementaires des Etats membres. »

Trois points sont ici à souligner. Premièrement, l'exigence d'« une incidence transfrontière » est une claire limite à la compétence de l'Union. *Négativement*, nous pouvons dire que celle-ci n'a pas vocation à intervenir lorsque le problème juridique ne concerne qu'un seul et unique Etat membre. Il est, en revanche, plus difficile de définir *positivement* ce que signifie « une incidence transfrontière ». Quel est le degré d'« incidence » ? La question n'est pas sans enjeu si l'on se souvient qu'il en va de la compétence législative de l'Union. Deuxièmement, le principe de « reconnaissance mutuelle » des décisions est également un objectif à atteindre. Toutefois, les règlements pris montrent que cet objectif ne saurait être absolu, d'autant qu'on voit entrer ici en scène la jurisprudence de la Cour européenne des droits de l'homme. Troisièmement, ce paragraphe 1 vise à souligner la possibilité que la « coopération » aille jusqu'à modifier le droit substantiel interne (lois ou règlements) des Etats membres dans un but de rapprochement de fond des divers droits nationaux. La coopération ne consiste donc pas seulement en des textes au-dessus des droits nationaux, des dispositions transnationales ; elle pénètre à l'intérieur-même de ces droits et en modifie potentiellement le contenu. En d'autres termes, la coopération serait très large ; elle signifierait aussi convergence des droits au fond.

Le paragraphe 2 de l'art. 81 TFUE précise ensuite, « aux fins du paragraphe 1 », les matières contenues dans cette coopération. Nous n'avons pas là une définition théorique de la coopération judiciaire mais une délimitation concrète de ce qu'elle recouvre :

« 2. Aux fins du paragraphe 1, le Parlement européen et le Conseil, statuant conformément à la procédure législative ordinaire, adoptent, notamment lorsque cela est nécessaire au bon fonctionnement du marché intérieur, des mesures visant à assurer:

a) la reconnaissance mutuelle *entre les États membres des décisions judiciaires et extrajudiciaires, et leur exécution ;*

b) la signification *et la notification transfrontières des actes judiciaires et extrajudiciaires ;*

c) la compatibilité des règles applicables dans les États membres en matière de conflit de lois et de compétence*;*

d) la coopération en matière d'obtention des preuves *;*

e) un accès effectif à la justice *;*

f) l'élimination des obstacles au bon déroulement des procédures civiles, au besoin en favorisant la compatibilité des règles de procédure civile *applicables dans les États membres ;*

g) le développement de méthodes alternatives de résolution des litiges*;*

h) un soutien à la formation *des magistrats et des personnels de justice. »*

Ce paragraphe 2 de l'art. 81 TFUE a pour principal mérite de souligner le choix de la procédure législative ordinaire. On n'y trouve cependant que peu de choses nouvelles par rapport à l'ancien art. 65 TCE. Seules les termes des *lit. e)*, *g)* et *h)* sont nouveaux mais, quoi que l'on en pense, demeurent relativement seconds. La liste adopte des termes plutôt généraux ; ce qui laisse une certaine ouverture relativement aux sujets susceptibles d'intéresser la coopération judiciaire en matière civile et commerciale.

2) De lege lata

Le contenu positif de la règlementation est devenu relativement dense (b.) et répond aux grandes orientations de la coopération judiciaire en matière civile et commerciale (a.).

a) La liste des grands thèmes (ou orientations) de la coopération judiciaire civile

Cette liste touche des problèmes de natures variées : 1) la détermination de la loi applicable ; 2) la détermination du juge compétent ; 3) la reconnaissance et l'exécution des décisions rendues ; 4) la circulation transfrontière des actes de procédure ; 5) la possibilité d'obtenir des preuves par-delà les frontières ; 6) les conditions d'accès à la justice (aide juridictionnelle) ; 7) les communications (Réseau judiciaire civil).

Il convient de souligner que la question de la rapidité des procédures innerve toute la matière. Il n'est pas possible d'en faire un thème autonome, car plusieurs sujets s'y rapportent. Les résultats vont donc dans plusieurs directions complémentaires.

b) Les instruments de la règlementation de la coopération

On peut distinguer au sein de la règlementation existante trois sujets principaux (1- La loi applicable et 2- Le juge compétent, 3- La reconnaissance mutuelle et de l'exécution des décisions) (i.) aux côtés desquels se trouvent d'autres préoccupations que nous pourrons présenter dans un second temps (ii.).

i. Compétence, reconnaissance/exécution et loi applicable

Il est malaisé aujourd'hui de séparer ces questions car les instruments les plus récents traitent de tous ces sujets (loi applicable, juge compétent, reconnaissance et exécution) dans un même *corpus*. Il est permis néanmoins d'ordonner les différents instruments à raison de leur champ.

S'il nous semble opportun d'adopter une telle présentation, c'est qu'elle a l'avantage d'informer sur la nature des sujets traités dans le cadre de la coopération judiciaire en matière civile et commerciale. Les textes peuvent en effet traiter soit de la compétence seule (prise au sens large à la fois de compétence juridictionnelle et de reconnaissance et exécution des décisions), soit de la seule détermination de la loi applicable, soit concomitamment de la compétence et de la loi applicable.

Instruments traitant de la question de la seule compétence juridictionnelle

Un certain nombre de textes européens importants visent à répartir les compétences juridictionnelles entre les tribunaux des Etats membres aux fins d'éviter les conflits de compétence entre juges ou entre procédures potentiellement concurrentes.

Nous pouvons citer les instruments suivants :

- *Règlement (CE) n° 44/2001 du Conseil du 22 décembre 2000 concernant la compétence judiciaire, la reconnaissance et l'exécution des décisions en matière civile et commerciale* (JO L 12 du 16.1.2001, p. 1–23).

Ce texte pionnier a été modifié dernièrement par le règlement suivant :

- *Règlement (UE) n° 1215/2012 du Parlement européen et du Conseil du 12 décembre 2012 concernant la compétence judiciaire, la reconnaissance et l'exécution des décisions en matière civile et commerciale (Bruxelles I)* (JO L 351 du 20.12.2012, p. 1–32).

- *Règlement (CE) n° 2201/2003 du Conseil du 27 novembre 2003 relatif à la compétence, la reconnaissance et l'exécution des décisions en matière matrimoniale et en matière de responsabilité parentale (Bruxelles II bis) abrogeant le règlement (CE) n° 1347/2000* (JO L 338 du 23.12.2003, p. 1–29).

Il existe aussi quelques règlements consacrés spécialement à la rapidité des procédures :

- *Règlement (CE) n° 861/2007 du Parlement Européen et du Conseil du 11 juillet 2007 instituant une procédure européenne de règlement des petits litiges* (JO L 199 du 31.7.2007, p. 1–22).

- *Règlement (CE) n° 1896/2006 du Parlement européen et du Conseil du 12 décembre 2006 instituant une procédure européenne d'injonction de payer* (JO L 399 du 30.12.2006, p. 1–32).

- *Règlement (CE) n° 805/2004 du Parlement européen et du Conseil du 21 avril 2004 portant création d'un titre exécutoire européen pour les créances incontestées* (JO L 143 du 30.4.2004, p. 15–39).

Instruments traitant de la seule question de la loi applicable :

Il s'agit d'éviter le *forum shopping*, c'est-à-dire la tentation pour un plaideur de faire un choix déloyal de tribunal en fonction du droit qu'il espère voir appliquer au fond par celui-ci. Pour éviter cet écueil, le législateur européen doit aboutir à une convergence des règles de conflit de lois, de telle sorte que le fait de saisir tel ou tel juge n'entraîne pas un changement de droit applicable au fond.

A noter que l'application d'un droit uniforme, droit matériel commun, comme le projet actuel de *droit européen de la vente*, est une autre voie possible pour parvenir à une convergence permettant d'éviter l'opportunisme procédural.

Actuellement, les textes européens relatifs à la loi applicable sont donc les textes suivants :

- *Règlement (CE) n° 593/2008 du Parlement européen et du Conseil du 17 juin 2008 sur la loi applicable aux obligations contractuelles (Rome I)* (JO L 177 du 4.7.2008, p. 6–16) (faisant suite à la Convention de Rome du 19 juin 1980) ;

- *Règlement (CE) n° 864/2007 du Parlement Européen et du Conseil du 11 juillet 2007 sur la loi applicable aux obligations non contractuelles (Rome II)* (JO L 199 du 31.7.2007, p. 40–49).

A coté des ces deux grands règlements, on peut aussi mentionner l'existence d'un troisième dont l'objet est lié au précédents :

- *Règlement (CE) n° 662/2009 du Parlement européen et du Conseil du 13 juillet 2009 instituant une procédure pour la négociation et la conclusion d'accords entre les États membres et des pays tiers sur des questions particulières concernant le droit applicable aux obligations contractuelles et non contractuelles* (JO L 200 du 31.7.2009, p. 25–30).

Par ailleurs, nous savons que depuis le Traité de Maastricht entré en vigueur le 1er novembre 1993, l'Union européenne n'est plus une communauté purement économique. Et nous avons vu (cf. *supra*) que le paragraphe 3 de l'art. 81 TFUE envisage les « mesures relatives au droit de la famille ». Toutefois, étant donné le caractère sensible et la forte teneur culturelle de la matière, c'est l'unanimité qui est, en principe, de mise ici et non la procédure législative ordinaire applicable pour le reste à la coopération judiciaire en matière civile et commerciale.

« 3. Par dérogation au paragraphe 2, les mesures relatives au droit de la famille *ayant une incidence transfrontière sont établies par le Conseil, statuant conformément à une procédure législative spéciale. Celui-ci statue* à l'unanimité, *après consultation du Parlement européen.*

Le Conseil, sur proposition de la Commission, peut adopter une décision *déterminant les aspects du droit de la famille ayant une incidence transfrontière susceptibles de faire l'objet d'actes adoptés selon la procédure législative ordinaire. Le Conseil statue à l'unanimité, après consultation du Parlement européen.*

La proposition visée au deuxième alinéa est transmise aux parlements nationaux. *En cas d'opposition d'un parlement national notifiée dans un délai de six mois après cette transmission, la décision n'est pas adoptée. En l'absence d'opposition, le Conseil peut adopter ladite décision. »*

L'unanimité n'étant pas chose aisée, certains Etats soucieux d'avancer ont recouru à la « coopération renforcée ». Ainsi, la Commission européenne a autorisé quatorze Etats membres de l'UE, auxquels s'est ajoutée par la suite la Lituanie, à mettre en œuvre des règles donnant aux couples internationaux la capacité de choisir d'un commun accord la législation devant s'appliquer à leur divorce :

- *Règlement (UE) n° 1259/2010 du Conseil du 20 décembre 2010 mettant en œuvre une coopération renforcée dans le domaine de la loi applicable au divorce et à la séparation de corps* (JO L 343 du 29.12.2010, p. 10–16).

Instruments combinant compétence et loi applicable :

Quelques règlements combinent compétence et loi applicable dans un même instrument, ce qui donne une certaine cohérence à la matière. On peut citer ici :

- *Règlement (CE) n° 1346/2000 du Conseil du 29 mai 2000 relatif aux procédures d'insolvabilité* (JO L 160 du 30.6.2000, p. 1–18) ;

- *Règlement (CE) n° 4/2009 du Conseil du 18 décembre 2008 relatif à la compétence, la loi applicable, la reconnaissance et l'exécution des décisions et la coopération en matière d'obligations alimentaires* (JO L 7 du 10.1.2009, p. 1–79).

Ici également, il convient de mentionner un règlement d'externalisation lié aux deux que l'on vient de citer :

- *Règlement (CE) n° 664/2009 du Conseil du 7 juillet 2009 instituant une procédure pour la négociation et la conclusion d'accords entre les États membres et des pays tiers concernant la compétence, la reconnaissance et l'exécution des jugements et des décisions en matière matrimoniale, de responsabilité parentale et d'obligations alimentaires, ainsi que sur le droit applicable en matière d'obligations alimentaires* (JO L 200 du 31.7.2009, p. 46–51).

Enfin, dernier texte combinant compétence et loi applicable, dans un tout autre domaine :

- *Règlement (UE) n° 650/2012 du Parlement européen et du Conseil du 4 juillet 2012 relatif à la compétence, la loi applicable, la reconnaissance et l'exécution des décisions, et l'acceptation et l'exécution des actes authentiques en matière de successions* et à la création d'un certificat successoral européen *(JO L 201 du 27.7.2012, p. 107–134)*

ii. Autres problèmes abordés par les textes en faveur de la coopération en matière civile

Souvent moins connus mais présentant une importance pratique, d'autres instruments, dans les domaines suivants, ont été arrêtés par le législateur européen : circulation transfrontière des actes de procédure ; possibilité d'obtenir des preuves par-delà les frontières ; conditions d'accès à la justice (aide juridictionnelle) ; communications (Réseau judiciaire civil).

La circulation transfrontière des actes de procédure :

Présentant un intérêt considérable en pratique, spécialement pour l'ouverture des procédures judiciaires (signification des assignations), nous avons le texte suivant :

- *Règlement (CE) n° 1393/2007 du Parlement européen et du Conseil du 13 novembre 2007 relatif à la signification et à la notification dans les États membres des actes judiciaires et extrajudiciaires en matière civile ou commerciale (signification ou notification des actes), et abrogeant le règlement (CE) n° 1348/2000 du Conseil* (JO L 324 du 10.12.2007, p. 79–120).

La possibilité d'obtenir des preuves par-delà les frontières

Encore trop peu connu des magistrats nationaux, à destination desquels il se trouve pourtant, leur permettant d'accéder plus facilement aux éléments de preuve situés à l'étranger nécessaires à l'instruction des procès civils et commerciaux, nous avons le :

- *Règlement (CE) n° 1206/2001 du Conseil du 28 mai 2001 relatif à la coopération entre les juridictions des États membres dans le domaine de l'obtention des preuves en matière civile ou commerciale* (JO L 174 du 27.6.2001, p. 1–24).

Les conditions d'accès à la justice (aide juridictionnelle)

Il convient de souligner qu'il s'agit là d'un rapprochement des règles de procédure civile car tous les Etats n'offrent pas un accès égal à la justice.

- *Directive 2002/8/CE du Conseil du 27 janvier 2003 visant à améliorer l'accès à la justice dans les affaires transfrontalières par l'établissement de règles minimales communes relatives à l'aide judiciaire accordée dans le cadre de telles affaires* (JO L 26 du 31.1.2003, p. 41–47).

- *Directive 2008/52/CE du Parlement européen et du Conseil du 21 mai 2008 sur certains aspects de la médiation en matière civile et commerciale* (JO L 136/3).

Les communications (Réseau judiciaire civil)

Un réseau judiciaire européen en matière civile et commerciale a été créé (RJE-civil) par une décision :

- *Décision n° 2001/470/CE du Conseil du 28 mai 2001 relative à la création d'un réseau judiciaire européen en matière civile et commerciale* (JO L 174 du 27.6.2001, p. 25–31).

Ce réseau, en place depuis 2002, et organisé notamment en points de contact, autorités centrales, magistrats de liaison, est une structure très souple qui vise à favoriser la coopération concrète transfrontière entre magistrats et entre autorités des Etats membres. Il met en relation, de manière informelle, les autorités nationales chargées d'assister les juridictions locales. Le Réseau permet de définir les meilleures pratiques de la coopération judiciaire et assure la diffusion des informations en son sein.

A ces textes, on peut encore ajouter les instruments suivants spécifiques à la résolution des litiges de consommation :

- *Résolution du Conseil du 25 mai 2000 relative à un réseau au niveau communautaire d'organes nationaux chargés du règlement extrajudiciaire des litiges de consommation (JO C 155 du 6.6.2000, p. 1–2) ;*

- *Recommandation de la Commission du 4 avril 2001 relative aux principes applicables aux organes extrajudiciaires chargés de la résolution consensuelle des litiges de consommation (Texte présentant de l'intérêt pour l'EEE) [notifiée sous le numéro C(2001) 1016] (JO L 109 du 19.4.2001, p. 56–61).*

L'œuvre législative de la coopération en matière civile se poursuit. On peut donc mentionner les projets en cours, les plus avancés :

- *Proposition du 25 juillet 2011 (COM (2011) 445 final) de Règlement portant création d'une ordonnance européenne de saisie conservatoire des comptes bancaires, destinée à faciliter le recouvrement transfrontière de créances en matière civile et commerciale ;*

- *Proposition de Règlement du 16 mars 2011 (2011/0059, CNS) relatif à la compétence, la loi applicable, la reconnaissance et l'exécution des décisions en matière de régimes matrimoniaux ;*

- *Proposition du 16 mars 2011 (COM (2011) 127 final) ; 2011/0060, CNS) relatif à la compétence, la loi applicable, la reconnaissance et l'exécution des décisions en matière d'effets patrimoniaux des partenariats enregistrés.*

Il serait impossible dans le cadre du présent exposé de se livrer à une analyse exhaustive de cet important ensemble de textes européens dans le domaine de la coopération en matière civile. Il est en revanche utile d'indiquer quelques points remarquables qui nous paraissent témoigner de la marche évolutive de cette coopération.

II. — Trois aspects remarquables de la coopération en matière civile

Une progression de la coopération se manifeste sensiblement dans l'assouplissement des conditions exigées pour l'exécution des décisions rendues dans les autres Etats membres (A.) L'évolution se manifeste, ailleurs, par la nécessité de coordonner désormais les textes entre eux. Apparaît, en effet, un nouveau contentieux, celui de l'articulation entre les textes (B.). Enfin, la coopération judiciaire en matière civile semble s'engager dans ce qui pourrait être une « nouvelle phase », audacieuse car plus intégrative encore, celle de l'émergence de juridictions communes aux Etats membres (C.).

A. Signe de progression : les conditions requises pour l'exécution d'une décision rendue dans un autre Etat membre

Dans le cadre européen, se laissent recenser trois types de procédures différentes pour la reconnaissance et l'exécution des décisions. Ces trois modèles se trouvent, pour le premier – qui est le plus contraignant – dans le Règlement Bruxelles II *bis*, pour le deuxième dans le Règlement Bruxelles I originaire et pour le troisième (le plus souple : reconnaissance automatique des décisions et suppression de l'exequatur) dans le Règlement Bruxelles I *bis*, plus récent.

1) Premier type de procédure : Procédure consacrée par le Règlement « Bruxelles II *bis* »

Le Règlement Bruxelles II *bis* n° 2201/2003 du 27 novembre 2003 (en matière matrimoniale et de responsabilité parentale) a établi une procédure de reconnaissance et d'exécution qui reprend le système établi dans la Convention de Bruxelles de 1968. Est exigé l'exequatur, c'est-à-dire que, selon l'article 28 du Règlement, *« les décisions rendues dans un Etat membre sur l'exercice de la responsabilité parentale à l'égard d'un enfant, qui y sont exécutoires et qui ont été signifiées ou notifiées, [ne peuvent être] mises en exécution dans un autre Etat membre [qu'] après y avoir été déclarées exécutoires sur requête de toute partie intéressée. »*

La partie contre laquelle la reconnaissance ou l'exécution est demandée peut invoquer l'un des motifs établis aux articles 22 et 23 du Règlement, afin de voir la juridiction refuser de déclarer la décision exécutoire. La décision de reconnaître ou non, d'exécuter ou non, prise par la juridiction de l'Etat requis est susceptible de recours dans ce même Etat membre, introduit auprès des juridictions désignées par chaque État membre à cet effet.

Cette procédure, intermédiaire préalable à l'exécution, peut être considérée comme lourde et ne permettant pas une fluidité dans le système de reconnaissance et d'exécution mis en place entre les Etats membres. Cependant, vu le champ d'application du règlement en question qui porte sur le droit de la famille, cette procédure vise à donner toutes les garanties que la décision à reconnaître ou à exécuter remplit les conditions pour être acceptée dans l'ordre juridique de l'Etat membre requis.

2) Deuxième type de procédure : Procédure actuelle du Règlement « Bruxelles I »

En matière de compétence judiciaire, reconnaissance et exécution des décisions en matière civile et commerciale, nous savons que le Règlement n° 44/2001 dit « Bruxelles I » est l'instrument en vigueur actuellement, jusqu'au 10 janvier 2015, date d'entrée en application du texte qui le « reformate », le Règlement n° 1215/2012 déjà appelé parfois « Bruxelles I *bis* ».

Pour l'exécution selon ce système (articles 36 et s.), il revient à la juridiction requise d'établir, sur requête unilatérale d'exequatur de toute partie intéressée, une déclaration de force exécutoire sans procéder à un contrôle autre que formel des documents produits par le requérant. Cette juridiction ne doit donc pas examiner d'office les éventuels motifs de refus avant l'octroi de l'exequatur. Il appartient à la partie contre laquelle l'exécution est demandée de former un recours (article 43) dans le délai d'un mois (deux mois si elle est domiciliée sur le territoire d'un autre Etat que celui dans lequel la déclaration constatant la force exécutoire doit être délivrée) pour démontrer pourquoi la décision en cause ne peut être reconnue ou exécutée dans l'Etat membre requis.

En outre, les éventuels motifs de refus d'exequatur sont limités à ceux prévus aux articles 34 et 35 du Règlement : contrariété à l'ordre public ; défaut de l'acte introductif d'instance d'origine ; caractère inconciliable avec une décision rendue dans l'Etat requis ou dans un autre Etat entre les mêmes parties, ayant le même objet et la même cause ; violation des règles de compétence exclusives prévues par le Règlement lui-même. Hormis cela, ni la révision au fond, ni le contrôle de la compétence juridictionnelle du juge d'origine ne sont recevables (cf. article 35 § 3 et 36).

Ce système constitue une simplification par rapport au droit commun de l'exequatur. Il semble cependant qu'il fasse l'objet d'applications disparates selon les Etats membres concernés. C'est pourquoi il a été décidé de pousser plus loin encore la coopération judiciaire sur ce point. Nous pouvons y voir un troisième modèle.

3) Troisième modèle : Absence d'exigence d'exequatur

Supprimer l'étape de l'exequatur ne va pas de soi, même entre Etats européens. Cela suppose une confiance réciproque quasi absolue entre les systèmes juridiques et judiciaires des Etats membres. Cette suppression, acquise aujourd'hui dans ce que nous avons appelé le *ius commune*, c'est-à-dire Règlement Bruxelles I *bis*, est le fruit d'une importante évolution.

Déjà le Règlement Bruxelles II *bis* a admis, pour partie, la suppression de l'exequatur. De fait, la procédure lourde, dont nous avons parlé *supra* à propos du Règlement Bruxelles II *bis* ne concerne pas les décisions relatives au droit de visite ou au retour de l'enfant déplacé illicitement. Pour ces questions spécifique, l'article 41 du Règlement prévoit en effet que *« le droit de visite (...) accordé par une décision exécutoire rendue dans un Etat membre, est reconnu et jouit de la force exécutoire dans un autre Etat membre sans qu'aucune déclaration lui reconnaissant force exécutoire ne soit requise et sans qu'il soit possible de s'opposer à sa reconnaissance si la décision a été certifiée dans l'Etat membre d'origine (...) »*. Et l'article 42 du Règlement Bruxelles II *bis* prévoit une règle identique pour la décision judiciaire ayant ordonné le retour de l'enfant.

Dans ce système, suffit donc à supprimer l'exigence d'exequatur le certificat délivré par le juge d'origine attestant que certaines conditions prévues par le règlement ont été respectées. A défaut, c'est le régime général qui s'applique, ce qui suppose le passage par une procédure d'exequatur dans l'Etat membre où l'exécution est demandée.

Ailleurs, c'est dans le cadre du Règlement n° 805/2004 sur le titre exécutoire européen (TEE) qu'a été prévu le premier mécanisme de suppression de l'exequatur d'une façon généralisée. L'originalité de la méthode utilisée par le Règlement TEE consiste à permettre *à la juridiction de l'Etat d'origine* d'établir, par certificat-formulaire demandé sans délai ni forme par la partie intéressée, que le jugement mérite d'avoir force exécutoire dans tous les autres Etats membres où il serait présenté à l'exécution. L'établissement du certificat de titre exécutoire européen par le greffier est cependant soumis à ce que l'enjeu du procès fût une créance incontestée (somme d'argent). On peut noter que la décision doit avoir respecté les règles de compétence impératives et exclusives du Règlement Bruxelles I. Elle n'a pas en revanche à être définitive (recours en cassation possible), il suffit qu'elle soit exécutoire. Dès lors qu'il est établi, le certificat n'est en principe susceptible d'aucun recours dans l'Etat d'exécution (cf. article 21 du Règlement TEE).

Une autre méthode consacrée par certains instruments européens consiste à instaurer des procédures spécifiques aux litiges transfrontières européens donnant naissance à un titre *émis spécialement en vue de sa circulation.* Ce sont des procédures qui ne se greffent nullement sur un titre (jugement) national.

Il s'agit ici de deux outils particuliers : la *Procédure européenne d'injonction de payer (ci-après PEIP)* prévue au Règlement n° 1896/2006 et la *Procédure européenne de règlement des petits litiges (ci-après PERPL)* du Règlement n° 861/2007 du 11 juillet 2007, applicable depuis le 1er janvier 2009. Pour ces deux procédures spécifiques, l'Etat membre du lieu d'exécution est identifié à l'avance. La décision judiciaire qui résulte d'une PEIP ou d'une PERPL doit être traitée, aux fins de l'exécution, comme si elle avait été délivrée dans l'Etat membre dans lequel l'exécution est demandée.

La PEIP concerne les créances pécuniaires incontestées. S'il estime que les conditions (visées à l'article 8 du Règlement n° 1896/2006) sont réunies, le juge délivre l'IPE dans les meilleurs délais (formulaire type). Le défendeur auquel l'IPE est notifiée peut former opposition. Dans ce cas, la procédure se poursuit devant les juridictions compétentes de l'Etat membre d'origine conformément aux règles de procédure civile ordinaires (à moins que le demandeur n'ait expressément demandé qu'il soit mis un terme à la procédure dans ce cas). A défaut de contestation, en vertu de l'article 19 du Règlement, une IPE devenue exécutoire dans l'Etat membre d'origine est reconnue et exécutée dans les autres Etats membres sans qu'une déclaration constatant la force exécutoire soit nécessaire et sans qu'il soit possible de contester sa reconnaissance.

La PERPL consacre un dispositif simplifié destiné à faciliter le recouvrement des « petites » créances (moins de 2000 euros) *même contestées* dans le seul contexte de litiges transfrontaliers. Il s'agit d'une procédure purement et simplement alternative, par rapport à la procédure ordinaire qui demeure possible. La décision est immédiatement exécutoire sans autre formalité dans les autres Etats membres. Un tel mécanisme simplifié a été justifié par la faiblesse des montants en jeu, même si la créance est contestée.

Enfin – dernier instrument que l'on peut évoquer sur le chemin de la suppression de l'exequatur – c'est le *Règlement « obligations alimentaires » n° 4/2009 du 18 déc. 2008, relatif à la compétence, la loi applicable, la reconnaissance et l'exécution des décisions et la coopération en matière d'obligations alimentaires.* Son article 17 intitulé « Suppression de l'exequatur » pose dans son paragraphe 2 que *« une décision rendue dans un Etat membre lié par le protocole de La Haye de 2007 [déterminant la loi applicable aux obligations alimentaires] qui est exécutoire dans cet Etat membre jouit de la force exécutoire dans un autre EM sans qu'une déclaration constatant la force exécutoire soit nécessaire. »* L'urgence en cette matière et la garantie d'application de règles de conflit de lois communes ont justifié la suppression de l'exequatur.

Nous observons donc que, dès avant le reformatage du Règlement Bruxelles I, nous disposions de textes européens permettant l'accession directe d'un titre national à la force exécutoire dans les autres Etats membres sans formalité d'exequatur. Ces instruments législatifs ont ainsi progressivement acclimaté l'idée que la confiance réciproque dans l'administration de la justice au sein de l'Union pouvait justifier aujourd'hui un nouveau principe : celui selon lequel les décisions rendues dans un Etat membre devraient être reconnues dans tous les Etats membres sans qu'une procédure spéciale ne soit nécessaire (cf. Considérant 26 du Règlement n° 1215/2012). La volonté de réduire la durée et les coûts des litiges transfrontières justifie en effet la suppression de la déclaration constatant la force exécutoire préalable à l'exécution dans l'Etat membre requis. La confiance mutuelle désormais acquise implique que toute décision rendue par les juridictions d'un Etat membre soit traitée comme si elle avait été rendue dans l'Etat membre requis.

Plein accomplissement du principe de reconnaissance mutuelle des décisions judiciaires posé à l'article 81 du TFUE et des objectifs du Programme de Stockholm des 10 et 11 décembre 2009, la consécration par l'article 39 du Règlement n° 1215/2012 du 12 décembre 2012 (dit « Bruxelles I *bis* », qui entrera en vigueur le 10 janvier 2015) de l'abolition de l'exequatur est incontestablement une étape majeure dans l'avancée de la coopération européenne en matière civile et commerciale.

« Article 39 : Une décision rendue dans un Etat membre et qui est exécutoire dans cet Etat membre jouit de la force exécutoire dans les autres Etats membres sans qu'une déclaration constatant la force exécutoire soit nécessaire. »

Il suffit au demandeur de communiquer à l'huissier de justice une copie de la décision étrangère réunissant les conditions nécessaires pour en établir l'authenticité et un certificat-formulaire délivré par la juridiction d'origine attestant que la décision est exécutoire (articles 42 et 53). On notera que, dans un souci de respect des droits de la défense, l'article 46 prévoit que la partie contre laquelle l'exécution est poursuivie dispose de la faculté de saisir le juge local d'une demande de refus d'exécution, à charge de faire constater l'existence de l'un des motifs – classiques – de non-reconnaissance visés à l'article 45 du Règlement (ordre public ; défaut dans la signification de l'acte introductif d'instance ; caractère inconciliable de la décision avec une autre décision rendue dans un Etat membre, voire un Etat tiers ; violation d'une règle de compétence impérative ou exclusive).

Il est intéressant de noter cependant que le texte n'est finalement pas allé aussi loin que l'escomptait la Commission puisqu'un contrôle de la régularité de la décision est maintenu, y compris au regard de l'ordre public substantiel. La Commission avait souhaité supprimer toute espèce de contrôle hormis celui de la violation des principes fondamentaux qui sous-tendent le droit à un procès équitable. (cf. Commission de l'Union européenne, 14 décembre 2010, *Proposition de refonte du Règlement Bruxelles I*, article 46).

B. La coordination des instruments

Un nouveau contentieux semble voir le jour. En effet, la CJUE ne peut plus seulement se contenter aujourd'hui de répondre aux questions préjudicielles qui lui sont posées sur l'interprétation du contenu des règlements, elle doit aussi répondre au contentieux généré par l'articulation entre ceux-ci.

A titre d'illustration, il convient d'évoquer ici un arrêt récent de la CJUE, 13 juin 2013, *Goldbet Sportwetten GmbH,* C-144/12. Dans cette affaire, *M. Sperindeo* s'était engagé, par un contrat de fourniture de services conclu avec *Goldbet,* entreprise ayant de paris sportifs, à organiser et à assurer la diffusion de tels paris en Italie. Estimant que *M. Sperindeo* n'avait pas rempli ses obligations contractuelles, *Goldbet* a obtenu du *Bezirksgericht für Handelssachen Wien*, juridiction compétente pour connaître de la procédure européenne d'injonction de payer en Autriche, la délivrance d'une injonction de payer européenne à l'encontre de *M. Sperindeo,* aux fins du paiement d'une somme de 16 406 euros, augmentée des intérêts et des dépens. *M. Sperindeo* a formé opposition à cette injonction de payer européenne. Cette opposition était motivée par la circonstance que la prétention de *Goldbet* était non fondée et la somme réclamée non exigible. À la suite de cette opposition, le *Bezirksgericht für Handelssachen Wien* a renvoyé l'affaire au *Landesgericht Innsbruck*, estimant que cette juridiction était le for compétent pour la procédure civile ordinaire, au sens de l'article 17, paragraphe 1, du Règlement (*IPE*) n° 1896/2006.

C'est devant le *Landesgericht Innsbruck*, que *M. Sperindeo* a soulevé, pour la première fois, une exception d'incompétence des juridictions autrichiennes, au motif qu'il était domicilié en Italie. *Goldbet* a fait valoir que le *Landesgericht Innsbruck* était compétent en tant que juridiction du lieu d'exécution de l'obligation de payer une somme d'argent, conformément à l'article 5, point 1, sous a), du Règlement (*Bruxelles I*) n° 44/2001. En tout état de cause, cette juridiction était, selon cette société, compétente en vertu de l'article 24 de ce règlement, dans la mesure où *M. Sperindeo,* en n'ayant soulevé aucune exception d'incompétence lorsqu'il a formé opposition à l'injonction de payer européenne concernée, avait comparu, au sens de cet article. Par voie d'ordonnance, le *Landesgericht Innsbruck* a fait droit à la demande de *M. Sperindeo*, s'est déclaré incompétent et a rejeté le recours dont il était saisi. *Goldbet* a interjeté appel de cette ordonnance devant l'*Oberlandesgericht Innsbruck*. Cette dernière juridiction a rejeté cet appel au motif que les juridictions autrichiennes étaient incompétentes, en raison du fait que, d'une part, les prétentions de *Goldbet* étaient fondées sur un contrat de prestation de services dont le lieu de l'exécution, au sens de l'article 5, point 1, sous b), du Règlement n° 44/2001, était situé en Italie et, d'autre part, la compétence de ces juridictions ne pouvait être fondée sur l'article 24 du Règlement n° 44/2001, étant donné que l'opposition formée par *M. Sperindeo* ne pouvait être considérée comme une comparution, au sens de cet article.

Goldbet a alors introduit, devant la juridiction de renvoi, un recours en « Revision » à l'encontre de la décision de l'*Oberlandesgericht Innsbruck*. Elle demande l'annulation des décisions juridictionnelles antérieures et la reprise de la procédure devant les juridictions autrichiennes. La juridiction de renvoi considère que les juridictions autrichiennes ne sont pas compétentes en vertu de l'article 5, point 1, sous b), du Règlement n° 44/2001, étant donné que l'activité confiée à *M. Sperindeo* par *Goldbet* se situait exclusivement en Italie.

Cette juridiction se demande toutefois si l'opposition formée par le défendeur à l'encontre d'une injonction de payer (Règlement *IPE* n° 1896/2006), sans contestation de la compétence de la juridiction d'origine, pourrait être considérée comme une comparution, au sens de l'article 24 du Règlement n° 44/2001, attribuant la compétence aux juridictions autrichiennes, et si la circonstance que le défendeur a présenté, dans le cadre de l'opposition qu'il a formée, des moyens relatifs au fond de l'affaire pouvait avoir une incidence à cet égard étant donné qu'en principe la contestation de la compétence ne peut pas se situer après le moment de la prise de position considérée, par le droit procédural national, comme la première défense adressée au juge saisi (cf. CJCE, 24 juin 1981, *Elefanten Schuh* (150/80, *Rec.* p. 1671, point 16 ; cf. aussi CJCE, 22 octobre 1981, *Rohr*, 27/81 ; CJCE, 31 mars 1982, *CHW*, 25/81 ; CJCE, 14 juillet 1983, *Gerling*, 201/82, relatif à l'interprétation de l'article 18 de la Convention du 27 septembre 1968 concernant la compétence judiciaire et l'exécution des décisions en matière civile et commerciale (*JO* 1972, L 299, p. 32), disposition en substance identique à l'article 24 du règlement n° 44/2001).

La difficulté d'articulation entre les deux textes apparaît donc évidente. Avançant de multiples arguments (voy. les points 26 à 33 de l'arrêt), la CJUE répond d'abord qu'une opposition à l'IPE qui ne contient pas une contestation de la compétence des juridictions de l'État membre d'origine et qui n'est pas assortie de moyens de fond ne saurait être considérée comme une comparution, au sens de l'article 24 du Règlement n° 44/2001. Elle considère enfin (voy. la présentation des motifs aux points 38 à 40 de l'arrêt) que la circonstance que le défendeur a présenté des moyens de fond dans le cadre de l'opposition à l'injonction de payer européenne qu'il a formée ne signifie pas que celui-ci a comparu, au sens de l'article 24 du Règlement n° 44/2001.

Cet arrêt est donc une belle illustration du besoin de s'engager dans une recherche des outils de coordination des instruments de la coopération en matière civile entre eux. Ceci constitue le second point remarquable que nous voulions souligner.

C. Troisième point remarquable : nouvelle étape par la création de juridictions communes aux Etats membres

Dans une perspective d'approfondissement de la coopération judiciaire en matière civile, il est encore possible d'aller plus loin en instituant des juridictions véritablement communes. Ces juridictions seraient compétentes non plus seulement pour interpréter le droit européen – interprétation qui d'ailleurs, quoique unifiée par la CJCE, se trouve éparpillée car assurée par les multiples juridictions nationales – mais pour juger directement au fond.

Ce type de coopération judiciaire approfondie a été décidé récemment pour la matière spécifique des brevets. Certes, le Règlement Bruxelles I couvre, notamment, les litiges (inscription et validité) en matière de droits de propriété intellectuelle, y compris les brevets (cf. article 22 alinéa 4). Mais jusqu'à maintenant, la protection des brevets en Europe était assurée par deux catégories d'instruments dont aucune n'était de source communautaire : les systèmes nationaux de protection des brevets et le système européen posé par la Convention de Munich « sur la délivrance de brevets européens » du 5 octobre 1973, entrée en vigueur le 7 octobre 1997 et regroupant trente-huit Etats parmi lesquels ceux de l'Union européenne.

Cette convention, si elle met en place une procédure unique de délivrance du brevet européen, prévoit néanmoins (article 64 § 1) un éclatement du brevet européen en une multitude de brevets nationaux, entraînant autant de frais et d'obligations de traduction.

En décembre 2012, un accord a été trouvé à propos du « paquet brevet ». Il s'agit d'une initiative législative européenne conduisant à deux règlements adoptés dans le cadre d'une coopération renforcée entre vingt-cinq Etats membres (à l'exception de l'Italie et de l'Espagne qui ont refusé de coopérer pour des raisons linguistiques).

Le « Règlement sur le brevet unitaire » (UE) n° 1257/2012 (complété par le Règlement (UE) n° 1260/2012 du 17 décembre 2012 en ce qui concerne les modalités en matière de traduction) prévoit un système de « guichet unique », c'est-à-dire que les titulaires de brevets peuvent demander que leurs brevets européens aient un effet unitaire conférant une protection uniforme sur l'ensemble du territoire des Etat participants. Ce brevet continuera d'être délivré par l'Office européen des brevets (OEB) conformément à la procédure classique antérieure prévue par la Convention de Munich.

Par ailleurs, l'« Accord relatif à une juridiction unifiée du brevet » ou « accord JUB » signé le 19 février 2013 institue, pour sa part, une juridiction commune aux Etats membres concernés. Cette juridiction, centralisant le contentieux des brevets européens et des brevets européens à effet unitaire (actions en contrefaçon ou menace de contrefaçon, actions en constatation de non-contrefaçon, mesures provisoires et conservatoires, actions en nullité de brevet, demandes reconventionnelles, réparation, actions contre les décisions de l'OEB…) jouira d'une compétence exclusive et se substituera donc aux juridictions nationales pour les matières relevant de son champ de compétence. L'Accord ne peut entrer en vigueur avant le 1er janvier 2014 et le premier jour du quatrième mois suivant celui du dépôt du treizième instrument de ratification ou d'adhésion (article 89).

La Juridiction comprendra un tribunal de première instance, une cour d'appel et un greffe. Selon l'article 7 de l'Accord, le tribunal de première instance comprendra une division centrale ainsi que des divisions locales et régionales. La division centrale aura son siège à Paris, ainsi que des sections à Londres et à Munich selon les matières considérées. Une division locale sera créée dans tout État membre contractant qui le demandera. Une division locale supplémentaire pourra également être créée dans un État membre contractant à la demande de celui-ci mais aucun État ne pourra compter plus de quatre divisions locales.

Selon l'article 31 de l'Accord, la compétence internationale de la Juridiction sera établie conformément au Règlement Bruxelles I *bis* ou, le cas échéant, sur la base de la Convention de Lugano, signée le 30 octobre 2007, concernant la compétence judiciaire, la reconnaissance et l'exécution des décisions en matière civile et commerciale.

La Juridiction commune pourra adresser des demandes préjudicielles à la CJUE. En effet, selon l'article 21 de l'Accord, en tant que juridiction commune aux États membres contractants et dans la mesure où elle fait partie de leur système judiciaire, elle devra coopérer avec la Cour de justice de l'Union européenne afin de garantir la bonne application et l'interprétation uniforme du droit de l'Union, comme toute juridiction nationale, conformément, en particulier, à l'article 267 du TFUE. Les décisions de la Cour de justice de l'Union européenne seront contraignantes pour la Juridiction commune.

La création d'une telle juridiction centralisée (mais déconcentrée), compétente sur le fond, contribue de manière importante au processus d'intégration dans l'Union européenne. Son utilité est patente en la matière spécifique des brevets si l'on se place dans une perspective de marché intérieur où sont requises libre circulation des marchandises et des services et concurrence non faussée. Mais, de manière plus générale, nous avons là le signe d'un type nouveau de coopération judiciaire en matière civile et commerciale, dont il conviendra de mesurer la portée dans la perspective d'évolutions à venir.

Formes et exemples de coopération des entreprises. Aspects européens

Francine MANSUY*

* Maître de conférences HDR, Docteur en droit, Université de Lorraine, Faculté de Droit, Sciences économiques et Gestion de Nancy, Institut François Gény EA 1138

Le rapport du Conseil économique, social et environnemental de Lorraine publié en 2011 sur les investissements directs allemands en Lorraine a un titre évocateur : « L'Allemagne partenaire incontournable de la Lorraine ». Il recense 3000 sociétés allemandes en France, 1500 sociétés françaises en Allemagne et 500 établissements de sociétés allemandes en Lorraine (sp. p. 59 et s. : Investissements allemands en Lorraine, attractivité historique et nouveaux enjeux). Ce rapport précise également dans quels secteurs économiques, relevant essentiellement de l'industrie et des activités de services, ces investissements sont réalisés. Une carte de la Lorraine indique le nom des entreprises concernées et montre que les investissements ne sont pas seulement réalisés dans la zone géographique transfrontalière mais sur tout le territoire lorrain et en particulier à proximité de Metz et de Nancy.

En plus de cet état des lieux, le rapport préconise la création de clusters transfrontaliers d'entreprises, le développement de réseaux de chefs d'entreprises à l'image d'Autoessor et d'INTERMAT qui existent depuis quelques années.

Plus récemment, le Pacte Lorraine, contrat particulier Etat-Lorraine 2014-2016 relève que l'économie de la Lorraine repose pour près de 30% sur ses échanges avec l'Allemagne et que 220 entreprises à capitaux allemands sont installées en Lorraine.

Cette communication a pour objectif de présenter les différentes formes que peut prendre la mobilité transfrontalière des entreprises en droit de l'Union européenne et de donner quelques exemples concrets.

I. — La mobilité transfrontalière des entreprises

Le moyen de pénétration stable des sociétés et autres personnes morales dans un Etat membre autre que celui où elles ont leur siège social est l'investissement direct qui peut permettre l'installation d'un établissement principal ou d'un établissement secondaire.

A. Des investissements directs à l'établissement

L'article 63 TFUE prohibe toutes les restrictions aux mouvements de capitaux entre les Etats membres et entre Etats membres et les pays tiers. Les investissements directs dans une société qui a son siège sur le territoire d'un autre Etat, notamment par l'acquisition d'actifs, par la participation au capital de cette société, par l'acquisition de ses actions ou parts sociales, relève de la libre circulation des capitaux. Si l'investissement confère à son auteur une influence certaine sur les décisions de la société et lui permet d'en déterminer les activités, il relève alors de la liberté d'établissement.

L'article 49, alinéa 1 TFUE dispose que « les restrictions à la liberté d'établissement des ressortissants d'un Etat membre dans le territoire d'un autre Etat membre sont interdites. Cette interdiction s'étend également aux restrictions à la création d'agences, de succursales ou de filiales, par les ressortissants d'un Etat membre sur le territoire d'un Etat membre ».

L'alinéa 2 de l'article 49 précise que « la liberté d'établissement comporte l'accès aux activités non salariées et leur exercice, ainsi que la constitution et la gestion d'entreprises et notamment de sociétés au sens de l'article 54, deuxième alinéa, dans les conditions définies par la législation du pays de l'établissement pour ses propres ressortissants, sous réserve des dispositions du chapitre relatif aux capitaux ».

Contrairement à la libre circulation des capitaux, la liberté d'établissement est réservée aux ressortissants, personnes physiques ou morales, des Etats membres de l'Union européenne.

Pour résumer, l'établissement principal offre l'accès aux activités non salariées et leur exercice en particulier par la constitution et la gestion de sociétés dans les mêmes conditions que les ressortissants de l'Etat de l'établissement. L'établissement secondaire prend la forme de la création d'agences, de succursales ou de filiales et il exige l'implantation préalable d'un établissement principal dans un Etat membre et l'exercice effectif d'une activité économique au moyen d'une installation stable pour une durée indéterminée sur le territoire d'un autre Etat membre. La notion d'établissement suppose, par conséquent, une implantation réelle de la société concernée dans cet Etat et l'exercice d'une activité économique effective dans celui-ci. Ces critères sont rappelés de façon constante par la jurisprudence de la Cour de justice.

Les succursales sont des établissements entièrement intégrés à l'établissement principal, dirigées par des salariés de celui-ci et sans personnalité juridique propre. Les agences sont des établissements mandataires de l'établissement principal et elles n'ont pas non plus de personnalité juridique. Les bureaux qui n'ont pas de personnalité juridique sont aussi des établissements secondaires.

Les filiales sont des sociétés constituées selon la loi de l'Etat où elles sont créées et sont en principe contrôlées par une société établie sur le territoire d'un autre Etat membre. Elles ont une personnalité juridique autonome.

B. Les sociétés bénéficiaires du droit d'établissement

L'article 54 TFUE dispose que « les sociétés constituées en conformité de la législation d'un Etat membre et ayant leur siège statutaire, leur administration centrale ou leur principal établissement à l'intérieur de l'Union sont assimilées, pour l'application des dispositions du présent chapitre (relatives à l'établissement), aux personnes physiques ressortissantes des Etats membres. Par sociétés, on entend les sociétés de droit civil ou commercial, y compris les sociétés coopératives et les autres personnes morales relevant du droit public ou privé, à l'exception des sociétés qui ne poursuivent pas de but lucratif ».

La notion de société est très large, il suffit qu'elle soit dotée de la personnalité juridique et qu'elle ait un but lucratif, conditions nécessaires à l'exercice d'une activité économique. Il est exigé que la société respecte le droit de l'Etat membre où elle est constituée, en particulier le critère de rattachement à cet Etat qui est, soit le siège social réel, soit le siège statutaire.

C. La jurisprudence de la CJUE

La jurisprudence de la Cour de justice, par toute une série d'arrêts, a facilité la mobilité des sociétés en leur permettant de créer effectivement des établissements secondaires dans d'autres Etats membres. Des arrêts, moins nombreux concernent le transfert transfrontalier du siège social.

Par le premier, l'arrêt *Centros* du 9 mars 1999 (aff. C-212/97), la Cour affirme que les sociétés qui remplissent les conditions définies par l'article 48 CE (art. 54 TFUE) « ont le droit d'exercer leur activité dans un autre Etat membre, la localisation de leur siège statutaire, de leur administration centrale ou de leur principal établissement servant à déterminer, à l'instar de la nationalité des personnes physiques, leur rattachement à l'ordre juridique d'un Etat membre ». Elle ajoute qu'il est sans importance, au regard des règles relatives à la liberté d'établissement qu'une société n'ait été constituée dans un Etat membre qu'en vue de s'établir dans un autre Etat membre où sera exercé l'essentiel, sinon l'ensemble de ses activités économiques. En effet, « les raisons pour lesquelles une société choisit de se constituer dans un Etat membre sont, hors des cas de fraude, sans conséquence au regard de l'application des règles relatives à la liberté d'établissement ».

Dans l'arrêt *Überseering* du 5 novembre 2002 (aff. C-208/00), la Cour décide que « lorsqu'une société constituée conformément à la législation d'un Etat membre sur lequel elle a son siège statutaire exerce sa liberté d'établissement dans un autre Etat membre (même si l'intégralité de son capital a été acquise par des ressortissants de cet Etat résidant dans cet Etat), les articles 43 et 48 CE (49 et 54 TFUE) imposent à ce dernier de respecter la capacité juridique et, partant, la capacité d'ester en justice que cette société possède en vertu du droit de son Etat de constitution ».

Cet arrêt pose le principe de la reconnaissance automatique de la personnalité juridique de la société par l'Etat de l'établissement et il crée une règle de conflit de loi qui donne compétence à la loi de l'Etat d'origine, c'est-à-dire de la constitution de la société, pour déterminer le statut de la société. Le libre choix de la *lex societatis* dans l'Union européenne a été réaffirmé dans l'arrêt *Inspire Art* du 30 septembre 2003 (aff. C-167/01) et les dispositions impératives de la loi de l'Etat de l'établissement secondaire doivent rester inappliquées si elles sont de nature à entraver l'exercice de la liberté d'établissement.

Lorsqu'elle reconnaît une atteinte à la liberté d'établissement provenant du droit de l'Etat d'origine de la société ou de l'Etat d'accueil, la Cour examine si celle-ci peut être justifiée par des raisons impérieuses d'intérêt général telles que la protection des intérêts des créanciers, des associés minoritaires et des salariés ainsi que la préservation de l'efficacité des contrôles fiscaux et de la loyauté des transactions commerciales ou pour des raisons d'ordre public, de sécurité publique et de santé publique comme le prévoit l'article 52 TFUE ou encore par la fraude ou l'abus dans l'exercice de la liberté d'établissement. Ces justifications sont admises très restrictivement car elles doivent respecter les principes de nécessité et de proportionnalité.

L'arrêt *Cadbury Schweppes* du 12 septembre 2006 (aff. C-196/04) admet qu'« une mesure nationale restreignant la liberté d'établissement peut être justifiée lorsqu'elle vise spécifiquement les montages purement artificiels dont le but est d'échapper à l'emprise de la législation de l'Etat membre concerné ».

Le transfert du siège social d'une société d'un Etat membre à un autre Etat membre est une opération complexe dans la mesure où le droit dérivé de l'Union européenne ne la prévoit pas. Les dispositions qui permettent la mise en œuvre d'une telle opération ne peuvent donc se trouver que dans le droit national de l'Etat membre d'origine de la société et dans celui de l'Etat d'accueil. Dans les arrêts *Daily Mail* du 27 septembre 1988 (aff. 81/87) et *Cartesio* du 16 décembre 2008 (aff.C-210/06), la Cour considère qu' « une société créée en vertu d'un ordre juridique national n'a d'existence qu'à travers la législation nationale qui en détermine la constitution et le fonctionnement »[1].

Pour permettre le transfert transfrontalier du siège social d'une société, l'arrêt *Vale* du 12 juillet 2012 (aff. C-378/10) assimile cette opération à une transformation transfrontalière de la société qu'il analyse comme une modalité de la liberté d'établissement. En l'espèce, le droit de l'Etat membre d'accueil ne connait que la transformation interne des sociétés qui conservent leur personnalité juridique. La Cour en conclut « qu'une réglementation nationale qui, tout en prévoyant pour les sociétés nationales la faculté de se transformer, ne permet pas la transformation d'une société relevant du droit d'un autre Etat membre, relève du champ d'application des articles 49 et 54 TFUE »[2]. Ainsi la liberté

[1] CJUE, *Cartesio*, § 51.
[2] CJUE, *Vale*, § 33.

d'établissement comporte le droit pour une société de se transformer en transférant son siège d'un Etat à l'autre, en changeant de loi applicable et en conservant sa personnalité juridique après avoir procédé aux formalités de publicité dans chaque état concerné.

L'arrêt *National Grid Indus BV* du 29 novembre 2011 (aff. C-371/10) interprète l'article 49 TFUE en ce sens que : « il ne s'oppose pas à une réglementation d'un Etat membre, en vertu de laquelle le montant de l'imposition sur les plus-values latentes afférentes à des éléments du patrimoine d'une société est fixé définitivement (...) au moment où la société, en raison du transfert de son siège de direction effective dans un autre Etat membre, cesse de percevoir des bénéfices taxables dans le premier Etat membre (...) ; il s'oppose à une réglementation d'un Etat membre qui impose le recouvrement immédiat de l'imposition sur les plus-values latentes afférentes aux éléments de patrimoine d'une société transférant son siège de direction effective dans un autre Etat membre, au moment même dudit transfert »[3]. Cette solution a été réaffirmée dans des arrêts postérieurs (CJUE 6 septembre 2012, aff. C-38/10, *Commission/Portugal*; CJUE 25 avril 2013, aff. C-64/11, *Commission/Royaume d'Espagne* ; Pour une étude approfondie de la jurisprudence de la CJUE, V. Cotiga Andra, *Le droit des sociétés*, *Compétition entre les systèmes juridiques dans l'Union européenne*, Larcier 2013, p. 151 à 208).

Malgré l'œuvre créatrice de la Cour de justice, les textes sur la liberté d'établissement ne permettent pas d'assurer la sécurité juridique du transfert de siège et le Parlement européen, dans une résolution du 4 juillet 2013 a renouvelé sa demande d'une proposition de 14° directive sur le droit des sociétés relative au transfert transfrontalier du siège statutaire (2013/2679 (RSP)).

II. — Quelques exemples de mobilité transfrontalière

D'après l'étude du CESE de Lorraine de 2011 précitée, plus de 65% des investissements allemands en Lorraine ont été consacrés à la reprise d'entreprises. Ces établissements peuvent dépendre directement d'une

---

[3] CJUE, *National Grid Indus BV*, Sommaire de l'arrêt (point n° 3).

société allemande ou prendre la forme d'une filiale. La coopération des entreprises peut aussi prendre la forme d'un groupement européen.

A. Les établissements sans personnalité juridique

Il s'agit de centres d'approvisionnement, de centres de production ou d'activités de services.

Lidl, société allemande est propriétaire de 60 points de vente en Lorraine. Elle a construit une plateforme logistique de 40000 m2 à 10 kms de Metz et une autre près de Nancy pour approvisionner 80 magasins du sud de la Lorraine. La société Aldi a également des dépôts en Lorraine.

Daimler AG a un site de production des voitures Smart à Hambach et un site de production de bus, Evobus, à Ligny en Barois (Meuse).

DHL a plusieurs agences en Lorraine.

B. Les filiales de sociétés allemandes

La majorité des filiales des sociétés allemandes qui exercent des activités en Lorraine ont adopté la forme juridique de la société par actions simplifiée (SAS) qui présente beaucoup d'avantages et qui n'a pas d'équivalent en droit allemand. Cette société est réglementée par les articles L. 227-1 à L. 227-20 et R. 227-1 du code de commerce. Ses principales caractéristiques vont être résumées.

La SAS est une société par actions et la responsabilité des associés, personnes physiques ou morales, est limitée au montant de leurs apports. La pluralité d'associés n'est pas requise et il est possible de créer une société par actions simplifiée unipersonnelle ou elle peut être pluripersonnelle à sa création et par la suite, devenir unipersonnelle (SASU). En cas de dissolution, le patrimoine de la société est transmis à l'associé unique personne morale sans liquidation de la SASU.

Cette souplesse permet à la société mère d'être l'unique associé de sa filiale. Le montant du capital est librement fixé dans les statuts, il peut être de un euro et la société peut avoir un capital variable. Par contre la société doit conserver un caractère fermé et elle ne peut offrir ses titres au public, elle peut seulement les offrir à des investisseurs qualifiés ou à un cercle restreint d'investisseurs inférieur à 100 personnes et elle ne peut être cotée en bourse. Les associés peuvent même réaliser des apports en industrie qui n'entrent pas dans le capital social et ils reçoivent en contrepartie des actions inaliénables.

Les statuts déterminent librement le statut des dirigeants et les modalités de la direction de la société. Le seul organe obligatoire est le président qui est le représentant légal de la société. Il peut être une personne morale.

La loi détermine les décisions collectives obligatoirement adoptées par l'ensemble des associés aux conditions de majorité définies par les statuts. Il s'agit de la modification du capital social, de la fusion ou scission, de la dissolution ou transformation, de l'approbation des comptes annuels et de l'affectation des bénéfices. Les autres décisions sont prises selon les dispositions statutaires qui définissent aussi les modes de consultation des associés. Les actions à droit de vote plural sont permises.

La nomination d'un commissaire aux comptes n'est obligatoire que dans certains cas.

Des clauses statutaires relatives aux actions peuvent être adoptées ou modifiées à l'unanimité : clause d'inaliénabilité dont la durée ne peut dépasser 10 ans, clause d'agrément, clause de préférence, clause d'exclusion de la société (Sur le régime juridique de la SAS, V. Cozian Maurice, Viandier Alain, Deboissy Florence, *Droit des sociétés*, LexisNexis, 26è éd., 2013, p.488 à 499).

Cette forme de société est fréquemment adoptée par des filiales de sociétés allemandes en Lorraine.

Le groupe Viessman a créé sa filiale Viessman France SAS en 2007 à Faulquemont (Moselle) qui est chargée des activités commerciales du groupe en France.

DHL France a aussi la forme d'une SAS. Le groupe Esco (European Salt Company) a créé Esco France SAS qui a une filiale, la SAS Salines Cérébos et de Bayonne dont le siège social est à Nanterre avec un site d'exploitation du sel à Dombasle, à proximité de Nancy. La société Hager, fabricant d'équipements électriques, a créé à Obernai la SASU Hager Electro qui a elle-même 13 filiales. Le groupe Metro a créé la SASU Metro Cash and Carry France qui a son siège à Nanterre et plusieurs entrepôts en Lorraine. La société Brasserie Champigneulles, près de Nancy a été achetée en 2006 par TCB Brasseur, elle est devenue une SASU et TCB est son président, elle est aussi un site de fabrication de bières.

C. La création d'un groupement européen

Il existe trois groupements européens transfrontaliers : la société européenne, la société coopérative européenne et le groupement européen d'intérêt économique. A notre connaissance, il n'y a pas d'exemple de société européenne en Lorraine.

En revanche, le groupement européen d'intérêt économique *Terroir Moselle* s'est créé pour valoriser le vignoble transfrontalier européen qui borde les rives de la Moselle. Ce groupement est ouvert à tous les viticulteurs exploitant ce vignoble qui s'étend à la Grande région Sarre, la Rhénanie Palatinat, la Lorraine, le Luxembourg. Les membres du groupement sont des viticulteurs allemands, luxembourgeois, français, des associations, syndicats professionnels, des collectivités territoriales des trois pays. L'objet du groupement est la formation, l'oenotourisme, la vente et la promotion commune des vins de la Moselle européenne. Ce groupement est immatriculé depuis septembre 2013 au Luxembourg.

La frontière comme source de litiges en droit fiscal : quelques effets de la déterritorialisation en matière fiscale

Hugues RABAULT*

* Professeur de droit public, Faculté de droit, économie et administration de Metz, Université de Lorraine

D'un point de vue externe au droit, à savoir du point de vue de la société en général, il peut sembler que le droit soit destiné au procès, ou en d'autres termes à la multiplication des litiges. En somme, on a tendance à réduire le droit à ses manifestations contentieuses. Cela tient en partie au fait que les médias de masse s'intéressent surtout au droit pénal. Dans la philosophie inhérente au droit pénal, la société est le lieu du Mal, elle est, au moins partiellement, corrompue, de sorte que le procès, la multiplication des procès, semble un signe, sinon du bon fonctionnement de la société, du moins du bon fonctionnement du droit dans la société.

Mais les juristes savent que le droit ne se limite pas au droit pénal[1]. Au contraire, pour les juristes, le droit pénal est un droit particulier, un droit atypique. Dans la contribution, il s'agit de présenter le droit sous un angle inverse. Il s'agit de partir de l'idée que le droit a pour fonction de prévenir les conflits, de les anticiper. De ce point de vue, le litige apparaît comme un signe de dysfonctionnement, comme un échec du droit. On ne peut certes pas penser le droit sans le litige, sans le contentieux. Cependant l'efficacité du droit ne réside pas dans la multiplication des litiges, mais plutôt dans la limitation de leur nombre.

Dans le cas du droit fiscal, cela permet d'inverser la vision commune. Le litige en droit fiscal est souvent le signe d'un défaut, pour ainsi dire, de conception de la loi, d'un dysfonctionnement du système fiscal. En ce qui concerne l'efficacité, le système fiscal dispose d'un paramètre incontestable : les recettes financières. L'efficacité du système fiscal peut être mesurée à travers une équation combinant la recherche d'un profit et la limitation du contentieux. L'objectif tendanciel du système fiscal, sous cet angle, serait un maximum de recettes pour un minimum de litiges. Par exemple, en termes de fraude, celle-ci est souvent plus la conséquence d'une technique fiscale défectueuse, que d'un dysfonctionnement

---

[1] Sur les évolutions récentes du droit fiscal répressif, v. Jérôme Lasserre Capdeville, Philippe Marchessou, Bruno Trescher, Chantal Cutajar, *Fraude et évasion fiscales : état des lieux et moyens de lutte*, Paris : Joly éditions, 2015. V. encore Hugues Rabault, « La fraude fiscale aggravée : vers une criminalisation de l'évitement de l'impôt ? », *Les Petites Affiches*, 12-13 août 2014, n° 160-161, p. 5-11.

social. Il est normal de payer le moins d'impôts possible, il est erroné de laisser au contribuable le choix de la fraude.

D'où la problématique proposée. Dans un premier temps, on précisera l'idée du litige comme pathologie du système fiscal (1). En second lieu, il s'agit de mettre en évidence la prégnance du litige transfrontalier (2), pour en tirer quelques conclusions sur l'évolution du système fiscal (3).

1. Le litige comme pathologie du système fiscal

Pour couper court à toute ambiguïté, il convient donc de commencer par préciser une chose : la fonction du droit n'est pas de produire des litiges. Le droit n'est pas une institution dont la fonction exclusive serait d'être le gagne-pain de corporations juridiques, les juges, les avocats, etc. En disant cela, on se trouve déjà, pour ainsi dire, en mode transfrontière, puisqu'il s'agit d'un renvoi implicite à un sociologue, fameux en Allemagne mais encore mal connu en France, Niklas Luhmann[2], dans son ouvrage essentiel, *Das Recht der Gesellschaft* [Le droit de la société], paru en 1993, mais non encore traduit[3]. Plus exactement, Niklas Luhmann, qui s'intéresse au problème de la fonction sociale du droit, affirme que de constituer le gagne-pain des juristes ne représente jamais qu'une fonction secondaire du droit[4].

La question se pose alors de savoir quelle est la fonction sociale du droit. Selon Luhmann, le droit remplit une fonction de « stabilisation d'attentes normatives »[5], il fait partie des mécanismes de « sécurisation de la con-

---

[2] Pour des introductions à l'œuvre de Luhmann en français, v. Jean Clam, *Droit et société chez Niklas Luhmann. La contingence des normes*, Paris : PUF, 1997 ; Estelle Ferrarese, *Niklas Luhmann, une introduction*, Paris : Pocket/La Découverte, 2007 ; Hugues Rabault, *Un monde sans réalité ? En compagnie de Niklas Luhmann : épistémologie, politique et droit,* Québec : Presses de l'Université Laval, 2012.

[3] Pour un ensemble d'études sur cet ouvrage, v. Lukas K. Sosoe (direction), *Le droit – un système social. Law as a Social System.Un commentaire coopératif de Niklas Luhmann*, Hildesheim, Zürich, New York : Georg Olms Verlag, 2015.

[4] Niklas Luhmann, *Das Recht der Gesellschaft*, Frankfurt am Main: Suhrkamp, 1995, p. 133.

[5] *Ibid.*, p. 131.

fiance »[6]. Pour simplifier l'hypothèse sociologique, disons que le droit vise plus à prévenir les conflits qu'à les provoquer et les multiplier. Si toute application du droit se soldait par un litige, le droit constituerait un facteur de blocage, il n'aurait d'autre utilité que d'empêcher le fonctionnement de la société. Il en résulterait, ce qui peut être parfois le cas, que la société n'aurait d'autre solution que de tâcher de contourner le droit.

Luhmann postule que le droit est le système immunitaire[7] de la société. Qu'est-ce que cela veut dire ? Il suffit de prendre pour exemple le précédent. Le juge a affaire à une question qui n'a jamais été traitée, à un vide juridique, à ce qu'on appelle, au plan technique, une lacune juridique. L'extraordinaire bouleversement de nos vies par les réseaux informatiques, le téléchargement de données, etc., constitue une expérience qui rend inutile l'illustration de ce propos. Souvent nous nous trouvons dans l'ignorance de la nature légale ou illégale des possibilités qui nous sont offertes. Que les non-juristes se rassurent, l'incertitude n'est pas moindre du côté des spécialistes de tel ou tel domaine. Or, face à une situation nouvelle, le juge ne peut se contenter de répondre que la situation est difficile, que les textes sont vagues, obscurs, qu'ils sont contradictoires, ce qui est pourtant, hélas, souvent la vérité. Il ne peut tirer argument « du silence, de l'obscurité ou de l'insuffisance de la loi » pour s'abstenir de juger. S'il répondait de la sorte, il se rendrait coupable de « déni de justice » (Code civil, article 4). Il ne peut se réfugier par un sage scepticisme derrière l'argument de la diversité des points de vue pour suspendre son jugement[8]. En matière pénale, par exemple, le juge se trouve acculé à une alternative. Pour chaque cas d'espèce, le comportement incriminé est une infraction ou n'est pas une infraction.

Dans la langue ésotérique de Luhmann, on dit que le droit fonctionne selon un code sémantique, la distinction *Recht/Unrecht*[9], qu'on peut traduire par légal/illégal, licite/illicite. Le Digeste déjà définissait les juristes comme les prêtres (*sacerdotes*) de la justice, « séparant l'équitable de

[6] *Ibid.*, p. 132.
[7] *Ibid.*, p. 565 et s.
[8] Sextus Empiricus, *Esquisses pyrrhoniennes*, Paris : Seuil, 1997, p. 73.
[9] Niklas Luhmann, *Das Recht der Gesellschaft*, *op. cit.*, p. 165 et s.

l'inique » (« *aequum ab iniquo separantes* »), « discernant le licite et l'illicite » (« *licitum ab illicito discernentes* ») (Ulpien D 1, 1, 1, 1). Une fois la question tranchée, nous disposons d'un précédent. Qu'est-ce que cela signifie ? Cela veut dire, tout simplement, qu'on sait à quoi s'en tenir pour l'avenir. Une fois le cas traité, le principe veut que les cas ultérieurs soient traités de façon identique[10]. Tel est le sens du concept juridique de précédent. Nous disposons ici d'une forme sémantique élémentaire, qui structure le droit dans son fonctionnement.

Avec l'épithète élémentaire, on dispose d'une allusion, presque involontaire, à Claude Lévy-Strauss : « Structures élémentaires de la parenté »[11]. C'est bien de cela qu'il s'agit. Il y a, chez ceux qu'on désignait autrefois comme les primitifs, ou des sauvages, des structures : le cru et le cuit, par exemple. Aujourd'hui, on appelle les sauvages « peuples premiers ». Cette expression témoigne d'une gêne. On prétend respecter les sauvages, mais on veut quand même les renvoyer à un passé lointain. Le cru et le cuit des juristes est traduit pas la distinction : légal/illégal. Pour poursuivre avec Luhmann, on peut dire que les juristes aiment les distinctions binaires. Ce qui n'est pas interdit est autorisé (Déclaration de 1789, article 5), les biens sont meubles ou immeubles (Code civil, article 516), etc. On peut s'interroger sur ce goût singulier du binaire, cette aversion pour la nuance. Selon Luhmann, tout cela s'explique par une fonction : la réduction de la complexité.

Quelle complexité s'agit-il de réduire ? Tout simplement la complexité de l'avenir, c'est-à-dire la contingence du futur. Il importe de savoir ce qui va se passer. Il faut le savoir avec certitude. La théorie du précédent nous dit précisément cela. Lorsque le juge se prononce, il se prononce pour l'avenir. Une fois l'affaire tranchée, la question n'a plus à être posée. Le problème est résolu. Ici surgit la notion juridique d'égalité. Les cas identiques sont traités de façon identique. Il s'agit de la fameuse doctrine du Conseil constitutionnel de la différence des situations : si les situations identiques doivent être traitées de façon identique, les situations différentes peuvent être traitées de façon différente (par exemple, Conseil

---

[10] *Ibid.*, p. 110 et s.

[11] Claude Lévy-Strauss, *Structures élémentaires de la parenté*, Paris : PUF, 1949.

constitutionnel, décision 79-112 DC, 9 janvier 1980, *Loi portant aménagement de la fiscalité directe locale*[12]). Le Conseil constitutionnel ne met pas de notes en bas page, mais les gens cultivés savent que les juges ont trouvé cette solution dans la tradition aristotélicienne[13]. Niklas Luhmann conclut que si la politique s'intéresse à l'égalité entre les hommes, le droit ne s'intéresse qu'à l'égalité entre des cas[14].

Tout cela pour arriver à la conclusion que le litige, loin de seulement témoigner du surgissement du droit dans la vie des hommes, exprime parfois en réalité une imperfection du droit. C'est parce que le système juridique échoue dans son fonctionnement que naît le litige. Tel est le sens du précédent. Si le droit était clair, il n'y aurait nul besoin du précédent. Cela est démontrable à partir du droit fiscal.

Dans le lexique du Père Ubu[15], image satyrique des gouvernants kleptocrates, qui mêle la vulgarité et le cynisme à une naïveté populaire, le système fiscal est désigné comme la « pompe à phynances ». Or la « pompe à phynances » fonctionne d'une façon admirable, comme en témoignent les statistiques. Chaque année sont transmises des millions de déclarations de particuliers ou d'entreprises. Chaque année les administrations financières enregistrent des millions de payements. A côté de cette réalité d'un fonctionnement routinier et métronomique de la « pompe à phynances », les litiges demeurent finalement peu nombreux. Cela s'explique aussi par le mécanisme dit du recours administratif préalable de l'article R.* 190-1 du Livre des procédures fiscales. Le contribuable ne peut saisir les tribunaux sans s'adresser au préalable à l'administration concernée. Il

---

12 Pour reprendre la formule du juge constitutionnel, « le principe d'égalité devant la loi », « s'il implique qu'à des situations semblables il soit fait application de règles semblables, n'interdit aucunement qu'à des situations différentes soient appliquées des règles différentes » (considérant n° 2).

13 Niklas Luhmann, *Das Recht der Gesellschaft*, *op. cit.*, p. 111 : « die aristotelische Regel, dass Gleiches gleich und Ungleiches ungleich zu behandeln sei » / « la règle aristotélicienne, selon laquelle l'identique devrait être traité de façon identique, et le différent de façon différente ». V. Aristote, Livre V, de l'*Ethique à Nicomaque*, Paris : Vrin, 2007, p. 229 et s.

14 Niklas Luhmann, *Das Recht der Gesellschaft*, *op. cit.*, p. 113.

15 Alfred Jarry, *UBU ROI ou les Polonais*, Paris : Mercure de France, 1896.

en résulte que l'essentiel des désaccords trouvent une solution en amont des tribunaux. Voilà pourquoi, dans le contexte d'ensemble du système fiscal, le litige, ou plus généralement le contentieux, répétons-le, apparaît en définitive comme un épiphénomène.

2. Symptômes : quatre cas pathologiques

Le meilleur fonctionnement du système fiscal supposerait le minimum possible de litiges. Or la frontière est une source de litiges. On peut même imaginer qu'avec la globalisation la frontière devient un problème croissant. Il n'existe pas de statistiques en la matière, mais l'expérience concrète permet de formuler une telle hypothèse. Cette hypothèse est soutenue par ce qui ressort de l'activité législative et administrative, et même les échos dont les médias de masse se font la caisse de résonance. Pour ce qui est du contentieux, il faut illustrer le propos par des exemples issus du « terrain », de l'analyse concrète du contentieux en zone frontalière.

Le premier cas est le plus simple et le plus pittoresque. C'est celui des buralistes des régions frontalières[16]. Suite à la hausse considérable de la fiscalité du tabac, ils ont vu leur chiffre d'affaires s'effondrer. Les fumeurs des zones frontalières comprennent facilement les causes d'une telle situation. Certaines entreprises ont dû mettre la clef sous la porte. Les buralistes mosellans et alsaciens ont ainsi eu l'idée d'effectuer un recours en responsabilité contre l'Etat. Ils invoquaient la responsabilité du fait des lois. Le contentieux en question était sans espoir, notamment à cause du fait que les buralistes sont bénéficiaires de ce qu'on appelle un monopole fiscal. Mais un tel contentieux est significatif des distorsions qui surgissent aux frontières. Les agents économiques tablent sur une pérennité du contexte économique, et la fiscalité apparaît comme un facteur hautement instable, et d'autant plus instable qu'il existe des disparités entre Etats.

---

[16] Hugues Rabault, « La question de la responsabilité de l'Etat du fait de la disparité de taux de fiscalité dans les zones frontalières », Chronique – CAA Nancy, 14 octobre 2010, *Mme H. et autres*, n° 09NC1844 ; 09NC1845 ; 09NC1846 ; 09NC1847 ; 09NC1848 ; 09NC1854 : *Les Petites Affiches*, 27 juin 2011, n° 126, p. 6-11.

Le second cas est le plus technique mais aussi le plus instructif. Cette fois c'est une compagnie aérienne suisse qui se trouve en conflit avec l'administration fiscale française, parce qu'elle exerce des activités dans l'enceinte de l'aéroport Mulhouse-Bâle, sur le territoire de la petite bourgade de Blotzheim dans le Sundgau[17]. Le litige porte sur plusieurs impositions, l'impôt sur les sociétés et la taxe professionnelle. Inutile d'entrer dans le détail, car la solution varie en fonction des impositions. Ce cas permet cependant d'illustrer le caractère inextricable de la situation transfrontalière. Pour une entreprise étrangère exerçant en France, les difficultés sont traitées en général à travers des conventions fiscales bilatérales. Celles-ci portent sur un ou plusieurs impôts et sont extrêmement nombreuses. Mais en l'espèce l'affaire était encore obscurcie, et c'était là l'origine du litige, par le statut d'exterritorialité de l'aéroport, qui s'il est situé sur le territoire français demeure franco-suisse et régi par une convention internationale particulière. On observe donc aux frontières une sorte de télescopage, pour ne pas dire, pour l'espèce en cause, de carambolage, de normes juridiques. C'est non seulement de conflits de normes d'Etats qu'il s'agit, ce qui va de soi, mais aussi de conflits entre des normes internationales.

A travers ces cas, il s'est agi d'illustrer l'hypothèse selon laquelle la frontière est source de litiges. La frontière, du fait de son existence même, produit du contentieux. Maintenant, arrivons-en à des cas qui expriment le caractère pathologique de la situation. Le troisième cas est le plus navrant, car c'est celui d'un contribuable en butte à l'archaïsme d'une législation techniquement obsolète[18]. L'affaire portait sur un problème de

---

[17] Hugues Rabault, « Le statut fiscal d'activités économiques transfrontalières », Chronique – CAA Nancy, 4 août 2006, *Société Crossair, devenue Société Swiss International Air Lines AG*, n° 02NC01353 ; 02NC01354 : *Les Petites Affiches*, 12 juin 2007, n° 117, p. 7-13. Le contentieux en la matière ne tarit pas, comme l'atteste une affaire récente : CAA Nancy, 20 juin 2013, *Société Easyjet Switzerland*, n° 12NC01327.

[18] Hugues Rabault, « Le régime de territorialité de la base d'imposition en matière de taxe professionnelle : une violation du droit communautaire ? », Chronique – CAA Nancy, 23 avril 2009, *SA Wastiaux*, n° 08NC00016 : *Les Petites Affiches*, 16 juin 2010, n° 119, p. 16-23.

taxe professionnelle. On sait que la taxe professionnelle a été réformée en 2010, mais l'administration fiscale disposant en la matière d'un délai de trois ans pour redresser le contribuable et les contentieux pouvant s'étaler sur de longues années, on aura encore à s'interroger sur ce prélèvement.

Le contribuable était une entreprise de louage de matériels exerçant son activité en Moselle. Comme il se doit dans une telle situation, ses clients pouvaient être des entreprises françaises ou luxembourgeoises. L'ancienne taxe professionnelle reposait sur un mode d'assiette singulier, héritage de la fiscalité de la révolution française. La base d'imposition consistait dans la valeur locative des immobilisations corporelles, c'est-à-dire en une valeur estimée, correspondant à la location éventuelle des matériels. La taxe professionnelle, type même du prélèvement mal conçu, engendrait de ce fait un contentieux abondant, notamment en ce qui concerne les activités de location[19].

En effet, le problème se posait du statut de biens confiés à un client. Ceux-ci devaient-ils être intégrés à la base d'imposition du loueur ou du locataire ? La pratique en la matière aboutissait à la situation suivante. Soit le locataire était assujetti à la taxe professionnelle et les biens loués étaient intégrés à la base d'imposition de celui-ci. Sinon ils restaient intégrés à la base d'imposition de l'entreprise exerçant l'activité de location.

Pour ce qui est des activités transfrontalières, la solution consistant à reporter la base d'imposition sur l'entreprise de location lorsque le locataire est non assujetti entraînait une distorsion entre les cas où le locataire était français et ceux où le locataire était luxembourgeois. Le fait de louer des matériels à des entreprises luxembourgeoises entraînait une surtaxation de l'entreprise. C'est pourquoi l'entreprise avait tenté de se prévaloir du droit de l'Union européenne, en invoquant une distorsion de concurrence. La solution jurisprudentielle lui fut défavorable, mais elle n'en té-

---

[19] Hugues Rabault, « L'opposabilité de la doctrine administrative en droit fiscal : un cas d'application par le juge », Chronique – CAA Nancy, 23 juin 2011, *SARL L2PI*, n° 10NC00967 : *Les Petites Affiches*, 27 juin 2012, n° 126, p. 10-16.

moigne pas moins d'une technique de taxation dont l'absurdité est révélée par des activités transfrontalières.

Le quatrième cas est le plus réconfortant pour l'avocat fiscaliste[20]. C'est celui d'un contribuable de Meurthe-et-Moselle qui crée une société au Luxembourg. Pourquoi crée-t-il une telle société ? L'affaire ne le dit pas, mais on comprend qu'il dispose de fonds qu'il souhaite soustraire au fisc français. Il se trouve naturellement en butte à une procédure de redressement sur la base d'une disposition du Code général des impôts qui autorise à réintégrer des bénéfices réalisés à l'étranger dans les bénéfices imposables en France. Ce type de situation rappelle d'autres cas plus médiatiques. Les médias de masse appellent cela, sur le ton de l'évidence, de la fraude fiscale. C'est aussi ce que pensait l'administration fiscale française. Le juge, au contraire, a admis que le contribuable avait tout simplement fait usage des libertés en droit de l'Union européenne de circulation des capitaux et d'établissement.

Ce genre d'affaire n'est pas rare et nombre de dispositions du Code général des impôts ont été abrogées ou modifiées de la sorte[21]. On peut en tirer quelques enseignements. Les juristes ont l'habitude d'expliquer le problème du point de vue de ce qu'ils appellent la hiérarchie des normes. Ici, on postule l'unité du droit et la supériorité du droit de l'Union européenne. Cette approche est exacte dans la mesure où elle fonde la solution en pratique. Mais une autre lecture, parallèle, est possible. Ce genre de difficulté tient au fait que dans le système juridique deux philosophies contradictoires de la frontière cohabitent. Le droit communautaire tend à projeter sur la réalité le modèle d'un espace européen sans frontières, alors que le droit national tend à se replier sur la frontière. Il y a quelques années on aurait spontanément imaginé que cette divergence était destinée à s'effacer. Or la période récente montre qu'un mouvement inverse

---

[20] Hugues Rabault, « Liberté de circulation et d'établissement et évasion fiscale : une violation du droit communautaire par la législation fiscale », Chronique – CAA Nancy, 22 août 2008, *M. D. R.*, n° 07NC00783 : *Les Petites Affiches*, 25 mai 2009, n° 103, p. 6-14.

[21] En l'espèce, v. Code général des impôts, article 123 bis, qui fut révisé à la suite de ce type de contentieux.

s'amorce. Le droit de l'Union reste fidèle à sa logique et le droit français se crispe convulsivement sur son territoire, comme on va le voir avec le problème de l' « exit tax ».

3. Diagnostic : le décalage entre le système fiscal et la société déterritorialisée

Les exemples évoqués doivent être vus comme des symptômes de dysfonctionnements du droit fiscal. D'un point de vue juridique, le meilleur système fiscal devrait prévenir les litiges, limiter leur nombre. Or on vient de voir que la frontière est source de litiges. Peut-on concevoir le droit fiscal en sorte de limiter les effets de la frontière ? Peut-on concevoir une neutralité du droit fiscal en termes de frontière ? Il ne s'agit pas ici de formuler des propositions de réforme, mais d'une pure spéculation gratuite.

L'hypothèse scientifique est qu'il existe des catégories de litiges qui sont le produit artificiel d'une législation déconnectée de la réalité économique et sociale. Le système fiscal contemporain est l'expression d'un grand mythe, le mythe de l'Etat-nation. Dans un tel contexte, l'Etat avait pour fonction de produire une réalité hautement territorialisée, une société homogène et unifiée, ancrée, pour ainsi dire, dans le sol[22]. Or, la société s'est pour ainsi dire émancipée du territoire. Les Etats n'apparaissent plus en mesure de contrôler les flux de populations, d'échanges et, surtout, d'informations. On assiste à une déterritorialisation de la société.

Très souvent, le litige en matière fiscale résulte des défauts de la technique de prélèvement. Par exemple, ce qu'on appelle le régime de la TVA intracommunautaire[23] permet diverses formes de montages, comme dans la technique dite de la « fraude carrousel » où la création d'éphémères sociétés génère, pour ainsi dire, une manière d'évaporation des recettes fiscales. Le problème est lié en fait aux mécanismes de déduction de la TVA payée en amont et ne se poserait pas pour une taxe

---

[22] V., par exemple, Carl Schmitt, *Le nomos de la terre* (1950), Paris : PUF, 2000.

[23] Par exemple, Hugues Rabault, « L'abus de droit implicite », Chronique – CAA Nancy, 17 novembre 2011, n° 10NC01203 : *Les Petites Affiches*, 10 décembre 2012, n° 246, p. 6-10.

unique à la consommation. Pour une société étroitement territorialisée, la TVA représentait un mécanisme sophistiqué mais ingénieux. Le problème de la TVA intracommunautaire exprime les distorsions provoquées dans le système fiscal par les échanges transfrontaliers.

Mais on peut trouver des illustrations plus parlantes. De nombreuses difficultés et de nombreux litiges sont, comme on a vu, le produit de la propension du système fiscal à taxer des bases situées hors du territoire national. Citons deux dispositions : D'abord l'article 4 A du Code général des impôts : « Les personnes qui ont en France leur domicile fiscal sont passibles de l'impôt sur le revenu en raison de l'ensemble de leurs revenus. » ; ensuite l'article 885 A du Code général des impôts : « Sont soumises à l'impôt annuel de solidarité sur la fortune [...] : 1° Les personnes physiques ayant leur domicile fiscal en France, à raison de leurs biens situés en France ou hors de France. » Mentionnons une troisième disposition d'origine récente et qui est une réaction aux adaptations des contribuables en contexte d'économie déterritorialisée, l'article 167 bis du Code général des impôts : « I.-1. Les contribuables fiscalement domiciliés en France pendant au moins six des dix années précédant le transfert de leur domicile fiscal hors de France sont imposables lors de ce transfert au titre des plus-values latentes constatées sur les droits sociaux, valeurs, titres ou droits [...] détenus, directement ou indirectement, par les membres de leur foyer fiscal à la date de ce transfert [...] ».

Les deux premières dispositions expriment, répétons-le, la tendance de l'Etat à taxer les bases hors du territoire. En matière d'impôt sur le revenu, cela peut se légitimer à condition que les revenus soient rapatriés. Pour le reste, on rencontre nécessairement une limite technique, qui tient précisément à l'incapacité de l'Etat à voir ce qui se passe à l'intérieur des frontières d'un autre Etat. Les limites techniques de la taxation sont plus évidentes avec la base d'imposition de l'imposition du capital. Comment connaître la fortune d'un particulier hors du territoire ? Il va de soi que si dans certains cas les Etats peuvent s'entendre au détriment des contribuables, cette solution reste contingente. En effet, elle suppose, de la part des Etats, une symétrie de situations économiques. Le raisonnement peut être généralisé à l'impôt sur le revenu dans le cas où les revenus ne sont pas rapatriés. On voit par là que la technique d'assiette produit de façon mécanique une inévitable propension à la dissimulation.

La troisième disposition correspond à la taxation des fugitifs. En principe, la morale internationale voudrait qu'il fût interdit de taxer les fugitifs. Il est légitime d'attirer l'activité économique sur le territoire par diverses incitations, il est critiquable de sanctionner les résidents, français ou étrangers, qui s'enfuient[24]. Cette disposition témoigne donc au plus haut point d'une faiblesse, voire d'un dysfonctionnement, du système fiscal. Le mécanisme imaginé par l'administration de la taxation des plus-values latentes est de surcroît discutable au plan technique. Il consiste à créer une base d'imposition potentielle. « L'assiette de la plus-value latente est égale à la différence entre la valeur des titres à la date du transfert et leur prix ou valeur d'acquisition [25] ». Outre le procédé contestable consistant à faire d'une valeur théorique une base d'imposition, on en arrive à la taxation effective d'une base d'imposition potentielle. Le problème de la base d'imposition potentielle est classique : c'est l'exemple de la valeur locative ou de l'évaluation de la valeur d'un bien immobilier dans l'estimation du patrimoine. C'est néanmoins une source inévitable de conflits et de litiges.

---

24 Sur la première version de l'« exit tax », v. CJCE, 11 mars 2004, *Hughes de Lasteyrie du Saillant contre Ministère de l'Économie, des Finances et de l'Industrie*, affaire C-9/02, point 46 : « En effet, le contribuable désireux de transférer son domicile en dehors du territoire français, dans le cadre de l'exercice du droit que lui garantit l'article 52 du traité, est soumis à un traitement désavantageux par rapport à une personne qui maintient sa résidence en France. Ce contribuable devient redevable, du seul fait d'un tel transfert, d'un impôt sur un revenu qui n'est pas encore réalisé et dont il ne dispose donc pas, alors que, s'il demeurait en France, les plus-values ne seraient imposables que lorsque et dans la mesure où elles ont été effectivement réalisées. Cette différence de traitement concernant l'imposition des plus-values, qui est susceptible d'avoir des répercussions considérables sur le patrimoine du contribuable désireux de transférer son domicile hors de France, est de nature à décourager un contribuable de procéder à un tel transfert. » La nouvelle version vise à une neutralité vis-à-vis du droit de l'Union européenne, mais sa conformité reste discutée.

25 BOI-RPPM-PVBMI-50-20121031.

On met en avant aujourd'hui la coopération entre les Etats comme issue au problème de l'impossibilité où se trouvent les Etats de connaître des bases d'imposition déterritorialisées. Ici encore il faut insister sur les limites techniques d'une telle solution. Dans l'impôt moderne, l'efficacité de l'imposition tient aux techniques d'assiette, de liquidation et de recouvrement, c'est-à-dire à l'infrastructure procédurale et juridique du système fiscal. La coopération internationale en revanche est subordonnée à la contingence de rapports strictement politiques, entre Etats ou entre administrations, d'intérêts qui, en définitive, ne sont pas forcément réciproques. La coopération entre deux grands Etat sociaux, qui rencontrent les mêmes difficultés en termes de bases d'imposition déterritorialisées, peut sembler naturelle. La coopération entre deux Etats dont les situations et, donc, les intérêts économiques sont divergents, un Etat social et ce qu'on qualifie, selon une formulation techniquement peu appropriée, de « paradis fiscal », apparaît nécessairement problématique.

Il s'agit donc ici de signaler les faiblesses d'une approche de ce qu'on appelle la fiscalité internationale lorsqu'on fait abstraction de son soubassement technique. En pratique, les limites du fonctionnement du système fiscal, dont les litiges sont un symptôme, ne sont pas morales ou politiques, mais avant tout techniques. Les problèmes ne peuvent être résolus que par des solutions techniques. Les traités internationaux de coopération entre administrations fiscales ne sont pas sans effets, mais ils ne représentent pas une solution stable, car ils demeurent subordonnés, en termes d'exécution, à des facteurs contingents.

Comme on sait, les traités internationaux supposent une exécution réciproque et de bonne foi. Or la pratique enseigne que la bonne foi n'existe que dans le cadre d'intérêts réciproques et équivalents. C'est pourquoi il faudrait avoir la lucidité de renoncer à l'expression de « paradis fiscaux », pour admettre que les Etats en cause ne sont souvent que des Etats dont les intérêts économiques sont distincts de ceux des Etats qui dominent les relations internationales. Aujourd'hui nombre d'accords sont présentés comme une amorce de solutions. Mais il faut garder à l'esprit qu'ils sont signés dans un contexte d'asymétrie de puissance. Cela ne garantit nullement la bonne foi dans l'exécution des engagements. Derrière l'apparent consensus, les divergences d'intérêt demeurent.

Conclusion

Le litige lié à la frontière en droit fiscal résulte largement du fait que les Etats tentent de taxer des bases d'imposition déterritorialisées. Les problèmes évoqués tiennent au fait que le système fiscal reste strictement territorialisé dans une société en voie de déterritorialisation. Ce décalage induit des perturbations et des réactions. Parmi les réactions, on relève une tendance à la personnalisation de l'impôt. Une idée classique est que la fiscalité moderne s'oriente dans le sens de l'impôt réel. Il s'agit d'un impératif non de morale mais d'efficacité. Les mécanismes de capitation exprimaient la fiscalité personnelle originelle. La fiscalité qui se développe après la Révolution vise à une transparence de la personne, au sens où ce qu'on taxe est non la personne, mais son patrimoine, son revenu, sa consommation, etc. Un système de taxation réelle aboutit à taxer non plus des sujets, mais des flux. Le contribuable, particulier ou entreprise, n'est plus la base d'imposition, mais davantage un collecteur.

Dans une société hautement territorialisée, il y avait équivalence entre Etat, contribuable et base d'imposition. Dans la société déterritorialisée, les bases d'imposition, comme les contribuables, vagabondent. Face aux effets en termes de recettes de ce phénomène, le système fiscal tend à réagir par ce qu'on peut désigner comme une « re-personnalisation » de la fiscalité. On cherche à associer à la personne un maximum de bases d'impositions. C'est ainsi que la technique fiscale, dans une société déterritorialisée, débouche sur une tendance à l'extension de la souveraineté fiscale de l'Etat hors du territoire.

De sorte que les Etats, n'étant plus en mesure de contrôler la base d'imposition elle-même, deviennent davantage tributaires de la bonne foi du contribuable ou, à défaut, de la bonne volonté d'Etats étrangers. Alors que la modernisation du système fiscal impliquait un passage à l'impôt réel, la déterritorialisation de l'économie amène les Etats à renouer avec l'idée d'une allégeance personnelle. Le système fiscal moderne rejetait à sa périphérie les considérations morales pour privilégier la sécurité technique. La déterritorialisation ébranle les fondements techniques du système fiscal moderne. D'où le retour au lexique de la morale. C'est parce qu'on est tributaire de la bonne volonté du contribuable qu'on dénonce sa mauvaise volonté. Cela ne serait pas nécessaire si l'on disposait des techniques fiscales appropriées.

L'« exit tax » évoquée plus haut est un symptôme du point de vue technique, car ce mécanisme reproduit dans la société post-moderne un lien d'assujettissement analogue à la relation féodale. Le contribuable fugitif est amené à acquitter une sorte de droit de fuite, de même que le serf pouvait se voir autorisé à racheter sa liberté. Alors que l'« évasion fiscale » manifeste la déterritorialisation de la base d'imposition « réelle », les Etats s'efforcent de retenir la base d'imposition, par un retour à l'allégeance fiscale personnelle, à travers des dispositifs fiscaux répressifs ou quasi-répressifs. La déterritorialisation de l'économie se traduit ainsi par les manifestations d'une sorte de « reféodalisation » de la fiscalité, fondée sur l'imaginaire d'une relation individuelle entre le contribuable et l'Etat. L'Etat ne taxe plus la richesse produite sur son territoire, mais il cherche, à travers la taxation d'un bénéfice ou d'un patrimoine mondial, à taxer la richesse produite ou existant sur d'autres territoires.

Parallèlement, les négociations internationales autour de la fiscalité témoignent d'une remise en cause de la souveraineté fiscale des Etats, c'est-à-dire d'une manière de colonialisme fiscal. Sous des apparences pacifiques, c'est bien d'une guerre autour de la ressource économique qu'il s'agit, dont les ressorts résident dans un pur rapport de force. Ce phénomène trouve aujourd'hui une manifestation singulière dans les tensions entre l'administration fiscale américaine et les banques helvétiques. Le jeu qui se joue ici ne laisse nulle place à la morale. Il est le règne de rapports de force froids et inexorables où chacun utilise les instruments qu'il trouve à portée de la main. On peut prévoir que les grandes banques seront amenées à régulariser leur situation vis-à-vis des administrations fiscales étrangères, pour préserver leurs activités internationales, mais qu'elles feront place à des officines plus spécialisées, tant en termes d'activité que de territorialité.

Peut-on imaginer une neutralité du système fiscal en termes de frontières ? A défaut d'un Etat universel, la seule solution technique fiable serait le cantonnement de l'Etat à ses frontières en termes de ressources fiscales. Chaque Etat devrait réaliser une sorte d'autarcie technique, pour ne pas avoir à s'en remettre à la bonne foi des autres Etats. Les conventions fiscales internationales conclues non sur la base d'intérêts réciproques mais de menaces plus ou moins voilées sont des marchés de dupes. Cela est vrai pour la coopération entre administrations fiscales ou pour ces curieuses concessions de recouvrement attribuées à un Etat étranger qui sont apparues récemment. On connaît l'échec d'un tel accord entre l'Allemagne et la Suisse du fait de la réticence des Länder. Les administrations financières régionales sont en effet, en Allemagne, l'échelon déterminant pour la collecte des impôts. L'administration fiscale française, contrairement à l'administration britannique ou autrichienne, a refusé ce genre d'accord, qui revient à reconnaître l'impunité des « fraudeurs » en échange d'une sorte de ristourne.

Les exemples de litiges évoqués plus haut doivent donc être vus comme les symptômes de limites techniques. Le slogan de l'harmonisation fiscale, souvent mis en avant, est chimérique. Les autorités françaises seraient-elles prêtes à harmoniser le taux de TVA avec, par exemple, le Danemark[26] ? La conception de la fiscalité moderne avait fait ses preuves dans une société hautement territorialisée. Mais désormais le système fiscal apparaît hautement, pour ainsi dire, désadapté à la réalité sociale. Les litiges liés à la frontière témoignent d'une telle désadaptation.

---

[26] Danemark, taux de TVA de 25% sans taux réduit.

La participation du public transfrontalier

Annette GUCKELBERGER*

* L'autrice est titulaire de la Chaire de droit public à l'Université de la Sarre.
Texte traduit de l'allemand.

En régions frontalières il n'est pas rare que l'autorisation ou la planification d'un grand projet soit à l'origine de conséquences environnementales négatives dans l'État voisin. Tandis qu'il existe une littérature débordante concernant les formes de participation du public aux procédures de planification et d'autorisation publiques, le phénomène de la participation transfrontalière du public à de telles procédures en matière environnementale n'a reçu que très peu d'attention jusqu'ici. La présente contribution traite, en se plaçant dans la perspective du droit allemand, des possibilités de participation du public étranger aux procédures allemandes concernant un projet situé en Allemagne (ou la planification de celui-ci) mais ayant des conséquences environnementales dans un État voisin.

I. — INTRODUCTION

L'histoire a montré que les catastrophes environnementales et la pollution ne s'arrêtent pas aux frontières[1]. Une installation industrielle située à la frontière peut contribuer à la pollution de l'air non seulement dans son pays d'installation, mais également dans l'État voisin[2]. Si une entreprise à la frontière pollue un cours d'eau, ceci peut également conduire à une baisse considérable de la qualité de l'eau dans un État voisin[3]. L'insuffisance des mesures de lutte contre les inondations dans un pays peut avoir des conséquences considérables dans l'État limitrophe[4]. La construction d'un aéroport, d'une installation de destruction ou de recyclage des déchets ou encore d'une centrale atomique à proximité de la frontière peut nuire considérablement à l'environnement dans l'État voi-

---

1 *Durner*, dans : Möllers/Voßkuhle/Walter, Internationales Verwaltungsrecht, 2007, p. 121, 135; *Gantzer* VBlBW 2005, p. 464; *Kotzur*, Grenznachbarschaftliche Zusammenarbeit in Europa, 2004, p. 366 ; *Martin*, das Steuerungskonzept der informierten Öffentlichkeit, 2012, p. 242.

2 *Spannowsky*, dans : Id., Strategische Umweltprüfung bei räumlichen Plänen mit landes- und staatsgrenzüberschreitenden Umweltauswirkungen, 2011, p. 2.

3 *Spannowsky* (n. 2), p. 2.

4 *Spannowsky* (n. 2), p. 2.

sin[5]. Il fallut néanmoins attendre les critiques massives formulées à la suite de l'incident dans la centrale nucléaire française de Cattenom en juin 2013 pour que le gestionnaire de la centrale développe avec le Land de Sarre des moyens d'informations plus performants en cas de risque de contamination radioactive[6]. En août 2013 il y eu de nouveaux des tensions dans la zone frontalière franco-allemande. Un projet d'exploitation de l'énergie éolienne autorisé par les autorités sarroises fut accusé de nuire aux qualités esthétiques du paysage offert par le château de Malbrouck situé sur le sol français. Or les autorités françaises n'en avaient pas été informées par avance[7].

Les grands projets ayant des conséquences environnementales n'entraînent pas seulement des protestations dans leur pays d'origine. Leurs éventuels effets négatifs sur l'environnement créent en effet un potentiel de conflit dont les conséquences pour les relations de bon voisinage entre États ne sont pas à sous-estimer[8]. Selon certaines déclarations, ce serait précisément en raison de certains projets qui ne rencontrent pas l'approbation collective sur le territoire national qu'une tendance à la construction des installations polluantes et potentiellement

---

5 *Damm*, dans: Spannowsky (dir.), Strategische Umweltprüfung bei räumlichen Plänen mit landes- und staatsgrenzüberschreitenden Umweltauswirkungen, 2011, p. 91; *Spannowsky* (n. 2), p. 2.

6 Article « Saarland wird über Störfälle im AKW Cattenom schneller informiert » du 4.7.2013 sur Focus Online, disponible en ligne sous http://www.focus.de/regional/saarbruecken/atomkraft-saarland-wird-ueber-stoerfaelle-im-akw-cattenom-schneller-informiert_aid_1034955.html, consulté le 28.1.2015.

7 Article « Viel Wind um zwei Windräder », dradio.de du 8.8.2013, disponible en ligne sous http://www.deutschlandfunk.de/viel-wind-um-zwei-windraeder.795.de.html?dram:article_id=257058, consulté le 28.1.2015; « Streit um Windräder bei Schloss Malbrouck reißt nicht ab », Saarbrücker Zeitung du 5.10.2013, disponible enligne sous http://www.saarbruecker-zeitung.de/saarland/saarland/Streit-um-Windraeder-bei-Schloss-Malbrouck-reisst-nicht-ab;art2814,4966499, consulté le 28.1.2015.

8 *Kment* NuR 2012, p. 321.

dangereuses en zone frontalière se serait développée[9]. Or de tels choix n'empêcheront pas les autorités des États étrangers ainsi que la population d'un État voisin de protester contre le projet[10]. Il faut s'attendre à une résistance véhémente notamment lorsque la population de l'État voisin est exposée par la construction d'une installation dangereuse, par exemple d'une centrale nucléaire, aux mêmes risques que la population de l'État sur le territoire duquel l'installation doit être édifiée[11]. Étant donné que les frontières avec les pays voisins de l'Allemagne (Belgique, Danemark, France, Luxembourg, Pays-Bas, Autriche, Pologne, République Tchèque et la Suisse) sont « poreuses »[12] et qu'il est aujourd'hui impossible de trouver une solution satisfaisante à certains problèmes environnementaux voire thématiques dans une démarche nationale solitaire[13], se pose la question de l'apaisement d'un tel potentiel de disputes et de conflits. Ladite participation transfrontalière du public semble être un moyen de résoudre ce problème, car la participation du public est de plus en plus vue comme un instrument haussant le niveau d'acceptation de l'action de l'État[14].

---

9 Association des Régions Frontalières Européennes (dir.), Zusammenarbeit Europäisches Grenzregionen, 2008, p. 12 ; v. aussi *Niedobitek*, Das Recht der grenzüberschreitenden Verträge, 2001, p. 81.

10 *Niedobitek* (n. 9), p. 82.

11 *Kloepfer* DVBl. 1984, p. 245 ; *Kment* NuR 2012, p. 321, 322.

12 Sur la différence entre les frontières actives, c'est-à-dire poreuses, et passives, v. *Müller*, dans: Neuss/Niedobitek/Novotný/Rosulek (dirs.), Kooperationgsbeziehungen in der Europäischen Union, 2012, p, 3, 21 ; v. aussi *Lambertz*, dans : Zschiedrich (dir.), Wirtschaftliche Zusammenarbeit in Grenzregionen, 2011, p. 41; Association des Régions Frontalières Européennes (n. 9), p. 15; concernant la fausse idée selon laquelle les frontières ne seraient devenues poreuses uniquement avec l'unification européenne, *Speer*, Grenze und grenzüberschreitende Zusammenarbeit im historischen Kontext, 2010, p. 50.

13 V. sur ce point *Menzel*, Internationales Öffentliches Recht, 2011, p. 394 et s.

14 V. sur ce point *Schink* DVBl. 2011, p. 1377, 1378 ; *Ziekow*, Gutachten D zum 69. Deutschen Juristentag, 2012, D 17; sur les diverses motivations derrière la participation du public v. *Guckelberger*, dans: Reinhardt (dir.), Wasserrecht im Umbruch, 2007, p. 69, 84 et s.

Ainsi que cela est visible dans le terme « transfrontalier », cette forme de participation du public est caractérisée par le fait que le public se tenant au-delà des frontières d'un État dans lequel il est débattu d'une planification ou d'un projet ayant des conséquences pour l'environnement puisse prendre part à ce débat. Par « frontière » nous entendons la ligne de démarcation par laquelle un État délimite vis-à-vis de l'extérieur son espace géographique de souveraineté[15]. Quand il est ici question de « participation transfrontalière du public », il s'agit uniquement de la participation du public se tenant en dehors des frontières étatiques de l'Allemagne[16], et non celle des personnes vivant dans un autre *Bundesland* (dite participation du public transfédérale). Une telle forme de participation du public est plus compliquée que celle qui ne s'adresse qu'au public national, car les frontières sont des lieux de heurts entre systèmes différents[17]. À cet endroit se rencontrent des divergences en droit, dans les structures (autorités compétentes) et cultures administratives, mais aussi dans les mentalités[18]. En fonction de la frontière extérieure dont il est question[19], les barrières linguistiques entre l'Allemagne et l'État voisin peuvent être plus ou moins grandes, ainsi que la distance entre la population de part et d'autre de la frontières, par exemple suite à des guerres passées[20] mais aussi comme conséquence de longues années de coopération ou de perméabilité de la frontière. L'adjectif « transfrontalier » implique la possibi-

---

15 *Beyerlin*, Rechtsprobleme der lokalen grenzüberschreitenden Zusammenarbeit, 1988, p. 11 et s. ; concernant la frontière au sens du droit international public v. aussi *Speer* (n. 12), p. 44 et s.

16 D'après le dictionnaire Duden, « transfrontalier » se rapporte au fait d'aller au-delà des frontières (étatiques).

17 *Speer* (n. 12), p. 45.

18 V. sur ce point *Beyerlin* (n. 15), p. 20 0; *Kment*, Grenzüberschreitendes Verwaltungshandeln, 2010, p. 99 ; *Lambertz* (n. 12), p. 42; Association des Régions Frontalières Européennes (n. 9), p. 15.

19 Sur l'idée que chaque région frontalière soit en définitive un cas à part, v. *Lambertz* (n. 12), p. 43.

20 V. sur ce point *Beyerlin* (n. 15), p. 35 et s. ; concernant ces différences v. également *Zschiedrich*, dans : Id. (dir.), Wirtschaftliche Zusammenarbeit in Grenzregionen, 2011, p. 13, 14.

lité d'un contact voire d'un échange en dépit de la frontière[21]. Des disparités ou disharmonies peuvent ainsi être atténuées[22]. Cependant, pour faire référence aux paroles du Ministre-président de la Communauté Germanophone de Belgique, *Karl-Heinz Lambertz*, un haut niveau de compétences en matière de communication interculturelle est nécessaire à cet effet[23]. Puisque celle-ci ne peut vraiment être attendue de l'ensemble de la population, il est nécessaire que les acteurs étatiques impliqués connaissent la pensée, la situation, la langue et les modes de pensée du pays voisin presque aussi bien que les leurs[24].

Plus les différences entre les traditions juridiques et administratives des pays concernés sont grandes, plus la mise en place d'une forme transfrontalière de participation du public sera difficile[25]. Concernant ce point, il est rappelé dans le guide de procédure des consultations transfrontalières de la Conférence franco-germano-suisse du Rhin supérieur que chaque procédure transfrontalière doit faire face à des différences entre les mécanismes juridiques et modes de fonctionnement, ainsi qu'à des cultures différentes, et que ceci peut très rapidement conduire à des malentendus ou des difficultés de mise en pratique[26]. Par exemple, il existe souvent des incertitudes quant aux autorités compétentes de l'autre côté, aux documents à utiliser, aux problèmes linguistiques ainsi qu'aux structures administratives et de planification différentes dans l'autre pays[27]. La méthode pour faire face à ces incertitudes ne peut être apprise qu'au fil de la pratique et demande du temps, de la force, de la volonté et de l'énergie tout au long d'un processus d'apprentissage qui représente également pour les parties concernées une chance de mettre en question

---

21 Concernant le fait que les fonctions remplissent non seulement une fonction de séparation, mais aussi de contact, v. *Speer* (n. 12), p. 45, 51.
22 Sur ce point, v. *Beyerlin* (n. 15), p. 20.
23 *Lambertz* (n. 12), p. 43.
24 Sans rapport avec la participation du public, *Lambertz* (n. 12), p. 43.
25 V. aussi *Gantzer* VBlBW 2005, p. 464.
26 Conférence franco-germano-suisse du Rhin Supérieur, Guide de procédure des consultations transfrontalières sur les projets, ainsi que sur les plans et programmes ayant des incidences notables sur l'environnement, entré en vigueur sur décision du 10.12.2010, p. 3.
27 *Damm* (n. 5), p. 100.

leurs propres idées et méthodes[28]. C'est pour cela qu'il sera ici intéressant de voir si et dans quelle mesure les dispositions du droit international public ou du droit communautaire établissent des standards communs et conduisent à la réduction de ces différences.

Il faut admettre que jusqu'ici, les accords trouvés en droit de l'environnement ne portent pas dans la plupart des domaines sur des règles matérielles, mais plutôt sur des règles procédurales communes[29]. À titre d'exemple, ce n'est qu'à l'unanimité que le Conseil peut en application de l'art. 192 al. 2 lettre c) TFUE adopter des mesures concernant le choix d'un État membre entre différentes sources d'énergie et la structure générale de son approvisionnement en énergie. Alors que l'Allemagne a décidé de sortir du nucléaire pour la fin de l'année 2022 (§ 7 al. 1a ph. 2 AtG, « Loi sur l'énergie atomique »), le gouvernement français projette, à en croire un reportage journalistique récemment paru, une prolongation de la durée de vie de ses réacteurs nucléaires jusqu'à cinquante ans.[30] En application du principe de territorialité, l'État ayant à décider d'un projet de planification situé sur son propre territoire ayant des incidences notables sur l'environnement le fera en suivant ses propres règles matérielles comme critère de décision, et non celles de l'État voisin également concerné. Ceci ne signifie pourtant pas qu'un accord concernant les planifications et projets à incidences notables sur l'environnement soit dès l'origine voué à être inutile. Car l'échange réciproque aura au moins pour conséquence d'éveiller chez l'autre partie une vraie conscience du problème.

Aussi bien l'Allemagne que les États situés à ses frontières sont membres de la Convention Européenne des Droits de l'Homme (CEDH). Celle-ci est le fondement de standards minimaux et uniformes en matière de droits et libertés individuels sur l'ensemble de son champ d'application

---

28 *Damm* (n. 5), p. 101.

29 V. *Reinhard* NuR 2005, p. 499, 502 ; d'autres indications dans *Guckelberger* (n. 14), p. 75.

30 V. l'article « Frankreich will AKW bis zu 50 Jahre lang laufen lassen », Spiegel Online du 14.10.2013 ; v. aussi *Faßbender* ZUR 2012, p. 267.

géographique[31]. Les États signataires de la Convention doivent en particulier respecter le droit à la vie (art. 2 CEDH) et le droit de propriété garanti dans le 1er protocole additionnel dans leurs décisions portant sur des planifications et projets à incidences notables sur l'environnement[32]. Ainsi que la Cour EDH l'a décidé en 2013, une garantie de la protection de l'environnement en général ne saurait être déduite ni du droit au respect de la vie privée et familiale (art. 8 CEDH), ni d'une quelconque autre disposition de la Convention. « Selon la jurisprudence de la Cour, l'élément crucial qui permet de déterminer si, dans les circonstances d'une affaire, des atteintes à l'environnement ont emporté violation de l'un des droits garantis par le paragraphe 1 de l'article 8 CEDH est l'existence d'un effet néfaste sur la sphère privée ou familiale d'une personne, et non simplement la dégradation générale de l'environnement »[33]. À l'exception de la Suisse, tous les États voisins de l'Allemagne sont membres de l'Union Européenne. Selon l'art. 2 TEU, celle-ci est fondée sur le respect de la dignité humaine, la liberté, la démocratie, l'égalité, l'État de droit et la protection des droits de l'Homme, valeurs communes – d'après la phrase 2 – à tous les États membres. Cette clause d'homogénéité impose le respect des valeurs de l'Union à ses États membres, y compris dans les domaines demeurés dans leur champ de compétences exclusif[34].

Bien qu'il existe sur le plan matériel des standards minimaux communs entre les pays situés aux frontières de l'Allemagne, il ne semble pas forcément exclu qu'il existe ou qu'il puisse également exister des points communs entre eux sur le plan procédural. Ainsi que cela reste à démon-

---

[31] *Doehring*, dans : Ress (dir.), Grenzüberschreitende Verfahrensbeteiligung im Umweltrecht der Mitgliedstaaten der Europäischen Gemeinschaften, 1985, p. 56; *Eisele*, Zur Eindämmung grenzüberschreitenden Fluglärms, 2012, p. 260.

[32] *Doehring* (n. 31), p. 56.

[33] Cour EDH, Di Sarno et autres c. Italie, 10.1.2012, n° 30765/08, p. 18.

[34] *Callies*, dans : Id./Ruffert, EUV/AEUV, 4ème éd. 2011, art. 2 TEU, § 7 ; *Niedobitek*, dans : Neuss/Id./Novotný/Rosulek (dirs.), Kooperationsbeziehungen in der neuen Europäischen Union, 2012, p. 205, 212 ; *Pechstein*, dans : Streinz, EUV/AEUV, 2nde édition 2012, art. 2 EUV § 1 ; *Schwarze*, dans : Id., EU-Kommentar, 3ème éd. 2012, art. 2 EUV § 1.

trer, les contraintes du droit de l'environnement européen et international influent de plus en plus sur le législateur national[35]. C'est ici qu'est reflété l'intérêt vital des États à une solution commune de certains problèmes environnementaux[36]. Eu égard aux changements écologiques à l'échelle mondiale, se multiplient les voix qualifiant les biens environnementaux d'intérêt de la communauté internationale et de « common heritage of mankind »[37].

II. — LES CONTRAINTES DU DROIT INTERNATIONAL PUBLIC EN MATIÈRE D'ATTEINTE A L'ENVIRONNEMENT

Le droit international de l'environnement est un domaine du droit relativement récent, actuellement en développement[38]. Tandis que les États-Unis adoptaient encore à la fin du XIXème siècle le point de vue selon lequel un État aurait, en application du principe de souveraineté, le droit d'agir librement sur son territoire et cela sans avoir à tenir compte de l'État voisin (« Doctrine Harmon »)[39], s'est entre-temps imposée en droit public, dans la foulée de la sentence Trail Smelter[40], la vision selon laquelle un État ne peut entreprendre, soutenir ou tolérer sur son territoire des activités qui causent une pollution importante dans l'État voisin[41]. La

---

35 *Koch*, Die grenzüberschreitende Wirkung von nationalen Genehmigungen für umweltbeeinträchtigende industrielle Anlagen, 2010, p. 147.

36 Dans cette direction *Koch* (n. 35), p. 147.

37 *Kment* (n. 18), p. 184; *Menzel* (n. 13), p. 285 ; v. aussi *Nettesheim* AVR 34 (1996), p. 168 ; *Orth*, Ein Grundrecht auf Umweltschutz in Europa?, 2007, p. 41 et s. ; *Payandeh*, Internationales Gemeinschaftsrecht, 2010, p. 122 et s.

38 *Gantzer* VBlBW 2005, p. 464; *Kment* (n. 18), p. 285 ; *Kreuter-Kirchhof*, Neue Kooperationsformen im Umweltvölkerrecht, 2005, p. 488.

39 Reproduit dans: Cairo A.R. Robb, International Environmental Law Reports, Vol. I, Early Decisions, 1999, p. 543 et s. ; v. aussi *Menzel* (n. 13), p. 285 et s.

40 *Trail Smelter Fall*, sentence du 16.4.1938/11.3.1941 – États-Unis d'Amérique versus Canada, RIAAA III, 1905.

41 BVerwGE 132, p. 152, 159 ; *v. Arnauld*, Klausurenkurs im Völkerrecht, 2ème éd. 2012, § 333; *Beyerlin* NuR 1985, p. 173 et s. ; *Epiney* JuS 2003, p. 1066,

même idée se retrouve dans le principe 21 de la Déclaration de Stockholm de la Conférence des Nations-Unies de 1972, selon laquelle les États disposent du « sovereign right to exploit their own resources pursuant to their own environmnental policies » uniquement s'ils « do not cause damage to the environment of other States or areas beyond the limits of national jurisdiction »[42]. Le principe 2 de la Déclaration de Rio de 1992 sur l'environnement et le développement reprend ces règles[43]. Le droit international public opte ainsi pour une position intermédiaire entre les deux extrêmes de la liberté d'action absolue d'un État d'une part et le respect absolu de l'intégrité territoriale d'un autre État d'autre part. Il reconnaît ainsi le principe de la souveraineté territoriale limitée et de l'intégrité sur la base du respect réciproque[44].

Bien qu'il existe un très large consensus concernant l'interdiction de générer une pollution significative sur le territoire d'un État voisin, les contours incertains de cette interdiction posent des problèmes dans la pratique, particulièrement quant à savoir si le seuil de pollution significative est franchi et comment, respectivement en fonction du point de vue de quel État, ce seuil doit être déterminé[45]. Entre-temps, une obligation de prévention a été déduite de cette interdiction[46]. Si déjà il est interdit aux États d'effectivement provoquer des dégradations environnementales, il

1068 ; *Faßbender* ZuR 2012, p. 271 ; *Proelß*, dans : Vitzthum/Id., Völkerrecht, 6ème éd. 2013, 5ème paragraphe § 105 ; *Tietje,* Internationalisiertes Verwaltungshandeln, 2001, p. 357 ; v. aussi *Koch* (n. 35), p. 46 et s. avec un renvoi à la compensation des droits de souveraineté ainsi que le principe de bon voisinage.

42 En ligne sous http://www.unep.org/Documents.Multlingual/Default.asp?documentid=97&articleid=1503, consulté le 18.3.2014 ; v. aussi *Tietje* (n. 41), p. 358.

43 Disponible en ligne sous http://www.un.org/french/events/rio92/aconf15126vol1f.htm, consulté le 30.4.2014 ; v. aussi *Czamecki/Lenski*, Fallrepetitorium Völkerrecht, 2ème éd. 2006, p. 18 et s.

44 *Doehring* (n. 31), p. 54 ; v. aussi *Kment* (n. 18), p. 96 et s. ; *Koch* (n. 35), p. 47.

45 V. *Durner* (n. 1), p. 136 ; *Epiney* JuS 2003, p. 1066, 1068 et s. ; *Faßbender* ZUR 2012, p. 267, 271 ; *Koch* (n. 35), p. 49 et s. ; *Proelß* (n. 41), § 106 et s.

46 *Pulp Mills*, ICJ Report 2010, p. 14, 55 et s. (§ 101) ; *Epiney* JuS 2003, p. 1066, 1068 ; *Faßbender* ZUR 2012, p. 267, 272 ; *Proelß*(n. 41), § 108.

leur faut dès l'origine faire les efforts nécessaires pour prévenir la survenance d'un tel danger[47]. S'appuyant sur cette idée, il est parfois défendu une opinion selon laquelle les activités hautement dangereuses et risquées (« ultra-hazardous activities ») seraient inadmissibles dans la proximité immédiate d'un autre État[48]. En 2008 *Hummer* mit en exergue le fait que l'opinion répandue jusqu'ici, selon laquelle la probabilité qu'un incident de réacteur accompagné de conséquences mortelles voire la fusion du cœur d'un réacteur survienne soit trop faible, aurait été réfutée par la catastrophe du réacteur de Tchernobyl[49]. L'ancien Vice-Président de la Cour Internationale *Weeramantry* affirma quelques jours après la catastrophe du réacteur de Fukushima que la poursuite et l'élargissement de l'exploitation de réacteurs atomiques ne seraient pas conformes au droit international public[50]. Cette opinion n'a cependant pas pu s'imposer pour l'instant en droit coutumier international, par manque d'une pratique correspondante des États[51]. En guise de justification il est entre autres fait référence au fait qu'un grand nombre d'États n'aurait aucun problème à accepter de telles activités, si des mesures de sécurité suffisantes étaient prises, et que de tels conflits seraient souvent résolus par consensus grâce à des consultations et une coopération active[52]. De plus, l'argumentation en défaveur d'une interdiction des centrales nucléaires à proximité des frontières avance que « celle-ci pourrait réduire considérablement le choix du lieu d'installation des centrales nucléaires en fonction de la position géographique de l'État concerné, voire même exclure

---

[47] *Epiney* Jus 2003, p. 1066, 1068.

[48] D'après *Randelzhofer/Simma*, dans : Festschrift für Berber, 1973, p. 189, 414 et s.

[49] *Hummer* ZöR 2008, p. 501, 509.

[50] *Weeramantry*, Lettre ouverte aux Ministres de l'Environnement de la planète, datée du 14.3.2011, disponible sous http://www.ciranda.net/article5481.html?lang=pt_br, consultée le 30.4.2014.

[51] V. seulement *v. Arnauld* (n. 41), § 335 et s. ; *Faßbender* ZUR 2012, p. 267, 272.

[52] V. sur ce point *Faßbender* ZUR 2012, p. 267, 272 (avec références supplémentaires).

totalement la construction de centrales en raison de la taille insuffisante du territoire d'un État »[53].

Parce que l'interdiction de provoquer des dégradations environnementales significatives au-delà des frontières pose des difficultés dans la pratique et qu'elle est utilisée en même temps pour parvenir à un équilibre entre droits conflictuels, il en a été déduit une composante procédurale[54]. C'est pour cela que les obligations d'information et de consultation imposées aux États dans le contexte de la construction et de l'exploitation de centrales proches des frontières ne sont que très peu contestées, dans la mesure où ces installations peuvent être à la source de dégradations environnementales significatives dans l'État voisin[55]. Les obligations de consultations vont ici plus loin que la seule obligation d'information. Car les premières imposent de prendre acte des avis émis par un État voisin potentiellement concerné, afin de les intégrer dans la procédure de planification ou d'autorisation de l'État d'origine et éventuellement d'en tenir compte dans la décision à prendre[56]. En d'autres termes, dans le cadre d'une telle consultation, les intérêts de la population de l'État voisin seront portés à la connaissance de l'État d'origine de manière indirecte, par l'intervention de l'Etat voisin[57]. L'idée que l'État à la source des dégradations environnementales soit contraint par les règles universelles (coutumières) du droit international public à accorder des droits de participation et procéduraux à ses voisins, et qu'il doit être possible pour ceux-ci de représenter leurs intérêts directement devant l'État étranger et ses autorités, a longtemps été catégoriquement rejetée[58].

---

53 *Faßbender* ZUR 2012, p. 267, 272.

54 *Beyerlin* NuR 1985, p. 173, 174 ; *Durner* (n. 1), p. 136 ; *Glaser*, Internationale Verwaltungsbeziehungen, 2010, p. 52.

55 *Beyerlin* NuR 1985, p. 173, 174 ; *Doehring* (n. 31), p. 54; *Epiney* JuS 2003, p. 1066, 1070 ; *Gantzer* VBlBW 2005, p. 464 ; *Kment* (n. 18), p. 350.

56 *Epiney* JuS 2003, p. 1066, 1070.

57 V. aussi *Doehring* (n. 31), p. 61 et s. ; *Kment* (n. 18), p. 350 ; *Weber* DVBl. 1987, p. 377, 378.

58 *Beyerlin* NuR 1985, p. 173, 174 ; *Doehring* (n. 31), p. 61 et s. ; *Durner* (n. 1), p. 154 et s. ; *Gantzer* VBlBW 2005, p. 464 ; *Kment* (n. 18), p. 350.

A. La convention d'Espoo

L'Allemagne s'est jointe en 2002 à la Convention sur l'évaluation de l'impact sur l'environnement dans un contexte transfrontière du 25 février 1991[59], laquelle fut encore une fois modifiée en 2001 et 2004[60]. Cette convention dite d'Espoo crée un cadre de droit international public contraignant pour l'Europe en matière de participation transfrontalière de public à des projets ayant des incidences sur l'environnement[61]. Les États parties à cette convention se sont obligés à créer une procédure d'étude des impacts sur l'environnement (EIE) pour certains projets décrits en détails dont la réalisation est susceptible d'avoir un impact transfrontalier important, procédure permettant une participation du public ainsi que la constitution d'un dossier sur l'EIE tel que décrit dans l'Appendice II (art. 2 al. 2). Selon l'art. 2 al. 4, la Partie d'origine assure la notification du projet aux autres Parties à la Convention touchées (v. aussi art. 3 al. 1). En application de l'art. 2 al. 6, la Partie d'origine donne au public des zones susceptibles d'être touchées la possibilité de participer aux procédures pertinentes d'EIE, et assure l'équivalence entre la possibilité de participation offerte au public de la Partie touchée et celle offerte à son propre public. La Convention d'Espoo élargit ainsi la participation jusqu'ici déterminante des autorités de l'État voisin, et ceci en plaçant à égalité le public national et le public étranger[62]. Il devint évident, dans une réponse du gouvernement fédéral allemand à une question parlementaire, que celui-ci tire des conséquences significatives de ce *principe de l'égale participation du public* dans l'État d'origine et dans l'État voisin. Selon le gouvernement fédéral allemand, il résulte de ce principe que le public d'un État touché peut s'exprimer dans sa propre langue

---

59 BGBl. (Journal officiel) 2002 II p. 1406 et s. ; concernant la participation du public dans le cadre du pipeline de la Baltique v. *Abromeit* ZUR 2007, p. 354 et s.

60 Concernant ces derniers changements, v. BGBl. (Journal Officiel) 2006 II p. 225.

61 *Gantzer* VBlBW 2005, p. 464, 465.

62 *Sonnenwald*, Die grenzüberschreitende Beteiligung der Öffentlichkeit im Rahmen der Umweltverträglichkeitsprüfung, 2005, p. 13.

face à l'État d'origine[63] et peut également prendre part au déroulement d'une séance de discussion organisée dans l'État d'origine.

D'autres détails concernant la participation transfrontalière du public peuvent être trouvés dans l'art. 3 al. 8. D'après celui-ci, les États signataires veillent à ce que le public de la Partie touchée, dans les zones susceptibles d'être touchées, soit informé de l'activité proposée et ait la possibilité de formuler des observations ou des objections à son sujet. De plus ces observations ou objections doivent être transmises soit directement, soit par l'intermédiaire de la Partie touchée à l'autorité compétente de la Partie d'origine. La Partie d'origine doit communiquer à la Partie touchée, en application de l'art. 4 al. 2, le dossier de l'EIE afin que celles-ci puissent à leur tour le distribuer aux autorités et au public de la Partie touchée et pour que les observations formulées puissent être transmises à l'autorité compétente de la Partie d'origine dans un délai raisonnable avant qu'une décision ne soit prise. Ces observations sont alors à prendre dûment en considération au moment de prendre une décision définitive au sujet de l'activité proposée (art. 6 al. 1).

L'obligation de participation du public posée par la Convention d'Espoo ne s'impose cependant pas, si la Partie touchée ne souhaite pas prendre part à la procédure ou si elle ne répond pas à la Partie d'origine dans le délai spécifié dans la notification (art. 3 al. 4)[64]. La Partie d'origine peut néanmoins entreprendre une EIE en intégrant le public étranger sur le fondement de ses normes de droit et pratiques internes. Par ailleurs, la Convention d'Espoo ne s'oppose pas à des accords poussant plus loin la coopération bi- ou multilatérale (art. 8)[65].

B. La Convention d'Aarhus

Alors que la préoccupation principale des Parties signataires de la Convention d'Espoo et du Protocole SEA, sur lequel nous reviendrons plus tard avec davantage de détails, est la protection transfrontalière de

---

63 Bundestag-Drucksache (Impression du Bundestag, Assemblée fédérale allemande) 17/9832, p. 4.

64 *Gantzer* VBlBW 2005, p. 464, 465 ; *Kment* (n. 18), p. 303.

65 *Kment* (n. 18), p. 304.

l'environnement en tant que telle, c'est l'être humain qui occupe le premier plan de la Convention d'Aarhus (CA)[66]. Ceci apparait dès l'art. 1 CA : selon lui, les Parties signataires garantissent, afin de protéger le droit de chacun dans les générations présentes et futures de vivre dans un environnement propre à assurer sa santé et son bien-être, entre autres le droit d'accès à l'information et à la participation du public au processus décisionnel en matière d'environnement. Le fondement de cet article réside dans l'idée qu'une vie des générations actuelles et futures dans un environnement sain serait difficilement possible sans la participation de citoyens conscients de leurs responsabilités et informés[67]. D'une telle implication des citoyens sont attendues entre autres une amélioration de la qualité des décisions de l'État ainsi qu'un plus haut degré d'acceptation de ces dernières[68]. C'est pour cela que la Convention d'Aarhus comporte des prescriptions détaillées sur la participation du public aux décisions relatives à certaines activités particulières (art. 6 de la CA), les plans, programmes et politiques relatifs à l'environnement (art. 7 de la CA) ainsi que durant la phase d'élaboration de dispositions réglementaires et/ou d'instruments normatifs juridiquement contraignants d'application générale (art. 8 de la CA).

Cependant, on cherche en vain des dispositions spéciales concernant la participation transfrontalière du public dans la Convention d'Aarhus. Les procédures transfrontières d'évaluation de l'impact sur l'environnement ne sont évoquées qu'à titre indicatif dans l'art. 6 al. 2 point e) CA[69]. Toutefois, l'importance de l'art. 3 al. 9 CA ne doit pas être sous-estimée: d'après celui-ci, le public ne doit pas être discriminé sur le fondement de sa nationalité ou de son domicile dans l'exercice de son droit d'accès à l'information et de participation au processus décisionnel. En d'autres termes, dans ces domaines, les voisins frontaliers doivent être traités exactement comme la population de l'État émettant l'autorisation[70]. Que

---

[66] *Kment* (n. 18), p. 302.
[67] *Klein*, Umweltinformation im Völker- und Europarecht, 2011, p. 24 ; *Martin* (n. 1), p. 86.
[68] *Klein* (n. 18), p. 79.
[69] *Kment* (n. 18), p. 309.
[70] *Kment* (n. 18), p. 309.

des personnes vivant à l'étranger éprouvent davantage de difficultés à prendre connaissance de la procédure, aussi à raison de la différence de langue, n'est généralement pas vu comme étant contraire à la Convention[71]. Car il est estimé qu'il s'agit là de désavantages opérationnels, qui ne sont pas causés par une discrimination quelconque sur le fondement de la nationalité ou du domicile[72]. Bien que la Convention d'Aarhus pose des standards de participation du public plus ou moins détaillés selon le domaine considéré, elle contribue néanmoins à l'harmonisation du droit procédural des États voisins et ainsi également à une meilleure coordination et articulation des étapes de la procédure de participation transfrontalière du public.

C. Protocole SEA

Par la suite fut adopté en mai 2003 le protocole dit « SEA » par la Commission économique des Nations Unies pour l'Europe (UNECE- United Nations Economic Community for Europe). L'Allemagne et ses voisins ont signé ce protocole[73]. Les États se sont ainsi obligés à conduire des évaluations stratégiques de l'impact sur l'environnement pour certaines planifications et programmes, cet accord traitant spécifiquement des ESI dans un cadre transfrontalier. Selon les règles posées par le Protocole, les États signataires doivent dans le champ d'application de celui-ci, délimiter le champ de l'évaluation (art. 6) et rédiger un rapport environnemental (art. 7). Selon l'art. 5 para. 3 et l'art. 6 para. 3, les parties doivent seulement « tâcher » de donner au public concerné la possibilité de participer à la vérification préliminaire ainsi qu'à la délimitation du champ de l'évaluation[74].

Selon l'art. 8, chaque Partie contractante doit prévoir des possibilités pour le public de participer de manière effective, en temps voulu et le

---

[71] *Kment* (n. 18), p. 309.
[72] *Kment* (n. 18), p. 309.
[73] Liste des États signataires sous https ://treaties.un.org/doc/Publication/MTDSG/Volume II/Chapter XXVII/XXVII-4-b.en.pdf, consulté le 20.3.2014.
[74] *Kment* (n. 18), p. 306.

plus tôt possible (para. 1)[75]. L'emploi de médias électroniques ou d'autres moyens appropriés doit permettre d'assurer que le projet de plan ou de programme ainsi que le rapport environnemental soient mis à disposition du public en temps voulu (para. 2). De plus le public concerné, y compris les organisations non gouvernementales, doit être identifié (para. 3). Ce public doit obtenir la possibilité de donner son avis sur le projet considéré et le rapport environnemental dans des délais raisonnables (para. 4). De surcroît, chaque Partie contractante doit en application du para. 5 veiller à ce que les dispositions précises à prendre pour informer le public et consulter le public concerné soient précisées et rendues publiques. À cet effet, chaque Partie tient compte, selon qu'il convient, des éléments énumérés à l'annexe V. D'après celles-ci comptent au nombre des informations : 1. Le plan ou le programme envisagé et sa nature, 2. L'autorité chargée de l'adopter, 3. La procédure envisagée, y compris la date à laquelle celle-ci débutera, les possibilités de participation offertes au public, la date et le lieu de toute audition publique envisagée, l'autorité à laquelle il est possible de s'adresser pour obtenir les informations pertinentes et le lieu où le dossier d'information pertinent a été déposé pour que le public puisse le consulter, l'autorité à laquelle des observations ou des questions peuvent être soumises, y compris le délai fixé pour la communication d'observations et les informations disponibles sur l'environnement intéressant le plan ou le programme envisagé, 4. l'indication du fait que le plan est susceptible ou non de faire l'objet d'une procédure d'évaluation transfrontalière. Si des consultations sont entreprises, les Parties contractantes conviennent des dispositions précises à prendre pour veiller à ce que le public concerné soit informé et puisse donner son avis dans des délais raisonnables. Enfin l'art. 3 para. 7 interdit toute discrimination fondée sur la nationalité ou le domicile.

---

[75] Concernant le fait que cette norme ne concerne que la participation précédant immédiatement la prise de décision, v. *Kment* (n. 18), p. 307, mais elle n'exclut en aucun cas la possibilité d'une implication plus an amont.

D. Constat intermédiaire

Il ressort de l'ensemble des explications précédentes qu'une conscience grandissante de la nécessité d'une participation transfrontalière du public s'est formée en Europe. L'exigence d'une étude sur la biodégradation, découlant du principe de précaution, vise à prévenir à la source les atteintes à l'environnement[76]. Bien que les normes procédurales concernent la participation du public de chaque État signataire, cette standardisation permet une meilleure concrétisation de la participation transfrontalière du public en raison du fait que des règles procédurales similaires existent à présent dans tous les États[77]. De manière générale, les normes du droit international laissent aux États signataires une marge de manœuvre importante, y compris lorsque des divergences en résultent, en ce qui concerne l'organisation de la participation du public. Les normes traitant spécifiquement de la participation transfrontalière du public sont tendanciellement plutôt rudimentaires[78].

III. — LE DROIT COMMUNAUTAIRE

Il n'est pas étonnant que différentes directives contiennent des dispositions relatives à participation du public, dans la mesure où l'Union Européenne est elle-même partie à la Convention d'Aarhus, aux côtés de ses États membres. Une grande importance est accordée à l'établissement de la participation du public au niveau européen, d'autant plus que certains voire beaucoup d'États membres rapportent fréquemment des déficits d'exécution[79].

---

[76] *Sonnenwald* (n. 62), p. 6 sur la Directive EIE ; v. aussi *Faßbender* ZUR 2012, p. 267, 273.

[77] V. aussi *Jendróska*, dans: Albrecht/Nowacki (dir.), Die grenzüberschreitende Beteiligung der Öffentlichkeit und von Behörden in Deutschland und in Polen, 2006, p. 1, 4; *Sonnenwald* (n. 62), p. 60.

[78] V. aussi *Sonnenwald* (n. 62), p. 13 concernant la Convention d'Espoo; *Tietje* (n. 41), p. 362 et s.

[79] *Sonnenwald* (n. 62), p. 2.

A. Directive EIE

L'art. 7 de la directive communautaire 2011/92/EU[80] contient des exigences légales relatives à l'évaluation des incidences de certains projets publics et privés sur l'environnement. Si un État membre estime qu'un projet pourrait éventuellement avoir des incidences notables sur l'environnement d'un autre État membre ou lorsqu'un État membre susceptible d'être affecté de manière notable le demande, l'État membre dit d'origine transmet à l'État membre affecté, le plus rapidement possible et au plus tard au moment où il informe son propre public, une description du projet, accompagnée de toute information disponible quant à ses incidences transfrontalières éventuelles, ainsi que des informations quant à la nature de la décision susceptible d'être prise (art. 7 para. 1 ph. 1). Si un État membre ayant reçu ces informations fait part de son intention de participer aux procédures décisionnelles en matière d'environnement, c'est au plus tard à ce moment que l'État membre d'origine devra lui faire part de certaines informations. Concernant l'article 11, la CJUE a décidé il y a peu (décision du 15.10.2015, C-137/14) qu'il doit servir en matière environnementale à garantir un large accès à la justice et que les normes de préclusion nationales du § 2 al. 3 de la loi relative aux moyens de recours en matière environnementale (UmwRG) et du § 73 al. 4 de loi relative à la procédure administrative non contentieuse (VwVfG) violent le droit de l'Union.

Les États membres participant à la procédure veillent, dans la mesure où ils sont concernés, à ce que les indications précédemment évoquées soient mises « dans un délai raisonnable » à la disposition du public concerné « sur le territoire de l'État membre susceptible d'être considérablement affecté par le projet » et à ce que celui-ci ait la possibilité, avant que le projet ne soit autorisé, de communiquer leur avis, dans un délai raisonnable, « à l'autorité compétente de l'État membre sur le territoire duquel il est envisagé de réaliser le projet » (art. 7 para. 3). L'art. 7 para. 5

[80] Directive 2011/92/UE du Parlement et du Conseil du 13.12.2011 concernant l'évaluation des incidences de certains projets publics et privés sur l'environnement.

laisse aux États membres le soin de définir les modalités de mise en œuvre de cet article. En tous les cas, celles-ci doivent être telles qu'elles permettre au public concerné sur le territoire de l'État membre affecté de participer de manière effective au processus décisionnel en matière d'environnement.

B. Directive ESIE

Les dispositions concernant la procédure d'évaluation stratégique de l'impact sur l'environnement de certains plans et programmes semblent moins détaillées[81]. Après évocation d'un devoir d'assurer la tenue de consultations transfrontalières, le considérant (7) s'achève sur ces mots : « Les informations relatives aux plans et programmes qui ont des incidences notables sur l'environnement d'autres États devraient être transmises, sur une base de réciprocité et d'équivalence, dans un cadre juridique approprié entre les États membres et ces autres États. » Selon le considérant (17), les résultats d'une consultation transfrontalière devraient être pris en compte lors de l'élaboration du plan ou du programme, et avant son autorisation.

Les consultations transfrontières sont détaillées à l'art. 7. Si un plan ou un programme est susceptible d'avoir des conséquences notables ou si un État membre est susceptible d'être touché de manière notable en fait la demande, une copie du projet de plan ou de programme ainsi que du rapport correspondant sur les incidences environnementales doit être transmis à l'autre État. Si un État membre souhaite que des consultations soient entreprises, celles-ci devront être organisées (art. 7 para. 2). En ce cas, les États membres concernés doivent définir d'un commun accord les modalités permettant d'assurer que la population dans l'État membre susceptible d'être touchée de manière notable soit informée et puisse transmettre ses observations dans un délai raisonnable.

---

81 Directive 2001/42/CE du Parlement et du Conseil du 27.6.2001 relative à l'incidence de certains plans et programmes sur l'environnement, Journal Officiel CE 2001 n° L 197, p. 30 et s.

C. Directive relative aux émissions industrielles

La nouvelle directive relative aux émissions industrielles[82] traite en son article 26 des effets transfrontières. Le para. 1 traite de la mise à disposition d'informations suite à un constat de l'État d'origine ou à la demande de l'État voisin. Ces informations servent de base aux consultations nécessaires dans le cadre des relations bilatérales des États-membres « selon le principe de la réciprocité et de l'égalité de traitement ». En application du second paragraphe, ils veillent dans le cadre de leurs relations bilatérales, à ce que les demandes soient également rendues accessibles, pendant une période appropriée, au public de l'État membre susceptible d'être affecté, afin qu'il puisse prendre position à cet égard avant que l'autorité compétente n'arrête sa décision. L'autorité compétente prendra en compte les résultats de cette consultation lors de sa décision (para. 3). Selon le para. 4, l'autorité compétente informe tout État membre consulté de sa décision et lui communique les informations visées à l'article 24 para 2. « L'État membre en question prend les mesures nécessaires pour garantir que ces informations soient mises, d'une manière appropriée, à la disposition du public concerné sur son propre territoire. »

D. Orientations pour les infrastructures transeuropéennes

Le règlement (UE) n°347/2013[83] concernant des orientations pour les infrastructures énergétiques transeuropéennes contient également des règles concernant l'évaluation des incidences sur l'environnement des projets d'intérêt commun. Le considérant (31) commence par mettre en évidence les plus importants des principes exposés plus haut pour la bonne organisation et la coordination des évaluations des incidences sur l'environnement. « Les États membres devraient coordonner leurs évaluations en ce qui concerne les projets d'intérêt commun et réaliser, si

---

[82] Directive 2010/75/UE du Parlement et du Conseil du 24 novembre 2010 relative aux émissions industrielles, Journal Officiel UE 2010 n° L 334, p. 17 et s.

[83] Règlement (UE) n° 347/2013 du Parlement européen et du Conseil du 17 avril 2013 concernant des orientations pour les infrastructures énergétiques transeuropéennes, J.O. EU 2013 n° L 115, p. 39 et s.

possible, des évaluations conjointes. » Ils sont par ailleurs encouragés à échanger sur leurs bonnes pratiques et sur le renforcement de leurs capacités administratives pour les procédures d'octroi des autorisations. À la différence des règles présentées jusqu'ici, les États membres « s'efforcent d'établir des procédures conjointes, notamment en ce qui concerne l'évaluation des incidences environnementales », quand des décisions sur un même projet d'intérêt commun doivent être prises dans deux ou plusieurs États membres (art. 8 para. 5). L'art. 9 para. 5 impose que pour les projets traversant la frontière de deux ou plusieurs États membres, les consultations publiques aient lieu dans chacun des États membres concernés dans un délai de deux mois maximum à compter de la date de lancement de la première consultation publique. Selon l'art. 9 para. 6, les informations pertinentes sont mises à la disposition de l'autorité compétente des États membres voisins pour les projets susceptibles d'avoir des incidences transfrontalières négatives significatives dans un ou plusieurs États membres voisins. L'autorité compétente indique ensuite si elle ou une autre autorité concernée souhaite participer aux procédures de consultation publique qui la concernent.

E. Constat intermédiaire

La caractéristique des trois directives tient à ce que si les incidences sur l'environnement dépassent les frontières, soit l'État d'origine de sa propre initiative, soit l'État concerné peuvent entamer les consultations. Aussi bien la directive EIE que la directive ESIE font dépendre l'organisation d'une EIE de la volonté de l'État concerné. En d'autres termes, aucune participation du public ne pourra être organisée en application du droit communautaire si un État membre ne remplit pas ses obligations, alors même que des incidences considérables sur l'environnement seraient prévisibles[84]. La directive EIE oblige simplement à mettre certaines informations à disposition du public dans l'État membre concerné et à transmettre les avis émis par le public à l'autorité compétente de l'État d'origine. Les obligations d'informations et la possibilité d'émettre un avis sont réglementées de manière encore moins

---

[84] *Spannowsky* (n. 2), p. 7.

précise dans la directive ESIE. En revanche, la directive sur les émissions industrielles comporte des dispositions très claires concernant la prise en compte des avis émis par le public et la publication par l'État consulté de la décision prise.

Plus les dispositions traitant de la participation transfrontalière du public sont larges, plus large est la marge de liberté dont disposent les États membres pour implémenter ces dispositions dans leur droit national, et plus grande est la probabilité que les normes nationales traitant de la participation du public divergent. D'un autre côté, l'Union entend respecter l'autonomie procédurale de ses États membres en ne produisant que des normes aussi grossièrement taillées[85]. Ce qui augmente le besoin de coordination des modalités de la procédure de participation transfrontalière du public[86]. Poser un cadre juridique unitaire pour la participation du public permettrait à l'UE de rapprocher considérablement les procédures dans les États membres – particulièrement concernant les droits de participation – et de diminuer les distorsions de concurrence[87].

Le règlement sur les infrastructures énergétiques vise à assurer une meilleure coordination des procédures devant être conduites dans différents États membres. Même s'il ne s'agit que d'obligations de moyens, ce règlement évoque explicitement la possibilité d'une procédure commune à la place de plusieurs procédures différentes dans chaque État membre, surtout pour l'évaluation des incidences sur l'environnement.

IV. LA PARTICIPATION DU PUBLIC EN DROIT ALLEMAND

En Allemagne se posa très tôt la question de savoir si et comment le public étranger pouvait prendre part aux procédures nationales d'autorisation et de planification, lorsque la décision à prendre pouvait

---

[85] Davantage sur ce point dans *Guckelberger/Geber*, Allgemeines Europäisches Verwaltungsrecht vor seiner unionsrechtlichen Kodifizierung?, 2013, p. 143 et s., avec d'autres références.

[86] Guide de procédure (n. 26), p. 4.

[87] *Sonnenwald* (n. 62), p. 72.

avoir des incidences notables sur l'environnement dans un des États voisins. Les difficultés en la matière tinrent longtemps au fait qu'il n'y avait pas de normes réglementant la participation transfrontalière en particulier. Le débat portait donc sur la mesure dans laquelle des personnes venant des pays voisins pouvaient s'impliquer dans les procédures allemandes de consultation des citoyens en application des règles nationales générales. Une implication des voisins frontaliers fut en partie rejetée car les normes internes allemandes n'auraient pas pour effet de protéger les voisins. La volonté du législateur aurait été de réserver les effets de ces dispositions allemandes au seul territoire national, d'autant plus qu'il ne voulait pas s'immiscer dans les compétences d'États étrangers[88].

Cette vision ne parvint pas à s'imposer à long terme. Par exemple, le *Bundesverwaltungsgericht* (*BVerwG* – Cour administrative fédérale) défend aujourd'hui le point de vue selon lequel les personnes touchées par la pollution sonore habitant dans les communes étrangères situées à la frontière peuvent invoquer leur droit à une juste mise en balance des avantages et des inconvénients, droit garanti par les normes applicables au transport aérien. Selon le BVerwG, il n'y aurait pas de raison de supposer que le champ de protection offert par cette norme soit territorialement limité. Car cette obligation vise à identifier, évaluer et opposer *tous* les intérêts concernés par un état de fait, afin de protéger en particulier la vie, la santé et la propriété[89]. Les autorités de l'État doivent respecter le droit fondamental à la vie et à l'intégrité corporelle (art. 2 para. 2 ph. 1 de la Loi fondamentale) dans l'ensemble de leurs activités même lorsque celles-ci relèvent de l'exercice de la puissance publique (v. art. 1 para. 3 de la Loi fondamentale), y compris lorsque c'est à l'étranger que ses effets s'en font sentir[90]. Il est de plus rappelé que la Loi fondamentale

---

88 Par ex. *Ress/Müller*, dans : Ress (dir.), Grenzüberschreitende Verfahrensbeteiligung im Umweltrecht der Mitgliedstaaten der Europäischen Gemeinschaft, 1985, p. 79, 80 ; d'autres exemples dans *Brandt* DVBl. 1995, p. 779, 783 ; v. aussi *Durner* (n. 1), p. 152.

89 BVerwGE 132, p. 151, 158.

90 BVerwGE 75, p. 285, 286 et s. ; *Kment* (n. 18), p. 282. D'après *Kotzur* (n. 1), p. 201, la participation des citoyens et la consultation des personnes concer-

fait sien le principe d'une souveraineté ouverte sur le monde[91], et eu égard au principe de prévention des dommages transfrontières à l'environnement posé par le droit international public, il semble recommandé d'orienter l'interprétation des simples dispositions législatives aux principes du droit international public[92]. Tant qu'il y existe une raison de droit interne suffisante pour étendre les normes allemandes aux voisins étrangers frontaliers, le principe de territorialité défini par le droit international public ne fait pas obstacle à une telle extension[93]. Ainsi, étant donné que les règles de participation ne sont pas restreintes aux seules personnes vivant en Allemagne, les voisins frontaliers peuvent également en bénéficier[94]. Ceci vaut, tant qu'il n'est pas question d'une participation ouverte à tout le monde[95], mais uniquement d'une participation ouverte aux personnes concernées, aussi longtemps que les intérêts que ces voisins défendent relèvent du droit matériel[96].

Bien que les voisins étrangers transfrontaliers soient traités exactement comme la population vivant en Allemagne, la participation sur le fondement des normes de droit interne peut les désavantager par rapport aux « nationaux ». Car dans la mesure où les normes allemandes ne doivent pas forcément ressembler à celles de leur propre État, l'individualité des différents systèmes juridiques pourrait créer des incertitudes quant à la marche à suivre[97]. Il est parfois également question de barrières psychologiques apparaissant dans l'esprit humain quand il s'agit de faire confiance à un système juridique étranger[98]. En fonction de la langue parlée dans le pays voisin peuvent également survenir des problèmes de com-

---

nées ne devrait pas cesser arbitrairement aux frontières, car les voisins étrangers sont dans la même mesure touchés par la situation.

91 *Kment* (n. 18), p. 354.

92 BVerwGE 132, p. 151, 158 ; *Beyerlin*, NuR 1985, p. 173, 177 et s.

93 BVerwGE 132, p. 151, 159 ; *Kment* (n. 18), p. 287.

94 *Runkel*, dans :Spannowsky (dir.), Strategische Umweltprüfung bei räumlichen Plänen mit landes- und staatsgrenzüberschreitenden Umweltauswirkungen, 2011, p. 11, 14.

95 V. sur ce point *Brandt* DVBl. 1995, p. 779, 784.

96 *Runkel* (n. 94), p. 17.

97 *Kment* (n. 18), p. 364.

98 *Kment* (n. 18), p. 363 ; v. aussi *Beyerlin* (n. 15), p. 35.

préhension et de communication[99]. D'autres problèmes peuvent résulter du fait que les dispositions concernant l'information de la population et la mise à disposition du dossier soient taillées pour le territoire national[100]. Dès que l'on quitte le territoire où s'exerce la souveraineté, il est mis fin aux pouvoirs des autorités de l'État allemand concernant l'organisation de procédures de discussion réglementaires. Il faut donc examiner si ceux-ci ne peuvent être remplacés d'une manière ou d'une autre par un équivalent[101]. Entre-temps sont apparus de manière ponctuelle en droit interne plusieurs dispositifs visant à améliorer l'organisation de la participation transfrontalière du public (§ 4a al. 5 BauGB – Code de la construction; § 7a AtVfV – Ordonnance sur la procédure en matière d'énergie atomique; § 9a BImSchV – Ordonnance sur la mise en œuvre de la Loi fédérale anti-pollution, auquel il est fait référence dans le § 20 ph. 2 DepV – Ordonnance sur les déchetteries). Pour des raisons de place, il ne sera ici traité que des dispositions concernant les EIE, auxquelles il est fait référence dans le § 10 al. 2 ph. 2 ROG (Loi sur l'aménagement du territoire) en ce qui concerne la procédure relative à l'aménagement du territoire (*Raumordnungsverfahren*).

A. § 9a et § 14j UVPG (Loi sur les EIE), lex specialis de la participation transfrontalière du public

Le § 9a UVPG contient une réglementation spéciale concernant la participation transfrontalière du public à une étude d'impact sur l'environnement de certains projets publics ou privés. Le § 14j al. 2 ph. 1 UVPG impose de faire une application par analogie de cette norme en cas d'évaluation stratégique de l'impact sur l'environnement. Si un projet peut avoir des incidences notables dans un autre État, la population de celui-ci peut prendre part à la procédure en application du § 9 al. 1–1b et 3 UVPG. Elle sera alors en principe traitée de manière identique à la population de l'État d'origine. Il est donné au public concerné la possibilité de s'exprimer dans le cadre de la procédure de participation. Il est hors

---

99 *Kment* (n. 18), p. 355.
100 *Runkel* (n. 94), p. 14.
101 *Kment* (n. 18), p. 355.

de doute que les procédures nationales et étrangères de consultation doivent avoir lieu ensemble, étant donné que le § 14j al. 2 ph. 2 UVPG prévoit explicitement que la population se trouvant dans un autre État peut prendre part à la procédure organisée d'après le § 14i al. 1–3 UVPG[102]. Ces règles traitant de la participation transfrontalière s'intègrent sans autre adaptation dans la procédure générale de participation du public, car ces dispositions ne créent pas – d'après les travaux préparatoires de la loi – de droits spéciaux au bénéfice des étrangers[103].

Dans la mesure où il n'existe pas de dispositions spéciales concernant la participation à des projets particuliers, ce sont les normes de procédure administrative générales qui ont vocation à s'appliquer. Dans une présentation schématique, la participation du public en Allemagne se déroule en principe de la manière suivante : les communes dans lesquelles le plan déposé pour consultation doivent faire publicité de ce dépôt à l'avance dans les formes localement usitées (v. § 73 al. 5 VwVfG – Loi sur la procédure administrative non contentieuse, § 9 al. 1a UVPG). Puis les communes dans lesquelles le projet devrait avoir une incidence mettent le plan à la disposition du public pour consultation (§ 73 al. 3 VwVfG, § 9 al. 1a UVPG). Toutes les personnes dont les intérêts sont affectés par le projet peuvent émettre par écrit ou par inscription à un procès-verbal des objections à l'encontre du plan. Toute objection est exclue après écoulement de ce délai, ce qui doit être indiqué dans l'avis public de dépôt pour consultation ou lors de la notification du délai de présentation des objections en raison des conséquences majeures de cette règle (§ 73 al. 4 VwVfG). Cependant la CJUE a constaté dans sa décision du 15.10.2015 prise dans l'affaire n° C-137/14 l'incompatibilité du § 73 al. 4 VwVfG. Après expiration du délai de présentation des objections, l'autorité chargée de l'enquête discute les objections formulées dans les délais ainsi que les prises de positions des associations avec le responsable du projet, les personnes concernées ainsi que celles ayant émis des objections ou des prises de position. La procédure de participation trans-

102 *Wagner,* dans: Hoppe/Beckmann (dirs.), UVPG, 4ème éd. 2012, § 14j UVPG n°12.
103 Impression du Bundestag (BT-Drucks.) 14/4599, p. 74.

frontalière présente sous certains aspects davantage de difficultés, par comparaison avec la procédure habituelle.

1) Information des autorités de l'autre État

En cas d'incidences transfrontalières de nature considérable, l'État d'origine informe à temps l'État voisin du projet ou de la planification soit de sa propre initiative, soit à la demande de celui-ci, en s'appuyant sur les documents nécessaires[104] et demande à l'État voisin de faire part de son souhait de prendre part à la procédure dans un délai raisonnable (§ 8 al. 1 ph. 1 UVPG, éventuellement en combinaison avec § 14j al. 1 ph. 1 UVPG)[105]. La présentation de la procédure de participation transfrontalière sous forme de Guide de procédure préparé par la Conférence du Rhin supérieur se révèle ici très utile, prévoyant que l'autorité compétente de l'État d'origine doit informer en même temps sur la procédure applicable au projet, sur les délais de la procédure ainsi que sur la date et les modalités de consultation du public de son propre pays[106]. L'État voisin obtient ainsi une vision générale des procédures de l'État d'origine. L'autorité compétente de l'État voisin fait part de son éventuel besoin de documents supplémentaires afin de prendre une décision quant à la participation[107]. Si elle souhaite prendre part à la procédure en raison des incidences considérables sur l'environnement, elle en informe aussi rapidement que possible l'autorité compétente de l'État d'origine, et celui-ci lui indique en retour les modalités d'information et de consultation du public sur son propre territoire[108]. Par ailleurs, l'autorité compétente de l'État voisin s'efforce de transmettre en même temps que sa réponse toutes informations disponibles quant à l'environnement concerné sur son territoire[109].

---

104 Davantage sur ce point dans *Kment* (n. 18), p. 318 et s., également sur la question de la traduction de ces documents.
105 Pour davantage d'information sur le moment auquel l'information doit être transmise, *Kment* (n. 18), p. 318.
106 Guide de procédure (n. 26), p. 11.
107 Guide de procédure (n. 26), p. 11.
108 Guide de procédure (n. 26), p. 11.
109 Guide de procédure (n. 26), p. 11.

2) Information du public étranger

En raison du renvoi à la réglementation générale de la participation du public dans les textes relatifs aux EIE, le public étranger ne doit en principe pas être informé de manière différente du public national du projet ou de la planification. Par respect envers la souveraineté de l'État voisin, l'autorité allemande compétente ne peut que « faire en sorte » que le projet fasse l'objet d'une communication « appropriée » dans cet État (§ 9a al. 1 ph. 2 n° 1 UVPG)[110] et à ce qu'il soit également indiqué à quelle autorité et sous quelle forme le public concerné peut communiquer ses observations (§ 9a al. 1 ph. 2 n° 2 UVPG). Par ailleurs, le communiqué officiel devrait indiquer qu'en application du droit allemand, les objections adressées après écoulement du délai d'objection ne seront pas prises en compte (§ 9a al. 1 ph. 2 n° 3 UVPG). En d'autres termes, il est ainsi nécessaire de s'adresser à l'État voisin en ce qui concerne l'information du public vivant sur son territoire quant au projet ou à la planification. Il appartient en premier lieu à celui-ci de déterminer si et comment le public de son territoire devra être informé.

Si l'État voisin donne suite à la demande qui lui est adressée, ceci augmente les chances que le public (concerné) puisse prendre connaissance du futur projet ou de la future planification. Se pose toutefois la question de savoir d'après quelles modalités la communication devra se dérouler. Deux possibilités sont imaginables, d'une part que l'État voisin effectue cette communication selon la réglementation en vigueur dans l'État d'origine, d'autre part que cette communication ait lieu en fonction de la réglementation propre à cet État. En faveur de cette dernière possibilité parle notamment le fait que aussi bien les autorités de l'État voisin que le public y résidant connaissent bien mieux cette procédure et que la perception du droit de participation de ce dernier s'en trouverait favorisée[111]. Si le droit étranger demeure substantiellement en deçà des exi-

---

[110] V. aussi *Kment* (n. 18), p. 323 et s. ainsi que p. 355, selon lequel l'affichage aux panneaux de publication officiels ainsi que tout acte administratif similaire des autorités allemandes sont interdits en dehors du territoire allemand.

[111] *Kment* (n. 18), p. 324, 356 ; *Sonnenwald* (n. 62), p. 17 ; *Wagner* (n. 102), § 9a, n° 13.

gences de communication en Allemagne – en ce qui concerne la forme et l'étendue de la communication, mais aussi des délais[112] –, les autorités allemandes doivent s'assurer que le niveau de communication concernant la forclusion des objections formulées après écoulement du délai corresponde à celui du droit national allemand[113].

La doctrine déduit du verbe « faire en sorte » qu'un rôle plus actif revient aux autorités de l'État d'origine, à l'opposé d'une simple obligation de transmission des informations à l'État voisin, et qu'il doit dès lors « être vérifié qu'une participation du public correspondant aux standards allemands ait effectivement lieu dans l'État voisin »[114]. Si l'État voisin devait se refuser à émettre un communiqué ou si celui-ci devait rester bien en deçà des exigences du droit allemand, les autorités allemandes doivent décider par elles-mêmes comment poursuivre la procédure. Si le projet ou sa planification ne fait l'objet que d'une communication sur le seul territoire allemand, les voisins frontaliers n'en prendront probablement connaissance que par hasard, par exemple parce que la presse étrangère s'empare du sujet ou un voisin frontalier en prend incidemment connaissance via la presse quotidienne allemande ou l'organe allemand de communication[115]. Les autorités allemandes peuvent sans conséquences particulières attirer l'attention du public étranger sur la procédure en cours en Allemagne par une annonce dans un ou plusieurs quotidiens de l'État voisin. Dans cette hypothèse, les autorités agiront comme une personne privée et ne feront pas usage de leurs prérogatives de puissance publique au sens du droit international public[116]. Le § 27a al. 1 ph. 1 VwVfG, entré en vigueur en juin 2013, impose aux autorités allemandes de publier « également sur internet » le contenu de tout communiqué local ou général imposé par une norme juridique. Toute information diffusée au moyen d'Internet étant également accessible de l'étranger, les chances

---

[112] Sur les différents délais, v. *Ress/Müller* (n. 88), p. 32.

[113] *Kment* (n. 18), p. 324 ; *Sonnenwald* (n. 62), p. 17; *Wagner* (n. 102), § 9a, n° 13.

[114] *Sonnenwald* (n. 62), p. 17 ; v. aussi *Wagner* (n. 102), § 9a, n° 13.

[115] *Ress/Müller* (n. 88), p. 34.

[116] *Kment* (n. 18), p. 356 ; v. aussi *Blümel*, dans: Festschrift für Doehring, 1989, p. 89, 104 ; *Streinz* VerwArch 79 (1988), p. 272, 301 et s.

augmentent que l'existence du projet soit également apprise à l'étranger[117].

3) Suite de la procédure

Si l'on considère uniquement le texte du § 9a UVPG, celui-ci – abstraction faite de l'obligation de faire part de la décision prise – ne contient aucun devoir supplémentaire de contribution des autorités allemandes à la procédure dans l'État voisin. Le législateur allemand doit ainsi avoir considéré que le reste de la procédure se déroulera selon le droit national et par conséquent en Allemagne même. Cette décision aurait été prise par égards envers la souveraineté de l'État voisin[118], étant donné que la mise en œuvre des étapes suivantes de la procédure représente un effort considérable de la part de ce dernier.

Mais il ne doit en aucun cas être déduit de la réglementation allemande que ceci exclut la conduite dans l'État voisin d'une procédure de participation du public concernant le projet et ses conséquences transfrontalières sur l'environnement, et que l'État voisin ne pourrait transmettre le résultat du processus de participation conduit sous sa direction aux autorités allemandes compétentes. Ne serait-ce que pour des raisons tenant au principe de souveraineté, le législateur allemand ne saurait ainsi interdire à un État étranger de conduire une procédure de participation du public sur son territoire. Par ailleurs, cette variante d'une procédure de participation transfrontalière du public est particulièrement adaptée à la poursuite des différents buts que cet instrument procédural cherche à atteindre. Certes, la survenance de « divergences » ne peut être entièrement exclue lorsque l'État voisin procède de cette manière, par exemple en raison de l'application d'un autre délai à la participation du public, parce que l'interprétation ferait l'objet de méthodes différentes de celles de l'Allemagne, ou parce qu'une prise de position pourrait par erreur être « perdue ». Mais de telles craintes sont à relativiser, étant donné que l'État voisin lui-même a intérêt à ce que la population vivant sur son ter-

---

117 Sans référence à cette réglementation qui n'était pas encore en vigueur à l'époque, v. *Kment* (n. 18), p. 357.

118 V. aussi *Kment* (n. 18), p. 358.

ritoire puisse efficacement faire part de ses objections aux projets de l'État d'origine. En tous cas, cette participation « supplémentaire » du public est à saluer dans l'hypothèse où les voisins frontaliers peuvent aussi, s'ils le désirent, s'impliquer directement dans la procédure conduite par les autorités allemandes sans qu'un quelconque obstacle leur soit opposé. Comme le public de l'État voisin est familier des modalités de participation de celui-ci et que les seuils d'inhibition à la participation ne sont pas aussi élevés que cela pourrait être le cas s'il s'agissait de participer dans un autre État, une telle pratique encourage en définitive la participation du public. Il est également envisageable que l'État voisin ne fasse certes pas participer lui-même le public, mais procède au moins à la publication sur son territoire des documents nécessaires à une telle participation[119].

a) Consultation du public dans le cadre d'une procédure indépendante de participation du public dans l'État voisin

D'après le Guide de procédure sur la participation transfrontalière du public émise par la conférence germano-franco-suisse du Rhin supérieur, la France peut conduire une procédure de participation du public concernant un projet dont elle a été informée par les autorités suisses ou allemandes compétentes[120]. Dès que l'enquête publique est achevée, la préfecture transmet à l'autorité allemande compétente les opinions exprimées dans le cadre de la consultation, afin qu'elles puissent être traitées tout comme les opinions allemandes au cours de la séance de discussion[121]. L'autorité allemande tiendra alors compte de ces opinions dans la suite du processus décisionnel, comme si elles avaient été émises dans le délai de consultation et d'objection de la procédure interne allemande[122].

Au moment où le préfet informe le public français de l'ouverture d'une enquête publique concernant le projet étranger, il fait référence aux délais allemands de forclusion ainsi qu'à la séance de discussion allemande,

---

119 Concernant la réticence à une telle pratique, v. *Kment* (n. 18), p. 358.
120 Guide de procédure (n. 26), p. 14.
121 Guide de procédure (n. 26), p. 14.
122 Guide de procédure (n. 26), p. 14.

dans la mesure où une date a déjà été fixée pour celle-ci[123]. Il attire l'attention sur le fait que des apports tardifs à l'enquête public ne seront plus considérées par les autorités de l'État d'origine, et que les personnes émettant des objectons doivent indiquer leurs nom et adresse, faute de quoi leurs objections seront exclues[124]. Si le commissaire de l'enquête public propose au préfet et au responsable du projet une discussion publique, il informe l'autorité compétente de l'État d'origine de la date et des modalités de celle-ci[125].

b) Consultation du public de l'État voisin dans le cadre de la procédure de participation du public dans l'État d'origine

Si l'État voisin ne procède qu'à la communication quant à l'existence du projet ainsi qu'à certaines indications, toutes les autres étapes de la procédure seront régies par le droit allemand applicable à la participation du public.

i. Mise à disposition du public du dossier et des documents

Afin que le public puisse se faire une idée du projet ou de la planification et déterminer s'il est ou non concerné[126], le droit allemand prévoit généralement la mise à disposition du public des dossiers et documents considérés pertinents, ou garantit un droit de consultation de ceux-ci. Ces étapes de la procédure se déroulent généralement uniquement en application du droit interne et sur le territoire de l'État d'origine. Ceci signifie que le public étranger doit en principe se rendre en Allemagne afin de s'informer. Dans une Europe aux frontières ouvertes, l'entrée et la sortie de l'État d'origine ne posent aujourd'hui aucun problème[127]. Il ressort du § 29 al. 3 ph. 2 VwVfG qu'il est possible que le droit de consulter le dossier et les documents soit également garanti auprès des postes diplomatiques ou consulaires de la République Fédérale d'Allemagne à l'étranger. Étant donné que les autorités allemandes publient également les docu-

---

123 Guide de procédure (n. 26), p. 14.
124 Guide de procédure (n. 26), p. 14 et s.
125 Guide de procédure (n. 26), p. 15.
126 *Ress/Müller* (n. 88), p 36.
127 Davantage sur ce point dans *Kment* (n. 18), p. 358 et s., 419.

ments pertinents sur Internet – dans la mesure où il n'existe pas de raisons légitimes de les maintenir secrets –, il est bien plus facile aujourd'hui pour le public étranger de s'informer que par exemple dans les années 1980.

ii. Objections au projet

Il ressort de la lecture des dispositions allemandes applicables que toute personne dont les intérêts sont touchés par le projet peut émettre des objections à l'encontre de celui-ci[128]. Il en est de même en ce qui concerne la longueur du délai d'objection ainsi que la forme des objections. Par exemple, les objections doivent être « émises par écrit ou prises par inscription à un procès-verbal » selon le § 73 al. 4 ph. 1 VwVfG. Le § 3a al. 2 VwVfG précise les conditions dans lesquelles des objections peuvent être élevées sous forme électronique. En application du § 9a al. 1 ph. 3 VwVfG ajouté en août 2013, l'autorité compétente peut également, par dérogation aux conditions du § 3a al. 2 VwVfG, permettre au public concerné de l'État voisin de transmettre ses observations sous forme électronique. Cette réglementation vise particulièrement à éviter une discrimination inacceptable des voisins frontaliers, qui à l'inverse de la population vivant en Allemagne ne sont pas forcément formés aux modalités de communication électronique des autorités allemandes[129]. Cependant, la validité de telles dérogations au § 3a al. 2 VwVfG dépend des principes de réciprocité et d'équivalence de la relation bilatérale. En d'autres termes, les membres du public allemand doivent dans le cadre d'une procédure dans l'autre État être en mesure de transmettre leurs opinions de la même manière aux autorités compétentes étrangères[130]. En tout cas, cette réglementation illustre une nouvelle fois combien l'intégration du public étranger à la procédure nationale se trouve facilitée par Internet.

Selon le droit allemand, les opinions émises après expiration du délai de présentation des objections sont matériellement exclues (v. § 73 al. 4 ph.

---

[128] Dans le § 9a al. 1 n° 2 UVPG le droit d'émettre des observations est accordé au « public concerné », v. sur ce point *Wagner* (n. 102), § 9a, n° 14.
[129] Impression du Bundesrat (BR-Drucks.) 557/12, p. 82.
[130] Impression du Bundesrat (BR-Drucks.) 557/12, p. 82.

3 VwVfG). Ceci signifie que les contributions fournies en retard seront exclues non seulement du reste de la procédure, mais également de toute procédure administrative contentieuse ultérieure[131]. La réglementation de la forclusion doit permettre d'assurer aussi rapidement que possible la sécurité juridique, notamment pour le responsable du projet[132]. La CJUE a récemment déclaré ces règles de préclusion incompatibles avec le droit de l'Union. Les effets de cette décision sur le droit national sont encore inconnus.

En tous cas dans le cadre d'une procédure nationale, la légalité de ces effets juridiques considérables dépend de l'existence de certaines garanties procédurales minimales[133]. Au moins lorsque l'État voisin a fait référence à la forclusion du droit allemand dans le cadre de son communiqué concernant le projet en débat, un obstacle déterminant à l'admissibilité de la forclusion disparaît[134]. Si les autorités allemandes ne peuvent compter sur l'aide de l'État voisin, elles doivent entreprendre d'autres démarches pour avertir les habitants de l'État voisin des effets de la forclusion[135]. De plus, la forclusion ne saurait être justifiée que dans la mesure où la participation du public étranger à la procédure nationale n'a pas rencontré d'obstacles insurmontables[136].

iii. La séance de discussion

Le droit allemand prévoit à l'issue du délai d'objection une discussion orale avec le responsable du projet, les autorités administratives, les personnes concernées ainsi que celles ayant émis des objections. La discussion sera soit facultative, soit obligatoire, en fonction de la mesure considérée. Là encore, il est important que le public de l'État voisin soit informé du lieu et de la date à laquelle se tiendra cette étape de la procédure. Il est remarquable que le § 9a al. 1 UVPG ne prévoie aucune obli-

131 *Kment* (n. 18), p. 412 et s. ; *Ress/Müller* (n. 88), p. 38.

132 Concernant les buts poursuivis par les normes de forclusion, v. *Kment* (n. 18), p. 414 et s.

133 *Kment* (n. 18), p. 417.

134 *Kment* (n. 18), p. 417.

135 *Kment* (n. 18), p. 417 et s.; concernant ce problème v. aussi *Durner* (n. 1), p. 158.

136 *Kment* (n. 18), p. 419 et s.

gation incombant à l'État d'origine de s'assurer que cette étape de la procédure fasse l'objet d'une communication adaptée dans l'autre État. Ceci ne devrait cependant pas être compris comme interdisant aux autorités allemandes de demander le soutien de l'autre État. De solides arguments justifient la renonciation à une telle obligation de contribution, car bien qu'une telle discussion ait certes souvent lieu, ceci n'est pas toujours le cas.

Concernant la discussion organisée en Allemagne, le Guide de procédure de la conférence germano-franco-suisse du Rhin supérieur prévoit que l'autorité allemande compétente doit informer l'autorité compétente de l'État voisin de la date et des modalités de la discussion. « Si la date de la réunion de débat en Allemagne n'est pas encore fixée au moment de l'information de l'autorité compétente française ou suisse, l'autorité compétente allemande informe directement, par les moyens qu'elle juge appropriés, le public de l'État voisin de cette date après en avoir informé l'autorité compétente de cet État. »[137] En raison du principe d'égalité du public étranger et national, rien ne s'oppose à ce que la séance de discussion soit commune aux personnes se trouvant sur le territoire national et étranger, bien qu'il faille alors prêter attention à d'éventuelles difficultés de langue. La marge d'appréciation laissée aux autorités concernant le déroulement de la séance de discussion et la possibilité de structurer les consultations et les discussions en fonction des questions en débat ou non résolues[138] permet éventuellement de concentrer les contributions des personnes concernées résidant à l'étranger à un moment donné, et de prévoir des interprètes pour la discussion commune qui s'ensuivra.

iv. La décision de l'autorité allemande et sa publication

La participation transfrontalière du public n'a de sens que si l'autorité nationale compétente tient effectivement compte des contributions du public étranger lors de sa prise de décision[139]. La teneur de la décision de l'autorité compétente dépend en dernier lieu des paramètres matériels de décision applicables. Selon le § 9a al. 1 ph. 2 n° 4 UVPG, l'autorité com-

---

137 Guide de procédure (n. 26), p. 15 et s.
138 *Ziekow*, VwVfG, 3ème éd. 2013, § 73, n° 67.
139 Guide de procédure (n. 26), p. 16.

pétente est à nouveau tenue de « faire en sorte » que la décision concernant l'autorisation ou le rejet du projet transmis à l'État voisin y fasse l'objet d'une communication adéquate auprès du public concerné, et que le contenu de la décision ainsi que sa justification et l'indication des voies de recours lui soient rendus accessibles. Si le droit interne ne prévoit aucune protection judiciaire contre un plan ou un programme, une opinion fondée considère qu'il n'y ait plus besoin d'une indication des voies de recours[140]. Selon le Guide de procédure de la Conférence du Rhin supérieur, chaque partie est tenue d'informer son public de la décision prise par l'autorité compétente[141]. « Cette décision est mise à sa disposition et peut être consultée pendant la durée mentionnée à l'alinéa précédent »[142]. Cette politique de libre information contribue à ce que le public de l'État voisin puisse se familiariser avec la décision prise et ses motifs, et parvenir ainsi à davantage de contributions. Si le résultat auquel tend l'obligation de contribution n'est pas atteint en raison du comportement de l'État voisin, l'État d'origine devra lui-même prendre les mesures adéquates pour informer le public étranger.

B. La barrière de la langue, un problème général

Jusqu'ici, nous nous sommes entièrement focalisés sur le point de savoir quelles étapes de la procédure nationale habituelle doivent être modifiées afin d'accommoder la participation transfrontalière du public. Toutefois, la compréhension mutuelle peut – dans la mesure où une autre langue est parlée dans l'État voisin – aussi devenir un problème central imprégnant l'ensemble de la procédure[143]. La question de la langue peut d'une part être pertinente dans les rapports des membres des administrations respectives de chacun des États. D'autre part, le public étranger éprouvera des difficultés à saisir le sens des documents et indications rédigés dans une autre langue, ou à s'exprimer face aux autorités de l'État d'origine

---

[140] *Kment* (n. 18), p. 331 et s.

[141] Guide de procédure (n. 26), p. 16.

[142] Guide de procédure (n. 26), p. 16.

[143] La situation doit être évaluée de manière différente dans les régions où la majeure partie de la population est élevée de manière bilingue, v. sur ce point *Spannowsky* (n. 2), p. 9.

dans la langue officielle de celui-ci. Il faut ici tenir compte du fait que les documents ne sont que rarement rédigés dans la langue de tous les jours, mais tendent à faire usage du lexique spécialisé des planificateurs et des protecteurs de l'environnement[144].

Si les choses sont laissées en l'état, la barrière de la langue à elle seule risquerait d'empêcher le public de l'État voisin de s'impliquer dans la procédure de consultation du public de manière aussi efficace que le public « national ». Les problèmes tenant à la langue peuvent être réduits par la traduction des documents et des explications. Mais même si les traductions minimisent les difficultés de la langue, elles ne réalisent qu'une égalité approximative et non parfaite entre les modalités de participation du public national et celles concernant la participation des voisins frontaliers. Il a été très justement remarqué que certains termes juridiques ne peuvent être traduits dans une langue étrangère qu'au prix d'une perte de signification[145]. Il est aussi nécessaire de clarifier laquelle des parties – l'État d'origine ou l'État voisin – doit entreprendre ou faire entreprendre la traduction. Le principe du pollueur-payeur issu du droit international public imposerait une traduction par des acteurs de l'État d'origine. Si des incidences considérables par l'environnement sont émises par cet État, il est normal que celui-ci prenne en charge l'effort d'organisation et les dépenses relatives à la participation du public rendue nécessaire par ces incidences[146]. D'un autre côté, il faut rappeler qu'imposer la charge de la traduction à l'État d'origine permet éventuellement à celui-ci d'influer sur l'étendue des informations transmises car toute traduction est susceptible de comporter des erreurs voire même d'être l'objet de manipulations[147]. Ainsi, il est possible d'avancer diverses raisons sérieuses de faire supporter la charge de la traduction à l'État voisin. Dans la me-

144 *Spannowsky* (n. 2), p. 9.
145 *Kment* (n. 18), p. 360 ; *Kotzur* (n. 1), p. 80.
146 *Kment* (n. 18), p. 360 et s., 419.
147 *Kment* (n. 18), p. 361 et s. ; concernant de tels problèmes de la traduction, v. aussi *Jendroska*, dans : Albrecht/Novaki (dirs.), Die grenzüberschreitende Beteiligung der Öffentlichkeit und von Behörden in Deutschland und Polen, 2006, p. 1, 12.

sure où les traductions peuvent s'avérer une cause considérable de dépenses, ce point est source de conflits dans la pratique.

Il convient de rechercher tout d'abord s'il existe des obligations de traduction en droit international public ou en droit de l'Union, ou encore dans des conventions conclues entre les États concernés. Il serait avantageux que de telles questions soient résolues une bonne fois pour toutes dans une norme ayant force obligatoire car ces problèmes n'auront plus à être débattus individuellement à chaque fois qu'ils surviendront. Il faut en particulier déterminer si le principe de participation égale du public étranger et national, contenu par exemple dans la convention d'Espoo, signifie à chaque fois que les voisins frontaliers puissent s'exprimer en leur propre langue dans le cadre de la procédure[148]. Le Guide de procédure de la Conférence du Rhin supérieur comprend un accord sur le fait que l'autorité compétente de chaque État transmette dans sa propre langue les prises de position à l'État d'origine, et que le public de l'État voisin puisse s'exprimer auprès des autorités compétentes de l'État d'origine dans sa propre langue. À l'inverse, la décision définitive de l'État d'origine sera transmise dans la langue de celui-ci aux autorités de l'État voisin[149].

Pour l'instant il n'existe que peu de normes en droit allemand traitant de la question de la langue. Si la participation du public vise à impliquer un large cercle de personnes vivant à l'étranger, il pourrait au moins *de lege ferenda* être réfléchi à la nécessité d'une éventuelle réforme du § 23 VwVfG. Car concernant l'échelle fédérale, il ressort du second alinéa de cet article une règle selon laquelle toute personne ne disposant pas d'une maîtrise suffisante de la langue allemande ait à assurer une traduction, indépendamment de son lieu de vie[150]. Le droit du Land de Sarre est plus souple, dans la mesure où les autorités ne sont pas tenues de réclamer

---

148 D'après le gouvernement fédéral, Impression du Bundestag (BT-Drucks.) 17/9832, p. 5, concernant la participation du public allemand aux procédures environnementales tenues dans les États voisins.

149 Guide de procédure (n. 26), p. 17.

150 *Ziekow* (n. 139), § 23, n° 6 ; v. aussi *Heßhaus*, dans: Bader/Ronellenfitsch, Beck'OK VwVfG, dernière mise à jour: 1.7.2013, § 23, n° 13.

une traduction des documents en langue française, selon le § 23 al. 2 ph. 2 de la loi sarroise relative à la procédure administrative non contentieuse (SVwVfG). Selon l'avis de *Kment*, il y a un avantage à ce qu'une personne doive prendre en charge la traduction de ses objections car cette personne se concentrera alors sur les aspects essentiels de ses allégations, ce qui crée une chance d'accélérer la procédure[151].

En ce qui concerne les informations transmises à l'État voisin sur un projet basé en Allemagne ayant des incidences sur l'environnement, l'autorité compétente peut selon le § 9a al. 2 UVPG exiger du responsable du projet une traduction du résumé prévu par le § 6 al. 3 ph. 2 UVPG et – dans la mesure du nécessaire – des autres indications concernant le projet qui seraient d'importance pour la participation transfrontalière du public. Toutefois, ces demandes sont soumises à la condition que les principes de réciprocité et d'équivalence soient respectés par l'autre État. Le législateur allemand souhaite ainsi introduire des standards similaires pour la participation du public au sein des frontières respectives des deux États concernés[152]. Un motif supplémentaire tiendrait à ce que le législateur ait également voulu éviter que le responsable du projet contourne la réglementation allemande en s'établissant dans l'État voisin, où les standards de procédure ou en matière de règles environnementales matérielles pourraient être plus bas qu'en Allemagne[153]. Il est indiqué dans les motifs du § 9a al. 2 UVPG qu'une telle traduction correspond à une pratique déjà bien rôdée dans le cadre des accords gouvernementaux bilatéraux conclus en application de la Convention CEE[154]. *Kment* considère que la condition de réciprocité et d'équivalence à laquelle sont soumises les obligations de traduction ne convainc qu'un observateur superficiel. Selon lui aurait été négligé le fait que des effets de forclusion prévus par le droit national et importants pour le respon-

151 *Kment* (n. 18), p. 362.
152 *Wagner* (n. 102), § 9a, n° 17.
153 *Wagner* (n. 102), § 9a, n° 17.
154 Impression du Bundestag (BT-Drucks.) 14/4599, p. 100.

sable du projet et pour les autorités nationales puissent être menacés par cette réglementation[155].

V. — CONCLUSION

La législation allemande croissante en matière de participation du public ne facilite pas seulement le travail des autorités en leur donnant des consignes claires quant à la marche à suivre. Ces dispositions par loi simple assurent également davantage de clarté du droit et de sécurité juridique, en indiquant clairement au public étranger ses droits et possibilités en Allemagne. Étant donné que les pouvoirs des autorités et du législateur allemands cessent à la frontière, la réussite de la participation transfrontalière du public dépend encore de la disposition de l'État voisin à coopérer. Un accord entre les deux États peut être défini dans chaque cas d'espèce ou pour un grand nombre de procédures similaires, de manière informelle ou contraignante. Dans la mesure où les projets environnementaux à impact transfrontalier ne sont guère rares aujourd'hui, il est recommandable de définir des standards généraux pour résoudre les questions de la participation transfrontalière du public. Il serait alors possible de transformer une pratique à l'origine informelle, ayant résisté à l'épreuve de la pratique, en un cadre juridique contraignant[156].

Aujourd'hui, l'Internet permet d'améliorer les possibilités d'implication du public étranger dans les procédures tenues en Allemagne. À l'heure actuelle, l'Allemagne mise beaucoup sur une participation du public organisée très en amont de la procédure, afin d'éviter un durcissement des conflits. En application du § 25 al. 3 ph. 1 VwVfG, l'autorité doit faire en sorte que lors de la planification de projets ayant des incidences non négligeables sur les intérêts d'un nombre important de tiers, leur responsable informe très tôt le public touché des buts du projet, des moyens de sa réalisation et des incidences prévisibles du projet. Étant donné qu'il n'existe aucune raison de comprendre le terme « public touché » comme

---

155 *Kment* (n. 18), p. 420.

156 Concernant la coopération transfrontalière interrégionale, v. *Kotzur* (n. 1), p. 124 et s.

restreint à la seule population nationale, la possibilité existe clairement pour les autorités d'attirer l'attention du responsable du projet sur le fait qu'il doit également être tenu compte des voisins frontaliers lors de cette participation avancée. Néanmoins, le choix d'organiser une telle participation avancée, et la détermination de son étendue, sont laissés à la discrétion de chaque responsable de projet. Au long terme, il serait nécessaire de réfléchir aux moyens de garantir une implication efficace du public des Etats voisins dès la phase du dépôt de la demande d'autorisation.

La coopération transfrontalière en matière de sécurité

Thierry THOMAS*

* Général, Ancien commandant de la région de gendarmerie Alsace.

Note du conférencier : *Le présent article s'appuie sur des diapositives présentées lors du colloque. Elles figurent dans le document joint. Le lecteur pourra s'y rapporter pour avoir une illustration concrète des sujets abordés. Elles s'articulent en quatre parties :*

- *Historique de la coopération en matière de sécurité.*
- *L'étape décisive de la Convention Schengen de 1990.*
- *Les accords de coopération transfrontalière.*
- *Les modalités de la coopération transfrontalière.*

La sécurité publique et la lutte contre la délinquance transfrontalière sont des domaines auxquels s'intéressent de plus en plus les citoyens de l'Union européenne, en particulier dans les zones frontalières au sein de l'espace Schengen où la liberté de circulation est devenue naturelle. C'est le cas pour ce qui concerne l'Alsace, région frontalière de deux Länder allemands importants, le Bade-Wurtemberg et la Rhénanie-Palatinat, et de la région de Bâle située dans la Confédération helvétique.

La liberté des échanges entre ces régions frontalières économiquement très riches et à la densité de population importante s'est accrue au fil du temps et avec l'essor de la construction européenne. Dès lors les questions de sécurité sont apparues comme étant essentielles pour garantir les échanges transfrontaliers des personnes et des biens, d'autant plus que la France a toujours considéré que la sécurité était la première des libertés.

Pour mieux comprendre en quoi ces questions de sécurité revêtent une importance aussi cruciale en zone frontalière, il convient d'aborder la question en quatre points : d'abord avoir un aperçu historique de cette question, comprendre ensuite en quoi la Convention de Schengen de 1990 en a marqué une étape décisive, saisir par ailleurs comment la signature d'accords de coopération policière et douanière transfrontalière est venue compléter le dispositif et, enfin, voir quelles sont les modalités concrètes de la coopération transfrontalière en matière de sécurité, telles qu'elles sont pratiquées au quotidien. Tel est l'objet de cet exposé.

1. Historique de la coopération transfrontalière en matière de sécurité

La coopération transfrontalière en matière de sécurité n'allait pas de soi lorsque les pères fondateurs de l'Europe ont voulu unifier le continent. Le traité de Rome de 1957, a d'abord instauré le marché commun et posé le principe des « quatre libertés » fondamentales que sont la libre circulation des personnes, des services, des marchandises et des capitaux. Ces libertés ont été imaginées sans penser aux questions de sécurité. Seul le Conseil de l'Europe aborde cette question avec la signature, en 1959, de la Convention européenne d'entraide judiciaire en matière pénale.

Quelques Etats précurseurs prennent néanmoins conscience de la nécessité de protéger leurs intérêts et d'envisager la sécurité dans ce nouveau marché commun. Des structures voient le jour comme le club de Berne qui réunit les chefs de police, le groupe Pompidou qui traite des trafics de drogue ou encore le groupe Trevi qui lutte conte le terrorisme. Face aux lacunes de cette coopération informelle, de nouvelles initiatives, limitées à quelques pays, sont lancées. La coopération Schengen est initiée en 1985 avec, pour mesure compensatoire à l'ouverture effective des frontières en 1995, une coopération formelle entre autorités policières et judiciaires, destinée à limiter les effets pervers de la libre circulation.

Le traité de Maastricht de 1992 érige, en un « troisième pilier », les questions relatives à la justice et aux affaires intérieures. C'est la première fois depuis 1957 que la construction européenne adopte des outils de coopération transfrontalière en matière pénale. Des conventions à caractère intergouvernemental couvrent, en particulier, la lutte contre les trafics de stupéfiants, la fraude internationale et la protection des intérêts financiers des communautés. Des structures opérationnelles sont également créées, comme en 1995 l'office européen de police dit Europol et en 1999, l'office européen de lutte anti-fraude.

Le traité d'Amsterdam de 1997 instaure la notion d'espace de justice, de liberté et de sécurité. Il intègre surtout « l'acquis Schengen » dans le corpus juridique de l'Union européenne et met en œuvre un nouveau mécanisme juridique sous la forme de décisions-cadres, plus souples que les précédentes conventions. D'autres instruments destinés à faciliter cette coopération pénale sont aussi instaurés, comme en 2002 Eurojust et le mandat d'arrêt européen. Les Etats membres adoptent ainsi, au début des années 2000, de nombreuses décisions-cadres pour lutter, par exemple, contre le faux monnayage, le terrorisme, la corruption, les trafics de drogue, la cybercriminalité ou encore, la criminalité organisée.

Mais l'avancée significative en matière de coopération transfrontalière dans le domaine de la sécurité telle que nous la vivons au quotidien, c'est à Schengen que nous le devons et aux accords bilatéraux qui sont venus compléter le dispositif juridique de la Convention Schengen de 1990.

2. L'étape décisive de la Convention Schengen de 1990

L'accord de Schengen de 1985 a été la première étape de la coopération transfrontalière en matière de sécurité. Il résulte véritablement d'un « accident de l'Histoire ». En effet, c'est le mouvement des chauffeurs routiers de 1984 qui a été l'événement accélérateur de cette coopération en matière de sécurité. Exaspérés par les lenteurs administratives et un zèle trop marqué de douaniers en grève, les routiers ont bloqué les routes et paralysé une partie de l'économie européenne, montrant ainsi les faiblesses du marché commun. En réponse, la France, l'Allemagne et le Benelux signent, le 14 juin 1985, l'accord de Schengen qui pose le principe absolu de la libre circulation des personnes et des biens par l'abolition des contrôles aux frontières entre les pays signataires de l'accord, dès lors dénommées « frontières intérieures » de l'espace Schengen. Le principe ainsi posé n'a pas suffi à envisager l'ouverture effective des frontières, au risque de voir les délinquants ou les organisations criminelles profiter, à leur avantage, de cette nouvelle liberté.

Des « mesures compensatoires » à la libre circulation ont donc été jugées nécessaires. Elles sont formalisées le 19 juin 1990 par la Convention d'Application de l'Accord de Schengen (CAAS) qui entre en vigueur le 26 mars 1995, date effective de l'ouverture des frontières entre les pays signataires. Ces mesures compensatoires reposent sur un dispositif juridique complet. Outre la nécessaire harmonisation des contrôles aux frontières extérieures de l'espace Schengen, ainsi que les règles communes d'octroi des visas et de gestion des demandes d'asile, ce sont, en effet, les dispositions prises en matière de coopération policière et judiciaire qui constituent le volet le plus important de la coopération Schengen et qui marquent les véritables débuts d'une normalisation de la coopération en matière pénale au sein de la Communauté européenne sans qu'un traité ne la prévoit.

La coopération Schengen repose aussi sur des dispositifs très concrets comme le déploiement du Système d'Information Schengen (SIS) qui permet notamment de « signaler » les délinquants recherchés dans le pays d'origine aux fins d'interpellation et d'extradition. Elle autorise des règles de procédure qui facilitent le travail des forces de police, comme l'échange d'informations, ainsi que l'observation et la poursuite transfrontalière. Elle permet les contacts directs entre autorités judiciaires, sans passer par les canaux ministériels ou diplomatiques, pour échanger des commissions rogatoires. Enfin, la coopération Schengen impose le principe pénal du « non bis in idem », selon lequel nul ne peut être jugé deux fois pour les mêmes faits dans deux pays différents.

Cette coopération prend donc tout son sens dans un espace géographique commun à plusieurs pays situés aux frontières du Nord et de l'Est de la France que sont la Belgique, le Luxembourg, l'Allemagne et la Suisse dans ce qu'on appelle la « Grande région » dont font partie la Lorraine, le Luxembourg, la Sarre et la Rhénanie-palatinat, ainsi que la « Région du Rhin supérieur » dont font partie l'Alsace, la Rhénanie-Palatinat (également), le Bade-Wurtemberg et la région de Bâle. Ces régions, dominées par l'axe rhénan, concentrent les bassins de population et d'activité économique, les axes de circulation et d'échanges parmi les plus importants d'Europe. Cette vaste zone économiquement et culturellement très riche attise tout naturellement les convoitises d'une criminalité que la liberté de circulation ne freine plus.

3. Les accords de coopération transfrontalière

Sur le plan juridique, la convention d'application de l'accord de Schengen (CAAS) laisse le soin aux États signataires de conclure des accords bilatéraux complémentaires (article 39-5). Ces accords ont pour but de renforcer la coopération policière transfrontalière par l'application des mesures additionnelles jugées nécessaires. Ils reposent sur une base légale bilatérale qui complète et renforce le dispositif Schengen.

La négociation d'accords bilatéraux a donc débuté dès le courant de l'année 1996 sur la base d'un modèle d'accord-cadre dont le schéma sera reproduit à l'identique avec l'ensemble des pays signataires. Les premières réflexions ont été menées conjointement par la France et l'Allemagne, pays précurseurs en la matière, et le résultat des négociations a abouti à un texte dont la teneur a aussi été proposée aux autres pays Schengen frontaliers de la France. Il a également été adopté par la Suisse, avec tous les aménagements nécessaires dans ce dernier cas car ce pays ne faisait pas partie de l'espace Schengen au moment de la conclusion de ces accords. Ont ainsi été conclus successivement l'accord de Chambéry avec l'Italie (3 octobre 1997), l'accord de Mondorf avec l'Allemagne (9 octobre 1997), l'accord de Berne avec la Suisse (11 mai 1998), l'accord de Blois avec l'Espagne (7 juillet 1998), l'accord de Tournai avec la Belgique (5 mars 2001) et l'accord de Luxembourg-ville avec le Luxembourg (15 octobre 2001).

Ces accords bilatéraux s'articulent autour de deux concepts distincts mais complémentaires que sont d'une part, le centre de coopération policière et douanière (CCPD), structure destinée à faciliter l'échange de renseignements entre les services de deux pays frontaliers, et d'autre part, la coopération directe entre unités des forces de police et de douane dans des limites explicitement prévues et compatibles avec le droit national. Il existe actuellement 9 CCPD bilatéraux situés à Tournai (F-B), Kehl (F-D), Genève (F-CH), Modane (F-IT), Vintimille (F-IT), Perthus (F-ESP), Melles (F-ESP), Somport (F-ESP) et Irun (F-ESP). Le CCPD de Luxembourg a, quant à lui, la particularité d'être quadripartite (F-B-LUX-D).

4. Les modalités de la coopération transfrontalière

Les CCPD, situés sur les frontières, regroupent des représentants des deux pays appartenant aux services chargés de missions de police et de douane. Ils ont pour but de favoriser le bon déroulement de la coopération transfrontalière. Ils doivent faciliter la lutte contre l'immigration irrégulière, la délinquance frontalière, les trafics illicites et aider à prévenir les menaces à l'ordre public. Ils ne possèdent aucune compétence opérationnelle mais concourent au bon échange des informations à caractère local. Ils fournissent une aide à la préparation et au soutien des observations, des poursuites transfrontalières, ainsi que l'assistance mutuelle entre forces de sécurité, dispositions prévues par la Convention d'Application de l'Accord de Schengen (CAAS). Ils contribuent à la coordination d'actions conjointes de surveillance dans la zone frontalière et participent aussi à la préparation des mesures de réadmission des étrangers en situation irrégulière.

La coopération directe entre les unités illustre, en complément, le caractère opérationnel des relations transfrontalières. Elle permet, par exemple, l'échange d'informations ou le détachement d'agents de liaison susceptibles d'apporter une aide dans l'exécution de missions de police judiciaire à caractère local ou dans la surveillance de manifestations publiques intéressant l'autre partie. En revanche, elle n'autorise pas l'exécution autonome de mesures de police dans le pays voisin. Chaque échelon de commandement peut prendre, avec son homologue étranger, tous les contacts utiles afin d'échanger des informations, élaborer des plans d'action communs, organiser des patrouilles communes, programmer des exercices frontaliers, procéder à l'analyse conjointe de données statistiques pertinentes, évaluer les besoins de coopération nécessaires afin d'anticiper les événements prévisibles. Leur action ne doit cependant pas dépasser leur champ habituel de compétence. La coopération directe entre unités est toutefois exclue si une demande d'entraide ou l'exécution de celle-ci nécessite le recours à des mesures de contrainte. Dans ce cas, la voie traditionnelle de l'entraide judiciaire, via les canaux prévus par la Convention d'Application de l'Accord de Schengen (CAAS), s'applique.

Les outils juridiques ainsi mis en œuvre par les forces de sécurité situées de part et d'autre d'une frontière commune permettent d'apporter des réponses opérationnelles concrètes aux divers phénomènes de délinquance de proximité à caractère transfrontalier, sachant que pour la grande criminalité internationale, l'Union européenne a prévu d'autres instruments juridiques, sous forme de conventions ou décisions-cadres, ainsi que des organes de coopération de plus grande envergure, tel EUROPOL, l'office européen de police.

5. Des réponses opérationnelles concrètes

Ainsi, les outils de coopération transfrontalière en matière de sécurité permettent de lutter au quotidien contre des types de délinquance similaires que l'on retrouve de part et d'autre d'une frontière. Lorsque les faits sont commis par des équipes de malfaiteurs soupçonnées d'agir dans une zone frontalière, les forces de police et de gendarmerie de pays voisins partagent leurs enquêtes pour mieux les neutraliser. Les enquêteurs travaillent ainsi sur des thématiques communes qui donnent d'assez bons résultats, comme les cambriolages de résidences en bande organisée, les vols de voitures, de camions ou de fret, de même que les vols de métaux, facilités par une différence de législation entre pays en matière de revente qui permet d'alimenter des marchés parallèles. A une plus grande échelle européenne, les enquêteurs parviennent aussi à démanteler des réseaux de traite des êtres humains (prostitution, proxénétisme) et d'importants trafics de drogue à destinations des grandes métropoles européennes mais aussi vers les petites villes et dans les territoires plus reculés.

Selon la nature du phénomène criminel détecté, une réponse opérationnelle adaptée existe. Ainsi divers protocoles d'échange d'informations entre enquêteurs, via les CCPD sont mis en œuvre. Pour ce qui concerne les échanges via le CCPD de Kehl, on peut citer, à titre d'exemple, les fichiers VENUS d'échange d'informations sur les auteurs de cambriolages ou le dispositif MIDAS d'analyse criminelle sur les vols de métaux et sur les réseaux qui y prennent part. Dans le même ordre d'idées, les opérations TISPOL permettent le contrôle des grands axes routiers européens et les instances « Petit Schengen » facilitent la coordination des actions transfrontalières, grâce aux réunions régulières de gendarmes, policiers et magistrats allemands et français. Au cours des derniers mois, ce type de coopération a permis de neutraliser plusieurs organisations criminelles composées de ressortissants de pays de l'Est de l'Europe qui commettaient des vols et des cambriolages de toute nature en France, en Allemagne, en Belgique et au Luxembourg.

6. Des pratiques originales de coopération transfrontalière

La coopération transfrontalière en matière de sécurité sur le Rhin est peut-être actuellement la forme la plus aboutie de mutualisation des moyens et des hommes. Elle permet de garantir une bonne police de la navigation sur ce fleuve qui est l'un des plus importants en Europe pour le transit des marchandises par voie d'eau. Grâce à l'accord intergouvernemental, signé le 10 novembre 2000 à Vittel, les policiers allemands du Land du Bade-Würtemberg et les gendarmes français de la région d'Alsace ont mis en commun l'ensemble de leurs moyens nautiques pour exercer leur mission sur toute la partie franco-allemande du Rhin. Le cadre juridique adopté leur permet, en outre, d'agir de façon indifférente sur toute la largeur du fleuve pour mieux relever les infractions constatées, sans que les bateliers ne puissent s'y soustraire en changeant de rive. Les équipages des embarcations sont bi-nationaux et les enquêtes menées, par exemple par les plongeurs qui peuvent utiliser un sonar de recherches, sont toujours réalisées en commun. Cette unité mixte est implantée sur trois sites le long du Rhin, à Gambsheim (F), Kehl (D) et Vogelgrun (F). 30 policiers allemands et 30 gendarmes français la composent. Le siège de son commandement est situé à Kehl. Cette disposition prévue par l'accord de Vittel est l'aboutissement d'un processus débuté au XIXème siècle avec la Convention de Mannheim qui a fait du Rhin un fleuve à statut international pour mieux affirmer sa vocation économique.

Des pratiques de coopération transfrontalière en matière de sécurité sont également développées dans le domaine de la formation. L'Euro-institut de Kehl propose des stages de perfectionnement professionnels qui s'adressent aux policiers, gendarmes et magistrats des régions frontalières du Rhin. Il leur permet de mieux appréhender les modalités juridiques de la coopération franco-allemande en droit pénal et en procédure pénale sur la base des accords en vigueur mais aussi d'échanger sur les bonnes pratiques réciproques dans tous les aspects de la sécurité. Les stagiaires découvrent ainsi les pratiques mises en œuvre en police technique et scientifique, les méthodes d'analyses et d'investigations criminelles, les politiques de prévention de la délinquance ou bien encore, les moyens de lutte contre la délinquance routière. L'aspect procédural est largement abordé au cours de ces stages pour savoir comment les magistrats instruisent des dossiers pénaux et poursuivent les délinquants impliqués dans des affaires pénales à dimension internationale.

La formation touche aussi des domaines techniques utiles aux forces de sécurité. En matière de formation linguistique, des stages d'initiation ou de perfectionnement en langue française ou allemande sont proposés au centre de formation linguistique commun de Lahr où deux gendarmes instructeurs français travaillent aux côtés de deux policiers allemands du Bade-Wurtemberg. Cet apprentissage linguistique est complété sur le terrain par des échanges entre unités frontalières voisines dans le cadre des formations dites « Tandem » où des binômes de policiers et gendarmes français et allemands partagent leur quotidien professionnel pour mieux maîtriser la langue de l'autre. Cette maîtrise réciproque de la langue du voisin permet ainsi d'être plus performant au quotidien mais aussi de mieux suivre les stages proposés dans l'un ou l'autre pays, parmi lesquels on peut citer le séminaire annuel des communicants organisé à Strasbourg, le séminaire de police technique et scientifique de Villingen-Schwenningen ou les exercices franco-allemands de maintien de l'ordre organisés alternativement dans l'un ou l'autre pays. L'ensemble de ces échanges confortent le rapprochement entre les professionnels de la sécurité de part et d'autre de la frontière, permettent une meilleure connaissance mutuelle des organisations et des pratiques et contribuent à une meilleure efficacité dans le travail commun de lutte contre la délinquance.

Conclusion

En définitive, les instruments juridiques se sont mis progressivement en place pour que la coopération policière et judiciaire transfrontalière de proximité prenne un véritable essor au quotidien. La richesse des échanges permet désormais de lutter plus efficacement contre une criminalité internationale qui ignore les frontières au sein de l'espace Schengen. La sécurité des zones frontalières nécessite néanmoins une vigilance de tous les instants car les criminels apprennent à déceler toutes les failles du dispositif qu'ils mettent à profit pour échapper aux investigations et aux poursuites pénales. Pour cette raison, l'expérience acquise par les policiers, gendarmes et magistrats qui agissent dans les zones frontalières reste précieuse pour tirer les enseignements utiles et nécessaires à l'évolution du droit dans l'objectif d'une meilleure harmonisation de la doctrine pénale au plan européen.

Questions propres à la Grande Région

La Task Force Frontaliers de la Grande Région

Kerstin GEGINAT*

* Kerstin GEGINAT est depuis le 1er mars 2011 chef de l'unité « L'emploi dans la Grande Région - Task Force Frontaliers ». Texte traduit de l'allemand.

La Task Force Frontaliers de la Grande Région (TFF) est une institution du marché du travail transfrontalier, à laquelle participent toutes les régions que comprend la Grande Région.

1. Histoire et structure

La TFF fut mise en place suite à une décision en 2008 du sommet de la Grande Région. L'idée à l'origine de la TFF est celle de la création d'une institution qui serait chargée de faire disparaitre les inégalités juridiques ou administratives auxquelles les travailleurs frontaliers ou les entreprises les employant ont à faire face.

Les régions partenaires à la Grande Région se sont mis d'accord pour mener le projet de la TFF avec le soutien financier de l'Union Européenne, soutien prenant la forme du programme Interreg IV-A. Ainsi, le financement de la TFF provient par moitié des fonds de l'UE, et par moitié des fonds des régions partenaires du projet.

Le gouvernement du Land de Sarre en tant que premier bénéficiaire fut chargé de la direction du projet de la TFF. Le Land de Sarre, représenté par le Ministère de l'Economie, du Travail, de l'Energie et des Transports (METET) est soutenu par la Communauté germanophone de Belgique en tant que „partenaire opérationnel". A ceux-ci viennent s'ajouter en tant que „partenaires méthodologiques" le Luxembourg, la Rhénanie-Palatinat, la Wallonie représentée par le Service public wallon de l'emploi et de la formation (FOREM), ainsi que la Lorraine représentée par la Préfecture et le Conseil Régional.

Le projet fut approuvé le 1er janvier 2011 par les partenaires du projet de coopération Interreg, sa durée initiale est de quatre ans. Les quatre juristes ainsi que l'employée administrative de la TFF se sont mises au travail le 1er septembre 2011.

Le projet a été prolongé pour une durée de 6 mois dans le cadre d'Interreg IV, il se prolonge ainsi jusqu'au 30 juin 2015. La poursuite du projet dans le cadre d'Interreg V est actuellement en pourparler entre les partenaires.

2. Mission de la TFF

La TFF n'est pas un centre de renseignement pour travailleurs frontaliers, elle travaille uniquement comme „bureau d'arrière-plan".

Sa mission consiste à **promouvoir la mobilité professionnelle transfrontalière dans la Grande Région en élaborant des propositions de solutions juridiques et administratives politiquement soutenables afin de répondre aux problèmes fondamentaux rencontrés par les travailleurs frontaliers et les entreprises employant des frontaliers**.

Comme les organismes de renseignements sont quotidiennement confrontés aux problèmes rencontrés par les travailleurs frontaliers, il existe une étroite collaboration entre la TFF et les autres acteurs du marché du travail transfrontaliers (tels le réseau EURES, les chambres d'industrie, les organismes de sécurité sociale, les syndicats, mais aussi l'observatoire interregional du marché de l'emploi – OIE). C'est pourquoi des tables rondes sont régulièrement organisées avec ces acteurs afin de permettre l'échange d'informations.

La TFF sert ainsi de liaison entre les acteurs du marché du travail de la Grande Région et les décideurs politiques au niveau régional, national ou européen auxquels elle propose ses solutions visant à l'amélioration de la mobilité des travailleurs dans la Grande Région.

Le travail de la TFF se déroule en principe en trois étapes:

La première étape consiste à identifier les obstacles à la mobilité, et c'est la deuxième étape qui représente le coeur du travail de la TFF: la formulation de propositions de solutions juridiques et administratives. Ces solutions prennent la forme de proposition de changement de lois, la conclusion d'accords inter-étatiques, ainsi que la recommandation aux administrations d'adapter leurs pratiques au vu de la réglementation en vigeur. Dans une troisième étape, les propositions de solutions sont transmises aux décideurs et institutions compétentes. La TFF se tient également à leur disposition, avec son expertise, au cours de la phase de mise en oeuvre des solutions.

3. Exemples du travail de la TFF

Dans le cadre de la phase opérative, la TFF a pu jusqu'à présent formuler de nombreuses propositions de solutions, dont certaines ont déjà été mises en oeuvres ou dont la transposition est prévue dans un avenir proche.

La TFF s'est ainsi confrontée au problème de **l'imposition des bénéficiaires de prestations du régime légal de l'assurance vieillesse allemande résidant en France**.

A la source de cette problématique se trouve l'imposition rétroactive des revenus tirés des pensions de retraite, introduite en Allemagne en 2005.

A l'heure actuelle, les bénéficiaires d'une pension de vieillesse légale allemande vivant en France voient leur pension légale imposée en Allemagne. Le fondement de cette pratique se trouve dans la convention fiscale franco-allemande.

Le fait que la pension de ces „retraités frontaliers" soit imposée en Allemagne occasione pour eux des difficultés particulières. Un grand nombre de personnes concernées se retrouve à payer un impôt bien plus élevé que celui dû par leurs anciens collègues domiciliés en Allemagne, en raison de leur obligation fiscale limitée en Allemagne. Par ailleurs, certains retraités doivent verser des arriérés d'impôt considérable, puisqu'ils reçoivent les avis d'imposition allemands avec des années de retard en raison de difficultés de technique administrative.

Au vu de ces difficultés qui pourraient restreindre la mobilité de la génération de travailleurs actuelle, la TFF a proposé dans un rapport d'expertise juridique une modification de la convention fiscale franco-allemande. Selon ce rapport, les pensions versées au titre du régime légal de l'assurance vieillesse ne devraient plus être imposées en Allemagne comme auparavant, mais exclusivement dans l'Etat où la personne concernée a son domicile (la France dans le cas présent).

Ce rapport fut transmis notamment aux ministères des finances compétents en France et en Allemagne.

Les ministres des finances des deux pays sont parvenus en décembre 2013 à un accord de principe, selon lequel les pensions de retraite dont il est ici question ne seront plus à l'avenir soumises à la souveraineté fiscale allemande. Afin de compenser la perte de recette fiscale, la France a proposé en contrepartie de verser une compensation financière.

Ceci correspond à la proposition de solution formulée par la TFF. La fin de la discrimination des anciens travailleurs frontaliers, en ce qui concerne l'imposition des retraites, est en vue! La révision de la convention fiscale franco-allemande est encore en préparation. Elle entrera vraisemblablement en vigueur au 1er janvier 2016.

Une solution proposé par la TFF et déjà mise en oeuvre concerne **les frontaliers vivant en France et exerçant leur activité professionnelle en Allemagne**. Ceux-ci étaient victimes d'une discrimination lors du **calcul de leurs indemnités-maladies**. Ils recevaient des prestations en comparaison plus faibles que celles touchées de leurs collègues domiciliés en Allemagne. Dans la pratique, les autorités allemandes compétentes procédaient à une abstraction fictive de l'impôt allemand sur le revenu lors du calcul du montant de l'indemnité-maladie. Et ceci, bien que les travailleurs frontaliers ayant leur domicile en France soient normalement soumis à un impôt sur le revenu calculé en application des dispositions applicables en France, où cet impôt est généralement plus faible.

Dans son rapport d'expertise juridique, la TFF a attiré l'attention sur le fait que selon l'annexe XI du règlement (CE) n° 883/2004 portant sur la coordination des systèmes de sécurité sociale, une méthode de calcul particulière doit être employée si le travailleur frontalier en fait la demande. Dans ces cas, la prestation doit être calculée sur la base de la „rémunération nette effective". Ici, le problème principal tient à l'interprétation du terme „rémunération nette effective".

La TFF est parvenue à la conclusion suivante: dans la mesure où le travailleur frontalier dépose une demande en ce sens, le montant devant être soustrait lors du calcul de l'indemnité-maladie sera de la hauteur de l'impôt francais effectif sur le revenu. Seule cette méthode est justifiée du point de vue du droit de l'UE, particulièrement en relation avec le terme de rémunération nette effective.

Le rapport d'expertise juridique a été transmis entre autres au *Sozialgericht* de Sarrebruck (tribunal spécial pour les affaires sociales), devant lequel plusieurs affaires étaient pendantes.

Le *Sozialgericht* a suivi l'opinion défendue par la TFF dans deux jugements datés de février 2013.

La *AOK Rheinland-Pfalz/Saarland* (*Allgemeine Ortskrankenkasse*-Caisse de sécurité sociale de la Rhénanie-Palatinat/Sarre) a modifié sa méthode de calcul suite à ces jugements. Désormais, si le travailleur frontalier en fait la demande, ce sera l'impôt francais effectif sur le revenu qui sera utilisé comme base de calcul.

Il est fortement probable que les autres caisses de sécurité sociale du régime légal allemand vont prendre la même décision.

Ainsi, il a été mis fin à la discrimination des travailleurs frontaliers dans le cadre du calcul des indemnités-maladies!

4. Informations actuelles sur le travail de la TFF

D'autres thèmes traités par la TFF sont par exemple :

- L'apprentissage transfrontalier dans la Grande Région
- Les services de taxi transfrontaliers entre l´Allemagne et la France
- Le versement du complément différentiel d'allocation familiale dans la Grande Région
- L'obtention d'une attestation de formation continue valable à l'échelle européenne pour les chauffeurs professionnels de poids lourds

Ces thèmes peuvent être retrouvés sur le site de la TFF : www.tf-frontaliers.eu. Les évolutions récentes concernant l'état d'avancement des transpositions des solutions proposées par la TFF font également l'objet de publication sur ce site.

L'implantation de sociétés commerciales en Grande Région : harmonisation européenne et particularismes nationaux. L'éclairage du droit comparé.

Liliane NAU*

* Maître de conférences en droit privé, Faculté de droit de Nancy – Université de Lorraine, Institut François Gény EA 7301.

Selon un rapport présenté en octobre 2011 en session plénière du Conseil économique, social et environnemental de Lorraine[1], l'Allemagne est le 1er investisseur étranger en Lorraine. Parmi les chiffres éloquents mentionnés dans ce rapport, relevons plus particulièrement ceux qui soulignent l'importance des implantations de sociétés à capitaux allemands sur le territoire français en Grande Région et notamment dans les départements lorrains. Un constat réciproque peut également être fait quant aux implantations françaises outre Rhin.

Cette réalité économique ne manque pas d'interpeler le juriste : une telle implantation, qu'elle soit de part ou d'autre de la frontière, suppose le rachat d'une entreprise pré-existante ou bien la création d'une entreprise nouvelle. Une vérité de La Palisse, certes, mais qui soulève tout de même bon nombre de questions juridiques autrement moins évidentes, portant notamment sur l'opération de rachat de parts sociales ou d'actions de la société convoitée, ou bien, en cas de projet de création d'entreprise, sur le choix de la forme de société la plus pertinente, dernier aspect sur lequel nous nous arrêterons plus particulièrement.

Bien que de nombreuses directives européennes aient contribué à une large harmonisation des législations des Etats membres en matière de droit des sociétés, le panorama apparemment familier des formes juridiques proposées par le droit français et le droit allemand (I) reste émaillé de très nets particularismes dont il vaut mieux être averti en tant que créateur d'entreprise sur le territoire voisin (II) …

En un temps de parole limité, et en laissant à ma collègue F. Mansuy le soin d'exposer les différentes réponses proposées par le droit européen à la question des formes de coopération des entreprises en Grande Région, cette courte contribution envisage simplement de mettre en évidence, par un éclairage de droit comparé, quelques 'réflexes conditionnés' dont il faudra se départir sur le territoire voisin. Il ne s'agit pas d'analyser le détail de chaque législation – même si 'le diable est dans les détails' ! –

[1] Conseil économique, social et environnemental de Lorraine, rapport du 19 octobre 2011- *L'Allemagne, partenaire incontournable de la Lorraine.*

mais plutôt de livrer quelques réflexions quant à l'utilisation concrète des différentes formes de sociétés en Grande Région.

1. De l'harmonisation européenne des législations...

La tentation est grande de penser qu'un créateur d'entreprise pourra plus ou moins raisonner de la même manière, peu important qu'il conduise son projet sur le territoire français ou allemand. En effet les législations respectives en matière de sociétés commerciales sont à l'heure très largement harmonisées, ce qui devrait aisément pouvoir se vérifier en droit français et allemand des sociétés. Si l'on brosse un tableau simplifié des sociétés commerciales respectivement offertes, l'impression est *a priori* confirmée : droit français et droit allemand proposent des formes juridiques équivalentes. La terminologie elle-même n'est guère déroutante tant les similitudes y sont nombreuses.

Ainsi, si l'on s'en tient à une classification traditionnelle, on retrouve de part et d'autre les sociétés dites de personnes – Personengesellschaften - présentant l'avantage de la souplesse et de la simplicité mais avec pour contrepartie la responsabilité illimitée de ses associés, et les sociétés de capitaux – Kapitalgesellchaften – présentant quant à elles l'avantage d'une responsabilité limitée mais avec pour contrepartie davantage de contraintes.

A l'intérieur de chaque catégorie, la typologie apparait tout aussi familière : la société en nom collectif – SNC – est l'homologue de la offene Handelsgesellschat – OHG – ; la société en commandite simple – SCS – celle de Kommanditgesellschaft – KG – ; à la société à responsabilité limitée – SARL – correspond la Gesellschaft mit beschränkter Haftung – GmbH – ; la société anonyme – SA – à la Aktiengesellschaft – AG – et la société en commandite par actions – SCA – à la Kommanditgesellschaft auf Aktien – KGaA –.

Quelques nuances commencent à poindre mais sans que cela vienne perturber outre mesure l'impression d'un ensemble harmonisé : la SARL française se distingue par son caractère hybride alors que la GmbH est une Aktiengesellschaft, la société par actions simplifiée française (SAS) par son audacieuse originalité alors qu'aucune société allemande par actions n'autorise une telle liberté statutaire…

Tout paraît ainsi pour le mieux dans le meilleur des mondes frontaliers et le créateur d'entreprise peut donc, semble-t-il, avancer sereinement en terrain juridique connu. Et pourtant …

Et pourtant, alors même que l'Union européenne aspire à unifier le droit des sociétés, alors même que les formes sociales semblent se répondre dans les législations respectives, la perception de la forme d'entreprise, du rôle de la société et du rôle du chef d'entreprise conduit à orienter le choix pour une même entreprise vers des formes sociales différentes de part et d'autre du Rhin.

Autrement dit, les critères qui, par exemple, désigneraient la SARL comme la forme juridique la plus adaptée pour telle entreprise en France ne conduiront pas nécessairement pour cette même entreprise à opter, en Allemagne, pour une GmbH.

A terme identique ne correspond pas une forme juridique à finalité identique et les exemples en ce sens ne manquent pas.

Par conséquent concevoir un projet sur le territoire voisin nécessite non seulement une connaissance fine des règles nationales respectives en matière juridique, fiscale, sociale, mais le 'décrochage' d'un certain nombre de réflexes conditionnés par sa propre législation nationale et des schémas de pensées induits.

2. … Aux particularismes nationaux des applications.

A formes juridiques similaires, utilisations concrètes similaires ? Un rapide tour d'horizon démontre qu'il vaut mieux se garder d'un tel raccourci.

Si l'on commence par évoquer les sociétés commerciales de personnes – die Personengesellschaften – l'approche comparative révèle quelques surprises.

En France leur utilisation est plutôt limitée : elles ne représentent même pas 2% de l'ensemble des sociétés, toutes sociétés confondues.

La SNC française sert surtout pour les petites entreprises familiales qui souhaitent se doter d'une structure légère mais, à l'heure actuelle, elle se rencontre aussi là où on ne l'attendait pas a priori, à savoir dans les grands groupes de sociétés où elle sert à habiller certaines filiales du groupe, souplesse et transparence fiscale de la structure expliquant cette utilisation contemporaine. Quant aux SCS, elles sont tombées en quasi-désuétude.

En Allemagne, en revanche, les sociétés de personnes sont courantes, tant les OHG que les KG, et particulièrement la variante GmbH und co KG, une SCS dont le seul associé commandité est une GmbH, combinaison qui permet de bénéficier de certains avantages de la société de personnes tout en contournant l'inconvénient de la responsabilité indéfinie de l'associé commandité. La SCS allemande est donc loin d'être anecdotique.

Quelques illustrations concrètes de l'utilisation des sociétés de personnes en région frontalière en témoignent : LIDL Allemagne est une GmbH und Co KG, son associé commandité est Schwarz Beteiligungs-GmbH. LIDL France est une SNC dont le siège est à Strasbourg. A l'inverse si la SCS est délaissée en France, la KG peut devenir attractive pour les implantations étrangères et notamment françaises en Allemagne : pour exemple l'usine Saint Gobain à Saarbrücken était jusqu'à encore récemment une GmbH und Co KG.

Ce choix n'est assurément pas anodin. Rappelons, entre autres, que les sociétés de personnes allemandes, et donc la KG, ne sont pas astreintes à la Mitbestimmung, cette fameuse cogestion bien ancrée dans les mœurs allemandes et beaucoup moins dans les esprits français...

En poursuivant cet inventaire, on constate que la forme juridique la plus répandue en France est la SARL tout comme la GmbH l'est en Allemagne. Tout semble ainsi suggérer que nous avons ici à faire à deux formes 'jumelles' d'utilisation concrète similaire. D'ailleurs n'enseigne-t-on pas que la SARL française a été largement inspirée du modèle germanique ?

Mais ici encore il faut prendre garde aux assimilations hâtives : si la SARL est la forme juridique que le législateur français a spécialement formatée pour les PME, ce n'est pas pour autant le cas de la GmbH allemande, société également adaptée à de grandes entreprises, ces mêmes grandes entreprises pour lesquelles, en France, le choix de la SARL serait exclu pour s'orienter vers une SA ou une SAS. Les règles relatives à la SARL française encadrent une forme juridique hybride à mi-chemin entre la société de personnes et la société de capitaux alors que la GmbH allemande est considérée comme une Kapitalgesellschaft, même si la MoMiG, la loi sur la modernisation du droit de la GmbH intervenue en 2008 cherche à doper l'attractivité de la GmbH en permettant, entre autres, une sorte de 'mini-GmbH' simplifiée sans capital social minimum : la Unternehmergesellschaft (UG), littéralement 'la société d'entrepreneur'.

A suivre ses schémas de pensées familiers sans prendre garde aux particularismes respectifs, gare aux déconvenues ! Ainsi l'entrepreneur français associe le conseil de surveillance à la SA mais n'y voit certainement pas un organe de la SARL. Pourtant en fonction du nombre de salariés employés, cet organe peut devenir obligatoire dans une GmbH, Mitbestimmung oblige. L'associé français qui se sera efforcé de devenir majoritaire dans une GmbH allemande sera sans doute fort dépité d'apprendre que cela ne lui confère pas à coup sûr un poids décisif quant à la nomination du gérant : les statuts pourraient en effet confier celle-ci au conseil de surveillance/Aufsichtsrat. Il devra par ailleurs se familiariser avec le Vier Augen Prinzip, le 'principe des quatre yeux', et donc avec la présence fréquente du Prokurist, terme imparfaitement traduit par fondé de pouvoir, Prokurist qui peut représenter la société seul ou conjointement avec le gérant ou avec un autre Prokurist sans être pour autant un mandataire social.

A l'inverse son homologue allemand connaîtra lui aussi quelques surprises : habitué à ce que le gérant allemand / Geschäftsführer dispose systématiquement d'un contrat de travail ou du moins d'un contrat de prestation de services, concomittant à sa nomination, il risque d'être très déconcerté par restrictions françaises quant au cumul de la fonction de dirigeant avec un contrat de travail.

Enfin considérons SA et AG, deux formes destinées en principe aux grandes entreprises. D'emblée, remarquons la similitude terminologique au niveau des organes sociaux : d'un côté la structure Vorstand-Aufsichtsrat et de l'autre celle, terminologiquement équivalente, du directoire-conseil de surveillance, inspiré une fois encore du modèle allemand. Mais la similitude s'arrête là : si toutes les AG allemandes utilisent cette structure, elle est au contraire très minoritaire dans les SA françaises auxquelles le législateur laisse le choix entre la structure classique - conseil d'administration avec président/directeur général - et la structure dite dualiste. Et il est à noter que la Mitbestimmung au sein de l'Aufsichtsrat reste une particularité allemande.

Par ailleurs, les statistiques soulèvent ici encore quelques interrogations étonnées : la France compte considérablement plus de SA que l'Allemagne ne compte d'AG. Est ce à dire qu'il y aurait en France considérablement plus de grandes entreprises qu'en Allemagne ? Ne rêvons pas…

L'explication vient une fois de plus de l'utilisation de la forme sociale : si en théorie les deux formes juridiques sont à l'origine bel et bien conçues pour les grandes entreprises, sur le terrain il n'en va concrètement pas de même.

En Allemagne ce sont plutôt les grandes entreprises, souvent cotées en bourse, qui choisissent la forme de la AG, même si la réforme de 1994 a cherché à la rendre plus attractive pour les PME en leur offrant avec la 'kleine AG' une alternative à la GmbH.

Alors qu'en France on trouve paradoxalement des SA de toute taille, et même de toute petite taille, autrement dit des entreprises pour qui ce vêtement juridique contraignant est en réalité inadapté. Ceci tient notamment au statut social et fiscal du dirigeant de SA, intéressant quelque soit le nombre d'actions détenues, par rapport à celui du gérant de SARL, dont le statut diffère selon qu'il est majoritaire ou non.

Et par la même occasion on touche un aspect, oh combien déterminant dans le choix de la société : les considérations d'ordre fiscal aux ramifications multiples…

Enfin, un petit mot de la dernière arrivée dans la législation française, la société par actions simplifiée – SAS –, qui n'a à proprement parler pas d'équivalent en droit allemand. Celle-ci a le 'vent en poupe' depuis que les créateurs d'entreprise ont compris comment jouer avec l'extraordinaire liberté statutaire qu'elle autorise, à tel point que le nombre des SAS dépasse maintenant celui des SA et qu'elles pourraient bien venir concurrencer les SARL.

Place donc à l'imagination aussi bien pour les entrepreneurs français sur leur propre territoire où la SAS connaît un succès fulgurant que pour les entreprises étrangères qui s'implantent en France. Nos partenaires allemands l'ont bien compris, à en juger par le nombre de SAS à capitaux allemands implantées en Lorraine : par exemple, dans le groupe Daimler-Chrysler AG, Smart France SAS implantée à Hambach (Moselle) ; dans le groupe TCB GmbH basé à Berlin, la société brasserie Champigneulles SASU implantée en Meurthe-et-Moselle (rachetée par le brasseur allemand Frankfurter Brauhaus fin 2006) ; dans le groupe Viessmann Werke GmbH und Co KG, Viessmann France SAS implantée à Faulquement (Moselle) ; dans le groupe ThyssenKrupp AG, la ThyssenKrupp Presta France SAS implantée à Fameck et Florange.

En conclusion de ce rapide panorama, il apparaît que si l'harmonisation européenne facilite la coopération transfrontalière, elle n'en reste pas moins une harmonisation 'métissée' qui requiert une bonne connaissance de la langue du voisin, et au delà de ses règles juridiques, fiscales, sociales ainsi que de sa culture d'entreprise.

Cette constatation en entraîne une autre : l'indéniable besoin, en amont, d'un enseignement bi-culturel dans nos universités respectives pour ouvrir les esprits et affûter les compétences des futurs professionnels dont les réflexions et les conseils seront de plus en plus amenés à devenir transfrontières.

La coopération sanitaire transfrontalière en Grande Région : un contexte favorable

Olivier RENAUDIE*

* Professeur à l'Université de Lorraine (IRENEE)

La coopération transfrontalière en matière sanitaire peut se définir comme l'ensemble des actions menées conjointement par différents acteurs situés de part et d'autres de frontières, et relatives au domaine de la santé[1]. Cette définition appelle plusieurs observations. D'abord, il convient de relever que le terme « santé » doit être apprécié largement : comme a pu le préciser l'Organisation Mondiale de la Santé, celui-ci renvoie à un « état de complet bien-être physique, mental et social et ne consiste pas seulement en une absence de maladie ou d'infirmité [2] ». La coopération sanitaire transfrontalière ne se réduit donc pas, comme on le fait parfois, à la coopération hospitalière : elle va bien au-delà de la simple collaboration entre différents établissements hospitaliers situés de part et d'autre d'une frontière donnée. Ensuite, il n'est pas inutile de rappeler que la coopération sanitaire transfrontalière bénéficie du « bond qualitatif [3] » de la coopération transfrontalière en général. Comme l'explique Anthony Taillefait, cette forme de coopération « s'est heurté un temps à la résistance des Etats souverains mais la volonté de satisfaire les besoins locaux transfrontaliers a été plus forte [4] ». C'est particulièrement exact s'agissant de la Grande Région, laquelle est, on le rappelle un groupement européen de coopération territoriale associant diverses divisions territoriales de l'Allemagne, de la Belgique, de la France et du Luxembourg[5]. Enfin, il est essentiel de souligner que les actions relevant de la coopération sanitaire transfrontalière sont initiées par des acteurs particulièrement divers : des acteurs publics, principalement l'Etat, les collectivités territoriales et les établissements publics hospitaliers, mais également des acteurs privés comme les sociétés anonymes, les sociétés

---

1 V. en ce sens Sandrine Perrot, « La coopération sanitaire transfrontalière : un cadre juridique en construction », *Revue de droit sanitaire et social*, 2008, p. 282.

2 Organisation mondiale de la santé, Préambule adopté par la Conférence internationale sur la santé, New-York, 19-22 juin 1946.

3 Anthony Taillefait, « Coopération transfrontalière » *in* Jean-Bernard Auby et Jacqueline Dutheil de la Rochère, dir., *Traité de droit administratif européen*, 2e éd., Bruylant, 2014, p. 1302.

4 *Ibidem.*

5 Sur la Grande Région, voir notamment Jean-Luc Deshayes et Georges Grenn, dir., *La construction des territoires en Europe : la Grande Région*, Presses universitaires de Nancy, 2010.

d'économie mixte ou encore les associations, auxquelles il convient par ailleurs d'ajouter les différents acteurs européens. Cette caractéristique n'est pas propre à la santé et s'applique à la plupart des domaines concernés par la coopération transfrontalière[6].

Ainsi définie et précisée, la coopération sanitaire transfrontalière apparait recouvrir un champ particulièrement large. Les actions susceptibles d'en relever poursuivent en effet des buts aussi divers que l'amélioration de l'état de santé des populations frontalières, l'accès à des soins de proximité, le développement de politiques communes entre les systèmes de santé, tant dans le domaine des soins, que de la prévention, la réduction des surcoûts liés à la territorialité des prestations ou encore la réalisation d'économies d'échelle[7]. A l'évocation de ces buts, on perçoit tout le potentiel de la coopération sanitaire transfrontalière. D'un côté, elle est susceptible de répondre aux besoins de soins des personnes mobiles et des patients des régions transfrontalières. De l'autre, elle est en mesure d'apporter des éléments de réponse aux défis contemporains auxquels est confronté le système sanitaire[8] : l'évolution démographique, le développement de certaines pathologies, la rapidité de réponse aux situations d'urgence, la réduction de dépenses de santé, la pénurie de professionnels de santé, notamment dans certaines spécialités, la diminution de l'offre de soins en zone rurale ou encore les difficultés financières et structurelles auxquelles sont confrontés de nombreux établissements.

La coopération sanitaire transfrontalière ne saurait cependant constituer à elle seule le remède à tous les maux du système de soins. Ceci est

---

[6] V. Henri Compte et Nicolas Levrat, dir., *Aux coutures de l'Europe. Défis et enjeux juridiques de la coopération transfrontalière*, L'Harmattan, 2006.

[7] Sur les différents buts poursuivis par la coopération sanitaire transfrontalière, v. Jean-Philippe Mallé, *Rapport fait au nom de la Commission des affaires étrangères sur le projet de loi autorisant la ratification de l'accord-cadre entre la République française et le Royaume d'Espagne sur la coopération sanitaire transfrontalière*, Assemblée nationale, n° 1164, 2013, p. 11-13 et Observatoire Franco-Belge de Santé, *L'accès aux soins des populations transfrontalières*, 2013, p. 6-7.

[8] Sur ces défis, v. notamment Claude Evin, « Des évolutions nécessaires de notre système de santé », *Le Monde*, 17 septembre 2013 et Anne Laude, Bertrand Mathieu et Didier Tabuteau, *Droit de la santé*, PUF, coll. « Thémis », 3e éd., 2012, p. 9 et s.

d'autant plus vrai que son développement se heurte à de multiples obstacles, liés pour la plupart au fait que les systèmes de santé se sont construits « dans un relatif isolement [9] ». Edifiés pour répondre à des populations vivant sur des territoires nationaux définis, les systèmes de santé et de protection sociale ont en effet été pensés dans le cadre de l'Etat-Nation. Au regard de ces différentes opportunités et difficultés, l'on est conduit à s'interroger sur la mise en œuvre de cette forme de coopération sur le territoire de la Grande Région : quel état des lieux peut-on dresser aujourd'hui de la coopération transfrontalière en matière sanitaire dans la Grande Région ? Il semble possible d'affirmer que, même si des améliorations apparaissent assurément nécessaires, l'état des lieux susceptible d'être dressé, nous parait globalement positif : la coopération sanitaire transfrontalière sur le territoire de la Grande Région est dynamique et se déploie dans un contexte favorable dans la mesure où de nombreux éléments s'avèrent propices à son développement. Ces éléments relèvent aussi bien du contexte européen (I), du contexte national (II), que du contexte local (III).

I. — LE CONTEXTE EUROPEEN

Le contexte européen peut être considéré comme favorable au développement de la coopération sanitaire transfrontalière dès lors que, d'une part, la coopération transfrontalière est de manière générale encouragée (A) et que, d'autre part, plusieurs textes, particulièrement une directive de 2011, encadrent le développement de la coopération transfrontalière en matière sanitaire (B).

---

[9] Stéphane Jarlegand, « Le développement de la coopération transfrontalière dans le domaine de la santé » *in* Mission opérationnelle transfrontalière, *Les territoires transfrontaliers : l'Europe au quotidien*, Actes du colloque des 8 et 9 novembre 2007, p. 92.

A. Une coopération encouragée

Ce point étant connu[10], l'on se permettra d'être bref. La coopération transfrontalière a débuté en Europe dans les années 1960 dans le cadre du jumelage entre les villes. Elle s'est ensuite développée en deux temps.

Dans un premier temps, une convention a été adoptée dans le cadre du Conseil de l'Europe : la convention de Madrid du 20 mai 1980[11]. Relativement peu contraignant, ce texte s'est avéré particulièrement utile en ce qu'il comportait en annexe des modèles d'accords « dans le but d'inciter les collectivités territoriales de part et d'autre des frontières à collaborer entre elles »[12].

Dans un second temps, à partir de la fin des années 1980, l'Union européenne a souhaité développer la coopération transfrontalière dans un double objectif : promouvoir la cohésion sociale et territoriale et renforcer la compétitivité et l'attractivité des territoires. Ce développement a, d'abord, pris une forme financière puisque la politique de coopération territoriale a disposé d'une enveloppe de 7, 75 milliards d'euros pour la période 2007-2013, financée par le Fonds européen de développement régional (FEDER)[13]. Il a, ensuite, pris une forme institutionnelle avec les groupements européens de coopération territoriale[14]. Pour la période 2014-2020, la Commission européenne a proposé de consacrer un règlement à part entière à la coopération territoriale au sein de l'Union européenne. Concernant spécifiquement la coopération transfrontalière, il est prévu que la Commission adopte une liste des zones transfrontalières

---

[10] V. notamment Anthony Taillefait, « Coopération transfrontalière », *art. préc.* et Henri Labayle, dir., *Vers un droit commun de la coopération transfrontalière ?*, Bruylant, 2006.

[11] Convention-cadre européenne sur la coopération transfrontalière des collectivités et autorités territoriales, Madrid, 21 mai 1980.

[12] Anthony Taillefait, *art. préc.*, p. 1287.

[13] Jean-Philippe Mallé, *Rapport préc.*, p. 9-11.

[14] Règlement du Parlement européen et du Conseil du 5 juillet 2006 relatif au groupement européen de coopération de coopération territoriale. Sur ce texte, v. Jean-Charles Lubac, « Un nouvel outil communautaire de coopération : le groupement européen de coopération territoriale », *JCP A* 2006, n° 48, chron. 1295.

devant bénéficier d'une soutien sur la base d'objectifs thématiques comme par exemple, l'inclusion sociale par-delà les frontières ou encore la valorisation de la coopération juridique et administrative[15], deux objectifs auxquels peut sans difficulté se rattacher la coopération transfrontalière en matière de santé.

B. Une coopération encadrée

Durant de longues années, aucun texte n'a encadré la coopération sanitaire transfrontalière. Cette dernière s'est ainsi développée « en dehors de tout cadre institutionnel pour répondre aux flux de patients transfrontaliers [16] ». S'il en était ainsi, c'est en raison du fait que la santé demeure fondamentalement un domaine relevant de la compétence des Etats membres[17]. Cependant, comme le prévoient les Traités, d'une part, l'action de l'Union, qui complète les politiques nationales, porte sur « l'amélioration de la santé publique et la prévention des maladies [18] », d'autre part, l'Union « surveille les menaces transfrontalières graves sur la santé (…) et lutte contre celles-ci [19] ». C'est dans le cadre de cette double mission qu'a été adoptée la directive du 9 mars 2011relative à l'application des droits des patients en matière de soins de santé transfrontaliers[20], laquelle a constitué une évolution majeure en la matière : désormais, la coopération sanitaire transfrontalière est encadrée au niveau européen. Sur ce point, il convient de souligner que l'intitulé de la directive est quelque peu trompeur : elle ne porte pas véritablement sur

---

15 *Ibidem.*

16 Sandrine Perrot, « La coopération sanitaire transfrontalière : un cadre juridique en construction », *Revue de droit sanitaire et social*, 2008, p. 284.

17 V. Sylvie Hennion, « Service public de santé et droit européen », *Revue de droit sanitaire et social*, 2013, p. 45-56.

18 Article 168 du Traité relatif au fonctionnement de l'Union européenne (TFUE).

19 *Ibidem.*

20 Directive 2011/24/UE du Parlement européen et du Conseil. Sur ce texte, v. Nathalie de Grove-Valdeyron, « La directive sur les droits des patients en matière de soins de santé transfrontaliers : véritable statut juridique européen du patient ou simple clarification d'un régime de mobilité ? », *Revue trimestrielle de droit européen*, 2011, p. 299-314.

les droits des patients mais bien sur les soins transfrontaliers. Son exposé des motifs est sans ambigüité : il y est précisé que la directive a pour but d'« établir des règles visant à faciliter l'accès à des soins de santé transfrontaliers sûrs et de qualité élevée dans l'Union et de garantir la mobilité des patients [21] ».

A propos de cette directive, on doit plus particulièrement mettre l'accent sur les quatre points suivants. Le premier point est le champ d'application de la directive : si celle-ci porte sur les « soins de santé », elle n'est pas applicable à certains types de soins, principalement ceux de longue durée, les transplantations d'organes et les programmes de vaccinations publiques contre les maladies infectieuses[22]. Le deuxième point concerne les thèmes abordés par la directive : celle-ci cherche à faciliter l'accès aux soins transfrontaliers en posant un certain nombre de principes relatifs aux questions suivantes : la responsabilité des Etats en matière de soins transfrontaliers ; la création de points de contact nationaux d'information ; les soins soumis à autorisation préalable ; la prescription de médicaments ; l'évaluation des technologies de santé. Le troisième point est relatif à une question sensible : celle du remboursement des soins. Le principe posé par la directive est que les soins ambulatoires dispensés à l'étranger, sans autorisation médicale préalable, seront remboursés sur la base du tarif du pays où les droits sociaux du patient sont ouverts[23]. L'idée est que le patient avance les frais et est remboursé par son système de sécurité sociale à partir du moment où il présente les documents liés aux prestations reçues à l'étranger. Le quatrième, et dernier, point concerne spécifiquement la coopération transfrontalière : l'article 10-3 de la directive énonce que la Commission « encourage les Etats membres à coopérer en matière de prestation de soins de santé transfrontaliers dans les régions frontalières » ; il est souligné par ailleurs les Etats membres doivent « faciliter la coopération en ce qui concerne la prestation de soins de santé transfrontaliers au niveau régional [24] ». Ces

---

[21] Paragraphes 5 et 64 de la directive précitée.
[22] Article 1er de la directive précitée.
[23] Article 7 de la directive précitée.
[24] Article 10 al. 2 de la directive précitée.

dernières dispositions sont assurément de nature à développer la coopération sanitaire transfrontalière dans la Grande Région, laquelle bénéficie par ailleurs d'un contexte national favorable.

II. — LE CONTEXTE NATIONAL

Il peut paraître paradoxal d'évoquer un contexte « national » à propos de la coopération transfrontalière. Il n'en demeure pas moins que le contexte juridique français, puisque c'est bien lui auquel il est ici fait référence, peut être considérée comme favorable au développement de la coopération sanitaire transfrontalière dans la Grande Région pour au moins deux raisons : d'une part, au regard de certains textes (A), d'autre part, au regard de certaines politiques (B).

A. Les textes

La coopération sanitaire transfrontalière dans la Grande Région apparaît d'autant plus facilitée que la réglementation française comprend depuis plusieurs années des textes relatifs à la prise en charge des soins reçus à l'étranger par des ressortissants[25]. Parmi ces textes, deux méritent plus particulièrement d'être mentionnés.

Le premier est le décret du 19 mai 2005 relatif à la prise en charge des soins reçus hors de France[26]. Ce texte autorise les organismes de sécurité sociale et les établissements de soins situés de l'autre côté de la frontière à conclure des conventions afin de prévoir les conditions de séjour des assurés sociaux qui ne peuvent recevoir en France les soins appropriés à leur état. Ce qui s'avère remarquable, c'est que les assurés bénéficiant de ces conventions sont dispensés d'obtenir une quelconque autorisation préalable. C'est ainsi, par exemple, dans ce cadre que sont négociées des

---

[25] Pour une analyse de ces différents textes, voir Observatoire Franco-Belge de Santé, *L'accès aux soins des populations transfrontalières*, *op. cit.*, p. 38 et s. voir aussi Steve Chrétien, *Droit européen des patients en matière de soins transfrontaliers*, Les Etudes Hospitalières, 2011.

[26] Décret n° 2005-386 relatif à la prise en charge des soins reçus hors de France et modifiant le Code de la sécurité sociale.

conventions de prise en charge des personnes handicapées françaises dans des établissements belges ou luxembourgeois.

Le second est la circulaire du ministre de la Santé du 27 mai 2005[27] relative à ce que l'on appelle le parcours de soin. Ce texte détermine les modalités d'application du parcours de soins coordonné s'agissant, d'un côté, des assurés d'un régime français recevant des soins à l'étranger et, de l'autre, des assurés d'un régime étranger recevant des soins en France. Ce qui est essentiel du point de vue de la coopération sanitaire transfrontalière, c'est que cette circulaire prévoit que les praticiens étrangers des zones frontalières françaises sont intégrés dans le parcours de soins coordonné en ce qu'ils sont considérés comme se situant dans le « périmètre du lieu de résidence stable et durable de l'assuré français [28] ». C'est ainsi notamment qu'à ce titre, un médecin étranger peut être choisi par un assuré français comme médecin traitant.

B. Les politiques

Plusieurs politiques initiées ces dernières années en France doivent être considérées comme de nature à faciliter le développement de la coopération sanitaire transfrontalière. Parmi celles-ci, on peut plus particulièrement en évoquer deux.

La première politique est celle visant à mettre en place un dossier médical personnel (DMP)[29], qui est un outil de stockage des données personnelles de santé. Créé par une loi du 13 août 2004[30], le dossier médical personnel s'est heurté à une série d'obstacles, notamment techniques,

---

[27] Circulaire DSS/DACI/2005/75 relative aux conditions d'inscription dans le parcours de soins des assurés d'un régime étranger recevant des soins en France et des assurés d'un régime français recevant des soins à l'étranger.

[28] Article 12 de la circulaire précitée.

[29] Sur le dossier médical personnel, v. notamment Camille Bourdaire-Mignot, « Le dossier médical personnel : un outil de stockage des données en vue d'une utilisation partagée », *Revue générale de droit médical*, 2012, n° 44, p. 295-311.

[30] Article 3 de la loi n° 2004-810 précitée.

avant d'être relancé par la loi dite « HPST » du 21 juillet 2009[31]. C'est un fait que la coopération sanitaire transfrontalière ne saurait fonctionner valablement et pleinement sans un tel outil, qui permet aux professionnels de santé, français et étrangers, de partager des informations relatives à un patient[32]. Il est heureux qu'un tel outil ait été mis en place même s'il est actuellement en phase de déploiement sur l'ensemble du territoire national et que sa généralisation tarde à se réaliser. L'on peut penser qu'à terme, l'un des enjeux du développement de la coopération sanitaire transfrontalière sera la création d'un dossier médical personnel européen.

La seconde politique mise en œuvre est celle relative à la télémédecine[33]. Définie comme « une forme de pratique médicale à distance utilisant les technologies de l'information et de la communication [34] », la télémédecine renvoie à deux hypothèses distinctes : celle d'une relation à distance entre un médecin et un patient (téléconsultation) ; celle d'une relation à distance entre plusieurs médecins (téléexpertise)[35]. Comme a pu le souligner la ministre de la Santé Roselyne Bachelot, « la télémédecine n'est pas un sujet comme les autres mais le système qui, dans les années à venir, va transformer les pratiques médicales, voir la manière dont nous concevons la santé [36] ». On s'explique dès lors que les pouvoirs publics français aient investi près de 180 millions sur 5 ans afin de soutenir son développement. Les finalités poursuivies par la télémédecine sont multiples : égal accès aux soins ; amélioration de la qualité des soins, notam-

---

31 Loi n° 2009-879 portant réforme de l'hôpital et relative aux patients, à la santé et aux territoires (HPST).

32 Comme le souligne Camille Bourdaire-Mignot, « cet outil est indispensable au développement des pratiques qui impliquent une centralisation des données de santé auxquelles le professionnel de santé doit pouvoir accéder à distance » (*art. préc.*, p. 311).

33 Sur la télémédecine, v. Maïalen Contis, « La télémédecine, nouveaux enjeux, nouvelles perspectives juridiques », *Revue de droit sanitaire et social*, 2010, p. 235-246 et Olivier Renaudie, « Télémédecine et téléservice public », *Revue française d'administration publique*, 2013, n° 146, p. 381-391.

34 Article 78-I de la loi n° 2009-879 précitée.

35 Décret n° 2010-1229 relatif à la télémédecine.

36 Discours d'ouverture du colloque sur 'Les systèmes d'information de la santé', 6 novembre 2008.

ment en facilitant le suivi à distance ; réduction des coûts et utilisation optimale des ressources mobilisables[37]. Au-delà de ses finalités principales, la télémédecine peut également être considérée comme un outil au service de la coopération sanitaire transfrontalière[38] dans la mesure où elle permet de faciliter, d'une part, les soins transfrontaliers et, d'autre part, les échanges d'informations entre professionnels de santé d'un côté et de l'autre de la frontière. Le contexte s'avère tout aussi favorable au développement de la coopération sanitaire transfrontalière au niveau local.

III. — Le contexte local

La Grande Région constitue un territoire propice au développement de la coopération sanitaire transfrontalière. Cela tient aussi bien à ses caractéristiques propres (A), qu'aux initiatives en découlant (B).

A. Les caractéristiques

La Grande Région est un groupement européen de coopération territoriale qui s'étend sur une superficie de 65 400 km² entre le Rhin, la Moselle, la Sarre et la Meuse. Elle est composée des membres suivants : la région Lorraine ; le Land allemand de la Sarre ; le Land allemand de la Rhénanie-Palatinat ; le Grand-Duché du Luxembourg et la région belge de la Wallonnie. La Grande Région a émergé dans les années 1960 et a été consolidée dans les années 1980 dans le but d'améliorer la coopération politique et économique entre les différents acteurs concernés[39].

---

[37] V. en ce sens Pierre Lasbordes, *La télésanté : un nouvel outil au service de notre bien-être*, Rapport remis à Madame Roselyne Bachelot, Ministre de la Santé et des Sports, 2009.

[38] V. en ce sens la directive européenne 2011/24/UE précitée et le rapport de Pierre Lasbordes précité.

[39] Pour une histoire de la Grande Région, voir Camilo Carneiro Filho, « La Grande Région, région transfrontalière européenne », *Confins*, 2012, n° 16 (http://confins.revues.org/7908).

Au-delà des considérations d'ordre topographique et historique, la principale caractéristique de la Grande Région tient au fait qu'elle est traversée de manière permanente par des flux de travailleurs et de consommateurs transfrontaliers. Il faut en effet rappeler que 200 000 travailleurs « grands régionaux » se rendent dans un Etat autre que le leur quotidiennement, dont 145 000 vers le seul Luxembourg[40]. L'importance et la permanence de ces flux ont très rapidement conduit à réfléchir à la manière dont il était possible d'offrir à ces personnes mobiles des formes de soins adaptées à leurs besoins et facilitées par des procédures administratives uniformisées, particulièrement s'agissant de la prise en charge financière. On s'explique dès lors les nombreuses initiatives prises en la matière dans ce cadre.

B. Les initiatives

La Grande Région n'a pas attendu la confection de normes, européennes ou françaises, pour mettre en œuvre un certain nombre de projets en matière sanitaire. De nombreuses initiatives ont ainsi été lancées à partir des années 1990 dans le but d'« assurer un meilleur accès à des soins de qualité pour les populations de la zone frontalière, de garantir une continuité des soins (…) et de favoriser la mutualisation des connaissances et des pratiques [41] ». C'est ainsi qu'aujourd'hui, la Grande Région peut être considérée comme un laboratoire d'idées et d'expériences. Un rapport parlementaire récent portant sur la coopération sanitaire transfrontalière entre la France et l'Espagne considère d'ailleurs la Grande Région comme une référence en la matière[42].

Parmi ces nombreuses initiatives[43], on peut citer la convention passée entre les Centres hospitaliers de Tourcoing (France) et de Mouscron

---

[40] STATEC, *Statistiques de la Grande Région*, Luxembourg, 2012.

[41] Sandrine Perrot, « La coopération sanitaire transfrontalière : un cadre juridique en construction », *art. préc.*, p. 284.

[42] « Associant également plus de deux pays, le programme 'Grande Région' est sans doute l'un des meilleurs exemples d'un projet d'Europe sans frontière » (Jean-Philippe Mallé, *rapport préc.*, p. 12).

[43] Pour un panorama plus complet de ces initiatives, on se permet de renvoyer à la contribution de Valérie Scheffzek qui figure dans le présent ouvrage.

(Belgique), laquelle est entrée en vigueur en juin 1994, c'est-à-dire bien avant l'adoption de certains textes réglementant ou facilitant la coopé ration transfrontalière[44]. D'un côté, le Centre hospitalier de Mouscron ne disposait pas d'un laboratoire de référence en matière de maladies infectieuses : il ne pouvait dès lors prendre en charge intégralement les patients atteints de maladies infectieuses graves. C'est pourquoi il orientait ces patients vers une unité de soins spécialisés située souvent à plus de 100 km de leur lieu de résidence. Et ce, alors même que le Centre hospitalier de Tourcoing, situé à 2 km de l'autre côté de la frontière, disposait d'un tel laboratoire. De l'autre côté, le Centre hospitalier de Tourcoing ne disposait pas de poste de dialyse. C'est pourquoi il orientait ses patients vers les services de néphrologie situés à Lille ou à Roubaix. Et ce, alors même que le Centre hospitalier de Mouscron disposait de plusieurs postes de dialyse. C'est ainsi que les deux Centres hospitaliers ont passé une convention permettant, d'une part, à des patients belges, atteints d'une maladie infectieuse grave de recevoir des soins au Centre hospitalier de Tourcoing et, d'autre part, à des patients français atteints d'insuffisance rénale d'être dialysés au Centre hospitalier de Mouscron[45]. Cet exemple montre que les premières initiatives en matière de coopération sanitaire transfrontalière sont relativement anciennes, mais surtout antérieures à l'adoption des textes encadrant ce type de coopération.

Le contexte, européen, national et local, est très largement favorable au développement de la coopération sanitaire transfrontalière sur le territoire de la Grande Région. Les différents éléments évoqués, associés à une volonté politique forte, ont permis d'édifier de nombreux projets et, de manière plus générale, d'enclencher une dynamique de santé sans frontière. Il ne faut cependant pas tomber dans l'optimisme béat et sous-estimer les obstacles au développement de la coopération sanitaire transfrontalière. Parmi ces obstacles, on peut par exemple mentionner la bar-

---

[44] Sur cette convention, v. Observatoire Franco-Belge de Santé, *L'accès aux soins des populations transfrontalières*, *op. cit.*, p. 42-45.

[45] Cette seconde partie de la convention n'a plus lieu d'être depuis la création de la Zone organisée d'accès aux soins transfrontaliers (ZOAST) 'MRTW URSA', laquelle donne accès à l'ensemble de l'offre de soins du centre hospitalier de Mouscron pour les patients français de la zone concernée.

rière de la langue ou encore l'absence de formations communes des personnels de santé. C'est notamment sur ces points que doit désormais porter l'effort des acteurs de la coopération sanitaire transfrontalière dans la Grande Région.

Etat des lieux de la coopération sanitaire transfrontalière en Grande-Région

Valérie SCHEFFZEK*

* Assistance Publique-Hopitaux de Paris (AP-HP) Contrôle de gestion DRH-DAF/Suivi du projet Efficience du Groupe Hospitalier.

La Grande-Région, composée des Länder de Sarre et de Rhénanie-Palatinat, du Grand-Duché de Luxembourg, de la région Wallonne et de la Communauté germanophone de Belgique ainsi que de la région Lorraine, rencontre quotidiennement de nombreux flux transfrontaliers de population facilités par l'absence de frontières. Ces flux sont majoritairement liés au travail, à la consommation ou au lieu de résidence. D'une part, ces flux nécessitent d'offrir à chaque citoyen des soins et une prise en charge sanitaire de qualité. Cet accès aux soins devrait être facilité par des procédures administratives uniformisées, notamment au regard de leur prise en charge financière. D'autre part, la mobilité des professionnels de santé entre des pays voisins pourrait être une réponse aux fortes contraintes démographiques existantes dans le domaine de la santé (ex : manque de médecins, de soignants). Dès lors, la coopération sanitaire transfrontalière offre des perspectives concluantes dans un domaine sensible tel que la santé. Cependant, « l'objectif de ces projets de coopération ne saurait être une uniformisation des systèmes de santé des États membres de l'Union Européenne ou la création d'une situation de concurrence entre les États membres[1] ».

La coopération sanitaire transfrontalière représente donc un outil qui permettrait de répondre aux problématiques suivantes :

- Problématique de démographies médicale et soignante
- Attractivité sanitaire et offre de soins en zone rurale
- Problématique de santé publique
- Réponse aux situations d'urgence
- Soutien d'établissement présentant des difficultés financières et structurelles
- Harmonisation des procédures de facturation des soins.

Les Etats membres de la Grande-Région ont conclu des accords-cadres qui permettent aux zones frontalières concernées par l'accord de con-

---

[1] Commission mixte sur la mise en œuvre de la coopération sanitaire transfrontalière franco-allemande, rapport 2010.

clure des conventions de coopération. L'accord-cadre franco-belge de coopération sanitaire transfrontalière a été signé le 30 septembre 2005 et est entré en vigueur le 1er mars 2011. Il s'applique aux régions françaises : Champagne-Ardenne, Lorraine, Nord-Pas-de-Calais et Picardie ainsi qu'aux arrondissements belges suivants : Veurne, Leper, Kortrijk, Mouscron, Tournai, Ath, Mons, Thuin, Philippeville, Dinant, Neufchâteau, Virton et Arlon.

La France et l'Allemagne ont signé le 22 juillet 2005, l'accord cadre sur la coopération sanitaire transfrontalière, entré en vigueur en 2007, qui s'applique aux zones frontalières suivantes : en République française, à la région Alsace et à la région Lorraine ; en République fédérale d'Allemagne aux Länder de Bade-Wurtemberg, Rhénanie-Palatinat et Sarre.

Ces accords-cadres prévoient également la création d'une commission mixte chargée de suivre les coopérations sanitaires transfrontalières. Les autorités compétentes en matière d'organisation de l'accès aux soins et de sécurité sociale mettent en œuvre ces accords-cadres. En outre, la finalisation d'un accord cadre franco-luxembourgeois sur la coopération sanitaire transfrontalière est envisagé[2].

Les processus de coopération sanitaire transfrontalière sont principalement élaborés dans le cadre des programmes européens INTERREG, mis en place en 1989 et financés par le Fond Européen de Développement Régional (FEDER). Les programmes INTERREG ont pour objectifs de stimuler et promouvoir le développement économique des régions frontalières. En vue de favoriser le développement des projets, des structures de suivi et de promotion de la coopération, souvent à l'origine des premiers échanges dans ce domaine, ont été mis en place :

- L'Observatoire Franco-Belge de la Santé (OFBS), dès 1999, est un Groupement Européen d'Intérêt Economique (GEIE). Il est composé des principaux acteurs de l'assurance maladie et de l'offre de soins, des médecins libéraux, des pharmaciens ainsi que des

[2] Commission intergouvernementale franco-luxembourgeoise pour le renforcement de la coopération transfrontalière, Communiqué de presse 2013.

centres hospitaliers situés dans la zone frontalière franco-belge. L'OFBS pilote plusieurs projets INTERREG.

- L'observatoire Transfrontalier de la Santé Wallonie-Lorraine-Luxembourg (GEIE LuxLorSan) depuis 2002. Il fédère des organismes de santé des régions membres et constitue un espace d'échanges, d'études et d'actions transfrontalières dans le domaine sanitaire, médico-social et de l'accès à des soins de qualité.
- Groupe de travail "Santé" de la Commission régionale Saar-Lor-Lux-Rhénanie-Palatinat-Wallonie dès 2006.
- Projet Gesundheit : Santé Saar: Moselle 2002-2006 : analyse comparative des systèmes de santé en vue de projets de coopérations.

Les coopérations sanitaires transfrontalières permettent de répondre à des problématiques diverses comme cela a été précisé précédemment. Cependant, les domaines de coopération suivants font l'objet d'une analyse approfondie dans le cadre de cette présentation : les coopérations en matière d'aide médicale d'urgence, en matière de coopération inter-hospitalière et en matière de formation et de recherche.

I. — L'AIDE MEDICALE D'URGENCE

Les coopérations en matière d'aide médicale d'urgence permettent de réduire les délais d'intervention auprès du patient en faisant intervenir les secours du pays voisin. Cette complémentarité est favorisée par la liaison des moyens de communication entre les centres de régulation des secours des pays concernés. De plus, des actions de formation et d'échanges de personnel sont développées.

Les régions frontalières ont engagé des actions de formalisation de ces coopérations :

- Convention sur l'aide médicale urgente entre la France et la Belgique conclue en mars 2007 avec des annexes spécifiques pour les bassins frontaliers (ex : annexe Lorraine en 2008). En 2012, la convention franco-belge a enregistré 179 interventions du SMUR Belge en France et 50 interventions du SMUR Français en Belgique. Attention, il convient de préciser que la convention Franco-Belge comprend des zones frontalières non comprises dans la Grande-Région

- Convention franco-allemande sur l'aide médicale urgente conclue en 2008 entre la Lorraine et la Sarre. En 2012, le service d'urgence de la Sarre a effectué 88 sorties en France. Dans la même période, 81 sorties du SMUR Français ont été réalisées entraînant le transport des patients vers la France.
- Convention sur les services de secours entre le Royaume de Belgique et la Rhénanie-Palatinat de mai 2009 : intervention transfrontalière des ambulances et des médecins urgentistes dans les zones de coordination de Trèves et Liège
- Interventions transfrontalières des hélicoptères de sauvetage Luxembourg – Sarre – Rhénanie-Palatinat.

II. — LA COOPERATION INTER-HOSPITALIERE

Dans le cadre de la coopération inter-hospitalière, deux coopérations particulièrement innovantes font l'objet dans le cadre de cette étude d'une présentation approfondie.

A. La coopération inter-hospitalière franco-belge

Au niveau de la zone frontalière lorraine (Meurthe-et-Moselle) et belge (arrondissement du Luxembourg), une coopération renforcée a été mise en place entre deux établissements par le biais de conventions et d'une ZOAST = Zone d'Accès aux Soins Transfrontaliers. Les ZOAST sont des zones géographiques au sein desquelles les populations ont librement accès aux soins des deux côtés de la frontière. L'originalité de la ZOAST repose sur les modalités de facturation de la prise en charge. En effet, les procédures administratives sont simplifiées pour les patients français grâce à l'utilisation de la carte vitale française par le biais de bornes installées dans l'établissement belge avec transmission des éléments à la CPAM française. Pour les patients belges, la procédure est identique sur présentation de la vignette de mutuelle.

La Zone d'accès aux soins transfrontaliers (ZOAST) Arlon Longwy, entrée en vigueur en juillet 2008, est née d'une coopération entre les Cliniques du sud Luxembourg (CSL) et l'Association ALPHA SANTE – Centre Hospitalier Hôtel Dieu à Mont-Saint-Martin (Meurthe-et-Moselle), et permet aux patients de la zone frontalière de recevoir des soins au sein des deux établissements hospitaliers sans démarches préalables. L'établissement français d'une capacité de 350 lits est situé dans une commune voisine de Longwy qui est délimitée à l'ouest et au nord par la frontière belge, ainsi qu'à l'est par les frontières belge et luxembourgeoise. L'hôpital belge d'Arlon d'une capacité (avec Virton) de 403 lits (aigus, spécialité et psychiatrie) est l'hôpital de recours le plus proche (il est situé à 19 km) puisque le CHR de Metz Thionville, l'établissement de recours français, est situé à 48 km. Les patients français représentent 2-3% de la patientèle de l'établissement belge en 2012.

L'établissement français a récemment rencontré des difficultés financières et structurelles en raison d'une problématique de désertification médicale du bassin de Longwy[3]. La coopération avec l'établissement belge permet de soutenir la reprise de l'hôpital français grâce à l'intervention de médecins belges au sein de l'établissement français comme nous l'a précisé l'Agence Régionale de Santé (ARS) Lorraine que nous avons interrogée.

Afin de renforcer l'équipe médicale de l'établissement français, une quinzaine de médecins belges interviennent chaque semaine au sein du CH Hôtel-Dieu dans les spécialités suivantes : gastro-entérologie, urologie, orthopédie et pédiatrie. De plus, un Groupement d'intérêt économique « les trois frontières », permet aux radiologues des cliniques du sud Luxembourg d'Arlon d'exploiter les infrastructures d'imagerie médicale du CH Hôtel Dieu à Mont Saint-Martin et plus particulièrement le Scan-

[3] Projet médical du Centre hospitalier Hôtel-Dieu Mont Saint-Martin, version du 3 octobre 2012.

ner et l'IRM. Enfin, dans le cadre de la prise en charge des patients atteints de cancer, des séances de radiothérapie sont réalisées au Luxembourg à Esch-sur-Alzette à 20 km de Mont Saint-Martin.

Il convient de préciser que les ZOAST, en vigueur entre la France et la Belgique, font l'objet d'un projet Santransfor qui a pour objectif d'élargir le principe des ZOAST à la Grande-Région.

B. La coopération inter-hospitalière franco-allemande

La Moselle présente une surmortalité par maladies cardiovasculaires soit + 20%. Ces pathologies nécessitent une prise en charge rapide au sein d'une unité de soins intensifs de cardiologie (USIC). Cette activité est réalisée au sein du bassin houiller par le CHIC Unisanté situé à Forbach. Cependant, cet établissement présente un problème de démographie médicale et les premiers établissements de recours français sont situés à minima à plus de 50 km de Forbach (Metz et Nancy).

En réponse à ces difficultés, une convention de coopération a été conclue en mars 2013 entre le CHIC unisanté et le HerzZentrum Saar de la SHG Kliniken situé à Völklingen en Sarre, considéré comme un des 10 meilleurs établissements allemands spécialisés en cardiologie et plus particulièrement en cardiologie interventionnelle. Outre la prise en charge de patients, la convention prévoit la participation des cardiologues allemands à la permanence des soins de l'établissement français. Cette coopération n'est pas nouvelle et s'est construite depuis une dizaine d'année grâce à l'intervention de la chargée de la coopération sanitaire transfrontalière de la SHG Kliniken que nous avons interrogé.

Autour de la même problématique de prévention et de prise en charge des maladies cardiovasculaires, l'observatoire franco-belge de la santé a développé le projet ICAPROS, Instance de Coordination des Actions pour la PROmotion en Santé franco-Belge (2009-2014), qui vise à promouvoir des actions structurées dans ce domaine (prévention du risque cardio-vasculaire, promotion de l'information et de la formation en santé, diffusion des bonnes pratiques professionnelles).

III. — RECHERCHE, INNOVATION ET FORMATION

Outre la prise en charge des médicales des patients, les conventions de coopération intéressent d'autres domaines tels que la formation, la recherche et l'innovation:

- Association Saar-Lor-Lux des centres hospitaliers universitaires de Nancy (Meurthe-et-Moselle) et Homburg (Sarre), et du laboratoire nationale de santé luxembourgeois dès 1996, pour la recherche dans les spécialités de la synthèse organique, de la virologie et de la recherche cardiovasculaire,
- Convention de coopération dans le domaine des stages du 14 octobre 2008, conclue entre l'Institut de Formation en Soins Infirmiers (IFSI) de l'Hôpital du Parc de Sarreguemines (Moselle) et le centre cardiologique des SHG Kliniken - Völklingen (Sarre), permettant aux étudiants de l'IFSI d'y faire un stage d'une durée de quatre semaines. Une centaine d'étudiants de l'IFSI de Sarreguemines ont été reçus en stage depuis le début de la convention. Cette initiative favorise également les échanges linguistiques franco-allemands.
- Accord de coopération du Centre Hospitalier du Luxembourg et de l'Université de la Sarre de novembre 2008 dans les domaines de la formation initiale et de la formation continue ainsi que de l'assistance médicale transfrontalière,
- Accord de coopération du Centre Hospitalier du Luxembourg et de la Fachhochschule Trier (Rhénanie-Palatinat) Hochschule für Technik, Wirtschaft und Gestaltung de juin 2009 dans les domaines de la neurochirurgie, du développement de l'assistance chirurgicale robotisée,
- Accord de coopération de la clinique Caritas (Dilligen) et du Centre hospitalier universitaire Nancy dans la recherche expérimentale sur les accidents vasculaires cérébraux.

IV. — LE DEVELOPPEMENT DE NOUVEAUX PROJETS

Parallèlement à ces projets existants, de nouveaux projets sont en cours de développement en vue d'uniformiser et de rendre plus visibles les coopérations sanitaires transfrontalières :

- Le projet COSANTE, porté par le GEIE LuxLorSan dans le cadre d'INTERREG IV-A (2007-2013) et ayant pour objet d'améliorer l'accès aux soins des populations du Luxembourg (Belgique), de la Lorraine et du Grand-Duché du Luxembourg, a eu notamment pour objectif de développer un observatoire transfrontalier de la santé et de l'accès aux soins au sein de la Grande-Région. Depuis début 2014, la responsable de la coopération sanitaire transfrontalière des SHG Kliniken- Völklingen (Sarre) est rattachée à mi-temps à l'observatoire franco-belge de la santé en vue d'accompagner la création d'un tel observatoire et plus largement d'impulser la coopération sanitaire transfrontalière en Grande-Région en favorisant le développement de liens entre les régions frontalières concernées.

- Depuis le 1er juillet 2013, Recosantran, piloté par l'Observatoire franco-belge de la santé, prend le relais des projets arrivés à échéance dans l'espace transfrontalier France-Wallonie-Vlaanderen et a également pour objectif de se pencher sur la question de la dépendance. Cette intégration du secteur médico-social au sein du périmètre de la coopération sanitaire transfrontalière n'est pas nouvelle puisqu'un accord-cadre entre le Gouvernement de la République française et le Gouvernement de la région wallonne du Royaume de Belgique sur l'accueil des personnes handicapées a été signé le 21 décembre 2011,

- De manière plus large, le projet d'appui à la création d'un réseau pilote des hôpitaux liés au paiement des soins pour les patients transfrontaliers (HoNCAB), lancé en octobre 2012 au Luxembourg, dont l'objectif général du projet est d'obtenir une meilleure compréhension des exigences financières et organisationnelles qui peuvent survenir à la suite des soins reçus par un patient en dehors de l'État membre d'affiliation.

V. — LES CONTRAINTES EXISTANTES

Cependant, la mise en place de la coopération sanitaire transfrontalière présente, de nombreuses contraintes qui sont un frein à l'avancée des projets : la barrière de la langue, des procédures administratives longues et complexes, des systèmes de santé et des modalités de planification hospitalière différents, des interlocuteurs qui changent alors que des relations de confiance se sont instaurées, des craintes fondées ou non (ex : risque de concurrence entre Etats membres). Pour exemple, il est possible de citer les modalités de conclusion des conventions de coopération entre la France et l'Allemagne. En effet, le rapport de la commission mixte franco-allemande de 2009, souligne que « du côté français, seules des organisations administratives régionales, expérimentées dans ce domaine, sont en mesure de signer des conventions tandis que, du côté allemand, des hôpitaux individuels, par exemple, sont autorisés à signer une convention ». Ou encore, la circulaire 2007 relative à la mise en œuvre de l'accord-cadre de coopération sanitaire transfrontalière franco-allemande qui précise que les « ARH sont chargées de veiller à ce que les conventions [...] répondent à un déficit de l'offre de soins préalablement constaté sur le territoire français ». Cette notion de déficit a eu pour conséquence d'ouvrir un débat entre les partenaires puisque les allemands considéraient que « l'accord-cadre et les conventions de coopération devaient créer une valeur ajoutée par rapport à la qualité et la quantité des soins[4] ».

---

[4] Commission mixte sur la mise en œuvre de la coopération sanitaire transfrontalière franco-allemande, rapport 2010.

CONCLUSION

Malgré ces contraintes, la coopération sanitaire transfrontalière reste un sujet vaste qui évolue en raison de nouveaux enjeux tels que :

- l'évolution de la règlementation existante à travers notamment la directive du Parlement européen et du Conseil du 9 mars 2011 relative à l'application des droits des patients en matière de soins de santé transfrontaliers,
- les contraintes financières et concurrentielles existantes dans le secteur de la santé,
- les évolutions démographiques et de la protection sociale,
- l'augmentation de la technicité dans le domaine de la santé,
- l'évolution des droits du patient,
- la définition de nouveaux enjeux de santé publique,
- l'intégration de nouveaux domaines tels que la dépendance des personnes âgées ou la prise en charge du handicap.

Au regard de ces évolutions, la coopération sanitaire transfrontalière devrait d'une part être approfondie et d'autre part être régulièrement évaluée.

La participation d'une collectivie publique francaise dans une société privée étrangère : l'exemple des Thermes de la Sarre

Roland ROTH*

* Président de la communauté d'agglomération de Sarreguemines-Confluences. Président de l'Eurodistrict SaarMoselle.

La commune de Kleinblittersdorf à la frontière franco-allemande envisage depuis de nombreuses années d'exploiter une source thermale présente dans son sous-sol.

Dès les années 1990, la commune a engagé une série de démarches en vue d'initier un projet en la matière.

En 2005, la commune de Kleinblittersdorf, le Regionalverband de Sarrebruck (Communauté Urbaine de Sarrebruck dont la commune de Kleinblittersdorf fait partie) et la Landesentwicklungsgesellschaft Saarland mbH (société de développement du Land de Sarre, au statut de SARL) fondent la Projektgesellschaft Thermalbad Rilchingen mbH (société du projet de centre thermal de Rilchingen, au statut de SARL) dont l'objet est le développement et la commercialisation d'un parc de santé avec bain thermal à Rilchingen.

La Société a pour mission l'acquisition du foncier nécessaire à la réalisation du projet, l'adjudication et le suivi du projet, la prospection pour la sélection des investisseurs, l'aménagement du terrain pour l'ensemble du projet, les investissements pour la construction d'un centre thermal et sa location à long terme à une société d'exploitation sur la base d'un appel d'offres public.

Le capital social est de 50.000 € et les associés effectuent un apport en numéraire de 900.000 € pour le financement des activités de la société.

En mars 2009, les représentants de la société présentent le projet aux élus de la Communauté d'Agglomération Sarreguemines Confluences.

Situé à moins de cinq kilomètres de Sarreguemines et à quinze kilomètres de Sarrebruck centre, le projet est composé de trois piliers :

- un centre thermal,
- un centre de cure,
- un hôtel 4 étoiles.

L'objectif est d'ouvrir le centre thermal au public dès septembre 2011.

Il est alors proposé à la Communauté d'Agglomération Sarreguemines Confluences d'adhérer au projet et d'intégrer la Projektgesellschaft Thermalbad Rilchingen mbH.

Convaincus des retombées touristiques et économiques d'un tel équipement, les élus de part et d'autre de la frontière ont dès le départ souhaité approfondir la position transfrontalière du projet.

L'ensemble du projet doit également permettre de créer environ 200 emplois avec une majorité d'emplois bilingues.

L'article L. 1115-4 du Code Général des Collectivités Territoriales ouvre la possibilité aux collectivités territoriales françaises d'intégrer des sociétés étrangères : « *Les collectivités territoriales et leurs groupements peuvent, dans les limites de leurs compétences et dans le respect des engagements internationaux de la France, adhérer à un organisme public de droit étranger ou participer au capital d'une personne morale de droit étranger auquel adhère ou participe au moins une collectivité territoriale ou un groupement de collectivités territoriales d'un Etat membre de l'Union européenne ou d'un Etat membre du Conseil de l'Europe.*

Cette adhésion ou cette participation est autorisée par arrêté du représentant de l'Etat dans la région. Elle fait l'objet d'une convention avec l'ensemble des membres adhérant à l'organisme public en cause ou participant au capital de la personne morale en cause. Cette convention détermine la durée, les conditions, les modalités financières et de contrôle de cette adhésion ou de cette participation. Le total de la participation au capital ou aux charges d'une même personne morale de droit étranger des collectivités territoriales françaises et de leurs groupements ne peut être supérieur à 50 % de ce capital ou de ces charges. »

- La Communauté d'Agglomération Sarreguemines Confluences dispose de la compétence facultative « coopération transfrontalière »,
- L'accord de Karlsruhe de 1996 définit les règles de la coopération transfrontalière entre la France et l'Allemagne,
- La Projektgesellschaft est une personne morale à laquelle participe au moins une collectivité territoriale d'un Etat membre de l'Union Européenne.

La Communauté d'Agglomération Sarreguemines Confluences délibère donc le 28 mai 2009 et sollicite l'autorisation du Préfet de Région en vue d'acquérir 5% du capital social de la société soit 2 500 € et d'effectuer un apport en numéraire de 45 000 € pour financer les activités de la société.

Saisis une première fois en mars 2010, les services préfectoraux ont été relancés en octobre 2010. En raison de la rareté de telles demandes, les services préfectoraux eux-mêmes ne savaient pas quel était le service compétent pour traiter une telle demande.

Finalement, en novembre 2010, les services de l'Etat souhaitent des compléments d'informations, notamment sur deux points :

- « au-delà de la compétence facultative « coopération transfrontalière », la compétence de fond précise au titre de laquelle la Communauté d'Agglomération Sarreguemines Confluences intervient »,
- « des éléments sur la nature de la « contribution » complémentaire de 45.000 € qui sera versée ».

En réponse à ces demandes, nous avons décidé de préciser notre compétence en matière de développement économique et rappelé que la participation de 45.000 € est un apport en numéraire déposé sur un compte d'associé pour le financement des activités de la société. Cet apport étant remboursé au bout de quinze ans d'exploitation du Centre Thermal.

Il faudra attendre juillet 2011, soit plus d'un an d'instruction pour que l'arrêté autorisant la Communauté d'Agglomération Sarreguemines Confluences à intégrer la Projektgesellschaft Thermalbad Rilchingen mbH soit pris.

Le 3 novembre 2011, la Communauté d'Agglomération Sarreguemines Confluences a donc par acte notarié racheté 5% des parts de l'un des partenaires de la société.

La Communauté d'Agglomération Sarreguemines Confluences participe donc au capital de la société conformément à son engagement c'est-à-dire à hauteur de 2.500 € et a effectué un apport numéraire de 45.000 € remboursé à partir de la quinzième année d'exploitation du site.

Au final les apports de chacun des membres de la société sont :

- pour la Ville de Kleinblittersdorf : 25.000 € (50 %)
- pour le Regionalverband de Sarrebruck : 12.500 € (25 %)
- pour la LEG Saar : 10.000 € (20 %)

- pour la Communauté d'Agglomération Sarreguemines Confluences : 2.500 € (5 %)

soit un capital social de 50 000 €.

Les apports en numéraire sont répartis de la même manière :

- 50 % pour la Ville de Kleinblittersdorf soit 450.000 €
- 25 % pour le Regionalverband de Sarrebruck soit 225.000 €
- 20 % pour la LEG Saar soit 180.000 €
- 5 % pour la Communauté d'Agglomération Sarreguemines Confluences soit 45.000 €

soit un total de 900 000 €.

En terme de représentation la Communauté d'Agglomération Sarreguemines Confluences dispose d'un siège sur les 8 composant le Conseil de Surveillance de la société (3 représentants de la commune de Kleinblittersdorf, 2 représentants du Regionalverband de Sarrebruck, 2 représentants de la LEG Saar et 1 représentant de la Communauté d'Agglomération Sarreguemines Confluences).

Finalement, le centre thermal a ouvert ses portes en septembre 2012 et a connu un succès immédiat, plus de 200.000 visiteurs en 1 an d'exploitation dont 40% de français. Le centre de soin est sur le point d'ouvrir ses portes et les négociations sont en cours pour l'implantation d'un hôtel.

Une convention conclue avec l'Office de Tourisme Communautaire accorde l'exclusivité des ventes de billets en France à celui-ci.

Les conséquences sur la fréquentation touristique se sont faites ressentir et la Projektgesellschaft est en cours d'acquisition de terrains afin de permettre au centre thermal de s'agrandir.

L'Eurodistrict SaarMoselle : Origine, compétences, avenir

Gilbert SCHUH*

* Ancien Président de l'Eurodistrict SaarMoselle.

I. — LES ORIGINES

L'Eurodistrict existe depuis mai 2010.

C'est un GECT, un groupement européen de coopération territoriale.

Il est une étape dans un processus d'intégration territoriale transfrontalière qui a démarré de fait avec la réconciliation franco-allemande, dans les années 50.

Les communes ont tout d'abord procédé à des rapprochements bilatéraux symboliques comme des jumelages transfrontaliers, puis ont coopéré dans le cadre de certains services publics (Eau, assainissement...).

En 1997, du fait de l'avancée de la construction européenne, avec le marché unique, mais aussi en accompagnement de la nécessaire reconversion de la Moselle-est et de la Sarre avec l'annonce de la fin de l'extraction minière, les communes ont décidé de renforcer la coopération transfrontalière. Elles ont institutionnalisé leurs relations en 1997, dans une association loi 1908: Zukunft Saar Moselle Avenir.

En 2005 le territoire élargi de l'association a obtenu le statut de territoire métropolitain, suite à un appel à candidature du CIATA, qui souhaitait alors susciter des métropoles qui soient d'échelle européenne. Dans sa sagesse, l'Etat acceptait le regroupement transfrontalier de communes pour arriver à une taille pertinente. La métropole SaarMoselle est ainsi née en 2005.

En 2003, à l'occasion du 40ème anniversaire du Traité de l'Elysée, le chancelier Schroeder et le président Chirac souhaitaient redynamiser la construction européenne grâce à la coopération franco-allemande en s'appuyant sur les relations transfrontalières. Ils ont lancé l'idée de créer des eurodistricts.

Notre association a d'emblée voulue se transformer en Eurodistrict.

En 2010, avec l'aide de la Mission Opérationnelle Transfrontalière (MOT), de l'Etat Français et du Land de Sarre, le processus de création de l'Eurodistrict a enfin abouti. Le GECT Eurodistrict SaarMoselle était créé.

La MOT nous avait en effet orientés vers la forme du GECT. Quant au droit applicable, nous avons opté pour le droit public français, et notamment le Droit des collectivités locales.

Notre siège est à Sarreguemines en France, à la Communauté d'Agglomération de Sarreguemines Confluences et les bureaux sont à Sarrebruck dans un bâtiment du Regionalverband de Sarrebruck.

Le GECT est administré par une assemblée de 62 délégués des intercommunalités membres, dont la moitié est française et la moitié allemande.

Un comité directeur représentant les intercommunalités est élu par l'assemblée suivant le même principe de la parité franco-allemande.

Il en est de même du Président et du Vice-Président qui sont élus pour des mandats de deux ans, avec une alternance franco-allemande.

Les membres de l'assemblée et du comité directeur sont renouvelables suivant l'échéance de leur mandat national. Le personnel de l'Eurodistrict est français et allemand.

Le GECT est une *intercommunalité transfrontalière* qui regroupe 8 intercommunalités et 600 000 habitants.

Une allemande : le Regionalverband de Sarrebruck qui compte 350 000 habitants et 7 françaises : les communautés d'agglomérations de Forbach et Sarreguemines, les communautés de communes de Freyming Merlebach, St Avold, Sarralbe, Creutzwald et Faulquemont, avec 250 000 habitants.

Elle a deux intercommunalités associées : la communauté de communes du pays de Bitche et le Saarpfalzkreis (Homburg/Saar). Elle a vocation à accueillir le Kreis de Sarrelouis et son horizon est le million d'habitants.

L'Eurodistrict a donc un territoire : l'espace métropolitain Sarrebruck-Moselle-Est.

Il a une gouvernance : le GECT.

Il a un projet : la vision d'avenir qui a été élaborée par les élus, des experts et les citoyens transfrontaliers dans le cadre de workshops.

II. — LES COMPETENCES, LES MISSIONS

Il n'a pas de compétences transférées au sens du droit français des collectivités locales; il a des missions que lui confient les intercommunalités membres.

Celles-ci concernent actuellement.

A. Les transports en communs transfrontaliers

Les transports en communs transfrontaliers, je citerai en particulier une ligne de Bus Sarrebruck – St Avold qui a été ainsi mise en place pour une période d'essai de 3 ans. Elle concerne environ 70 000 voyageurs par an. Son attrait réside dans la couverture des centres villes, mais aussi celle de la zone d'activité de l'entrée de Sarrebruck ainsi que le lycée franco allemand.

Les partenaires financeurs sont le Conseil Général de la Moselle, la communauté d'Agglo de Forbach, les communautés de communes de Freyming Merlebach et de Saint Avold, ainsi que le Land de Sarre. La contribution publique annuelle est de 330 000 €.

D'une manière générale, toutes les intercommunalités transfrontalières (environ 8) se penchent sur la problématique des transports en commun.

L'Eurodistrict dispose d'une étude globale de transport sur son territoire élargi à Sarrelouis.

Elle a couté 300 000 € cofinancés par l'UE, l'Etat et la Région Lorraine, ainsi que les partenaires de l'ED.

Elle nous apprend que 110 000 voyageurs traversent la frontière par jour, dont seulement 1100 utilisent les transports en commun.

Le potentiel d'amélioration est important, et l'enjeu pour le territoire est majeur en termes de développement durable, mais aussi économique.

L'intérêt réside également dans la facilitation de l'accès à l'emploi des jeunes.

J'y reviendrai plus tard.

Donc de cette grande étude, a émergé entre autre l'opportunité d'étendre le tram de Sarrebruck avec une ligne qui relierait Forbach, à l'instar de la ligne Sarrebruck-Sarreguemines, qui existe déjà.

Ce projet ambitieux donnera lieu à une étude de faisabilité qui sera commandée avant fin 2013.

Elle nous instruira sur le tracé, et le mode de véhicule à retenir ; à côté de l'option tram-train, on pourra vérifier la pertinence de l'option du bus à haute qualité de service.

B. La santé

La santé, même si elle n'entre pas dans le champ de compétence des intercommunalités

La commission santé de l'Eurodistrict se penche sur la prévention des maladies typiques de la Moselle-est et de la Sarre et notamment des maladies cardio-vasculaires. L'action de l'Eurodistrict réside dans la communication, le développement de l'activité physique et la généralisation des défibrillateurs dans toutes les communes membres.

Une étude sur les instituts de formation des soins infirmiers et d'aide soignantes a été réalisée pour l'Eurodistrict. Celle-ci conclue à la nécessité de la coopération des établissements de Saint Avold, Sarreguemines et Forbach avec leurs homologues sarrois.

C. L'énergie

- L'Eurodistrict a été saisi par ERDF d'une demande de soutien de la mise en œuvre d'un *smart grid* transfrontalier. D'autre part il y a une forte présence d'acteurs dans les domaines de la biomasse, des énergies fossiles et du photovoltaïque.

- L'Eurodistrict s'est doté d'un groupe de travail élargi aux acteurs de l'énergie qui doit réaliser un travail de compilation des données existantes et se doter *d'un observatoire.*
- Une étude sera lancée pour faire l'inventaire des acteurs et des potentiels.

D. Le tourisme

C'est un thème important, car il met en valeur un patrimoine historique conséquent, notamment grâce à la brochure de la route du feu, qui fait la promotion du réseau des musées tels que le musée de la mine de Petite Rosselle, de la sidérurgie de Völklingen, du verre, de la faïence, du cristal...

L'offre touristique s'appuie aussi sur les cheminements cyclables et son réseau cyclotouristique transfrontalier « Vélo vis-à-vis » de 320 km, et sur la navigation de plaisance sur la Sarre.

Le 4 décembre sera mis en ligne le guide de loisirs de l'Eurodistrict avec son système de géo référencement, et l'application Smartphone. Il permettra à chacun de mieux organiser ses loisirs et ses sorties.

E. Le marketing territorial

L'Eurodistrict assure la promotion interne et externe du territoire qui est relativement peu connu.

Je citerai une plaquette économique, un site internet, un site des zones d'activité, la participation a des foires et salons avec un stand.

Une étude sur l'attractivité et le dynamisme économique du territoire de l'Eurodistrict est en cours.

Toujours dans le souci de l'identité de l'espace de l'Eurodistrict, il organise chaque année deux manifestations importantes qui sont le Warndt Weekend et le Vélo SaarMoselle.

Il faut aussi citer une 1ère expérience d'aménagement du territoire.

Avec la coordination du projet bande bleue, qui consiste en une série de travaux réalisés le long des berges de la Sarre entre Volklingen et Sarralbe pour rendre cet espace attractif de manière harmonisée.

F. Les demandes d'actualité

A côté de missions de base, l'Eurodistrict doit répondre à des demandes d'actualité :

Je citerai quelques exemples :

Celui de l'écluse de Güdingen. L'Etat allemand a demandé un audit général pour connaître la vétusté des écluses au plan fédéral ; l'écluse de Güdingen, sur la Sarre, est située entre Sarreguemines en France et Sarrebruck en Allemagne. Elle pourrait être condamnée si elle n'était pas réhabilitée. Or l'audit n'est pas favorable à sa réfection. Les villes de Sarrebruck et de Sarreguemines ainsi que la Communauté d'agglomération de Sarreguemines Confluences ont confié à l'Eurodistrict le soin de demander la réhabilitation de l'écluse, sans laquelle le tourisme fluvial ne pourrait subsister. Nous sommes en contact avec le land de Sarre et allons solliciter les ministres des transports et des affaires européennes nationaux.

Je pourrai aussi parler des retards de l'ICE (TGV Frankfurt/Main-Paris) à Forbach, des redevances en gare...

G. L'emploi et le billinguisme

Je dirai aussi quelques mots sur l'emploi et le bilinguisme

La situation de l'emploi est déséquilibrée de part et d'autres de la frontière.

La Moselle-est accuse un taux de chômage des jeunes très important. La Sarre, du fait d'une natalité en berne propose des emplois. Il est urgent de corriger cette situation et de former les jeunes afin qu'ils puissent travailler en Sarre. Je ne reviendrai pas sur les transports en commun dont j'ai déjà parlé, ni sur la formation des apprentis dont se sont saisis la Région Lorraine, le Land de Sarre et la chambre de commerce de Sarre.

Reste le problème du bilinguisme qui a reculé ces 30 dernières années. L'Eurodistrict peut jouer un rôle dans le cadre des compétences de ses membres, à savoir l'accueil de la petite enfance. Ainsi a germée l'idée des crèches transfrontalières.

H. Financement des projets

Enfin je terminerai par le financement des projets de l'Eurodistrict.

L'Eurodistrict perçoit 80 cts d'€ par habitant, versés par les intercommunalités membres.

Cette recette ne permettrait pas de bouger grand-chose.

L'essentiel vient des cofinancements, à travers le Contrat de Projets Etat-Région et son volet métropolitain, que nous partageons ave le Sillon Lorrain, ainsi que des fonds Interreg du FEDER (fonds européen de développement régional).

Ces financements nous amènent à préparer notre programme de travail 2014-2020. Nous sommes donc tenus de nous inscrire également dans les orientations de la région, de l'Etat et de l'UE.

III. — ET L'AVENIR ?

Quelques questions sont posées : est-ce que l'Eurodistrict, qui n'est composé que d'EPCI est amenée à accueillir d'autres membres comme la Région, le Département, le Land ? Dans un souci d'efficacité dans la communication ?

Le GECT Eurodistrict doit-il devenir ou intégrer un outil d'ingénierie territorial ?

La question mérite d'être posée, dans la mesure où l'Eurodistrict devra proposer des projets structurants.

L'objet même de l'Eurodistrict étant de gommer la frontière pour créer une métropole importante, qui ne pourrait pas émerger sans cela.

L'Eurodistrict doit-il demander un droit à l'expérimentation pour certains projets comme les crèches transfrontalières ou doit-il faire du lobbying pour faire converger les règles allemandes et françaises.

L'Eurodistrict doit-il bénéficier d'une ligne de financement propre de l'UE pour soutenir directement les projets de ses partenaires ?

En fait l'Eurodistrict SaarMoselle est une structure neuve, souvent comparée à celles qui existent. En France on me parle souvent du fameux millefeuille, en Sarre jamais. C'est un réseau sans pouvoir apparent ou plutôt sans les attributs du pouvoir. En quelques années il est devenu indispensable.

Je pense qu'il a réellement vocation à accompagner la construction européenne et à contribuer à l'intégration franco allemande.

Le Conseil Parlementaire Interrégional

Roland THEIS*

* Membre du Landtag de Sarre, secrétaire général de la CDU Saar. Texte traduit de l'allemand.

Mesdames et Messieurs,

Chère membre du Parlement Européen,

Chère Présidente,

Cher Monsieur Niedermeyer,

Cher Monsieur Cossalter,

Merci beaucoup pour votre invitation à venir ce matin parler avec vous, et à vous parler du Conseil Parlementaire Interrégional (CPI). Mes remerciements sincères en particulier au Professeur Cossalter, qui a eu l'idée de ce colloque. Car je pense que ce sujet est par deux aspects quelque chose de très important.

Premièrement car j'ai pu sans cesse constater depuis que je me consacre à la Grande Région, que l'on apprend sans cesse quelque chose de nouveau, et que l'on rencontre de nouvelles personnes. Mais aussi car c'est une excellente idée, cher Monsieur Cossalter, de s'adresser précisément aux étudiants, car la Grande Région est précisément pour de jeunes gens une chance fantastique – et je pense que ceci va être présenté de manière encore plus évidente dans la contribution de Madame le Professeur Oster-Stierle –, d'expérimenter et vivre de nombreuses choses ici dans la région.

Ma tâche est de livrer une contribution sur une question juridique, et non une question politique. Je me réjouis de cette variation de mon quotidien – j'espère qu'elle ne sera pas trop ennuyeuse pour vous – car le droit parlementaire, dans la mesure où il est possible d'employer ce terme en rapport avec le Conseil Parlementaire Interrégional, est naturellement en première ligne un droit de l'organisation, en première ligne un droit de la procédure, qui est tout de même passionnant, à mon avis, bien que durant mes propres études je n'ai jamais été attiré par ces questions de droit procédural. Ce droit est néanmoins passionant car derrière lui se cachent des questions politiques passionnantes, concernant l'identité et la nature de la Grande Région et de son « parlement ».

Mesdames et messieurs, pour commencer, si vous avez des questions : je vous prie de les poser, car je tente de me tenir aux règles, et peut-être aussi car cela pourrait améliorer la compréhension de mon propos.

Beaucoup de choses vous seront peut-être nouvelles, car malheureusement ni le Conseil Parlementaire Interrégional, ni la Grande Région ne sont des stars, ne sont des films à succès qui se retrouvent quotidiennement à la une des journeaux, au contraire ils sont pour beaucoup une terre inconnue.

La question centrale que je veux poser, est: quelle est la nature de la coopération parlementaire dans la Grande Région? Ce qu'on lit dans les médias – quand il y est question du Conseil Parlementaire Interrégional – est-il vrai, il serait le Parlement de la Grande Région, notamment concernant la question de savoir s'il s'agit même d'un parlement?

Je vais tout d'abord dire quelques mots sur l'histoire de la coopération des parlements dans la Grande Région, et ensuite évoquer l'actuel CPI, et finalement présenter les perspectives d'évolution du CPI, d'un point de vue juridique. Je ne vais pas me focaliser sur les thèmes actuellement en débat au CPI, mais simplement présenter les structures.

Mesdames et messieurs, l'histoire de la coopération des parlements dans la Grande Région est déjà vieille de quelques années. La raison derrière cela est qu'il y avait déjà auparavant – avant que les parlements ne commencent à coopérer – des coopérations entre les exécutifs. Mais il y a toujours eu, en plus de ceci – et certaines des personnes présentes aujourd'hui suivent cette procédure depuis déjà longtemps – une rencontre des présidents des sept parlements de la Grande Région, qui ont décidé à un moment dans les années quatre-vingt : « Il serait bon d'aller une fois manger tous ensembles. Il serait aussi bon, que nous travaillions ensemble sur le plan parlementaire. Et ceci non seulement pour nous les seuls présidents, mais aussi avec les collègues de nos parlements respetifs. »

J'ai apporté ici un extrait de la convention relative à la création d'un Conseil Parlementaire Interrégional, où il est écrit – et ceci est l'acte fondateur du CPI – que « Nous, présidents de la Chambre des Députés du Grand-Duché de Luxembourg, du Landtag de Rhénanie-Palatinat, du Landtag de la Sarre, du Conseil Régional de Lorraine et du Conseil Provincial du Luxembourg Belge [qui s'appelle aujourd'hui autrement], par notre signature créons un CONSEIL PARLEMENTAIRE INTERREGIONAL. »

Et ceci ne fut pas signé par quelques centaines de députés de la région ou par qui que ce soit d'autre, mais par les Présidents de chaque parlement de la Région. C'est-à-dire que ce n'est pas une assemblée constituante qui est à l'origine de la coopération parlementaire dans la Région, à l'origine du « Parlement » de la Grande Région, qui aurait dit « ici se dérouleront à présent les procédures de décision qui nécessitent une légitimité démocratique », mais c'est un accord des présidents des parlements qui constitue le début de cette coopération. Ceci signifie qu'au début en 1986 il y eu tout d'abord un accord sur un dialogue institutionalisé, un accord sur le fait que l'on souhaite se rencontrer plus souvent, sur la base du volontariat. Il est important de consever cela à l'esprit pour plus tard, lorsque nous allons parler de la discussion actuelle concernant le caractère du document fondateur, et ainsi du Conseil Parlementaire Interrégional. En tout cas au début. Nous verrons plus tard si les choses ont changé depuis.

Mais quelle est la composition et la structure du Conseil Parlementaire Interrégional? Le Conseil est composé des présidents des sept assemblées participantes, c'est-à-dire le Conseil Régional de Lorraine, le Landtag du Saarland, le Landtag de Rhénanie-Palatinat, la Chambre des députés du Luxembourg et les trois parlements participants de la région partenaire Wallonie en Belgique, une équipe germanophone, une équipe francophone et une de la Wallonie, c'est-à-dire sept parlements et leurs présidents et les délégations d'élus – neuf par délégation –, donc au total cinquante parlementaires, sept présidents provenant de sept parlements et pays sont réunis sous le drapeau du Conseil Parlementaire Interrégional.

Vous le voyez, les présidents des parlements jouent encore aujourd'hui un rôle central, vous le voyez, les délégations de parlementaire venues de chaque parlement ont aussi un rôle central, et vous le voyez, aucun rôle n'a été prévu – et cela est resté ainsi – pour les partis politiques, pour les groupements politiques, pour les fractions au sein du Conseil Parlementaire Interrégional, et vous voyez encore autre chose : qu'en est-il donc de la rencontre entre opposition et gouvernement, typique de la réalité parlementaire? Vous verrez plus tard que cette fonction typique d'un parlement qui touche à la création, c'est-à-dire à la formation d'un gouvernement, est absente. Et vous allez également constater que la fonction classique de contrôle de l'exécutif par le parlement est bien évidemment aussi absente, tout simplement car il n'y a pas d'exécutif unique.

La structure du CPI est composée d'une formation plénière. Celle-ci se rassemble deux fois par an. Sa présidence est tous les deux ans attribuée à une région différente. Aux côtés de l'assemblée plénière, on trouve le Comité permanent, qui est pour ainsi dire chargé de la préparation de ce que le CPI va décider dans ses sessions plénières, sur le plan organisationnel comme sur celui du contenu. Le Comité permanent est composé du président du CPI, des vice-présidents, en général ce sont les présidents des parlements impliqués et les présidents des commissions spécialisées. Le Comité bénéficie du soutien d'un greffe, qui est composé des collaborateurs permanents des parlements. Pour le Landtag du Saarland, c'est le directeur du Landtag ainsi qu'un collaborateur scientifique. Il en est de même dans les autres parlements.

Et enfin le CPI est divisé en commission, six au total, composées de quinze membres des différentes délégations, également avec une présidence tournante (en tous cas cela est prévu ainsi dans le règlement d'ordre intérieur), et les séances de ces commissions sont ouvertes au public – au contraire des comités dans les parlements des régions, y compris le Landtag du Saarland. En principe, les séances de ses comités ne sont pas ouvertes au public. En ceci vous voyez qu'il y a une différence. La tâche des commissions est d'organiser les projets des recommendations adressées au Conseil.

La liste des thèmes étudiés vous montre que le CPI dispose d'un mandat politique général pour traiter de toutes les questions qui touchent à la Grande Région et à ses composantes, en ce qui concerne la politique sociale, la politique scolaire, la politique énergétique, la sécurité intérieure etc.

Qu'est-ce qui ressort de cette composition concernant la tâche et la fonction du CPI? Je vous ai apporté un extrait de la Convention créant le CPI du 17 février 1986, que j'ai déjà citée auparavant. Les présidents des parlements y ont décrit la mission, je voudrais dire, la mission politique qu'ils ont à l'époque définie pour le Conseil Parlementaire Interrégional. Et il est écrit : « Nous assignons au CPI [...] la mission [...] de promouvoir le rôle économique, social et culturel de la Grande Région [...] de contribuer à terme au développement d'une perspective pour la coopération transfrontalière [...] ».

Comme vous le voyez, les termes employés sont vagues – en tous cas pour des juristes : « contribuer, promouvoir, développer à terme une perspective ». Ceci montre que le coeur de la mission du Conseil Parlementaire Interrégional – et ceci se retrouve aussi dans notre structure- n'est pas une fonction légale, juridique – législation est ici à entendre au sens le plus large du terme – mais une fonction purement politico-déclarative.

Pourtant le CPI dispose d'instruments juridiques lui permettant de faire son travail. L'instrument de la recommandation lui permet de travailler avec l'exécutif des grandes divisions administratives composant la Grande Région, Luxembourg, Lorraine, Rhénanie-Palatinat, Saarland et Wallonie. Il a ainsi un droit à l'encontre des exécutifs à ce que ceux-ci lui rendent des comptes sur les suites réservées à ses recommandations, c'est-à-dire que chaque exécutif est obligé d'informer le CPI dans son ensemble de ce qui est advenu des recommandations, de la manière dont la politique s'est dévelopée.

Le CPI possède le statut d'observateur auprès du sommet de la Grande Région, c'est-à-dire sur la collaboration des exécutifs. Le Conseil a – et ceci est passionnant – un droit d'initiative portant sur la définition de l'ordre du jour. Il peut pour ainsi dire déterminer l'agenda politique des exécutifs. Ceci n'est pas quelque chose qui va de soi. Le Landtag du Saarland ne dispose pas d'un tel droit d'initiative sur l'ordre du jour du cabinet du Saarland. Concernant ce droit d'initative, celui-ci est relativement étendu. C'est un instrument qui est – à mon avis – vraiment passionant, mais malheureusement trop peu souvent utilisé.

Le CPI possède – pour être exact, chaque membre individuel du Conseil Parlementaire – qu'il soit un socialiste wallon ou un chrétien démocrate luxembourgeois – chacun membre individuel a le droit d'adresser une requête à chaque exécutif de chaque région participante, ou à une seule des régions. C'est un instrument très étendu, quand on pense qu'il donne à chaque député le droit – sur la base du volontariat et pourtant dans le cadre du règlement d'ordre intérieur –, dans le cadre des conventions et sous la forme d'une requête parlementaire, de questionner les exécutifs d'une région, et même un exécutif d'une autre région pour laquelle ce député n'aurait aucune légitimité démocratique.

Vous voyez ici que la mission politique est, au-delà de la fonction politique, bien réfléchie et dotée d'instruments juridiques qui sont à prendre au sérieux.

À côté de ceci – et je souhaite à nouveau attirer l'attention dessus –, la fonction centrale du Conseil Parlementaire Interrégional est sa fonction politique. C'est la mission d'être un lieu de rencontre, la mission de proximité avec les citoyens – plus que les exécutifs ne le peuvent, de donner aux citoyennes et citoyens davantage la possibilité aussi de déterminer l'agenda de la politique dans la Grande Région et enfin de donner en particulier aussi aux commissions la possibilité de travailler sur le contenu de certaines questions, d'attirer l'attention sur le contenu de ces questions.

Il est également intéressant de voir comment est organisée – nous sommes dans le droit de l'organisation et de la procédure – la formation de l'opinion dans cette assemblée, dans ce parlement *sui generis*.

J'ai déjà évoqué ceci – les recommandations du Conseil sont régulièrement préparées par les commissions spécialisées. Elles sont également proposées par ces commissions. Dans la mesure où il est possible de se l'imaginer, elles sont discutées au sein du Conseil, et sont possiblement modifiées.

Jusqu'ici rien de particulier, mais la question qui se pose lorsqu'on se représente un « parlement » qui existe uniquement sur la base du volontariat en raison de la collaboration entre différentes régions, est la suivante : que se passe-t-il quand il n'est pas facile de trouver une majorité pour une résolution donnée? Que se passe-t-il quand on n'est pas d'accord? La question de savoir comment on vote est ici pertinente. Et ici le règlement d'ordre intérieur prévoit, et ceci est pour ainsi dire une émanation du principe d'unanimité, qui s'applique également au sommet et est tiré du caractère volontaire de la collaboration dans la Grande Région en général, un droit de veto pour chaque délégation de membre, sur chaque thème.

C'est-à-dire que lorsque la Lorraine ou le Saarland disent, nous voulons empêcher l'adoption de telle ou telle recommandation, il n'est alors même plus besoin de voter car il existe un droit de veto pour chaque délégation. Cette règle figure dans le règlement d'ordre intérieur du Conseil Parlementaire Interrégional de 1986, et a été utilisée pour la première fois en 2011. Ce n'est que depuis cette date que le mode de vote ainsi que le droit de vote sont en débat. L'occasion a été fournie par une réunion plénière du CPI à Metz, au cours de laquelle une dispute concernant le futur de la centrale nucléaire de Cattenom éclata entre une représentante de la délégation sarroise et le président du Conseil Régional de Lorraine, Monsieur Masseret. Une commission sous présidence sarroise avait déposé un projet de résolution qui demandait la fermeture de la centrale de Cattenom. La délégation lorraine était contre, et voulait empêcher l'adoption de cette résolution. C'est ainsi que la question est apparue de savoir comment il fallait voter sur la résolution déposée. Liée à celle-ci était bien évidemment la question de savoir comment les délégations parviennent en leur propre sein à une décision. Que se passe-t-il alors avec un vote qui n'aurait même pas lieu car une délégation a fait usage de son droit de veto? Et que se passe-t-il avec ceux qui sont membres de la délégation ayant rejeté le vote, mais auraient en fait soutenu la résolution? Comme cela peut être exprimé?

Cette question du vote, qui semble très aride, est ainsi véritablement la question la plus passionnante car elle touche au coeur du caractère, de la nature du Conseil Parlementaire Interrégional. Une sorte de procédure par étapes a été estimée nécessaire à titre de solution provisoire. C'est-à-dire qu'après le dépôt et la discussion d'une résolution il faut tout d'abord clarifier si un veto a été émis. Ceci doit naturellement être clarifié sous une forme quelconque dans le droit interne de chaque délégation, c'est-à-dire par un veto des dix lorrains, des dix sarrois, des dix membres de Rhénanie-Palatinat. Et si ce veto a été émis, un autre vote n'est plus nécessaire en principe.

Cette procédure de vote a pourtant été vivement discutée, et est aujourd'hui encore objet d'un débat concernant le futur règlement d'ordre intérieur du Conseil Parlementaire Interrégional.

Dans le cadre de ce débat, il y a d'un côté ceux qui ont dit : « faisons donc ‹one man, one vote›, votons simplement pour voir si nous parvenons à cinquante voix. C'est plus démocratique, c'est plus parlementaire ». Et cet argument ne saurait être nié.

Il y a d'un autre côté ceux qui étaient contre et ont argué que le CPI travaille précisément sur le fondement du volontariat et que la Grande Région – et ceci est un argument politique – ne peut avancer que lorsque l'on est tous d'accord et que l'on tire tous ensemble sur la corde. Quand l'un n'est pas d'accord, cela n'a aucun sens de l'écraser par la majorité. Ces dernières personnes veulent donc en rester au mode de vote actuel, et ainsi conserver le veto. Le futur montrera lequel des camps se sera imposé.

J'en arrive à l'avant-dernier point, la discussion sur l'élection directe au CPI, je souhaite encore vous dresser les contours de cette question, car ceci est une question qui revient régulièrement dans l'arène politique. Le contrat de coalition entre la CDU et le SPD pour la quinzième législature dans le *Saarland* l'avait prévu, dans sa première ébauche, mais ceci ne fut pas repris dans sa version définitive. Une phrase cryptique est pourtant toujours dans cette dernière version : « Nous allons étudier le renforcement du Conseil Parlementaire Interrégional ». Une annonce forte – à mon avis – et la question demeure : « comment étudier cela ? ».

Les arguments favorables, ainsi que vous pouvez l'imaginer, sont évidents. C'est le fait que la population se sente plus fortement concernée par une élection directe. Une légitimité démocratique plus forte pour ce que le Conseil Parlementaire Interrégional fait, et la proximité au citoyen plus importante qui y est liée.

Les principaux arguments contre? Eux aussi sont évidents. Il faut tout d'abord demander: une légitimité démocratique certes, mais qu'est-ce qui doit être légitimé? Car celui qui ne peut rien décider, n'a donc pas besoin d'une légitimité démocratique. Il s'agit d'une coopération volontaire, il s'agit de lancer des initiatives et aucune légitimité démocratique n'est nécessaire pour cela. Au contraire, je trouve même qu'elle serait défavorable, car nous promettrions ainsi à la population quelque chose qui de facto n'existe pas. Et la démocratie est si précieuse qu'on ne devrait y avoir recours que lorsqu'il y a véritablement quelque chose à décider.

La nature du Conseil Parlementaire Interrégional – et je pense que ceci est devenu clair – n'est pas celle d'un parlement, pas même entre guillements, mais celle d'un dialogue institutionalisé, qui existe sur le fondement du volontariat et il est pour cette raison tout de même important. Car Jean Monnet l'avait déjà dit « Rien n'est possible sans les hommes, rien n'est durable sans les institutions[1] ». Ce dialogue institutionalisé conduit à ce que malgré la faiblesse juridique du Conseil Parlementaire Interrégional, la Grande Région profite de ce que les décideurs politiques en-dehors des exécutifs se rencontrent, de ce que nous sommes forcés de discuter des questions ensembles, et que nous sommes ainsi aussi forcés de traiter des questions que les citoyennes et citoyens formulent à l'égard de la politique.

Et ceci explique cette proposition que je vais vous faire: le Conseil Parlementaire Interrégional n'est peut-être pas l'organe le plus présent, mais c'est un organe passionnant. Faites-en usage pour défendre vos intérêts, parlez à vos représentants qui en sont membres et faites en sorte que nous vivions ensemble la démocratie dans la Grande Région. Pour cela il faut un public qui s'y intéresse.

C'est pourquoi je vous remercie à nouveau de m'avoir permis de tenir ce discours, et je vous souhaite encore une merveilleuse conférence. Merci pour votre attention.

---

[1] En français dans le texte.

Grenzüberschreitende Zusammenarbeit in der Großregion : eine Bestandsaufnahme

Die französischen Beiträge wurden von Audrey Eugénie Schlegel, Lyn Paula Fischer und Cedric Schemien ins Deutsche übersetzt

Einführungsvorträge

Grußwort des Europaministers

Stephan TOSCANI*

Stellvertreter: Dr. Martin NIEDERMEYER**

* Saarländischer Landesminister für Finanzen und Europa.
** Stellvertreter des Ministers, Leiter Referat „Grenzüberschreitende Zusammenarbeit Saar-Lor-Lux".

Ich danke Ihnen sehr für die Einladung zu dieser wichtigen Veranstaltung. Dem Centre juridique franco-allemand ist in besonderer Weise zu danken und zugleich zu dieser Konferenz zu gratulieren. Sie bildet den Auftakt, um das Thema „Grenzraumrecht“ in seinen verschiedenen Facetten und Ausprägungen zu erfassen, zu analysieren und Lösungen zu eruieren. Diesem ambitionierten Anspruch ist viel Erfolg zu wünschen.

Der Ansatz der heutigen Tagung macht deutlich, dass ein solches Thema auch einer grenzüberschreitenden Herangehensweise an das Thema bedarf. Es ist überaus erfreulich, dass es mit der heutigen Tagung bereits gelungen ist, eine namhafte Zahl von ausgewiesenen Experten hier in Saarbrücken zusammenzuführen.

Besonders die Vertreterinnen und Vertreter aus unserer Nachbarregion Lothringen möchte ich an dieser Stelle herzlich willkommen heißen:

Soyez toutes et tous les bienvenus ici à Sarrebruck ! (Seien Sie alle hier in Saarbrücken willkommen!)

Die Frage des deutsch-französischen Grenzraumrechts ist nicht allein eine bilaterale deutsch-französische Angelegenheit, sondern steht auch im europäischen Interesse. Ich freue mich, dass die heutige Konferenz mit dem Label „local event der open days 2013“ ausgezeichnet wurde. Diese sind Veranstaltungen zu den europäischen Open Days, die in diesen Tagen in Brüssel stattfinden. Auch die Großregion ist erneut mit dem Oberrhein in einem Workshop über interregionale Forschungskooperation vertreten und wird die Universität der Großregion dort präsentieren.

Überaus passend hat die Wochenzeitung „Die Zeit“ zu dieser grenzüberschreitenden Forschungskooperation in ihrer jüngsten Ausgabe am 7.10.2013 ausführlich berichtet und konstatiert:

„Saarland, Lothringen, Luxemburg, Wallonien und Rheinland-Pfalz – in kaum einer Großregion Europas wird derzeit so intensiv kooperiert und geforscht.“

Darauf können wir zu Recht stolz sein. Denn auch die heutige Tagung trägt zu dieser Spitzenstellung bei.

1. Historischer Ausgangspunkt

In diesem Jahr 2013 feiern Frankreich und Deutschland das 50-jährige Bestehen des deutsch-französischen Freundschaftsvertrags. Der „Elysée-Vertrag" war sicherlich nicht der Beginn der deutsch-französischen Verständigung, aber er war ein Meilenstein.

In seiner berühmten Rede an die deutsche Jugend in Ludwigsburg 1962 schloss Charles de Gaulle mit den Worten:

„Die Zukunft unserer beiden Völker, der Grundstein, auf welchem die Einheit Europas gebaut werden kann und muss, der höchste Trumpf für die freie Welt, bleiben die gegenseitige Achtung, das Vertrauen und die Freundschaft zwischen dem französischen und dem deutschen Volk."

Geht man in der gemeinsamen Geschichte unserer Völker und Länder bis in die Zeit des 19. Jahrhunderts zurück, so markiert der Elysée-Vertrag einen fundamentalen Wendepunkt in der deutsch-französischen und ebenso europäischen Geschichte.

Aus so genannter Erbfeindschaft wurde Völkerfreundschaft.

Die Schlachtfelder von einst sind längst zu Begegnungsstätten geworden.

Aus Grenzen wurden Nahtstellen.

Diese einzigartige Aussöhnungspolitik ist das Ergebnis politischer Klugheit und menschlicher Größe.

2. Die deutsch-französische Kooperation als Beitrag zur europäischen Integration

Heute pflegen wir wie selbstverständlich enge Beziehungen, ob in Politik, Wirtschaft, Schüler- oder Studentenaustausch oder in vielen kommunalen Partnerschaften. Die Aussöhnung zwischen Deutschland und Frankreich ist eine der größten Erfolgsgeschichten des 20. Jahrhunderts.

Es ist keine Frage: Das Projekt, das Charles de Gaulle und Konrad Adenauer vor fünfzig Jahren im Elysée-Palast ins Werk setzten, trägt Früchte und ist lebendig in den Herzen der Menschen.

Die deutsch-französische Freundschaft ist längst zur Realität geworden.

Als im Dezember letzten Jahres der Friedensnobelpreis an die Menschen der EU verliehen wurde, wurde eines immer wieder betont: Es ist insbesondere ein Verdienst der deutsch-französischen Aussöhnung, dass die EU zu einem besonderen Friedensprojekt werden konnte.

3. Die Besonderheit des deutsch-französischen Verhältnisses

Unlängst hat der französische Historiker Pierre Nora im FAZ-Interview über das deutsch-französische Verhältnis konstatiert: „Wir haben uns auseinandergelebt." Ich möchte entgegenhalten: Nein, im Gegenteil, wir haben uns zusammengelebt. Es ist so selbstverständlich geworden, dass wir es fast nicht mehr merken!

Aber: Jede Generation muss die Bedeutung der deutsch-französischen Freundschaft stets für sich neu erkennen. Das ist wiederum nicht selbstverständlich.

Gerade deshalb brauchen wir auch heute den Einsatz für die Zukunft unserer deutsch-französischen Beziehungen.

4. Wie kann das konkret aussehen und geschehen? Frankreichjahr und Frankreichstrategie des Saarlandes

Es ist für das Saarland als französischstes aller deutschen Bundesländer eine Selbstverständlichkeit, das Elysée-Jubiläum angemessen und feierlich zu begehen. Die Landesregierung hat 2013 zum Frankreichjahr im Saarland erklärt. Es ist überaus erfreulich zu sehen, dass das Frankreichjahr die Akteure im Saarland mobilisiert, als gemeinsame Angelegenheit von Forschung und Wissenschaft, Wirtschaft, Zivilgesellschaft, Vereinen, Verbänden und Kommunen.

Mit dem Frankreichjahr wollen wir das besondere Frankreich-Profil des Saarlandes im Vergleich mit anderen deutschen Ländern schärfen.

Wir wollen damit die besondere Rolle unseres Landes als Brücke zwischen Deutschland und Frankreich unterstreichen.

5. Gemeinsame saarländisch-lothringische Themen und Projekte

Bereits heute findet sich in unserer saarländisch-lothringischen Grenzregion eine außergewöhnliche Dichte deutsch-französischer Institutionen und Kompetenzzentren, wie beispielsweise

- das Centre Juridique Franco-Allemand an der Universität des Saarlandes, die eine Gründung der Französischen Republik ist und auch heute noch französische Abschlüsse in Deutschland verleiht;
- das Deutsch-Französische Sekretariat für den Austausch in der Beruflichen Bildung
- und die Deutsch-Französische Hochschule mit Sitz in Saarbrücken;
- ebenso auch das DFHI-ISFATES, sowie das deutsch-französische Zentrum CEFALOR an der Universität Lothringen,
- nicht zu vergessen der Deutsch-Französische Kulturrat, der in Kürze auch sein französisches Büro von Berlin nach Saarbrücken verlegen wird,
- die bevorstehende Neueröffnung eines Büros des Deutsch-Französischen Jugendwerks in Saarbrücken,
- eines der drei deutsch-französischen Gymnasien mit Sitz in Saarbrücken,
- ebenso wie das französische Generalkonsulat in Saarbrücken,

und vieles andere mehr; die vollständige Liste vorzutragen würde den heutigen Rahmen bei weitem übersteigen.

Nirgendwo anders zwischen Paris und Berlin gibt es auf engem Raum so viel Zweisprachigkeit in Kindergärten und Schulen, wie in unserer Grenzregion. Es gibt die enge Zusammenarbeit der Volkshochschulen, der Seniorenverbände, der Rettungsdienste und Sicherheitskräfte, der Arbeitsvermittlungen und der Finanzämter, kurzum ein dichtes Geflecht eines eng verwobenen Netzes deutsch-französischer Kooperation.

Überdies ist in diesem Frankreichjahr das Saarland Ort hochrangiger deutsch-französischer Treffen und Veranstaltungen, die den Blick der Hauptstädte in unsere Grenzregion richten:

- der offizielle Auftakt des deutsch-französischen Elysée-Jahres fand bereits am 9.9.2012 mit einem Festakt im Saarbrücker Staatstheater statt,
- die Grenzraumkonferenz der beiden beauftragten Außenminister für die deutsch-französischen Beziehungen, Thierry Repentin und Michael Link, am 15.7.2013 in der Villa Europa in Saarbrücken, bei der die Saarbrücker Erklärung zur Zusammenarbeit zwischen Grenzregionen verabschiedet wurde,
- der Besuch der französischen Ministerin für Kultur und Medien Aurélie Filippetti am 9.9.2013 in Saarbrücken zur bundesweiten Eröffnung des Tages des offenen Denkmals,
- oder die deutsch-französische Strategietagung zur beruflichen Bildung am 25.9.2013 im Saarbrücker Schloss, bei der eine saarländisch-lothringische Absichtserklärung zur grenzüberschreitenden Berufsbildung unterzeichnet wurde.
- Bis zum Jahresende 2013 werden unter dem Label "Frankreichjahr" rund 200 Veranstaltungen im Saarland stattgefunden haben, zu denen nicht zuletzt die heutige Fachkonferenz des CJFA zu zählen ist.

Die renommierte Zeitschrift "Paris-Berlin" hat vor kurzem einen interessanten Vorschlag gemacht: Um den Elysée-Vertrag auch zukünftig mit Leben und Sinn zu erfüllen, soll die grenzüberschreitende Achse Saarbrücken–Metz zum Mittelpunkt der deutsch-französischen Beziehungen entwickelt werden.

Darauf können das Saarland und Lothringen zusammen stolz sein!

6. Gemeinsame Geschichte als Auftrag – Grenzraumpolitik

Trotz aller unbestrittenen Errungenschaften, trotz der oftmals mit großen Bemühungen erzielten Fortschritte gibt es auch 50 Jahre nach dem Elysée-Vertrag und mehr als 25 Jahre nach den Schengen-Verträgen zur Freizügigkeit in der EU noch Barrieren und Grenzen.

Diese werden mit zunehmender geographischer Nähe zur Grenze deutlich und verschwimmen im Gegenzug oftmals mit wachsender Entfernung aus dem Blickwinkel der nationalen Gesetzgeber in den Hauptstädten. Die Grenzregionen befinden sich oftmals in einer „zone grise".

Dabei sind Grenzen per se nichts Negatives. Der Politologe Ulrich von Aleman hat in einem Beitrag in der Wochenzeitung „Die Zeit" sogar postuliert: „Grenzen schaffen Frieden" – ein für die hiesige Grenzregion aus ihrer leidvollen geschichtlichen Erfahrung ein gleichwohl paradoxes Verständnis!

Dabei ist das Thema „Grenze", dem sich die heutige Konferenz aus rechtlicher Sicht widmet, ein durchaus ambivalentes und vielschichtiges Phänomen: Im Deutschen verwendet man den Begriff Grenze für Sachverhalte, für die das Englische vier unterschiedliche Begrifflichkeiten kennt: frontier, limit, border und boundary.

Und wenn Grenze im Sinne von „Umfriedung" verwendet wird, als positives Eingrenzen und Schaffung von Frieden, dann wird die semantische Duplizität des Begriffs Grenze vollends deutlich.

Unstrittig im völkerrechtlichen Sinne ist zumindest, dass sich ein Staat auch durch seine Grenzen definiert. Dahinter stand historisch die klare Unterscheidung, die Dichotomie der Demarkationslinie, die die fast holzschnittartige Unterscheidbarkeit der einen von der anderen Seite erlaubt. Das Freund-Feind-Schema des Grenzdenkens war und ist allzu oft Ursache von Konflikten. Es in der hiesigen Grenzregion nachhaltig überwunden zu haben, ist auch ein Verdienst der deutsch-französischen Zusammenarbeit. Auch wenn wir die Grenzen heute immer weniger erkennen können, so wirken viele davon rechtlich und faktisch weiter fort.

Um Grenzen, die auch im Kopf existieren, zu überwinden, ist ein Wechsel der Perspektive nötig. Er setzt die Bereitschaft voraus, sich in den Nachbarn hineinzuversetzen und die Dinge aus dessen Blickwinkel zu betrachten.

Dieser Perspektivwechsel, der Verständnis schafft, der die Empathie für das vermeintlich andersartige Verhalten fördert, ist eine Chance für die Grenzregionen. Miteinander sprechen und sich verstehen können, ist eine interkulturelle Kompetenz, die originär in der Grenzregion Saarland-Lothringen vorhanden ist.

Es ist kein Zufall, dass ein großer Europäer wie Robert Schuman ein Kind unserer Grenzregion ist. Der lothringisch-luxemburgische Grenzgänger erfuhr das praktische Miteinander ebenso wie die zertrennende Wirkung von Grenzen im regionalen Alltag. Er hat erkannt, was heute unser Selbstverständnis ist: Grenzregionen sind die Nahtstellen Europas.

Deutschland und Frankreich wachsen vor allem auch an den Grenzen zusammen. Diese Erfolgsgeschichte gilt es fortzuschreiben.

Dieses Verständnis zu pflegen ist eine fortwährende Aufgabe und muss stets neu vermittelt werden – von Generation zu Generation.

Dazu gibt es zahlreiche gelungene Beispiele, die weit über die Region hinaus Beachtung finden, wie das deutsch-französische Geschichtsbuch, das die gemeinsame Geschichte und ihre jeweils unterschiedlichen nationalen Sichtweisen erklärend gegenüberstellt; oder der pädagogische Wandkalender der Großregion für Grundschüler ebenso wie das interregionale Tourismusmarketing, das gerade die kulturelle Diversität der Großregion explizit ausnutzt, um nur wenige Bespiele zu nennen.

Der deutsche Alt-Bundespräsident Richard von Weizsäcker hat zutreffend gesagt: „Es geht nicht darum, Grenzen zu verschieben, sondern ihnen den trennenden Charakter für die Menschen zu nehmen.“

7. Grenzraumstrukturen und Grenzraumrecht

Eine zentrale Frage des heutigen Kolloquiums ist, wie es gelingen kann, aus der Grenzsituation neue Handlungs- und Gestaltungsspielräume zu eröffnen.

Die Grundlagen hierzu sind vielfältig:

Es gibt ein weit verzweigtes Geflecht institutioneller Kooperationsstrukturen, die als Plattform zur Beratung und Lösung administrativer Probleme fungieren: die permanenten Strukturen des Gipfels der Großregion, seines beratenden Wirtschafts- und Sozialausschusses sowie die staatsvertraglich seit den 1970 Jahren eingerichtete Regionalkommission. Seit den 1980er Jahren tritt der Interregionale Parlamentarierrat zusammen.

Auf kommunaler Ebene wurde durch das Karlsruher Übereinkommen von 1986 und hierauf aufbauend für die gesamte EU anwendbar seit 2006 das neue Rechtsinstrument des EVTZ geschaffen, das die Gründung von „Europäischen Verbünden für territoriale Zusammenarbeit" erlaubt. Oder auch die Gründung der Task Force Grenzgänger der Großregion, die Inkompatibilitäten des Grenzgängerrechts systematisch analysiert und Lösungswege sucht.

Vieles davon wird Gegenstand dieser Veranstaltung sein.

Auch auf fachpolitischer Ebene sind durch bilaterale Abkommen Sonderregelungen geschaffen worden, die Ausnahmen für Grenzregionen zulassen:

Beginnend beim historischen „droit local" Elsass-Moselle, das in Teilen bis heute Gültigkeit hat, über das deutsch-französische Rahmengesetz der Gesundheitskooperation, über die im französischen Recht grundsätzlich mögliche Experimentierklausel des „droit à l'expérimentation", bis hin zur Schaffung von Sonderregelungen für Grenzräume bei der Schienensteuer IFER oder dem deutsch-französischen Doppelbesteuerungsabkommen.

Aber auch Initiativen wie die "Mission parlementaire" des früheren französischen Präsidenten, um Lösungsvorschläge für eine bessere Politik der Zusammenarbeit französischer Grenzräume zu sondieren oder europäische Überlegungen zur Berücksichtigung der „territorial impacts" bei Legislativvorhaben, illustrieren, welch spannendes und zugleich wichtiges Thema die heutige Konferenz aufgreift.

Der heutigen Konferenz wünsche ich konstruktive und fruchtbare Diskussionen. Dass dies gelingen wird, davon bin ich überzeugt, geht es doch nicht nur darum, Reden auszutauschen, sondern hochkomplexe Themen und Erfahrungen zu präsentieren und zu diskutieren.

Hierzu wünsche ich Ihnen einen erfolgreichen Auftakt und freue mich auf vielversprechende Ergebnisse.

Einführungsvortrag: die Zukunft der grenzüberschreitenden Zusammenarbeit

Nathalie GRIESBECK*

* Mitglied der Fraktion der Allianz der Liberalen und Demokraten für Europa (ALDE) im Europaparlament für den Wahlkreis „Grand Est", Mitglied der nationalen Partei „MoDem" (*Mouvement Démocratie* - „demokratische Bewegung") .

Übersetzung aus dem Französischen.

Lieber Herr Niedermeyer, Vertreter des Ministers für Finanzen und Europa,

lieber Herr Generalkonsul der Französischen Republik in Saarbrücken,

liebe Frau Vize-Präsidentin der Universität des Saarlandes,

liebe Frau Vize-Präsidentin der deutsch-französischen Hochschule des Saarlandes,

meine Damen und Herren Abgeordneten und Volksvertreter, Bürgermeister, Mitglieder der Einrichtungen zur Zusammenarbeit zwischen Gemeinden,

meine Damen und Herren Vertreter dieser schönen Universität,

meine Damen und Herren Studenten, die an diesem Herbsttag so zahlreich in diesem angenehmen Hörsaal erschienen sind,

und lieber Philippe Cossalter, Leiter der heutigen Veranstaltung, die dem Austausch unserer Erfahrungen, unserer Erwartungen, unserer Hoffnungen dient und in welcher wir unter Berücksichtigung dieser Erfahrungen, Erwartungen und Hoffnungen eine konkretere Großregion für ihre über zehn Millionen Bürger errichten werden. Diese Bürger leben miteinander, verlieben sich manchmal, gründen Unternehmen, und tauschen sich im wahrsten Sinne des Wortes in diesem Raum der Großregion aus.

Für mich ist es eine doppelte, vielleicht sogar eine dreifache Freude, heute bei der Eröffnung dieser Veranstaltung einige Worte zu sagen. Diese Veranstaltung, die Sie versammelt, die uns versammelt, um an einer Frage zu arbeiten, die verdientermaßen in einem universitären Rahmen behandelt wird.

Eine doppelte oder dreifache Freude: zunächst aufgrund meiner beruflichen Tätigkeit, auch an Universitäten öffentliches Recht zu lehren. Ebenso als Vertreterin des *département* de Moselle, deren Alltag genau genommen in der Intensivierung der Zusammenarbeit zwischen den Völkern, zwischen den Akteuren der Großregion, besteht.

Und letztlich als Kollegin von Jo Leinen, von Doris Pack, von Jorgo Chatzimarkakis, von all unseren Kollegen sowie unseren belgischen Kollegen, die wie ich versuchen, an einem verständlicheren, konkreteren Europa zu arbeiten, mit mehr Authentizität in seinen konkreten Handlungen. Und dies zu einem Zeitpunkt, in dem dieses Europa – bitte erlauben Sie mir an dieser Stelle diese Anmerkung, ich werde anschließend auf das Thema eingehen, welches uns heute beschäftigen wird – für einige meiner Landsleute einen institutionellen Raum darstellt, den es abzuschaffen gilt. Für mich aber ist Europa ein Raum, der an einer Weggabelung steht, zu einem für alle europäischen Bürger sowie in institutioneller Hinsicht schwierigen Zeitpunkt.

Dies ist eine andere Frage, die aber im Hintergrund dieser heutigen Veranstaltung schimmert. Diese Veranstaltung wird ein Tag des Austauschs, und wird vor allem zu meiner großen Freude, anschließend in Form von Kolloquiumsakten veröffentlicht. Somit kann der Austausch fortgesetzt werden, um ihn in unserem Alltag zu veranschaulichen oder zu konkretisieren.

Insofern ist die Einladung zu diesem europäischen Kolloquium über grenzüberschreitende Zusammenarbeit in der Großregion für mich in dreierlei Hinsicht nicht nur ein Vergnügen, sondern auch eine Ehre. Nachdem wir über Grenzen geredet haben, wird nun die Rede von „grenzüberschreitend" sein. Jedoch könnte bereits die Bedeutung des Begriffs „Grenze" im Rahmen des – wenn auch mühsamen – Ausbaus des europäischen Raumes weitgehend umstritten sein. Hierbei handelt es sich allerdings um ein anderes Thema, auf welches ich jetzt nicht weiter eingehen werde. Jedenfalls findet dieses Kolloquium zum rechten Zeitpunkt an diesem Ort statt, der im Grunde als das Labor Europas angesehen werden kann. Ich werde in einem Augenblick auf dieses Konzept zurückkommen, welches für die Gründungsväter Europas von besonderer Bedeutung war.

Die Großregion liegt also im Herzen Europas, ist äußerst europäisch, und besitzt eine starke und gemeinschaftliche Identität. Diese Identität ist historischer, kultureller sowie wirtschaftlicher Natur. Sie ist aber auch schlichtweg geographischer Natur.

Was die historische Identität betrifft, werde ich in einer Universität keine offenen Türen einrennen. Wenn man zum Beispiel tief im *département*

Nièvre, welches an der Grenze meines Wahlbezirks „Grand Est" liegt, von unseren gemeinsamen Wurzeln redet, kann dies neu, verwunderlich, sonderbar erscheinen. Wenn ich tatsächlich in Nevers behaupte, ich käme aus einer Region, die im Grunde seit über einem Jahrtausend europäisch ist, und die im ehemaligen Lotharingien wurzelt, erscheint dies geradezu unglaublich. Bereits im damaligen Lotharingien wurden verschiedene Formen des heutigen Europas entwickelt und umgesetzt, es war sogar bereits eine Geistes- und Kulturgemeinschaft zu erkennen, welche der heutigen, auf verschiedene, zusammenlebende Länder verteilten Gemeinschaft sehr ähnlich war.

Aufgrund der Lage der Großregion im Epizentrum der Gründungsstaaten der Europäischen Union ist unsere Bindung, insbesondere in geographischer Hinsicht, besonders stark. Selbst mit der symbolträchtigen Verlagerung der deutschen Hauptstadt nach Berlin bleibt unsere Region geographisch zentral und zugleich demographisch sehr stark, was selbstverständlich in unserer Welt aufstrebender Kontinente ein sehr wichtiges Element darstellt.

Unsere Territorien sind aus geschichtlichen, geographischen sowie kulturellen Gründen miteinander verbunden, da diese Verbindungen selbstverständlich sind, sie sind im Laufe der Geschichte entstanden und wurden durch diese bestimmte Geographie und Nähe der Einwohner zueinander gefördert. Die Bevölkerungen der Großregion empfinden im Übrigen einstimmig ein Gefühl der Zugehörigkeit zur Großregion.

In wirtschaftlicher Hinsicht kann ich wieder über Europa reden, welches wir aufgebaut haben, welches wir mit dem EGKS-Vertrag, mit unserer gemeinsamen Wirtschaft, aus der Taufe gehoben haben. Ich für meinen Teil bereue heute, Ende 2013, dass so viel Zeit vergeht, bis Industriepolitiken der Union erneut umgesetzt werden. Ich denke hierbei an die Stahlindustrie und den Energiesektor, also Politiken, die uns vereinen.

Im Bereich der Stahlindustrie sind wir alle mit der ARCELOR-MITTAL-Frage vertraut. MITTAL besitzt Stahlunternehmen in Deutschland, in Luxemburg, in Frankreich, in Belgien, in Spanien. Vorstellbar wäre, dass die Geschichte einmal ins Stottern kommt, beziehungsweise sich mit ihren positiven Auswirkungen für den Ausbau Europas wiederholt, wie zum Beginn Europas mit wirklicher Unionspolitik im Bereich der Industrie oder der Energie. Zwar würde die Geschichte stottern, aber nicht auf negative Weise, wie der Ausdruck suggeriert, sondern auf völlig positive Weise.

In wirtschaftlicher Hinsicht reichen diese Verbindungen also gleichzeitig sehr weit in die Vergangenheit zurück und sind doch modern und gegenwärtig. Ich möchte hier nicht die gesamte Wirtschaftsgeschichte zusammenfassen, jedoch werden Sie mir zustimmen, dass die gedankliche Versuchung groß ist, eine Ähnlichkeit zwischen dem ursprünglichen europäischen Pakt und unseren heutigen wirtschaftlichen Schwierigkeiten zu sehen.

Wir haben also viele Vorteile in dieser Großregion. Sie ist ein Labor der europäischen Geschichte, ein Labor der grenzüberschreitenden Zusammenarbeit. Herr Niedermeyer hat uns gerade alle in diesem Rahmen konkret erbrachten Leistungen in Erinnerung gerufen, ebenso wie die Erfindungen, deren Abkürzungen absolut bürokratisch und manchmal für das Publikum unverständlich sind, wie der Europäischen Verbund für territoriale Zusammenarbeit, der eine Ausdrucksform dieser Zusammenarbeit mit europäischer Finanzierung darstellt. Heute weist diese Großregion aber vor allem mit unseren gemeinsamen Grundlagen und all dem, was uns seit so langem verbindet, ein wunderbares Potenzial für die Entwicklung zu einer wahrhaften Vorreiterregion, einer Konzeptregion. Somit könnte das, was wir hier machen zu einer Art Musterbeispiel für andere Regionen Europas werden.

Aufgrund des engen Zeitrahmens werde ich mich auf einige Worte, drei bis vier Themen, beschränken. Anschließend an meine Worte, die hoffentlich nicht nur als unbedeutende Einleitung verstanden werden, werden wir zu den wissenschaftlichen Arbeiten übergehen. Einige Worte also von mir, dazu noch auf Französisch, die aber übersetzt werden! Ich beginne mit etwas Ernsthaftigkeit, da ich im vergangenen Jahr zur gleichen Zeit eine ganztägige Veranstaltung am Kirchberg in Luxemburg organisiert habe, die eine gewisse Ähnlichkeit zum heutigen Kolloquium hatte, allerdings etwas provokativer war. Sie werden merken, das ist auch spürbar, dass ich von Zeit zu Zeit gerne etwas provoziere, um Dinge voranzutreiben. Die im November vergangenen Jahres von mir organisierte Veranstaltung trug den Titel „Großregion: Wo stehen wir?“ mit einem großen Fragezeichnen. Ich wollte selbstverständlich vor allem über die institutionellen Aspekte und die Führung der Großregion reden.

Hier und heute, gehen wir mit diesen vom Centre Juridique Franco-Allemand organisierten Kolloquium noch einen Schritt weiter, um auf Grundlage von Feststellungen eine Route zu zeichnen, eine Richtung festzulegen, und vor allem mögliche Wege zu untersuchen. Neue Wege, klassische Wege, funktionale Wege in diese Zukunft, über welche meine Vorredner auf diesem Podium geredet haben. Wege, die uns den Entwurf neuer Perspektiven ermöglichen, vielleicht die Änderung bestehender Perspektiven, oder ihre Verbesserung... Vor allem hat mir der vorhin benutzte Ausdruck sehr gut gefallen, welchen ich wie folgt verstanden habe: „Mit dem Blick des Anderen sehen." Mit dem Blick des Anderen sehen, um sich zu bereichern, um zu versuchen, den Anderen zu verstehen, zu verstehen wie er versteht, um umzusetzen, was uns antreibt und was wir empfinden, um uns in die Zukunft zu versetzen.

Der erste zu untersuchende Weg ist unstrittig der Arbeitsmarkt, dessen Schlüsselrolle sich kaum bestreiten lässt. Für das Europaparlament und die Regierungen der Mitgliedstaaten liegt hierin die Hauptpriorität. Diese Frage ist Gegenstand des ersten Workshops, der uns später beschäftigen wird. In der Großregion überqueren 200.000 Arbeitnehmer die Grenze von einem Mitgliedstaat in den anderen, von dem Staat, in dem sie schlafen, in denjenigen, in dem sie arbeiten, von dem Staat, in dem sie konsumieren, in denjenigen, in dem sie sich aufhalten. Das ist eine enorm hohe Zahl.

Dies ist in meinen Augen von extremer Wichtigkeit und beweist, dass alle Bürger der Großregion, zu einem Zeitpunkt, an dem einige gerne aus Europa austreten würden, den gleichen Weg einschlagen. Nicht nur aus der Eurozone austreten, sondern aus Europa! Stellen Sie sich die für unsere Einwohner der Großregion daraus resultierende wirtschaftliche und soziale Katastrophe vor!

Diese Schwierigkeiten, die Schwierigkeiten dieser 200.000 Personen, bestehen auf verschiedenen Ebenen. Und wir werden wohl auf den Gebieten der beruflichen Ausbildung sowie der gegenseitigen Anerkennung von Abschlüssen zwischen zwei Staaten vorankommen müssen – dies wird zweifellos einer der Leitfäden dieser Veranstaltung werden. Denn dies bleibt manchmal kompliziert. Es ist teilweise ein echter Hürdenlauf: in steuerrechtlicher Hinsicht, beim Zugang zu Gesundheitsdienstleistungen, bei der Rückerstattung von Gesundheitskosten, auf dem Gebiet der Kranken- und Rentenversicherung... um nur die symbolträchtigsten Beispiele zu nennen, welche immer wieder bei meinen Begegnungen mit Bürgern auftauchen. Noch gestern in Straßburg habe ich einige Volksvertreter empfangen, und es wurde die Frage der Vereine im deutsch-französischen Sektor gestellt. Die Frage nach rechtlichen Definitionen, – über diese können wir hier reden –, die Frage nach der Definition der Behinderung, nach der Berechnung der Rente zwischen zwei Staaten, usw. Diese extrem konkreten Fragen sind diejenigen der Bürger der Großregion. Was nutzen kunstvoll formulierte Abhandlungen zu theoretischen Elementen der Regierung, wenn sie keine Antworten geben und dem Fortschritt der Bürger, die hier leben, dienen?

Es bestehen also weiterhin juristische Hürden, administrative Hürden, die manchmal die Mobilität oder die Entwicklung der Großregion bremsen, und die beseitigt werden müssen. Die Workshops und die heutige Veranstaltung werden ohne Zweifel einen Überblick über die Elemente ermöglichen, die in anderen Zusammenhängen genutzt werden oder genutzt werden könnten sowie über diejenigen, welche sich weiterhin als problematisch erweisen.

Weiterhin besteht die institutionelle Frage, welche Sie bereits in meinen bisherigen Worten mitschwingen hören konnten. Auf diese Frage wird heute ebenso eingegangen werden. Hierin liegt eine exzellente Initiative, denn auch wenn diese Frage vielleicht als eine bloße theoretische Debatte empfunden wird, tragen Institutionen die Organisation, das Leben, die Energie der Großregion. Ja, die institutionelle Architektur der Großregion muss vielleicht neu entworfen werden.

Vielleicht bin ich auch ein bisschen ketzerisch. Und vielleicht muss man auch die Grenzen der politischen Korrektheit beachten, und sagen, dass in Bezug auf die Architektur der Großregion alles im Griff ist auf dem sinkenden Schiff. Ich denke, dass die Führung effizienter und auch verständlicher sein könnte, und dass eine Art „institutioneller Blätterteigkuchen" („Mille-feuille") herrscht – und das ist schade, denn es ist auch eines der Hauptprobleme meines Heimatlandes Frankreich. Blätterteigkuchen ist sehr lecker, ich persönlich mag ihn sehr, der Begriff beschreibt aber in der französischen Umgangssprache auch etwas Misslungenes, was zu beseitigen ist. Während man den Kuchen weiterhin mit Freude essen wird, wird dieses Phänomen in der Großregion leider langsam zu einem Problem. Und dies ist insbesondere angesichts der Tatsache zu bedauern, dass der Pragmatismus des deutschen Denkens hätte helfen können, um die Führung der Großregion zu vereinfachen, zu erleichtern, um sie flexibler und effizienter zu gestalten. Ich bin zu einer Debatte über diese Frage gern bereit, weil ich vielleicht etwas zu vehement war. Ich denke aber, dass diese Frage den Kern des Problems gewisser Verwaltungsaufwände in der Großregion bildet.

Sollen wir die Großregion also neu erfinden, sollen wir sie abändern, sollen wir sie in ihrer jetzigen Form beibehalten, sollen wir sie abschaffen (wovon ich im Übrigen keineswegs überzeugt bin)? Jedoch kann eine gewisse Anzahl von Elementen überprüft werden.

Warum nicht eine Art starker, transparenter Exekutive der Großregion einführen? Sie werden mir sagen, „diese Europaabgeordnete übertreibt", denn in Europa gibt es genau das gleiche Probleme: Drei Präsidenten, davon sind zwei unbekannt und nur einer bekannt. Von diesem wird übrigens nicht besonders viel gehalten und viele glauben, er sei der Präsident der Europäischen Union, obwohl dieses Amt von Van Rompuy bekleidet wird. Sie werden sagen, „diese Abgeordnete übertreibt". Doch die Tatsache, dass wir hier und da Missstände in der Verwaltung erleben, sollte uns nicht daran hindern, diese zu identifizieren und Entwicklungsvorschläge zu formulieren.

Ich denke, dass die Frage nach einer neuen Form der Exekutive gestellt werden sollte, und vielleicht sogar nach einer demokratischen Legitimation. In einer rechtswissenschaftlichen Fakultät können solche Fragen gestellt, möglicherweise jedoch nicht gelöst werden; aber sie müssen aufgeworfen werden. In der juristischen Mäeutik ist dies interessant, da wir davon ausgehen, dass es ohne Wahlen keine Sanktion gibt.

So müssen vielleicht die Handlungsmethoden der Großregion vereinfacht, die Institutionen reformiert, die Handlungs- und Funktionsmechanismen der Institutionen rationalisiert werden. Und wir müssen dafür sorgen, dass die Großregion Eingang in die allgemeine Vorstellungswelt findet – mit dieser Frage werde ich meinen Vortrag beenden. Dies bedeutet, dass die Bürger die Besetzung der Exekutive ihrer Volksvertretung auf der Ebene der Großregion genauso wie den Namen ihrer Mutter kennen können. Die Umsetzung dieses Vorschlags ist vielleicht schwer, Juristen sind aber da, um diese Zukunft zu entwerfen. Dieser Vorschlag würde Identität und Kraft verleihen: Der Gesprächspartner wäre bekannt. Dieser letzte Vorschlag ist ein wirkliches Projekt und zeigt Perspektiven für die Großregion auf, damit ihre Einwohner sich völlig mit ihr identifizieren können.

Dies kommt in allen wunderbaren Projekten zum Vorschein, die ich früher, während meiner Durchfahrt durch Saarbrücken im Auto sehen konnte (eine angenehme Fahrt übrigens, bequemer als in anderen Metropolen unserer Großregion). Ich sah die Straßenbahn, ich sah dieses Leben der Bürger der Großregion und war erfreut. Es gibt viele konkrete Leistungen, sie müssen intensiviert werden, diese Zusammenarbeit muss noch weiter betont werden, mit der Errichtung eines noch einheitlicheren Arbeitsmarktes, mit einer Koordinierung der Wirtschaftspolitiken zwischen den verschiedenen Bestandteilen der Großregion.

Und dies soll, wenn möglich und schnellstmöglich, in Verbindung mit mehr Europa geschehen, das heißt mit einer Annährung der Steuer- und Sozialpolitiken, auch wenn wir nicht unbedingt dieselbe Sprache sprechen, was unter der Voraussetzung der Zweisprachigkeit eine wirkliche Bereicherung darstellen würde. Ich selbst verstehe Deutsch, kann aber nicht so schnell reden. Aber wir sollten endlich zu einer wahren Harmonisierung unserer Steuer- und Sozialpolitiken kommen.

Es gibt also viele, viele Vorschläge, unter Wahrung der Lebensqualität von allen, und hinzu kommen noch die Ausbildung und die Kultur für eine vertiefte, soziologische Entwicklung der Identität der Großregion.

Selbstverständlich würde ich mich ungern hier, in diesem Tempel der Bildung und der Kultur, von Ihnen trennen, ohne dies erwähnt zu haben. Im *département* de la Moselle und auch hier gibt es Bestrebungen, den Kreis der Zweisprachigen zu erweitern, auch wenn die Feststellung etwas deprimierend wirkt, dass es keine Zunahme, sondern eine Verringerung, der Zahl zweisprachiger Studenten und Schüler gibt.

Zum Schluss lässt sich sagen, dass wir weitermachen sollten, dass wir vorankommen sollten, dass wir nach dem Spruch des Philosophen Bergson handeln sollten, für den ich eine große Bewunderung empfinde. Er sagte: „Die Zukunft ist nicht, was geschehen wird, sondern was heute geschieht." Lassen Sie uns also diese Zukunft aufbauen, zusammen mit der Jugend, mit den Studenten, mit den Akteuren, die mit dem Talent von Professor Philippe Cossalter für die heutige Veranstaltung ausgesucht wurden, lassen Sie uns diese Zukunft voller Möglichkeiten, voller Reichtümer, entwerfen.

Vielen Dank.

Rechtsquellen und Strukturen der grenzüberschreitenden Zusammenarbeit

Die Rechtsquellen der grenzüberschreitenden Zusammenarbeit zwischen französischen und deutschen öffentlich-rechtlichen Körperschaften*

Jérôme GERMAIN**

* Der Autor bedankt sich bei seinem Kollegen J. SOHNLE für die Bereitstellung seiner Dokumentation.

** *Maître de conférences* für öffentliches Recht, IRENEE-UL und IMH-UTC, rechtswissenschaftliche Fakultät von Metz an der *Université de Lorraine*. Übersetzung aus dem Französischen.

EINLEITUNG

Um die Struktur unserer Erläuterungen zu begründen, müssen vorerst die Hauptbegriffe unseres Themas definiert werden, nämlich: Rechtsquellen, grenzüberschreitende Zusammenarbeit und öffentlich-rechtliche Körperschaften in Frankreich und in Deutschland.

I. Vom Begriff der Rechtsquellen hin zum Konzept der juristischen Form

Insbesondere seit dem Beginn des 20. Jahrhunderts zeigt sich die Lehre ziemlich skeptisch gegenüber dem Rechtsquellenbegriff. Sie wirft ihm vor allem eine gewisse Prägung durch das *ius naturalis* vor, welche sich nur schwer mit dem wissenschaftlichen Charakter des gegenwärtigen Positivismus vereinbaren ließe.

Zum Beispiel bevorzugt Kelsen das Konzept der Methode der Rechtserzeugung. Mit dieser Ablehnung des Begriffs der Rechtsquelle sollte grds. der deklaratorische Charakter des Rechts in Frage gestellt werden, um seine konstitutive Natur hervorzuheben. Kelsen widersprach somit den traditionellen Auffassungen, die in den Rechtsnormen bloße Kopien eines bereits existierenden Anspruchs sahen, der aus den Tiefen des menschlichen Verstands hervorsprang, jenseits jedes menschlichen Willens. Diese neue Herangehensweise ermöglicht Kelsen die Neudefinierung des Gewohnheitsrechts als spontanes, nicht-zentralisiertes und demokratisches Recht, d. h. als ein vom Menschen festgelegtes Recht und nicht als etwas, das für ihn unantastbar wäre und ihn sogar überfordern würde. Andererseits konnte Kelsen mit diesem Begriff auch die Rechtsprechung als einen zusätzlichen (und sogar wesentlichen) Mechanismus der Rechtserzeugung behandeln. Denn die traditionelle Auffassung verneint den subjektiven und kreativen Charakter der juristischen Auslegung und beschränkt die Rolle des Richters auf die bloße Funktion der objektiven Erkennung des anwendbaren Rechts.[1]

Aus diesem Grund erscheint es heute geboten, diesen Begriff der Rechtsquellen neu zu definieren und dabei zwischen den formellen und materiellen Aspekten der Rechtsnormen zu trennen. Der materielle Aspekt bezieht sich auf den Inhalt der Rechtsnorm während der formelle Aspekt, oder die Rechtsform, sich auf die Form dieser Rechtsnorm bezieht. Dieses *Distinguo* zwischen Rechtsnorm und Rechtsform hilft uns, den Gegenstand unserer Untersuchung näher zu bestimmen. Wir werden uns nicht auf den Inhalt der Rechtsnormen im Bereich der grenzüberschreitenden Zusammenarbeit konzentrieren, sondern auf das System, welches aus Regeln beinhaltenden Rechtsformen besteht. Verfassungen, Abkommen, Gesetze, Verordnungen, sogar Rechtsprechung sollen hier als Formen analysiert werden und nicht anhand ihres Inhalts.

Hoffentlich wird uns hier der Beweis gelingen, dass der Vergleich der deutschen und französischen Quellen der grenzüberschreitenden Zusammenarbeit auch jenseits der Enthüllung der Gemeinsamkeiten und Unterschiede in diesem Bereich zwischen den beiden Rechtsordnungen nicht an Bedeutung verliert. Über die mit der minimalen Koordinierung zwischen benachbarten Körperschaften in Grenzregionen zusammenhängende Frage nach den juristischen Techniken hinaus soll diese Untersuchung einen Beitrag zur Wahrnehmung der Möglichkeiten und Gebiete leisten, welche im Bereich der lokalen Autonomie und der Regionalisierung immer noch zu erobern sind, vor allem in Frankreich.

---

1 KELSEN (Hans), *Reine Rechtslehre*, Wien, F. Deuticke, 1960, S. 233 f.; CUBERTAFOND (Bernard), „Du droit enrichi par ses sources" in *Revue de droit public*, 1992, S. 353 f.; JESTAZ (Philippe), *Les sources du droit,* Dalloz, 2005; MILLARD (Éric), *Théorie générale du droit*, Dalloz, 2006, S. 99 f.; LUHMANN (Niklas), „L'unité du système juridique", in *Archives de philosophie du droit*, Band 31, 1986, s. 163 f.; AMSELEK (Paul), „Brèves réflexions sur la notion de sources du droit" in *Archives de philosophie du droit*, Band 27, 1982, S. 252 f.

II. Positive Definitionen der grenzüberschreitenden Zusammenarbeit und Unterscheidungen der Lehre bezüglich der grenzüberschreitenden Zusammenarbeit

Lokale Selbstverwaltung lässt sich als die Gewährung eigener Zuständigkeiten an eine vom Zentralstaat abhängige, öffentlich-rechtliche juristische Person auf einem bestimmten Territorium definieren. Sie führt lokale Behörden (öffentlich-rechtliche Gebietskörperschaften oder Länder eines Föderalstaates) zur Zusammenarbeit mit einer juristischen Person des öffentlichen Rechts auf einem fremden Territorium, vor allem in Grenzregionen, zusammen. Dieser Vorgang wird als grenzüberschreitende Zusammenarbeit bezeichnet.

Unvereinbarkeiten zwischen Rechtsordnungen oder die Angst, mit einem fremden Recht zu arbeiten, könnten die Zusammenarbeit mit Gebietskörperschaften eines benachbarten Staates hemmen.[2] Das Recht der grenzüberschreitenden Zusammenarbeit entstand zwar ab dem 19. Jahrhundert, seine Entwicklung wurde allerdings seit dem Ende des 20. Jahrhunderts deutlich beschleunigt. Kommentatoren haben eine Modernisierung des Rechts der grenzüberschreitenden Zusammenarbeit in den letzten dreißig Jahren festgestellt.

In Frankreich bleibt der *Code Général des collectivités territoriales* (*CGCT*: „Allgemeines Gesetzbuch der öffentlich-rechtlichen Gebietskörperschaften") bei dem engeren Begriff der „dezentralisierten Zusammenarbeit" („*coopération décentralisée*"), damit werden Föderalstaaten ausgeschlossen, da diese nicht auf dem Grundsatz der Dezentralisierung, sondern auf dem Grundsatz des Föderalismus beruhen.[3] In Deutschland ist seit 1992

---

[2] Die französische Rechtsordnung verfügt über gemeinsame Grenzen mit 23 unterschiedlichen Rechtsordnungen. S. SOHNLE (Jochen), „L'autonomie locale à l'épreuve du droit de la coopération transfrontalière", in POTVIN-SOLIS (Laurence) (Hrsg.), *L'Union Européenne et l'autonomie locale et régionale*, Bruxelles, Bruylant, 2015.

[3] Kapitel V des einzelnen Titels des ersten Buches des ersten Teils des *Code général des collectivités territoriales* (*CGCT*). S. auch SOHNLE (Jochen), Fascicule

der Begriff „grenznachbarschaftliche Einrichtung" im Grundgesetz zu finden, welcher die Zusammenarbeit zwischen lokalen Behörden auf die Grenzregionen beschränkt. Über diese zielgerichteten Definitionen hinaus, welche ein Phänomen anhand seines Zwecks beschreiben, sind auch weitere Begriffe zu finden, wie diejenigen des Außenhandels oder des internationalen Handels der öffentlichen Gebietskörperschaften oder der Länder, welche sich eher auf die eingesetzten Mittel beziehen.

Die Lehre trennt manchmal innerhalb der grenzüberschreitenden Zusammenarbeit *lato sensu,* zwischen grenzüberschreitender Zusammenarbeit *stricto sensu,* transterritorialer Zusammenarbeit (*coopération interterritoriale*) und transnationaler Zusammenarbeit (*coopération transnationale*).[4]

Die grenzüberschreitende Zusammenarbeit *stricto sensu*, zunächst, nimmt die Form einer Zusammenarbeit zwischen benachbarten oder ortsnahen lokalen Behörden an, die nur von einer gemeinsamen internationalen Grenze voneinander getrennt werden. Diese Nähe kann rechtlich entweder als territoriale Kontinuität oder als ein territoriales Gebiet bestimmter Größe definiert werden.[5] Die grenzüberschreitende Zusammenarbeit *stricto sensu* bildet die Hauptform der grenzüberschreitenden Zusammenarbeit *lato sensu*, mit welcher wir uns hier auseinandersetzen werden.

L'action extérieure des collectivités territoriales, Folio n° 1212, Nr. 7, Dalloz, Encyclope□ die des collectivités locales, 2015..

4 COMTE (Henri) und LEVRAT (Nicolas) (Hrsg.), *Aux coutures de l'Europe*, L'Harmattan, 2003; LAYALE (Henri), *Vers un droit commun de la coopération transfrontalière?*, Bruxelles, Bruxlant, 2005; MARCORI (Claude) und THOIN (Muriel), *La coopération transfrontalière*, Documentation française, 2011. Manche Autoren bevorzugen den Begriff dezentralisierter Zusammenarbeit: MARE (Cyril), *La coopération décentralisée*, Studyrama, 2012 oder FAURE (Bernard), *Droit des collectivités territoriales*, Dalloz, 2011.

5 Bezüglich der territorialen Kontinuität kann die Ermächtigung aller Gebietskörperschaften der Region Lothringen zur Zusammenarbeit mit deutschen, luxemburgischen oder belgischen Behörden als Beispiel dienen, wie sie im Rahmen des Karlsruher Abkommens von 1996 erteilt wurde. Ein Beispiel eines territorialen Gebiets bestimmter Größe wäre etwa ein 25 km langer Landstreifen entlang der italienisch-französischen Grenze, in welchem italienische Gebietskörperschaften mit ihren französischen Kollegen zusammenarbeiten dürfen, wie es im Abkommen von Rom von 1993 vorgesehen ist.

Dann werden mit der transterritorialen Zusammenarbeit die Grenzen der geographischen Nähe aus der grenzüberschreitenden Zusammenarbeit *stricto sensu* überschritten. Für sie verwendet das französische Recht den Begriff der interregionalen Zusammenarbeit, obwohl sie nicht den Regionen vorbehalten wird.[6] Sie kann auch Städtepartnerschaften oder humanitäre Maßnahmen zum Gegenstand haben.[7]

Zuletzt wird den Mitgliedstaaten mit der transnationalen Zusammenarbeit die Teilnahme an einer grenzüberschreitenden Zusammenarbeit erlaubt, sobald eine ihrer Gebietskörperschaften oder lokalen Behörden an dieser beteiligt sind. Der Mitgliedstaat erscheint in diesem Zusammenhang als eine bloße Zwischenebene zwischen Europäischer Union und lokalen Behörden.[8]

III. Die betroffenen öffentlich-rechtlichen Körperschaften

Im deutschen Recht besteht eine dem französischen Recht fremde Unterscheidung zwischen territorialen und lokalen Gebietskörperschaften (1), die sich für die Differenzierung des Grades an lokaler Autonomie im Föderalismus, Regionalismus und in der Dezentralisierung als hilfreich erweist (2).

1) Die Unterscheidung zwischen territorialen und lokalen Gebietskörperschaften

Das französische wie auch das deutsche Recht nehmen eine Abgrenzung der öffentlich-rechtlichen Körperschaften gegenüber den anderen juristischen Personen des öffentlichen Rechts vor.

In Deutschland sind solche Körperschaften des öffentlichen Rechts entweder territoriale Körperschaften (Kommunen) oder persönliche

---

[6] S. z. B. Art. 1115-4-2 des *Code général des collectivités territoriales* (im Folgenden *CGCT*).

[7] S. z. B. das 2. Protokoll zur Madrider Rahmenvereinbarung des Europarats, aus dem Jahr 1998.

[8] Dies soll Gegenstand kurzer Erläuterungen am Ende dieser Untersuchung werden. S. auch *infra* Art. L. 1115-4-2 *CGCT* zur Anwendung der Verordnung Nr. 1082 aus dem Jahr 2006.

Körperschaften.[9] Eine weitere Trennung wird unter den deutschen Gebietskörperschaften zwischen dem Staat und den lokalen Gebietskörperschaften vorgenommen. Der Staat besteht aus Bund und Ländern. Unter lokalen Gebietskörperschaften sind Gemeinden, Landkreise, Landschaften aus Nord-Rhein-Westfalen sowie bayerische Bezirke zu verstehen.[10]

In Frankreich stützt sich die jüngere Lehre auf die Verfassungsreform des Jahres 2003, die den Begriff „*collectivité locale*" („lokale Körperschaft") durch denjenigen von „*collectivité territoriale*" („territoriale Körperschaft") ersetzt hat, mit welchem er vorher konkurriert hatte. Auf dieser Grundlage unterscheidet die französische Lehre zwischen zwei Arten öffentlich-rechtlicher Körperschaften: dem Staat und den territorialen Körperschaften. Diese sind, zumindest in Kontinentalfrankreich, die Gemeinden (*communes*), die *départements* und die *régions*.[11] Französische Juristen se-

---

[9] Die evangelischen und katholischen Kirchen sowie interkommunale Strukturen sind zwei Standardbeispiele von persönlichen Körperschaften des deutschen öffentlichen Rechts. S. zur Abgrenzung zwischen öffentlich-rechtlichen Körperschaften und persönlichen Körperschaften GERMAIN (Jérôme), „Le droit de l'Union européenne et les marchés publics des collectivités territoriales en Allemagne", in ALLEMAND (Roselyne) (Hrsg.), *Les effets du droit de l'Union Européenne sur les collectivités territoriales*, L'Harmattan, 2011, S. 129–131.

[10] GERMAIN (Jérôme), „La voie étroite de l'intercommunalité en Allemagne" in MONJAL (Pierre-Yves) (Hrsg.), *La réforme de l'intercommunalité en France*, L'Harmattan, 2013. Die Gemeinden sind die allgemeinen lokalen Gebietskörperschaften in Deutschland. Sie decken das Gesamtterritorium. Landkreise sind nur in wenig besiedelten Zonen zu finden oder wurden zum Zweck der Vereinheitlichung gewisser Agglomerationen gegründet (zum Beispiel in Ostdeutschland). Das Gleiche gilt für den besonderen Fall der Gemeinden, die selbst aus Gemeinden bestehen, wie etwa in Rheinland-Pfalz oder in Niedersachsen. Die sonstigen lokalen Körperschaften wie die Landschaften in Nordrhein-Westfalen oder die Bezirke in Bayern verfügen nur über wenige Zuständigkeiten und dienen überwiegend dem Zweck, lokale Identitäten innerhalb der Länder zur Geltung zu bringen.

[11] Der besondere Fall der Großstädte mit Sonderstatus (Paris, Lyon und Marseille) wird hier nicht untersucht. Zum französischen Mutterland wird die territoriale Körperschaft von Korsika hinzugerechnet, welche wie eine *région* behandelt wird. Zu den Überseegebieten kommen die sog. *DROM* (*Départements et Régions d'Outre-Mer*, überseeische *départements* und *régions*), die Einzelkörperschaften („*collectivités uniques*", letzter Absatz des Art. 73 der Verfas-

hen nur Gebietskörperschaften bzw. lokale Körperschaften als territoriale Körperschaften an, während der Staat in den Augen deutscher Juristen auch eine solche territoriale Körperschaft bildet.

Das mangelnde Rechtsinstitut der persönlichen Körperschaften in der französischen Systematik sowie der unitäre Charakter des Staates haben in Frankreich zur Ablehnung der Qualifikation des Staates als „territoriale Körperschaft" und zur Verwechslung der Begriffe „territoriale Körperschaft" und „Gebietskörperschaft" geführt. Diese Sicht des Staates als universale Körperschaft, dessen Zuständigkeiten sich nicht auf das nationale Territorium beschränken, verstößt aber gegen Grundbestandteile der politischen Realität. Diese Ablehnung der Behandlung des Staates als territoriale Körperschaft zwingt zur Verwendung von noch unbestimmteren Konzepten in normativen Texten, wie etwa der lokalen Behörde („*autorité locale*").[12] Um die mit dem Begriff der territorialen Körperschaft verbundenen Gefahren zu verhindern, wird hier also von öffentlichen Körperschaften (wenn der Staat, und sogar der Föderalstaat, miteinbezogen wird) und Gebietskörperschaften (wenn der unitäre oder föderale Staat ausgeschlossen bleibt) die Rede sein.

Nach diesen Erläuterungen sollte eine Abgrenzung der öffentlichen Körperschaften leichter fallen, die über die Möglichkeit der Teilnahme an einer grenzüberschreitenden Zusammenarbeit verfügen. Abgesehen vom Zentralstaat, welcher weiterhin Akteur der grenzüberschreitenden Zusammenarbeit bleibt, lassen sich drei Gruppen von betroffenen öffentlichen Körperschaften differenzieren.

Einerseits kann eine grenzüberschreitende Zusammenarbeit zwischen Gebietskörperschaften stattfinden, die über keinerlei gesetzgebende Befugnisse verfügen, wie z. B. die französischen (*communes, départements, régions*) oder deutschen (Gemeinden und „Gemeindeverbände", auch Gemeindekreise, Landschaften in Nordrhein-Westfalen und bayerische Bezirke) Gebietskörperschaften.

---

sung), die COM („*collectivités d'Outre-mer*", überseeische Körperschaften), die POM („*Pays d'Outre-Mer*", überseeische Länder), Neukaledonien und die sonstigen Territorien mit einem Status *sui generis* hinzu.

[12] Wie etwa im *CGCT* oder in der Madrider Rahmenvereinbarung.

Andererseits können sich auch autonome Regionen[13] mit zugewiesenen (formellen sowie materiellen) legislativen Befugnissen an einer grenzüberschreitenden Zusammenarbeit beteiligen, wie die spanischen Gemeinschaften, die italienischen Regionen, oder Schottland und Nordirland im Vereinigten Königreich.[14] Diese autonomen Gebiete werden nicht als Bestandteil eines Föderalstaates angesehen, sondern als Unterteilungen des Staates mit Autonomiestatus, vom Staat selbst gegründet. Damit gehören sie nach unserer Systematik zu den Gebietskörperschaften.

Letztendlich ist auch die Teilnahme von Gliedstaaten eines Föderalstaates an einer grenzüberschreitenden Zusammenarbeit denkbar, d. h. von staatlichen Einheiten mit allgemeinen legislativen Befugnissen, welche auch Teile der verfassungsgebenden Macht ausüben. Diese Teilhabe an der verfassungsgebenden Macht sichert den Gliedstaaten eines Föderalstaates ein Recht zur Mitentscheidung über etwaige Verfassungsreformen und somit über die Verteilung der Zuständigkeiten zwischen Föderation und Gliedstaaten. Dies ist der Fall der deutschen oder österreichischen Länder und der schweizerischen Kantone.

Jeder Typus von lokalen Behörden geht mit einem bestimmten Grad an lokaler Autonomie einher.

2) Die unterschiedlichen Grade lokaler Autonomie (Föderalstaat, Autonomie- bzw. Regionalstaat, dezentralisierter Staat)

a) Der Föderalstaat

Im Fall des Föderalstaates verfügen die Gliedstaaten über ein Recht auf Teilnahme an der verfassungsgebenden Macht, zusätzlich zu ihren gesetzgeberischen Befugnissen. Als Folge dieser Zuständigkeit beruht die vertikale Kompetenzverteilung zwischen Föderation und Gliedstaaten auf einer gemeinsamen Entscheidung aller Beteiligten. Die jeweiligen Zuständigkeiten der Gliedstaaten und der Föderation sind verfassungs-

---

[13] FAVOREU (Louis), *Droit constitutionnel,* Dalloz, 2011, S. 471 f.

[14] PIRON (Michel*), L'équilibre territorial des pouvoirs*, Assemblée nationale, 2006, S. 169 f.

rechtlich verankert, somit kann die Föderation nicht einseitig Änderungen der Zuständigkeitsverteilung vornehmen, im Gegensatz zum einheitlichen Staat im Verhältnis zu seinen dezentralisierten Körperschaften. Die Föderation kann ihren Gliedstaaten auch nicht eine abschließende Zuständigkeitsliste vorschlagen, die sie nur als Ganzes annehmen oder ablehnen dürften, wie im Falle des spanischen Regionalstaates. Die Zuständigkeiten der Föderation und diejenigen der Gliedstaaten entstammen also einer Absprache beider Ebenen. Der Unterschied zu einem gemischten System besteht darin, dass beide, Souveränitätsträger oder Ko-Souveräne, über die gleiche territoriale Verankerung verfügen.

b) Der Regional- oder Autonomiestaat

Der Regionalstaat erlaubt seinerseits die Ausübung authentischer materieller und formeller gesetzgebender Befugnisse durch eine besondere Kategorie von Gebietskörperschaften, den autonomen Regionen. Darüber hinaus gewährt er ihnen manchmal auch das Recht, an der Umgrenzung ihrer Kompetenzen teilzunehmen. In Spanien z. B. durften die autonomen Gemeinschaften bei ihrer Gründung unter den vom Staat angebotenen Zuständigkeiten diejenigen auswählen, die sie selbst ausüben wollten und diejenigen, die sie lieber dem Staat überlassen würden.[15]

c) Der dezentralisierte Staat und die unterschiedlichen Formen lokaler Regelungsbefugnisse

Der dezentralisierte Staat gewährt seinen Gebietskörperschaften nur Befugnisse zum Erlass individueller oder allgemeiner Rechtsakte und ihre Zuständigkeiten werden einseitig vom Staat durch Gesetz festgelegt. Ch. Eisenmann hatte diesbezüglich von einer bestimmten Dosis von Dezentralisierung gesprochen, im Gegensatz zur echten Dezentralisierung, welche den Gebietskörperschaften gesetzgebende Befugnisse überlässt,

---

[15] In Spanien wurden die autonomen Gemeinschaften sogar von den Provinzen gegründet (welche mehr oder weniger den französischen *départements* entsprechen), die sich für einen Zusammenschluss entschieden hatten. Diese Grenzen der autonomen Gemeinschaften wurden also nicht von der zentralen Staatsmacht festgelegt.

welche auch in der Gesetzesform ausgeübt werden.[16] Zwar kann im Rahmen dieser Untersuchung keine vollständige Analyse der unterschiedlichen nationalen Formen lokaler Regelungsbefugnisse vorgenommen werden, um die Höhe ihres Beitrags zur lokalen Autonomie zu bestimmen. Allerdings können hier die Hauptformen der Teilnahme an dieser lokalen Regelungsbefugnis in Frankreich und in Deutschland vorgestellt werden.

Diese lokale Regelungsbefugnis kann manchmal im Erlass materieller Gesetze in der Form eines Verwaltungsaktes bestehen. Dies ist z. B. der Fall der französischen COM im Rahmen der ihnen vom Gesetz zugeschriebenen Zuständigkeiten. In diesen Bereichen verfügen sie über eine tatsächliche Entscheidungsmacht, auch wenn der damit erlassene Rechtsakt in der Pyramide juristischer Normen dem Gesetz im formellen Sinne untergeordnet bleibt.

Den deutschen Gemeinden sowie den sonstigen deutschen Gebietskörperschaften wird auch eine lokale Regelungsbefugnis zuerkannt, als Folge der verfassungsrechtlichen Garantie ihrer lokalen Autonomie. Diese lokale Regelungsbefugnis sichert ihren beratenden Versammlungen (manchmal ihren Leitungsorganen, wie in Frankreich) die Möglichkeit des Erlasses einseitiger und allgemeiner Normen namens *Rechtssatzungen* im Rahmen ihrer Zuständigkeiten. Diese Rechtssatzungen ergänzen die sonstigen, zur Ausübung ihrer Zuständigkeiten erforderlichen Rechtsinstrumente (Abschluss verwaltungs- oder privatrechtlicher Verträge, wie z. B. individuelle Rechtsakte). Das Unterscheidungsmerkmal der *Rechtssatzungen* von den *Rechtsverordnungen*, die auch verwaltungsrechtliche Regelungen bilden, besteht in dem von den erlassenden Organen belassenem Ermessensspielraum. Allerdings kennt diese lokale Regelungsbefugnis auch Grenzen. Die Wirksamkeit ihrer Regelungen ist durch ihre Vereinbarkeit mit den Gesetzen und Verordnungen der Länder und des Bundes bedingt. Die lokale Autonomie der Länder und die beachtliche Größe der Städte (aufgrund der somit erlangten Reichweite ihrer Befugnisse) gleichen allerdings zum Teil diese Schwäche der lokalen Autonomie der

---

[16] EISENMANN (Charles), „Déconcentration et décentralisation" in *Revue du droit public*, 1947, *passim.*

deutschen Gebietskörperschaften aus. Darüber hinaus scheint ein gewisser Kern an Zuständigkeiten von Gebietskörperschaften einen stärkeren Schutz in Deutschland als in Frankreich zu genießen: Das Land darf sich nicht wieder dezentralisierte Zuständigkeiten aneignen, dies könnte die Autonomie der Gebietskörperschaften ihres Sinnes entleeren.[17]

Diese lokale Regelungsbefugnis wird in manchen Fällen auf eine Befugnis zum Vollzug nationaler Gesetze und Rechtsverordnungen nahe kommender Zuständigkeiten beschränkt, die nur wenig Raum für autonome Entscheidungen lässt. Dies ist etwa der Fall bei der den Gebietskörperschaften des französischen Mutterlandes gewährten Regelungsbefugnis. Diese im Art. 72 Abs. 3 definierte Regelungsbefugnis soll von derjenigen der Staatsorgane getrennt werden. Zunächst wurde sie aus den nationalen Gesetzen oder Rechtsverordnungen abgeleitet. Sie darf nur auf der ausdrücklichen oder stillschweigenden Grundlage eines nationalen Gesetzes oder einer nationalen Rechtsverordnung ausgeübt werden. Weiter ist sie auch nur residual. Ihre Anerkennung in nationalen Gesetzen oder Verordnungen hindert Staatsorgane nicht daran, in ihrem Anwendungsbereich zu handeln und dort Vorrang zu genießen. Letztlich ist sie den ihre Ausübung bestimmenden nationalen Gesetzen und Rechtsverordnungen unterworfen.[18] Ihre Unvereinbarkeit mit den ihren

---

[17] BURGI (Martin), *Kommunalrecht*, München, Beck, 2010, S. 185 f. (zur lokalen Regelungsbefugnis) und S. 44 f., insb. 62 f. (zur Einhaltung des Kerns dezentralisierter Zuständigkeiten). Der folgende Wortlaut des Art. 28 II GG geht von einer lokalen Regelungsbefugnis aus: „Den Gemeinden muss das Recht gewährleistet sein, alle Angelegenheiten der örtlichen Gemeinschaft im Rahmen der Gesetze in eigener Verantwortung zu regeln". Für die anderen Gebietskörperschaften: „Auch die Gemeindeverbände haben im Rahmen ihres gesetzlichen Aufgabenbereiches nach Maßgabe der Gesetze das Recht der Selbstverwaltung." Zur Identifizierung der Gemeindeverbände und supra-kommunaler Gebietskörperschaften, s. z. B. : JARASS (Hans) und PIEROTH (Brodo), *Grundgesetz für die Bundesrepublik Deutschland, Kommentar*, München, Beck, 2012, S. 634. Den Gebietskörperschaften steht eine besondere Beschwerdeart, die Kommunalverfassungsbeschwerde, zum Schutz ihrer lokalen Autonomie zu.

[18] S. z. B. LONGUET (Gérard), *L'expérimentation par les collectivités territoriales*, Sénat, 2003, S. 10–12.

Anwendungsbereich tangierenden nationalen Rechtsnormen kann zur Nichtigkeit ihrer erlassenen Rechtsakte führen.[19]

Aufgrund ihres Vollzugsaspekts, welcher nur wenig Raum für die eigene Rechtsetzung belässt, kommt diese Form der Dezentralisierung Jellineks Begriff der passiven Dezentralisierung ziemlich nah. Der Hauptunterschied zur aktiven Dezentralisierung besteht in der Ähnlichkeit der Rolle ihrer demokratisch legitimierten Organe mit derjenigen der dekonzentrierten Organe des Staates, welche von der Zentralmacht ernannt werden.[20]

Die lokale Autonomie ist offensichtlich viel fortgeschrittener im Fall der Regionalisierung und der Föderalisierung als im Fall der nur dekonzentrierten Gebietskörperschaften, wie in Frankreich oder in Deutschland. In einer rechtsvergleichenden Perspektive stehen somit die deutschen und französischen Gebietskörperschaften unter den Ländern mit einem geringeren Grad lokaler Autonomie. In dieser Perspektive stellt die autonome Region eine mittlere Stufe der lokalen Autonomie dar, während der Föderalstaat ihrem höchsten Grad entspricht.[21] Die deutschen und französischen Gebietskörperschaften stellen sich demzufolge als eine Form der lokalen Autonomie mit beachtlichem Steigerungspotenzial sowie wenigen Entscheidungsbefugnissen im Bereich grenzüberschreitender Zusammenarbeit dar.

A. — DIE GEMEINSAMEN RECHTSQUELLEN DER GRENZÜBERSCHREITENDEN ZUSAMMENARBEIT VON FRANKREICH UND DEUTSCHLAND

Die supranationalen Rechtsquellen sind Frankreich und Deutschland gemeinsam. Eine Trennung soll zwischen externen Rechtsquellen einer-

[19] FAVOREU (Louis) u. a., *Droit Constitutionnel, loc. cit.*, S. 495 f.

[20] JELLINEK (Georg), *L'Etat moderne et son droit (Das Recht des modernen Staates)*, Editions Panthéon Assas, 2005, Band 2, S. 371.

[21] S. *infra*, Anhang 1.

seits und internen Rechtsquellen andererseits vorgenommen werden, d. h. zwischen internationalen Übereinkünften, welche einen Rahmen zur Entwicklung der grenzüberschreitenden Zusammenarbeit anbieten können (I), und dem Unionsrecht, welches einen integrativeren Regelungsrahmen setzt (II). Die Entstehung eines supranationalen Rechts der grenzüberschreitenden Zusammenarbeit bleibt dennoch ein überwiegend europäisches Phänomen.

I. Internationale Übereinkünfte

Zwei typische Ursachen können zur Entstehung einer grenzüberschreitenden Zusammenarbeit führen. Entweder wurzelt diese in einem klassischen internationalen Abkommen zwischen unabhängigen Staaten[22] oder sie entsteht als Folge spontaner Verhaltensweisen, wie z. B. Partnerschaften zwischen europäischen Gemeinden.[23]

Im deutsch-französischen Fall entstammt das heute anwendbare Recht dem Europarat. Die Madrider Rahmenvereinbarung wurde in der Tat von den Mitgliedern des Europarats am 21. Mai 1980 unterschrieben. Inzwischen wurden ihr drei Protokolle[24] hinzugefügt. Darüber hinaus wurde sie durch regionale Durchführungsabkommen mit konkreten Anwendungsbereichen weiter bestimmt, wie das Karlsruher Abkommen vom 26. Januar 1996 mit seinen vier Vertragsstaaten.

---

22 Ein solches Abkommen kann unmittelbar ein mit dieser Zusammenarbeit beauftragtes Organ gründen, wie z. B. die internationale Pyrenäen-Kommission aus dem Jahr 1875.

23 Eine erste solche Partnerschaft kam 1920 zwischen den französischen und britischen Gemeinden von Poix du Nord und Keighley zustande.

24 Das Straßburger Zusatzprotokoll vom 9. November 1995, das 2. Straßburger Protokoll vom 5. Mai 1998 und das 3. Protokoll von Utrecht vom 16. November 2009 (bezüglich der *Groupements eurorégionaux de coopération – GEC*, „euroregionale Zusammenarbeitsgruppen"). S. auch die der grenzüberschreitenden Zusammenarbeit gewidmete Webseite: espaces-transfrontaliers.org.

II. Das Unionsrecht

Die Rechtsquellen der deutsch-französischen grenzüberschreitenden Zusammenarbeit können auch in der Form unionsrechtlicher Regelungen bestehen.

Die Europäische Union hat sich zunächst auf die Finanzierung der grenzüberschreitenden Zusammenarbeit mit dem Interreg-Programm ab 1990 beschränkt. 2006 wurde dann mit der Verordnung 1082 der Europäische Verbund für territoriale Zusammenarbeit (EVTZ) ins Leben gerufen. Seitdem wurden die Gründung und die Funktionsweise des EVTZ durch die Verordnung Nr. 1302/2013 des 17. Dezember 2013 weiter erläutert und vereinfacht. Allerdings soll diese erst ab dem 22. Juni 2014 anwendbar sein. Der Unterschied zum nationalen Ursprung besteht darin, dass europäische Maßnahmen in diesem Bereich erst in jüngerer Zeit ergriffen wurden, jedoch eine stärkere Anreizfunktion als die nationalen Rechtsordnungen ausüben.

B. — DIE EIGENEN RECHTSQUELLEN DER GRENZÜBERSCHREITENDEN ZUSAMMENARBEIT FRANKREICHS UND DEUTSCHLANDS

Die Zahl der Rechtsnormen zur Regelung der grenzüberschreitenden Zusammenarbeit ist in Frankreich viel höher als in Deutschland. Die viel detailliertere französische Regelung auf diesem Gebiet lässt sich durch die geringere lokale Autonomie der französischen Gebietskörperschaften (I) im Vergleich zu ihren deutschen Partnern (II) erklären.

I. Die eigenen Rechtsquellen Frankreichs

Die Kombination aus internen und europäischen Rechtsnormen (1) sowie die Vielfalt der internen Rechtsquellen der grenzüberschreitenden

Zusammenarbeit (2) machen den Unterschied zwischen dem französischen und dem deutschen Recht aus.[25]

1) Die Kombination aus internen und europäischen Rechtsquellen in Frankreich

Das französische Recht schränkt die grenzüberschreitende Zusammenarbeit auf zweierlei Weisen in Frankreich ein. Einerseits hat es eine eigene, zu den europarechtlichen Vorschriften parallel laufende Regelung entwickelt, welche diese Vorschriften nicht durchführt, sondern angeblich ignoriert. Diese nationale Regelung ist oftmals ein Zeichen gewissen Misstrauens gegenüber der grenzüberschreitenden Zusammenarbeit. Diese Neigung zum Misstrauen ist charakteristisch für Frankreich. Andererseits hat das französische Recht auch europarechtliche Vorgaben ins nationale Recht umgesetzt. Dies scheint auch eine charakterisierende Besonderheit Frankreichs zu sein. Denn die meisten Mitgliedstaaten wenden das Europarecht der grenzüberschreitenden Zusammenarbeit unmittelbar an, d. h. ohne Umsetzung ins nationale Recht.

Dieses Vorgehen hat zu einer Verdoppelung des französischen Rechts der grenzüberschreitenden Zusammenarbeit geführt. Z. B. sind im *CGCT* die EVTZ (Europäischer Verbund für territoriale Zusammenarbeit im Art. L. 1115-4-2, s. *infra*) aus dem Unionsrecht zu finden sowie die GöZ (grenzüberschreitende örtliche Zweckverbände oder europäische Distrikte im Art. L. 1115-4-1), welche ihre Rechtsgrundlage nicht im Unionsrecht sondern in einem internationalen Übereinkommen finden (Karlsruher Übereinkommen). Das Recht der Gebietskörperschaften wird also mit einem staatlichen Filter umformuliert, als ob der Staat sich

[25] Im Parlament wird 2015 erneut die eventuelle Aufhebung der allgemeinen Zuständigkeitsklausel debattiert. Eine erste Aufhebung war 2010 beschlossen worden, die Wiedereinführung erfolgte 2014. Von der Aufhebung der allgemeinen Zuständigkeitsklausel für *départements* und *régions* soll das Recht der grenzüberschreitenden Zusammenarbeit unberührt bleiben, auch wenn diese Aufhebung zur Einschränkung ihres Aufgabenbereiches führt. Die gegenwärtige Mehrheit im Parlament zieht ohnehin die Aufhebung dieser Reform noch vor dem Datum ihres Inkrafttretens in Erwägung.

vor dem Symbol der unmittelbaren Anwendung dieser supranationalen Rechtsnormen fürchten würde.

Diese Verdoppelung kann Ausdehnungen zur Folge haben. Die GöZ waren ursprünglich nur für die Vertragsparteien des Karlsruher Übereinkommens vorgesehen. Ihre Aufnahme in den *CGCT* führt zu ihrer Anwendung an den sonstigen französischen Grenzen. Diese Verdoppelung darf jedoch nicht gegen den Grundsatz des Vorranges internationaler Übereinkünfte gegenüber Gesetzen, nach Maßgabe des Art. 55 der französischen Verfassung, verstoßen. Im Fall einer Kollision zwischen supranationalem Recht und dessen nationaler Umsetzung ist das supranationale Recht anzuwenden.

2) Die Vielfalt an internen Rechtsquellen in Frankreich

Frankreich ist eines der wenigen Länder, dessen Rechtsordnung bereits vor der Ratifizierung der Madrider Vereinbarung aus dem Jahr 1986 Vorschriften über grenzüberschreitende Zusammenarbeiten beinhaltete. Im Art. 64 des Gesetzes vom 2. März 1982 über die Rechte und Freiheiten der Gebietskörperschaften (*loi du 2 mars 1982 sur les droits et libertés des collectivités territoriales*) ist allerdings ein gewisses Misstrauen gegenüber der grenzüberschreitenden Zusammenarbeit zu spüren.[26] Die sog. „*loi ATR*“, das „ATR-Gesetz“ (*Administration Territoriale de la République* – Gesetz über die territoriale Verwaltung der Republik) vom 6. Februar 1992 fördert auf eine eindeutigere Weise die Entwicklung der grenzüberschreitenden Zusammenarbeit.[27] Ab 1996 wurden die Hauptvorschriften über

[26] „Der Regionalrat kann zu Konzertationszwecken und im Rahmen der grenzüberschreitenden Zusammenarbeit mit Erlaubnis der Regierung die Organisierung regelmäßiger Kontakte mit fremden dezentralisierten Körperschaften beschließen, welche eine gemeinsame Grenze mit der betroffenen Region teilen.“

[27] Durch das „ATR-Gesetz“ wurde der künftige Art. L. 1115-1 *CGCT* in seiner ursprünglichen Fassung geschaffen, welcher im Rahmen der Kodifizierung des geltenden Rechts durch das Gesetz Nr. 96-142 vom 21. Februar 1996 und das Gesetz Nr. 2004-809 vom 10. September 2004 zum Art. L. 1114-1 *CGCT* wurde.

die grenzüberschreitende Zusammenarbeit in die legislativen und verwaltungsrechtlichen Teile des *CGCT* aufgenommen.

Im legislativen Teil sind die Art. L. 1115-1[28], 1115-1-1[29], L. 1115-4[30], 1115-4-1[31], L. 1115-4-2[32], L. 1115-5[33], L. 1115-6[34] sowie L. 1115-7[35] zu

---

[28] Art. L. 1115-1 (in seiner Fassung vom 6. Februar 2007): „Die Gebietskörperschaften und ihre Zusammenschlüsse dürfen unter Beachtung der internationalen Verpflichtungen Frankreichs Übereinkünfte mit ausländischen lokalen Behörden abschließen, um Maßnahmen der Zusammenarbeit oder Entwicklung durchzuführen. Diese Verträge beinhalten den Gegenstand der geplanten Maßnahmen und den voraussichtlichen Betrag der finanziellen Verbindlichkeiten. Sie treten gemäß der Bedingungen der Artikel L. 2131-1, L. 2131-2, L. 3131-1, L. 3131-2, L. 4141-1 et L. 4141-2 mit der Übermittlung an den Staatsvertreter in Kraft. Die Artikel L. 2131-6, L. 3132-1 und L. 4142-1 sind auf die Übereinkünfte anwendbar. Darüber hinaus können die Gebietskörperschaften und ihre Zusammenschlüsse, falls eine Notlage dies rechtfertigt, humanitäre Maßnahmen durchführen und finanzieren."

[29] Art. L. 1115-1-1 (in seiner Fassung vom 8. Dezember 2006): „Die Gemeinden, die öffentlichen Einrichtungen der zwischengemeindlichen Zusammenarbeit sowie die mit der Trinkwasserversorgung und Abwasserentsorgung oder der öffentlichen Strom- und Gasversorgung beauftragten Zweckverbände können bis zu einem Prozent der dem Budget der jeweiligen Zweckverbände zugewiesenen Ressourcen einsetzen, um im Rahmen der von Artikel L. 1115-1 vorgesehenen Übereinkünfte Maßnahmen der Zusammenarbeit mit ausländischen Gebietskörperschaften und ihren Zusammenschlüssen, Maßnahmen der Nothilfe zugunsten dieser Körperschaften und Zusammenschlüsse sowie Maßnahmen der internationalen Solidarität in den Bereichen Trinkwasserversorgung und Abwasserentsorgung und der öffentlichen Strom- und Gasversorgung durchführen."

[30] Art. L. 1115-4 (in seiner Fassung vom 18. April 2008): „Die Gebietskörperschaften und ihre Zusammenschlüsse dürfen im Rahmen ihrer Kompetenzen und unter Beachtung der internationalen Verpflichtungen Frankreichs öffentlichen Körperschaften ausländischen Rechts beitreten, oder sich am Kapital einer juristischen Person ausländischen Rechts beteiligen, sofern ihnen mindestens eine Gebietskörperschaft oder ein Zusammenschluss solcher Gebietskörperschaften eines Mitgliedstaates der Europäischen Union oder des Europarats beigetreten oder an ihnen beteiligt ist.

Dieser Beitritt oder diese Beteiligung wird durch einen Verwaltungsakt des Staatsvertreters in der *région* genehmigt. Der Beitritt oder die Beteiligung wird zum Gegenstand einer Übereinkunft zwischen der Gesamtheit der Mitglieder der betreffenden öffentlich-rechtlichen Einrichtung oder der am Kapital der betreffenden juristischen Person Beteiligten. Diese Übereinkunft legt die Dau-

er, die Bedingungen, die finanziellen Modalitäten und Kontrollmöglichkeiten des Beitritts oder der Beteiligung fest. Die von französischen Gebietskörperschaften und ihren Zusammenschlüssen gehaltenen Kapitalanteile an ein und derselben juristischen Person ausländischen Rechts oder die Beteiligung an ihren finanziellen Lasten darf in ihrer Gesamtheit fünfzig Prozent dieses Kapitals oder dieser Lasten nicht übersteigen.
Die im vorherigen Absatz vorgesehene Übereinkunft tritt gemäß der Artikel L. 2131-1, L. 2131-2, L. 3131-1, L. 3131-2, L. 4141-1 et L. 4141-2 mit Übermittlung an den Staatsvertreter in Kraft. Die Artikel L. 2131-6, L. 3132-1 und L. 4142-1 sind auf die Übereinkünfte anwendbar.
Die von einem Abschlussprüfer beglaubigten Jahresabschlüsse sowie ein Tätigkeitsbericht der juristischen Personen ausländischen Rechts, an der die Gebietskörperschaften und Zusammenschlüsse beteiligt sind, werden jedes Jahr dem Haushaltsplan dieser öffentlich-rechtlichen Personen beigefügt. Dies gilt ebenfalls für Jahresabschlüsse und Tätigkeitsberichte der öffentlichen Körperschaften ausländischen Rechts, denen die Gebietskörperschaften und Zusammenschlüsse beigetreten sind. Dieser Anhang enthält genaue Angaben über die Höhe der Beteiligung aller beteiligten öffentlichen Personen."

[31] Art. L. 1115-4-1 (in seiner Fassung vom 16. April 2008): „Im Rahmen der grenzüberschreitenden Zusammenarbeit dürfen Gebietskörperschaften und ihre Zusammenschlüsse mit ausländischen Gebietskörperschaften und ihren Zusammenschlüssen einen mit Rechtspersönlichkeit und finanzieller Eigenständigkeit ausgestatteten grenzüberschreitenden örtlichen Zweckverband, auch Eurodistrict genannt, gründen.
Gegenstand des Eurodistricts ist die Durchführung von Missionen, welche einen Nutzen für alle beteiligten öffentlichen Personen haben und das Ziel die Schaffung und Organisation öffentlicher Dienste und dazugehöriger Ausrüstung.
Die Rechtspersönlichkeit des öffentlichen Rechts wird ihr ab Inkrafttreten der Gründungsentscheidung anerkannt. Diese Gründung wird durch Erlass des Staatsvertreters in der *région*, in welcher der Eurodistrict seinen Sitz hat, anerkannt.
Vorbehaltlich anderslautender internationaler Bestimmungen sind die Vorschriften des Titels II des Buches VII des fünften Teils dieses Gesetzbuches auf den Eurodistrict anwendbar.
Ausländische Gebietskörperschaften und ihre Zusammenschlüsse dürfen bestehenden Zweckverbänden beitreten, die im Rahmen der Vorschriften des Titels II des Buches VII des fünften Teils dieses Gesetzbuches gegründet wurden. Unter den Voraussetzungen der vorstehenden Absätze führt dieser Beitritt von Gesetzes wegen zur Umwandlung dieser Zweckverbände in Eurodistricts."

[32] Art. L. 1115-4-2 (in seiner Fassung vom 16. April 2008): „Im Rahmen der grenzüberschreitenden, transnationalen oder interregionalen Zusammenarbeit dürfen Gebietskörperschaften, ihre Zusammenschlüsse und, nach Einwilligung ihrer Aufsichtsbehörde, öffentliche Körperschaften i. S. d. *Richtlinie 2004/18/EG des Europäischen Parlaments und des Rates vom 31. März 2004 über die Koordinierung der Verfahren zur Vergabe öffentlicher Bauaufträge, Lieferaufträge und Dienstleistungsaufträge* im Rahmen ihrer Kompetenzen und unter Beachtung der internationalen Verpflichtungen Frankreichs mit den Gebietskörperschaften, ihren Zusammenschlüssen und den öffentlichen Körperschaften der Mitgliedsstaaten der Europäischen Union sowie mit den Mitgliedsstaaten der Europäischen Union oder den an die Europäische Union angrenzenden Staaten, welche Mitglied des Europarats sind, einen Europäischen Verbund für territoriale Zusammenarbeit gründen, welcher mit Rechtspersönlichkeit und finanzieller Eigenständigkeit ausgestattet ist.
Diese Gründung wird durch Erlass vom Staatsvertreter in der *région* anerkannt, in welcher der Europäische Verbund für territoriale Zusammenarbeit seinen Sitz hat. Die Rechtspersönlichkeit des öffentlichen Rechts wird ihm ab Inkrafttreten der Gründungsentscheidung anerkannt. Die Vorschriften des Titels II des Buches VII des fünften Teils dieses Gesetzbuches sind auf ihn anwendbar, soweit sie nicht in Widerspruch zu den derzeit geltenden Gemeinschaftsverordnungen stehen.
Ein europäischer Verbund für territoriale Zusammenarbeit französischen Rechts kann durch begründeten und im französischen Amtsblatt „*Journal officiel*" veröffentlichten Erlass des Ministerrates aufgelöst werden.
Gebietskörperschaften, ihre Zusammenschlüsse und, nach Einwilligung ihrer Aufsichtsbehörde, öffentliche Körperschaften i. S. d. oben genannten *Richtlinie 2004/18/EG des Europäischen Parlaments und des Rates vom 31. März 2004* dürfen im Rahmen ihrer Kompetenzen, unter Beachtung der internationalen Verpflichtungen Frankreichs und unter dem Vorbehalt der vorherigen Einwilligung des Staatsvertreters in der *région* einem Europäischen Verbund für territoriale Zusammenarbeit ausländischen Rechts beitreten.

[33] Art. L. 1115-5 (in seiner Fassung vom 18. April 2008): „Eine Gebietskörperschaft oder ein Zusammenschluss von Gebietskörperschaften darf mit einem ausländischen Staat keinerlei Abkommen schließen, es sei denn, es soll die Gründung einer Europäischen Kooperationsvereinigung oder eines Europäischen Verbunds für territoriale Zusammenarbeit ermöglichen. In diesem Fall muss vor der Unterzeichnung des Abkommens eine Einwilligung des Staatsvertreters in der *région* erfolgen."

[34] Art. L. 1115-6 (in seiner Fassung vom 30. Juli 2004): „Eine nationale Kommission der dezentralen Zusammenarbeit wird gegründet, welche den Stand der von den Gebietskörperschaften durchgeführten dezentralen Zusammen-

finden, welche durch die Vorschriften der Art. L. 1521-1[36] und L. 1522-1[37] über die örtlichen gemischtwirtschaftlichen Privatgesellschaften

---

arbeit der Gebietskörperschaften dokumentiert und aktualisiert. Sie kann Vorschläge zur Vertiefung dieser Zusammenarbeit formulieren."

[35] Art. L. 1115-7 (in seiner Fassung vom 30. Juli 2004): „Erlasse des *Conseil d'Etat* legen erforderlichenfalls die Anwendungsvoraussetzungen dieses Kapitels fest."

[36] Art. L. 1521-1 (in seiner Fassung von 11. August 2004): „Die Gemeinden, *départements*, *régions* und deren Zusammenschlüsse können im Rahmen ihrer ihnen durch Gesetz anerkannten Kompetenzen örtliche gemischtwirtschaftliche Gesellschaften gründen und sich so mit einer oder mehreren Personen des Privatrechts und eventuell mit anderen Personen des öffentlichen Rechts vereinigen, um Erschließungs- und Bauvorhaben durchzuführen, gewerbliche öffentlich-rechtliche Aufträge oder jede andere Tätigkeit im Allgemeininteresse auszuüben; umfasst der Gesellschaftszweck der örtlichen gemischtwirtschaftlichen Gesellschaften mehrere Tätigkeiten, müssen diese Nebentätigkeiten sein. Darüber hinaus können örtliche gemischtwirtschaftliche Gesellschaften für die Bedürfnisse öffentlicher Gesundheitseinrichtungen die Konzeption, Durchführung, Wartung oder Instandhaltung sowie gegebenenfalls die Finanzierung der Einrichtung von Krankenhäusern und medizinisch-sozialen Einrichtungen übernehmen.

Die Gemeinde, die Gesellschafterin einer örtlichen gemischtwirtschaftlichen Gesellschaft ist, deren Gesellschaftszweck im Rahmen einer durch die Gemeinde an eine öffentliche Einrichtung der zwischengemeindlichen Zusammenarbeit übertragenen Kompetenz liegt, kann unter der Bedingung weiterhin am Gesellschaftskapital beteiligt sein, dass sie der öffentlichen Einrichtung der zwischengemeindlichen Zusammenarbeit mehr als zwei Drittel der Aktien überlässt, welche sie vor der Kompetenzübertragung hielt."

[37] Art. L. 1522-1 (in seiner Fassung vom 20. Dezember 2003): „Die beschlussfassenden Versammlungen der Gemeinden, der *départements*, der *régions* und deren Zusammenschlüsse dürfen zum Zwecke der Gründung örtlicher gemischtwirtschaftlicher Gesellschaften nach Artikel L. 1521-1 Aktien erwerben oder Abgaben in Form von Aktien dieser Gesellschaften erhalten.

Beteiligungen sind an folgende Bedingungen gebunden:

1° Die Gesellschaft hat die Rechtsform einer Aktiengesellschaft, auf welche vorbehaltlich der Vorschriften dieses Titels das Buch II des *code de commerce* (französisches Handelsgesetzbuch), anwendbar ist;

2° Die Gebietskörperschaften und ihre Zusammenschlüsse halten, getrennt oder zu mehreren, mehr als die Hälfte des Kapitals dieser Gesellschaften und der Stimmen in den beschlussfassenden Organen.

Im Falle von Nicht-EU-Mitgliedstaaten und vorbehaltlich eines vorherigen Abkommens mit den betreffenden Staaten dürfen sich ausländische Gebiets-

(*Sociétés locales d'économie mixte*) vervollständigt werden. Besondere Vorschriften über Paris (Art. L. 2512 *CGCT*), über die Metropolen (Art. L. 5217-2 *CGCT*) sowie über urbane Knotenpunkte (Art. L. 5731-1, -2, und -3 *CGCT*) sind ebenso zu finden. Der *Code de l'urbanisme* (Stadtentwicklungsgesetzbuch) beinhaltet auch Vorschriften zu Bauplänen in Grenzzonen (Art. L. 121-4-1)[38], und im *Code des Transports* (Verkehrsgesetzbuch) sind ferner drei Artikel zum überregionalen Transportwesen (Art. L. 1111-3, L. 2121-7 und L. 2121-12)[39] zu finden. Letztlich darf sich die

---

körperschaften und ihre Zusammenschlüsse am Kapital örtlicher gemischtwirtschaftlicher Gesellschaften beteiligen, wenn ihr Gesellschaftszweck mit Artikel L. 1521-1 übereinstimmt.
Sie können jedoch nicht, getrennt oder zu mehreren, mehr als die Hälfte des Kapitals und der Stimmen in den beschlussfassenden Organe halten, welches bzw. welche durch die Gesamtheit der Gebietskörperschaften und ihrer Zusammenschlüsse gehalten werden."

[38] Art. L. 121-4-1 (in seiner Fassung vom 13. Dezember 2000): „In den Dokumenten zur Stadtplanung der Grenzgebiete wird die Flächennutzung der Gebiete der angrenzenden Staaten berücksichtigt.
Die Gemeinden oder zuständigen Zusammenschlüsse dürfen Gebietskörperschaften dieser Staaten sowie jede für Gebäude-, Städte-, Raumplanung oder Umwelt zuständige ausländische Körperschaft konsultieren."

[39] Art. L. 2121-7 (in seiner Fassung vom 30. Mai 2013): „Die *région* darf unter den Bedingungen des Allgemeinen Gesetzbuches der öffentlich-rechtlichen Gebietskörperschaften (*code général des collectivités territoriales)* und der geltenden Abkommen eine Übereinkunft mit einer den Personenverkehr organisierenden Behörde einer Nachbarregion eines angrenzenden Staates zur Organisation von regionalen grenzüberschreitenden Schienenpersonenverkehrsdiensten abschließen. Bei Fehlen einer den Personenverkehr organisierenden Behörde in der Nachbarregion des angrenzenden Staates kann die *région* die *Société nationale des chemins de fer français* (staatliche Eisenbahngesellschaft Frankreichs) auffordern, mit der zuständigen Bahngesellschaft des Nachbarstaats eine Übereinkunft für die Organisierung solcher Schienendienste abzuschließen.
Die *région* kann unter den Bedingungen des *code général des collectivités territoriales* (Allgemeines Gesetzbuch der öffentlich-rechtlichen Gebietskörperschaften) und der geltenden Abkommen einem Europäischen Verbund für territoriale Zusammenarbeit beitreten, welcher insbesondere als Gesellschaftszweck die Organisation von regionalen grenzüberschreitenden Schienenpersonenverkehrsdiensten hat.

Agence de l'Eau (Wasseragentur) an einer grenzüberschreitenden Zusammenarbeit nach den Maßgaben des Art. L. 213-9-2 des *Code de l'environnement* (Umweltgesetzbuch) beteiligen.

Über die Vorschriften zur *Commission nationale de la coopération décentralisée* (nationale Kommission für dezentralisierte Zusammenarbeit) (Art. R. 1115-8 bis -15 *CGCT*) hinaus sind im verwaltungsrechtlichen Teil auch besondere Vorschriften über bestimmte öffentliche Dienste zu finden: Art. R. 1424-50 über Brand- und Rettungsdienste sowie die Anhänge V und VI zu den Art. D. 2224-1 bis -3 über die Trinkwasserversorgung und den Abwasserentsorgungsdienst.

II. Die deutschen Rechtsquellen der grenzüberschreitenden Zusammenarbeit

Während die französischen Rechtsquellen der grenzüberschreitenden Zusammenarbeit von einer Mischung aus internen und europäischen Quellen sowie der Vielfalt der internen Quellen charakterisiert werden, besteht die Besonderheit der deutschen Rechtsquellen in ihrer föderalen Prägung. Die Staatsform zwingt zur Unterscheidung zwischen den Rechtsquellen örtlicher Körperschaften (A) und den Rechtsquellen der Länder (B).

1) Die Situation örtlicher Körperschaften

Im Gegensatz zu Frankreich besteht in Deutschland nur eine geringe Anzahl von Rechtsquellen der grenzüberschreitenden Zusammenarbeit. (a). Diese geringe Anzahl lässt sich durch die Eigenständigkeit der europäischen Quellen sowie den Umfang der lokalen Autonomie erklären, insb. auf kommunaler Ebene, welche vom Grundgesetz und den Länderverfassungen gewährleistet wird (b).

Abweichend von Artikel L. 2121-4 Absatz 1 legt eine Übereinkunft zwischen einem Europäischen Verbund für territoriale Zusammenarbeit und der *Société nationale des chemins de fer français* die Betriebs- und Finanzierungsbedingungen der vom Verbund organisierten regionalen grenzüberschreitenden Schienenpersonenverkehrsdienste auf ihrem Teil des Staatsgebiets fest".

a) Die geringe Anzahl an Rechtsnormen über die grenzüberschreitende Zusammenarbeit

Sowohl das Bundes- als auch das Landesverfassungsrecht beinhalten starke Aufforderungen zur grenzüberschreitenden Zusammenarbeit, welche jedoch beide unbestimmt bleiben.

Im Grundgesetz fördert der durch das Verfassungsgesetz aus dem Jahre 1992 hinzugefügte Art. 24 Abs. 1a die Entwicklung der grenzüberschreitenden Zusammenarbeit zwischen Gebietskörperschaften.[40]

In den Länderverfassungen sind manchmal zu denen des Art. 24 Abs. 1a GG ähnliche Vorschriften zu finden. Sie gehen zeitlich der Madrider Rahmenvereinbarung von 1980 vor. Z. B. ist im Vorwort der Verfassung Baden-Württembergs aus dem Jahre 1953 explizit von der aktiven Förderung der grenzüberschreitenden Zusammenarbeit die Rede.[41] In Art. 60 Abs. 1 der saarländischen Verfassung des Jahres 1947 wird die Bildung von Beziehungen zwischen saarländischen und benachbarten fremden Gebietskörperschaften unterstützt.[42]

Für die Gesetzgebung sind die Länder im Bereich der Gebietskörperschaften und somit der grenzüberschreitenden Zusammenarbeit ausschließlich zuständig. Gemäß Art. 30 und 28 Abs. 2 Grundgesetz verfügen die Länder über die Gesetzgebungszuständigkeit im Bereich der Gebietskörperschaften, und somit im Bereich der grenzüberschreitenden Zusammenarbeit ihrer Gebietskörperschaften. Der Bund verfügt über

---

40 „Soweit die Länder für die Ausübung der staatlichen Befugnisse und die Erfüllung der staatlichen Aufgaben zuständig sind, können sie mit Zustimmung der Bundesregierung Hoheitsrechte auf grenznachbarschaftliche Einrichtungen übertragen."

41 Die „Verfassungsgebenden Landesversammlung [hat beschlossen] an (...) der Förderung der grenzüberschreitenden Zusammenarbeit aktiv mitzuwirken." In Art. 71 derselben Verfassung wird diese Politik den autonomen Zuständigkeiten der Gebietskörperschaften zugerechnet, die in dieser Vorschrift ihre Rechtsgrundlage finden.

42 „Das Saarland (...) unterstützt grenzüberschreitende Beziehungen zwischen benachbarten Gebietskörperschaften und Einrichtungen." S. GRÖPL (Christoph) in WENDT (Rudolf) und RIXECKER (Roland) (Hrsg.), *Verfassung des Saarlandes, Kommentar*. Saarbrücken, Alma Mater, S. 336–337.

keine Zuständigkeit im Bereich der grenzüberschreitenden Zusammenarbeit. In diesem Bereich sind nur wenige Normen unter dem Verfassungsrang zu finden. Das Kommunalverfassungsgesetz von Mecklenburg-Vorpommern vom 8. Juni 2004 stellt eine Ausnahme da. Sie gewährt den Kommunen die Möglichkeit der Entwicklung von Partnerschaftsbeziehungen mit Kommunen anderer Länder (im betreffenden Fall Polen). Jeder Anwendungsfall der grenzüberschreitenden Zusammenarbeit bleibt dennoch der Zustimmung des Landes unterworfen.

b) Die Eigenständigkeit des Europarechts und die Reichweite der verfassungsrechtlichen Garantie der lokalen Autonomie

Dieser Mangel an Bundesgesetzen im Bereich der grenzüberschreitenden Zusammenarbeit hindert allerdings nicht die Entwicklung grenzüberschreitender Zusammenarbeit. Denn die kommunale Autonomie ist fest im Grundgesetz wie auch in den Landesverfassungen verankert. Nach der gewöhnlichen Auslegung ihres Anwendungsbereiches soll dieser die Möglichkeit zur Entwicklung grenzüberschreitender Zusammenarbeiten umfassen.[43] Die Wortkargheit des Gesetzes kommt, aufgrund des erweiterten Anwendungsbereiches der verfassungsrechtlich gewährleisteten Kommunalautonomie, auf diesem Gebiet einer stillschweigenden Genehmigung gleich. Die Kommunen sind die deutschen allgemeinen Gebietskörperschaften und bedürfen somit keines Gesetzes zur Entwicklung grenzüberschreitender Zusammenarbeit.[44]

Überkommunale Gebietskörperschaften sind in Deutschland seltener als in Frankreich vorzufinden. Der Umfang der ihnen vom Grundgesetz gewährleisteten lokalen Autonomie ist auch enger als derjenige, der den Gemeinden zugesprochen wird. Aus diesem Grund wird ihre Autonomie

---

[43] GERN (Alfons), *Deutsches Kommunalrecht*, Baden Baden, Nomos, 2003, Nr. 927 ; SOHNLE (Jochen), „L'intercommunalité, une alternative aux fusions de communes ?“ in *Pouvoirs locaux,* 2009, II S. 75 f. und SOHNLE (Jochen) und SCHNEIDER (Francoise), „La coopération transfrontalière dans l'espace du Rhin supérieur et le cas particulier de l'agglomération trinationale de Bâle“ in COMTE (Henri) und LEVRAT (Nicolas), *loc. cit.*, S. 58.

[44] SOHNLE (Jochen). „L'autonomie locale à l'épreuve du droit de la coopération transfrontalière“, *loc. cit.*, S. 11.

als von der Autonomie der Gemeinde abgeleitet und auch als sekundär gegenüber dieser angesehen.[45]

Denn diese Gebietskörperschaften bestehen aus Gemeindevereinen, also aus subsidiären Strukturen. Sie sind nur in dicht bevölkerten Regionen zu finden, oder im Gegenteil, in Regionen mit geringen Einwohnerzahlen, um die Mängel des Gemeindeniveaus auszugleichen. Somit stehen sie manchmal in einem Wettbewerbsverhältnis zu interkommunalen Strukturen.

Der Hauptunterschied zur kommunalen Autonomie besteht darin, dass ihre Autonomie keine Einschränkung zu derjenigen der Gemeinde bilden darf. Suprakommunale Körperschaften müssen also die lokale Autonomie der Gemeinde wahren. Abgesehen von dieser Einschränkung sollte nichts einer Beteiligung überkommunaler Körperschaften an der Entwicklung grenzüberschreitender Zusammenarbeit entgegenstehen.

In allen Fällen dürfen sich alle Gebietskörperschaften auf das Europarecht stützen. Denn die Madrider Rahmenvereinbarung findet unmittelbare Anwendung auf Gebietskörperschaften.[46] Darüber hinaus bedarf die 2013 reformierte Unionsverordnung aus dem Jahre 2006 über die EVTZ, wie alle von der EU erlassenen Verordnungen, keiner Umsetzung ins nationale Recht.

Deutsche Juristen betrachten das Europarecht und die verfassungsrechtliche Garantie der lokalen Autonomie als ausreichend, um den deutschen Gebietskörperschaften den Abschluss von Übereinkünften mit ausländischen Körperschaften und die Gründung von Einrichtungen zum Zwecke der gemeinsamen Zusammenarbeit zu ermöglichen.

Diese Einrichtungen der gemeinsamen Zusammenarbeit können z. B. in der Form eines GöZ (grenzüberschreitender örtlicher Zweckverband)

---

45 GERMAIN (Jérôme). „L'intercommunalité en Allemagne, un espace réduit et des fonctions secondaires", Acte du colloque du Grale, Nancy, 30.–31. Mai 2013, in STECKEL-ASSOUÈRE(Marie-Christine) (Hrsg.), Regards croisés sur les mutations de l'intercommunalité, L'Harmattan, 2013, S. 365 f.

46 Daran erinnert das Gesetz des Landes Rheinland-Pfalz vom 17. Dezember 1996 über das vierparteiische Karlsruher Abkommen, welches als Akt zur Durchführung dieser Rahmenvereinbarung unterschrieben wurde.

bestehen, dessen Grundlage in dem vierparteiischen Karlsruher Abkommen von 1996 zu finden ist. Im Protokoll Nr. 3 aus dem Jahre 2009 zur Madrider Rahmenvereinbarung wurden übrigens die VEZ (Verbünde für euroregionale Zusammenarbeit) gegründet. Diese Formen stoßen bei den lokalen Mandatsträgern auf große Beliebtheit, da sie in diesen eine Konkretisierung ihrer Bestrebungen lesen.[47]

2) Der Fall der Länder

Die Länder befinden sich in einer zweigeteilten Situation, da sie, im Gegensatz zu den Gebietskörperschaften, zugleich eine Ebene des Staates bilden, und im Gegensatz zum Bund eine lokale Autorität darstellen. Einerseits treten sie in ihrem Verhältnis zu den deutschen Gebietskörperschaften als Gesetzgeber auf. Andererseits können sie selbst Partner französischer Gebietskörperschaften sein.[48]

Der Art. 30 GG weist die allgemeine Gesetzgebungskompetenz explizit den Ländern zu. Auf dieser Grundlage erlaubt ihnen der Art. 32 Abs. 3 GG völkerrechtliche Vereinbarungen mit fremden Staaten im Rahmen ihrer Zuständigkeiten unter Zustimmung des Bundes abzuschließen. Sollte der Partner kein Staat, sondern eine Gebietskörperschaft oder ein anderer Bundestaat sein, erlaubt ihnen seit 1992 Art. 24 Abs. 1a GG ihre Souveränität durch völkerrechtliche Abkommen auf Nachbarschaftsinstitutionen in Grenzregionen zu transferieren. Auch hier kann allerdings auf die Zustimmung des Bundes nicht verzichtet werden.

Seit dem Gesetz vom 2. Februar 2007 dürfen dank der neuen Formulierung des Art. L. 1115-1 des *CGCT* französische Gebietskörperschaften mit den Ländern zusammenarbeiten. Diese neue Formulierung bezieht sich auf alle lokalen Autoritäten unter den möglichen Partnern zur grenzüberschreitenden Zusammenarbeit (und damit auch auf die Länder), und nicht nur auf die alleinigen Gebietskörperschaften. Im *CGCT* ist aber weiterhin von einer reinen dezentralisierten Zusammenarbeit die

---

47 SOHNLE (Jochen), „L'autonomie locale à l'épreuve du droit de la coopération transfrontalière", *loc. cit*, S. 12.

48 SOHNE (Jochen), *ibid.* S. 18.

Rede, welche sich unterhalb der Ebene der Zusammenarbeit mit den Ländern befindet.

Es ist eindeutig, dass eine solche Zusammenarbeit zwischen einem Land und einer französischen Gebietskörperschaft ihrer Natur nach ungleichgewichtig sein wird, da der Zuständigkeitsbereich der französischen Gebietskörperschaften doch sehr eingeschränkt ist. Aus diesem Grund unterstützt der französische Staat bei grenzüberschreitender Zusammenarbeit, an der die Länder beteiligt sind, die französischen Gebietskörperschaften mit deren Organisation[49].

---

[49] COMTE (Henri), in COMTE (Henri) und LEVRAT (Nicolas) (Hrsg.), *loc. cit.*, S. 190 f., und Art. L. 1111-2 *CGCT*.

Anhang 1: Dezentralisierter Staat, Staat mit regionaler Autonomie und Bundestaat

<table>
<tr><td></td><td></td><td colspan="3">Unitäre Staaten oder (individuelle oder korporative) Personalunionen</td><td>Gemischte und pluripersonale Staaten</td></tr>
<tr><td rowspan="2">Staatsformen</td><td rowspan="2">Unitärer Staat (zentralisiert, dezentralisiert oder mit Regionalautonomie)</td><td colspan="3">Eine einzige Hoheitsmacht und ein einziger Hoheitsträger: entweder ein Individuum wie etwa ein Monarch oder ein Diktator; oder eine Personengruppe wie eine politische Partei, eine Junta; oder das Volk (d. h. die Stimmberechtigten)</td><td rowspan="2">Eine einzelne Hoheitsmacht aber mehrere Co-Hoheitsträger, auf der ein und selben territorialen Grundlage (d. h., sie teilen sich dasselbe Territorium), allerdings mit unterschiedlichen, in Wettbewerb stehenden Legitimationsquellen (z. B. der König, der Adel und das Bürgertum nach</td></tr>
<tr><td>Zentralisiert (Frankreich vor der V. Republik)</td><td>Dezentralisierter (Frankreich, vor allem seit 1982)</td><td>Staaten mit verschiedenen Formen der Regionalautonomie (Spanien, Italien, Vereinigtes Königreich mit Schottland und Nordirland)</td></tr>
</table>

		Gebietskörperschaften verfügen nur über eine vollziehende Gewalt. Sie sind nicht an der Festlegung ihrer Zuständigkeiten beteiligt.	Die Gebietskörperschaften verfügen nur über eine Verordnungsmacht. Ihre Zuständigkeiten werden einseitig in Staatsgesetzen festgelegt.	Die Regionen sind autonom. Sie verfügen über eine materielle und formelle Gesetzgebungsbefugnis. Sie sind evtl. an der Festlegung ihrer Zuständigkeiten beteiligt. Z. B. dadurch, dass sie aus einer vom Staat vorgeschlagenen Liste diejenigen Zuständigkeiten auswählen, die sie ausüben möchten, und diejenigen verwerfen, die sie nicht wollen.	Montesquieu), ein Kompromiss zwischen ihnen ist also zur Änderung der (geschriebenen oder ungeschriebenen) Verfassung erforderlich sowie zur Verabschiedung von Gesetzen, die nur nach dem Einstimmigkeitsprinzip angenommen werden können, auch wenn die einzelnen Bestandteile jedes Co-Hoheitsträgers nach dem Mehrheitsprinzip entscheiden dürfen.

	Bundestaat (Deutschland, Österreich, die Schweiz, Belgien... die Vereinigten Staaten seit 1787...)	Eine einzige Hoheitsmacht, aber mehrere Co-Hoheitsträger auf unterschiedlichen territorialen Grundlagen: die originäre verfassungsgebende Macht wird von den Ländern nach dem Einstimmigkeitsprinzip ausgeübt, und die abgeleitete verfassungsgebende Macht wird von den Ländern nach dem Mehrheitsprinzip ausgeübt (d. h. vom jeweiligen Hoheitsträger oder seinen Vertretern), unter Zustimmung des Bundes (d. h. von seinem Hoheitsträger oder seinen Vertretern): Aufteilung der Verfassungsreformbefugnis durch die Erfordernis eines Kompromisses zwischen Bund und Ländern.	
Staatsvereinigungen	**Föderation** **(Europäische Union)**	Mehrere Hoheitsmächte und mehrere Hoheitsträger: Einstimmigkeit ist zur Entscheidung über die gemeinsam ausgeübten Zuständigkeiten erforderlich sowie darüber, ob diese nach dem Mehrheits- oder Einstimmigkeitsprinzip ausgeübt werden sollen. Anschließend Einstimmigkeits- oder Mehrheitsentscheidungen in den gemeinsamen Gebieten.	
	Konföderation **(Vereinigte Staaten von Amerika zwischen 1776 (?) und 1787)**	Mehrere Hoheitsmächte und immer noch mehrere Hoheitsträger: Einstimmigkeitserfordernis zur Entscheidung über die gemeinsam ausgeübten Zuständigkeiten sowie bei jeder einzelnen Entscheidung auf diesen Gebieten.	

Die Institutionalisierung der grenzüberschreitenden Zusammenarbeit zwischen lokalen Gebietskörperschaften

Jochen SOHNLE*

* Professor für öffentliches Recht, Rechts-, Wirtschafts- und Verwaltungswissenschaftliche Fakultät Nancy, Frankreich. Übersetzung aus dem Französischen.

Ursprünglich ist die grenzüberschreitende Zusammenarbeit den über das *treaty making power* verfügenden zentralen oder bundesstaatlichen Behörden des souveränen Staates vorbehalten. Der Staat handelt insbesondere durch seinen Minister für auswärtige Angelegenheiten. Ausnahmsweise kann diese Befugnis jedoch auch in die Zuständigkeit der Behörden der föderalen Gliedstaaten (Bundesländer) fallen. Seit den 1970er Jahren wird den dezentralen Behörden (z. B. den Präfekten in Frankreich) ein gewisser Spielraum gewährt, um grenzüberschreitende Angelegenheiten, welche nur von lokaler Relevanz sind, zu regulieren. Ein weiterer, in den 1980er Jahren begonnener Schritt, ermöglicht den lokalen Gebietskörperschaften, dank eines auf dem europäischen Kontinent eingetretenen Paradigmenwechsels[1], eigenständig eine Zusammenarbeit mit ihren ausländischen Pendants zu etablieren. Die lokale Selbstverwaltung wird von nun an von keiner internationalen Grenze[2] mehr unterbunden. Eine hybride Rolle ist den föderalen Gliedstaaten vorbehalten, die sowohl als (partielle) Völkerrechtssubjekte als auch als Einheiten handeln können, welche zum Zweck der grenzüberschreitenden Zusammenarbeit mit lokalen Gebietskörperschaften gleichgestellt werden. Souveräne Staaten waren jedoch traditionell von der grenzüberschreitenden Zusammenarbeit zwischen lokalen Gebietskörperschaften ausgeschlossen. Eine neuere Entwicklung änderte dies: Seit 2006 können lokale Gebietskörperschaften und souveräne Staaten sowie weitere Beteiligte nebeneinander an grenzüberschreitenden Projekten zusammenarbeiten.

Interessiert man sich für den institutionellen Aspekt der grenzüberschreitenden Zusammenarbeit, so erscheinen diese Phänomene besonders

---

[1] Vgl. LEVRAT (Nicolas), *L'Europe et ses collectivités territoriales – Réflexions sur l'organisation et l'exercice du pouvoir territorial dans un monde globalisé*, P.I.E.-Peter Lang Brüssel 2005 (304 Seiten), S. 260.

[2] Vgl. SOHNLE (Jochen), *L'action extérieure des collectivités territoriales*, Dalloz, Encyclopédie des collectivités locales, Hefte 1212 und 1222; derselbe, „L'autonomie locale a□ l'e□preuve du droit de la coope□ration transfrontalie□re", in: POTVIN- SOLIS (Laurence) (Hrsg.), *L'Union européenne et l'autonomie locale et régionale,* Bruxelles, Bruylant, 2016, p. 245-277.

prägend. Der Begriff Institution hat im Allgemeinen mehrere Bedeutungen. Diese werden jedoch alle von der Vorstellung eines schöpferischen und organisierenden menschlichen Willens gekennzeichnet. Im Folgenden soll der organische Aspekt der Institutionalisierung näher erläutert werden. [3]

Historisch betrachtet erfolgt die Institutionalisierung der grenzüberschreitenden Zusammenarbeit zuerst in einem zwischenstaatlichen, rein völkerrechtlichen Rahmen. Seit dem Ende des 19. Jahrhunderts gründen Nachbarstaaten Kommissionen zur grenzüberschreitenden Zusammenarbeit, in deren Organe auch Stellvertreter der Gebietskörperschaften entsendet werden können. Die älteste unter ihnen ist die Internationale Kommission der Pyrenäen, die 1875 in Folge eines Briefwechsels zwischen Frankreich und Spanien gegründet wurde und deren Zuständigkeitsbereiche 1887 ausgeweitet wurden. In jüngerer Zeit haben die meisten der großen Grenzregionen solche Abkommen geschlossen und systematisch gemeinsame Organe eingesetzt. So umfasst die Region Oberrhein einen grenzüberschreitenden Raum zwischen Deutschland, der Schweiz und Frankreich (Abkommen vom 21. September 2000) und in der Großregion sind Gebiete von Belgien, Luxemburg, Deutschland und Frankreich vereint (Abkommen vom 23. Mai 2005).

Die Institutionalisierung der grenzüberschreitenden Zusammenarbeit zwischen Völkerrechtssubjekten wird anschließend auf **nicht souveräne Einheiten** übertragen, nämlich auf „lokale Gebietskörperschaften". Diese allgemeine Bezeichnung wurde im Rahmen des Europarats geschmiedet und beinhaltet die *collectivités territoriales* (Gebietskörperschaften) nach französischem Muster (deren europäischer Prototyp die Gemeinde ist), aber auch die regionalen Einheiten (die mit Gesetzgebungskompetenz ausgestattet sind), föderale Gliedstaaten (welche Staatscharakter haben),

---

[3] Hier darf zwischen *institutions-organes* (Organe, deren Status und Funktionsweise vom Recht geregelt werden, wie das Parlament oder die Familie) und *institutions-mécanismes* bzw. Rechtsinstitute (Vorschriftenbündel, welche Organe oder eine gegebene rechtliche Situation regeln, so z. B. die Auflösung eines Parlaments, die Ehe oder die juristische Haftung) unterschieden werden. In diesem Sinne: *Lexique des termes juridiques,* Dalloz, 15. Auflage, s. *Institution.*

die *agents deconcentrés* (dezentrale Stellen wie der französische Präfekt oder ein deutsches Regierungspräsidium) und die *local authorities* des englischen Rechts. Diese Institutionalisierung kann auf verschiedene Formen bzw. Modalitäten zurückgreifen. Man kann sie nach ihrer Intensität im Verhältnis zum jeweiligen Integrationsgrad klassifizieren.

Der kleinste Schritt ist eine **nicht juristische Absprache** zwischen lokalen Gebietskörperschaften verschiedener Staaten. Auf dieser informellen Absprache beruhen traditionellerweise die Partnerschaften der Kommunen.[4] Allgemeiner gesprochen kann es sich um den Aufbau von einzelnen oder regelmäßigen Kontakten, im grenznahen oder grenzfernen Bereich, mit Hilfe von Stellen (Konferenzen/Versammlungen der Exekutiv- und/oder beschließenden Organe, gemischten Ausschüssen, Arbeitsgruppen) handeln. Diese Kontakte beruhen auf keiner bindenden juristischen Grundlage, selbst wenn sie in der Rechtsordnung der Gebietskörperschaften zur Entscheidungsfindung führen können (z. B. zu einem Beschluss, aufgrund dessen einer Partnergemeinde spontan humanitäre Hilfe erteilt wird).

Ein nächster Schritt ist der Abschluss einer **Vereinbarung,**[5] der den Gebietskörperschaften ermöglicht, gegenseitige Rechtsbeziehungen mit ihren ausländischen Pendants zu knüpfen. Innerhalb dieser von nun an formellen (d. h. juristisch bindenden, vertragsrechtlichen) Absprache ist es möglich, verschiedene Stufen auszumachen:

---

4 Über die Ritualisierung der Partnerschaften, s. VION (Antoine), „L'invention de la tradition des jumelages (1951–1956) : mobilisations pour un droit", Revue française de science politique, 2003/4 Vol. 53, S. 559–582.

5 Das Recht der Gebietskörperschaften und lokalen Behörden, Vereinbarungen abzuschließen, leitet sich aus dem Zusatzprotokoll zum Europäischen Rahmenübereinkommen von Madrid über die grenzüberschreitende Zusammenarbeit (1980) ab, welches 1995 verabschiedet wurde. Eine zusätzliche Rechtsgrundlage für die französischen Gebietskörperschaften besteht im Artikel L. 1115-1 *Code Général des collectivités territoriales* (*CGCT*: „Allgemeines Gesetzbuch der öffentlich-rechtlichen Gebietskörperschaften"), dessen Abfassung ursprünglich aus dem französischen Gesetz Nr. 92-125 vom 6. Februar 1992 resultiert.

- Zuerst kann die Vereinbarung in einfacher Form abgeschlossen werden, d. +h. ohne Gründung einer gemeinsamen Institution. So kann eine an dem grenzübergreifenden Projekt beteiligte Gemeinde z. B. beauftragt werden, eine gemeinsame öffentliche Dienstleistung zu erbringen.

- Anschließend kann die Vereinbarung eine gemeinsame Institution ohne Rechtspersönlichkeit gründen, z. B. in Form einer Konferenz/eines gemischten Ausschusses oder in Form von Arbeitsgruppen. Entgegen der Konstellation der nicht juristischen Absprache (s. oben), und selbst wenn die Institutionen sich ähneln, hat eine solche Einrichtung einen vertraglichen Ursprung und beruht auf einer juristischen Verpflichtung.

- Die höchste und integrierteste Stufe liegt vor, wenn die Vereinbarung eine gemeinsame Institution (Stelle[6]) mit Rechtspersönlichkeit gründet, deren Mitglieder Gebietskörperschaften von beiden Seiten einer internationalen Grenze sind. Diese Konstellation verwirklicht konzeptionell einen qualitativen Sprung und bringt aufgrund der Schaffung einer zusätzlichen Stufe mit eigener Rechtspersönlichkeit komplexere juristische Probleme mit sich. Denn die gemeinsamen Rechtshandlungen sollen unmittelbar der grenzüberschreitenden Institution zugerechnet werden. Diese letzte Form der Institutionalisierung der grenzüberschreitenden Zusammenarbeit soll im Weiteren vertieft werden. Dabei soll insb. der organische Aspekt der Institutionalisierung mittels juristischer Personen zum Ausdruck gebracht werden.[7]

Diese Institutionalisierung erfolgt einerseits über **Fernbeziehungen** zwischen Gebietskörperschaften verschiedener Staaten (z. B. wenn eine französische Gemeinde mit einer polnischen Gemeinde zusammenarbeitet), welche bei traditionellen Gemeindepartnerschaften oder humanitä-

---

[6] Der Begriff Stelle (für frz. *organisme*) wird von zwischenstaatlichen Übereinkommen zur grenzüberschreitenden Zusammenarbeit verwendet.

[7] S. auch über diese Aspekte: CNCD (Commission nationale de la coopération décentralisée), Guide de la coopération décentralisée, La documentation française, 2006 (178 Seiten), S. 85–86 ; TULARD (Marie-José), *La coopération décentralisée*, LGDJ 2006 (114 Seiten), S. 30–37 ; MARÉ (Cyril), *La coopération décentralisée*, Studyrama, 2012 (172 Seiten), S. 53–63.

rer Hilfe zwischen Gebietskörperschaften vorliegen.[8] Es ist dann von „interterritorialer Zusammenarbeit" (europäischer Begriff) oder „interregionaler Zusammenarbeit" (französischer Begriff) die Rede.[9] Da in einem solchen Rahmen der Grad an Institutionalisierung in der Praxis weniger entwickelt ist, soll die Problematik hier nicht weiter vertieft werden.[10]

Andererseits kann die Institutionalisierung in einem **nachbarschaftlichen Rahmen** erfolgen, soweit die zusammenarbeitenden Gebietskörperschaften in der Nähe der jeweiligen internationalen Grenze liegen. Diese Nähe wird auf zwei Arten bestimmt: zunächst durch das Angrenzen, entweder der zusammenarbeitenden Gebietskörperschaften einerseits (z. B. wenn das Gebiet der kooperierenden Gemeinde an der internationalen Grenze liegt) oder durch die Berührung einer umfassenden Gebietskörperschaft mit einer eingeschlossenen Gebietskörperschaft andererseits (z. B. wenn das Gebiet der kooperierenden Gemeinde nicht die Grenze berührt, aber die des Departements, in welchem die Gemeinde liegt). Anschließend durch einen Landstreifen, der parallel zur Grenze verläuft (z. B. 25 km), in welchem sich die kooperierende Gebietskörperschaft befinden muss. In diesem Rahmen wurde der Begriff grenzüberschreitende Zusammenarbeit (*coopération transfrontalière*)[11] geschaffen.[12] Der vorliegende Beitrag wird sich auf diese Hypothese be-

---

[8] Ursprünglich in Frankreich nur von der Rechtsprechung geregelt (insb. CE, 28. Juli 1995, Commune de Villeneuve d'Ascq, Rec. S. 324 f.), wurde dieser Fall später in Artikel L. 1115-1 Abs. 2 CGCT kodifiziert.

[9] Zusatzprotokoll Nr. 2 (Straßburg, 1998) zum Europäischen Rahmenübereinkommen von Madrid und Art. L. 1115-4-2 CGCT.

[10] Zu diesem Aspekt: SOHNLE (Jochen), Heft 1212 „L'action extérieure des collectivités territoriales", Dalloz, Encyclopédie des collectivités locales, Nr. 96-102.

[11] Vom Rahmenübereinkommen von Madrid (1980) und dem (ersten) Zusatzprotokoll (Straßburg, 1995).

[12] Die Wahl eines exakten und einheitlichen, das Phänomen der grenzüberschreitenden Zusammenarbeit (*coopération transfrontalière*) bezeichnenden Begriffs stellt in der französischen Rechtsterminologie ein Problem dar. Das der Zusammenarbeit (*coopération*) beigefügte Attribut, wie *transfrontalière, transfrontière, décentralisée, territoriale, internationale* oder *extérieure* variiert je nach Rechtsvorschrift (französischen Ursprungs, Europarat, Europäische Union

schränken, da die erwähnten Institutionen fast immer in einem nachbarschaftlichen Kontext handeln.

Wie jede Art von juristischen Personen müssen die Institutionen der grenzüberschreitenden Zusammenarbeit durch einen Akt als Ausdruck der staatlichen Souveränität geschaffen werden. Nun aber gibt es zwei Wege, um dies zu erreichen: Einerseits können die Institutionen ausschließlich von Organen des internen Rechts „erfunden" werden und einen exklusiv nationalen Ursprung haben. Andererseits können sie einem zwischenstaatlichen Akt (insbesondere einem völkerrechtlichen Vertrag) entspringen und so supranationalen Ursprungs sein. Die Praxis hat kein spezifisches, autonomes Recht (*sui generis*) der grenzüberschreitenden Zusammenarbeit entwickelt, welches gleichzeitig dem Völkerrecht, wie auch den Systemen des internen Rechts entgegenstehen würde, so wie dies der Fall im transnationalen Recht der Handelsgesellschaften ist, welches auf einer *lex mercantoria* basiert. Diese ist internationalen Ursprungs und betrifft alle Handelsgesellschaften gleichermaßen. Für uns hat dies zur Folge, dass die Gebietskörperschaften – Parteien einer Vereinbarung über grenzüberschreitende Zusammenarbeit – sich gezwungen sehen, eines der involvierten nationalen Rechtssysteme auszusuchen (welches normalerweise von der Wahl des Sitzes der Institution herrührt). Dies schafft ein Ungleichgewicht, da dann eine der Parteien weiterhin ihr nationales Recht anwendet, während die andere Partei in einem unbekannten Rechtsrahmen agieren muss.

In einem solchen Kontext ist es offensichtlich, dass Institutionen für grenzüberschreitende Zusammenarbeit des nationalen Rechts grundsätzlich nur von begrenztem Interesse gegenüber den supranationalen Institutionen sind (A), denn die Letzteren berücksichtigen die Besonderheiten aller involvierten Rechtssysteme und schaffen für Teilbereiche der Zusammenarbeit ein einheitliches Recht. Gleichwohl ist hervorzuheben,

---

oder eines zwischenstaatlichen bilateralen Kontextes) und nach Autor. Für mehr Details s. SOHNLE (Jochen), Heft 1212 „L'action extérieure des collectivités territoriales", Dalloz, Encyclopédie des collectivités locales, Nr. 3-12.

dass die rechtliche Ausgangslage nicht nur von einem Rechtssystem zu einem anderen variiert, sondern auch innerhalb eines selben Rechtssystems, je nach der jeweils in Betracht kommenden Grenze. So fallen die vom französischen Recht vorgesehenen institutionellen Lösungen an den acht europäischen Kontinentalgrenzen unterschiedlich aus, da Frankreich sich an diesen Grenzen mit 23 verschiedenen Rechtsordnungen im Bereich der Gebietskörperschaften konfrontiert sieht.[13] Das Interesse, auf Institutionen supranationalen Ursprunges zurückzugreifen, bleibt somit aufgrund des Mangels an tatsächlich einheitlichen Rechtsvorgaben ein zwiespältiges (B).

A. — DAS BEGRENZTE INTERESSE AN INSTITUTIONEN NATIONALEN URSPRUNGS

Die Praxis schätzt den **Verein** als Institution der grenzüberschreitenden Zusammenarbeit sehr. Dieser stellt sich daher als eine Ausnahme innerhalb der Institutionen nationalen Ursprungs mit begrenztem Interesse dar. Jedoch ist er natürlich keine spezifisch für die grenzüberschreitende Zusammenarbeit vorgesehene Institution und präsentiert sich hier als eine Art „zweckentfremdetes" Rechtsinstitut. Die traditionelle Bedeutung des Vereins steht jedoch dem Ziel der grenzüberschreitenden Zusammenarbeit nicht entgegen, da seine Form eine sehr anpassungsfähige ist. Gerade dieses Charaktermerkmal ist einer der Vorteile für die Akteure der grenzüberschreitenden Zusammenarbeit. Der andere Vorteil liegt in seiner privatrechtlichen Natur. Denn durch die Wahl des Sitzes des Vereins erfolgt auch die Wahl des nationalen Rechtssystems und die Vereinsform vermeidet so ein Zurückgreifen auf das öffentliche Recht (welches als autoritärer angesehen wird und verstärkte nationale Beson-

[13] Flandern (Be), Wallonische Region (Be), Luxemburg (Lux), Rheinland-Pfalz (D), Saarland (D), Baden-Württemberg (D), Basel-Stadt (CH), Basel-Landschaft (CH), Solothurn (CH), Jura (CH), Neuenburg (CH), Waadt (CH), Genf (CH), Wallis (CH), Aostatal (I), Piemont (I), Ligurien (I), Monaco (MC), Katalonien (E), Aragonien (E), Navarra (E), Autonome Gemeinschaft Baskenland (E), Andorra (And).

derheiten aufweist). Da die Form des Vereins in allen hier untersuchten Rechtssystemen existiert, kann sie umstandslos an all diesen Grenzen gewählt werden und sehr unterschiedliche Mitglieder aufnehmen (juristische Personen des öffentlichen oder privaten Rechts). Hier soll auf den Verein des französischen lokalen Rechts (*association de droit local*) hingewiesen werden, welcher in den drei Grenzdepartements Oberrhein (*Haut-Rhin*), Niederrhein (*Bas-Rhin*) sowie Mosel (*Moselle*) gegründet werden kann. Dieser Verein ist für eine Zusammenarbeit mit Partnern aus den Nachbarländern Schweiz (aufgrund der gemeinsamen Grenze zum Elsass), Luxemburg und Deutschland interessant. Der Ursprung des Vereins des lokalen Rechts liegt in einem deutschen Gesetz von 1908. Die Vereinsform kann somit den deutschen Partnern als vertraut gelten und unter Vorbehalt auch den schweizerischen Partnern.[14] Der Trinationale Eurodistrict Basel (TEB/*Eurodistrict trinational de Bâle – ETB*) wird als ein solcher Verein geführt, der seinen Sitz in der französischen Gemeinde Village-Neuf hat (Niederrhein-Departement).[15]

Auch wenn der Verein einem nationalen Rechtssystem angehört, ist seine (Rechts-)Gestalt ungefähr allerorts dieselbe. Dies ist nicht der Fall anderer Institutionen, selbst wenn sie spezifisch zum Zweck der grenzüberschreitenden Zusammenarbeit geschaffen wurden. Man findet sie im französischen Recht (I) und in den Rechtssystemen der Nachbarländer Frankreichs (II).

I. Die spezifischen Institutionen des französischen Rechts

Eine typischerweise den Bedürfnissen der grenzüberschreitenden Zusammenarbeit angepasste Institution des französischen Rechts ist die grenzüberschreitende öffentliche Interessengemeinschaft (*groupement*

---

14 Gesetz vom 1. Juni 1924, welches französisches Zivilrecht in den Departements Oberrhein, Niederrhein und Mosel in Kraft treten ließ. Institut du Droit Local Alsacien-Mosellan („Institut für lokales elsässisch-moselanisches Recht mit Sitz in Straßburg“) (Rechtstext des lokalen Rechts) : http://www.idl-am.org/index.asp; s. auch: http://www.associations.gouv.fr/631-le-droit-local-des-associations-en.html.

15 http://www.eurodistrictbasel.eu/fr/. Alle Internetseiten wurden zuletzt am 28.02.2014 aufgerufen.

d'intérêt public transfrontalier). Aufgrund ausbleibenden Erfolgs in der Praxis (mangelnde Attraktivität für ausländische Gebietskörperschaften wegen einer starken Kontrolle seitens der Präfektur) ist diese Institution aus dem *Code Général des collectivités territoriales* (*CGCT*: Frz. Allgemeines Gesetzbuch der öffentlich-rechtlichen Gebietskörperschaften) verschwunden.[16] Gegenwärtig finden sich hier noch die auf die grenzüberschreitende Zusammenarbeit ausgerichtete örtliche gemischtwirtschaftliche Gesellschaft (*société d'économie mixte locale dans le contexte transfrontalier – SEML*) (1) und der grenzüberschreitende örtliche Zweckverband französischen Rechts, auch Eurodistrict genannt (GöZ/*groupement local de coopération transfrontalière (GLCT) dénommé district européen*) (2).

1) Die örtliche gemischtwirtschaftliche Gesellschaft

Die örtliche gemischtwirtschaftliche Gesellschaft (*société d'économie mixte locale – SEML*) ist in den Artikeln L1521-1 ff. des *CGCT* geregelt. Im Allgemeinen ist die *SEML* eine besondere Art der Aktiengesellschaft, welche juristischen Personen des öffentlichen Rechts – vorliegend den Gebietskörperschaften und ihren Verbänden – offen steht. Die juristischen Personen des öffentlichen Rechts müssen über die Hälfte des Kapitals verfügen und mehr als die Hälfte der Stimmen halten. Artikel L1522-1 beleuchtet die *SEML* spezifisch im **Kontext der grenzüberschreitenden Zusammenarbeit**. Eine *SEML* kann als juristische Person französischen Rechts nur auf **französischem Territorium** gegründet werden. An einer *SEML* können sich Gebietskörperschaften aus den Mitgliedstaaten der Europäischen Union (EU) kraft Gesetzes und Gebietskörperschaften aus anderen Staaten, wenn ein vorheriges zwischenstaatliches Abkommen dies vorsieht, beteiligen. Solche Abkommen bestehen für die Schweiz (Karlsruher Übereinkommen, 1996 – s. unten B, I, 1) und Andorra (erweitertes Abkommen von Bayonne – s. unten B, II,

---

[16] Ehemaliger Artikel L. 1115-2 und -3 CGCT, aus Art. 1 Abs. I des Organgesetzes Nr. 2004-758 vom 29. Juli 2004 hervorgegangen und vom einzigen Artikel, Abs. I des Gesetzes Nr. 2208-352 vom 16. April 2008 aufgehoben (Übergangsregelung, *ibid.* Abs. II). Vgl. jedoch: Gesetz Nr. 2011-525 vom 17. Mai 2011 zur Vereinfachung und Verbesserung der Qualität des Rechts, Artikel 103.

1). Die *SEML* ist eine **juristische Person des privaten Rechts**, die über ein Kapital verfügt. Was das **anzuwendende Recht** betrifft, sind die Bestimmungen über Aktiengesellschaften aus dem zweiten Buch des *Code de commerce* einschlägig, zusammen mit den anwendbaren Bestimmungen des *CGCT*. Im grenzüberschreitenden Kontext steht die **Beteiligung am Kapital** den (lokalen) ausländischen Gebietskörperschaften und ihren Verbänden offen, jedoch nur bis zu einer Höchstgrenze von 50%. Die ausländischen Gebietskörperschaften können folglich die Parität erreichen, jedoch nicht die Mehrheit halten.

2) Der „grenzüberschreitende örtliche Zweckverband (GöZ/*GLCT*) französischen Rechts

Der „grenzüberschreitende örtliche Zweckverband (GöZ/*GLCT*), auch als Eurodistrict bezeichnet“,[17] wird in Artikel L1115-4-1 (*CGCT*) geregelt und stellt einen mit Rechtspersönlichkeit und wirtschaftlicher Eigenständigkeit ausgestatteten dezentralisierten Kooperationsverband dar. Es handelt sich um die Umsetzung einer zwischenstaatlichen Lösung (festgeschrieben in den Übereinkommen von Karlsruhe und Brüssel – s. unten B, I, 1), die jedoch zusätzlich im französischen Recht verankert wurde und daher für das gesamte französische Territorium gilt. Ein französischer GöZ/*GLCT*, welcher auf der Grundlage von L1115-4-1 gegründet wird, muss zwangsläufig seinen **Sitz auf französischem Boden** haben. Er verfügt über die **Rechtspersönlichkeit des öffentlichen Rechts**, welche ab dem Tag des Gründungsbeschlusses zuerkannt wird (d. h., ab dem Tag des Abschlusses eines vom Regionalpräfekten (*préfet de région*) genehmigten Gründungsvertrags). Die **Bestimmungen des CGCT über offene Zweckverbände** (*syndicats mixtes ouverts*) (zwischen Gebietskörperschaften, Kommunalverbänden und anderen juristischen Personen des öffentlichen Rechts, Art. L5721-1), und gegebenenfalls Bestimmungen aus einem zwischenstaatlichen Abkommen, werden auf den

[17] Selbst wenn beide Begriffe Synonyme zu sein scheinen, ist die erste Bezeichnung der zweiten vorzuziehen, da die zweite auf europäischer Ebene keine „kontrollierte Bezeichnung“ hat und unter dem Namen Eurodistrict auch für multiple andere juristische Rechtsinstitutionen der grenzüberschreitenden Zusammenarbeit verwendet werden kann (s. unten B, I).

GöZ/*GLCT* angewandt. In der Tat findet sich auch an den Grenzen Frankreichs zu Belgien, Luxemburg, Deutschland und der Schweiz eine weitere Rechtsgrundlage in einem zwischenstaatlichen Abkommen (das außerdem der französischen Gesetzgebung zum GöZ/*GLCT* zuvorgekommen ist). Hier soll daran erinnert werden, dass im Falle einer Unvereinbarkeit eines französischen Gesetzes mit einem völkerrechtlichen Vertrag Letzterer Anwendungsvorrang hat (Art. 55 der französischen Verfassung von 1958). Zwei **Gründungsmodalitäten** kommen in Betracht: In erster Linie kann ein GöZ/*GLCT* *ab initio* mit ausländischen Gebietskörperschaften gegründet werden. Zum Zweiten können ausländische Gebietskörperschaften einem offenen Zweckverband (vorher ausschließlich aus französischen juristischen Personen bestehend) beitreten, welcher sich dann *ipso facto* in ein GöZ/*GLCT* verwandelt.

Die **beitrittsberechtigten juristischen Personen** sind ausländische Gebietskörperschaften, ausschließlich aus einem der Anrainerstaaten Frankreichs.[18] Das Gesetz beschränkt die Zusammenarbeit nicht auf gewisse Kategorien von Staaten (z. B. auf EU-Mitglieder), weshalb alle (acht) Grenzen des europäischen Kontinentalfrankreichs eingeschlossen sind. Die Zugänglichkeit für dem französischen Recht unbekannte Rechtspersonen variiert jedoch von Grenze zu Grenze. In erster Hinsicht stellt sich die Frage bezüglich der föderalen Gliedstaaten. In den Beziehungen zu Deutschland und der Schweiz sind die Bundesländer und Kantone als Gebietskörperschaften gleichgesetzt und können einem französischen GöZ/*GLCT* auf der Grundlage des Karlsruher Übereinkommens beitreten (s. unten B, I, 1). Dies ist bei den belgischen Regionen bzw. Gemeinschaften nicht der Fall.[19] Dieselbe Frage stellt sich auch bezüglich der autonomen Regionen mit Gesetzgebungskompetenz, wie etwa die italienischen Regionen und die spanischen autonomen Gemeinschaften, welche in ihrem jeweiligen Rechtssystem nicht als lokale Gebietskörperschaften angesehen werden. Während das französisch-italienische Abkommen von Rom (1993) zu diesem Thema schweigt,

---

[18] Vgl. *Réponse ministérielle* (Antwort eines Regierungsmitglieds auf eine parlamentarische Anfrage), April 2005, Q. 48188, JORF 08.03.2005, S. 2491.

[19] Übereinkommen von Brüssel 2002, Art. 4 Abs. 3.

bietet das französisch-spanisch-andorranische Abkommen von Bayonne (1995, revidiert) den spanischen autonomen Gemeinschaften die Möglichkeit des Beitritts zu einem GöZ/*GLCT* (Art. 2 in Verbindung mit Art. 5 Abs. 3). Die Gesetzesreform vom 27. Januar 2014 ermöglicht ebenfalls ausländischen souveränen Staaten den Beitritt zu einem französischen GöZ/*GLCT* (Art. L1115-5 CLCT) unter der Voraussetzung, dass zumindest eine ihrer Gebietskörperschaften bereits Mitglied ist.

Das französische Recht der grenzüberschreitenden Zusammenarbeit (*coopération décentralisée*) ermöglicht nicht nur die Beteiligung ausländischer Gebietskörperschaften an Institutionen französischen Rechts, sondern erlaubt auch den französischen Gebietskörperschaften und deren Verbänden den Beitritt zu einer juristischen Person ausländischen Rechts oder die Beteiligung an ihrem Kapital. Bedingung ist, dass mindestens eine Gebietskörperschaft oder ein kommunaler Verband aus einem Mitgliedstaat der EU oder dem Europarat sich daran beteiligt. Einige Institutionen sind zu eben diesem Zweck in den Rechtssystemen der Anrainerstaaten Frankreichs vorgesehen.

II. Die in den Rechtssystemen der Anrainerstaaten Frankreichs vorgesehenen Institutionen

In dieser Rubrik finden sich vor allem Vereine (s. oben A – Einleitung) und Kapitalgesellschaften.[20] Hier soll der Schwerpunkt jedoch auf diejenigen Institutionen gelegt werden, welche speziell für die grenzüberschreitende Zusammenarbeit vorgesehen sind. [21]

---

[20] Dieser Aspekt wird hier nicht weiter vertieft. Vgl. z. B. für Deutschland, wo solche Gesellschaften (GmbH, AG) stark verbreitet sind, MAURER (Hartmut), *Allgemeines Verwaltungsrecht*, 17. Auflage, Verlag C. H. Beck, § 23, Nr. 61 und § 21, Nr. 15.

[21] Die Stiftung deutschen Rechts wird als Struktur für grenzüberschreitende Zusammenarbeit empfohlen (HALMES (Gregor), L'accord de Karlsruhe et ses outils pour la coopération transfrontalière, in : Le groupement local de coopération transfrontalière, Enjeux et spécificités d'une nouvelle forme juridique, Euro-Institut, Oktober 2004, S. 7–11 (S. 9), http://www.coordination-transfrontaliere.org/institutions/autres-organismes/accords-de-karlsruhe/). Jedoch macht es die Gründung per Ge-

1) Die Form des Zweckverbandes

Die in allen hier behandelten Rechtssystemen vorhandene Form des Zweckverbandes[22] ist zweifellos die am besten den Bedürfnissen der grenzüberschreitenden Zusammenarbeit angepasste Form des allgemeinen Rechts (d. h. der nicht im Bereich der grenzüberschreitenden Zusammenarbeit spezialisierten Normen). Die Zulässigkeit einer Teilnahme von ausländischen Gebietskörperschaften am Zweckverband kann implizit oder explizit sein. Implizit dann, wenn angenommen wird, dass das nationale Recht Beziehungen mit ausländischen Gebietskörperschaften in keiner Weise behindert, auch wenn es sie nicht ausdrücklich erwähnt.[23] Explizit dann, wenn das Rechtssystem ausdrücklich vorsieht, dass der Zweckverband ausländische Gebietskörperschaften als seine Mitglieder aufnehmen kann. Diese zweite Lösung soll Gegenstand der weiteren Ausführungen werden.

- Das spanische ***consorcio***[24] ist dem französischen *syndicat mixte* und dem deutschen Zweckverband nahe.[25] Die juristischen Quellen des

setz zu einem schwerfälligen Verfahren (z. B. §§ 21, 18 Landesorganisationsgesetz (Saarland) vom 2. Juli 1969). Ansonsten fördert das Kommunalselbstverwaltungsgesetz (Saarland) von 1997 die grenzüberschreitende Zusammenarbeit: § 5 al. 2, § 143 al 3, § 211a al. 1 (4).

22 Vgl. SOHNLE (Jochen), „L'intercommunalité, une alternative aux fusions des communes ? Variantes institutionnelles dans une perspective de droit comparé (France, Allemagne, Italie, Espagne)", *Pouvoirs locaux – les cahiers de la décentralisation*, II/2009, S. 75–80.

23 Antwort eines hohen Beamten des Bundeslandes Baden-Württemberg in diesem Sinne auf die Frage des Autors 2002 (vgl. SOHNLE (Jochen) und SCHNEIDER (Françoise), „La coopération transfrontalière dans l'espace du Rhin supérieur (France, Allemagne, Suisse) et le cas particulier de l'agglomération trinationale de Bâle", in: COMTE (Henri), LEVRAT (Nicolas) (Hrsg.), *Aux coutures de l'Europe – Défis et enjeux juridiques de la coopération transfrontalière*, Paris, L'Harmattan, 2006, (365 Seiten), S. 58). S. auch: Norbert ROTH, „Le droit du groupement local en Allemagne (Bade-Wurtemberg)" , in: *Le groupement local de coopération transfrontalière* (*op. cit*), Euro-Institut, Kehl, Oktober 2004, S. 17; GERN, *Deutsches Kommunalrecht*, Baden-Baden, Nomos Verlagsgesellschaft, 2003 (766 Seiten), S. 593, Nr. 927.

24 Die französische Version des Vertrags von Bayonne (s. unten B, II, 1) verwendet den spanischen Begriff ohne ihn zu übersetzen (Art. 5).

consorcio sind zahlreich.[26] Das Grundlagengesetz über die Lokalverwaltung von 1985 (*Ley 7/1985 reguladora de las Bases del Régimen Local - LBRL*) stellt diese Rechtsinstitution den Gebietskörperschaften zur Verfügung. Sie können ein *consorcio* gemeinsam mit anderen öffentlichen Verwaltungen – des Staates oder autonomer Gemeinschaften – sowie auch mit gemeinnützigen juristischen Personen des privaten Rechts, welche im öffentlichen Interesse handeln (Art. 87 Abs. 1, Art. 57 *LBRL*), gründen. In Folge einer Gesetzesreform von 2003 dient das *consorcio* ausdrücklich auch der grenzüberschreitenden Zusammenarbeit (Art. 87 Abs. 2).[27] Von dieser Lösung wurde schon an der französisch-spanischen Grenze auf Grundlage des Vertrags von Bayonne aus dem Jahre 1995 über die grenzüberschreitende Zusammenarbeit (Art. 5) Gebrauch gemacht. Unter anderem wurde ein *consorcio* im Rahmen der Arbeitsgemeinschaft der Pyrenäen gegründet (s. unten B, II, 1).

- In Belgien entspricht die wallonische ***intercommunale*** dem kommunalen Zweckverband. Der *Code wallon de la démocratie locale et de la décentralisation* („Wallonisches Gesetzbuch der lokalen Demokratie und der Dezentralisierung") aus dem Jahre 2004 erlaubt juristischen Personen ausländischen Rechts an einer *intercommunale* teilzuhaben (Art. L1524-1, Art.

---

25 Ein anderes Rechtsinstitut des spanischen Rechts, die *mancomunidad (de municipios)*, entspricht den französischen *syndicats intercommunaux* und deutschen Zweckverbänden, an denen nur Gemeinden beteiligt sind.

26 Verordnung über die Dienstleistungen der Gebietskörperschaften (*Reglamento de servicios de las Corporaciones locales*), Art. 37-40 des *décret* vom. 17 Juni 1955; Neufassung der gesetzlichen Bestimmungen im Bereich der Lokalverwaltung (*Texto Refundido de las disposiciones legales vigentes en materia de Régimen Local*), Art. 110 der Gesetzverordnung 781/1986 vom 18. April 1986; Art. 6 Abs. 5 des Gesetzes 30/1992 vom 26. November 1992 über die Rechtsstellung der öffentlichen Verwaltungen und das gemeinsame Verwaltungsverfahren (*Régimen Jurídico de las Administraciones Públicas y del Procedimiento Administrativo Común*), und die 20. zusätzliche Bestimmung über die Rechtsstellung der *consorcios.*

27 Das Zurückgreifen auf *consorcios* ist, in Übereinstimmung mit den von Spanien in diesem Bereich ratifizierten internationalen Abkommen möglich, um kommunale und lokale Dienstleistungsunternehmen im Rahmen von Vereinbarungen zur grenzüberschreitenden Zusammenarbeit, an welchen spanische Gebietskörperschaften beteiligt sind, zu verwalten.

2).[28] Ferner findet man eine analoge Lösung in den Bestimmungen anderer nationaler Rechtssysteme.[29] Einige zwischenstaatliche Verträge bevorzugen ebenfalls das Zurückgreifen auf die Form des Zweckverbands.[30]

2) Der Regionalverband Baden-Württembergs und die Planungsgemeinschaft in Rheinland-Pfalz

In beiden deutschen Bundesländern handelt es sich um Verbände zwischen Gebietskörperschaften, deren Aufgabe in der Umsetzung der lokalen Selbstverwaltung im Gebiet der Raumplanung besteht.[31] So kommt ihnen im Bereich der grenzüberschreitenden Zusammenarbeit eine spezifische Rolle zu, wenngleich sie ausschließlich aus Mitgliedern deutschen Rechts (jedoch aus verschiedenen Bundesländern) zusammengesetzt sind.[32] Eine gemischte Institution der Zusammenarbeit (mit Einbe-

---

[28] Absatz 1 desselben Artikels berechtigt die Gemeinden, die Projektvereine und die Interkommunalen an juristischen Personen des öffentlichen ausländischen Rechts teilzuhaben. Vgl. HAVARD (Charles), Manuel pratique de droit communal en Wallonie, La Charte, Bruxelles, 2006 (444 Seiten), S. 404.

[29] Art. 4 des flämischen Dekrets zur Reglementierung der interkommunalen Zusammenarbeit (*Decreet houdende de intergemeentelijke samenwerking*) vom 6. Juli 2001; Art. 3 (über die Gemeindeverbände) des kommunalen Gesetzes vom 23. Februar 2001 des Großherzogtums Luxemburg; Art. 67 Abs. 2 der Verfassung des Kantons Basel-Stadt vom 23. März 2005; Art. 48 Abs. 1 der Verfassung des Kantons Solothurn vom 8. Juni 1986.

[30] Art. 3 (Zweckverband) des Abkommens zwischen dem Land Nordrhein-Westfalen, dem Land Niedersachsen, der Bundesrepublik Deutschland und dem Königreich Niederlande über grenzüberschreitende Zusammenarbeit (Isselburg-Anholt, 23. Mai 1991); Art. 3 (*intercommunale*/Zweckverband) des Abkommens zwischen dem Land Nordrhein-Westfalen, dem Land Rheinland-Pfalz, der Wallonischen Region und der Deutschsprachigen Gemeinschaft Belgiens über grenzüberschreitende Zusammenarbeit (Mainz, 8. März 1996).

[31] So § 14 Abs. 3 des Landesplanungsgesetzes Rheinland-Pfalz von 2003 bezüglich der Planungsgemeinschaften.

[32] Diese Situation ähnelt in Frankreich den älteren Lösungen, wie etwa der Institution des *Ex-District* (nunmehr *Communauté des communes) des trois frontières* (Gemeindeverband der drei Grenzen), der derzeit zehn französische Gemeinden in der Nähe von Basel umfasst, welcher durch einen *arrêté préfectoral*

ziehung von ausländichen Gebietskörperschaften) kann nur in einem anderen Rahmen durchgeführt werden, unter anderem durch Zurückgreifen auf eine der speziellen Institutionen (s. unten B, I).

Die Bezeichnung „Regionalverband" hat je nach Bundesland eine unterschiedliche Bedeutung. In Baden-Württemberg ist der Regionalverband gemäß dem Landesplanungsgesetz aus dem Jahre 2003 (§ 32) eine Körperschaft des öffentlichen Rechts, welche die Gestalt eines Verbandes von Gebietskörperschaften in der Größenordnung von Kreisen annimmt.[33] Das beschlussfassende Organ des Verbands wird von den beschlussfassenden Organen und den Exekutivorganen der teilhabenden Gebietskörperschaften gewählt (§ 35). In Baden-Württemberg wurden zwölf Regionalverbände gegründet, von denen **vier an Frankreichs Grenze liegen**.[34] Das Gesetz sieht besondere Vorschriften zur grenzüberschreitenden Tätigkeit dieses Verbands vor.[35] Das anzuwendende

---

vom 11. Juli 1974 gegründet wurde und ausländischen Gemeinden nicht offensteht (Vgl. Europarat, Samml.. Etudes et travaux, La coopération transfrontalière et l'Administration française, Autor: ECKLY (Pierre), Straßburg 1989, S. 29 (Fn. 70)). Seit den französischen Gesetzen Nr. 2010-1563 vom 16. Dezember 2010 und Nr. 2014-58 vom 27. Januar 2014 (über die Modernisierung des territorialen hoheitlichen Handelns und der Affirmation der Metropolen), gehört die neu geschaffene Institution des *pôle métropolitain* (Zweckverband im Großstadtbereich) ebenfalls in dieser Rubrik. S. Art. L. 5731-2 CGCT (Abs. 2: spezielle Vorschrift zur grenzüberschreitenden Zusammenarbeit und *de facto* den französisch-genfer Raum betreffend).

33 Der Kreis ist eine gemeindeübergreifende Gebietskörperschaft. Es existieren Land- und Stadtkreise. In den letzteren sind die Institutionen auf Gemeindeebene und Kreisebene fusioniert. Unabhängig seiner Befugnisse als Gebietskörperschaft übt der Kreis auch die dezentralen Funktionen des Landes aus.

34 Rhein-Neckar (Mitglieder sind unter anderem Kreise aus Rheinland-Pfalz und Hessen; dieser Verband ist Gegenstand des Staatsvertrags zwischen den Ländern Baden-Württemberg, Hessen und Rheinland-Pfalz über die Zusammenarbeit bei der Raumordnung und Weiterentwicklung im Rhein-Neckar-Gebiet vom 26. Juli 2005), Mittlerer Oberrhein, Südlicher Oberrhein, Hochrhein: § 31 des oben genannten Landesplanungsgesetz Baden-Württembergs.

35 § 17 Abs. 1 des oben genannten Landesplanungsgesetzes Baden-Württembergs: Die Regionalverbände unterstützen die grenzüberschreitende

Recht besteht aus diesem Gesetz, aber ebenfalls – wenn auch nur in geringem Maße – aus dem Karlsruher Übereinkommen, welches ausdrücklich auf diese Verbände erweitert wurde (s. unten B, I, 1).

Eine analoge Lösung gilt gemäß dem Landesplanungsgesetz von Rheinland-Pfalz aus dem Jahre 2003 (§ 13 Abs. 1 und 2) für die in diesem Bundesland vorhandenen vier Planungsgemeinschaften (von denen eine an Frankreich grenzt: Westpfalz). Hinzu kommt das bereits erwähnte (ebenfalls an Frankreich angrenzende) Rhein-Neckar-Gebiet (§ 13 Abs. 3), welches zwischen Rheinland-Pfalz, Baden-Württemberg und Hessen aufgeteilt wird. Es handelt sich um Körperschaften des öffentlichen Rechts, auf welche die Bestimmungen über gemischtwirtschaftliche Zweckverbände entsprechend anzuwenden sind (§ 15). Die Mitglieder sind nicht nur unter den Kreisen[36] zu finden. Auch große Städte, Industrie- und Handelskammern, Handwerkskammern und Landwirtschaftskammern, Gewerkschaften und Arbeitgeberverbände können auf Antrag hin aufgenommen werden (§ 14). Ist eine einheitliche grenzüberschreitende Regionalplanung mit Gebieten benachbarter Bundesländer oder von Nachbarstaaten erforderlich, so ist eine Restrukturierung der Zusammensetzung gerechtfertigt (§ 13 Abs. 5).

Die anderen nationalen Rechtsordnungen bevorzugen das Zurückgreifen auf Institutionen supranationalen Ursprungs.

B. — DAS ZWIESPÄLTIGE INTERESSE AN INSTITUTIONEN SUPRANATIONALEN URSPRUNGS

Die Institutionen supranationalen Ursprungs haben den Vorteil, in einem bi- oder multilateralen Rahmen gegründet worden zu sein, welcher

---

Zusammenarbeit mit öffentlichen Stellen und Personen des Privatrechts in den Nachbarregionen, Nachbarländern und Nachbarstaaten in allen regionalbedeutsamen Angelegenheiten, insbesondere durch die Mitgliedschaft in Körperschaften, Gesellschaften, Zweckverbänden und sonstigen Einrichtungen, die grenzüberschreitend tätig sind.

[36] Landkreise und kreisfreie Städte. Im Gegensatz zu Baden-Württemberg besteht das beratende Organ ausschließlich aus den Exekutiven der Gebietskörperschaften auf Kreisebene. Die anderen Mitglieder werden von den beratenden Organen der teilnehmenden Einheiten gewählt (§ 15 Abs. 3).

die Besonderheiten der territorialen Organisation der involvierten nationalen Rechtssysteme berücksichtigt. Sie sind heutzutage vorherrschend im Bereich der nachbarschaftlichen grenzüberschreitenden Zusammenarbeit. Die beliebtesten unter diesen Institutionen greifen auf eine in Teilbereichen vereinheitlichte Form zurück (I). Andere sind jedoch aufgrund ihres atypischen und nun auch veralteten Charakters auf dem Rechtsgebiet der grenzüberschreitenden Zusammenarbeit auf dem Rückzug oder sogar am Aussterben (II).

I. Der Erfolg der in Teilbereichen vereinheitlichten Institutionen der grenzüberschreitenden Zusammenarbeit

Seit einigen Jahren gibt es mehr und mehr Euroregionen, Eurodistricts und Eurometropolen. Diese Begriffe beziehen sich nicht auf bestimme Rechtsinstitute. Meist[37] benutzen die Verbände, die sich hinter einer solchen Bezeichnung verstecken, die Form einer supranationalen Institution mit einem Kern einheitlicher Rechtsregeln, nach einer bewährten Technik des internationalen Privatrechts: Eine neuartige rechtliche Regelung[38] wird von zwei oder von mehreren Staaten im Rahmen eines internationalen Abkommens konzipiert und anschließend auf nationaler Ebene implementiert. Die heikle Frage über den Sitz der gemeinsamen Institution erübrigt sich nun, da die Rechtsgrundlage nicht mehr ausschließlich auf dem nationalen Recht nur einer Vertragspartei beruht als Folge des Verzichts der anderen Partei. Je nach betroffener Grenze können die Gebietskörperschaften zwischen verschiedenen Formen der Institution für grenzüberschreitende Zusammenarbeit wählen: dem grenzüberschreitenden örtlichen Zweckverband (1), dem Europäischem Verbund für territoriale Zusammenarbeit (2) und der Europäischen Koope-

[37] Es gibt auch solche, die keine Rechtspersönlichkeit besitzen oder sich als Verein organisieren (s. oben A: der TEB).

[38] Im Gegensatz zu der vom oben genannten Abkommen von Isselburg-Anholt gewählten Lösung (1991), welche hauptsächlich die gemeinsame Institution des dem deutschen Recht entspringenden Zweckverbandes übernimmt (Art. 4 und 5).

rationsvereinigung (3). Im Folgenden werden lediglich die groben Züge dieser Institutionen vorgestellt.

1) Der grenzüberschreitende örtliche Zweckverband (GöZ)

Der grenzüberschreitende örtliche Zweckverband (GöZ) (*groupement local de coopération transfrontalière*) ist im deutsch-französischen Rahmen gegründet worden. Die Verhandlungen mündeten jedoch in einem vierteiligen Vertrag, da sich Luxemburg und die Schweiz dem deutsch-französischen Duett angeschlossen haben. Der Vertrag über grenzüberschreitende Zusammenarbeit zwischen den Gebietskörperschaften und öffentlichen örtlichen Stellen ist am 23. Januar 1996 verabschiedet und später abgeändert worden (Karlsruher Übereinkommen).[39] Darüber hinaus wurde ein weiteres, vom Karlsruher Übereinkommen inspiriertes Abkommen – es übernimmt unter anderem die Idee des grenzüberschreitenden örtlichen Zweckverbands – zwischen Frankreich und Belgien abgeschlossen (Übereinkommen von Brüssel).[40]

Der GöZ als Institution französischen Rechts wurde bereits untersucht (siehe oben A, I, 2). Vorliegend wird er als Institution zwischenstaatlichen Ursprungs dargestellt. Unter anderem bedeutet dies, dass der GöZ seinen Sitz unterschiedslos im **Grenzgebiet** einer der Vertragsparteien hat.[41] Dies betrifft: an der **französisch-belgischen Grenze**, auf französischer Seite, die Regionen Nord-Pas-de-Calais, Picardie, Champagne-Ardenne und Lothringen, und auf belgischer Seite die Regionen Flandern und Wallonien; die **französisch-luxemburgische Grenze;**[42] an der **deutsch-französischen Grenze** auf französischer Seite die Regionen Lothringen und Elsass, und auf deutscher Seite die drei angrenzenden

---

[39]Deutsche und französische Ausgabe des Abkommens: http://archiv.jura.uni-saarland.de/BIJUS/karlsruhe/.

[40] Abkommen vom 16. September 2002 (trägt die gleiche Überschrift wie das Karlsruher Übereinkommen).

[41] Es sei jedoch daran erinnert, dass spezifische Bestimmungen aufgrund des Artikels L. 1115-4-1 (CGCT) anwendbar sind, wenn der GöZ seinen Sitz in Frankreich hat (z. B. für die Beitrittsmöglichkeit eines souveränen Staates)

[42] Auf französischer Seite nur ein Teil der Region Lothringen: Art. 2 Abs. 1 (2) des Karlsruher Übereinkommens.

Bundesländer[43] (Rheinland-Pfalz, Saarland, Baden-Württemberg) und nach aufeinanderfolgenden Erweiterungen[44] an der gesamten **französisch-schweizerischen Grenze** auf französischer Seite die Regionen Elsass, Franche-Comté, Rhône-Alpes,[45] und auf der schweizerischen Seite die Kantone Basel-Stadt, Basel-Landschaft, Solothurn und Jura (seit Beginn), sowie die Kantone Neuenburg,[46] Bern[47] (selbst wenn dieser Kanton nicht an der Grenze liegt), Waadt,[48] Genf[49] und Wallis.[50] Der GöZ kann auch an der **deutsch-luxemburgischen Grenze** gegründet werden, an bestimmten Teilen der **deutsch-schweizerischen Grenze** (auf deutscher Seite: Baden-Württemberg, auf schweizerischer Seite: Ba-

---

43 Art. 2 Abs. 1 (1) des Karlsruher Übereinkommens. Vgl. das Landesgesetz von Rheinland-Pfalz zu dem Übereinkommen über die grenzüberschreitende Zusammenarbeit zwischen Gebietskörperschaften und örtlichen öffentlichen Stellen vom 17. Dezember 1996; entsprechendes Gesetz von Baden-Württemberg vom 8. Februar 1996.

44 Französisches Dekret Nr. 2006-187 vom 15. Februar 2006 über die Veröffentlichung des Abkommens in Form eines Notenaustauschs zu der Erweiterung des Anwendungsbereichs des Karlsruher Übereinkommens auf die Kantone Bern, Waadt, Wallis, Neuenburg und Genf, 12. Januar, 27. Januar, 12. März und 15. März 2004, am 15. März 2004 in Kraft getreten.

45 Frz. Dekret Nr. 2004-956 vom 2. September 2004 über die Veröffentlichung des Abkommens in Form eines Notenaustauschs zu der Erweiterung des Anwendungsbereichs des Karlsruher Übereinkommens auf die Regionen Franche-Comté und Rhône-Alpes, 24. November 2003, 30. Januar, 2. April und 29. Juni 2004, am 2. Juli 2004 in Kraft getreten.

46 Großratsbeschluss vom 22. Februar 2006 betreffend der Erweiterung des Karlsruher Übereinkommens auf den Kanton Neuenburg (Nr. 109 der Systematischen Gesetzessammlung (SGS) des Kantons Neuenburg).

47 Beschluss betreffend den Beitritt zum Karlsruher Übereinkommen vom 14. Februar 2005, am 1. Oktober 2005 in Kraft getreten (Nr. 173.11 der Gesetzessammlung des Kantons Bern).

48 Beschluss vom 1. März 2005, am 1. Juli 2005 in Kraft getreten (Nr. 111.25 der SGS des Kantons Waadt).

49 Gesetz vom 22. April 2004 zur Ratifizierung der Erweiterung des Karlsruher Übereinkommens auf den Kanton Genf, am 1. Juli 2004 in Kraft getreten (Nr. A 1 11.0 der SGS des Kantons Genf).

50 Beitrittsgesetz vom 10. November 2004 zur Ratifizierung der Erweiterung des Karlsruher Übereinkommens auf den Kanton Wallis, am 1. April 2005 in Kraft getreten (Nr. 111.21 der Kantonalen Gesetzgebung)

sel-Stadt, Basel-Landschaft, Solothurn, Aargau und Schaffhausen),[51] sowie an der **deutsch-belgischen Grenze** (Rheinland-Pfalz; Wallonien).

Der GöZ ist eine **juristische Person des öffentlichen Rechts** (Karlsruher Übereinkommen, Art. 11, Abs. 2). Das **anzuwendende Recht** unterteilt sich in verschiedene Arten von Vorschriften: jene, welche dem Karlsruher Übereinkommen entspringen und dem Teil an einheitlichem Recht entsprechen (ebenda, Art. 11 und 15), jene, welche von der spezifischen Kooperationsvereinbarung begründet werden (Art. 8 Abs. 1 und Art. 3 und 4), jene, welche sich in der Satzung befinden (Art. 12) und subsidiär jene, welche dem internen Recht der öffentlichen Einrichtungen für interkommunale Zusammenarbeit des Ortes, wo der GöZ seinen Sitz hat, entspringen (Art. 11 Abs. 1). Letzterer Aspekt, der trotz seiner Subsidiarität wichtig bleibt, betrifft im Wesentlichen die Verwaltungsaufsicht und die gerichtliche Kontrolle.

Der GöZ weist bezüglich der möglichen Beitrittskandidaten Besonderheiten auf (Art. 2 des Karlsruher Übereinkommens), da über die Kategorie der Gebietskörperschaften hinaus auch andere **Mitglieder** aufgenommen werden können. Auf französischer Seite können die Anrainerregionen beitreten sowie auch die Departements,[52] die Gemeinden, ihre Verbände[53] und die örtlichen öffentlichen Einrichtungen[54] (z. B. Schulen,

---

51 Beschluss Nr. 2003-649 vom 9. Juli 2003 über die Veröffentlichung des Abkommens in Form eines Notenaustauschs zur Erweiterung des Anwendungsbereichs des Karlsruher Übereinkommens auf den Kanton Schaffhausen, 3. Juni, 5. Juli, 22. Juli, 2. September und 7. Oktober 2002, am 9. September 2003 in Kraft getreten (Rechtsbuch Kanton Schaffhausen, Nr. 190.101).

52 Die betrachteten Grenzgebiete betreffend existiert seit dem oben genannten Gesetz Nr. 2014-58 vom 27. Januar 2014 eine *collectivité à statut spécial* (Gebietskörperschaft mit speziellem Status), die *métropole de Lyon*, welche sich auf ihrem Territorium die Kompetenzen des Departements aneignet (Art. L. 3611-1, L. 3641-2 CGCT). Dagegen ist das Referendum (April 2013) über die Gründung einer *collectivité d'Alsace* unter Zusammenschluss der beiden elsässischen Departements fehlgeschlagen.

53 *Syndicat* (Zweckverband), *communauté de communes* (ländlicher Gemeindeverband), *communauté d'agglomération* (ländlicher Gemeindeverband mit einer größeren Hauptgemeinde), *communauté urbaine* (Gemeindeverband um eine

Krankenhäuser), die sich in diesen Regionen befinden.[55] In Belgien steht der Beitritt den Provinzen, Gemeinden, Strukturen für interkommunale Zusammenarbeit und anderen örtlichen öffentlichen Einrichtungen offen, die in den beiden Anrainerregionen liegen. In Luxemburg sind es die Gemeinden, Gemeindesyndikate und Anstalten des öffentlichen Rechts unter Aufsicht der Gemeinden, welche beitreten können. Auf deutscher Seite ist die Teilnahme für Anrainerbundesländer, ihre Gemeinden und Landkreise und länderspezifische Verbände möglich. Zu ihnen zählen in Rheinland-Pfalz die Verbandsgemeinden, der Bezirksverband Pfalz und die Planungsgemeinschaften, im Saarland der Stadtverband Saarbrücken und in Baden-Württemberg die Regionalverbände.[56] Schließlich, was die Schweiz betrifft, sind außer den zuvor erwähnten Kantonen ihre Gemeinden sowie spezifische kantonale Gebietskörperschaften beitrittsberechtigt.[57] Wir erinnern daran, dass das Karlsruher Übereinkommen die hybride juristische Natur der föderalen deutschen und schweizerischen

---

Großstadt), *métropole* (Gemeindeverband um eine Großstadt mit von höheren Gebietskörperschaften übertragenen Kompetenzen), vgl. für letztere, Art. L. 5217-2 VIII und -9, oben genanntes Gesetz Nr. 2014-58 vom 27. Januar 2014.

54 Vorausgesetzt eine Gebietskörperschaft (*collectivité territoriale*) nimmt an der grenzüberschreitenden Zusammenarbeit teil. 1996 stellte die Berücksichtigung dieser Art von öffentlicher juristischer Person eine bemerkenswerte Innovation dar.

55 Art. 2 Abs. 1 (2) Karlsruher Übereinkommen; Art. 2 Abs. 1 (2) Brüsseler Übereinkommen.

56 Frz. Dekret Nr. 2003-43 vom 9. Januar 2003 über die Veröffentlichung des Abkommens in Form eines Notenaustauschs zur Erweiterung des Anwendungsbereichs des Karlsruher Übereinkommens auf die Regionalverbände des Landes Baden-Württemberg und auf die Planungsgemeinschaften des Landes Rheinland-Pfalz, 16. November 2001, 7. Dezember 2001, 23. Mai 2002, 24. Juni 2002, 12. April 2002, am 24. Mai 2002 in Kraft getreten (Abschluss des Erstreckungsverfahren).

57 Z. B. Distrikte (Solothurn, Jura), *groupement de communes* und *établissements publics autonomes* (Gemeindeverbände und autonome öffentliche Anstalten) (Jura), Zweckverba□nde und selbständige öffentliche Einrichtungen (Schaffhausen, s. Beschluss vom 4. März 2003 (Nr. 190.102 RB)).

Gliedstaaten berücksichtigt.[58] Als Beispiele lassen sich der grenzüberschreitende örtliche Zweckverband „Projet d'agglomération franco-valdo-genevois", der grenzüberschreitende örtliche Zweckverband „Eurodistrict Regio Pamina" (Pfalz, Mittlerer Oberrhein, Nordelsass) und seit 2003 das Euro-Institut in Kehl (D) erwähnen.

2) Der Europäische Verbund für territoriale Zusammenarbeit (EVTZ)

Der Europäische Verbund für territoriale Zusammenarbeit (EVTZ) hat Eingang in die Unionsrechtsordnung gefunden. Diese hat das „Erfolgsrezept" des GöZ übernommen und es im Rahmen der europäischen Integration weiterentwickelt. Die Rechtsgrundlage entspringt der Verordnung (EG) Nr. 1082/2006 vom 5. Juli 2006 über den Europäischen Verbund für territoriale Zusammenarbeit (*Groupement européen de coopération territoriale – GECT*), substanziell verändert durch die Verordnung (EU) Nr. 1302/2013 vom 17. Dezember 2013 über den EVTZ, im Hinblick auf Präzisierungen, Vereinfachungen und Verbesserungen im Zusammenhang mit der Gründung und Arbeitsweise solcher Verbünde. Die Modifizierungen sind ab dem 22. Juni 2014 anwendbar, existierende EVTZ müssen sich aber nicht an die neuen Bestimmungen anpassen. Während der Übergangsphase und je nach Stadium der Gründung des EVTZ wendet man teils die alten, teils die neuen Vorschriften an (Art. 2 und 3).

Der EVTZ muss **auf dem Gebiet der Union** (modifizierte Verordnung 1082/2006, Art. 1 Abs. 1) gegründet worden sein und dort seinen Sitz haben. Dazu muss mindestens eines der Mitglieder aus demjenigen Mitgliedstaat stammen, auf dessen Gebiet der EVTZ seinen Sitz hat (*ibid.*, Art. 1 Abs. 2). So kann sich der EVTZ an einer oder mehreren inneren Grenzen der EU bilden, aber auch an einer Außengrenze[59] (z. B. an der französisch-schweizerischen Grenze), nun, wo die Beteiligung von einer

---

[58] Art. 2 Abs. 2 Karlsruher Übereinkommen. Vgl. unterschiedliche Lösung in Art. 2 Abs. 4 Brüsseler Übereinkommen.

[59] Außerdem sind die französischen Überseegebiete ebenfalls von der Reform betroffen (Aspekt hier nicht ausgeführt).

Gebietskörperschaft eines einzigen Mitgliedstaates ausreicht (Art. 3a Abs. 2).

Der EVTZ verfügt über **Rechtspersönlichkeit** (Art. 1 Abs. 3). Die staatliche Gesetzgebung kann seine genaue juristische Natur präzisieren. So sieht das französische Recht den EVTZ als eine juristische Person öffentlichen Rechts an (Art. L1115-2-4 Abs. 2 *CGCT*). Innerhalb eines EVTZ wendet man die Verordnung 1082/2006 (welche die Dimension des einheitlichen Rechts darstellt), die Übereinkunft der Mitglieder (Art. 8), die Satzung (Art. 9) und das Recht des Landes oder der eigenständigen territorialen Einheit (z. B. eines Bundeslandes) an, wo der EVTZ seinen Sitz hat (finanzielle Kontrolle, Verwaltungsaufsicht, gerichtliches Rechtsmittel). Die neue Regelung ist nun strikter bezüglich der Elemente, die in der Übereinkunft[60] oder in der Satzung stehen müssen.

Die Personen, die **Mitglied** des EVTZ werden können, sind sehr unterschiedlich (Art. 3). Es handelt sich zunächst um die (souveränen) **Mitgliedstaaten der EU**. Diese Innovation von 2006 bricht mit der traditionellen Lösung (s. oben, Einleitung). In konzeptioneller Hinsicht kann man davon ausgehen, dass der europäische Gesetzgeber die Ebene der souveränen Staaten nur noch als eine territoriale Organisationsstufe unter anderen (aus einer supranationalen, vielleicht sogar einer vorföderalen Perspektive heraus) ansieht, welche neben den regionalen und lokalen Gebietskörperschaften bestehen. Im horizontalen Verhältnis der Gründungsübereinkunft des EVTZ steht der souveräne Staat somit formell auf gleicher Augenhöhe mit den anderen Vertragsparteien. In politischer Hinsicht ist es zweckmäßig, souveräne Staaten Mitglieder eines EVTZ werden zu lassen. Dies ist insbesondere der Fall, wenn Gebietskörperschaften aus starken Nationalstaaten involviert sind (meist kleinere und Kleinststaaten sowie straff zentralisierte Staaten), denen jenseits der Grenze Gebietskörperschaften mit Gesetzgebungsbefugnissen (föderale Gliedstaaten oder autonome Regionen) gegenüberstehen. Mit der Reform vom Dezember 2013 wird außerdem eine neue Kategorie von Mit-

[60] Die Vorschriften bezüglich der Personalführung (Rekrutierung, Vertrag) und der Haftungsmodalitäten des EVTZ müssen im Vertrag stehen.

gliedern eingeführt: die **Gebietskörperschaften auf nationaler Ebene** (französische Version: *autorités à l'échelon national*). Es handelt sich um Behörden, welche nicht unmittelbar den Staat im Ganzen vertreten, jedoch auf nationaler Ebene handeln. Diese neue Kategorie ist eher rätselhaft, vor allem wenn man die Begründung der Verordnung (Erwägungsgrund 7) betrachtet, welche diesbezüglich die Situationen in den kleinen oder zentralisierten Staaten erwähnt.[61] Man kann jedoch an nationale, funktionell spezialisierte Gebietskörperschaften denken.

Regionale Gebietskörperschaften (im Sinne der EU: autonome Regionen, föderale Gliedstaaten) sowie (klassische) **lokale Gebietskörperschaften** können ebenfalls Mitglied werden. Der Beitritt steht auch einigen **Einrichtungen des öffentlichen Rechts** offen, welche in der Richtlinie 2004/18/EG[62] definiert (und im Anhang III[63] detailliert) sind, sowie seit der Reform von Dezember 2013 **öffentlichen Unternehmen** im Sinne der Richtlinie 2004/17/EG.[64] Dazu kommen ebenfalls die **Unternehmen**, die mit der **Erbringung von Dienstleistungen von allgemeinem wirtschaftlichem Interesse** betraut sind. Schließlich soll daran erinnert werden, dass die Beitrittsmöglichkeit zum EVTZ den na-

---

[61] Außerhalb der EU könnte das Beispiel Andorras angeführt werden, wo auf nationaler Ebene eine spezielle Institution erschaffen wurde, nämlich die andorranische Körperschaft für grenzüberschreitende Zusammenarbeit (*Organisme andorrà de cooperació transfronterera*). Sie zentralisiert die Handlungen aller andorranischen Gebietskörperschaften (die sieben *Parròquies*). Im Fürstentum Monaco, welches ebenfalls kein EU-Mitgliedstaat ist, fällt das Staatsgebiet mit dem Gebiet der einzigen Gebietskörperschaft (Gemeinde) zusammen.

[62] Richtlinie 2004/18/EG vom 31. März 2004 über die Koordinierung der Verfahren zur Vergabe öffentlicher Bauaufträge, Lieferaufträge und Dienstleistungsaufträge, Art. 1 Abs. 9 UAbs. 2 und 3.

[63] In Deutschland z. B. die wissenschaftlichen Hochschulen, die Stiftungen oder auch gewisse juristische Personen des Privatrechts, die der staatlichen Kontrolle unterliegen, nichtgewerblicher Art sind und im Allgemeininteresse tätig werden (Krankenhäuser, Museen), in Frankreich die wissenschaftlichen Hochschulen (*universités*), die Wasserämter (*agences de l'eau*), die Schulen (*collèges et lycées*) und Krankenhäuser (*établissements publics hospitaliers*).

[64] Richtlinie 2004/17/EG vom 31. März 2004 zur Koordinierung der Zuschlagserteilung durch Auftraggeber im Bereich der Wasser-, Energie- und Verkehrsversorgung sowie der Postdienste, Art. 2 Abs. 1 lit. b.

tionalen Behörden, regionalen und lokalen Gebietskörperschaften, Einrichtungen und äquivalenten öffentlichen Unternehmen aus **Drittländern** ermöglicht wurde. Unter zahlreichen Beispielen findet man den EVTZ Eurometropole Lille-Kortrijk-Tournai (französisch-belgischer Rahmen), den EVTZ Großregion (deutsch-französisch-belgisch-luxemburgischer Rahmen), den EVTZ Eurodistrict Straßburg-Ortenau (deutsch-französischer Rahmen), den EVTZ Eurodistrict SaarMoselle (deutsch-französischer Rahmen) und den EVTZ *Hôpital* (Krankenhaus) *de Cerdagne* (französisch-spanischer Rahmen).[65]

3) Die Europäische Kooperationsvereinigung (EKV/ *Groupement eurorégional de coopération – GEC*)

Die Europäische Kooperationsvereinigung (EKV/*Groupement eurorégional de coopération – GEC*) ist im Protokoll Nr. 3 des Rahmenübereinkommens von Madrid (Utrecht, 16. November 2009) vorgesehen. Nach dem Scheitern ehrgeiziger Projekte in Sachen Rechtsvereinheitlichung[66] im Europarat lässt sich das Protokoll stark von der EU Verordnung 1082/2006 in der Version von 2006 beeinflussen, welche es in gewisser Weise auf die Mitgliedstaaten des Europarats ausweitet, jedoch nicht ohne einzelne Besonderheiten einzubauen. Ein am 10. Juli 2013 vom Ministerkomitee des Europarats verabschiedeter fakultativer Anhang (vorgesehen in Art. 13 Abs. 2 des Protokolls) schlägt praktische Ansätze zur Vereinfachung der Gründung oder zum Betrieb der EKV vor. Dieser Anhang stellt den nationalen Gesetzgebern Modelle zur Verfügung, die das Protokoll vervollständigen.

Das Protokoll deckt das **Gebiet** all der Mitgliedstaaten des Europarats ab, welche Parteien des Protokolls sind (Art. 1 Abs. 1). Es erstreckt sich auch auf Staaten, welche zwar nicht am Protokoll beteiligt sind, jedoch eine gemeinsame Grenze mit einer Vertragspartei haben (Art. 3

---

[65] S. auch: Stéphanie TRILLE, *La coopération territoriale en Europe – L'exemple de la frontière franco-espagnole*, L'Harmattan 2013 (148 Seiten), S. 95–108.

[66] Vgl. den erläuternden Bericht zum Protokoll Nr. 3, Europarat, 1. Punkt (allgemeine Bemerkungen).

Abs. 2).[67] Zum derzeitigen Stand der Ratifizierungen (Februar 2014) betrifft es im Bereich dieser Studie Deutschland, Frankreich und die Schweiz (seit März/Mai 2013). Der Ratifizierungsprozess hat in Belgien, Luxemburg und den Niederlanden begonnen. Die EKV ist mit Rechtspersönlichkeit des Staates, in welchem der Sitz liegt, ausgestattet, wobei der jeweilige Sitzstaat die genaue **Rechtsnatur** der EKV bestimmen kann. Das französische Gesetz Nr. 2014-58 vom 27. Januar 2014 integriert zwar die EKV in das *CGCT* (Art. L1115-5), präzisiert jedoch nicht weiter, im Gegensatz zum Fall des EVTZ. In der Tat kann die EKV sowohl öffentlich-rechtlicher als auch privat-rechtlicher Natur sein.[68] Sie bietet einen Kern an gemeinsamen harmonisierten Vorschriften an, obgleich sie dem Recht des Staates, in dem der Sitz liegt, unterworfen ist.[69] Bezüglich des **anwendbaren Rechts** übernimmt das Protokoll (Art. 2, Art. 10-12) *mutatis mutandis* die Lösungen der beiden zuvor untersuchten Institutionen.

Gemäß der traditionellen Logik des Rechts der grenzüberschreitenden Zusammenarbeit des Europarats sind die Hauptkategorie der **Mitglieder** der EKV die **lokalen Gebietskörperschaften** (Art. 1 Abs. 1 und Art. 3 Abs. 1). Wie auch im Karlsruher Übereinkommen werden klassische Gebietskörperschaften den Körperschaften mit Gesetzgebungsbefugnis gleichgesetzt (Art. 16 Abs. 2). Die EKV kann auch (souveräne) Mitgliedstaaten des Europarats aufnehmen, sowie jedwede **Einrichtung mit Rechtspersönlichkeit** welche spezifisch für Gründe des Allgemeinwohls gegründet wurde und nichtgewerblicher Art ist (Art. 3 Abs. 1). Der Beitritt zur EKV steht wie bereits geschildert den **lokalen Gebiets-**

---

67 Beide Staaten müssen eine gemeinsame Grenze haben und ein Abkommen unterzeichnet haben, die EKV muss ihren Sitz im gesetzgeberisch tätigen Staat haben (Anhang des Protokolls Nr. 3 vom 10. Juli 2013, Rubrik II).

68 Anhang des Protokolls Nr. 3, Rubrik IV (*in fine*): Die juristischen Personen des Privatrechts (internationale Vereine, gemeinnützige Vereine, Stiftungen des Privatrechts, örtliche gemischtwirtschaftliche Gesellschaften...) können ebenfalls als „juristisches Gewand" für die EKV fungieren, unter dem Vorbehalt den lokalen Gebietskörperschaften offen zu stehen und auch ausländische lokale Gebietskörperschaften einschließen zu können.

69 Vgl. den erläuternden Bericht zum Protokoll Nr. 3, Europarat, 1. Punkt (allgemeine Bemerkungen).

körperschaften eines Staates offen, welcher selbst **nicht Mitglied des Europarats** ist. Die lokalen Gebietskörperschaften müssen über die Mehrheit in der EKV verfügen.

II. Der Niedergang der atypischen Institutionen der grenzüberschreitenden Zusammenarbeit

Die Europäische wirtschaftliche Interessenvereinigung (EWIV) ist eine Institution, die in der Vergangenheit, entgegen ihrer ursprünglichen Bestimmung, für die grenzüberschreitende Zusammenarbeit zwischen Personen des öffentlichen Rechts genutzt wurde. Sie wird in der gegenwärtigen Praxis immer mehr an den Rand gedrängt (2). Die regionalen Arbeitsgemeinschaften als faktische Verbünde sind ebenfalls in der Krise (1).

1) Die Krise der regionalen Arbeitsgemeinschaften als faktische Verbünde

Die im Gebirgsraum gegründeten Arbeitsgemeinschaften waren die ersten Institutionen, die sich ab den 1970er Jahren der grenzüberschreitenden Zusammenarbeit widmeten. Sie konnten sich auf keine völkerrechtliche Grundlage stützten. Zu diesem Zeitpunkt gingen die Verantwortlichen der grenzüberschreitenden Zusammenarbeit davon aus, in diesem Bereich einen eigenen rechtlichen Rahmen (*sui generis*) schaffen zu können (s. oben, Einleitung) und verwirklichten ihn durch diese Gemeinschaften.[70] Unter den Arbeitsgemeinschaften überlebt nur die erste. Die zweite steckt in einer schwerwiegenden Krise, die dritte ist ungebräuchlich geworden und die vierte hat sich in ein aktuelleres Rechtsinstitut umgewandelt.

---

[70] Wendet man die aktuellen Kategorien an, so müsste man sie entweder zu den informellen Institutionen zählen, welche ohne rechtlich bindenden Vertrag erschaffen wurden, oder zu den Institutionen, welche aufgrund einer Vereinbarung existieren, jedoch keine Rechtspersönlichkeit besitzen (s. oben Einleitung). Eine solche Klassifizierung verfälscht jedoch den ursprünglichen Geist, der bei der Gründung maßgebend war.

Das Gründungsstatut der **Arbeitsgemeinschaft Alpenländer – ARGE ALP**, welche geographisch betrachtet die zentrale Achse des alpinen Raums[71] bedeckt, wurde am 12. Oktober 1972 gegründet.[72] Es wurde eine Organisationsform *sui generis* verwendet.[73] Die Konferenz der Gemeinschaft bleibt sehr aktiv[74] und betont ihre politische Rolle (Beschluss vom 24. Juni 2005).

Die **Arbeitsgemeinschaft der östlichen Alpenländer** wurde am 20. November 1978 gegründet.[75] Seit einem Beschluss der Regierungschefs vom 22. November 2013 heißt sie Alpen Adria Allianz, um ihre Rolle als Netzwerk zu betonen. Als politische Institution fördert sie das Zurückgreifen auf Verbände mit Rechtspersönlichkeit, um gemeinsame Projekte umzusetzen (Deklaration von Pamhagen, 21. November 2008). Sie umfasste früher bis zu 19 Mitglieder, ist jedoch zurzeit auf sechs Mitglieder geschrumpft.[76]

---

71 Mitglieder: Bayern (Deutschland); Südtirol und Trentin (italienische autonome Provinzen); Lombardei (italienische Region); Graubünden, St.-Gallen, Tessin (Schweizer Kantone); Salzburg, Tirol, Vorarlberg (österreichische Länder).

72 Die aktuelle Version stammt vom 29. Mai 2012. Vgl. ARGE ALP : http://www.argealp.org/startseite.

73 Mit einer Konferenz der Regierungschefs, einem Präsidium, einer Geschäftsstelle, Projektgruppen und einer gemeinsamen Kostentragung.

74 Sie erlässt die Beschlüsse mit politischer Tragweite in verschiedenen Gebieten, z. B. um zu den Interreg-Programmen (16. Juni 2000, Locarno, Tessin), zur europäischen territorialen Zusammenarbeit (22. Juni 2007, Bregenz, Vorarlberg), zur Umsetzung der Alpenkonvention (27. Juni 2003, Innsbruck, Tirol) und zu den Rechtsinstrumenten der grenzüberschreitenden Zusammenarbeit (24. Juni 2005, Trentin/Trient) Stellung zu beziehen.

75 Erklärung der Regierungschefs folgender Körperschaften: Bayern (Beobachter); Friaul-Julisch Venetien und Venetien (italienische Regionen); Kärnten, Oberösterreich, Salzburg (Beobachter), Steiermark (österreichische Länder); Kroatien und Slowenien (damals noch jugoslawische Republiken). S. http://www.alpeadria.org/deutsch/.

76 Burgenland, Kärnten, Steiermark (österreichische Länder); Kroatien; Slowenien; Vas (*Komitat*/ungarischer Verwaltungsbezirk), vgl. Protokoll der Generalversammlung vom 27. November 2012 (Zagreb), 6. und 7. Punkt.

Die **Arbeitsgemeinschaft der westlichen Alpen** (*Communauté de travail des Alpes occidentales* – COTRAO) wurde am 2. April 1982[77] als Struktur für grenzüberschreitende Zusammenarbeit nach dem Vorbild ihrer alpinen Vorgänger gegründet. Sie ist mittlerweile veraltet und durch die ***Eurorégion Alpes-Méditerranée*** ersetzt worden. Diese ist eine andere, anderweitig zusammengesetzte Institution.[78] Am 18. Juli 2007 haben ihre Präsidenten eine Absichtserklärung unterzeichnet, welche eine erste Stufe in Richtung Gründung eines EVTZ darstellt.[79]

Die **Arbeitsgemeinschaft der Pyrenäen** (*Communauté de travail des Pyrénées - CTP*) versammelt seit 1983[80] acht Mitglieder, darunter sieben territoriale substaatliche Körperschaften entlang der Pyrenäen-Kette.[81] Andorra, vor 1993 feudale Einrichtung und seitdem souveräner Staat, nimmt ebenfalls daran teil, was den außergewöhnlichen Rechtscharakter umso mehr verdeutlicht.[82] Seit kurzem versucht die *CTP* sich mit aktuelleren Strukturen auszustatten: ein Verein (1993) und ein *consorcio* (2005) wurden gegründet (s. oben A, II, 1). Infolge der am 16. Februar 2010 erfolgten Verabschiedung des Beitrittsprotokolls von Andorra zum (französisch-spanischen) Vertrag von Bayonne von 1995 konnte die andorranische Körperschaft für grenzüberschreitende Zusammenarbeit[83] dem *consorcio* der *CTP* (Abkommen von Pamplona, 15. November 2012) beitreten. Es wird in Erwägung gezogen, den *consorcio* in ein EVTZ[84] um-

---

[77] Genf, Waadt, Wallis (Schweizer Kantone); Ligurien, Piemont, Aostatal (italienische Regionen); Rhône-Alpes, Provence-Alpes-Côte d'Azur (PACA) (französische Regionen).

[78] Ligurien, Piemont, Aostatal; Rhône-Alpes, PACA. Man bemerke die Abwesenheit von Schweizer Kantonen.

[79] http://www.euroregion-alpes-mediterranee.eu/-Historique-.html.

[80] Vereinbarungsprotokoll vom 15. April 1983 (Bordeaux) und vom 4. November 1983 (Pau); http://www.ctp.org/.

[81] Aquitanien, Languedoc-Roussillon, Midi-Pyrénées (französische Regionen); Katalonien, Aragonien, Navarra, Autonome Gemeinschaft Baskenland (autonome spanische Gemeinschaften).

[82] SOHNLE (Jochen), „L'autonomie locale …" (oben genannte Studie).

[83] Es handelt sich um eine von der Regierung und den andorranischen Gemeinden geschaffene Institution.

[84] Vgl. *Note* des französischen Ministers für auswärtige Angelegenheiten vom 14. April 2011 (NOR : MAEJ1100807L/Bleue-1) zum Gesetzentwurf über

zuwandeln, was die allgemeine Umbruchstendenz der Arbeitsgemeinschaften verdeutlicht.

2) Das Aussterben einer „zweckentfremdeten" Institution, der Europäischen wirtschaftlichen Interessenvereinigung (EWIV)

Die EWIV, von der Verordnung (EWG) Nr. 2137/85 vom 25. Juli 1985 eingerichtet, wurde auch zum Zweck der grenzüberschreitenden Zusammenarbeit genutzt, und zwar besonders in der Zeit vor den nun besser angepassten Institutionen, welche seit Ende der 1990er Jahre verwendet werden (GöZ, EVTZ, EKV). Ihr Ziel ist es, die wirtschaftliche Tätigkeit ihrer Mitglieder zu erleichtern oder zu entwickeln, ohne Gewinn für sich selbst zu erzielen (Art. 3 Abs. 1). In Frankreich wird die EWIV in den Artikeln L252-1 bis L252-12 des *Code de commerce* geregelt.[85] Vorliegend handelt es sich um eine privatrechtliche Organisationsform an der Grenze zwischen Gesellschaft und Verein (so steht es den Gründern frei, ob sie die EWIV mit Kapital ausstatten oder nicht).[86] Im Gegensatz zu den offiziellen Institutionen der grenzüberschreitenden Zusammenarbeit (GöZ, EVTZ, EKV) hat diese Organisationsform den Vorteil schnell und grundsätzlich (Art. 4 Abs. 4 der Verordnung) ohne vorherige Genehmigung gegründet werden zu können (einfache Eintragung in ein Register, Art. 6 und 7).

Geographischer Anwendungsbereich der EWIV ist das gesamte Gebiet der EU-Mitgliedstaaten. Partner von mindestens zwei Mitgliedstaaten müssen beteiligt sein (Art. 4 Abs. 2 Verordnung) und der Sitz ist zwangsläufig auf EU-Territorium (Art. 12 und 13). Die Institution be-

---

die Genehmigung des Änderungs- und Beitrittsprotokolls des Fürstentums Andorra zum Abkommen zwischen der Französischen Republik und dem Königreich Spanien betreffend der grenzüberschreitenden Zusammenarbeit zwischen territorialen Gebietskörperschaften, Punkt II, juristische Konsequenzen *(conséquences juridiques)*.

85 Sie entspricht der Anpassung des französischen *groupement d'intérêt économique* (GIE - wirtschaftliche Interessenvereinigung) an das EU-Modell, geschaffen durch die *ordonnance* Nr. 67-821 vom 23 September 1976 (zurzeit in den Artikeln L. 251-1 ff. *Code de commerce*) geregelt.

86 Vgl. den französischen GIE: Art. L. 251-3 *Code de commerce*.

vorzugt also die inneren Grenzen der EU. Was die **Rechtsnatur** betrifft, ist die EWIV mit Rechtspersönlichkeit ausgestattet, soweit nationales Recht diese gewährt. In Frankreich ist sie je nach Gegenstand der EWIV zivilrechtlicher oder handelsrechtlicher Natur (Art. L252-1 und -2 des *Code de commerce*). Sie beruht auf der Verordnung 2317/85, den ergänzenden Vorschriften des nationalen Rechts (z. B. dem französischen *Code de commerce*), dem Gründungsvertrag der EWIV und dem Recht des Sitzes (Art. 1 Abs. 2 der Verordnung). Sie kann zwischen Gesellschaften, natürlichen Personen, welche eine Erwerbstätigkeit ausüben, und anderen juristischen Personen des öffentlichen oder privaten nationalen Rechts (Art. 4), darunter auch den lokalen Gebietskörperschaften, gegründet werden. Es ist jedoch erforderlich, dass ihre Tätigkeiten als solche ökonomischer Natur erachtet werden können. Das Euro-Institut war von 1993 bis 2003 eine EWIV (gegenwärtig ist es ein GöZ). Die grenzüberschreitende Agentur für die Entwicklung der baskischen Eurostadt Bayonne-San Sebastián besteht noch in der Form einer EWIV.

FAZIT

Eine stetig voranschreitende Entwicklung des juristischen Regelungswerks (auf nationaler und supranationaler Ebene) und eine tiefgreifende Veränderung der Mentalitäten der Akteure haben die Institutionalisierung der grenzüberschreitenden Zusammenarbeit auf eine für die Erfinder dieser Art von Annäherung zwischen europäischen Staaten unvorstellbare Weise vorangebracht. Dennoch bestehen weiterhin erhebliche Hindernisse, welche im Wesentlichen auf der Komplexität dieses juristischen Spezialgebiets beruhen, welche korrelativ mit seiner Entwicklung wächst. Eine wahrhaft harmonisierte europäische Gesetzgebung, welche die nationalen Differenzen und die Unterschiede der einzelnen Grenzen auf ein Minimum reduzieren würde, gilt es noch zu erarbeiten.

Allgemeine Fragen der grenzüberschreitenden Zusammenarbeit

Der deutsch-französische Wahl-Güterstand: Eindrücke aus Notarsicht

Véronique DAVID-BALESTRIERO*

* Dr. David-Balestriero promovierte im Bereich des Privatrechts. Sie ist zur Zeit *Maître de conférences* an der Faculté de Droit, Sciences Economiques et Gestion von Nancy, Université de Lorraine, Institut François Gény EA 7301. Übersetzung aus dem Französischen.

Der Notarberuf existierte bereits im Mittelalter und findet seinen Ursprung bei den römischen Beamten, die ihn in Gallien einführten.

In Frankreich wird als Notar das öffentliche Amt desjenigen bezeichnet, welcher juristische Akte wie Testamente, Eheverträge, Schenkungen und Immobilienkaufverträge entgegennimmt, beglaubigt, und deren Exemplare aufbewahrt. Er sorgt für ihre Eintragung in die entsprechenden nationalen Register, insb. in das Grundbuch. Abgesehen von diesen Fällen, in denen seine Mitwirkung zwingend erforderlich ist, kann er die Authentizität von Rechtsakten (insb. jedes Vertrags) prüfen und feststellen, wenn ein Mandant ihn damit beauftragt.[1] Die Tätigkeit des Notars besteht in der Beratung und der Gewährleistung der Rechtssicherheit, denn als Träger eines öffentlichen Amtes haftet er nicht nur seinem Mandant gegenüber, sondern auch gegenüber allen an einem Rechtsgeschäft Beteiligten. Ein durch einen Notar öffentlich beurkundeter Rechtsakt ermöglicht darüber hinaus die Zwangsvollstreckung ohne vorherige Anrufung eines Gerichts.[2]

Der Notar der Länder des romanistischen Rechtskreises darf nicht mit dem „*public notary*“ der Länder des *Common Law* sowie gewisser skandinavischer Länder verwechselt werden, welcher zwar Rechtsakte beglaubigen und Urkunden ausstellen darf, insb. zum Zwecke ihres Vorlegens im Ausland, ihnen jedoch keine Vollstreckbarkeit verleihen kann.

---

1 Solche Mandante können auch juristische Personen des öffentlichen Rechts sein: S. das Thema des 109. Congrès des notaires, Lyon, 2013: „*Propriétés publiques, quels contrats pour quels projets?*“.

2 S. die von Prof. Laurent AYNÈS geleiteten Arbeiten der *Commission de Réflexion sur l'Authenticité* sowie sein Bericht, welcher dem Präsidenten des *Conseil Supérieur du notariat* vorgelegt wurde: AYNÈS (Laurent) (Hrsg.), „*L'authenticité*“, La Documentation française, 2013; MEKKI (Mustapha), „Retour vers le futur de l'acte authentique!“, *La semaine juridique, édition notariale* 2013, act. 1064; „Entretien avec Laurent AYNÈS“, *La semaine juridique, édition notariale* 2013, act. 1004: „On aura toujours besoin d'une autorité de vérification sur laquelle les parties, le tribunaux et les tiers puissent s'appuyer“; MEKKI (Mustapha), „Voyage au pays l'authenticité. Quelques réflexions à partir du rapport de la commission présidée par le professeur Laurent Aynès“, *La semaine juridique, édition notariale* 2013, Nr. 41, 1237.

In Frankreich wird Notaren der Notarstatus durch Regierungsverordnung[3] verliehen, ferner sind sie den Standregeln des Notarberufs unterworfen, deren Einhaltung von der Notarkammer überprüft wird; die durch sie zu leistenden Gebühren werden vom Staat festgelegt. In den verschiedenen, durch französische Notare geführten Dateien, u. a. dem sog. *Fichier central des déclarations de dernières volontés* (Zentralregister der letztwilligen Verfügungen), werden zum Beispiel alle öffentlich beurkundeten Testamente aufgenommen.[4] Die französischen Notare schließen sich in Kammern auf *Département*- sowie Regionalebene zusammen und werden auf nationaler Ebene vom *Conseil supérieur du Notariat* (CSN, Hoher Rat der Notare) vertreten, welcher u. a. durch Mitwirkung bei der Gewährleistung der Rechtssicherheit, insb. der Sicherheit des Grundeigentums zur Entwicklung und zum guten Ruf des Berufes beitragen soll.[5]

Die Aufgaben und die Organisation des deutschen Notariats sind sehr ähnlich. Diese Träger öffentlicher Ämter[6] stellen vor allem im Bereich des Grundstückkaufs und des Ehevertrags öffentliche Urkunden aus, sind Standesregeln unterworfen, ihre Gebühren werden staatlich festgelegt und sie sind ebenso in Kammern zusammengeschlossen.[7]

Den Notaren stehen zahlreiche Mittel der grenzüberschreitenden Zusammenarbeit zur Verfügung, oft in Form von Netzwerken mit dem Status eines nicht gewinnorientierten eingetragenen Vereins.[8] Hier soll vor-

---

3 Aus geschichtlichen Gründen besteht auch ein derogatorischer Status, welcher auf die Notare der drei Départements des Gebiets Elsass-Mosel Anwendung findet.

4 Auch online abrufbar: http://www.adsn.notaires.fr/fcddvPublic/home.htm.

5 Als Beispiel hierfür darf die Gründung eines Notariats in China im Jahre 2012 genannt werden.

6 Mit der Ausnahme gewisser Länder, in welchen Notare einem anderen Status unterworfen werden.

7 S. die Webseite der Bundesnotarkammer: http://bntk.de (diese Webseite ist auch auf Französisch verfügbar).

8 Z. B. die ARERT (*Association du Réseau Européen des registres testamentaires* – Verein des europäischen Netzwerkes der Register für letztwillige Verfügungen) mit 17 Mitgliedern und 2 Partnern, allen Mitgliedstaaten der Europäischen Union, wie etwa Luxemburg, welches sich am 6. September 2013 an-

rangig der CNUE (*Conseil des Notariats de l' Union Européenne* – Rat der Notariate der EU)[9] erwähnt werden, auf welchen die Webseite „Erbrecht in Europa“[10] zurückzuführen ist. Diese wurde zum Teil von der europäischen Kommission finanziert und ist in 22 Sprachen verfügbar. Vor kurzem wurde nach dem gleichen Model die Webseite „Paare in Europa“[11] gegründet, welche in 21 Sprachen verfügbar ist.

Die europäischen Notariate sind auch der IUNL beigetreten (*International Union of Notars)*[12], welche die Zusammenarbeit zwischen Notaren aus

---

schloss. Oder die ANF (*Association du Notariat Francophone* – Verein des französischsprachigen Notariats), welche die Sicherung des Grundeigentums anstrebt sowie die Verleihung eines Personenstands an alle afrikanischen Kinder.

9 Der CNUE wurde 1993 zur Vertretung aller EU-Mitgliedstaaten, die über ein solches Rechtsinstitut verfügen, gegründet: Deutschland, Österreich, Belgien, Bulgarien, Kroatien, Spanien, Estland, Frankreich, Griechenland, Ungarn, Italien, Lettland, Litauen, Luxemburg, Malta, Niederlande, Polen, Portugal, Tschechische Republik, Rumänien, Slowakei, Slowenien. Die Türkei verfügt ihrerseits über einen Beobachterstatus: http://www.notaries-of-europe.eu/fr/presentation/vue-d-ensemble. Der CNUE bietet europäischen Notaren u. a. das *Réseau Notarial Européen* an, eine Dienstleistung zur Behandlung grenzüberschreitender Fälle.

10 http://www.successions-europe.eu/de/. Diese Webseite beschreibt die Grundzüge des Erbrechts in jedem Mitgliedstaat. Die Bürger können sich also über die zuständige Behörde informieren sowie über die Methode zur Identifizierung der Erben. Die Webseite beantwortet auch Fragen bezüglich internationaler Nachlässe: „Welches nationale Recht ist anwendbar im Fall des Todes eines Unionsbürgers, welcher Eigentümer eines Hauses oder Inhaber eines Bankkontos in einem anderen EU-Mitgliedstaat war ?“, dabei wird auch auf die Möglichkeit der Rechtswahl hingewiesen, sofern eine solche besteht.

11 http://www.coupleseurope.eu/de/home: Ehepaare sowie eingetragene Partnerschaften.

12 Ehemalige „*International Union of Latin Notaries*“. Sie wurde 1948 gegründet und behielt ihre Aufgaben der „Förderung der Beziehungen zu anderen Organisationen als denjenigen des kontinentalen Rechts“ bei, „um mit ihnen auf Gebieten gemeinsamen Interesses zusammenzuarbeiten“. Sie zählt heute 83 Mitglieder (s. Karte: http://www.uinl.org/6/notariats-membres-pays). Ein französischer Notar, Maître Jean-Paul DECORPS, präsidiert zurzeit diese internationale Nichtregierungsorganisation, von welcher er in einem Interview mit C. Larée wie folgt spricht: „UINL: 'Faire prendre conscience de

Grenzgebieten für diejenigen Fragen vorsieht, welche mit ihrem Fachebiet zusammenhängen.

Als Spezialisten des Rechts scheuen sich Notare nicht vor gemeinsamer Verständigung zur Lösung konkreter Fälle. Im Übrigen können sie auch auf die Gesetzgeber der verschiedenen Staaten als Motor zur Fortentwicklung der Gesetzgebung wirken, selbstverständlich nur in Form von Vorschlägen und ohne die Möglichkeit, eine Rechtsnorm selbst zu ändern.

Die Zusammenarbeit zwischen Notaren war also für eine Lösung der Schwierigkeiten der internationalen Erbgänge in den unterschiedlichen EU-Mitgliedstaaten nicht ausreichend; eine EU-Verordnung vom 4. Juli 2012[13] unterwarf[14] die internationalen Erbgänge einer einheitlichen Regel[15] und bietet jetzt Unionsbürgern[16] ein gewisses Optionsrecht in Bezug auf die auf ihren Nachlass anwendbare Rechtsordnung. Nach dem gleichen Modell wird zurzeit an einem Verordnungsvorschlag gearbeitet, der eine einheitliche Regelung für Konflikte zwischen verschiedenen Rechtsordnungen im Bereich der ehelichen Güterstände vorsieht.

---

l'existence d'un réseau mondial du notariat'", *La semaine juridique, édition notariale* 2013, Nr. 23, 659.

13 Verordnung des Parlaments und des Rates Nr. 650/2012, 4.7.2012, Amtsblatt der EU Nr. L 201/107, 27.7.2012. S. vor allem *L'avenir du droit européen des successions internationales*, Lexis-Nexis, coll. Travaux du CREDIMI, 2011, Band 36.

14 Diese Verordnung soll ab dem 17. August 2015 auf die ab diesem Datum eröffneten Erbgänge anwendbar sein, jedoch bringen die Betroffenen bereits jetzt ihre Meinung zum Ausdruck: JACOBY Edmond, „Application du règlement communautaire sur les successions internationales: le compte à rebours a commencé!", *La semaine juridique, édition notariale* 2012, Nr. 35, 777 und 785.

15 Eine einheitliche materielle Regel geht mit einer einheitlichen Regelung zur gerichtlichen Zuständigkeit einher. Die Verordnung hat auch das europäische Erbzertifikat als neues Instrument geschaffen, welches zirkulieren und den Nachweis der Erbenstellung in den unterschiedlichen EU Mitgliedstaaten erleichtern soll.

16 Und sogar den anderen Bürgern dieser Welt, denn es ist von einer universellen Anwendung die Rede.

Nach dem französischen Recht verfügt der Notar auf dem Gebiet der ehelichen Güterstände über einen besonders weiten Spielraum, um seinen Mandanten denjenigen Rechtsakt vorzuschlagen, welcher am besten ihren Bedürfnissen und Wünschen entspricht. In Frankreich wie in Deutschland werden diejenigen Paare dem gesetzlichen Güterstand unterworfen, welche keine abweichende Entscheidung getroffen haben, wohingegen denjenigen Ehegatten, die ihren Güterstand selbst im Rahmen eines Ehevertrags, welcher der notariellen Beurkundung bedarf, gestalten wollen, größere Freiheit eingeräumt wird.[17] Die drei im *Code Civil* vorgeschlagenen Hauptgüterstände können durch bestimmte Klauseln gestaltet werden, die vom Notar in den Grenzen der *Ordre public* (öffentliche Ordnung) näher ausgestaltet werden können.

Grundsätzlich ist also die Aufnahme von Klauseln, welche von einem ausländischen Recht inspiriert wurden, in einen Ehevertrag möglich. Dies war im Übrigen der Fall der vertraglichen Errungenschaftsgemeinschaft („*régime conventionnel de participation aux acquêts*"), welche von einigen französischen Notaren[18] bereits vor ihrer Aufnahme in den *Code Civil* durch das Gesetz vom 13. Juli 1965 vorgeschlagen wurde.

Dies genügt allerdings nicht, um den Schwierigkeiten transnationaler Ehepaare oder französischer Ehepaare, die sich im Ausland niederlassen wollen, zu begegnen. Allerdings war dies genau das Ziel der Arbeitsgruppe, die mit sehr eingeschränkter Teilnehmerzahl[19] den neuen Güterstand der Wahl-Zugewinngemeinschaft entwickelte:[20] Ein einheitlicher Güterstand, welcher in beiden Ländern auf dieselbe Art und Weise an-

---

17 Art. 1394 Code Civil.

18 Welche sich von der Gesetzgebung ihrer Nachbarländer inspirieren ließen.

19 S. vor allem KLEITZ (Clémentine), „Au coeur de l'élaboration du régime matrimonial franco-allemand: entretien avec Brigitte Weiss-Gout", *Gazette du Palais* 2010, Nr. 63, S. 7; SIMLER (Philippe), „Le nouveau régime matrimonial optionel franco-allemand de participation aux acquêts", *La Semaine juridique, édition notariale* 2013, Nr. 4, 1052, S. 2533.

20 SIMLER (Philippe), *op. cit.*; NAUDIN (Estelle), „Un nouveau modèle de régime matrimonial: le régime franco-allemand de la participation aux acquêts", *Revue Lamy Droit Civil* /1, S. 4550; FARABOLINI (Isabelle), „Droit international privé notarial", *La semaine juridique, édition notariale* 2013, Nr. 42, 1242, Sonderausgabe. Nr. 2.

gewandt und liquidiert wird.[21] Das bilaterale Abkommen,[22] welches am 4. Februar 2010 von der Bundesrepublik Deutschland und der Republik Frankreich unterschrieben wurde, trat nach dessen Ratifizierung in beiden Staaten durch die Gesetze vom 15. März 2012 und vom 28. Januar 2013[23] am 1. Mai 2013[24] in Kraft.

Auf diesem Weg nahmen Frankreich und Deutschland diesen Güterstand in ihr jeweiliges nationales Recht auf, wo er nun zusätzlich zu den bereits existierenden Güterständen besteht. Diese Methode der Schaffung einer einheitlichen Gesetzgebung in zwei Staaten ist deswegen so originell, da sie über die bloße Rechtsharmonisierung hinausgeht, und zu weiteren Annäherungsexperimenten dieser Art im Bereich des Familienrechts ermutigen könnte.[25] In dieser Hinsicht erweckt der neue Güterstand das Interesse der Lehre,[26] wobei jedoch fraglich bleibt, ob dies genügen wird, um seinen Erfolg zu gewährleisten.

---

[21] Ein von der Lehre begrüßter „Kraftakt": LETELLIER (Hugues), „Un nouveau régime matrimonial à la disposition de tous les couples: le régime commun franco-allemand", *Gazette du Palais* 2010, Nr. 12, S. 24.

[22] In Frankreich von Dalloz veröffentlicht, Nr. 2013-488, 10. Juni 2013, *Journal officiel de la République francaise*, 12. Juni 2013, S. 9733.

[23] Gesetz Nr. 2013-98, 28. Januar 2013, *Journal officiel de la République francaise* 29. Januar 2013, S 1721; s. auch SIMER (Philippe), „L'accord franco-allemand sur le régime matrimonial optionnel de participation aux acquêts est définitivement approuvé", *La semaine juridique*, édition notariale 2013, Nr. 6, act. 238.

[24] Also am „ersten Tag des Monats, der dem Austausch der Ratifizierungsurkunden folgt", gem. Art. 20, § 2.

[25] S. FONGARO (Eric), „Vers un droit européen de la famille?", *La semaine juridique, édition notariale* 2013, Nr. 12, 1079 (Akten des Kolloquiums des IRDAP „Vers un droit patrimonial européen de la famille?", Bordeaux, 25. Januar 2013).

[26] S. die eben genannten Autoren, Fn. 22; TISSERAND-MARTIN (Alice), „Un nouveau instrument optionnel: le régime matrimonial franco-allemand de la participation aux acquêts", in *L'avenir européen du droit des successions internationales*, ebd., S. 85; NAUDIN (Estelle), „Les instruments optionnels destinés à régler les difficultés de la famille européenne", *Les Petites Affiches,* 29. Juni 2012, Nr. 130, S. 47; MEIER-BOURDEAU (Alice), „Le nouveau régime matrimonial franco-allemand", *La semaine juridique, édition générale* 2013, 163.

In der Praxis soll dieser Güterstand in einem vor dem Eheschluss geschlossenen Ehevertrag von den künftigen Ehegatten gewählt,[27] oder im Rahmen der Änderung des Güterstandes eines bereits unter einem anderen Güterstand verheirateten Ehepaares bestimmt werden.[28] Damit dieser Güterstand von den französischen Notaren empfohlen wird, müssen diese zunächst von seinen Vorteilen gegenüber anderen denkbaren rechtlichen Lösungen überzeugt werden[29] (A), ferner müssen sie auch in der Lage sein, seine Auflösung mit genügend Sicherheit abzuschätzen (B).

A. — GRÜNDE FÜR EINE EMPFEHLUNG DES DEUTSCH-FRANZÖSISCHEN GÜTERSTANDS DER WAHL-ZUGEWINNGEMEINSCHAFT

Die Zugewinngemeinschaft zählt zu den vom französischen Zivilgesetzbuch vorgeschlagenen vertraglichen Güterständen, sie ist in den Art. 1569 bis 1581 des *Code Civil* geregelt und ging aus dem Gesetz vom 13. Juli 1965 hervor.[30] Ihre formale Ähnlichkeit zum deutschen Güterstand der Zugewinngemeinschaft, dem gesetzlichen Güterstand des BGB,[31] macht sie zum idealen Kandidaten eines gemeinsamen Güterstandes (II) für Paare, denen ein deutscher oder französischer Güterstand nicht genügt (I).

---

[27] Art. 1395 *Code Civil.*

[28] Art. 1397 *Code Civil.*

[29] Wobei Deutsche nach Maître Edmond JACOBY, Notar in Forbach (Grenzstadt in der Nähe von Saarbrücken), welcher täglich binationale Sachverhalte zwischen deutschen und französischen Staatsangehörigen behandelt, grds. eher den französischen gesetzlichen Güterstand der Errungenschaftsgemeinschaft sowie den Erbgang nach allgemeinem französischem Recht bevorzugen.

[30] S. u. a. PILLEBOUT (Jean-Francois), *La participation aux acquêts*, LexisNexis Litec, 2. Aufl. 2005; PIEDELIEVRE (Stéphane), *Juris-Classeur civil*, Art. 1569 bis 1581.

[31] §§ 1373 ff. BGB.

I. Die Adressaten der Regelung des deutsch-französischen Wahl-Güterstandes

Nach den Erläuterungsarbeiten zur Regierungsverordnung von 2013 bilden deutsch-französische Paare die „Zielgruppe" der geplanten Regelungen. Jedoch wurde der im Art. 1 festgelegte Anwendungsbereich durch die Formulierung „der Güterstand der Wahl-Zugewinngemeinschaft steht Ehegatten zur Verfügung, deren Güterstand dem Sachrecht eines Vertragsstaates unterliegt », also dem französischen oder deutschen Recht, ohne dass ein Auslandsbezugspunkt nachzuweisen ist, maßgeblich ausgedehnt.[32] Zunächst müssen also die Kollisionsregeln des französischen und deutschen internationalen Privatrechts angewandt werden, um sicherzustellen, dass die Ehegatten tatsächlich in den Anwendungsbereich der einen oder der anderen Rechtsordnung fallen.[33]

Die Wahl dieses Güterstandes zwingt die Ehegatten zwar nicht zur Wahl des Rechts eines der Vertragsstaaten, jedoch gebietet es die Vorsicht, ihnen die Festlegung des auf ihren Güterstand anzuwendenden Rechts im Ehevertrag zu empfehlen.[34]

In Anwendung der Regeln des französischen und deutschen internationalen Privatrechts genügt es also, dass einer der Ehegatten über die französische oder deutsche Staatsangehörigkeit verfügt, die Ehegatten ihren üblichen Wohnsitz in Frankreich oder Deutschland haben, oder in einem der beiden Ländern ihren ersten Wohnsitz festgelegt haben.[35]

Ein französisches Ehepaar könnte somit diesen Güterstand wählen, z. B. da es den Erwerb einer Immobilie auf der anderen Seite des Rheins in Erwägung zieht oder seine Niederlassung im Ausland plant und von den Vorschriften der Art. 5 und 6 Gebrauch machen will, welche an gewisse Schutzvorschriften des primären französischen Güterstandes angelehnt sind. Hierbei handelt es sich um das Verbot für einen der Ehegatten,

---

[32] LETELLIER (Hugues), *op. cit.*

[33] S. FARABOLINI (Isabelle), „Droit international privé notarial", *op. cit.*

[34] PERROTIN (Francois), „La famille à l'heure européenne", *Les Petites Affiches* 2010, Nr. 76, S. 4.

[35] Oder Eigentümer von Immobilien in Frankreich oder in Deutschland sind.

ohne das Einverständnis des anderen über diejenigen Ansprüche zu verfügen, mittels derer die Familienwohnung oder Haushaltsgegenstände gesichert sind,[36] oder um die Möglichkeit für jeden der Ehegatten, allein die zur Unterhaltung des Haushaltes oder zur Erziehung der Kinder erforderlichen Rechtsgeschäfte abzuschließen, und dabei den anderen Ehegatten als Gesamtschuldner zu verpflichten.[37] Dies ist jedoch ausgeschlossen, wenn die Verpflichtung offensichtlich unproportional zu den Haushaltsverhältnissen ist, und der Vertragspartner diesen Umstand kannte oder hätte kennen müssen.[38] Der Art. 5 § 2 sieht sogar die Möglichkeit der Erteilung einer richterlichen Ermächtigung für einen der Ehegatten vor, ein Rechtsgeschäft allein vorzunehmen, zu dem die Zustimmung des anderen notwendig wäre, falls dieser zur Zustimmung außerstande ist oder sie verweigert, ohne dass Belange der Familie dies rechtfertigen.[39]

Der Wahl-Güterstand ist ein Güterstand der Zugewinngemeinschaft. So ist die Möglichkeit hoch, dass die Wahl eines deutsch-französisches Paares auf ihn fällt, da er beiden Ehegatten bekannt ist und der mit seiner Auflösung beauftragte französische oder deutsche Notar nicht das Recht des anderen Staates anwenden muss,[40] da dieser Güterstand in seiner eigenen internen Rechtsordnung auch zu finden ist.

---

[36] Art. 5 § 1, welcher an den Art. 215 Abs. 3 des *Code Civil* erinnert, nach welchem die Willenserklärung beider Ehegatten zu jedem Rechtsgeschäft erforderlich ist, durch welches über die Ansprüche zur Sicherung der Familienwohnung sowie des Mobiliars zu deren Ausstattung verfügt werden soll (sog. Verbot der Veräußerung der Familienhabe). Der Begriff „Haushaltsgegenstände“ wird für deutsche Juristen viel einleuchtender sein.

[37] Art. 6 § 1, welcher am Art. 220 al. 1 des *Code Civil* erinnert.

[38] Art. 6 § 2, welcher am Art. 220 al. 2 *Code Civil* erinnert.

[39] Da er außerstande ist, eine Willenserklärung abzugeben, oder weil die Verweigerung seiner Zustimmung nicht durch das Interesse der Familie gerechtfertigt werden kann, was am Art. 217 des *Code Civil* erinnert.

[40] Unter dem Vorbehalt der unten stehenden Ausführungen zu den sonstigen anwendbaren Regeln in den Fällen der Scheidung sowie zum allgemeinen Erbrecht.

II. Die Vorteile des Güterstands der Zugewinngemeinschaft

Auf dem Papier scheint der französische Güterstand der Zugewinngemeinschaft ideal, denn er vereint die Vorteile der Gütertrennung mit denjenigen der Errungenschaftsgemeinschaft. Die Vermögen beider Ehegatten bleiben getrennt, sodass bei ihrer Verwaltung und der Verfügung über einzelne Güter die volle Autonomie gewährleistet ist[41] und der gleiche Schutz vor den Gläubigern des Ehegatten besteht, wie bei dem Güterstand der Gütertrennung.[42] Der Güterstand der Gütertrennung vermeidet die Einbeziehung des einen Ehegatten in den Verarmungsprozess des anderen, allerdings wird ebenso verhindert, dass ein Ehegatte von der Bereicherung des anderen profitiert. Aus diesem Grund ist von einem egoistischen Güterstand die Rede, *Doyen* Carbonnier ging sogar so weit, in dieser Konstellation einen Güterstand zu verneinen.

Diese Vorwürfe gelten nicht für den Güterstand der Errungenschaftsgemeinschaft: Seine Auflösung ermöglicht es, einen Ehegatten an der Bereicherung des anderen teilhaben zu lassen. Dies geschieht durch die Gewährleistung eines Anspruchs des weniger bereicherten Ehegatten in Höhe der Hälfte der Differenz zwischen ihren jeweiligen Bereicherungen, unter Abzug des ursprünglichen Vermögens jedes Ehegatten von seinem Endvermögen.

Die Regeln über die Zusammensetzung und die Schätzung des End- und Anfangsvermögens wurden so festgelegt, dass zumindest wirtschaftlich betrachtet das Ergebnis der Berechnung das Gleiche wäre, wie unter dem Güterstand der Zugewinngemeinschaft.[43]

---

41 Mit der Ausnahme der unabdingbaren Regeln über vermögensrechtliche Eheverhältnisse der Art. 212 bis 226 *Code Civil*.

42 Solche Gläubiger können nicht einmal die vorzeitige Liquidierung der Beteiligungsforderung ihres Schuldners vor der Auflösung des Güterstandes beantragen.

43 Allerdings wird dies nicht in einer gesetzlichen Pflicht verankert, sondern stammt von den Leitvorstellungen des Gesetzgebers. Das Endergebnis könnte also doch anders ausfallen, vor allem aufgrund der Bemessung der

Der deutsche Güterstand der Zugewinngemeinschaft sichert auch die Trennung der Güter während der Ehe und beteiligt beide Ehegatten zu gleichen Anteilen an den während der Ehe verwirklichten Gewinnen.

Der optionale deutsch-französische Wahl-Güterstand soll ein Kompromiss zwischen der französischen (*participation aux acquêts*) und der deutschen Zugewinngemeinschaft (*communauté différée des augments*) bilden. Die Deutschen sollen also die Grundstruktur ihres gesetzlichen Güterstandes wiedererkennen (unter dem Vorbehalt gewisser Modifikationen), während die Franzosen die Möglichkeit der Beteiligung an der Bereicherung ihres Ehegatten erhalten, ohne sein Verlustrisiko mittragen zu müssen.

Diese Ähnlichkeiten zu den beiden nationalen Rechtsordnungen sollten nicht vergessen lassen, dass der neue Wahl-Güterstand seiner eigenen Wirtschaftstheorie folgt. Er ist als Kompromisslösung zustande gekommen und folgt in seinen Einzelheiten weder dem französischen noch dem deutschen Modell der Zugewinngemeinschaft, was den für die eventuelle Auflösung des Güterstandes verantwortlichen Notaren bereits bewusst ist.

B. — DIE AUFLÖSUNG DES DEUTSCH-FRANZÖSISCHEN WAHL-GÜTERSTANDES DER ZUGEWINNGEMEINSCHAFT

Der französische Güterstand der Zugewinngemeinschaft wird selten gewählt (von weniger als 0,5 % aller verheirateten Paare),[44] Notare be-

---

Verbindlichkeiten oder im dem Fall „negativer“ Errungenschaften eines Ehegatten „negativ“, also wenn seine Ausgaben seine Einnahmen übersteigen.

[44] Jedoch ist die Lebendigkeit der Überlegungen der Rechtsanwender zur weiteren Ausgestaltung dieses Güterstandes und zu seiner Anpassungen an die konkreten Bedürfnissen der Ehegatten zu begrüßen, ein Zeichen dafür, dass dieser Güterstand zumindest in der Lehre von Bedeutung ist: DUCHANGE (Nicolas), „La minoration du taux de participation aux acquêts“, *Répertoire du notariat Defrénois* 1993, Art. 35.618, S. 1393; MARIE (Annabelle), „Réflexions sur l'appauvrissement des époux dans les régimes de communauté légale et de participation aux acquêts“, *Répertoire du notariat Defrénois* 2001, S. 1307;

schweren sich insb. über die Schwierigkeiten seiner Auflösung[45] sowie über eine gewisse Ungewissheit, welche aus Art. 1579 *Code Civil* folgt, der eine Art gerichtlicher Schutzmaßnahme vorsieht, indem er dem Richter die Möglichkeit gibt, die gesetzlichen Regelungen über die Bemessung des Vermögens außer Acht zu lassen, sollte das Ergebnis ihrer Anwendung offensichtlich der Billigkeit widersprechen.[46] Es ist zu befürchten, dass der neue Wahl-Güterstand gleich wenig Anklang finden wird, auch wenn die Vorteile nicht zu verachten sind, die sich aus der Ähnlichkeit der Regelungen über seine Auflösung mit denen in Deutschland und Frankreich ergeben.[47]

Die Auflösung könnte also zu überraschenden Ergebnissen führen.[48] Allgemein bleibt es bei dem Modell der Zugewinngemeinschaft,[49] also

---

LETELLIER (Francois), „La clause d'exclusion des biens professionnels sous le régime de participation aux acquêts à l'épreuve du divorce. Quelques éléments de réponse à une question angoissante", *La semaine juridique, édition notariale* 2008, Nr. 12, 1150; DUCHANGE (Nicolas), „Quelques précisions sur l'évaluation des avantages matrimoniaux à propos d'une formule de participation aux acquêts", *Répertoire du notariat Defrénois* 1993, S. 1089; FÈNARDON (Clément), „La participation aux acquêts élargie: vers une participation universelle en nature", *La semaine juridique, édition notariale* 2009, Nr. 27, 1226; „La participation aux acquêts et la protection des biens professionels. Des billevesées?" *ibid.,* Nr. 30–34, 1245; DUCHANGE (Nicolas), „La participation aux acquêts antérieurs", *Répertoire du notariat Defrénois* 2009, Art. 38.939, S. 91.

45 S. ein Beispiel einer Rechtsstreitigkeit bei der Liquidierung des frz. Güterstandes der Errungenschaftsgemeinschaft, welcher von einem binationalen deutsch-französischen Paar ausgwählt wurde: Cass. 1ère civ., 18. Juli 1995, Beschwerde-Nr. 93-15.981, *Bulletin des arrêts de la Première chambre civile de la Cour de Cassation* 1995, Nr. 325, S. 228; *Répertoire du notariat Defrénois* 1996, S. 411, s. Anmerkung („*note*") CHAMPENOIS (Gérard).

46 Im deutschen Recht kann sich der Schuldner auf die Unbilligkeit berufen, um die Zahlung der Beteiligungsforderung zu verweigern: S. SIMLER (Philippe), *op. cit.*, Nr. 21, S. 32.

47 Sodass der frz. Notar nicht das BGB anzuwenden braucht und der deutsche Notar nicht mit dem *Code Civil* vertraut sein muss.

48 S. die genauen Beispiele zur Liquidierung und deren detaillierte Untersuchung von SIMLER (Philippe), in „Le nouveau régime", *op. cit.*

49 Für die Gründe der Beendigung des Güterstands, s. Art. 7. Darüber hinaus sieht der vertragliche Güterstand für einen Ehegatten die Möglichkeit der

der Gewährung eines Zugewinnausgleichsanspruchs (III), dessen Höhe anhand der Differenz zwischen den Netto-Zugewinnen beider Ehegatten festgesetzt wird. Der Zugewinn ergibt sich aus der Differenz zwischen Anfangs- (I) und Endvermögen (II). Jedoch könnte das Ergebnis selbst für den französischen Juristen überraschend sein, welcher versucht sein könnte, von der Möglichkeit des Art. 3 § 3 Gebrauch zu machen, der die Außerachtlassung im Ehevertrag der Regeln des Kapitels V (Festsetzung der Zugewinnausgleichsforderung bei der Beendigung des Güterstandes) sowie derjenigen des Art. 14 des Kapitels VI (Begrenzung der Zugewinnausgleichsforderung) erlaubt.

I. Die Besonderheiten des Anfangsvermögens

Bedeutsame Unterschiede zwischen dem französischen und deutschen System ergeben sich sowohl bei der Zusammensetzung (1) als auch bei der Bewertung (2) des Anfangsvermögens. Der neue Wahl-Güterstand spiegelt die Kompromisse seiner Entstehung wider und sieht eine strenge Regelung bezüglich des Verzeichnisses über das Anfangsvermögen vor (3).

1) Die Zusammensetzung

In Frankreich besteht das Anfangsvermögen aus allen Gütern, welche unter dem Güterstand der Zugewinngemeinschaft als Eigengut eines Ehegatten zu betrachten wären, also den am Tag der Eheschließung vorhandenen Gütern.[50] Hinzu kommen die während der Ehe unentgeltlich erworbenen Güter[51] sowie jene, die ihrer Art nach als Eigengüter zu betrachten sind, ein dem deutschen Recht unbekanntes Rechtsinstitut.

Stellung eines gerichtlichen Antrags auf vorzeitigen Zugewinnausgleich als Sanktionsmaßnahme vor (Art. 18), als Einleitung des Übergangs zum Güterstand der Gütertrennung.

50 Oder im Fall einer Güterstandänderung am Tag des Beginns der Anwendung dieses Güterstands.

51 Es sei denn, beide Ehegatten sind gemeinsam Adressat der unentgeltlichen Zuwendung gewesen.

Im neuen Wahl-Güterstand sind dem Anfangsvermögen eines Ehegatten die ihm beim Eintritt des Güterstands gehörenden Güter sowie die später durch Schenkung oder Erbschaft erworbenen Güter zuzurechnen. Das aufgrund eines Personen- oder Sachschadens erworbene Schmerzensgeld, welches einem Teil der Eigengüter von Natur aus des französischen Rechts entspricht, zählt ebenfalls zum Anfangsvermögen.

Darüber hinaus sollen gemäß Art. 8 § 3 dem Anfangsvermögen[52] nicht diejenigen Gegenstände zugerechnet werden, welche ein Ehegatte während des Bestehens des Güterstandes einem Verwandten in gerader Linie geschenkt hat.[53]

Das Passivvermögen umfasst die vor dem Tag der Anwendung des Güterstands eingegangenen Verbindlichkeiten sowie diejenigen, die sich aus einem während der Ehe erworbenen Gegenstand des Anfangsvermögens ergeben. Das Passivvermögen kann laut Art. 8 §§ 1, 2 das Aktivvermögen überschreiten.[54]

2) Die Bewertung

Zwischen der französischen Lösung der Wertermittlung am Tag der Beendigung des Güterstands und der deutschen Regel, wonach abgesehen von einer abweichenden richterlichen Entscheidung[55] keine erneute Ermittlung des Wertes am Tag der Beendigung vorgenommen wird (woraus eine Anreicherung der Zugewinne resultiert, da die Mehrwerte des Anfangsvermögens nicht neutralisiert werden), war für den neuen Wahl-Güterstand ein Kompromiss erforderlich.

---

[52] Abgesehen von den Erträgen der Sachen, aus denen es sich zusammensetzt.

[53] Aber nicht diejenigen Güter, über welche mit der Absicht verfügt wurde, dem anderen Ehegatten zu schaden: Solche Güter werden in bestimmten Fällen fiktiv dem Endvermögen zugerechnet.

[54] Übersteigt das Anfangspassivvermögen das Anfangsaktivvermögen, wird nach frz. Recht der Zugewinngemeinschaft „dieses Passivvermögen fiktiv dem Endvermögen zugerechnet", Art. 1571 Abs. 2 *Code Civil.*

[55] Der deutsche Richter darf den Wert des Anfangsvermögens nach dem Verbraucherpreisindex anpassen: CALLÉ (Pierre), „Publication de l'accord franco-allemand instituant un régime matrimonial optionnel de la participation aux acquêts", *Répertoire du notariat Defrénois* 2013, S. 917–920.

Das in Art. 9 zum Ausdruck gebrachte Ergebnis dieses Kompromisses besteht in einer gemischten Regelung, zum Teil vom deutschen, zum Teil vom französischen Recht inspiriert. Zu beachten ist, dass bei der Wertermittlung zwischen beweglichen und unbeweglichen Gegenständen zu differenzieren ist.

Der Wert der Gegenstände des Anfangsvermögens wird am Tag des Eintritts des Güterstands oder am Tag ihres Erwerbs berechnet. Dieser Wert wird den durchschnittlichen Schwankungen des Verbraucherpreisindexes zwischen dem Zeitpunkt des Eingangs dieser Gegenstände in das Anfangsvermögen und dem Tag der Beendigung des Güterstands angepasst.

Unbewegliche Sachen[56] werden am Tag der Auflösung des Güterstands unter Berücksichtigung ihres ursprünglichen Zustands bewertet. Wurden diese Gegenstände jedoch veräußert, wird ihr Wert nach der eben genannten Regel an die Schwankungen des Verbraucherpreisindexes angepasst.

Die Bewertung von Verbindlichkeiten erfolgt nach den auf bewegliche Sachen anwendbaren Regelungen (Art. 9 § 4).

3) Die Abwesenheit eines Verzeichnisses über das Anfangsvermögen

Nach französischem Recht wird ein Verzeichnis über die Zusammensetzung und den Wert des Anfangsvermögens erstellt, dessen Richtigkeit vermutet wird, sofern es von beiden Ehegatten unterschrieben ist. Art. 8 § 5 fügt die Vermutung hinzu, dass kein Anfangsvermögen vorhanden ist, wenn kein Verzeichnis erstellt wurde. Die Auswirkungen einer solchen Regelung auf die Zugewinnausgleichsforderung sind unschwer zu erkennen, insb. wenn die Ehegatten über sehr unterschiedliche Anfangsvermögen verfügen und kein Verzeichnis erstellt worden ist. Denkbar wäre sogar eine Vermögensstrategie vor dem Hintergrund einer zweiten Ehe, nach welcher die Erstellung eines Verzeichnisses über das An-

[56] Sowie die dinglichen Rechte an unbeweglichen Sachen, mit den Ausnahmen der Nutznießung, sowie der Nutz- und Wohnrechte.

fangsvermögen eines Ehegatten mit Kindern aus einer ersten Ehe absichtlich unterlassen wird, um damit seine Zugewinne zu erhöhen und somit mittelbar eine Erhöhung der Ausgleichsforderung des neuen Ehegatten zu bewirken, ohne dabei die Gefahr der Qualifizierung als ehebedingte Zuwendung einzugehen.

II. Die Besonderheiten des Endvermögens

Auch bezüglich der Zusammensetzung und Bewertung des Endvermögens spiegeln die getroffenen Regelungen die Erforderlichkeit eines Kompromisses zwischen französischem und deutschem Recht wieder.

Im Scheidungsfall[57] ist gem. Art. 13 für die Ermittlung von Zusammensetzung und Wert des Vermögens der Zeitpunkt der Einreichung des Scheidungsantrags bei Gericht maßgeblich.[58]

1) Die Zusammensetzung

Das Endvermögen eines Ehegatten besteht aus den Gegenständen, die ihm am Tag der Beendigung des Güterstands gehören. Verbindlichkeiten werden dem Passivvermögen zugerechnet, sodass das Endvermögen genau wie das Anfangsvermögen negativ ausfallen kann.

Gem. Art. 10 (§§ 1, 2 und 3) müssen dem Endvermögen eines Ehegatten fiktiv diejenigen Gegenstände hinzugerechnet werden, die er entweder verschwendet, mit der Absicht veräußert, den anderen Ehegatten zu benachteiligen oder verschenkt hat, es sei denn, der andere Ehegatte war mit der Verschwendung, der Schenkung, der Veräußerung mit Benach-

---

[57] Oder in den Fällen, in denen „der Güterstand durch eine andere Gerichtsentscheidung aufgelöst wird", wobei das Trennungsverfahren sowie die gerichtliche Anordnung der Gütertrennung nach Art. 18 in Betracht kommen, aber wahrscheinlich nicht die gerichtliche Änderung des Güterstands auf der Grundlage eines gemeinsamen Antrags der Ehegatten (diesbezüglich, s. Art. 7).

[58] Für Scheidungen nach frz. Recht soll grds. das Datum des Antrags auf Einleitung eines Scheidungsverfahrens nach dem Beschluss zur Feststellung des Scheiterns der Einigungsbemühungen (sog. „*ordonnance de non conciliation*") berücksichtigt werden (und nicht das Datum des ersten Antrags); für mehr Informationen, s. Art. 262-1 *Code Civil.*

teiligungsabsicht einverstanden. Allerdings wird keine fiktive Hinzurechnung in den Fällen stattfinden, in welchen die Schenkung, die Verschwendung oder die Veräußerung mit Benachteiligungsabsicht mehr als zehn Jahre vor der Auflösung des Güterstands vorgenommen wurde (Art. 10 *in fine*). Hierbei handelt es sich um eine eigenartige[59] und gefährliche Regelung, da die sehr kurze Verjährungsdauer[60] von einem böswilligen Ehegatten missbraucht werden könnte.[61]

Die Schenkung ist noch weiteren Vorschriften unterworfen: Keine fiktive Hinzurechnung soll in den Fällen stattfinden, in denen sie nach der Lebensführung der Ehegatten angemessen war (Art. 10 § 2, 1, a). Die Schenkung an Verwandte in gerader Linie wird nie fiktiv hinzugerechnet, jedoch soll ggf. dem Endvermögen der Wertzuwachs durch Verbesserung an den verschenkten Gegenständen hinzugerechnet werden, welcher während der Dauer des Güterstands aus vom Anfangsvermögen unabhängigen Mitteln erzielt wurde (Art. 10 § 2, 1, b).

2) Die Bewertung

Der maßgebliche Zeitpunkt für die Bewertung des Endvermögens (passiv sowie aktiv) ist derjenige der Beendigung des Güterstandes, Art. 11 § 1.[62]

Sollte allerdings eine Schenkung, Verschwendung oder Veräußerung mit Benachteiligungsabsicht fiktiv hinzugerechnet worden sein, wird deren Wert im Zeitpunkt der Verfügung bestimmt und anschließend den durchschnittlichen Schwankungen des Verbraucherpreisindexes der Vertragsstaaten angepasst.

---

[59] Welche aber mit dem deutschen Recht im Einklang steht, § 1375 BGB.

[60] Während Ansprüche zwischen Ehegatten nach frz. Recht nicht verjähren können (Art. 2236 *Code Civil*).

[61] Zumindest muss anerkannt werden, dass damit die unnötige Verkomplizierung der Liquidierung vermieden wird.

[62] Und nicht der Zeitpunkt der Liquidierung, wie im französischen Recht.

III. Die Besonderheiten der Zugewinnausgleichsforderung

Wie nach französischem und deutschem Recht werden die Zugewinne jedes Ehegatten anhand der Differenz zwischen End- und Anfangsvermögen ermittelt, auch wenn diese Regel nicht ausdrücklich im deutsch-französischen Abkommen niedergelegt wurde. Anschließend werden gemäß Art. 12 die Zugewinne beider Ehegatten verglichen. Der Ehegatte mit dem niedrigeren Zugewinn kann gegen den anderen einen Zugewinnausgleichsanspruch in Höhe der Hälfte der Differenz geltend machen.

Nach Art. 15 verjährt dieser Zugewinnanspruch, wie im französischen Recht, nach drei Jahren. Der festgelegte Verjährungsbeginn ist allerdings originell: Maßgeblich ist der Tag, an welchem der Ehegatte von der Beendigung des Güterstands erfährt, spätestens beginnt die Frist aber zehn Jahre nach Beendigung des Güterstandes.[63]

Der deutsch-französische Güterstand behält der Billigkeit einen besonderen Platz vor:[64] Auf Antrag des zahlungspflichtigen Ehegatten darf das Gericht die Zugewinnausgleichsforderung stunden, wenn die sofortige Zahlung eine unbillige Härte wäre (Art. 17). Aus den gleichen Erwägungen kann es sogar die Zahlung der Geldforderung durch die Übertragung von Gegenständen ersetzen (Art. 12 § 2).

Die bedeutendste Besonderheit dieses Güterstands besteht in der Begrenzung der Zugewinnausgleichsforderung[65] „auf die Hälfte des Werts des Vermögens des Ausgleichspflichtigen, das nach Abzug der Verbind-

---

[63] Denkbar wäre z. B., dass die Ehegatten faktisch getrennt lebten und dass einer der beiden Ehegatten starb, ohne dass der andere davon erfuhr.

[64] Allerdings im gleichen Maße wie im französischen oder im deutschen Recht.

[65] Die Begrenzung soll mit der französischen Regelung des Art. 1575 Abs. 1 *Code civil,* nach welcher „wenn das Endvermögen eines Ehegatten unter dem Wert seiner Anfangsvermögen liegt, [...] dieses Defizit von dem betroffenen Ehegatten getragen [wird]".

lichkeiten zu dem Zeitpunkt, der für die Feststellung der Höhe der Zugewinnausgleichsförderung maßgebend ist, vorhanden ist" (Art. 14).[66]

FAZIT

Abschließend ist zu bemerken, dass gewisse, für die Ehegatten bedeutsame Fragen in den neuen Regelung offen bleiben, da sie nicht zu deren Gegenstand zählen, etwa die Fragen der Verteilung der Rentenansprüche und der Hinterbliebenenrente nach deutschem Recht, der Vereinbarung mit erb-[67] oder scheidungsrechtlichen Regelungen und der steuerrechtlichen Folgen der Beendigung des Güterstands.[68]

Zusammenfassend lässt sich sagen, dass der neue deutsch-französische Wahl-Güterstand der Zugewinngemeinschaft nur zum allgemeinen Recht der binationalen Ehepaare der Europäischen Union[69] werden kann, wenn ihn sich zunächst die Notare auf beiden Seiten der Grenze aneignen,[70] indem sie die Möglichkeit der vertraglichen Anpassung einiger Vorschriften nutzen, wie zum Beispiel die Berechnung der Zugewinnausgleichsforderung. Vor allem muss an der korrekten Anwendung dieses Güterstandes gearbeitet werden, da einige seiner Vorschriften ge-

---

66 Die Begrenzung wird um die Hälfte des fiktiv hinzugerechneten Wertes in den Fällen der Schenkung erhöht, Verschwendung oder Veräußerung mit Benachteiligungsabsicht (art. 10 §2), es sei denn, es handelte sich um Schenkungen an Verwandte in gerader Linie (art. 10 §2, 1, b).

67 Die Ehegatten müssen also wissen, dass die Geltendmachung des Anspruchs eines Ehegatten auf seinen pauschalen Anteil mit der Wahl des deutsch-französischen Wahl-Güterstands ausgeschlossen wird, sollte der Erbgang dem deutschen Recht unterworfen sein (s. diesbezüglich SIMLER (Philippe), *op. cit.*, Nr. 21, S. 32).

68 Vgl. zu all diesen Fragen LETELLIER (Hugues), *op. cit.*

69 Im Art. 21 ist vorgesehen, dass „jeder Mitgliedstaat der Europäischen Union diesem Abkommen beitreten" kann. Dies bleibt sehr unwahrscheinlich, vor allem seitens derjenigen Mitgliedstaaten, denen die Zugewinngemeinschaft fremd ist.

70 Französische Notare bereiten sich darauf vor: s. die von COLLARD (Fabrice) entwickelten Klauseln, „Formules contenant adoption du régime optionnel franco-allemand de participation aux acquêts", *La semaine juridique, édition notariale* 2013, Nr. 4, 1053, S. 35–38.

radezu gefährlich erscheinen.[71] Dazu zählt z. B. die Regelung, die jedem Ehegatten die Möglichkeit eröffnet, sein Endvermögen[72] durch Schenkung seiner Güter zu reduzieren: Denn mit dem Ablauf von zehn Jahren ab dem Zeitpunkt der Schenkung wird eine fiktive Hinzurechnung der geschenkten Güter zum Endvermögen unmöglich, und dies, auch wenn diese Güter während der Dauer des Güterstands erworben wurden.

---

[71] S. allerdings die Zusammenfassung von SIMLER (Philippe), „Le nouveau régime...“, *op. cit.*

[72] Und dementsprechend seine Zugewinne dadurch mindern, zu seinem Nachteil aber auch zum Nachteil seiner Erben, inklusiv seiner Pflichterben.

Die justizielle Zusammenarbeit in Zivil- und Handelssachen

Paul KLÖTGEN*

* *Maître de conférences* mit der Ermächtigung zur Leitung von Forschungsarbeiten an der Université de Lorraine (Faculté de droit de Nancy/Institut François Gény). Übersetzung aus dem Französischen.

EINLEITUNG

Bei der „justiziellen Zusammenarbeit in Zivilsachen" handelt es sich um nichts anderes als um einen der vier Aspekte des Raums der Freiheit, der Sicherheit und des Rechts, welcher mit dem Vertrag über die Arbeitsweise der Europäischen Union (Teil III, Titel V, Kapitel 3 AEUV) entstand. Sie steht neben den drei Aspekten der „Politik in den Bereichen Grenzkontrollen, Asyl und Einwanderung" (Kapitel 2), der „justiziellen Zusammenarbeit in Strafsachen" (Kapitel 4) und der „polizeilichen Zusammenarbeit" (Kapitel 5).

Die zunehmende Ausübung der durch die Unionsverträge gewährleistenden Freiheiten (Personen-, Güter-, und Dienstleistungsverkehrsfreiheit) führt vermehrt zu grenzüberschreitenden Rechtsstreitigkeiten innerhalb der Europäischen Union. Hierbei können die Beteiligten bei der rechtlichen Durchsetzung ihrer zivilrechtlichen Ansprüche im weiteren Sinne, einschließlich handelsrechtlicher Fragen, auf Schwierigkeiten stoßen, welche die Ausübung dieser bedeutsamen europäischen Grundfreiheiten beeinträchtigen. Ziel der „justiziellen Zusammenarbeit in Zivilsachen" ist die Überwindung eben dieser Schwierigkeiten, welche als Folge der Existenz von Grenzen, staatlicher Souveränität und unterschiedlichen Rechtsordnungen entstanden sind.

Zunächst soll ein allgemeiner Überblick über die justizielle Zusammenarbeit in Zivilsachen gegeben werden (A.), woran sich eine Untersuchung drei spezifischer Bestandteile dieser Zusammenarbeit, die vom Fortschritt in diesem Bereich zeugen, anschließt (B.).

A. — ALLGEMEINER ÜBERBLICK ÜBER DIE JUSTIZIELLE ZUSAMMENARBEIT IN ZIVILSACHEN

Leider ist die „justizielle Zusammenarbeit in Zivil- und Handelssachen" – zumindest in den Unionsverträgen – nicht definiert. Folgende Fragen könnten in diesem Zusammenhang gestellt werden: Bildet die Zusammenarbeit eine *Form* von Beziehung? Entspricht sie einer *materiellen* Konvergenz?

Dieser erste Teil soll einer einfachen Struktur folgen: Zunächst soll auf die Form eingegangen werden (I), anschließend auf den Inhalt (II). Hierbei darf nicht vergessen werden, dass die Vorstellung einer formlosen Materie dem Menschen genauso fremd ist wie die Vorstellung einer inhaltlosen Form. Form und Inhalt sind also grundsätzlich untrennbar, die justizielle Zusammenarbeit in Zivilsachen bildet in dieser Hinsicht keine Ausnahme.

I. Die Form

In einem Rechtssystem wie dem Unionsrecht bildet die Zusammenarbeit zunächst nichts anderes als eine besondere Form der Verabschiedung von Rechtsakten. Um diese Form zu erfassen, muss nicht nur nach der *Art der verabschiedeten Rechtsakte* gefragt werden (welche „Quellen" des Rechts kommen hier zum Tragen? 1.), sondern auch nach der *Art der institutionellen Quelle* (welche Institutionen sind am Gesetzgebungsverfahren beteiligt? 2.).

1) Welche sind die „Quellen" des Rechts der Zusammenarbeit in Zivilsachen?

Die Zusammenarbeit wird mithilfe „unionsrechtlicher" Instrumente durchgeführt, welche ihre Grundlage im sog. „abgeleiteten" Recht (Sekundärrecht) finden. In diesem Bereich wurden bislang einundsiebzig Rechtsakte erlassen, hiervon sind einige heutzutage infolge einer Aufhebung oder Rechtsänderung nicht mehr in Kraft. Zu dieser Liste gehören sowohl Verordnungen, Richtlinien, Entscheidungen als auch Abkommen, sonstige Rechtsakte des Rats, Übereinkünfte, Beschlüsse, Empfehlungen, gemeinsame Erklärungen, Protokolle und vom Rat erlassene gemeinsame Aktionen.

Die europäischen Rechtsakte zur justiziellen Zusammenarbeit in Zivilsachen weisen also eine beachtliche Formenvielfalt auf. Nach welchen Kriterien lässt sich also eine Systematik aufbauen? Die Rechtsakte haben unterschiedliche Bedeutung, einige sind als reine Konjunkturphänomene einzustufen oder beschränken sich auf die Bestimmung eines territorialen Anwendungsbereichs, einige dienen durch Hinzufügen von Protokollen zur Präzisierung von Hauptrechtsakten oder legen Standardformulare fest (s. zum Beispiel die Kommissionsentscheidung vom 9. November 2004 zur Erstellung einer Formulars für Anträge auf Prozesskostenhilfe gemäß der Richtlinie 2003/8/EG, Abl. Nr. L 365 vom 10.12.2004, S. 27–34).

In der Praxis sind Verordnungen die einflussreichsten Gesetzgebungsakte für diese Unionspolitik. Sie bieten den Vorteil, ohne besondere Vollzugsmaßnahme in den Mitgliedstaaten sofort und unmittelbar anwendbar zu sein. Der Gerichtshof der Europäischen Union ist für die Vereinheitlichung ihrer Auslegung und die Überprüfung ihrer Anwendung in den jeweiligen Mitgliedstaaten zuständig. Auf dem Gebiet der Zusammenarbeit in Zivilsachen wurden sechzehn Verordnungen und eine Richtlinie (Richtlinie 2003/8/EG des Rates vom 27. Januar 2003 zur Verbesserung des Zugangs zum Recht bei Streitsachen mit grenzüberschreitendem Bezug, ABl. Nr. L 26 vom 31.1.2003, S. 41-47) erlassen.

Sonstige Rechtsakte, insb. die Beschlüsse über den Beitritt zu bestimmten Konventionen und die einzige Empfehlung der Kommission in diesem Bereich (vom 4. April 2001 über die Grundsätze für an der einvernehmlichen Beilegung von Verbraucherrechtstreitigkeiten beteiligte außergerichtliche Einrichtungen (EWR), Abl. Nr. L 109 vom 19.4.2001, S. 56–61) bilden reine Begleitmaßnahmen zu den geltenden Vorschriften des Rechts der Zusammenarbeit. Die einschlägigen Vorschriften sind also hauptsächlich in den Verordnungen zu finden.

2) Bei welcher Institution liegt die Zuständigkeit für die Erarbeitung dieser Rechtsinstrumente?

An dieser Stelle soll zunächst nochmals darauf hingewiesen werden, dass der Beginn der Zusammenarbeit in Zivilsachen weder mit der Gründung der Europäischen Union noch mit der der Europäischen Gemeinschaft in Zusammenhang stand. Die 1893 gegründete Haager Konferenz für internationales Privatrecht hatte bereits als intergouvernementale Einrichtung zahlreiche Rechtsakte im Bereich der justiziellen Zusammenarbeit vorgeschlagen. Seit 1954 wurden achtunddreißig internationale Konventionen oder Protokolle abgeschlossen.

Heutzutage gilt das Interesse allerdings der „europäischen" bzw. „unionsrechtlichen" justiziellen Zusammenarbeit in Zivilsachen. Unstreitig ist, dass die europäischen Staaten (zumindest gewisse Mitgliedstaaten der europäischen Gemeinschaft) eine Art der Zusammenarbeit anstrebten, die weiter als die von der Haager Konferenz vorgeschlagene internationale Zusammenarbeit gehen würde. In diesem Zusammenhang muss zunächst das wichtige Brüsseler Übereinkommen vom 27. September 1968 *über die gerichtliche Zuständigkeit und die Vollstreckung gerichtlicher Entscheidungen in Zivil- und Handelssachen* genannt werden. Es wurde von den europäischen Vertragsstaaten mit dem Ziel abgeschlossen, die im Rahmen der europäischen Gemeinschaften noch stärker gewordenen Schwierigkeiten der rechtlichen Integration privatrechtlicher Beziehungen zu beseitigen. Zwar darf diese Konvention, eine klassische zwischenstaatliche Übereinkunft, nicht als sekundäres Unionsrecht angesehen werden, jedoch bildet sie eine Art *ius commune* der justiziellen Zusammenarbeit in Zivil- und Handelssachen, dies gilt seit ihrer „Neuformatierung" als Unionsverordnung (Verordnung Nr. 44/2001 des Rates vom 22. Dezember 2000 *über die gerichtliche Zuständigkeit und die Anerkennung und Vollstreckung von Entscheidungen in Zivil- und Handelssachen*) umso mehr.

Jedoch wandte sich die Europäische Union 2006 schließlich erneut an die Haager Konferenz, vermutlich mit der Absicht der Auslagerung der Politik der justiziellen Zusammenarbeit in Zivilsachen, welche heutzutage eine der Hauptsorgen der Union darstellt. Allerdings besteht die Möglichkeit, diese Auslagerung auch auf anderen Wegen als der Haager Konferenz durchzuführen (durch den Europarat, durch UNIDROIT, durch den Abschluss internationaler Abkommen zwischen den Unionsmitgliedstaaten und Drittstaaten...).

Die Europäische Gemeinschaft ist der Haager Konferenz am 3. April 2007 beigetreten. Mit dem Inkrafttreten des Lissaboner Vertrags am 1. Dezember 2009 wurde die Europäische Union als juristische Person zu ihrer Rechtsnachfolgerin und nimmt seitdem in diesem Rahmen an den Verhandlungen über künftige Konventionen teil. Die drei letzten von der Konferenz vorbereiteten Instrumente wurden von der EU ratifiziert oder unterschrieben. So ist die EU also dem Protokoll vom 23. November 2007 über das auf Unterhaltspflichten anzuwendende Recht (welches am 1. August 2013 mit der Ratifizierung Serbiens in Kraft trat) sowie dem Übereinkommen vom 30. Juni 2005 über Gerichtsstandvereinbarungen, welches jedoch noch nicht ratifiziert wurde, beigetreten (die ausstehende Ratifizierung der EU stellt ein erhebliches Hindernis für das Inkrafttreten dieses Übereinkommens dar). Sie hat ferner das Übereinkommen vom 27. November 2007 über die internationale Geltendmachung der Unterhaltsansprüche von Kindern und anderen Familienangehörigen unterschrieben, hier blieb wiederum eine Ratifizierung aus. So ist bis heute die Bilanz dieser Auslagerung eher schwach ausgefallen.

Auf der unionsinternen Seite ist die gegenwärtige Rechtsgrundlage der justiziellen Zusammenarbeit in Zivil- und Handelssachen bekannt. Es handelt sich (seit dem Inkrafttreten des Lissaboner Vertrags am 1. Dezember 2009) um Art. 67 AEUV. In dieser Vorschrift sind aber lediglich allgemeine Grundsätze oder Leitlinien mit wenigen materiellen Anordnungen zu finden:

„(1) Die Union bildet einen Raum der Freiheit, der Sicherheit und des Rechts, in dem die Grundrechte und die verschiedenen Rechtsordnungen und -traditionen der Mitgliedstaaten geachtet werden.

(4) Die Union erleichtert den Zugang zum Recht, insbesondere durch den Grundsatz der gegenseitigen Anerkennung gerichtlicher und außergerichtlicher Entscheidungen in Zivilsachen. (...)"

In der Praxis muss über diese Absichtserklärungen hinausgegangen werden, um deren konkrete Anwendung zu ermöglichen. Diese Anwendung ist mit großen technischen, vor allem politischen Schwierigkeiten behaftet, da sie grundsätzliche Fragen betrifft.

II. Die Materie

Der Inhalt der Unionsgesetzgebung auf dem Gebiet der europäischen justiziellen Zusammenarbeit in Zivilsachen (2.) ist nichts anderes als die Konkretisierung der allgemeinen Ziele Europas (1.).

1) Die allgemeinen Ziele

Die allgemeinen Ziele wurden im Art. 81 AEUV (ex-Art. 65 EGV) festgeschrieben, welcher eine weitgehende Ergänzung zum Inhalt der justiziellen Zusammenarbeit in Zivilsachen bringt. Sein erster Absatz ist von erheblicher Bedeutung, denn er legt die Leitlinien dieser Zusammenarbeit fest:

„(1) Die Union entwickelt eine justizielle Zusammenarbeit in Zivilsachen mit grenzüberschreitendem Bezug, die auf dem Grundsatz der gegenseitigen Anerkennung gerichtlicher und außergerichtlicher Entscheidungen beruht. Diese Zusammenarbeit kann den Erlass von Maßnahmen zur Angleichung der Rechtsvorschriften der Mitgliedstaaten umfassen."

Diese Vorschrift muss in dreierlei Hinsicht kommentiert werden. Erstens stellt die Voraussetzung eines „grenzüberschreitenden Bezugs" eine eindeutige Eingrenzung der Zuständigkeiten der Union dar. Es handelt sich hierbei insofern um eine *negative* Einschränkung, als dass die Union nicht eingreifen darf, soweit eine Rechtsfrage nur einen einzigen Mitgliedstaat betrifft. Die *positive* Abgrenzung des Begriffs des „grenzüberschreitenden Bezugs" ist jedoch problematischer. Ab wann darf von einem „Bezug" geredet werden? Diese Frage ist von erheblicher Bedeutung, da anhand ihrer Antwort die legislativen Befugnisse der Union eingegrenzt werden.

Zweitens wurde auch durch den Grundsatz der „gegenseitigen Anerkennung" von Gerichtsentscheidungen ein Ziel gesetzt. Die bestehenden Verordnungen zeigen jedoch, dass es sich hierbei nicht um ein absolutes Ziel handelt, was bei der Betrachtung der Rechtsprechung des Europäischen Gerichtshofes für Menschenrechte umso deutlicher wird.

Drittens hebt dieser erste Absatz die Möglichkeit hervor, dass diese „Zusammenarbeit" sogar eine Änderung des materiellen nationalen Rechts

(Gesetze oder Regierungsakte) der Mitgliedstaaten zu Folge haben könnte, um eine materielle Konvergenz der unterschiedlichen nationalen Rechtsordnungen herbeizuführen. Die Zusammenarbeit besteht also nicht nur in der Verabschiedung von Rechtsnormen oberhalb des nationalen Rechts, d. h. von transnationalen Vorschriften. Im Gegenteil, aufgrund dieser potentiellen Änderung berührt sie auch die nationalen Rechtsordnungen. Mit anderen Worten handelt es sich um eine sehr weite Auffassung des Begriffs der Zusammenarbeit, die auch eine materielle Konvergenz der betroffenen Rechtsordnungen umfasst.

Der zweite Absatz des Art. 81 AEUV fügt eine Liste der Bestandteile dieser Zusammenarbeit „für die Zwecke des Absatzes 1" hinzu. Dabei handelt es sich nicht um eine theoretische Definition der justiziellen Zusammenarbeit sondern um eine konkrete Eingrenzung des Begriffs:

„(2) Für die Zwecke des Absatzes 1 erlassen das Europäische Parlament und der Rat, insbesondere wenn dies für das reibungslose Funktionieren des Binnenmarkts erforderlich ist, gemäß dem ordentlichen Gesetzgebungsverfahren Maßnahmen, die Folgendes sicherstellen sollen:

a) die gegenseitige Anerkennung und die Vollstreckung gerichtlicher und außergerichtlicher Entscheidungen zwischen den Mitgliedstaaten;

b) die grenzüberschreitende Zustellung gerichtlicher und außergerichtlicher Schriftstücke;

c) die Vereinbarkeit der in den Mitgliedstaaten geltenden Kollisionsnormen und Vorschriften zur Vermeidung von Kompetenzkonflikten;

d) die Zusammenarbeit bei der Erhebung von Beweismitteln;

e) einen effektiven Zugang zum Recht;

f) die Beseitigung von Hindernissen für die reibungslose Abwicklung von Zivilverfahren, erforderlichenfalls durch Förderung der Vereinbarkeit der in den Mitgliedstaaten geltenden zivilrechtlichen Verfahrensvorschriften;

g) die Entwicklung von alternativen Methoden für die Beilegung von Streitigkeiten;

h) die Förderung der Weiterbildung von Richtern und Justizbediensteten."

Die hauptsächliche Bedeutung dieses zweiten Absatzes des Art. 81 AEUV besteht in der Hervorhebung der Wahl des ordentlichen Gesetzgebungsverfahrens. Im Übrigen lassen sich nur wenige Neuerungen im Vergleich zum ehemaligen Art. 65 EGV feststellen. Nur die Buchstaben e), g) und h) wurden hinzugefügt, jedoch bleibt ihre Praxisrelevanz extrem gering. Diese Aufzählung besteht überwiegend aus allgemeinen Begriffen, wodurch weiterhin ein gewisser Spielraum hinsichtlich der Themen besteht, welche die justizielle Zusammenarbeit in Zivil-und Handelssachen umfassen könnte.

2) Das geltende Recht

Der positive Gehalt der Rechtsregelungen weist eine gewisse Dichte auf (b.) und entspricht den allgemeinen Orientierungen der justiziellen Zusammenarbeit in Zivil- und Handelssachen (a.).

a) Die Auflistung der bedeutenden Themen (oder Orientierungen) der justiziellen Zusammenarbeit im Zivilrecht

In diese Liste wurde eine Vielfalt an Fragen unterschiedlicher Natur aufgenommen: 1) die Bestimmung des anwendbaren Rechts, 2) die Bestimmung des zuständigen Richters, 3) die Anerkennung und Vollstreckung von ergangenen Gerichtsurteilen, 4) die grenzüberschreitende Zirkulation von Verfahrensakten, 5) die Möglichkeit der grenzüberschreitenden Beweisaufnahme, 6) die Voraussetzungen des Zugangs zum Recht (Prozesskostenhilfe) und 7) die Kommunikation (das europäische justizielle Netzwerk für Zivil- und Handelssachen).

Hier soll hervorgehoben werden, dass sich die Frage der Verfahrensdauer durch all diese Aspekte hindurchzieht. Diese Frage kann also nicht als selbstständiges Thema behandelt werden, da sie Berührungspunkte zu mehreren Aspekten aufweist.

b) Die Rechtsinstrumente der Zusammenarbeit

Drei Hauptregelungsgegenstände lassen sich innerhalb des Rechts der justiziellen Zusammenarbeit unterscheiden: 1) Das anwendbare Recht, 2) Der zuständige Richter und 3) Die Anerkennung und Vollstreckung von Gerichtsentscheidungen) (i.). Hinzu kommen noch einzelne Fragen, welche im Anschluss erörtert werden sollen (ii.).

i. Zuständigkeit, Anerkennung/Vollstreckung und anwendbares Recht

Diese unterschiedlichen Fragen können nicht ohne weiteres voneinander abgetrennt werden, da die aktuellsten Rechtsakte all diese Fragen (anzuwendendes Recht, zuständiger Richter, Anerkennung und Vollstreckung) in einem einzigen *Corpus* regeln. Jedoch besteht die Möglichkeit einer Einordnung dieser Rechtsakte nach ihrem Anwendungsbereich.

Eine derartige Darstellung erscheint deswegen geboten, da sie Informationen über die Natur der im Rahmen der justiziellen Zusammenarbeit in Zivil- und Handelssachen behandelten Fragen mit sich bringt. Die betroffenen Rechtsnormen können entweder allein die Frage der Zuständigkeit (im weiteren Sinne, wobei die Fragen nach dem zuständigen nationalen Richter und nach der Möglichkeit der Anerkennung und Vollstreckung der Entscheidungen zugleich behandelt werden), allein die Frage der Bestimmung des anzuwendenden Rechts oder beide Fragen zugleich regeln.

Ausschließlich zur Regelung der Zuständigkeit bestimmte Rechtsakte:

Eine beachtliche Zahl wichtiger europäischen Rechtsnormen beinhaltet Regelungen zur Verteilung der gerichtlichen Zuständigkeit zwischen den einzelnen Mitgliedstaaten, um Kompetenzkonflikte zwischen Richtern oder potenziell konkurrierenden Verfahren zu vermeiden.

Folgende Rechtsakte können in diesem Zusammehang genannt werden:

- *Verordnung (EG) Nr. 44/2001 des Rates vom 22. Dezember 2000 über die gerichtliche Zuständigkeit und die Anerkennung und Vollstreckung von Entscheidungen in Zivil- und Handelssachen* (Abl. Nr. L 12 vom 16.1.2001, S. 123).

Diese Verordnung kann als Meilenstein in diesem Bereich bezeichnet werden und wurde vor kurzem durch die folgende Verordnung geändert:

- *Verordnung (UE) Nr. 1215/2012 des Parlaments und des Rates vom 12. Dezember 2012 über die gerichtliche Zuständigkeit und die Anerkennung und*

Vollstreckung von Entscheidungen in Zivil- und Handelssachen (Brüssel I) (Abl. Nr. L 351 vom 20.12.2012, S. 1–32).

- *Verordnung (EG) Nr. 2201/2003 des Rates vom 27. November 2003 über die Zuständigkeit und Vollstreckung von Entscheidungen in Ehesachen und in Verfahren betreffend der elterlichen Verantwortung (Brüssel II bis)und zur Aufhebung der Verordnung (EG) Nr. 1347/2000* (Abl. Nr. L 338 vom 23.12.2001, S. 1–29).

Ferner wird mit einzelnen Verordnungen die Beschleunigung des Verfahrens angestrebt:

- *Verordnung (EG) Nr. 861/2007 des Parlaments und des Rates vom 11. Juli 2007 zur Einführung eines europäischen Verfahrens für geringfügige Forderungen* (Abl. Nr. L 199 vom 31.7.2007, S. 1–22).

- *Verordnung (EG) Nr. 1896/2006 des Parlaments und des Rates vom 12. Dezember 2006 zur Einführung eines Europäischen Mahnverfahrens* (Abl. Nr. L 399 vom 30.12.2006, S. 1–32).

- *Verordnung (EG) Nr. 805/2004 des Parlaments und des Rates vom 21. April 2004 zur Einführung eines europäischen Vollstreckungstitels für unbestrittene Forderungen* (Abl. L 143 vom 30.4.2004, S. 15–39).

Ausschließlich die Bestimmung des anzuwendenden Rechts regelnde Rechtsakte:

Hierbei geht es um die Einschränkung des *forum shopping*, d. h. der für einen Kläger bestehenden Versuchung, eine treuwidrige Gerichtswahl aufgrund eines für ihn günstigeren nationalen materiellen Rechts zu treffen. Zur Verwirklichung dieses Ziels muss der europäische Gesetzgeber eine Konvergenz der Kollisionsnormen herbeiführen, sodass die Wahl zwischen verschiedenen Gerichten keine Änderung des anwendbaren materiellen Rechts mit sich bringt.

Die Anwendung eines einheitlichen bzw. gemeinsamen materiellen Rechts, wie dasjenige des gegenwärtigen Projekts für ein einheitliches europäisches Kaufrecht, bietet jedoch für die Beseitigung des Verfahrensopportunismus eine Alternative zur Herstellung einer solchen Konvergenz.

Folgende europäische Rechtsnormen regeln gegenwärtig die Bestimmung des anzuwendenden Rechts:

- *Verordnung (EG) Nr. 593/2008 des Parlaments und des Rates vom 17. Juni 2008 über das auf vertragliche Schuldverhältnisse anzuwendende Recht („Rom I – Verordnung")* (Abl. Nr. L 177 vom 4.7.2008, S. 6–16) (in der Linie des Übereinkommens von Rom vom 19. Juni 1980);

- *Verordnung (EG) Nr. 864/2007 des Parlaments und des Rates vom 11. Juli 2007 über das auf außervertragliche Schuldverhältnisse anzuwendende Recht („Rom II – Verordnung ")* (Abl. L 199 vom 31.7.2007, S. 40–49).

Neben diesen beiden Hauptregelungswerken gilt auch eine dritte Verordnung, deren Regelungsgegenstand mit demjenigen der beiden ersten verbunden ist:

- *Verordnung (EG) Nr. 662/2009 des Parlaments und des Rates vom 13. Juli 2009 zur Einführung eines Verfahrens für die Aushandlung und den Abschluss von Abkommen zwischen Mitgliedstaaten und Drittstaaten über spezifische Fragen des auf vertraglichen und außervertraglichen Schuldverhältnissen anzuwendenden Rechts* (Abl. Nr. L 200 vom 31.7.2009, S. 25–30).

Im Übrigen ist die Europäische Union seit dem Inkrafttreten des Vertrags von Maastricht am 1. November 1993 keine reine Wirtschaftsunion mehr. Wie bereits erwähnt (s. *o.*), zieht Art. 81 Abs. 3 AEUV einen Rechtsrahmen für „Maßnahmen zum Familienrecht". Da dieser Bereich besonders sensibel ist, und auch Bezüge zu kulturellen Fragen aufweist, soll hier grundsätzlich das Einstimmigkeitsprinzip gelten und nicht das ordentliche Gesetzgebungsverfahren. Dieses letzte Verfahren ist jedoch auf alle sonstigen Fragen der justiziellen Zusammenarbeit in Zivil- und Handelssachen anzuwenden.

„(3) Abweichend von Absatz 2 werden Maßnahmen zum Familienrecht mit grenzüberschreitendem Bezug vom Rat gemäß einem besonderen Gesetzgebungsverfahren festgelegt. Dieser beschließt einstimmig nach Anhörung des Europäischen Parlaments.

Der Rat kann auf Vorschlag der Kommission einen Beschluss erlassen, durch den die Aspekte des Familienrechts mit grenzüberschreitendem Bezug bestimmt werden, die Gegenstand von Rechtsakten sein können, die gemäß dem ordentlichen Gesetzgebungsverfahren erlassen werden. Der Rat beschließt einstimmig nach Anhörung des

Europäischen Parlaments.

Der in Unterabsatz 2 genannte Vorschlag wird den nationalen Parlamenten übermittelt. Wird dieser Vorschlag innerhalb von sechs Monaten nach der Übermittlung von einem nationalen Parlament abgelehnt, so wird der Beschluss nicht erlassen. Wird der Vorschlag nicht abgelehnt, so kann der Rat den Beschluss erlassen."

Da die Einstimmigkeit nicht einfach zu erreichen ist, haben sich einige Staaten für das Verfahren der „verstärkten Zusammenarbeit" entschieden, um die justizielle Zusammenarbeit voranzutreiben. Die Europäische Kommission hat also vierzehn Unionsmitgliedstaaten die Erlaubnis zum Erlass von Rechtsnormen erteilt, welche internationalen Paaren die Wahl des im Scheidungsverfahren anzuwendenden Rechts ermöglichen. Litauen schloss sich später dieser Gruppe an:

- *Verordnung (EU) Nr. 1259/2010 des Rates vom 20. Dezember 2010 zur Durchführung einer verstärkten Zusammenarbeit im Bereich des auf die Ehescheidung und Trennung ohne Auflösung des Ehebandes anzuwendenden Rechts* (Abl. Nr. L 343 vom 29.10.2010, S. 10–16).

Rechtsakte über die gerichtliche Zuständigkeit sowie über das anzuwendende Recht:

Einige Verordnungen behandeln in ein und demselben Rechtsakt zugleich die beiden Fragen der Zuständigkeit und des anwendbaren Rechts. Als Beispiel hierfür dürfen folgende Rechtsnormen zitiert werden:

- *Verordnung (EG) Nr. 1346/2000 des Rates vom 29. Mai 2000 über Insolvenzverfahren* (Abl. Nr. L 160 vom 30.6.2000, S. 1-18);

- *Verordnung (EG) Nr. 4/2009 des Rates vom 18. Dezember 2008 über die Zuständigkeit, das anwendbare Recht, die Anerkennung und Vollstreckung von Entscheidungen und die Zusammenarbeit in Unterhaltssache*n (Abl. L 7 vom 10.1.2009, S. 1–79).

An dieser Stelle soll auch eine Aussonderungsverordnung erwähnt werden, die in einem engen Zusammenhang zu den eben erwähnten Rechtsakten steht:

- *Verordnung (EG) Nr. 664/2009 des Rates vom 7. Juli 2009 zur Einführung eines Verfahrens für die Aushandlung und den Abschluss von Abkommen zwischen Mitgliedstaaten und Drittstaaten, die die Zuständigkeit und die Anerkennung und Vollstreckung von Urteilen und Entscheidungen in Ehesachen, in Fragen der elterlichen Verantwortung und in Unterhaltssachen sowie das anwendbare Recht in Unterhaltssachen betreffen* (Abl. Nr. L. 2000 vom 31.7.2009, S. 46–51).

Ein letzter Rechtsakt verbindet auch gerichtliche Zuständigkeit und anzuwendendes Recht, allerdings in einem völlig anderen Bereich:

- *Verordnung (EU) Nr. 650/2012 des Parlaments und des Rates vom 4. Juli 2010 über die Zuständigkeit, das anzuwendende Recht, die Anerkennung und Vollstreckung von Entscheidungen und die Annahme und Vollstreckung öffentlicher Urkunden in Erbsachen sowie zur Einführung eines Europäischen Nachlasszeugnisses* (Abl. Nr. L 201 vom 27.7.2012, S. 107–134).

ii. Sonstige Regelungsgestände der Rechtsnormen im Bereich der Zusammenarbeit im Zivilrecht

Der Unionsgesetzgeber hat auf den folgenden Gebieten weitere Rechtsakte erlassen: Grenzüberschreitender Verkehr von Verfahrensunterlagen, grenzüberschreitende Beweisaufnahme, Zugang zum Recht (Prozesskostenhilfe) und Kommunikation (Europäisches justizielles Netz für Zivilsachen). Diese Normen sind zwar weniger bekannt, jedoch nicht von geringerer praktischer Bedeutung.

Der grenzüberschreitende Verkehr von Verfahrensunterlagen:

Der folgende Rechtsakt spielt in der Praxis eine erhebliche Rolle, insb. bei der Eröffnung eines Gerichtsverfahrens (Zustellung der Klage):

- *Verordnung (EG) Nr. 1393/2007 des Parlaments und des Rates vom 13. November 2007 über die Zustellung gerichtlicher und außergerichtlicher Schriftstücke in Zivil- oder Handelssachen in den Mitgliedstaaten (Zustellung von Schriftstücken) und zur Aufhebung der Verordnung (EG) Nr. 1348/2000 des Rates* (Abl. Nr. L 324 vom 10.12.2007, S. 79–120).

Grenzüberschreitende Beweisaufnahme:

Der folgende Rechtsakt wurde erlassen, um nationalen Richtern einen schnelleren Zugriff auf Beweismittel im EU-Ausland zu ermöglichen, welche zur Ermittlung zivil- oder handelsrechtlicher Sachverhalte erforderlich sind. Allerdings herrscht aktuell in dieser Zielgruppe immer noch weitgehend Unwissenheit über seine Existenz:

- *Verordnung (EG) Nr. 1206/2001 des Rates vom 28. Mai 2001 über die Zusammenarbeit zwischen den Gerichten der Mitgliedstaaten auf dem Gebiet der Beweisaufnahme in Zivil- oder Handelssachen* (Abl. Nr. L 174 vom 27.6.2001, S. 1–24).

Der Zugang zum Recht (Prozesskostenhilfe):

Hier soll darauf hingewiesen werden, dass es sich nur um eine Angleichung der nationalen Prozessnormen handelt, da nicht alle Mitgliedstaaten den gleichen Zugang zum Recht gewähren.

- *Richtlinie 2002/8/EG des Rates vom 28. Mai 2003 zur Verbesserung des Zugangs zum Recht bei Streitsachen mit grenzüberschreitendem Bezug durch Festlegung gemeinsamer Mindestvorschriften für die Prozesskostenhilfe in derartigen Verfahren* (Abl. Nr. L 26 vom 31.1.2003, S. 41–47).

- *Richtlinie 2008/52/EG des Parlaments und des Rates vom 21. Mai 2008 über bestimmte Aspekte der Mediation in Zivil- und Handelssachen* (Abl. L 136/3).

Kommunikation (justizielles Netz für Zivilsachen):

Durch eine Entscheidung wurde ein europäisches justizielles Netz (EJN) für Zivil- und Handelssachen gegründet:

- *Entscheidung Nr. 2001/470/EG des Rates vom 28. Mai 2001 über die Einrichtung eines europäischen justiziellen Netzes für Zivil- und Handelssachen* (Abl. Nr. L 174 vom 27.6.2001, S. 25–31).

Das seit 2002 bestehende Netz wird vor allem anhand von Kontaktstellen, zentralen Stellen, Verbindungsrichtern und -staatsanwälten organisiert. Diese flexible Struktur soll die konkrete grenzüberschreitende Zusammenarbeit zwischen Richtern, Staatsanwälten und Behörden der Mitgliedstaaten unterstützen. Das Netz verbindet auf informelle Weise die zur Unterstützung örtlicher Justizbehörden bestellten nationalen Stellen. Das Netz erleichtert die Festlegung sog. *best practices* und sorgt für die Verbreitung von Informationen unter den beteiligten Stellen.

Neben diesem Rechtsakt sind auch folgende Normen zu erwähnen, welche spezifisch auf verbraucherrechtliche Streitigkeiten Anwendungen finden:

- *Entschließung des Rates vom 25. Mai 2000 über ein gemeinschaftsweites Netz einzelstaatlicher Einrichtungen zur außergerichtliche Beilegung von Verbraucherrechtsstreitigkeiten* (Abl. Nr. C 155 vom 6.6.2000, S. 1–2).

- *Empfehlung der Kommission vom 4. April 2001 über die Grundsätze für an der einvernehmlichen Beilegung von Verbraucherrechtsstreitigkeiten beteiligten außergerichtlichen Einrichtungen (Text von Bedeutung für den EWR)* [bekannt gegeben unter Aktenzeichen K(2001) 1016] (Abl. Nr. L 109 vom 19.4.2001, S. 56–61).

Die Gesetzgebungsarbeiten im Bereich der Zusammenarbeit in Zivilsachen werden stetig fortgesetzt. Die bisher am weitesten fortgeschrittenen Projekte sollen hier Erwähnung finden:

- *Vorschlag für eine Verordnung des Parlaments und des Rates zur Einführung eines Europäischen Beschlusses zur vorläufigen Kontenpfändung im Hinblick auf die Erleichterung der grenzüberschreitenden Eintreibung von Forderungen in Zivil- und Handelssachen vom 25. Juli 2011* (COM (2011) 445 final);

- *Vorschlag für eine Verordnung des Rates über die Zuständigkeit, das anzuwendende Recht, die Anerkennung und die Vollstreckung von Entscheidungen im Bereich des Ehegüterrechts vom 16. März 2011* (COM(2011)0126, 2011/0059(CNS));

- *Vorschlag für eine Verordnung des Rates über die Zuständigkeit, das anzuwendende Recht, die Anerkennung und die Vollstreckung von Entscheidungen im Bereich des Güterrechts eingetragener Partnerschaften vom 16. März 2011 (COM (2011) 127 final; 2011/0060* (CNS)).

Eine abschließende Analyse dieser zahlreichen europäischen Rechtsakte im Bereich der Zusammenarbeit in Zivilsachen würde den Rahmen des vorliegenden Beitrags überschreiten. Jedoch darf an dieser Stelle hilfsweise auf einige bedeutende Aspekte hingewiesen werden, welche den entwicklungsfähigen Charakter dieser Zusammenarbeit hervorheben.

B. — DREI BEDEUTENDE ASPEKTE DER ZUSAMMENARBEIT IN ZIVILSACHEN

Eine Entwicklung der Zusammenarbeit wird insbesondere an der Erweiterung der Vollstreckungsvoraussetzungen für Gerichtsentscheidungen deutlich, welche in anderen Mitgliedstaaten ergangen sind (I). Mit dieser Entwicklung wurde auch eine Koordinierung der einzelnen Rechtsnormen unter den Mitgliedstaaten erforderlich. Tatsächlich ist so ein neuer Streitgegenstand entstanden, welcher die Bestimmung der anzuwendenden Norm betrifft (II). Letztendlich scheint in der justiziellen Zusammenarbeit in Zivilsachen ein „neues Kapitel" begonnen zu haben, ein gewagter, da noch integrativerer Schritt, der zur Entstehung gemeinsamer Gerichte für alle Mitgliedstaaten führen soll (III).

I. Ein Zeichen der Entwicklung: Die Voraussetzungen zur Vollstreckung einer in einem anderen Mitgliedstaat ergangenen Gerichtsentscheidung

Im Rahmen der Europäischen Union lassen sich drei verschiedene Verfahren zur Anerkennung und Durchsetzung ausländischer Gerichtsentscheidungen unterscheiden. Das erste und verbindlichste Modell findet seine Rechtsgrundlage in der Verordnung Brüssel II *bis*, das zweite in der originalen Verordnung Brüssel I. Das dritte und flexibelste Verfahren (mit der automatischen Anerkennung der Entscheidungen und der Aufhebung des Exequatur-Erfordernisses) wurzelt in einem jüngeren Rechtsakt, der aktuellen Verordnung Brüssel I *bis*.

1) Die erste Verfahrensart: Das Verfahren der Verordnung „Brüssel II *bis*"

Die Verordnung Brüssel II *bis* Nr. 2201/2003 vom 27. November 2003 (im Bereich der Ehesachen und der elterlichen Verantwortung) hat ein Anerkennungs- und Vollstreckungsverfahren nach dem Modell des Brüsseler Übereinkommens festgelegt. Hier ist das Exequatur erforderlich, d. h., nach Art. 28 der Verordnung werden „*die in einem Mitgliedstaat ergangenen Entscheidungen über die elterliche Verantwortung für ein Kind, die in diesem Mitgliedstaat vollstreckbar sind und die zugestellt worden sind, in einem anderen Mitgliedstaat vollstreckt, wenn sie dort auf Antrag einer berechtigten Partei für vollstreckbar erklärt wurden.*"

Die Partei, gegen welche die Anerkennung oder Vollstreckung beantragt wurde, darf sich auf einen der in den Art. 22 und 23 der Verordnungen aufgelisteten Gründe berufen, um die Ablehnung des Antrags durch das Gericht zu fordern. Gegen die Entscheidung über die Anerkennung oder die Vollstreckung dürfen im selben Mitgliedstaat Rechtsmittel eingelegt werden. Die hierfür zuständigen Gerichte werden vom jeweiligen Mitgliedstaat bestimmt.

Dieses Verfahren bildet eine Vorstufe zur eigentlichen Vollstreckung. Es darf als schwerfälliges Verfahren kritisiert werden, welches keinen Raum für Flexibilität im Anerkennungs- und Vollstreckungssystem der Mitgliedstaaten lässt. Allerdings muss der Anwendungsbereich dieser Verordnung berücksichtigt werden: Es handelt sich um Familiensachen. Solche Verfahren sollen die Erfüllung aller Anerkennungs- oder Vollstreckungsvoraussetzungen zur Aufnahme einer ausländischen Gerichtsentscheidung in die Rechtsordnung des Antragsstaates sichern.

2) Die zweite Verfahrensart: Das gegenwärtige Verfahren der Verordnung „Brüssel I"

Die Verordnung Nr. 44/2001, die sog. „Brüssel I"-Verordnung, ist die auf Fragen der gerichtlichen Zuständigkeit, der Anerkennung und Vollstreckung von Entscheidungen in Zivil- und Handelssachen anzuwendende Rechtsnorm. Allerdings soll sie nur noch bis zum 10. Januar 2015 gelten (Datum des Inkrafttretens des Änderungsrechtsaktes, der Verordnung Nr. 1215/2012). Diese letzte Verordnung wird bereits „Brüssel I *bis*" genannt.

Zur Vollstreckung muss in diesem System (Art. 36 ff. der Verordnung) die jeweilige Entscheidung vom angerufenen Gericht für vollstreckbar erklärt werden. Diese Erklärung erfolgt auf Antrag einer berechtigten Partei im Anschluss an eine rein formelle Überprüfung der vom Antragsteller vorgelegten Unterlagen. Das zuständige Gericht muss also von der Prüfung von Amts wegen bei eventuellem Vorliegen eines Ablehnungsgrundes absehen. Die Partei, gegen welche die Vollstreckung beantragt wird, darf (Art. 43) innerhalb einer Monatsfrist Rechtsmittel einlegen (zwei Monate, sofern sie ihren Wohnsitz in einem anderen Mitgliedstaat als in dem Staat hat, in welchem die Vollstreckbarkeitserklärung beantragt wurde). Dabei soll sie Gründe nachweisen, welche der Anerkennung oder Vollstreckung im Antragsstaat entgegenstehen.

Darüber hinaus wird die Zahl der potenziellen Gründe zur Verweigerung des Exequatur auf diejenigen verringert, welche in den Art. 34 und 35 der Verordnung aufgelistet werden: Verstoß gegen die öffentliche Ordnung, Nichtvorliegen des verfahrenseinleitenden Schriftstücks, Unvereinbarkeit mit einer Entscheidung, welche zwischen denselben Parteien im selben Mitgliedstaat, in dem die Anerkennung beantragt wurde oder in einem anderen Mitgliedstaat ergangen ist, Verstoß gegen die ausschließlichen Zuständigkeitsregeln, welche in der Verordnung selbst festgelegt sind. Weder die Zuständigkeit des Gerichts des Ursprungsmitgliedstaates noch die Gesamtentscheidung in der Sache (Art. 36 und Art. 35 § 3) dürfen geprüft werden.

Dieses System stellt eine Vereinfachung der Verfahrensregeln im Vergleich zu den allgemeinen Exequatur-Regeln dar. Jedoch fällt die Anwendung dieser einheitlichen Regeln in den betroffenen Mitgliedstaaten sehr unterschiedlich aus. Aus diesem Grund wurde die Entscheidung getroffen, die justizielle Zusammenarbeit in diesem Bereich noch weiter voranzutreiben. Im Ergebnis dieser Entscheidung darf ein dritter Verfahrenstypus gesehen werden.

3) Die dritte Verfahrensart: Nicht-Erforderlichkeit eines Exequatur

Die Aufhebung der Exequatur-Voraussetzung ist keine Selbstverständlichkeit, selbst unter europäischen Staaten. Ein solcher Schritt setzt ein quasi-absolutes gegenseitiges Vertrauen zwischen den Rechts- und Justizsystemen der Mitgliedstaaten voraus. Diese Aufhebung stellt heute einen integrativen Bestandteil des *ius commune*, d. h. der Verordnung Brüssel I *bis,* sowie das Ergebnis einer bedeutsamen Entwicklung dar.

Bereits die Verordnung Brüssel II *bis* hat das Erfordernis eines Exequatur zum Teil aufgehoben. Dieses schwerfällige Verfahren, welches oben in Zusammenhang mit der Verordnung Brüssel II *bis* beschrieben wurde, ist nicht auf Fragen des Umgangsrechts der Eltern mit dem Kinde oder der Rückkehr eines illegal entzogenen Kindes anwendbar. Für diese spezifischen Fragen sieht Art. 41 der Verordnung vor, dass „*eine in einem Mitgliedstaat ergangene vollstreckbare Entscheidung über das Umgangsrecht (...), für die eine Bescheinigung (...) im Ursprungsmitgliedstaat ausgestellt wurde, (…) in einem anderen Mitgliedstaat anerkannt und dort vollstreckt werden kann, ohne dass es einer Vollstreckbarerklärung bedarf und ohne dass die Anerkennung angefochten werden kann.*“ Art. 42 der Verordnung Brüssel II bis sieht eine ähnliche Regelung für Gerichtsentscheidungen vor, welche die Rückgabe des Kindes anordnen.

In diesem System entfällt also das Erfordernis eines Exequatur, sofern eine Bescheinigung des ursprünglichen Richters als Nachweis für die Erfüllung der in der Verordnung festgelegten Voraussetzungen vorliegt. Beim Fehlen einer solchen Bescheinigung sind die allgemeinen Regeln anzuwenden. Diese führen zur Einleitung eines Exequatur-Verfahrens in demjenigen Mitgliedstaat, in welchem die Vollstreckung beantragt wird.

Der erste Mechanismus zur allgemeinen Aufhebung des Exequatur-Erfordernisses ist aber in der *Verordnung Nr. 805/2004 zur Einführung eines Europäischen Vollstreckungstitels (EVT)* zu finden. Die Einzigartigkeit dieses Verfahrens besteht in der Ermächtigung der *Gerichte des Ursprungsstaates* zur Feststellung der Vollstreckbarkeit des Urteils in allen Mitgliedstaaten, in denen die Vollstreckung beantragt werden darf. Diese Feststellung erfolgt in einem Bescheinigungs-Formblatt. Die Ausstellung des europäischen Vollstreckungstitels durch Beamte der Geschäftsstelle ist allerdings nur bei unbestrittenen Forderungen (Geldforderungen) möglich. Dabei fällt auf, dass die betroffene Gerichtsentscheidung alle zwingenden und ausschließlichen Zuständigkeitsregeln der Brüssel I-Verordnung einzuhalten hat. Sie muss jedoch nicht unbedingt rechtskräftig sein (die Möglichkeit der Revision bzw. Kassation steht ihrer Vollstreckung nicht entgegen): Ihre alleinige Vollstreckbarkeit ist ausreichend. Ab dem Zeitpunkt seiner Ausstellung ist das Zertifikat grundsätzlich nicht mehr im Vollstreckungsstaat anfechtbar (s. Art. 21 der EVT-Verordnung).

Der europäische Gesetzgeber ist teilweise einer anderen Vorgehensweise gefolgt, indem er mit der Ausstellung einer *besonderen Gerichtsurkunde für den grenzüberschreitenden Verkehr von Gerichtstiteln* spezifische Verfahren für europäische grenzüberschreitende Streitigkeiten geschaffen hat, die an keiner nationalen Gerichtsurkunde (Urteil) anknüpfen.

Diese Verfahren werden in besonderen Rechtsakten geregelt: Die Verordnung Nr. 1896/2006 regelt das *europäische Mahnverfahren (EMV)*, während die Verordnung Nr. 861/2007 vom 11. Juli 2007, welche am 1. Januar 2009 in Kraft trat, das *europäische Verfahren für geringfügige Forderungen (EVGF)* regelt. In diesen beiden besonderen Verfahren wird von vornherein der Mitgliedstaat des Vollstreckungsortes bestimmt. Die im Rahmen eines EMV oder EVGF ergangene Gerichtsentscheidung soll hinsichtlich ihrer Vollstreckung wie eine Entscheidung der nationalen Gerichte des Mitgliedstaates behandelt werden, in welchem die Vollstreckung beantragt wird.

Das EMV ist nur auf unbestrittene Geldforderungen anwendbar. Der Richter stellt unverzüglich einen Europäischen Mahnbescheid aus (anhand eines Formblattes), sofern die hierfür erforderlichen Voraussetzungen vorliegen (diese sind dem Art. 8 der Verordnung Nr. 1896/2006 zu entnehmen). Der Antragsgegner kann erst nach dessen Zustellung Rechtsmittel gegen den Europäischen Mahnbescheid einlegen. In diesem Fall wird das Verfahren vor dem zuständigen Gericht des Ursprungsmitgliedstaates fortgesetzt, und zwar nach den allgemeinen Regeln des Zivilverfahrensrechts (es sei denn, vom Antragssteller wurde ausdrücklich bestimmt, dass das Verfahren in diesem Fall zu beenden ist). Sollten keine Rechtsmittel eingelegt werden, wird der im Ursprungsmitgliedstaat vollstreckbar gewordene Europäische Mahnbescheid gemäß Art. 19 der Verordnung in den sonstigen Unionsmitgliedstaaten anerkannt und vollgestreckt, ohne dass es hierfür einer Entscheidung zur Feststellung seiner Vollstreckbarkeit bedarf. Auch die Anerkennung des Mahnbescheids kann nicht mehr angefochten werden.

Das EVGF stellt ein vereinfachtes Verfahren zum Einzug „geringfügiger" Forderungen (weniger als 2.000 Euro) dar. Dies gilt auch für umstrittene Forderungen, soweit die betreffende Streitigkeit als grenzüberschreitend anzusehen ist. Es handelt sich um eine bloße Alternative zu den allgemeinen nationalen Verfahren, die weiterhin anwendbar bleiben. Die Entscheidung wird sofort und ohne weiteres in den anderen Mitgliedstaaten vollstreckbar. Die Einführung eines solchen Verfahrens wurde mit einem Verweis auf die Geringfügigkeit der betroffenen Forderungen begründet, auch wenn diese sich eventuell als noch umstritten erweisen.

Schließlich darf als letzter Schritt auf dem Weg zur Abschaffung des Exequatur die *Verordnung Nr. 4/2009 vom 18. Dezember 2009 über die Zuständigkeit, das anwendbare Recht, die Anerkennung und Vollstreckung von Entscheidungen und die Zusammenarbeit in Unterhaltssachen* erwähnt werden. Der Art. 17 dieser Verordnung wurde mit dem Titel „Abschaffung des Exequaturverfahrens" versehen und bestimmt in seinem zweiten Absatz, dass *„eine in einem Mitgliedstaat, der durch das Haager Protokoll von 2007 [über das auf Unterhaltspflichten anzuwendende Recht] gebunden ist, ergangene Entscheidung, die in diesem Staat vollstreckbar ist, in einem anderen Mitgliedstaat vollstreckbar [ist], ohne dass es einer Vollstreckbarerklärung bedarf"*. Die Dringlichkeit solcher Fälle und die Garantie der Anwendung von gemeinsamen Kollisionsrechtsregeln haben somit die Abschaffung des Exequatur gerechtfertigt.

Vor der Reform der Verordnung Brüssel I hatten bereits andere europäische Rechtsakte die unmittelbare Vollstreckbarkeit einer nationalen Gerichtsentscheidung in den sonstigen Mitgliedstaaten ohne Exequatur ermöglicht. Diese Rechtsakte haben allmählich die Idee verbreitet, dass das gegenseitige Vertrauen in der Rechtspflege innerhalb der Union als Rechtfertigung für den neuen Grundsatz der Anerkennung einer in einem Mitgliedstaat ergangenen Entscheidung in allen anderen Mitgliedstaaten ohne besonderes Verfahren dienen kann (s. Erwägungsgrund 26 der Verordnung Nr. 1215/2012). Der Wille zur Reduzierung der Verfahrensdauer und der von grenzüberschreitenden Gerichtsverfahren verursachten Kosten begründet die Abschaffung der Vollstreckbarkeitserklärung als Vorstufe zur Vollstreckung im Antragsmitgliedstaat. Aus dieser gewachsenen Vertrauensbasis folgt, dass alle Gerichtsentscheidungen eines Mitgliedstaates vom Antragsstaat wie die Entscheidungen seiner eigenen Gerichte zu behandeln sind.

Im Art. 39 der *Verordnung Nr. 1215/2012 vom 12. Dezember 2012* (sog. „Brüssel I bis-Verordnung", die am 10. Januar 2015 in Kraft treten soll) wurde die Abschaffung des Exequatur als vollständige Verwirklichung des Grundsatzes der gegenseitigen Anerkennung von Gerichtsentscheidungen (im Art. 81 AEUV festgelegt sowie eines der Ziele des Stockholmer Programmes vom 10. und 11. Dezember 2009) festgeschrieben. Diese Abschaffung stellt eindeutig einen wesentlichen Schritt in der Entwicklung der europäischen justiziellen Zusammenarbeit in Zivil- und Handelssachen dar.

„Artikel 39: Eine in einem Mitgliedstaat ergangene Entscheidung, die in diesem Mitgliedstaat vollstreckbar ist, ist in den anderen Mitgliedstaaten vollstreckbar, ohne dass es einer Vollstreckbarerklärung bedarf."

Der Antragsteller hat der Geschäftsstelle nur eine Kopie der ausländischen Gerichtsentscheidung vorzulegen, welche die für ihre Beweiskraft erforderlichen Voraussetzungen erfüllt, zusammen mit einem vom ursprünglichen Gericht ausgestellten Bescheinigungs-Formblatt über die Vollstreckbarkeit der betroffenen Entscheidung (Art. 42 und 53). Zum Schutz der Verteidigungsrechte sieht Art. 46 vor, dass die Gegenseite bei einem lokalen Gericht einen Antrag auf Versagung der Vollstreckung stellen darf. Dazu muss allerdings das Vorliegen einer der im Art. 45 genannten (üblichen) Gründe erfolgreich nachgewiesen werden. Diese Gründe entsprechen den Gründen zur Verweigerung der Anerkennung einer Gerichtsentscheidung (Verstoß gegen die öffentliche Ordnung; das verfahrenseinleitende Schriftstück liegt nicht vor; Unvereinbarkeit der Entscheidung mit einer anderen zwischen denselben Parteien in einem Mitglied- oder sogar Drittstaat ergangenen Entscheidung; Verstoß gegen zwingende oder ausschließliche Zuständigkeitsnormen).

Jedoch geht die Verordnung nicht so weit, wie von der Kommission erwartet, da Entscheidungen weiterhin auf ihre Rechtsmäßigkeit sowie auf ihre Vereinbarkeit mit grundlegenden Regeln der öffentlichen Ordnung hin überprüft werden. Die Kommission wollte jede Überprüfung der

Rechtmäßigkeit der Entscheidungen ausschließen, abgesehen von der Kontrolle der Einhaltung der wesentlichen Grundsätze, die dem Recht auf ein faires Verfahren zugrunde liegen (s. Kommission der Europäischen Union, 14. Dezember 2010, *Vorschlag für eine Verordnung des Europäischen Parlaments und des Rates über die gerichtliche Zuständigkeit und die Anerkennung und Vollstreckung von Entscheidungen in Zivil- und Handelssachen (Brüssel I) (Neufassung)*, Artikel 46).

II. Die Koordinierung der Rechtsakte

Aufgrund der Tatsache, dass sich der EuGH heutzutage nicht mehr auf die Beantwortung von Vorabentscheidungsfragen zur Auslegung der Verordnungen beschränken kann und auch eine Antwort auf die sich aus dem Zusammenspiel der verschiedenen Verordnungen ergebenen Fragen liefern muss, scheint ein neuer Streitgegenstand zu entstehen.

Als Beispiel hierfür soll ein jüngeres Urteil des *EuGH vom 13. Juni 2013, Goldbet Sportwetten GmbH, Rs. C-144/12* dienen. In diesem Fall hatte sich *Herr Sperindeo* in einem mit *Goldbet*, einem Sportwetten-Unternehmen, abgeschlossenen Dienstleistungsvertrag zur Veranstaltung und Verbreitung solcher Wetten in Italien verpflichtet. Angesichts der mangelhaften Erfüllung seiner Vertragspflichten durch Herrn *Sperindeo* beantragte *Goldbet* erfolgreich vor dem Bezirksgericht für Handelssachen Wien, dem in Österreich für europäische Mahnbescheidverfahren zuständigen Gericht, einen europäischen Mahnbescheid gegen Herrn *Sperindeo* zum Einzug einer Forderung in Höhe von 16.406 Euro zuzüglich Zinsen und Gerichtskosten. Herr *Sperindeo* legte Einspruch gegen diesen europäischen Mahnbescheid ein. Diesen begründete er damit, dass die Forderung von *Goldbet* weder begründet noch fällig sei. Nach Einlegung dieses Rechtsmittels verwies das Bezirksgericht für Handelssachen Wien die gesamte Rechtssache mit der Begründung an das Landesgericht Innsbruck, dieses sei das für das ordentliche Zivilverfahren zuständige Gericht i. S. v. Art. 17 Abs. 1 der *EMV-Verordnung Nr. 1896/2006.*

Herr *Sperindeo* machte vor dem Landesgericht Innsbruck zum ersten Mal die Einrede der mangelnden internationalen Zuständigkeit der österreichischen Gerichte geltend. Diese seien deswegen nicht zuständig, weil er seinen Wohnsitz in Italien hatte. *Goldbet* widerum argumentierte, beim Landesgericht Innsbruck handele es sich hierbei um das Gericht des Erfüllungsorts einer Geldschuld i. S. v. Art. 5 Nr. 1 a) der *Verordnung (Brüssel I) Nr. 44/2001* und somit zuständig. Nach Ansicht der GmbH sei die Zuständigkeit des Landgerichts in jedem Fall durch Art. 24 der Verordnung begründet, da Herr *Sperindeo* von der Geltendmachung einer Zuständigkeitseinrede bei der Einlegung des Einspruchs abgesehen hatte und sich somit auf das Verfahren i. S. dieses Artikels eingelassen habe. Das Landesgericht Innsbruck gab dem Antrag von Herrn *Sperindeo* statt und lehnte somit den Antrag von *Goldbet* ab. *Goldbet* legte vor dem Oberlandesgericht Innsbruck Berufung gegen diesen Beschluss ein. Dieses lehnte den Berufungsantrag mit der Begründung ab, die österreichische Gerichtsbarkeit sei einerseits deswegen nicht zuständig, weil die Forderungen von *Goldbet* aus einem Dienstleistungsvertrag entstanden seien, dessen Erfüllungsort i. S. v. Art. 5 Nr. 1, b) der *Verordnung Nr. 44/2001* sich in Italien befinde, und andererseits, weil die Zuständigkeit der österreichischen Gerichte nicht mit Art. 24 der *Verordnung Nr. 44/2001* zu begründen sei, da der von Herrn *Sperindeo* eingelegte Einspruch nicht als Einlassung auf das Verfahren im Sinne dieses Artikels zu verstehen sei.

Goldbet stellte also beim vorlegenden Gericht einen Revisionsantrag gegen die Entscheidung des Oberlandesgerichts Innsbruck. Damit beantragte die GmbH die Aufhebung der vorherigen Gerichtsentscheidungen und die Wiederaufnahme des Verfahrens vor den österreichischen Gerichten. Das vorlegende Gericht stellte in Anwendung des Art. 5 Nr. 1 b) der *Verordnung Nr. 44/2001* die Unzuständigkeit der österreichischen Gerichte fest, da der Herrn *Sperindeo* von *Goldbet* durch Vertrag erteilte Auftrag ausschließlich in Italien zu erbringen sei.

Jedoch blieb in den Augen dieses Gerichts noch zu bestimmen, ob der vom Antragsgegner erhobene Einspruch gegen den Europäischen Mahnbescheid (*EMV-Verordnung Nr. 1896/2006*) ohne Anfechtung der Zuständigkeit des Ursprungsgerichts als eine Einlassung auf das Verfahren i. S. d. Art. 24 der *Verordnung Nr. 44/2001* anzusehen sei. In diesem Fall wäre die Zuständigkeit der österreichischen Gerichte begründet gewesen. Ferner stellte sich das Gericht auch die Frage, ob die Geltendmachung von Argumenten zugunsten der Unbegründetheit der Klage durch den Klagegegner Herrn *Sperindeo* geeignet sei, die Beantwortung der ersteren Frage zu beeinflussen. Denn grundsätzlich darf die Rüge der fehlenden Zuständigkeit nicht nach einer Stellungnahme erfolgen, welche nach dem nationalen Verfahrensrecht als erste Argumentation gegen die Begründetheit der Klage angesehen wird (S. das Urteil des EuGH vom 24. Juni 1981, *Elefanten Schuh* (Rs. 150/80, *Samml.* S. 1671, Rn. 16; s. auch EuGH, 22. Oktober 1981, *Rohr*, Rs. 27/81; EuGH, 31. März 1982, *CHW*, Rs. 25/81; EuGH, 14. Juli 1983, *Gerling*, Rs. 201/82 zur Auslegung des Art. 18 des *Brüsseler Übereinkommens vom 27. September 1968 über die gerichtliche Zuständigkeit und die Vollstreckung von Entscheidungen in Zivil- und Handelssachen* (Abl. EG 1972, L 299, S. 32): diese Vorschrift ist in materieller Hinsicht denjenigen des Art. 24 der *Verordnung Nr. 44/2001* ähnlich).

Es besteht also ein eindeutiger Bedarf nach einer Koordinierung der Auslegungen beider Normen. Anhand zahlreicher Argumente (vgl. Rn. 26–33 des Urteils) antwortet der EuGH zunächst, dass der gegen einen europäischen Mahnbescheid ohne Rüge der fehlenden Zuständigkeit der Gerichte des Ursprungsstaates und ohne Argumente zur Begründetheit der Klage eingelegte Einspruch nicht als Einlassung auf das Verfahren i. S. v. Art. 24 der *Verordnung Nr. 44/2001* anzusehen sei. Anschließend hält der Gerichtshof fest (vgl. die Begründung in den Rn. 38–40 des Urteils), dass die Geltendmachung von Argumenten zur Begründetheit der Klage durch den Klagegegner im Rahmen des Einspruchs gegen den europäischen Mahnbescheid noch lange keine Einlassung auf das Verfahren i. S. d. Art. 24 der *Verordnung Nr. 44/2001* bedeute.

Dieses Urteil ist ein perfektes Beispiel des Erfordernisses der Erforschung von Mitteln zur Koordinierung der Rechtsakte der justiziellen Zusammenarbeit in Zivilsachen. Dies war der zweite hier zu erläuternde bedeutende Aspekt.

III. Dritter bemerkenswerter Aspekt: Ein neuer Schritt durch die Gründung gemeinsamer Gerichte für die Mitgliedstaaten

Eine noch weitere Vertiefung der justiziellen Zusammenarbeit in Zivilsachen ist durch die Gründung gemeinsamer Gerichte möglich. Der Aufgabenkreis solcher Gerichte würde sich nicht auf die alleinige Auslegung des Europarechts beschränken – eine Auslegung, die trotz ihrer Vereinheitlichung durch den EuGH in den Mitgliedstaaten ungleich bleibt, da sie in erster Linie Aufgabe der unterschiedlichen nationalen Gerichte ist –, sondern würde sich auch auf Sachentscheidungen erstrecken.

Diese Art justizieller Zusammenarbeit wurde vor kurzem für den spezifischen Bereich des Patentrechts gewählt. Zwar umfasst der Anwendungsbereich der Brüssel I-Verordnung unter anderem die Streitigkeiten des gewerblichen Rechtsschutzes (Eintragung und Gültigkeit), darunter auch des Patentrechts (s. Art. 22 Abs. 4), bislang war aber der Patentschutz durch zwei Mechanismen gewährleistet, wovon keiner auf das Unionsrechtsrecht zurückzuführen war: Die nationalen Systeme zum Schutz von Patentrechten sowie das europäische System des *Münchner Übereinkommens vom 5. Oktober 1973 „über die Erteilung europäischer Patente" (Europäisches Patentübereinkommen)*, welches am 7. Oktober 1997 in Kraft trat und achtunddreißig Vertragsstaaten, darunter alle Unionsmitgliedstaaten, zählt.

Dieses Übereinkommen sieht zwar ein einheitliches Verfahren zur Erteilung eines europäischen Patents vor, jedoch mündet dieses europäische Patent aufgrund des Art. 64 § 1 in zahlreiche nationale Patentformen. Hieraus folgt eine Vermehrung der Kosten und Übersetzungspflichten.

Im Dezember 2012 kam es zu einer Einigung über das sog. „patent package". Dieses besteht in einem europäischen Gesetzgebungsvorschlag, aus welchem zwei im Rahmen einer verstärkten Zusammenarbeit zwischen fünfundzwanzig Mitgliedstaaten (Italien und Spanien hatten die Zusammenarbeit aus Gründen des Sprachschutzes verweigert) erlassene Verordnungen hervorgingen.

Die *Verordnung (UE) Nr. 1257/2012 über den einheitlichen Patentschutz* (im Hinblick auf die Übersetzungsregelungen von der *Verordnung (UE) Nr. 1260/2012 vom 17. Dezember 2012* ergänzt) hat ein „one-stop-Verfahren“ festgelegt, d. h., Patentinhaber können eine einheitliche Wirkung ihrer europäischen Patente mit Gewährleistung eines uniformen Schutzes auf dem Gesamtterritorium der teilnehmenden Staaten beantragen. Dieses Patent soll weiterhin vom dem Europäischen Patentamt (EPA) nach dem vorherigen üblichen Verfahren des Münchner Patentübereinkommens erteilt werden.

Darüber hinaus wurde ein gemeinsames Gericht für die teilnehmenden Mitgliedstaaten durch das am 19. Februar 2013 unterzeichnete *Übereinkommen über ein einheitliches Patentgericht* eingerichtet. Bei diesem Gericht werden alle Rechtsstreitigkeiten über europäische Patentrechte und europäische Patente mit einheitlicher Wirkung konzentriert (Klagen wegen Verletzung oder drohender Verletzung eines europäischen Patents, Klagen auf Feststellung der Verletzung, Anträge auf einstweilige oder Sicherheitsmaßnahmen, Patentnichtigkeitsverfahren, Gegenklagen, Klagen auf Schadenersatz, Anfechtung von Entscheidungen des EPA...). Das Gericht verfügt über eine ausschließliche Zuständigkeit für diese Streitigkeiten und ersetzt somit die nationalen Gerichte in allen Fragen, die zu seinem Zuständigkeitskreis gehören. Das Übereinkommen kann erst ab dem 1. Januar 2014 und dem ersten Tag des vierten Monats nach Hinterlegung der dreizehnten Ratifikations- oder Beitrittsurkunde in Kraft treten (Art. 89).

Diese einheitliche Gerichtsbarkeit soll aus einem Gericht erster Instanz, einem Berufungsgericht sowie einer Kanzlei, bestehen. Nach Art. 7 des Übereinkommens soll das Gericht erster Instanz in eine Zentralkammer und regionale oder lokale Spruchkörper unterteilt werden. Die Zentralkammer soll über einen Sitz in Paris sowie über für besondere Fragen zuständige Abteilungen in London und München verfügen. Ein Lokalspruchkörper soll in jedem Mitgliedstaat eingerichtet werden, der einen hierauf gerichteten Antrag stellen wird. Ein zusätzlicher Lokalspruchkörper kann auch auf dessen Antrag in einem Mitgliedstaat eingerichtet werden, allerdings soll kein Staat mehr als vier Lokalspruchkörper beherbergen.

Nach Art. 31 des Übereinkommens soll die internationale Zuständigkeit des Gerichtes gemäß der Brüssel I -Verordnung oder des am 30. Oktober 2007 unterzeichneten *Übereinkommens von Lugano über die gerichtliche Zuständigkeit und die Anerkennung und Vollstreckung von Entscheidungen in Zivil- und Handelssachen* begründet werden.

Das gemeinsame Gericht darf dem EuGH Vorabentscheidungsfragen vorlegen, da es gemäß Art. 21 des Übereinkommens als gemeinsames Gericht der Unionsmitgliedstaaten und somit als Teil ihrer Rechtssysteme wie jedes nationale Gericht zur Zusammenarbeit mit dem Gerichtshof der Europäischen Union, zur Wahrung der korrekten Anwendung und einheitlichen Auslegung des Unionsrechts verpflichtet ist. Dies entspricht insb. dem Art. 267 AEUV. Die Entscheidungen des EuGH sollen für das gemeinsame Gericht bindend wirken.

Die Gründung eines solchen zentralisierten (jedoch dekonzentrierten) Gerichts mit einer Ermächtigung auch zur Entscheidung von Sachfragen stellt einen bedeutsamen Schritt nach vorn im Integrationsprozess der Europäischen Union dar. Die Vorteile eines derartigen Gerichts im spezifischen Patentbereich für einen Binnenmarkt mit freiem Waren- und Dienstleistungsverkehr sowie lauterem Wettbewerb liegen auf der Hand. Diesem Gericht kommt aber auch eine allgemeinere Bedeutung zu: Es handelt sich um eine neue Form der justiziellen Zusammenarbeit in Zivil- und Handelssachen, eine Form, deren tatsächliche Bedeutung sich erst mit ihren künftigen Entwicklungen feststellen lassen wird.

Europäische Aspekte der Unternehmenszusammenarbeit: Formen der Zusammenarbeit und konkrete Beispiele

Francine MANSUY*

* Maître de conférences, *Doctor iure*, zur Leitung von Forschungsprojekten ermächtigt, an der Rechts-, Wirtschafts-, und Verwaltungsfakultät Nancy, Université Lorraine, Institut François Gény EA 1138. Übersetzung aus dem Französischen.

Der 2011 veröffentliche Bericht des Wirtschafts-, Sozial- und Umweltrats von Lothringen über deutsche Direktinvestitionen in Lothringen trägt den vielsagenden Titel: „*L'Allemagne partenaire incontournable de la Lorraine*" („Deutschland, der unverzichtbare Partner Lothringens"). Im Bericht werden 3000 deutsche Gesellschaften in Frankreich, 1500 französische Gesellschaften in Deutschland und 500 Einrichtungen deutscher Gesellschaften in Lothringen aufgezählt (insb. S. 59 und f.: *Investissements allemands en Lorraine, attractivité historique et nouveaux enjeux* – „Deutsche Investitionen in Lothringen, historische Attraktivität und neue Herausforderungen"). Im Bericht werden auch die verschiedenen Wirtschaftsbereiche dargestellt, in welchen diese Investitionen stattfinden (vor allem im Industrie- sowie Dienstleistungssektor). Auf einer Karte von Lothringen sind die Namen der betroffenen Unternehmen verzeichnet, ebenso wird die Tatsache verdeutlicht, dass diese Investitionen nicht nur im geographischen Grenzbereich erfolgen, sondern auch im Gesamtgebiet Lothringens und vor allem in der Umgebung von Metz und Nancy.

Zusätzlich zu dieser Bestandsaufnahme beinhaltet der Bericht eine Empfehlung zur Gründung grenzüberschreitender Unternehmenscluster sowie zur Entwicklung von Netzwerken für Unternehmensleiter nach den Beispielen der bereits seit einigen Jahren existierenden Netzwerke Autoessor und INTERMAT.

Kürzlich wurde im Rahmen des Lothringischen Pakts (sog. „*Pacte Lorraine*") ein besonderer Vertrag zwischen dem französischen Staat und der Region Lothringen für den Zeitraum 2014–2016, festgestellt, dass die lothringische Wirtschaft zu ca. 30 % aus Austäuschen mit Deutschland besteht, und dass 220 Unternehmen mit deutschem Kapital ihren Sitz in Lothringen haben.

In diesem Beitrag sollen die unterschiedlichen Formen der grenzüberschreitenden Unternehmensmobilität dargestellt werden, die das Unionsrecht anbietet, und mit konkreten Beispielen veranschaulicht werden.

A. — DIE GRENZÜBERSCHREITENDE UNTERNEHMENSMOBILITÄT

Direktinvestitionen bilden ein stabiles Mittel für Gesellschaften und sonstige juristische Personen, um Eingang in einem anderen Mitgliedstaat als ihrem Sitzstaat zu finden. Sie können in diesem Staat die Einrichtung sowohl einer Hauptniederlassung als auch einer Zweitniederlassung ermöglichen.

I. Von der Direktinvestition bis zur Niederlassung

Artikel 63 AEUV verbietet jede Art der Beschränkung des Kapitalverkehrs zwischen Mitgliedstaaten einerseits, und zwischen Mitglied- und Drittstaaten andererseits. Direktinvestitionen durch Anteils- oder Aktienkauf in eine Gesellschaft, deren Sitz sich in einem anderen Staat befindet, fallen unter den Begriff der Kapitalverkehrsfreiheit. Ermöglichen sie dem Investor einen eindeutigen Einfluss auf die Entscheidungen der Gesellschaft und erlauben sie ihm, ihre Aktivitäten zu bestimmen, so unterstehen sie dem Anwendungsbereich der Niederlassungsfreiheit.

Gemäß Art. 49 Abs. 1 AEUV sind „Beschränkungen der freien Niederlassung von Staatsangehörigen eines Mitgliedstaats im Hoheitsgebiet eines anderen Mitgliedstaats [...] verboten. Das Gleiche gilt für Beschränkungen der Gründung von Agenturen, Zweigniederlassungen oder Tochtergesellschaften durch Angehörige eines Mitgliedstaats, die im Hoheitsgebiet eines Mitgliedstaats ansässig sind".

Im zweiten Absatz des Art. 49 wird hinzugefügt, dass „vorbehaltlich des Kapitels über den Kapitalverkehr [...] die Niederlassungsfreiheit die Aufnahme und Ausübung selbstständiger Erwerbstätigkeiten sowie die Gründung und Leitung von Unternehmen, insbesondere von Gesellschaften im Sinne des Artikels 54 Absatz 2, nach den Bestimmungen des Aufnahmestaats für seine eigenen Angehörigen umfasst".

Im Gegensatz zur Kapitalverkehrsfreiheit beschränkt sich die Niederlassungsfreiheit auf die Staatsangehörigen (natürliche sowie juristische Personen) der Mitgliedstaaten der Europäischen Union.

Schließlich soll erwähnt werden, dass die Hauptniederlassung die Aufnahme selbstständiger Tätigkeiten sowie deren Ausübung ermöglicht: Sie macht vor allem die Gründung und Leitung von Gesellschaften unter denselben Voraussetzungen möglich, die auch für die Staatsangehörigen des Niederlassungsstaates gelten. Die Errichtung einer Zweitniederlassung besteht in der Gründung von Agenturen, Zweigniederlassungen oder Filialen und setzt die vorherige Implementation einer Hauptniederlassung in einem Mitgliedstaat sowie die tatsächliche Ausübung einer wirtschaftlichen Tätigkeit mittels einer festen Einrichtung auf unbestimmte Zeit auf dem Territorium eines anderen Mitgliedstaates voraus. Der Niederlassungsbegriff setzt somit eine tatsächliche Einrichtung der jeweiligen Gesellschaft in diesem Staat und die Ausübung einer tatsächlichen wirtschaftlichen Tätigkeit auf dessen Territorium voraus. In der Rechtsprechung des Gerichtshofs der Europäischen Union wird stets an diese Voraussetzungen erinnert.

Zweigniederlassungen sind komplett in der Hauptniederlassung integriert, werden von deren Angestellten geleitet und bleiben ohne eigene Rechtspersönlichkeit. Agenturen sind von der Hauptniederlassung bevollmächtigte Einrichtungen, besitzen jedoch auch keine eigene Rechtspersönlichkeit. Büros ohne Rechtspersönlichkeit sind auch als Zweitniederlassungen anzusehen.

Filialen sind Gesellschaften, die nach dem Recht des Gründungsstaates gegründet werden. Sie stehen grundsätzlich unter der Kontrolle einer auf dem Territorium eines anderen Mitgliedstaates niedergelassenen Gesellschaft und verfügen über eine selbstständige Rechtspersönlichkeit.

II. Welche Gesellschaften aus der Niederlassungsfreiheit Rechte ableiten

Gemäß Art. 54 AEUV „stehen die nach den Rechtsvorschriften eines Mitgliedstaats gegründeten Gesellschaften, die ihren satzungsmäßigen Sitz, ihre Hauptverwaltung oder ihre Hauptniederlassung innerhalb der Union haben, den natürlichen Personen gleich, die Angehörige der Mitgliedstaaten sind. Als Gesellschaften gelten die Gesellschaften des bürgerlichen Rechts und des Handelsrechts einschließlich der Genossenschaften und die sonstigen juristischen Personen des öffentlichen und privaten Rechts mit Ausnahme derjenigen, die keinen Erwerbszweck verfolgen."

Der Gesellschaftsbegriff wird sehr weit verstanden, die Rechtspersönlichkeit sowie die Verfolgung eines Erwerbszwecks, beide unabdingbare Voraussetzungen zur Ausübung einer wirtschaftlichen Tätigkeit, werden bereits als ausreichend erachtet. Die Gesellschaft muss auch im Einklang mit dem Recht ihres Gründungsmitgliedstaates stehen, insbesondere mit den Vorschriften über den Anknüpfungspunkt zu diesem Staat, welcher entweder dem tatsächlichen Sitz oder dem satzungsmäßigen Sitz entspricht.

III. Die Rechtsprechung des EuGH

Der EuGH hat die Mobilität der Gesellschaften in einer Reihe von Urteilen durch die Schaffung von Voraussetzungen für eine tatsächliche Gründung von Zweitniederlassungen in anderen Mitgliedstaaten erleichtert. Weitere Urteile, nicht genauso zahlreich, behandeln die Frage der grenzüberschreitenden Verlegung des Gesellschaftssitzes.

Im *Centros*-Urteil, dem ersten dieser Urteile (EuGH vom 9. März 1999, Rs.C-212/97 [Centros]), legte der Gerichtshof fest, dass Gesellschaften, welche die Voraussetzungen des Art. 48 EGV (Art. 54 AEUV) erfüllen, „das Recht haben, ihre Tätigkeit in einem anderen Mitgliedstaat durch eine Agentur oder eine Zweigniederlassung oder Tochtergesellschaft auszuüben, wobei ihr satzungsmäßiger Sitz, ihre Hauptverwaltung oder ihre Hauptniederlassung, ebenso wie die Staatsangehörigkeit bei natürlichen Personen, dazu dient, ihre Zugehörigkeit zur Rechtsordnung eines Mitgliedstaats zu bestimmen". Er fügte hinzu, dass es angesichts der Vorschriften über die Niederlassungsfreiheit irrelevant sei, dass mit der Gründung einer Gesellschaft in einem Mitgliedstaat einzig der Zweck verfolgt werde, sich in einem anderen Mitgliedstaat niederzulassen, wo die Mehrheit, wenn nicht gar die Gesamtheit der wirtschaftlichen Tätigkeiten dieser Gesellschaft ausgeübt werden soll. Denn „eine Sachlage, in der eine nach dem Recht eines Mitgliedstaats, in dem sie ihren satzungsgemässen Sitz hat, gegründete Gesellschaft eine Zweigniederlassung in einem anderen Mitgliedstaat gründen will, fällt unter das Gemeinschaftsrecht. Daß die Gesellschaft im ersten Mitgliedstaat nur errichtet wurde, um sich in dem zweiten Mitgliedstaat niederzulassen, in dem die Geschäftstätigkeit im Wesentlichen oder ausschließlich ausgeübt werden soll, ist dabei ohne Bedeutung. ..."

Im *Überseering*-Urteil vom 5. November 2002 (Rs. C-208/00) hat der Gerichtshof entschieden, „dass eine Gesellschaft, die nach dem Recht des Mitgliedstaats gegründet worden ist, in dessen Hoheitsgebiet sie ihren satzungsmäßigen Sitz hat, in einem anderen Mitgliedstaat von ihrer Niederlassungsfreiheit Gebrauch macht, dieser andere Mitgliedstaat nach den Artikeln 43 EG und 48 EG (49 und 54 AEUV) verpflichtet ist, die Rechtsfähigkeit und damit die Parteifähigkeit zu achten, die diese Gesellschaft nach dem Recht ihres Gründungsstaats besitzt."

In diesem Urteil wurde der Grundsatz der automatischen Anerkennung der Rechtspersönlichkeit einer Gesellschaft durch den Niederlassungsstaat festgelegt. Es definiert ebenso eine Kollisionsregel, nach welcher das Statut einer Gesellschaft nach dem Recht des Ursprungsstaates bestimmt wird, d. h. des Staates, in welchem die Gesellschaft gegründet wurde. Der Grundsatz der freien Wahl der *lex societatis* innerhalb der Europäischen Union wurde erneut im *Inspire Art*-Urteil vom 30. September 2003 (Rs. C-167/01) bestätigt. Zwingende Bestimmungen des Rechts des Zweitniederlassungsstaates müssen ohne Anwendung bleiben, sollten sie geeignet sein, die freie Ausübung der Niederlassungsfreiheit einzuschränken.

Wenn der Gerichtshof das Vorliegen einer Einschränkung der Niederlassungsfreiheit durch das Recht des Ursprungs- oder des Niederlassungsstaates bejaht, prüft er anschließend, ob diese Einschränkung nicht durch zwingende Gründe des Allgemeinwohls, wie etwa dem Interessenschutz von Gläubigern von Minderheitsgesellschaftern und von Arbeitnehmern sowie die Gewährleistung einer wirksamen Steuerkontrolle und der Lauterkeit des Handelsverkehrs oder durch Gründe der öffentlichen Ordnung, Sicherheit und Gesundheit, wie im Artikel 52 AEUV vorgesehen, oder aber duch Betrug oder Missbrauch bei der Ausübung der Niederlassungsfreiheit, gerechtfertigt ist. Allerdings werden diese Rechtfertigungsgründe nur restriktiv angewandt, da sie darüber hinaus den Erforderlichkeits- und Verhältnismäßigkeitsgrundsätzen unterworfen sind.

Im *Cadbury Schweppes*-Urteil vom 12. September 2006 (Rs. C-196/04) räumt der Gerichtshof ein, dass „eine nationale Maßnahme, die die Niederlassungsfreiheit beschränkt, [...] gerechtfertigt sein [kann], wenn sie sich speziell auf rein künstliche Gestaltungen bezieht, die darauf ausgerichtet sind, der Anwendung der Rechtsvorschriften des betreffenden Mitgliedstaats zu entgehen".

Die Verlegung des Gesellschaftssitzes aus einem Mitgliedstaat in den anderen stellt insofern einen komplexen Prozess dar, als dass das sekundäre Unionsrecht keine entsprechenden Bestimmungen enthält. Solche Bestimmungen sind also nur im nationalen Recht der Ursprungs- und Aufnahmemitgliedstaaten zu finden. In den Urteilen *Daily Mail* vom 27. September 1988 (Rs. 81/87) und *Cartesio* vom 16. Dezember 2008 (Rs. C-210/06) hielt der EuGH fest, dass „eine aufgrund einer nationalen Rechtsordnung gegründete Gesellschaft jenseits der nationalen Rechtsordnung, die ihre Gründung und Existenz regelt, keine Realität hat".[1] Von dem Willen animiert, die grenzüberschreitende Verlegung des Gesellschaftssitzes zu ermöglichen, stellt der Gerichtshof im Urteil *Vale* vom 14. Juli 2012 (Rs. C-378/10) diesen Prozess einer grenzüberschreitenden Transformation der Gesellschaft gleich, welche als Ausformung der Niederlassungsfreiheit anzusehen ist. Vorliegend sah das nationale Recht des Aufnahmestaates nur die interne Transformation von Gesellschaften, die dabei ihre Rechtspersönlichkeit beibehalten, vor. Daraus schloss der EuGH, dass „dass eine nationale Regelung, die zwar für inländische Gesellschaften die Möglichkeit einer Umwandlung vorsieht, aber die Umwandlung einer dem Recht eines anderen Mitgliedstaats unterliegenden Gesellschaft nicht erlaubt, in den Anwendungsbereich der Art. 49 AEUV und 54 AEUV fällt".[2] Somit folgt aus der Niederlassungsfreiheit das Recht einer Gesellschaft, durch Verlegung ihres Sitzes von einem Mitgliedstaat zum anderen, der damit verbundenen Änderung des auf sie anzuwendenden Rechts und unter Beibehaltung ihrer Rechtsper-

---

[1] EuGH, *Cartesio*, Rn. 104.
[2] EuGH, *Vale*, § 33.

sönlichkeit eine Umwandlung vorzunehmen, soweit den Offenlegungspflichten in jedem betroffenen Staat nachgekommen wurde.

Im *National Grid Indus BV*-Urteil vom 29. November 2011 (Rs. C-371/10) hat der EuGH die Auslegung des Art. 49 AEUV dahingehend festgelegt, dass er „einer Regelung eines Mitgliedstaats nicht entgegensteht, wonach der Betrag der Steuer auf die nicht realisierten Wertzuwächse beim Vermögen einer Gesellschaft endgültig [...] zu dem Zeitpunkt festgesetzt wird, zu dem die Gesellschaft aufgrund der Verlegung ihres tatsächlichen Verwaltungssitzes in einen anderen Mitgliedstaat aufhört, in dem ersten Mitgliedstaat steuerpflichtige Gewinne zu erzielen." Weiterhin ist „Art. 49 AEUV dahin auszulegen, dass [...] er einer Regelung eines Mitgliedstaats entgegensteht, die die sofortige Einziehung der Steuer auf die nicht realisierten Wertzuwächse bei den Vermögensgegenständen einer Gesellschaft, die ihren tatsächlichen Verwaltungssitz in einen anderen Mitgliedstaat verlegt, zum Zeitpunkt dieser Verlegung vorschreibt".[3] Dieser Grundsatz wurde in weiteren Urteilen wiederholt (EuGH, 6. September 2012, Rs. C-38/10, *Kommission/Portugal*; EuGH, 25. April 2013, Rs. C- 64/11, *Kommission/ Königreich Spanien*; für eine detaillierte Untersuchung der Rechtsprechung des EuGH, s. Cotiga Andra, *Le droit des sociétés, Compétition entre les systèmes juridiques dans l'Union Européenne*, Larcier 2013, S. 151–208).

Trotz der Rechtsschöpfung des EuGH reichen die Rechtsnormen über die Niederlassungsfreiheit zur Gewährleistung der Rechtssicherheit beim der Sitzverlegung nicht aus und das Europaparlament hat in einem Beschluss vom 4. Juli 2013 seine Forderung nach einem Kommissionsvorschlag für eine 14. Verordnung über die grenzüberschreitende Verlegung des satzungsmäßigen Gesellschaftssitzes wiederholt (Beschluss Nr. 2013/2679 (RSP)).

[3] EuGH, *National Grid Indus BV*, Tenor des Urteils--> Rn. 64 und 86.

B. — BEISPIELE GRENZÜBERSCHREITENDER MOBILITÄT

Dem oben genannten Bericht des lothringischen Wirtschafts-, Sozial- und Umweltausschusses zufolge fließen über 65 % der deutschen Investitionen in Lothringen in Unternehmensübernahmen. Solche Unternehmen sind entweder unmittelbar von einer deutschen Gesellschaft abhängig oder stellen Filialen einer solchen dar. Die Zusammenarbeit zwischen Unternehmen kann auch im Rahmen einer europäischen Vereinigung geschehen.

I. Unternehmen ohne Rechtspersönlichkeit

Unter Unternehmen ohne Rechtspersönlichkeit sind hier Versorgungs-, Produktions-, Aktivitäts- oder Dienstleistungszentren zu verstehen.

Lidl, eine deutsche Gesellschaft, besitzt 60 Verkaufsstellen in Lothringen. Sie hat zehn km von Metz eine Logistikplattform von 40 000 m^2 errichten lassen sowie eine andere in der Nähe von Nancy, die die Versorgung ihrer 80 Supermärkte in Südlothringen sicherstellt. Auch die Gesellschaft Aldi verfügt über Lagerräume in Lothringen.

Die Daimler AG hat ebenso einen Produktionsstandort für „Smart" in Hambach sowie einen Standort für Busse (Evobus) in Ligny-en-Barois (im Departement „*Meuse*").

Auch DHL ist mehrfach durch Agenturen in Lothringen vertreten.

II. Filialen deutscher Gesellschaften

Die Mehrheit der Filialen deutscher Unternehmen, die eine Tätigkeit in Lothringen ausüben, haben die Rechtsform der sog. *Société par actions simplifiée – SAS* (vereinfachte Aktiengesellschaft) mit ihren zahlreichen Vorteilen gewählt. Diese Gesellschaftsform kennt kein Äquivalent im deutschen Recht und wird in den Art. L. 227-1 bis L. 227-20 sowie R. 227-1 *Code de Commerce* (Handelsgesetzbuch) geregelt. Die Hauptmerkmale der SAS sollen hier zusammengefasst werden.

Die SAS ist eine Aktiengesellschaft und die Haftung ihrer Gesellschafter, juristische sowie natürliche Personen, ist auf die Höhe der eigenen Einlage begrenzt. Es besteht die Möglichkeit, eine *SAS* mit einem einzigen Gesellschafter zu gründen, oder eine *SAS* mit mehreren Gesellschaftern in eine sog. *société par action simplifiée unipersonnelle – SASU* (mit einem einzigen Gesellschafter) umzugestalten. Bei der Auflösung der Gesellschaft geht das Vermögen der Gesellschaft ohne Liquidationsverfahren zum einzigen Gesellschafter der *SASU* über, wenn es sich bei diesem um eine juristische Person handelt.

Diese Flexibilität erlaubt einer Muttergesellschaft, die einzige Gesellschafterin ihrer Tochtergesellschaft zu sein. Die Höhe des Kapitals wird frei im Gesellschaftsvertrag bestimmt, es kann sich sogar um ein Kapital von einem Euro handeln. Die Gründung einer *SAS* mit variablem Kapital ist ebenso denkbar. Die *SAS* muss aber stets eine geschlossene Gesellschaft bilden, ihre Anteile können nicht der Öffentlichkeit angeboten werden, lediglich qualifizierten Investoren oder einem auf weniger als 100 Personen begrenzten Investorenkreis. Die *SAS* sind keine börsennotierten Gesellschaften. Die Einlagen der Gesellschafter dürfen sogar aus ihrer alleinigen Arbeitskraft bestehen, ohne dem Kapital zugerechnet zu werden. Als Gegenleistung erhalten solche Gesellschafter unveräußerliche Anteile an der Gesellschaft.

Der Status der Geschäftsführer der Gesellschaft sowie die Verfahren zu ihrer Leitung können in den Gesellschaftsverträgen frei bestimmt werden. Die *SAS* kennt nur ein Pflichtorgan, den Vorsitzenden und Vertreter der Gesellschaft. Diese Rolle kann auch von einer juristischen Person übernommen werden.

Welche Pflichtentscheidungen von der Gesellschafterversammlung getroffen werden, wurde gesetzlich festgelegt. Allerdings wird die erforderliche Mehrheit im Gesellschaftsvertrag festgelegt. Diese Pflichtentscheidungen beziehen sich auf die Anpassung des Gesellschaftskapitals, die Fusion oder Spaltung der Gesellschaft, ihre Auflösung oder Transformation, die Genehmigung der Jahresabschlüsse sowie die Beschlüsse über die Gewinnverwendung. Sonstige Entscheidungen werden nach den Vorschriften des Gesellschaftsvertrags getroffen, welche auch das Verfahren zur Konsultation der Gesellschafter festlegen. Unterschiedliche Stimmrechte sind zulässig.

Nur unter bestimmten Voraussetzungen muss ein Abschlussprüfer ernannt werden.

Besondere Vereinbarungen über die Aktien der Gesellschaft können durch Mehrheitsentscheidung dem Gesellschaftsvertrag hinzugefügt oder geändert werden. In Betracht kämen etwa ein Veräußerungsverbot, jedoch auf 10 Jahre beschränkt, eine Zustimmungsklausel, eine Präferenzklausel, Bestimmungen über den Ausschluss eines Gesellschafters usw. (für mehr Informationen zur *SAS*, s. Cozian Maurice, Viandier Alain, Deboissy Florence, *Droit des sociétés*, LexisNexis, 26. Aufl., 2013, S. 488–499).

Die Filialen deutscher Unternehmen in Lothringen wählen oftmals diese Gesellschaftsform.

Der Konzern Viessman hat im Jahre 2007 eine Filiale Viessman France SAS in Faulquemont (Mosel) gegründet, welche die Handelstätigkeiten des Konzerns in Frankreich leitet.

DHL France hat sich auch für die *SAS* als Gesellschaftsform entschieden. Der Konzern Esco (European Salt Company) hat Esco France SAS, mit einer eigenen Filiale SAS Salines Cérébos et de Bayonne mit Sitz in Nancy gegründet. Diese verfügt über einen Betriebsstandort für Salz in Dombasle, in der Nähe von Nancy. Die Gesellschaft Hager, Hersteller von Elektrogeräten, hat in Obernai die SASU Hager Electro gegründet, die wiederum 13 Filialen zählt. Der Konzern Metro hat die SASU Metro Cash and Carry France mit Sitz in Nanterre gegründet und verfügt über mehrere Lager in Lothringen. Die Gesellschaft Brasserie Champigneulles, in der Nähe von Nancy, wurde 2006 von TBC Brasseur übernommen, sie wurde zu einer *SASU* mit TBC als Vorsitzendem. Auch auf dem Standort dieser *SASU* wird Bier hergestellt.

III. Die Gründung einer europäischen Vereinigung

Die grenzüberschreitende europäische Vereinigung kann drei Formen annehmen: Die europäische Gesellschaft, die europäische Genossenschaft und die europäische wirtschaftliche Interessenvereinigung. Nach dem aktuellen Kenntnisstand hat sich bisher noch keine europäische Gesellschaft in Lothringen niedergelassen.

Jedoch wurde die europäische wirtschaftliche Interessenvereinigung *Terroir Moselle* zum Zwecke der Förderung des europäischen grenzüberschreitenden Weinanbaugebiets entlang der Mosel gegründet. Diese Vereinigung steht allen Winzern aus diesem bestimmten Gebiet offen, welches sich bis zur Großregion Saar, Rheinland-Pfalz, Lothringen sowie Luxemburg erstreckt. Mitglieder der Vereinigung sind deutsche, luxemburgische und französische Winzer sowie Vereine, Berufsverbände und Gebietskörperschaften dieser drei Länder. Ziel dieser Vereinigung ist die Förderung der Ausbildung, des Weintourismus, der Vermarktung und Werbung der Moselweine. Seit September 2013 ist sie in Luxemburg eingetragen.

Die Grenze als Ursache steuerrechtlicher Streitigkeiten: Einige Auswirkungen der Deterritorialisierung im Steuerrecht

Hugues RABAULT*

* Professor für französisches öffentliches Recht an der Fakultät für Rechts-, Wirtschafts- und Verwaltungswissenschaften in Metz, Université de Lorraine. Übersetzung aus dem Französischen.

Aus der Sicht eines juristischen Laien entsteht leicht der Eindruck, dass das Recht notwendigerweise zum Prozess bzw. zur Häufung von Rechtsstreitigkeiten führt, mit anderen Worten zur Multiplizierung von Rechtsstreitigkeiten. Grundsätzlich wird das Recht auf seine prozessualen Aspekte zurückgeführt. Dies ist zum Teil dadurch bedingt, dass Massenmedien sich vor allem dem Strafrecht widmen. In der grundlegenden Strafrechtsphilosophie ist das Böse mitten in der Gesellschaft zu finden, welche zumindest teilweise korrupt ist, so dass der Prozess und seine Vervielfachung als Zeichen der optimalen Wirkung des Rechts in der Gesellschaft, wenn nicht gar der richtigen Ordnung der Gesellschaft, wahrgenommen wird.

Juristen wissen aber, dass das Recht nicht beim Strafrecht endet.[1] Im Gegenteil bildet das Strafrecht in den Augen der Juristen ein besonderes, atypisches Recht. In diesem Beitrag soll genau die entgegengesetzte Vision des Rechts erläutert werden. Ausgangspunkt soll die Vorstellung des Rechts als ein Mittel zur Prävention und Vorwegnahme von Konflikten sein. Aus dieser Betrachtungsweise ist der Rechtsstreit ein Zeichen der Störung, sogar des Scheiterns des Rechts. Zwar lassen sich in einem Rechtssystem Rechtsstreitigkeiten nicht wegdenken, jedoch besteht die Wirksamkeit des Rechts nicht in der Vervielfachung von Rechtsstreitigkeiten, sondern in deren Beschränkung. Aus einem Rechtssystem sind Rechtsstreitigkeiten nicht wegzudenken, da ein solches nicht die Vermeidung von Streitigkeiten, sondern lediglich deren Verminderung anstrebt.

Im Steuerrecht kann damit das übliche Klischee auf den Kopf gestellt werden. Der Rechtsstreit im Steuerrecht ist sozusagen das Zeichen eines Mangels des Rechts, eines Scheiterns des Steuersystems. Um seine Wirksamkeit einzuschätzen, verfügt das Steuersystem über einen unbestritte-

---

[1] S. zu Entwicklungen des Steuerstrafrechts in Frankreich, Jérôme Lasserre Capdeville, Philippe Marchessou, Bruno Trescher, Chantal Cutajar, *Fraude et évasion fiscales : état des lieux et moyens de lutte*, Paris : Joly éditions, 2015. S. noch Hugues Rabault, « La fraude fiscale aggravée : vers une criminalisation de l'évitement de l'impôt ? », *Les Petites Affiches*, 12-13 août 2014, Nr. 160–161, S. 5–11.

nen Maßstab: die Steuereinnahmen. Die Wirksamkeit des Steuerrechts kann am doppelten Maßstab der Gewinnerzielung und der Beschränkung von Streitigkeiten gemessen werden. Das Ziel des Steuersystems wäre also der maximale Gewinn, kombiniert mit einem Minimum an Streitigkeiten. Z. B. ist der Betrug öfters symptomatisch für eine mangelhafte steuerrechtliche Regelung als für eine gesellschaftliche Störung. Der Versuch der Umgehung von Steuerrechtsvorschriften ist eigentlich ein Zeichen der gesunden Menschenvernunft. Allerdings begeht der Staat einen Fehler, wenn er dem Steuerzahler die Möglichkeit des Betrugs eröffnet.

Diese Überlegungen rechtfertigen unsere Fragestellung. Zunächst soll die Vorstellung des Rechtsstreits als eine Krankheit des Steuersystems näher erläutert werden (1). Anschließend soll die Multiplikation / Vermehrung von grenzüberschreitenden Rechtsstreiten beleuchtet werden (2), aus welcher Sicht gewisse Schlüsse bezüglich der Entwicklung des Steuersystems gezogen werden sollen (3).

1. Der Rechtsstreit als Krankheit des Steuersystems

Vorerst sollen Missverständnisse geklärt werden: Die Rolle des Rechts besteht nicht in der Herbeiführung von Rechtstreitigkeiten. Die Hauptrolle des Rechts besteht nicht in der Sicherung des Lebensunterhalts juristischer Körperschaften, wie Richtern, Rechtsanwälten usw. Mit einer solchen Aussage werden wir bereits grenzüberschreitend tätig, da wir somit auf das 1993 erschienene grundlegende Werk *Das Recht der Gesellschaft*[2] des in Deutschland bekannten, in Frankreich noch wenig bekannten, Soziologen Niklas Luhmann[3] verweisen. Genauer gesagt untersucht

---

[2] S. zur Einführung auf Französisch Lukas K. Sosoe (direction), *Le droit – un système social. Law as a Social System. Un commentaire coopératif de Niklas Luhmann*, Hildesheim, Zürich, New York : Georg Olms Verlag, 2015.

[3] S. zur Einführung auf Französisch Jean Clam, *Droit et société chez Niklas Luhmann. La contingence des normes*, Paris : PUF, 1997 ; Estelle Ferrarese, *Niklas Luhmann, une introduction*, Paris : Pocket/La Découverte, 2007 ; Hugues Rabault, *Un monde sans réalité ? En compagnie de Niklas Luhmann : épistémologie, politique et droit,* Québec : Presses de l'Université Laval, 2012.

Niklas Luhmann hierin die gesellschaftliche Funktion des Rechts und behauptet, dass die Erhaltung des Lebensunterhaltes der Juristen nur eine sekundäre Funktion des Rechts sei.[4]

Somit wird die Frage nach der gesellschaftlichen Funktion des Rechts gestellt. Laut Luhmann soll das Recht der Funktion der Stabilisierung normativer Erwartungen[5] dienen, es gehört zu den Mechanismen, welche das Vertrauen herstellen und absichern.[6] Zur Vereinfachung dieser soziologischen Hypothese lässt sich sagen, dass das Recht mehr der Konfliktprävention als ihrer Herbeiführung und Vervielfachung dient. Sollte aus jedem Anwendungsfall des Rechts ein Rechtsstreit resultieren, wäre das Recht ein Hemmungsfaktor für das Funktionieren der Gesellschaft. Damit bliebe der Gesellschaft, wie es manchmal bereits der Fall ist, nur noch der Ausweg der Umgehung des Rechts.

Luhmann stellt die Vermutung auf, dass das Recht das Immunsystem[7] der Gesellschaft bildet. Was wird damit gemeint? Das Beispiel des Präzedenzfalles ist hier ausreichend. Der Richter muss sich mit einer noch nie gestellten Frage auseinandersetzen, einem juristischen Leerraum, welchen wir rechttechnisch als Rechtslücke bezeichnen. Die Erfahrungen mit den Phänomenen des Herunterladens von Daten und den digitalen Netzwerken, welche die Gesellschaft signifikant verändert hat, machen jede Erläuterung dieses Beispiels überflüssig. Oft können wir die Legalität oder Illegalität der uns angebotenen Möglichkeiten nicht erkennen. Nicht anders als bei juristischen Laien ist die Unsicherheit bei den Experten des einen oder des anderen Rechtsgebiets genauso hoch. Gegenüber einer neuen Situation darf der Richter sich nicht auf die Aussage beschränken, dass der Fall schwierig sei, die Normen zweideutig, widersprüchlich, was leider öfters der Fall ist. Er darf sich nicht auf das Argument „der Stille, der Obskurität oder der Lücke des Gesetzes“ stützen, um seiner Pflicht zur Entscheidung zu entgehen. Mit einer derartigen

---

[4] Niklas Luhmann, *Das Recht der Gesellschaft*, Frankfurt am Main: Suhrkamp, 1995, S. 133.

[5] *Ibid.*, S. 131.

[6] *Ibid.*, S. 132.

[7] *Ibid.*, S. 565 ff.

Antwort würde er sich der „Rechtsverweigerung" schuldig machen (*Code civil*, Art. 4). Er darf sich nicht aus einem vernünftigen Skeptizismus hinter dem Argument der Meinungsverschiedenheit der Meinung verstecken, um seine Entscheidung zu verzögern.[8] Zum Beispiel besteht für den Richter in Strafsachen nur eine einzige Alternative. Die vorgeworfene Handlung wird im Einzelfall den Straftatbestand erfüllen oder nicht erfüllen…

In Luhmanns esoterischer Sprache arbeitet das Recht nach einer semantischen Unterscheidung zwischen Recht und Unrecht.[9] Bereits in den *Digesten* wurden Juristen als Priester (*sacerdotes*) der Justiz angesehen, welche das Gerechte vom Ungerechten trennen sollten („*aequum ab iniquo separantes*"), dabei „zwischen dem Rechtmäßigen und dem Rechtswidrigen trennend" („*licitum ab illicito discernentes*") (Ulpianus D 1, 1, 1, 1). Bei einer bereits entschiedenen Frage verfügen wir über einen Präzedenzfall. Was wird damit gemeint? Das Wissen, wie ein solcher Fall in Zukunft entschieden werden soll. Wurde der Fall einmal entschieden, sollen grundsätzlich die späteren Fälle in ähnlicher Weise behandelt werden.[10] Dies ist die Bedeutung des Rechtsinstituts des Präzedenzfalles. Er bildet eine elementare semantische Form, welche das Funktionieren des Rechts strukturiert.

Die Qualifikation „elementar" bildet eine fast ungewollte Anspielung auf Claude Lévy-Strauss: „Structures élémentaires de la parenté".[11] Genau hierum handelt es sich vorliegend. In den früher als primitiv bezeichneten Völkern waren bereits Strukturen erkennbar: z. B. roh und gekocht. Heute nennt man diese primitiven Völker „Urvölker". Dieser Ausdruck deutet auf eine gewisse Verlegenheit hin. Die primitiven Völker seien respektiert, jedoch will man sie in die Vergangenheit zurückweisen. Das Rohe und das Gekochte der Juristen besteht in der Unterscheidung zwi-

---

[8] Sextus Empiricus. *Esquisses pyrrhoniennes (Grundriss der pyrrhonischen Skepsis)*, Paris: Seuil, 1997, S. 73.

[9] Niklas Luhmann, *Das Recht der Gesellschaft, loc. cit.,* S. 165 ff.

[10] *Ibid.*, S. 110 f.

[11] Claude Lévy-Strauss, *Die elementaren Strukturen der Verwandtschaft* (1949), Frankfurt/Main: Suhrkamp, 1993.

schen legal und illegal. Mit Luhmnanns Worten würden wir sagen, dass die Juristen mit binarischen Unterscheidungen arbeiten. Was nicht verboten ist, ist erlaubt (Menschenrechtserklärung vom Jahre 1789, Art. 5), Sachen sind entweder beweglich oder unbeweglich (*Code Civil*, Art. 516), usw. Diese Vorliebe für binarische Systeme, diese Abneigung gegenüber Nuancen, wirft einige Fragen auf. Laut Luhmann sei alles mit einem Ziel zu erklären: die Reduzierung der Komplexität.

Welche Komplexität soll reduziert werden? Die Komplexität der Zukunft, d. h. die Kontingenz der Zukunft. Wir müssen wissen, was sein wird. Wir müssen es mit Sicherheit wissen. Dies ist genau die Bedeutung der Theorie des Präzedenzfalles. Wenn der Richter entscheidet, entscheidet er für die Zukunft. Wurde die Sache einmal entschieden, darf die Frage nicht mehr gestellt werden. Das Problem wurde gelöst. Hier tritt das Rechtsinstitut der Gleichheit auf. Gleiche Fälle sollen gleich behandelt werden. Dies ist der Sinn der bekannten Theorie des *Conseil Constitutionnel* zu den unterschiedlichen Situationen: Wenn gleiche Situationen gleich behandelt werden müssen, dürfen unterschiedliche Situationen unterschiedlich behandelt werden (z. B. *Conseil Constitutionnel*, Entscheidung 79-112 DC, 9. Januar 1980, *Loi portant aménagement de la fiscalité directe locale).*[12] Der *Conseil Constitutionnel* verwendet keine Fußnoten, belesene Menschen werden aber wohl erkennen, dass die Richter diese Lösung dem aristotelischen Denken entnommen haben.[13] Niklas Luhmann schließt daraus, dass wenn sich die Politik mit der Frage der Gleichheit

---

[12] Nach der Formel des Verfassungsrichters „verbietet der Gleichheitsgrundsatz nicht die Anwendung unterschiedlicher Regeln auf unterschiedliche Situationen, auch wenn er die Anwendung ähnlicher Regeln auf ähnliche Situationen gebietet", „le principe d'égalité devant la loi" („s'il implique qu'à des situations semblables il soit fait application de règles semblables, n'interdit aucunement qu'à des situations différentes soient appliquées des règles différentes") (Erwägungsgrund Nr. 2).

[13] Niklas Luhmann, *Das Recht der Gesellschaft*, *loc. cit.*, S.111 : „die aristotelische Regel, dass Gleiches gleich und Ungleiches ungleich zu behandeln sei ". S. Aristoteles, Livre V, de l'*Ethique à Nicomaque*, Paris : Vrin, 2007, S. 229 ff.

unter Menschen beschäftigt, sich das Recht nur auf die Gleichheit zwischen Fällen bezieht.[14]

Daraus schließen wir, dass der Rechtsstreit bei weitem nicht nur von dem Eintritt des Rechts in das gesellschaftliche Leben zeugt, sondern auch mitunter von der Mangelhaftigkeit des Rechts. Der Rechtsstreit entsteht, weil das juristische System unvollkommen ist. Das Rechtsinstitut des Präzedenzfalles beweist dies. Wäre das Recht eindeutig, würden wir keinen Gebrauch für den Präzedenzfall haben. Dies kann am Beispiel des Steuerrechts bewiesen werden.

In der Sprache des Vaters Ubu[15], eines satirischen Porträts der kleptomanischen Regierenden, welcher Vulgarität und Zynismus mit einer volkstümlichen Naivität vermischt, wird das Steuersystem als „Finanzpumpe" bezeichnet. Diese Finanzpumpe funktioniert perfekt, wie durch Statistiken bewiesen wird. Jedes Jahr werden Millionen von Steuererklärungen natürlicher oder juristischer Personen übermittelt. Jedes Jahr nehmen die Finanzbehörden Millionen Steuerzahlungen ein. Neben dieser Realität eines routinemäßigen Funktionierens der „Finanzpumpe" treten Rechtsstreitigkeit selten auf. Dies lässt sich auch durch das Rechtsinstitut des sog. vorrangigen Verwaltungsbeschwerdeverfahrens des Artikels R.*190-1 des *Livre des procédures fiscales*[16] erklären. Der Steuerzahler kann sich erst dann an die Gerichte wenden, wenn er sich vorher vergeblich an die zuständigen Verwaltungsbehörden gewendet hat. Damit kommen die meisten Streitigkeiten bereits im Vorfeld des Gerichtsverfahrens zu einer Lösung, sodass der Rechtsstreit bzw. der Prozess in einer Gesamtbetrachtung eigentlich als Epiphänomen vorkommt.

2. Symptome: Vier pathologische Fälle

Das optimale Funktionieren des Steuersystems setzt eine geringstmögliche Zahl an Rechtsstreitigkeiten voraus. Quelle solcher Rechtsstreitigkeiten können insbesondere Staatsgrenzen sein. Denkbar ist sogar, dass die

---

[14] Niklas Luhmann, *Das Recht der Gesellschaft, loc. cit.*, S. 113.
[15] S. Alfred Jarry, *König Ubu* (1896), Stuttgart Reclam, 1996.
[16] Die französiche Kodifikation des Steuerverfahrensrechts.

Grenze im Laufe des Globalisierungsprozesses zu einem wachsenden Problem wird. Es sind noch keine Statistiken dazu vorhanden, konkrete Erfahrungen ermöglichen aber die Aufstellung einer solchen Hypothese. Diese wird durch die Ergebnisse der Verwaltungs- sowie gesetzgeberischen Aktivität unterstützt, und sogar von den durch Massenmedien vermittelten Inhalten. Im Bereich der rechtsprechenden Tätigkeit wird diese Vermutung im Rahmen einer konkreten Analyse des Prozesses in Grenzzonen durch praktische Anwendungsbeispiele bestätigt.

Das erste Beispiel ist einfach und sehr anschaulich. Es handelt sich um die Betreiber von Tabakwarenläden.[17] Ihr Umsatz sank infolge der beachtlichen Erhöhung der Tabaksteuer dramatisch, einige mussten schließen. Raucher in Grenzregionen können dies sehr gut nachvollziehen. Betreiber aus den Elsass- und Moselregionen leiteten ein Beschwerdeverfahren gegen den Staat ein, in welchem sie Staatshaftungsansprüche geltend machten, um sich gegen die Gesetzgebung zu wehren. Das Verfahren hatte keine Aussicht auf Erfolg, unter anderen aufgrund der Tatsache, dass die Betreiber von Tabakwarenläden über ein sog. Steuermonopol verfügen. Ein solches Verfahren ist allerdings symptomatisch für in Grenzregionen auftretende Störungen. Wirtschaftsakteure rechnen mit einer gewissen Stabilität der wirtschaftlichen Umstände, das Steuersystem stellt jedoch einen sehr unstabilen Faktor dar, der aufgrund der Unterschiede zwischen den Staaten umso unstabiler ist.

Das zweite Beispiel ist etwas technischer, dafür aber auch lehrreicher. In diesem Fall ist eine schweizerische Fluggesellschaft deswegen in Konflikt mit der französischen Steuerverwaltung geraten, weil sie ihre Tätigkeiten im Flughafen Basel-Mülhausen ausübt, auf dem Territorium der Kleingemeinde Blotzheim im Sundgau.[18] Im Verfahren ging es vorwiegend um

---

[17] S. Hugues Rabault, „La question de la responsabilité de l'Etat du fait de la disparité de taux de fiscalité dans les zones frontalières", Chronik – CAA Nancy, 14.Oktober 2010, *Mme H. et autres*, Nr. 09NC1844 ; 09NC1845 ; 09NC1846 ; 09NC1847 ; 09NC1848 ; 09NC1854 : *Les Petites Affiches*, 27. Juni 2011, Nr. 126, S. 6–11.

[18] S. Hugues Rabault, „Le statut fiscal d'activités économiques transfrontalières", Chronik – CAA Nancy, 4. August 2006, *Société Crossair, devenue Société Swiss International Air Lines AG*, Nr. 02NC01353 ; 02NC01354 : *Les Petites Af-*

die Gesellschaftsteuer und die Gewerbesteuer. Wir werden hier nicht auf die Einzelheiten der richterlichen Entscheidungen eingehen, da diese je nach Steuer unterschiedlich ausfielen. An diesem Fall wird aber die Komplexität dieser Lage besonders ersichtlich. Die Schwierigkeiten eines fremden Unternehmens, welches seine Tätigkeiten in Frankreich ausübt, werden grds. durch bilaterale Steuerabkommen gelöst. Diese zahlreichen Abkommen können eine oder mehrere Steuern betreffen. Im vorliegenden Fall war die Lage noch durch den extraterritorialen Status des Flughafens erschwert worden. Der sich auf dem französischen Territorium befindende Flughafen bleibt dennoch französisch-schweizerischer Angehörigkeit und seine Aktivitäten werden in einem besonderen internationalen Abkommen geregelt. An den Grenzen ist also ein Zusammenstoß von Rechtsnormen zu beobachten. Dabei handelt es sich nicht nur um einen Konflikt zwischen Staatsnormen, sondern auch zwischen völkerrechtlichen Normen.

Anhand dieser Fälle sollte die Hypothese der Grenze als eine Ursache von Rechtsstreitigkeiten bestätigt werden. Die Grenze, allein aufgrund ihrer Existenz, verursacht Prozesse. Im Folgenden sollen Fälle vorgestellt werden, die den symptomatischen Charakter dieser Lage beleuchten. Das dritte Beispiel ist das merkwürdigste, da er sich um einen Steuerzahler handelt, welcher auf eine archaische, technisch obsolete Regelung traf.[19] Das Problem wurde durch die Gewerbesteuer aufgeworfen. Diese wurde 2010 reformiert, jedoch wurde den Steuerbehörden eine dreijährige Frist zu ihrer Umsetzung eingeräumt, und da das Verfahren sich über Jahre erstrecken könnte, wird diese Steuer noch weitere Fragen aufwerfen.

---

fiches, 12. Juni 2007, Nr. 117, S. 713. Es blieb aber nicht bei diesen Rechtssachen, wie es an diesem jüngeren Verfahren ersichtlich ist: CAA Nancy, 20.Juni 2013, *Société Easyjet Switzerland*, Nr. 12NC01327.

[19] Hugues Rabault, „Le régime de territorialité de la base d'imposition en matière de taxe professionnelle : une violation du droit communautaire ?", Chronik – CAA Nancy, 23.April 2009, *SA Wastiaux*, Nr. 08NC00016 : *Les Petites Affiches*, 16. Juni 2010, Nr. 119, S. 16–23.

Der betroffene Steuerzahler war ein in der Moselregion tätiges Materialvermittlungsunternehmen. Kunden waren französische, aber auch luxemburgische Unternehmen. Die frühere Gewerbesteuer beruhte auf einer besonderen Steuerbemessungsgrundlage, welche aus Zeiten der französischen Revolution stammt. Die Bemessung erfolgte auf der Grundlage des Mietwertes des körperlichen Anlagevermögens, d. h. eines geschätzten Wertes, welcher dem eventuellen Wert der Mietgeschäfte entsprechen sollte. Diese Form von Gewerbesteuer ist ein perfektes Beispiel einer misslungenen Steuerregelung und hat somit zahlreiche Gerichtsverfahren verursacht, vor allem im Bereich der Materialvermittlung.[20]

Das Problem lag in dem Statut derjenigen körperlichen Gegenstände, die einem Kunden verliehen worden waren. Sollten diese bei der Bemessung der Steuer des Verleihers oder des Leihenden berücksichtigt werden? Die folgende Praxis hatte sich durchgesetzt: War der Leihende der Gewerbesteuer unterworfen, wurden die geliehenen Gegenstände bei der Bemessung seiner Steuer berücksichtigt. Ansonsten gehörten sie zur Steuerbemessungsgrundlage des verleihenden Unternehmens.

Bei grenzüberschreitenden Tätigkeiten führte diese Lösung zu unterschiedlichen Ergebnissen, je nachdem, ob der Leihende französischer oder luxemburgischer Staatsangehörigkeit war. Die Ausleihe von Material an luxemburgische Kunden führte zu einer Übersteuerung des Unternehmens. Aus diesem Grund versuchte das betroffene Unternehmen, eine Wettbewerbsverzerrung im Sinne des Unionsrechts geltend zu machen. Eine solche wurde von richterlicher Seite verneint, jedoch zeugt dieser Fall von der Absurdität gewisser Besteuerungsmechanismen, welche erst durch grenzüberschreitende Tätigkeiten enthüllt wird.

---

[20] S. Hugues Rabault, „L'opposabilité de la doctrine administrative en droit fiscal : un cas d'application par le juge", Chronik – CAA Nancy, 23. Juni 2011, *SARL L2PI*, Nr. 10NC00967 : *Les Petites Affiches*, 27. Juni 2012, Nr. 126, S. 10–16.

Der vierte Fall soll Fachanwälte für Steuerrecht trösten.[21] Hierbei handelt es sich um einen Steuerzahler aus der französischen Region Meurthe-et-Moselle, welcher eine Gesellschaft in Luxemburg gründete. Der Gerichtsentscheidung sind seine Beweggründe nicht zu entnehmen, jedoch ist zu verstehen, dass er über ein gewisses Kapital verfügte, welches er den französischen Steuerbehörden entziehen wollte. In diesem Rahmen wurde er in Anwendung des *Code général des impôts* (Allgemeines Steuergesetzbuch) einem Rückforderungsverfahren ausgesetzt, in welchem die im Ausland erzielten Gewinne als in Frankreich zu versteuernde Gewinne behandelt wurden. Dieser Fall erinnert uns an weitere Fälle, mit welchen die Medien sich intensiv beschäftigt hatten. Massenmedien nennen so etwas Steuerbetrug, als ob dies eine Selbstverständlichkeit sei. So dachte auch die französische Verwaltung. Der Richter fand im Gegenteil, dass dieser Steuerzahler nur von den unionsrechtlichen Kapital- und Niederlassungsfreiheiten Gebrauch gemacht hatte.

Solche Fälle sind nicht selten, und eine Vielzahl an Vorschriften des *Code général des impôts* wurde auf diesem Weg aufgehoben oder geändert.[22] Daraus kann Einiges gefolgert werden. Juristen erläutern üblicherweise dieses Problem anhand der sog. Normenhierarchie. Hier wird die Einheit des Rechts sowie der Vorrang des Unionsrechts postuliert. Diese Erklärung ist insofern richtig, da sie die eben erwähnte Lösung der Aufhebung mancher Steuerrechtvorschriften in der Praxis begründet. Eine andere, parallele Interpretation ist aber auch möglich. Derartige Schwierigkeiten sind dem Umstand geschuldet, dass zwei widersprüchliche Lehren zur Grenze innerhalb einer Rechtsordnung bestehen. Das Unionsrecht neigt zur Aufdrängung der Vorstellung eines grenzenlosen europäischen Raums, während das nationale Recht immer wieder auf die Grenze rekurriert. Vor ein paar Jahren wäre es vorstellbar gewesen, dass diese Unterschiede allmählich verschwinden würden. Die jüngere Geschichte

---

21 S. Hugues Rabault, „Liberté de circulation et d'établissement et évasion fiscale : une violation du droit communautaire par la législation fiscale", Chronik – CAA Nancy, 22. August 2008, *M. D. R.*, Nr. 07NC00783 : *Les Petites Affiches*, 25. Mai 2009, Nr. 103, S. 6–14.

22 Im vorliegenden Fall, s. Art. 123 bis des *Code général des impôts*, welcher nach ähnlichen Verfahren reformiert wurde.

weist aber die umgekehrte Tendenz auf. Das Unionsrecht bleibt seiner inneren Logik treu, und das französische Recht hält an seinem Territorium fest, wie am Beispiel der „*exit tax*“ ersichtlich wird.

3. Diagnose: Die Verschiebung zwischen dem Steuersystem und einer deterritorialisierten Gesellschaft

Die eben erwähnten Beispiele sollen als Symptome einer Störung des Steuerrechts angesehen werden. Aus rechtlicher Sicht soll ein optimales Steuersystem den Rechtsstreitigkeiten vorbeugen bzw. ihre Zahl beschränken. Wir haben jedoch gerade gesehen, dass die Grenze eben Rechtsstreitigkeiten verursacht. Ist eine Gestaltung des Steuerrechts möglich, welche diese Auswirkungen der Grenzen minimieren oder beseitigen kann? Ist ein der Grenze gegenüber gleichgültiges Steuerrecht denkbar? Dabei sollen nicht konkrete Reformvorschläge formuliert, sondern bloß spekulative Gedanken suggeriert werden.

Laut einer wissenschaftlichen Hypothese gibt es Kategorien von Rechtsstreitigkeiten, welche das künstliche Produkt einer von der wirtschaftlichen und sozialen Realität losgelösten Gesetzgebung sind. Das gegenwärtige Steuersystem ist eine Ausdrucksform eines großen Mythos, des Mythos des Nationalstaates. In diesem Kontext war der Staat für die Herbeiführung einer durchterritorialisierten Realität zuständig, einer homogenen und einheitlichen Gesellschaft, welche sozusagen im Boden verankert war.[23]

Oft resultiert die steuerrechtliche Streitigkeit aus den Mängeln der Steuererhebungsmechanismen. Z. B. lässt die Regelung der sog. Unionsmehrwertsteuer[24] verschiedene Umgehungsmechanismen zu, wie etwa die Methode des sog. „Karussell-Betrugs“, nach welcher die Gründung vorübergehender Gesellschaften für die Verdunstung der Steuereinnah-

---

[23] S. z. B. Carl Schmitt, *Der Nomos der Erde im Völkerrecht des Jus publicum Europaeum Schmitt*, Berlin: Duncker und Humblot, 1950.

[24] S. z. B. Hugues Rabault, „L’abus de droit implicite“, Chronik- CAA Nancy, 17. November 2011, Nr. 10NC01203: *Les Petites Affiches*, 2012, 10. Dezember 2012, Nr. 246, S. 6–10.

men sorgt. Das Problem liegt eigentlich an den Mechanismen zur Abrechnung der im Voraus bezahlten Mehrwertsteuer, und würde mit einer einheitlichen Verbrauchersteuer gar nicht auftreten. In einer stark territorialisierten Gesellschaft bildet die Mehrwertsteuer ein komplexes, aber sinnvolles System. Die Schwierigkeiten der Mehrwertsteuer in der Union entsprechen denjenigen Störungen des Steuersystems, welche durch grenzüberschreitende Austausche verursacht werden.

Aussagekräftigere Beispiele können auch angeführt werden. Viele Schwierigkeiten und viele Rechtsstreitigkeiten entstehen als Folge der Neigung des Steuersystems zur Versteuerung von Einkünften, die sich außerhalb des nationalen Territoriums befinden, wie oben gesehen. Betrachten wir zwei Regelungen: Zunächst den Artikel 4 des *Code général des impôts*: *„Les personnes qui ont en France leur domicile fiscal sont passibles de l'impôt sur le revenu en raison de l'ensemble de leurs revenus."* („die Einkommenssteuer der Personen mit steuerlichem Wohnsitz in Frankreich wird auf der Grundlage ihres Gesamteinkommens berechnet“); anschließend den Artikel 885 A des *Code général des impôts*: „ *Sont soumises à l'impôt annuel de solidarité sur la fortune [...] : 1° Les personnes physiques ayant leur domicile fiscal en France, à raison de leurs biens situés en France ou hors de France.*“ („Folgende Personen sind der jährlichen Solidaritätssteuer auf Vermögen unterworfen [...]: 1° natürliche Personen mit steuerlichem Wohnsitz in Frankreich, auf der Grundlage ihres sich in Frankreich oder im Ausland befindenden Vermögens“). Eine dritte Regelung, der Artikel 167 bis des *Code général des impôts*, wurde vor kurzem erlassen, als Reaktion auf die Anpassung der Steuerzahler an die Umstände der globalisierten Wirtschaft: *„Les contribuables fiscalement domiciliés en France pendant au moins six des dix années précédant le transfert de leur domicile fiscal hors de France sont imposables lors de ce transfert au titre des plus-values latentes constatées sur les droits sociaux, valeurs, titres ou droits [...] détenus, directement ou indirectement, par les membres de leur foyer fiscal à la date de ce transfert [...]* „ („I.-1. Die Steuerzahler, die ihren steuerlichen Wohnsitz mindestens sechs der letzten zehn Jahre vor dessen Verlegung ins Ausland in Frankreich gehabt haben, werden anlässlich der Verlegung der Steuer auf unrealisierte Gewinne aus Gesellschaftsanteilen, Wertpapieren, Titeln und Ansprüchen unterworfen [...], welche im Zeitpunkt der Verlegung mittelbar oder unmittelbar dem

Vermögen der Mitglieder ihres steuerrechtlichen Haushalts zuzurechnen sind [...]".).

Die beiden ersten Regelungen entsprechen der Neigung des Staates zur Versteuerung der sich außerhalb des Territoriums befindenden Steuerbemessungsgrundlagen. Für die Einkommensteuer kann dies insofern gerechtfertigt werden, dass das Einkommen rückgeführt wird. Ansonsten stoßen wir schnell an eine Grenze technischer Natur, da der Staat über keine Einblicke in die inneren Vorgänge eines anderen Staates verfügt. Diese technischen Grenzen sind umso spürbarer bei der Bemessungsgrundlage der Kapitalsteuer. Wie kann die Höhe des Vermögens eines sich außerhalb des Territoriums befindenden Individuums geschätzt werden? Auch wenn die Staaten in bestimmten Fällen sich auf ein Abkommen zum Nachteil der Steuerzahler einigen können, ist dies selbstverständlich nicht immer der Fall. Denn diese Lösung setzt die wirtschaftliche Gleichheit der in Betracht kommenden Staaten voraus. Diese Überlegung gilt auch für die Einkommensteuer, sofern das Einkommen nicht rückgeführt wird. Damit wird deutlich, dass die Technik der Steuerbemessungsgrundlage zwangsläufig Anreize zur Steuerhinterziehung schafft.

Die dritte Regelung erlaubt die Besteuerung von Flüchtlingen. Diese sollten nach den Grundsätzen der international geltenden Moral nicht besteuert werden. Die Anziehung von Wirtschaftsakteuren auf das nationale Territorium mithilfe gewisser Anreize ist legitim, die Sanktionierung französischer oder anderer Flüchtlinge ist aber verwerflich.[25] Diese Rege-

[25] S. EuGH, 11. März 2004, *Hughes de Lasteyrie du Saillant v. Ministère de l'Economie, des Finances et de l'Industrie,* Rs. C-9/02, Rn. 46 zur ersten Fassung der „exit tax": „Der Steuerpflichtige, der im Rahmen der Ausübung des Rechts, das ihm durch Artikel 52 EGVertrag garantiert wird, seinen Wohnsitz ins Ausland verlegen möchte, wird nämlich gegenüber einer Person, die ihren Wohnsitz in Frankreich beibehält, benachteiligt. Dieser Steuerpflichtige wird allein wegen der Verlegung seines Wohnsitzes ins Ausland für ein Einkommen steuerpflichtig, das noch nicht realisiert ist und über das er somit nicht verfügt, während die Wertsteigerungen, wenn er in Frankreich bliebe, nur steuerpflichtig würden, wenn und soweit sie tatsächlich realisiert worden sind. Diese unterschiedliche Behandlung bei der Besteuerung der Wertsteigerungen, die erhebliche Auswirkungen auf das Vermögen des Steuerpflichti-

lung weist also eindeutig auf eine Schwäche, sogar eine Störung des Steuersystems. Der von den Steuerbehörden entwickelte Mechanismus zur Versteuerung latenter Mehrwerte ist darüber hinaus auch in technischer Hinsicht kritisierbar. Er strebt die Schaffung einer potenziellen Steuerbemessungsgrundlage an. « *L'assiette de la plus-value latente est égale à la différence entre la valeur des titres à la date du transfert et leur prix ou valeur d'acquisition.* »[26](„die Grundlage des latenten Mehrwerts besteht in dem Unterschied zwischen dem Wert der betroffenen Titel im Zeitpunkt des Wegzugs und ihrem Kaufpreis oder Kaufwert“). Von der verwerflichen Methode der Schaffung einer Steuergrundlage aus einem theoretischen Wert abgesehen, führt dies zur tatsächlichen Besteuerung einer potenziellen Steuergrundlage. Die potenzielle Steuergrundlage ist ein klassisches Problem des Steuerrechts: Z. B. bei dem Mietwert oder bei der Einschätzung des Werts einer unbeweglichen Sache im Rahmen der Berechnung des Gesamtvermögens. Sie bleibt eine unvermeidbare Quelle von Konflikten und Rechtsstreitigkeiten.

Heute wird auf die staatliche Zusammenarbeit als Lösung zu denjenigen Versteuerungsschwierigkeiten abgestellt, die aus der Unmöglichkeit für Staaten entstehen, von der Existenz deterritorialisierter Steuerbemessungsgrundlagen zu erfahren. Auch hier soll auf die technischen Schwierigkeiten einer solchen Lösung hingewiesen werden. Die Wirksamkeit der modernen Steuer beruht auf den Instituten der Bemessungsgrundlage, der Steuerfestsetzung und der Beitreibung der Steuer, d. h. auf den Verfahrens- und rechtlichen Strukturen des Steuersystems. Die internationale Zusammenarbeit ist aber dem Zufall der politischen Verhältnisse zwischen Staaten oder Behörden unterworfen, also einer Reihe an Interessen, die nicht mehr auf Gegenseitigkeit beruhen. Eine Zusammenarbeit zwischen zwei großen Wohlfahrtsstaaten, welche beide an der Schwierigkeit der deterritorialisierten Besteuerung leiden, kann selbstverständlich entstehen. Die Zusammenarbeit zwischen zwei Staaten in un-

---

gen, der seinen Wohnsitz ins Ausland verlegen möchte, haben kann, ist geeignet, einen Steuerpflichtigen von einer solchen Wohnsitzverlegung abzuhalten.“ Die neue Fassung soll die „exit tax“ in Einklang mit dem Unionsrecht gebracht haben, jedoch bleibt ihre Unionsrechtsmäßigkeit umstritten.

26 BOI-RPPM-PVBMI-50-20121031.

terschiedlichen wirtschaftlichen Lagen, und somit mit unterschiedlichen Interessen, wie z. B. zwischen einem Wohlfahrtsstaat und einer sog. „Steueroase", auch wenn dieser Begriff technisch betrachtet ungeeignet ist, erscheint systematisch problematisch.

Hier soll auf die Schwächen einer Auffassung des sog. internationalen Steuersystems hingewiesen werden, welche dessen technische Grundlagen nicht berücksichtigt. In der Praxis kennt das Steuersystem keine moralischen oder politischen, sondern vor allem technische Grenzen, welche durch Rechtsstreitigkeiten signalisiert werden. Probleme bedürfen nur einer technischen Lösung. Internationale Abkommen sowie Zusammenarbeit zwischen Steuerbehörden sind nicht uneffektiv, jedoch stellen sie keine stabile Lösung dar, weil sie bei ihrer Durchführung dem Zufall unterworfen bleiben.

Es ist allgemein bekannt, dass sich die Parteien zu einer internationalen Übereinkunft gegenseitig zu deren treuer Durchführung verpflichten. Die Praxis zeigt allerdings, dass Treue nur im Rahmen äquivalenter und gegenseitiger Interessen besteht. Aus diesem Grund sollte auf den Ausdruck „Steueroase" verzichtet werden, denn die damit bezeichneten Staaten sind nur Staaten, deren wirtschaftliche Interessen von denjenigen der die internationalen Beziehungen beherrschenden Staaten abweichen. Heutzutage werden viele Abkommen als Anfang einer Lösung vorgestellt. Jedoch sollte nicht vergessen werden, dass sie vor dem Hintergrund asymmetrischer Machtverhältnisse unterschrieben werden. Damit wird keineswegs Treue bei ihrer Durchführung gewährleistet. Hinter dem scheinbaren Konsens bestehen weiterhin abweichende Interessen.

FAZIT

Die mit den Grenzen verbundenen steuerrechtlichen Streitigkeiten folgen aus dem staatlichen Versuch, deterritorialisierte Werte zu versteuern. Die erwähnten Probleme entstehen dadurch, dass das Steuersystem streng territorialisiert bleibt. In einer Gesellschaft, die sich in einem Deterritorialisierungsprozess befindet, führt dies zu Störungen und Reaktionen. Zu diesen Reaktionen zählt die Personalisierung der Steuer. Nach der klassischen Vorstellung orientiert sich das moderne Steuersystem an der Realsteuer. Dabei geht es sich nicht um moralische, sondern um Effizienzerfordernisse. Die Mechanismen der Kopfsteuer entsprachen der ursprünglichen Personenbesteuerung. Die Entwicklungen des Steuersystems nach der Revolution streben eine Transparenz der Person in dem Sinne an, dass nicht die Person, sondern ihr Vermögen, ihr Einkommen, ihr Konsum usw. besteuert werden. Ein Realsteuersystem führt nicht zur Besteuerung von Subjekten, sondern von Strömen. Der Steuerzahler, ob Privatperson oder Unternehmen, stellt nicht mehr eine Steuerbemessungsgrundlage dar, sondern einen Steuereintreiber

In einer stark territorialisierten Gesellschaft besteht ein Äquivalenzverhältnis zwischen Staat, Steuerzahler und Steuerbemessungsgrundlage. In einer deterritorialisierten Gesellschaft wandern Steuerbemessungsgrundlagen genauso wie Steuerzahler. Auf die Auswirkungen auf die Steuereinnahmen reagiert das Steuersystem tendenziell mit einer „Re-Personalisierung" der Besteuerung. Es wird versucht, einer Person eine maximale Zahl an Steuerbemessungsgrundlagen zuzurechnen, sodass die Steuermethode in einer deterritorialisierten Gesellschaft auf eine Neigung des Staates zur Erweiterung seiner Steuersouveränität hinausläuft.

Staaten, die nicht mehr in der Lage sind, Steuerbemessungsgrundlagen selbst zu überprüfen, werden so immer mehr vom treuen Handeln der Steuerzahler abhängig, alternativ vom guten Willen fremder Staaten. Die Modernisierung des Steuersystems ging mit einem Übergang zur Realsteuer einher, während die Deterritorialisierung der Wirtschaft Staaten zurück zur Vorstellung einer persönlichen Steuerbeziehung führt. Das moderne Steuersystem hat moralische Bedenken verneint, um technische Sicherheit zu gewährleisten. Die Deterritorialisierung stellt diese technischen Grundlagen in Frage. Daher die Rückkehr zur Sprache der Moral. Ein von dem guten Willen seiner Steuerzahler abhängiger Staat prangert dessen bösen Willen an. Dies wäre überflüssig, würde man über angemessene Steuermechanismen verfügen.

Die oben erwähnte *„exit tax"* ist ein Symptom aus technischer Sicht, denn dieses Rechtsinstitut hat in unserer postmodernen Gesellschaft ein dem Feudalsystem ähnliches Verhältnis eingeführt. Der Steuerflüchtling soll eine Art Austrittgebühr zahlen, wie der Leibeigene seine eigene Freiheit erkaufen durfte. Die Steuerflucht weist auf die Deterritorialisierung der „realen" Steuerbemessungsgrundlagen hin, und Staaten versuchen diese Grundlage durch den Rekurs auf die persönliche Steuerverbindung zurückzuhalten, eine mithilfe strafrechtlicher oder strafähnlicher Mechanismen verteidigte Verbindung. Die Deterritorialisierung der Wirtschaft führt also zu einer Art „Refeudalisierung" des Steuersystems, welche auf der Vorstellung eines persönlichen Verhältnisses zwischen Steuerzahler und Staat beruht. Der Staat versteuert nicht mehr die auf seinem Territorium erzielten Reichtümer, sondern versucht, die auf fremden Territorien erwirtschafteten oder vorhandenen Reichtümer mithilfe von Steuern auf weltweite Gewinne oder Vermögen zu versteuern.

Parallel dazu haben internationale Verhandlungen zu steuerrechtlichen Themen die Steuersouveränität der Staaten in Frage gestellt, was zu einer gewissen Steuerkolonialisierung führt. In friedlicher Form spielt sich hier ein Krieg um wirtschaftliche Ressourcen ab, dessen Ausgang von Machtverhältnissen abhängt. Dieses Phänomen findet in den Spannungen zwischen amerikanischen Steuerbehörden und helvetischen Banken besonderen Ausdruck. Das hier betriebene Spiel belässt keinen Raum für moralische Erwägungen. Es herrschen kalte und unumstößliche Machtverhältnisse, in welchen jede Partei alle vorhandenen Waffen verwendet. Es ist absehbar, dass die großen Banken ihre Situation im Einklang mit den Vorgaben fremder Steuerbehörden regeln werden müssen, um ihre internationalen Aktivitäten zu schützen. Jedoch werden sie nur den Weg für neue Einrichtungen frei lassen, die einen viel höheren Spezialisierungsgrad sowohl in technischer als in territorialer Hinsicht aufweisen werden.

Ist eine Loslösung des Steuerrechts von der Grenze denkbar? Mangels eines Universalstaates ist die Einschränkung der Steuereinnahmen eines Staates auf seine eigenen Grenzen die einzige zuverlässige Lösung. Jeder Staat sollte eine technische Selbstisolation durchführen, um seine Unabhängigkeit von der Treue anderer Staaten zu sichern. Internationale Steuerabkommen, welche nicht auf der Grundlage gegenseitiger Interessen beruhen, sondern auf mehr oder weniger diffusen Drohungen, sind reiner Kuhhandel. Dies gilt auch für die Zusammenarbeit zwischen Steuerbehörden oder für die vor kurzem entwickelten Rückforderungskonzessionen, welche fremden Staaten zugesprochen werden. Das Scheitern eines solchen Abkommens zwischen Deutschland und der Schweiz wegen des Widerwillens der deutschen Bundesländer ist bekannt, denn in Deutschland sind die regionalen Steuerbehörden für die Steuereinnahmen maßgeblich. Die französischen Steuerbehörden haben im Gegensatz zu den britischen oder österreichischen Behörden ein solches Abkommen abgelehnt, da dies ein Verzicht auf die Verfolgung der Steuerbetrüger als Gegenleistung für eine Art Trinkgeld darstellt.

Die oben erwähnten Beispiele von Rechtsstreitigkeiten sind also als Symptome technischer Schwächen anzusehen. Das oft skandierte Motto der Steuerharmonisierung bleibt illusorisch. Wäre denn die französische Regierung zur Harmonisierung der Mehrwertsteuer mit etwa dem Königreich Dänemark bereit?[27] Die Vorstellung eines modernen Steuersystems hatte sich in einer völlig durchterritorialisierten Gesellschaft durchgesetzt. Heutzutage erscheint das Steuersystem aber der sozialen Realität unangepasst. Die mit der Grenze verbundenen Rechtsstreitigkeiten zeugen von dieser mangelnden Anpassung.

---

[27] Dänemark: 25% Mehrwertsteuer ohne Ermäßigung.

Die grenzüberschreitende Öffentlichkeitsbeteiligung

Annette GUCKELBERGER*

* Prof. Dr. Guckelberger ist Inhaberin des Lehrstuhls für Öffentliches Recht an der Universität des Saarlandes.

In Grenzgebieten ist es keine Seltenheit, dass die Zulassung eines Großvorhabens oder eine Planung negative Effekte auf die Umwelt im Nachbarstaat auslöst. Während es ein überbordendes Schrifttum zur Ausgestaltung der Öffentlichkeitsbeteiligung bei Planungs- und Genehmigungsverfahren gibt, findet das Phänomen der grenzüberschreitenden Öffentlichkeitsbeteiligung in Umweltangelegenheiten bislang kaum Aufmerksamkeit. Der vorliegende Beitrag behandelt aus deutscher Perspektive, wie sich die ausländische Öffentlichkeit bei einem in Deutschland gelegenen (Planungs-)Vorhaben mit Umweltauswirkungen im Nachbarstaat in deutsche Verfahren einbringen kann.

A. EINLEITUNG

Wie die Erfahrungen zeigen, machen Umweltbeeinträchtigungen und Umweltverschmutzungen nicht an den Grenzen halt.[1] Eine an der Grenze situierte Industrieanlage kann nicht nur im Inland, sondern auch im Ausland zu Luftverschmutzungen führen.[2] Verunreinigt ein an der Grenze angesiedeltes Unternehmen ein Gewässer, kann dadurch zugleich die Wasserqualität des Nachbarstaates schwer beeinträchtigt werden.[3] Unzureichende Hochwasserschutzmaßnahmen in einem Land können mit erheblichen Folgeeffekten für den angrenzenden Staat verbunden sein.[4] Durch den Bau eines Flughafens, einer Müllverbrennungs- bzw. Abfallverwertungsanlage oder eines Kernkraftwerks nahe der Landesgrenze kann die Umwelt im Nachbarstaat

---

1 *Durner*, in: Möllers/Voßkuhle/Walter, Internationales Verwaltungsrecht, 2007, S. 121, 135; *Gantzer* VBlBW 2005, 464; *Kotzur*, Grenznachbarschaftliche Zusammenarbeit in Europa, 2004, S. 366; *Martin*, Das Steuerungskonzept der informierten Öffentlichkeit, 2012, S. 242.

2 *Spannowsky*, in: ders., Strategische Umweltprüfung bei räumlichen Plänen mit landes- und staatsgrenzenüberschreitenden Umweltauswirkungen, 2011, S. 2.

3 *Spannowsky* (Fn. 2), S. 2.

4 *Spannowsky* (Fn. 2), S. 2.

erheblich beeinträchtigt werden.[5] Erst die massive Kritik anlässlich zweier Zwischenfälle im französischen Atomkraftwerk (AKW) Cattenom im Juni 2013 führte dazu, dass der Kraftwerksbetreiber sich mit dem Saarland über eine schnellere Information über etwaige Störfälle verständigte.[6] Im August 2013 traten erneut Missstimmungen im deutsch-französischen Grenzgebiet auf. Durch ein von den saarländischen Stellen genehmigtes Windkraftprojekt werde die malerische Kulisse des auf französischem Boden befindlichen Schloss Malbrouck beeinträchtigt, ohne dass man zuvor die französischen Stellen informiert haben soll.[7]

Großvorhaben mit erheblichen Umweltauswirkungen rufen nicht nur im Inland Proteste hervor. Sie bergen bei Auswirkungen auf die Umwelt in einem anderen Staat ein nicht zu unterschätzendes Konfliktpotenzial für die gutnachbarschaftlichen Beziehungen in sich.[8] Gerade weil bestimmte Arten von Vorhaben im Inland nicht bei jedem auf Zustimmung stoßen, besteht nach manchen Äußerungen sogar eine Tendenz zur Ansiedlung umweltbelastender und potenziell gefährlicher Anlagen in Grenzgebieten.[9] Dies hindert aber die ausländischen staatlichen Stellen sowie die Bevölkerung des Nachbarstaates gerade nicht daran, gegen die Planung bzw. das Projekt zu protestieren.[10] Mit heftigem Widerstand ist insbesondere zu rechnen, wenn die Bevölkerung des Nachbarstaates durch den Bau einer risikoreichen Anlage, etwa eines AKW, denselben Risiken wie die Bevölkerung desjenigen

---

[5] *Damm*, in: Spannowsky (Hrsg.), Strategische Umweltprüfung bei räumlichen Plänen mit landes- und staatsgrenzenüberschreitenden Umweltauswirkungen, 2011, S. 91; *Spannowsky* (Fn. 2), S. 2.

[6] Artikel „Saarland wird über Störfälle im AKW Cattenom schneller informiert" v. 4.7.2013 in Focus Online.

[7] Artikel „Viel Wind um zwei Windräder", dradio.de v. 8.8.2013; „Streit um Windräder bei Schloss Malbrouck reißt nicht ab", Saarbrücker Zeitung v. 5.10.2013.

[8] *Kment*, NuR 2012, 321.

[9] Arbeitsgemeinschaft Europäischer Grenzregionen (Hrsg.), Zusammenarbeit Europäischer Grenzregionen, 2008, S. 12; s. auch *Niedobitek*, Das Recht der grenzüberschreitenden Verträge, 2001, S. 81.

[10] *Niedobitek* (Fn. 9), S. 82.

Staates ausgesetzt ist, auf dessen Gebiet die Anlage errichtet werden soll.[11] Da die Grenzen zu den an Deutschland angrenzenden Staaten (Belgien, Dänemark, Frankreich, Luxemburg, Niederlande, Österreich, Polen, Tschechien und die Schweiz) „durchlässig“ sind[12] und sich manches Umwelt- bzw. Sachproblem heute nicht mehr sinnvoll im nationalen Alleingang lösen lässt,[13] stellt sich angesichts dieses Befundes die Frage, wie sich ein solches Streit- und Konfliktpotenzial abmildern lässt. Weil man zunehmend in der Öffentlichkeitsbeteiligung ein Instrument zur Verbesserung der Akzeptanz staatlichen Vorgehens sieht,[14] liegt die sog. grenzüberschreitende Öffentlichkeitsbeteiligung als Mittel zur Problemlösung nahe.

Wie anhand des Wortes „grenzüberschreitend“ deutlich wird, zeichnet sich diese Form der Öffentlichkeitsbeteiligung dadurch aus, dass sich die Öffentlichkeit jenseits der Grenzen eines Staates, in dem eine umweltrelevante Planung bzw. ein umweltrelevantes Vorhaben zur Debatte steht, dazu äußern kann. Mit dem Begriff der „Grenze“ ist die Trennlinie gemeint, mit der ein Staat seinen räumlichen Herrschaftsbereich nach außen hin absteckt.[15] Wenn hier von der „grenzüberschreitenden Öffentlichkeitsbeteiligung“ die Rede ist, ist damit also nur die Beteiligung der Öffentlichkeit außerhalb der Staatsgren-

---

[11] *Kloepfer* DVBl. 1984, 245; *Kment* NuR 2012, 321, 322.

[12] Zur Unterscheidung zwischen aktiven, d. h. durchlässigen, und passiven Grenzen *Müller*, in: Neuss/Niedobitek/Novotný/Rosulek (Hrsg.), Kooperationsbeziehungen in der Europäischen Union, 2012, S. 3, 21; s. auch *Lambertz*, in: Zschiedrich (Hrsg.), Wirtschaftliche Zusammenarbeit in Grenzregionen, 2011, S. 41; Arbeitsgemeinschaft (Fn. 9), S. 15; zur Fehlvorstellung, dass die Grenzen erst seit der europäischen Einigung durchlässig geworden sind, *Speer*, Grenze und grenzüberschreitende Zusammenarbeit im historischen Kontext, 2010, S. 50.

[13] Dazu *Menzel*, Internationales Öffentliches Recht, 2011, S. 394 f.

[14] Dazu z. B. *Schink* DVBl. 2011, 1377, 1378; *Ziekow*, Gutachten D zum 69. Deutschen Juristentag, 2012, D 17; s. zu den diversen Motiven der Öffentlichkeitsbeteiligung *Guckelberger*, in: Reinhardt (Hrsg.), Wasserrecht im Umbruch, 2007, S. 69, 84 ff.

[15] *Beyerlin*, Rechtsprobleme der lokalen grenzüberschreitenden Zusammenarbeit, 1988, S. 11 f.; zur völkerrechtlichen Grenze auch *Speer* (Fn. 12), S. 44 f.

zen Deutschlands gemeint,[16] nicht aber diejenige von Personen, die in anderen Bundesländern leben (sog. länderübergreifende Öffentlichkeitsbeteiligung). Da an den Grenzen getrennte Systeme aneinander stoßen,[17] ist eine derartige Form der Öffentlichkeitsbeteiligung komplizierter als die nur auf das Inland bezogene. Denn es treffen an dieser Stelle Divergenzen im Recht, in den Verwaltungsstrukturen (zuständige Behörden) und -kulturen, aber auch Mentalitäten aufeinander.[18] Je nach zur Debatte stehender Außengrenze[19] können die Sprachbarrieren zwischen Deutschland und seinem Nachbarstaat größer oder kleiner sein, kann die Distanz zwischen der Bevölkerung diesseits und jenseits der Grenze, z. B. als Resultat früheren Kriegsgeschehens,[20] aber auch infolge langjähriger Zusammenarbeit bzw. Grenzdurchlässigkeit mehr oder minder groß ausfallen. Das Adjektiv „grenzüberschreitend" impliziert die Möglichkeit eines Kontakts bzw. Austausches trotz der Grenze.[21] Auf diese Weise lassen sich Disparitäten oder Disharmonien abmildern.[22] Mit den allerdings auf die grenzüberschreitende Zusammenarbeit bezogenen Worten des Ministerpräsidenten der Deutschsprachigen Gemeinschaft Belgiens, *Karl-Heinz Lambertz*, ist dafür ein hohes Maß an interkultureller Kommunikationskompetenz nötig.[23] Weil man diese kaum von der gesamten Öffentlichkeit erwarten kann, sollten jedenfalls die involvierten staat-

---

16 Laut Duden bedeutet „grenzüberschreitend" über [Staats]grenzen hinausgehend.

17 *Speer* (Fn. 12), S. 45.

18 Dazu *Beyerlin* (Fn. 15), S. 20; *Kment*, Grenzüberschreitendes Verwaltungshandeln, 2010, S. 99; *Lambertz* (Fn. 12), S. 42; Arbeitsgemeinschaft (Fn. 9), S. 15.

19 Dazu, dass jede Grenzregion letztlich einen Einzelfall bildet, *Lambertz* (Fn. 12), S. 43.

20 Dazu *Beyerlin* (Fn. 15), S. 35 f.; zu den Differenzen auch *Zschiedrich*, in: ders. (Hrsg.), Wirtschaftliche Zusammenarbeit in Grenzregionen, 2011, S. 13, 14.

21 Dazu, dass Grenzen nicht nur eine Trenn-, sondern auch eine Kontaktfunktion haben, *Speer* (Fn. 12), S. 45, 51.

22 Dazu *Beyerlin* (Fn. 15), S. 20.

23 *Lambertz* (Fn. 12), S. 43.

lichen Akteure die Situation, Lage, Sprache und Denkweise im Nachbarstaat fast genauso gut kennen wie die eigene.[24]

Je größer die rechtlichen und administrativen Unterschiede zwischen den einzelnen Ländern sind, desto schwieriger wird die Bewältigung der grenzüberschreitenden Öffentlichkeitsbeteiligung.[25] Im Leitfaden der deutsch-französisch-schweizerischen Oberrheinkonferenz heißt es dazu, dass die unterschiedlichen nationalen Rechtssysteme und Verfahrensweisen sowie interkulturellen Besonderheiten in jedem grenzüberschreitenden Verfahren vorhanden sind und sehr schnell zu Missverständnissen oder Umsetzungsschwierigkeiten führen könnten.[26] So bestehen oft Unsicherheiten in Bezug auf die zuständigen Stellen der anderen Seite, die zu verwendenden Unterlagen, Sprachprobleme sowie die im anderen Land vorherrschende andere Verwaltungs- und Planungskultur.[27] Der Umgang mit diesen wird erst in der Praxis erlernt, braucht Zeit, Kraft, Willen und Energie und ist Folge eines Lernprozesses, der für die Beteiligten zugleich die Chance zur Hinterfragung eigener Auffassungen und Handlungsweisen bietet.[28] Deshalb ist nachfolgend zunächst von Interesse, ob und inwieweit völkerrechtliche oder unionsrechtliche Vorgaben gleiche Maßstäbe vorgeben und zur Reduzierung von Unterschieden führen.

Zwar kann man sich bislang im Umweltrecht in vielen Bereichen nicht auf gemeinsame materielle, sondern vor allem auf prozedurale Standards einigen.[29] Beispielsweise kann der Rat gem. Art. 192 Abs. 2 lit. c) AEUV Maßnahmen, welche die Wahl eines Mitgliedstaats zwischen verschiedenen Energiequellen und die allgemeine Struktur sei-

---

24 Ohne Bezug zur Öffentlichkeitsbeteiligung *Lambertz* (Fn. 12), S. 43.

25 S. auch *Gantzer* VBlBW 2005, 464.

26 Deutsch-Französisch-Schweizerische Oberrheinkonferenz, Leitfaden zur grenzüberschreitenden Beteiligung bei umweltrelevanten Vorhaben sowie Plänen und Programmen, in Kraft gesetzt durch Beschluss v. 10.12.2010, S. 3.

27 *Damm* (Fn. 5), S. 100.

28 *Damm* (Fn. 5), S. 101.

29 S. *Reinhardt* NuR 2005, 499, 502; weitere Nachweise bei *Guckelberger* (Fn. 14), S. 75.

ner Energieversorgung betreffen, nur einstimmig beschließen. Während Deutschland bis Ende 2022 den Ausstieg aus der Kernenergie beschlossen hat (§ 7 Abs. 1a S. 1 AtG), planen französische Regierungskreise nach einem vor kurzem veröffentlichten Zeitungsbericht sogar eine Verlängerung der Reaktorlaufzeiten auf bis zu fünfzig Jahre.[30] Aufgrund des Territorialitätsprinzips wird der Staat, der über ein umweltrelevantes Planungsvorhaben auf seinem Gebiet zu entscheiden hat, seine und nicht auch diejenigen materiellen Normen des betroffenen Nachbarstaats als Entscheidungsmaßstab zugrunde legen. Dies bedeutet jedoch nicht, dass eine Verständigung über umweltrelevante Planungen und Projekte in dieser Hinsicht von vornherein nutzlos ist. Denn der gegenseitige Austausch ist zumindest geeignet, bei der anderen Seite ein entsprechendes Problembewusstsein hervorzurufen.

Sowohl Deutschland als auch die angrenzenden Staaten sind Mitglieder der Europäischen Menschenrechtskonvention (EMRK). Durch diese wird ein einheitlicher Mindeststandard an individuellen Rechten und Freiheiten innerhalb des räumlichen Geltungsbereichs der Konvention begründet.[31] Bei ihrer Entscheidung über umweltrelevante Planungen und Vorhaben müssen alle Konventionsstaaten insbesondere das Recht auf Leben (Art. 2 EMRK) und das im 1. Zusatzprotokoll garantierte Eigentum respektieren.[32] Wie der EGMR entschieden hat, lässt sich weder aus dem Recht auf Achtung des Privat- und Familienlebens (Art. 8 EMRK) noch einer anderen Konventionsvorschrift eine Garantie allgemeinen Umweltschutzes entnehmen. „Das wesentliche Kriterium für die Entscheidung, ob nach den Umständen des Falls ein Eingriff in die Umwelt eines der in Art. 8 EMRK garantierten Rechte verletzt, ist, ob er ernsthafte Auswirkungen auf das

---

[30] S. den Artikel „Frankreich will AKW bis zu 50 Jahre lang laufen lassen", Spiegel Online v. 14.10.2013; s. auch *Faßbender* ZUR 2012, 267.

[31] *Doehring*, in: Ress (Hrsg.), Grenzüberschreitende Verfahrensbeteiligung im Umweltrecht der Mitgliedstaaten der Europäischen Gemeinschaften, 1985, S. 56; *Eisele*, Zur Eindämmung grenzüberschreitenden Fluglärms, 2012, S. 260.

[32] *Doehring* (Fn. 31), S. 56.

Privat- oder Familienleben einer Person hat und nicht nur eine allgemeine Schädigung der Umwelt ist."[33] Mit Ausnahme der Schweiz sind alle Nachbarstaaten Deutschlands Mitglied der Europäischen Union. Nach Art. 2 EUV gründet sich diese auf die Achtung der Menschenwürde, Freiheit, Demokratie, Gleichheit, Rechtsstaatlichkeit und Wahrung der Menschenrechte, die – so Satz 2 – allen Mitgliedstaaten gemeinsam sind. Diese Homogenitätsklausel bindet die Mitgliedstaaten auch in solchen Bereichen an die Werte der Union, die in ihrem ausschließlichen Zuständigkeitsbereich verblieben sind.[34]

Wenn aber auf materieller Ebene gemeinsame Mindeststandards zwischen den an Deutschland angrenzenden Staaten bestehen, scheint es nicht von vornherein ausgeschlossen, dass es auch in verfahrensrechtlicher Hinsicht Gemeinsamkeiten zwischen ihnen gibt bzw. geben kann. Wie noch darzustellen sein wird, wirken zunehmend Vorgaben des europäischen und internationalen Umweltrechts auf den nationalen Gesetzgeber ein.[35] Darin spiegelt sich das vitale Interesse der Staaten an einer gemeinsamen Lösung einzelner Umweltprobleme wider.[36] Angesichts drohender globaler ökologischer Veränderungen mehren sich die Stimmen, welche die Umweltgüter als Gegenstand eines Staatengemeinschaftsinteresses sowie als „common heritage of mankind" betrachten.[37]

---

[33] EGMR NVwZ 2013, 415, 416.

[34] *Callies*, in: ders./Ruffert, EUV/AEUV, 4. Aufl. 2011, Art. 2 EUV Rn. 7; *Niedobitek*, in: Neuss/ders./Novotný/Rosulek (Hrsg.), Kooperationsbeziehungen in der neuen Europäischen Union, 2012, S. 205, 212; *Pechstein*, in: Streinz, EUV/AEUV, 2. Aufl. 2012, Art. 2 EUV Rn. 1; *Schwarze*, in: ders., EU-Kommentar, 3. Aufl. 2012, Art. 2 EUV Rn. 1.

[35] *Koch*, Die grenzüberschreitende Wirkung von nationalen Genehmigungen für umweltbeeinträchtigende industrielle Anlagen, 2010, S. 147.

[36] In diese Richtung *Koch* (Fn. 35), S. 147.

[37] *Kment* (Fn. 18), S. 384; *Menzel* (Fn. 13), S. 285; dazu auch *Nettesheim* AVR 34 (1996), 168; *Orth*, Ein Grundrecht auf Umweltschutz in Europa?, 2007, S. 41 ff.; *Payandeh*, Internationales Gemeinschaftsrecht, 2010, S. 122 ff.

B. VÖLKERRECHTLICHE VORGABEN IN BEZUG AUF GRENZÜBERSCHREITENDE UMWELTBEEINTRÄCHTIGUNGEN

Das Umweltvölkerrecht ist ein verhältnismäßig junges Rechtsgebiet, das sich in Fortentwicklung befindet.[38] Während sich die USA noch am Ende des 19. Jahrhunderts auf den Standpunkt stellten, dass ein Staat nach dem Grundsatz der Souveränität auf seinem Gebiet frei und ohne Rücksichtnahme auf den Nachbarstaat agieren dürfe („Harmon-Doktrin"),[39] hat sich zwischenzeitlich zurückgehend auf den Trail Smelter Schiedsspruch[40] völkergewohnheitsrechtlich die Ansicht durchgesetzt, dass ein Staat auf seinem Territorium keine Aktivitäten vornehmen, fördern oder dulden darf, die im Nachbarstaat erhebliche Umweltbelastungen verursachen.[41] So heißt es auch in Prinzip 21 der Stockholmer Erklärung der Konferenz der Vereinten Nationen von 1972, dass die Staaten über „the sovereign right to exploit their own resources pursuant to their own environmental policies" verfügen, wenn sie „do not cause damage to the environment of other States or areas beyond the limits of national jurisdiction".[42] An diese Regel knüpft Grundsatz 2 der Rio-Erklärung über Umwelt und

---

[38] *Gantzer* VBlBW 2005, 464; *Kment* (Fn. 18), S. 285; *Kreuter-Kirchhof*, Neue Kooperationsformen im Umweltvölkerrecht, 2005, S. 488.

[39] Abgedruckt in: Cairo A.R. Robb, International Environmental Law Reports, Vol. I, Early Decisions, 1999, S. 543 ff.; s. auch *Menzel* (Fn. 13), S. 285 f.

[40] *Trail Smelter Fall*, Schiedsspruch v. 16.4.1938/11.3.1941 – Vereinigte Staaten von Amerika versus Kanada, RIAA III, 1905.

[41] BVerwGE 132, 152, 159; *v. Arnauld*, Klausurenkurs im Völkerrecht, 2. Aufl. 2012, Rn. 333; *Beyerlin* NuR 1985, 173 f.; *Epiney* JuS 2003, 1066, 1068; *Faßbender* ZuR 2012, 271; *Proelß*, in: Vitzhtum/ders., Völkerrecht, 6. Aufl. 2013, 5. Abschnitt Rn. 105; *Tietje*, Internationalisiertes Verwaltungshandeln, 2001, S. 357; s. auch *Koch* (Fn. 35), S. 46 f. unter Verweis auf den Ausgleich der Souveränitätsansprüche sowie den Grundsatz guter Nachbarschaft.

[42] Online unter http://www.unep.org/Documents.Multlingual/Default.asp?documentid=97&articleid=1503, abgerufen am 18.3.2014; dazu auch *Tietje* (Fn. 41), S. 358.

Entwicklung von 1992 an.[43] Das Völkerrecht nimmt also eine vermittelnde Haltung zwischen den beiden Extremen der absoluten Handlungsfreiheit eines Staates auf der einen Seite und der absoluten Respektierung fremder territorialer Integrität auf der anderen Seite ein. Es bekennt sich zum Prinzip beschränkter territorialer Souveränität und Integrität auf der Basis wechselseitiger Rücksichtnahme.[44]

Obwohl hinsichtlich des Verbots erheblicher grenzüberschreitender Umweltbelastungen weitestgehend Konsens besteht, bereitet es in der Praxis angesichts seiner unscharfen Konturen Probleme, insbesondere ob eine Beeinträchtigung die nötige Erheblichkeitsschwelle übersteigt und wie, respektive aus wessen Sicht, die Erheblichkeit zu bestimmen ist.[45] Aus diesem Verbot wird zwischenzeitlich eine Präventionspflicht entnommen.[46] Wenn es den Staaten schon verboten ist, erhebliche grenzüberschreitende Umweltbeeinträchtigungen hervorzurufen, müssen sie bereits im Vorfeld die nötigen Anstrengungen unternehmen, damit es erst gar nicht zu einem solchen Gefahreneintritt kommt.[47] Daran anknüpfend wird bisweilen vertreten, dass hochgefährliche und riskante Aktivitäten („ultra-hazardous activities“) in unmittelbarer Nähe zu einem anderen Staat unzulässig seien.[48] Im Jahre 2008 verwies *Hummer* darauf, seit der Reaktorkatastrophe von Tschernobyl sei die früher verbreitete Ansicht widerlegt, wonach der Eintritt von Reaktorunfällen mit lebensbedrohlichen Folgen oder gar einer Kernschmelze nicht hinreichend wahrscheinlich sei.[49] Wenige Tage nach dem Reaktorunglück in Fukushima vertrat der ehemalige Vizepräsident des IGH *Weeramantry* die Meinung, die Weiterführung

---

[43] Online unter http:www.un.org/depts/german/conf/agenda21/rio.pdf abgerufen am 18.3.2014; dazu auch *Czarnecki/Lenski*, Fallrepetitorium Völkerrecht, 2. Aufl. 2006, S. 18 f.

[44] *Doehring* (Fn. 31), S. 54; s. auch *Kment* (Fn. 18), S. 96 f.; *Koch* (Fn. 35), S. 47.

[45] Dazu *Durner* (Fn. 1), S. 136; *Epiney* JuS 2003, 1066, 1068 f.; *Faßbender* ZUR 2012, 267, 271; *Koch* (Fn. 35), S. 49 ff.; *Proelß* (Fn. 41), Rn. 106 f.

[46] *Pulp Mills*, ICJ Report 2010, 14, 55 f. (§ 101); *Epiney* JuS 2003, 1066, 1068; *Faßbender* ZUR 2012, 267, 272; *Proelß* (Fn. 41), Rn. 108.

[47] *Epiney* JuS 2003, 1066, 1068.

[48] So *Randelzhofer/Simma*, in: Festschrift für Berber, 1973, S. 389, 414 f.

[49] *Hummer* ZöR 2008, 501, 509.

und Verbreitung von Atomreaktoren sei nicht völkerrechtskonform.[50] Diese Ansicht konnte sich jedoch bislang völkergewohnheitsrechtlich mangels einer entsprechenden Staatenpraxis nicht durchsetzen.[51] Zur Begründung wird u.a. darauf verwiesen, dass eine große Zahl von Staaten bei ausreichenden Sicherheitsvorkehrungen keine Bedenken an derartigen Aktivitäten hätte und derartige Konflikte oftmals einvernehmlich im Wege von Konsultationen und aktiver Zusammenarbeit gelöst würden.[52] Überdies wird gegen ein völkerrechtliches Verbot grenznaher AKWs vorgebracht, „dass hierdurch die Standortwahl aufgrund der geographischen Lage des Staates erheblich eingeschränkt oder gar die Errichtung von AKWs wegen der geringen Größe des Staatsgebietes ausgeschlossen werden könnte".[53]

Weil das Verbot erheblicher grenzüberschreitender Umweltbeeinträchtigungen in der Praxis Schwierigkeiten bereitet und es gleichzeitig dem Ausgleich konfligierender Rechtspositionen dient, wird ihm eine prozedurale Komponente entnommen.[54] Als weitgehend unbestritten angesehen werden deshalb Informations- und Konsultationspflichten der Staaten im Kontext mit der Errichtung und dem Betrieb grenznaher Anlagen, sofern sie im Nachbarstaat erhebliche Umweltbeeinträchtigungen erzeugen können.[55] Konsultationspflichten reichen dabei weiter als die reine Pflicht zur Information. Denn bei ihnen sind Stellungnahmen eines potenziell betroffenen Nachbarstaats entgegenzunehmen, um sie in das Planungs- bzw. Zulassungsverfahren des Ursprungsstaats einzubeziehen und ggf. bei der anstehenden Entscheidung berücksichtigen zu können.[56] Mit anderen Wor-

---

[50] *Weeramantry*, Offener Brief an die Umweltminister aller Staaten vom 14.3.2011, abgerufen über http://ialana.de/files/pdf/rund-briefe/11-04/IALANA_Rundbrief_04_2011.pdf am 18.3.2014.

[51] S. nur *v. Arnauld* (Fn. 41), Rn. 335 f.; *Faßbender* ZUR 2012, 267, 272.

[52] S. dazu *Faßbender* ZUR 2012, 267, 272 m.w.N.

[53] *Faßbender* ZUR 2012, 267, 272.

[54] *Beyerlin* NuR 1985, 173, 174; *Durner* (Fn. 1), S. 136; *Glaser*, Internationale Verwaltungsbeziehungen, 2010, S. 52.

[55] *Beyerlin* NuR 1985, 173, 174; *Doehring* (Fn. 31), S. 54; *Epiney* JuS 2003, 1066, 1070; *Gantzer* VBlBW 2005, 464; *Kment* (Fn. 18), S. 350.

[56] *Epiney* JuS 2003, 1066, 1070.

ten werden bei derartigen Konsultationen die Interessen der Bevölkerung des Nachbarstaates durch Mediatisierung über ihren Staat dem anderen Staat zur Kenntnis gebracht.[57] Dass der Staat, von dessen Gebiet die Umweltbeeinträchtigungen ausgehen, kraft universellen Völker(gewohnheits)rechts zur Einräumung von Beteiligungs- und Verfahrensrechten für die Grenznachbarn verpflichtet sein soll und daher für diese zugleich die Gelegenheit bestehen muss, ihre Interessen direkt gegenüber dem fremden Staat und seinen Stellen wahrzunehmen, wurde lange Zeit kategorisch abgelehnt.[58]

I. Espoo-Konvention

Deutschland hat im Jahr 2002 dem Übereinkommen über die Umweltverträglichkeitsprüfung vom 25. Februar 1991 zugestimmt,[59] das in den Jahren 2001 und 2004 nochmals geändert wurde.[60] Diese sog. Espoo-Konvention schafft für Europa einen völkerrechtlich verbindlichen Rahmen für die grenzüberschreitende Öffentlichkeitsbeteiligung bei umweltrelevanten Vorhaben.[61] In diesem Abkommen verpflichten sich die Vertragsparteien zur Schaffung eines Verfahrens zur Umweltverträglichkeitsprüfung (UVP) bei bestimmten näher bezeichneten Projekten mit voraussichtlich erheblichen nachteiligen grenzüberschreitenden Auswirkungen. Es lässt eine Beteiligung der Öffentlichkeit sowie die Ausarbeitung der in Anhang II beschriebenen Dokumentation zur UVP zu (Art. 2 Abs. 2). Gem. Art. 2 Abs. 4 stellt die Ursprungspartei die Benachrichtigung der betroffenen Vertragsparteien sicher (s. auch Art. 3 Abs. 1). Die Ursprungspartei gibt nach Art. 2 Abs. 6 der Öffentlichkeit in den voraussichtlich betroffenen Gebieten Gelegenheit, sich an den einschlägigen UVP-Verfahren zu beteiligen,

---

57 Dazu auch *Doehring* (Fn. 31), S. 61 ff.; *Kment* (Fn. 18), S. 350; *Weber* DVBl. 1987, 377, 378.

58 *Beyerlin* NuR 1985, 173, 174; *Doehring* (Fn. 31), S. 61 ff.; *Durner* (Fn. 1), S. 154 f.; *Gantzer* VBlBW 2005, 464; *Kment* (Fn. 18), S. 350.

59 BGBl. 2002 II 1406 ff.; zur Öffentlichkeitsbeteiligung bei der Ostseepipeline *Abromeit* ZUR 2007, 354 ff.

60 S. zu der zuletzt genannten Änderung BGBl. 2006 II 225.

61 *Gantzer* VBlBW 2005, 464, 465.

und stellt sicher, dass die der Öffentlichkeit der betroffenen Vertragspartei gegebene Gelegenheit für die Beteiligung der ihrer eigenen Öffentlichkeit entspricht. In der Espoo-Konvention wird also die bis dahin maßgebliche Beteiligung der Behörden des Nachbarstaates ausgeweitet, wobei die inländische und die ausländische Öffentlichkeit einander gleichgestellt werden.[62] Wie in einer Antwort der Bundesregierung auf eine parlamentarische Anfrage deutlich wurde, entnimmt sie dem *Grundsatz der gleichwertigen Beteiligung* der Öffentlichkeit im Ursprungs- und im betroffenen Nachbarstaat bedeutsame Konsequenzen. Ihrer Ansicht nach folgt aus diesem Grundsatz, dass sich die Öffentlichkeit eines betroffenen Staates in ihrer eigenen Sprache gegenüber dem Ursprungsstaat äußern[63] und sich bei Durchführung eines Erörterungstermins im Ursprungsstaat an diesem Termin ebenfalls beteiligen darf.

Weitere Einzelheiten zur grenzüberschreitenden Öffentlichkeitsbeteiligung ergeben sich zum einen aus Art. 3 Abs. 8. Danach stellen die Unterzeichnerstaaten sicher, dass die Öffentlichkeit der betroffenen Vertragspartei in den voraussichtlich betroffenen Gebieten über die geplante Tätigkeit unterrichtet wird und hierzu Stellungnahmen und Widersprüche abgeben kann. Des Weiteren sind die Stellungnahmen entweder unmittelbar oder über die Ursprungspartei an deren zuständige Behörde weiterzuleiten. Die Ursprungspartei hat der betroffenen Vertragspartei gem. Art. 4 Abs. 2 die Dokumentation zur UVP zur Verfügung zu stellen, damit diese wiederum den Behörden und der Öffentlichkeit der betroffenen Vertragsparteien zur Verfügung gestellt werden kann und Stellungnahmen hierzu innerhalb angemessener Zeit vor der Entscheidung an die zuständige Behörde des Ursprungsstaates weitergeleitet werden können. Diese sind sodann gebührend bei der endgültigen Entscheidung über die geplante Tätigkeit zu berücksichtigen (Art. 6 Abs. 1).

---

62 *Sonnenwald*, Die grenzüberschreitende Beteiligung der Öffentlichkeit im Rahmen der Umweltverträglichkeitsprüfung, 2005, S. 13.
63 BT-Drucks. 17/9832, S. 4.

Die Öffentlichkeitsbeteiligungsverpflichtung nach der Espoo-Konvention greift allerdings nicht, wenn sich die betroffene Vertragspartei nicht am Verfahren beteiligen möchte bzw. der Ursprungspartei nicht innerhalb der in der Benachrichtigung angegebenen Frist antwortet (Art. 3 Abs. 4).[64] Nichtsdestotrotz kann die Ursprungspartei eine Umweltverträglichkeitsprüfung aufgrund ihrer innerstaatlichen Rechtsvorschriften und Praxis unter Einbeziehung der ausländischen Öffentlichkeit vornehmen. Im Übrigen steht die Espoo-Konvention weitergehenden bi- oder multilateralen Kooperationsvereinbarungen nicht entgegen (Art. 8).[65]

II. Aarhus-Konvention

Während für die Vertragsparteien bei der Espoo-Konvention und dem SEA-Protokoll, auf welches später noch genauer eingegangen wird, der grenzüberschreitende Umweltschutz als solcher von zentraler Bedeutung ist, steht bei der Aarhus-Konvention (AK) der Mensch im Vordergrund.[66] Dies wird bereits an Art. 1 AK deutlich: Danach gewährleisten die Vertragsparteien zum Schutz der Menschen gegenwärtiger und künftiger Generationen auf ein Leben in einer der Gesundheit und dem Wohlbefinden zuträglichen Umwelt u.a. das Recht auf Zugang zu Informationen sowie auf Öffentlichkeitsbeteiligung in Umweltangelegenheiten. Dem liegt die Annahme zugrunde, dass sich ohne die Mitwirkung verantwortungsvoller, informierter Bürger ein Leben in einer gesunden Umwelt für gegenwärtige und zukünftige Generationen nur schwer bewerkstelligen lässt.[67] Man verspricht sich von einer solchen Einbeziehung u.a. eine Verbesserung der Qualität der staatlichen Entscheidungen sowie eine größere Akzeptanz für diese.[68] Deshalb enthält die Aarhus-Konvention detaillierte Vorgaben zur Öffentlichkeitsbeteiligung an Entscheidungen über bestimmte

---

[64] *Gantzer* VBlBW 2005, 464, 465; *Kment* (Fn. 18), S. 303.

[65] *Kment* (Fn. 18), S. 304.

[66] *Kment* (Fn. 18), S. 302.

[67] *Klein*, Umweltinformation im Völker- und Europarecht, 2011, S. 24; *Martin* (Fn. 1), S. 86.

[68] *Klein* (Fn. 18), S. 79.

Tätigkeiten (Art. 6 AK), bei umweltbezogenen Plänen, Programmen und Politiken (Art. 7 AK) sowie während der Vorbereitung exekutiver Vorschriften und/oder allgemein anwendbarer rechtsverbindlicher normativer Instrumente (Art. 8 AK).

In der Aarhus-Konvention sucht man jedoch vergebens nach einer speziellen Vorschrift zur grenzüberschreitenden Öffentlichkeitsbeteiligung. Lediglich in Art. 6 Abs. 2 lit. e) AK werden grenzüberschreitende Verfahren zur Umweltverträglichkeitsprüfung beiläufig erwähnt.[69] Von nicht zu unterschätzender Bedeutung ist aber Art. 3 Abs. 9 AK: Danach darf die Öffentlichkeit beim Zugang zu Informationen und bei der Beteiligung an Entscheidungsverfahren nicht wegen ihrer Staatsangehörigkeit oder ihrem Wohnsitz benachteiligt werden. Mit anderen Worten sind die ausländischen Grenznachbarn in diesen Angelegenheiten genauso wie die Bevölkerung des Zulassungsstaates zu behandeln.[70] Dass im Ausland wohnende Personen sich bei der Kenntnisnahme des Verfahrens oder wegen der für sie anderen Sprache schwerer tun, wird meistens nicht als konventionswidrig angesehen.[71] Es handle sich dabei um faktische Benachteiligungen, die nicht auf eine Diskriminierung infolge der Staatsangehörigkeit oder des Wohnsitzes zurückzuführen sind.[72] Indem die Aarhus-Konvention je nach Bereich mehr oder minder detaillierte Standards für die Öffentlichkeitsbeteiligung vorgibt, trägt sie jedoch zu einer Angleichung des Verfahrensrechts der Nachbarstaaten und damit auch einer besseren Abstimmung bzw. Verzahnung von Verfahrensschritten der grenzüberschreitenden Öffentlichkeitsbeteiligung bei.

III. SEA-Protokoll

Des Weiteren wurde im Mai 2003 von der Wirtschaftskommission der Vereinten Nationen für Europa (UNECE) das sog. SEA-Protokoll

---

[69] *Kment* (Fn. 18), S. 309.
[70] *Kment* (Fn. 18), S. 309.
[71] *Kment* (Fn. 18), S. 309.
[72] *Kment* (Fn. 18), S. 309.

verabschiedet. Deutschland und auch seine Nachbarstaaten haben dieses Protokoll unterzeichnet.[73] In ihm verpflichten sich die Staaten zur Durchführung strategischer Umweltprüfungen für bestimmte Pläne und Programme, wobei dieses Übereinkommen speziell die SUP im grenzüberschreitenden Rahmen zum Gegenstand hat. Nach den Regelungen im Protokoll müssen die Vertragsparteien bei Eröffnung des Anwendungsbereichs ein Scoping vornehmen (Art. 6) und einen Umweltbericht erstellen (Art. 7). Gem. Art. 5 Abs. 3 und Art. 6 Abs. 3 haben sich die Vertragsparteien lediglich um Möglichkeiten für die Beteiligung der betroffenen Öffentlichkeit beim Screening und Scoping zu „bemühen".[74]

Nach Art. 8 hat jede Vertragspartei frühzeitige, rechtzeitige und effektive Möglichkeiten der Öffentlichkeitsbeteiligung vorzusehen (Abs. 1).[75] Durch die Verwendung elektronischer oder anderer geeigneter Mittel ist die rechtzeitige Zugänglichmachung des Plan- oder Programmentwurfs sowie des Umweltberichts für die Öffentlichkeit sicherzustellen (Abs. 2). Außerdem ist die betroffene Öffentlichkeit einschließlich relevanter nichtstaatlicher Organisationen zu bestimmen (Abs. 3). Diese Öffentlichkeit muss innerhalb angemessener Frist Gelegenheit zur Stellungnahme zu dem jeweiligen Entwurf mit Umweltbericht erhalten (Abs. 4). Außerdem stellt jede Vertragspartei gem. Absatz 5 sicher, dass die Einzelheiten für die Information der Öffentlichkeit und die Konsultation der betroffenen Öffentlichkeit bestimmt und der Öffentlichkeit zugänglich gemacht werden. Dabei berücksichtigt jede Vertragspartei in angemessenem Umfang die in Anhang V aufgeführten Elemente. Danach gehören zu den Informationen: 1. der vorgeschlagene Plan oder das vorgeschlagene Programm und seine Art, 2. die für seine Annahme zuständige Stelle, 3. das vorgeschlagene Verfahren einschließlich Angaben zu dem Beginn

[73] Nachweise über https://treaties.un.org/doc/Publication/MTDSG/Volume II/Chapter XXVII/XXVII-4-b.en.pdf, abgerufen am 20.3.2014.

[74] *Kment* (Fn. 18), S. 306.

[75] Dazu, dass sich diese Norm nur auf die Beteiligung unmittelbar vor der Entscheidung bezieht und keinesfalls die Möglichkeit zur vorherigen Einbeziehung ausschließt, *Kment* (Fn. 18), S. 307.

des Verfahrens, den Beteiligungsmöglichkeiten der Öffentlichkeit, Zeit und Ort vorgesehener Anhörungen, der Behörde, von der relevante Informationen zu erhalten sind und der Ort, wo die Öffentlichkeit in diese Einsicht nehmen kann, der Behörde für die Einreichung der Stellungnahmen einschließlich der dafür vorgesehenen Fristen, die Bezeichnung der relevanten Umweltinformationen sowie 4. die Angabe, ob der Plan oder das Programm voraussichtlich einem grenzüberschreitenden Umweltprüfungsverfahren unterliegen wird. Im Falle der Aufnahme von Konsultationen haben sich die Vertragsparteien auf Einzelheiten zur Sicherstellung der Unterrichtung der betroffenen Öffentlichkeit sowie zur Gelegenheit der Abgabe von Stellungnahmen innerhalb einer angemessenen Frist zu verständigen. Schließlich verbietet Art. 3 Abs. 7 Benachteiligungen wegen der Staatsangehörigkeit oder dem Wohnsitz.

IV. Zwischenfazit

Insgesamt kann man aus der vorherigen Darstellung entnehmen, dass sich in Europa zunehmend ein Bewusstsein für das Gebotensein einer grenzüberschreitenden Öffentlichkeitsbeteiligung ausgebildet hat. Mit dem vom Gedanken des Vorsorgeprinzips getragenen Erfordernis einer Umweltverträglichkeitsprüfung möchte man das Entstehen erheblicher Umweltbelastungen von vornherein vermeiden.[76] Soweit sich die verfahrensrechtlichen Normen auf die Öffentlichkeitsbeteiligung der jeweiligen Vertragsstaaten selbst beziehen, führt die Standardisierung dazu, dass sich eine grenzüberschreitende Öffentlichkeitsbeteiligung wegen den in allen Staaten ähnlichen Verfahrensvorgaben besser bewerkstelligen lässt.[77] Insgesamt lassen die internationalrechtlichen Vorgaben den Vertragsstaaten in Bezug auf die Ausgestaltung der Öffentlichkeitsbeteiligung eher große Spielräume ein-

---

[76] *Sonnenwald* (Fn. 62), S. 6 in Bezug auf die UVP-Richtlinie; s. auch *Faßbender* ZUR 2012, 267, 273.

[77] S. auch *Jendróska*, in: Albrecht/Nowacki (Hrsg.), Die grenzüberschreitende Beteiligung der Öffentlichkeit und von Behörden in Deutschland und in Polen, 2006, S. 1, 4; *Sonnenwald* (Fn. 62), S. 60.

schließlich der daraus resultierenden Divergenzen. Die Vorgaben speziell zur grenzüberschreitenden Öffentlichkeitsbeteiligung fallen tendenziell rudimentär aus.[78]

C. UNIONSRECHT

Weil die Europäische Union neben den EU-Mitgliedstaaten Vertragspartei der Aarhus-Konvention ist, ist es nicht weiter verwunderlich, dass diverse Richtlinien Vorschriften zur Öffentlichkeitsbeteiligung enthalten. Dem Ausbau der Öffentlichkeitsbeteiligung wird auf europäischer Ebene eine wichtige Bedeutung für die Durchsetzung des unionsrechtlichen Umweltschutzes zugeschrieben, zumal auf Seiten einzelner bzw. vieler Mitgliedstaaten immer wieder Vollzugsdefizite im Umweltsektor bemängelt werden.[79]

I. UVP-Richtlinie

Vorgaben zur grenzüberschreitenden Umweltverträglichkeitsprüfung (UVP) bei bestimmten öffentlichen und privaten Projekten finden sich in Art. 7 EU-Richtlinie 2011/92/EU.[80] Hat ein Projekt nach der Einschätzung eines Mitgliedstaates voraussichtlich erhebliche Auswirkungen auf die Umwelt eines anderen Mitgliedstaates oder stellt ein möglicherweise erheblich betroffener Mitgliedstaat einen entsprechenden Antrag, hat der sog. Ursprungsstaat dem betroffenen Mitgliedstaat so bald wie möglich, spätestens aber zum Zeitpunkt der Unterrichtung der Öffentlichkeit im eigenen Land, eine Beschreibung des Projekts zusammen mit allen verfügbaren Angaben über dessen mögliche grenzüberschreitende Auswirkungen und Angaben über die Art der möglichen Entscheidung zukommen zu lassen (Art. 7 Abs. 1 S. 1). Teilt ein Mitgliedstaat nach Erhalt dieser Angaben seine Teil-

[78] S. auch *Sonnenwald* (Fn. 62), S. 13 zur Espoo-Konvention; *Tietje* (Fn. 41), S. 362 f.

[79] *Sonnenwald* (Fn. 62), S. 2.

[80] Richtlinie 2011/92/EU des Europäischen Parlaments und des Rates vom 13.12.2011 über die Umweltverträglichkeitsprüfung bestimmter öffentlicher und privater Projekte.

nahmeabsicht an dem umweltbezogenen Entscheidungsverfahren mit, übermittelt der Ursprungsstaat spätestens jetzt dem betroffenen Mitgliedstaat bestimmte Informationen.

Die beteiligten Mitgliedstaaten tragen, soweit sie jeweils berührt sind, dafür Sorge, dass die zuvor genannten Angaben „innerhalb einer angemessenen Frist" der betroffenen Öffentlichkeit „im Hoheitsgebiet des möglicherweise von dem Projekt erheblich betroffenen Mitgliedstaats" zur Verfügung gestellt werden und ihr die Gelegenheit gegeben wird, der „zuständigen Behörde des Mitgliedstaats, in dessen Hoheitsgebiet das Projekt durchgeführt werden soll", vor der Genehmigung des Projekts innerhalb einer angemessenen Frist ihre Stellungnahme weiterzuleiten (Art. 7 Abs. 3). Art. 7 Abs. 5 überlässt den Mitgliedstaaten die Einzelheiten der Durchführung dieses Artikels. Sie müssen aber auf jeden Fall derart beschaffen sein, dass die betroffene Öffentlichkeit im Hoheitsgebiet des betroffenen Mitgliedstaats die Möglichkeit zur effektiven Teilnahme an den umweltbezogenen Entscheidungsverfahren erhält. In Bezug auf Art. 11 entschied der EuGh kürzlich (Urt. V. 15.10.2015, C-137/14), dass dieser in Sachen Umweltschutz einen weiten Gerichtszugang gewährleisten soll und die nationalen Präklusionsnormen des § 2 Abs. 3 UmwRG und des § 73 Abs. 4 VwVfG unionsrechtswidrig sind.

II. SUP-Richtlinie

Weniger detailliert fallen die Vorgaben zur Vorgehensweise bei der strategischen Prüfung der Umweltauswirkungen bestimmter Pläne und Programme aus.[81] Nach Erwähnung der Gewährleistung grenzübergreifender Konsultationen heißt es am Ende von Erwägungsgrund (7): „Die Informationen über Pläne und Programme, die erhebliche Auswirkungen auf die Umwelt in anderen Staaten haben, sollten auf der Grundlage der Gegenseitigkeit und Gleichwertigkeit innerhalb eines angemessenen Rechtsrahmens zwischen den Mitglied-

---

[81] Richtlinie 2001/42/EG des Europäischen Parlaments und des Rates vom 27.6.2001 über die Prüfung der Umweltauswirkungen bestimmter Pläne und Programme, ABl. EG 2001 Nr. L 197, S. 30 ff.

staaten und diesen anderen Staaten übermittelt werden". Gemäß Erwägungsgrund (17) sollen die Ergebnisse einer grenzüberschreitenden Konsultation bei der Ausarbeitung des Plans oder Programms und vor seiner Annahme Berücksichtigung finden.

Die grenzüberschreitenden Konsultationen werden sodann in Art. 7 ausgestaltet. Hat ein Plan oder Programm voraussichtlich erhebliche Umweltauswirkungen auf einen anderen Mitgliedstaat oder stellt ein voraussichtlich erheblich betroffener Mitgliedstaat einen entsprechenden Antrag, ist eine Kopie des Plan- oder Programmentwurfs und des entsprechenden Umweltberichts an den anderen Staat zu übermitteln. Sofern ein Mitgliedstaat grenzüberschreitende Konsultationen wünscht, werden diese durchgeführt (Art. 7 Abs. 2). In diesem Fall haben sich die betreffenden Mitgliedstaaten auf Einzelheiten zur Sicherstellung der Unterrichtung der Öffentlichkeit in dem erheblich betroffenen Mitgliedstaat und zur Stellungnahmemöglichkeit innerhalb angemessener Fristen zu verständigen.

III. Industrieemissionsrichtlinie

Die neue Industrieemissionsrichtlinie[82] regelt in ihrem Art. 26 grenzüberschreitende Auswirkungen. In Absatz 1 wird die Zurverfügungstellung von Informationen auf Feststellung des Ursprungsstaates oder auf Ersuchen des Nachbarstaates geregelt. Diese Angaben sind für die notwendigen Konsultationen im Rahmen der bilateralen Beziehungen der Mitgliedstaaten „auf der Basis von Gegenseitigkeit und Gleichwertigkeit" erforderlich. Nach Absatz 2 sorgen sie im Rahmen ihrer bilateralen Beziehungen dafür, dass die Anträge auch der Öffentlichkeit des möglicherweise betroffenen Mitgliedstaats während eines angemessenen Zeitraums zugänglich gemacht werden, damit diese vor der Entscheidung der zuständigen Behörde dazu Stellung nehmen kann. Die zuständige Behörde berücksichtigt diese Ergebnisse bei ihrer Entscheidung (Abs. 3). Nach Absatz 4 setzt die zuständi-

---

[82] Richtlinie 2010/75/EU des Europäischen Parlaments und des Rates vom 24. November 2010 über Industrieemissionen, ABl. EU 2010 Nr. L 334, S. 17 ff.

ge Behörde alle konsultierten Mitgliedstaaten von der Entscheidung in Kenntnis und übermittelt die in Art. 24 Abs. 2 genannten Informationen. „Jeder konsultierte Mitgliedstaat ergreift die erforderlichen Maßnahmen um sicherzustellen, dass diese Informationen der betroffenen Öffentlichkeit in seinem Hoheitsgebiet in geeigneter Weise zugänglich sind."

IV. Leitlinien für die transeuropäische Infrastruktur

Die Verordnung (EU) Nr. 347/2013[83] über Leitlinien für die transeuropäische Energieinfrastruktur enthält ebenfalls Vorgaben zur grenzüberschreitenden Umweltverträglichkeitsprüfung für Vorhaben von gemeinsamem Interesse. In Erwägungsgrund (31) wird zunächst die Harmonisierung der wichtigsten soeben dargestellten Grundsätze für die Umweltverträglichkeitsprüfung für ihre korrekte und koordinierte Durchführung hervorgehoben. „Die Mitgliedstaaten sollten bei Vorhaben von gemeinsamem Interesse ihre Prüfungen abstimmen und, soweit möglich, gemeinsame Prüfungen vorsehen." Außerdem werden sie ermutigt, sich über bewährte Verfahren und den Aufbau von Verwaltungskapazitäten in Bezug auf die Genehmigungsverfahren auszutauschen. Im Unterschied zu den vorhin vorgestellten Regelungen „bemühen" sich die Mitgliedstaaten, wenn für ein Vorhaben von gemeinsamem Interesse Entscheidungen in zwei oder mehr Mitgliedstaaten erforderlich sind, „gemeinsame Verfahren vorzusehen, vor allem für die Umweltverträglichkeitsprüfung" (Art. 8 Abs. 5). Art. 9 Abs. 5 gibt für den Fall, dass das Vorhaben die Grenze von zwei oder mehr Mitgliedstaaten quert, vor, dass die Anhörungen der Öffentlichkeit in jedem der betroffenen Mitgliedstaaten innerhalb von maximal zwei Monaten nach dem Beginn der ersten Anhörung der Öffentlichkeit stattfinden. Gem. Art. 9 Abs. 6 werden bei Vorhaben mit voraussichtlich erheblichen negativen grenzüberschreitenden Auswirkungen in einem oder mehreren Mitgliedstaaten die relevanten In-

---

[83] Verordnung (EU) Nr. 347/2013 des Europäischen Parlaments und des Rates vom 17.4.2013 zu Leitlinien für die transeuropäische Energieinfrastruktur, ABl. EU 2013 Nr. L 115, S. 39 ff.

formationen der zuständigen Behörde der Nachbarmitgliedstaaten zur Verfügung gestellt. Die zuständige Behörde teilt sodann mit, ob sie oder eine andere betroffene Behörde sich an den relevanten öffentlichen Anhörungen beteiligen will.

V. Zwischenfazit

Für alle drei Richtlinien ist kennzeichnend, dass bei grenzüberschreitenden Umweltauswirkungen entweder der Ursprungsstaat von sich aus oder der betroffene Staat Konsultationen anregen kann. Sowohl bei der UVP- als auch SUP-Richtlinie hängt die Durchführung einer UVP vom Wunsch des betroffenen Mitgliedstaates ab. Mit anderen Worten kommt es zu keiner unionsrechtlich indizierten grenzüberschreitenden Öffentlichkeitsbeteiligung, wenn ein Mitgliedstaat trotz absehbarer erheblicher Umweltauswirkungen seiner Verantwortung nicht gerecht wird.[84] Nach der UVP-Richtlinie sind lediglich bestimmte Informationen im Hoheitsgebiet des betroffenen Mitgliedstaats zugänglich zu machen und die Stellungnahmen der Öffentlichkeit an die zuständige Behörde des Ursprungsstaats weiterzuleiten. In der SUP-Richtlinie sind die Unterrichtungspflicht und auch die Stellungnahmemöglichkeit noch weniger präzise gefasst. Bei der Industrieemissionsrichtlinie finden sich hingegen klare Vorgaben zur Berücksichtigung der Stellungnahmen der Öffentlichkeit und zur Publikmachung der getroffenen Entscheidung durch den konsultierten Staat.

Je offener die Vorgaben an die grenzüberschreitende Öffentlichkeitsbeteiligung sind, desto mehr Spielraum haben die Mitgliedstaaten bei der Umsetzung dieser Vorgaben in ihr nationales Recht und desto größer ist die Wahrscheinlichkeit, dass die nationalen Verfahrensvorschriften in Bezug auf die Öffentlichkeitsbeteiligung divergieren. Andererseits nimmt die Union durch solche nur grobmaschigen Regelungen Rücksicht auf die Verfahrensautonomie der Mitgliedstaaten.[85]

---

[84] *Spannowsky* (Fn. 2), S. 7.

[85] Näher dazu *Guckelberger/Geber*, Allgemeines Europäisches Verwaltungsverfahrensrecht vor seiner unionsrechtlichen Kodifizierung?, 2013, S. 143 f. m. w. N.

Dadurch steigt die Notwendigkeit zur Koordinierung der Verfahrensmodalitäten für die grenzüberschreitende Öffentlichkeitsbeteiligung.[86] Die Setzung einheitlicher Rahmenbedingungen für die Öffentlichkeitsbeteiligung durch unionsrechtliche Vorgaben trägt dazu bei, dass das Verfahren in den Mitgliedstaaten – insbesondere hinsichtlich der Beteiligungsrechte – sehr ähnlich verläuft und Wettbewerbsverzerrungen gering gehalten werden.[87]

Die TEN-E-Verordnung zielt darauf ab, in verschiedenen Mitgliedstaaten durchzuführende Verfahren besser aufeinander abzustimmen. Auch wenn es sich dabei nur um eine Bemühensverpflichtung handelt, erwähnt sie explizit die Möglichkeit eines gemeinsamen Verfahrens anstelle mehrerer Einzelverfahren der Mitgliedstaaten vor allem für die Umweltverträglichkeitsprüfung.

D. DIE GRENZÜBERSCHREITENDE ÖFFENTLICHKEITSBETEILIGUNG NACH DEUTSCHEM RECHT

Schon früh wurde in Deutschland die Frage aufgeworfen, ob und wie sich die Öffentlichkeit aus dem Ausland in die hiesigen Zulassungs- und Planungsverfahren einbringen kann, falls die anstehende Entscheidung zu erheblichen Umweltauswirkungen in einem der Nachbarländer führen kann. Lange Zeit tat man sich deshalb schwer, weil es keine besonderen innerstaatlichen Rechtsvorschriften zur grenzüberschreitenden Öffentlichkeitsbeteiligung gab. Deswegen wurde diskutiert, inwieweit sich Personen aus den Nachbarländern nach Maßgabe der allgemeinen innerstaatlichen Vorschriften über die Bürgerbeteiligung in die deutschen Verfahren einbringen können. Teilweise wurde eine Einbeziehung der Grenznachbarn abgelehnt, weil die innerstaatlichen deutschen Rechtsvorschriften keine nachbarschützende grenzüberschreitende Wirkung hätten. Nach dem Willen

[86] Leitfaden (Fn. 26), S. 4.
[87] *Sonnenwald* (Fn. 62), S. 72.

des Gesetzgebers sollten die deutschen Rechtsvorschriften ihre Wirkungen allein für das Inland entfalten, zumal man nicht in die Kompetenzen ausländischer Staaten eingreifen wolle.[88]

Langfristig gesehen konnte sich diese Ansicht jedoch nicht durchsetzen. Beispielsweise stellt sich das BVerwG heute auf den Standpunkt, dass sich auch Lärmbetroffene ausländischer Grenzgemeinden auf das luftverkehrsrechtliche Abwägungsgebot berufen können. Eine territoriale Beschränkung seiner Schutzwirkung sei nicht anzunehmen. Denn es ziele auf die Ermittlung, Bewertung und Gewichtung *aller* nach Lage der Dinge betroffenen Belange ab und solle insbesondere Leben, Gesundheit und Eigentum schützen.[89] Die staatlichen Stellen sind umfassend an das Grundrecht auf Leben und körperliche Unversehrtheit (Art. 2 Abs. 2 S. 1 GG) bei der Ausübung der öffentlichen Gewalt gebunden (s. Art. 1 Abs. 3 GG), selbst wenn diese in das Ausland hineinwirkt.[90] Des Weiteren wird auf das Bekenntnis des Grundgesetzes zur offenen Staatlichkeit verwiesen[91] und man hält im Hinblick auf das völkerrechtliche Verbot erheblicher grenzüberschreitender Umweltauswirkungen eine völkerrechtsfreundliche Auslegung der einfachgesetzlichen Vorschriften für geboten.[92] Solange es einen ausreichenden inländischen Anknüpfungspunkt für die Ausweitung der deutschen Normen auf die ausländischen Grenznachbarn gibt, steht das völkerrechtliche Territorialitätsprinzip einer Ausweitung der deutschen Normen auf die Grenznachbarn nicht entgegen.[93] Mangels einer Beschränkung der nationalen Beteiligungsvorschriften auf in

---

[88] Z. B. *Ress/Müller*, in: Ress (Hrsg.), Grenzüberschreitende Verfahrensbeteiligung im Umweltrecht der Mitgliedstaaten der Europäischen Gemeinschaften, 1985, S. 79, 80; weitere Nachweise bei *Brandt* DVBl. 1995, 779, 783; s. auch *Durner* (Fn. 1), S. 152.

[89] BVerwGE 132, 151, 158.

[90] BVerwGE 75, 285, 286 ff.; *Kment* (Fn. 18), S. 282. Nach *Kotzur* (Fn. 1), S. 201 sollte die Bürgerbeteiligung und die Anhörung Betroffener nicht willkürlich an den Staatsgrenzen halt machen, da die ausländischen Nachbarn in der Sache gleichermaßen betroffen sind.

[91] *Kment* (Fn. 18), S. 354.

[92] BVerwGE 132, 151, 158; *Beyerlin* NuR 1985, 173, 177 f.

[93] BVerwGE 132, 151, 159; *Kment* (Fn. 18), S. 287.

Deutschland lebende Personen können sich daher auch Grenznachbarn auf diese berufen.[94] Solange keine Jedermann-Beteiligung,[95] sondern eine Betroffenenbeteiligung stattfindet, gilt dies jedenfalls dann, wenn die von ihnen geltend gemachten Belange materiellrechtlich erheblich sind.[96]

Auch wenn die ausländischen Grenznachbarn bei einer solchen Anwendung der nationalen Rechtsvorschriften genauso wie die in Deutschland lebende Bevölkerung behandelt werden, kann die Beteiligung nach den innerstaatlichen Vorschriften für sie mit Nachteilen gegenüber den „Inländern" verbunden sein. Da die deutschen Rechtsvorschriften nicht unbedingt denjenigen ihres Staates entsprechen müssen, können sich aus der Individualität der Rechtsordnungen gewisse Orientierungsverunsicherungen ergeben.[97] Zum Teil wird auch von psychologischen Barrieren in den Köpfen der Menschen gesprochen, sich einem fremden Rechtssystem anzuvertrauen.[98] Je nachdem, welche Sprache im angrenzenden Staat gesprochen wird, können Sprachprobleme hinzukommen.[99] Weitere Probleme können daraus resultieren, dass die Vorschriften hinsichtlich der Unterrichtung der Bevölkerung und die öffentliche Auslegung der Unterlagen auf das Inland zugeschnitten sind.[100] Wenn der innerstaatliche Herrschaftsbereich verlassen wird, endet aber die Befugnis der deutschen staatlichen Stellen zur Vornahme hoheitlicher Verfahrenshandlungen. Es ist daher zu prüfen, ob sich diese nicht auf die eine oder andere Weise adäquat ersetzen lassen.[101] Zur besseren Bewältigung der grenzüberschreitenden Öffentlichkeitsbeteiligung gibt es dazu zwischenzeitlich vereinzelte innerstaatliche Regelungen (§ 4a Abs. 5

---

[94] *Runkel*, in: Spannowsky (Hrsg.), Strategische Umweltprüfung bei räumlichen Plänen mit landes- und staatsgrenzenüberschreitenden Umweltauswirkungen, 2011, S. 11, 14.

[95] Dazu *Brandt* DVBl. 1995, 779, 784.

[96] *Runkel* (Fn. 94), S. 17.

[97] *Kment* (Fn. 18), S. 364.

[98] *Kment* (Fn. 18), S. 363; s. auch *Beyerlin* (Fn. 15), S. 35.

[99] *Kment* (Fn. 18), S. 355.

[100] *Runkel* (Fn. 94), S. 14.

[101] *Kment* (Fn. 18), S. 355.

BauGB; § 7a AtVfV; § 9a BImSchV, auf den in § 20 S. 2 DepV verwiesen wird). Aus Platzgründen wird hier nur auf die UVP-Vorschriften eingegangen, auf die auch in § 10 Abs. 2 S. 2 ROG für die Raumordnungsverfahren Bezug genommen wird.

I. § 9a und § 14j UVPG als Spezialregelungen für die grenzüberschreitende Öffentlichkeitsbeteiligung

§ 9a UVPG enthält eine besondere Regelung zur grenzüberschreitenden Öffentlichkeitsbeteiligung an der Umweltverträglichkeitsprüfung bei bestimmten öffentlichen und privaten Vorhaben. Diese Regelung findet gem. § 14j Abs. 2 S. 1 UVPG im Falle der strategischen Umweltprüfung entsprechende Anwendung. Kann ein Vorhaben in einem anderen Staat erhebliche Umweltauswirkungen hervorrufen, kann die dortige Öffentlichkeit am Verfahren nach § 9 Abs. 1–1b und 3 UVPG teilnehmen. Sie wird also grundsätzlich gleich wie die Öffentlichkeit des Ursprungsstaates behandelt. Der betroffenen Öffentlichkeit wird innerhalb des Beteiligungsverfahrens Gelegenheit zur Äußerung gegeben. Indem § 14j Abs. 2 S. 2 UVPG explizit feststellt, dass sich die in dem anderen Staat ansässige Öffentlichkeit am Verfahren nach § 14i Abs. 1–3 UVPG beteiligen kann, wird nochmals verdeutlicht, dass die in- und ausländische Öffentlichkeitsbeteiligung gemeinsam erfolgen.[102] Weil – so die Gesetzesmaterialien – mit diesen Vorschriften keine Sonderrechte für Ausländer geschaffen werden, fügten sich diese Vorgaben über die grenzüberschreitende Öffentlichkeitsbeteiligung ohne weiteres in die allgemeine Öffentlichkeitsbeteiligung ein.[103]

Soweit keine speziellen Vorschriften für die Beteiligung bei bestimmten Vorhaben bestehen, kommen die allgemeinen verwaltungsverfahrensrechtlichen Normen zur Anwendung. Skizzenhaft läuft die Öffentlichkeitsbeteiligung in Deutschland im Allgemeinen wie folgt ab: Das Beteiligungsverfahren beginnt damit, dass die Gemeinden, in de-

---

102 *Wagner*, in: Hoppe/Beckmann (Hrsg.), UVPG, 4. Aufl. 2012, § 14j UVPG Rn. 12.

103 BT-Drucks. 14/4599, S. 74.

nen der Plan auszulegen ist, die Auslegung vorher ortsüblich bekannt machen (s. § 73 Abs. 5 VwVfG, § 9 Abs. 1a UVPG). Sodann legen die Gemeinden, in denen sich das Vorhaben voraussichtlich auswirken wird, den Plan für die Dauer einer Monats zur Einsicht aus (§ 73 Abs. 3 VwVfG, § 9 Abs. 1a UVPG). Alle, deren Belange durch das Vorhaben berührt werden, können bis zwei Wochen nach Ablauf der Auslegungsfrist schriftlich oder zur Niederschrift Einwendungen gegen den Plan erheben. Mit Ablauf der Einwendungsfrist sind alle Einwendungen ausgeschlossen, worauf wegen der einschneidenden Konsequenzen in der Bekanntmachung der Auslegung oder bei der Bekanntgabe der Einwendungsfrist hinzuweisen ist (§ 73 Abs. 4 VwVfG). Allerdings hat der EuGH mit Urteil vom 15.10.2015 in der Rs. C-137/14 die Unionsrechtswidrigkeit des § 73 Abs. 4 VwVfG festgestellt. Nach Ablauf der Einwendungsfrist erörtert die Anhörungsbehörde die rechtzeitig gegen den Plan erhobenen Einwendungen und Stellungnahmen der Vereinigungen mit dem Vorhabenträger, den Betroffenen sowie denjenigen, die Einwendungen erhoben oder Stellungnahmen abgegeben haben. Im Unterschied zur gewöhnlichen Öffentlichkeitsbeteiligung ist die grenzüberschreitende in mancher Hinsicht schwieriger.

1) Unterrichtung der Behörden des anderen Staates

Bei erheblichen grenzüberschreitenden Umweltauswirkungen unterrichtet der Ursprungsstaat entweder von sich aus oder auf Bitte des Nachbarstaates diesen „frühzeitig" über das jeweilige Projekt bzw. die jeweilige Planung anhand geeigneter Unterlagen[104] und bittet innerhalb angemessener Frist um eine Rückmeldung, ob sich der Nachbarstaat an dem Verfahren beteiligen möchte (§ 8 Abs. 1 S. 1 UVPG ggf. i.V.m. § 14j Abs. 1 S. 1 UVPG).[105] Als sehr sinnvoll erweist sich dabei die Ausgestaltung im Leitfaden zur grenzüberschreitenden Öffentlichkeitsbeteiligung der Oberrheinkonferenz, wonach die zuständige

[104] Näher dazu, auch zur Frage der Übersetzung dieser Unterlagen *Kment* (Fn. 18), S. 318 f.

[105] Näher zum Zeitpunkt der Unterrichtung *Kment* (Fn. 18), S. 318.

Behörde des Ursprungsstaates zugleich über das bei dem Vorhaben anzuwendende Verfahren, über die Fristen des Verfahrens sowie über Datum und Modalitäten der Anhörung der Öffentlichkeit ihres Landes informiert.[106] Dadurch erhält das Nachbarland sogleich einen Überblick über das Prozedere im Ursprungsstaat. Die zuständige Behörde des Nachbarstaates meldet, wenn sie noch weitere Unterlagen für ihre Entscheidung über ihre Beteiligung benötigt.[107] Will sie sich wegen der erheblichen Umweltauswirkungen am Verfahren beteiligen, informiert sie so schnell wie möglich die zuständige Behörde des Ursprungsstaates und gibt dieser seinerseits die Modalitäten für die Information bzw. Anhörung der Öffentlichkeit im Nachbarland an.[108] Außerdem bemüht sie sich, mit ihrer Antwort gleichzeitig verfügbare Informationen über die möglicherweise auf ihrem Gebiet betroffene Umwelt zu übersenden.[109]

2) Information der ausländischen Öffentlichkeit

Aufgrund der Verweisung in den UVP-Normen auf die allgemeinen Vorschriften über die Öffentlichkeitsbeteiligung soll die ausländische Öffentlichkeit grundsätzlich nicht anders als die inländische über das jeweilige Projekt bzw. die jeweilige Planung informiert werden. Aus Respekt vor der Souveränität des Nachbarstaates kann die zuständige deutsche Behörde jedoch nur darauf „hinwirken", dass das Vorhaben in dem anderen Staat „auf geeignete Weise" bekannt gemacht (§ 9a Abs. 1 S. 2 Nr. 1 UVPG)[110] und dabei gleichzeitig angegeben wird, welcher Behörde und in welcher Form die betroffene Öffentlichkeit ihre Äußerungen übermitteln kann (§ 9a Abs. 1 S. 2 Nr. 2 UVPG). Des Weiteren sollte ein Hinweis in der Bekanntmachung erfolgen, dass nach dem deutschen Recht mit Ablauf der Einwendungsfrist alle

---

106 Leitfaden (Fn. 26), S. 11.

107 Leitfaden (Fn. 26), S. 11.

108 Leitfaden (Fn. 26), S. 11.

109 Leitfaden (Fn. 26), S. 11.

110 S. auch *Kment* (Fn. 18), S. 323 f. sowie S. 355, wonach Anschläge an Amtstafeln und ähnliche Amtshandlungen deutscher Stellen extraterritorial unzulässig sind.

verspätet vorgetragenen Einwendungen ausgeschlossen sind (§ 9a Abs. 1 S. 2 Nr. 3 UVPG). Mit anderen Worten ist also der Nachbarstaat um die Information der dort lebenden Öffentlichkeit über das jeweilige Vorhaben bzw. die jeweilige Planung zu ersuchen. Es hängt nun zunächst von diesem ab, ob und wie dieser die Öffentlichkeit in seinem Gebiet unterrichtet.

Entspricht der Nachbarstaat dem an ihn herangetragenen Ersuchen, ist damit der Vorteil verbunden, dass die Chancen der (betroffenen) Öffentlichkeit zur Kenntnisnahme des anstehenden Projekts bzw. der anstehenden Planung steigen. Dabei stellt sich die Frage, nach welchen Modalitäten sich die Bekanntmachung zu vollziehen hat. Denkbar wäre, dass der Nachbarstaat diese entweder nach Maßgabe der Rechtsvorschriften, wie sie im Ursprungsstaat gelten, oder nach seinen eigenen Vorschriften vornimmt. Für die zuletzt genannte Verfahrensweise spricht, dass damit sowohl die Behörde des Nachbarstaats als auch die dort lebende Bevölkerung bestens vertraut sind und die Wahrnehmung ihres Beteiligungsrechts gefördert wird.[111] Sollte das ausländische Recht substanziell hinter den Bekanntmachungsanforderungen in Deutschland zurückbleiben – was die Form und den Umfang der Bekanntmachung, aber auch die Fristen anbetrifft[112] –, sollten die deutschen Stellen angesichts der Präklusion verspätet vorgetragener Einwendungen auf ein dem nationalen Recht entsprechendes Bekanntmachungsniveau im Nachbarstaat hinwirken.[113]

Dem Verb „hinwirken" entnimmt die Literatur, dass der Behörde des Ursprungsstaates im Vergleich zum bloßen Übersenden der Informationen an den Nachbarstaat eine aktivere Rolle zukommt und deshalb „kontrolliert werden muß, ob eine entsprechende Öffentlichkeitsbeteiligung im Nachbarstaat auch tatsächlich stattfindet".[114] Sollte der

[111] *Kment* (Fn. 18), S. 324, 356; *Sonnenwald* (Fn. 62), S. 17; *Wagner* (Fn. 102), § 9a Rn. 13.

[112] S. zu den unterschiedlichen Fristen *Ress/Müller* (Fn. 88), S. 32.

[113] *Kment* (Fn. 18), S. 324; *Sonnenwald* (Fn. 62), S. 17; *Wagner* (Fn. 102), § 9a Rn. 13.

[114] *Sonnenwald* (Fn. 62), S. 17; s. auch *Wagner* (Fn. 102), § 9a Rn. 13.

Nachbarstaat nicht zur Bekanntmachung bereit sein bzw. diese von ihren Anforderungen erheblich hinter dem deutschen Recht zurückbleiben, müssen die deutschen Stellen selbst überlegen, wie sie weiter verfahren wollen. Wird das jeweilige (Planungs-)Vorhaben nur im deutschen Raum bekannt gemacht, dürften die Grenznachbarn von den anstehenden Entwicklungen oft nur zufällig Kenntnis nehmen, etwa weil die ausländische Presse das Thema aufgreift oder ein Grenznachbar zufällig über eine deutsche Tageszeitung oder das jeweilige deutsche Bekanntmachungsorgan davon erfährt.[115] Ohne weiteres können die deutschen Stellen durch Annonce in einer oder mehreren Tageszeitungen des Nachbarstaates die dortige Öffentlichkeit auf das in Deutschland ablaufende Verfahren aufmerksam machen. In dieser Konstellation agieren sie wie eine Privatperson und üben völkerrechtlich keine Hoheitsgewalt auf fremdem Territorium aus.[116] Da nach dem im Juni 2013 in Kraft getretenen § 27a Abs. 1 S. 1 VwVfG die deutsche Behörde bei einer durch Rechtsvorschrift vorgeschriebenen öffentlichen oder ortsüblichen Bekanntmachung deren Inhalt „zusätzlich im Internet" veröffentlichen soll und das Internet auch vom Ausland aus abrufbar ist, steigen die Chancen, dass man das (Planungs-)Vorhaben dort zur Kenntnis nimmt.[117]

3) Weiteres Prozedere

Zieht man allein den Normtext des § 9a UVPG heran, enthält dieser – sieht man von der Vorgabe zur Kundgabe der getroffenen Entscheidung ab – keine weiteren Hinwirkenspflichten der deutschen Behörden in Bezug auf den Nachbarstaat. Der deutsche Gesetzgeber dürfte deshalb davon ausgegangen sein, dass sich das gesamte weitere Beteiligungsverfahren nach Maßgabe des inländischen Rechts vollzieht und damit innerhalb Deutschlands abläuft. Dies dürfte aus Rücksichtnahme auf die Souveränität des Nachbarstaates geschehen

---

115 *Ress/Müller* (Fn. 88), S. 34.

116 *Kment* (Fn. 18), S. 356; s. auch *Blümel*, in: Festschrift für Doehring, 1989, S. 89, 104; *Streinz* VerwArch 79 (1988), 272, 301 f.

117 Ohne Bezug auf die damals noch nicht in Kraft befindliche Vorschrift *Kment* (Fn. 18), S. 357.

sein,[118] zumal die Durchführung der weiteren Verfahrensschritte für diesen mit einem erheblichen Aufwand verbunden ist.

Der deutschen Regelung dürfte aber keinesfalls zu entnehmen sein, dass dadurch die Durchführung einer Öffentlichkeitsbeteiligung im Nachbarstaat zum Planungsvorhaben mit seinen grenzüberschreitenden Umweltauswirkungen ausgeschlossen ist und der Nachbarstaat die Ergebnisse des unter seiner Regie vorgenommenen Beteiligungsverfahrens nicht an die zuständigen deutschen Behörden übermitteln könnte. Schon unter Souveränitätsgesichtspunkten kann der deutsche Gesetzgeber dem ausländischen Staat nicht das Unterlassen der Öffentlichkeitsbeteiligung auf seinem Territorium vorschreiben. Im Übrigen ist diese Variante einer grenzüberschreitenden Beteiligung durchaus geeignet, die mit diesem Verfahrensinstrument verfolgten Ziele zu fördern. Zwar ist bei einem solchen Prozedere des Nachbarstaates nicht völlig auszuschließen, dass es zu etwaigen „Abweichungen" kommen kann, weil bei der Öffentlichkeitsbeteiligung z. B. eine Frist etwas anders ausfällt, die Auslegung etwas anders als in Deutschland gehandhabt wird oder versehentlich eine Stellungnahme „untergehen" könnte. Da dem Nachbarstaat aber selbst daran gelegen ist, dass die dort lebende Bevölkerung ihre Einwendungen gegenüber dem (Planungs-)Vorhaben effektiv gegenüber dem Ursprungsstaat geltend machen kann, sind derartige Bedenken als gering einzuschätzen. Jedenfalls wenn die Grenznachbarn sich, wenn sie es möchten, ohne jegliche Hindernisse daneben direkt im Verfahren bei den deutschen Stellen beteiligen können, ist diese „zusätzliche" Öffentlichkeitsbeteiligung zu begrüßen. Da die Öffentlichkeit im Nachbarstaat mit dessen Beteiligungsmodalitäten vertraut ist und dort die Hemmschwellen für eine Beteiligung nicht so hoch wie möglicherweise bei einer Beteiligung im anderen Staat ausfallen, wird durch eine solche Praxis letztlich die Öffentlichkeitsbeteiligung gefördert. Denkbar ist auch, dass der Nachbarstaat zwar selbst nicht die Öffentlichkeit betei-

[118] S. auch *Kment* (Fn. 18), S. 358.

ligt, aber wenigstens die hierfür relevanten Dokumente in seinem Hoheitsbereich auslegt.[119]

a) Mitwirkung der Öffentlichkeit bei Durchführung eines eigenen Öffentlichkeitsbeteiligungsverfahrens im Nachbarstaat

Nach dem Leitfaden zur grenzüberschreitenden Öffentlichkeitsbeteiligung der deutsch-französisch-schweizerischen Oberrheinkonferenz kann Frankreich ein Verfahren zur Öffentlichkeitsbeteiligung über ein von der zuständigen schweizerischen bzw. deutschen Behörde übermitteltes Vorhaben durchführen.[120] Sobald die „enquête public" abgeschlossen wurde, übermittelt die Präfektur der zuständigen deutschen Behörde die im Rahmen der Anhörung vorgebrachten Stellungnahmen, damit diese im Erörterungstermin mitbehandelt werden können.[121] Diese werden dann von der deutschen Behörde im weiteren Entscheidungsverfahren berücksichtigt, als wären sie innerhalb der Stellungnahme- und Einwendungsfrist des eigenen nationalen Verfahrens vorgebracht worden.[122]

Zum gleichen Zeitpunkt, zu dem der Präfekt die französische Öffentlichkeit über die enquête public über das ausländische Vorhaben informiert, weist er auf die deutschen Präklusionsvorschriften sowie den dortigen Erörterungstermin hin, sofern dieser schon feststeht.[123] Er macht darauf aufmerksam, dass verspätetes Vorbringen in der enquête public von den Behörden des Ursprungsstaates nicht mehr berücksichtigt wird und die Einwender Name und Anschrift anzugeben haben, wenn ihre Einwendungen nicht präkludiert werden sollen.[124] Sofern der die enquête public leitende Kommissar dem Präfekten und dem Projektträger eine öffentliche Verhandlung vorschlägt, infor-

---

[119] Zur eher geringen Bereitschaft dazu *Kment* (Fn. 18), S. 358.
[120] Leitfaden (Fn. 26), S. 14.
[121] Leitfaden (Fn. 26), S. 14.
[122] Leitfaden (Fn. 26), S. 14.
[123] Leitfaden (Fn. 26), S. 14.
[124] Leitfaden (Fn. 26), S. 14 f.

miert er die zuständige Behörde des Ursprungsstaats über das Datum und die Modalitäten dieser Verhandlung.[125]

b) Mitwirkung der Öffentlichkeit des Nachbarstaates bei der Öffentlichkeitbeteiligung des Ursprungsstaats

Übernimmt der Nachbarstaat nur die Bekanntmachung des (Planungs-)Vorhabens mit Hinweisen, ergeben sich aus dem deutschen Recht alle weiteren Verfahrensschritte für die Öffentlichkeitsbeteiligung.

i. Auslegung von Unterlagen und Dokumenten

Damit sich die Öffentlichkeit ein Bild von dem jeweiligen Vorhaben bzw. der jeweiligen Planung verschaffen und ihre Betroffenheit bestimmen kann,[126] sieht das deutsche Recht regelmäßig die Auslegung der für relevant gehaltenen Unterlagen und Dokumente oder die Gewährung von Akteneinsicht vor. Diese Verfahrensschritte vollziehen sich regelmäßig ausschließlich nach dem innerstaatlichen Recht und innerhalb des Ursprungsstaates. Für die ausländische Öffentlichkeit bedeutet dies, dass sie sich grundsätzlich nach Deutschland begeben muss, um sich kundig zu machen. Angesichts der geöffneten Grenzen in Europa ist heute die Einreise in und die Ausreise aus dem Ursprungsstaat problemlos möglich.[127] Aus § 29 Abs. 3 S. 2 VwVfG ergibt sich die Möglichkeit, dass die Akten- und Dokumenteneinsicht auch bei einer diplomatischen oder berufskonsularischen Vertretung der Bundesrepublik Deutschland im Ausland gewährt werden kann. Indem die deutschen Stellen die relevanten Dokumente auch über das Internet zur Verfügung stellen – sofern es nicht berechtigte Geheimhaltungsgründe gibt –, kann sich die ausländische Öffentlichkeit heute wesentlich leichter über die Vorgänge im Nachbarstaat informieren, als dies z. B. in den 1980er Jahren der Fall war.

ii. Einwendungen gegen das Vorhaben

---

[125] Leitfaden (Fn. 26), S. 15.

[126] *Ress/Müller* (Fn. 88), S. 36.

[127] Näher dazu *Kment* (Fn. 18), S. 358 f., 419.

Ob jedermann oder nur eine Person, deren Belange durch das Vorhaben berührt werden können, Einwendungen gegen dieses erheben kann, ergibt sich aus der Lektüre der einschlägigen deutschen Rechtsvorschriften.[128] Gleiches gilt in Bezug auf die Länge der Einwendungsfrist sowie die Form der Einwendungen. Beispielweise sind die Einwendungen nach § 73 Abs. 4 S. 1 VwVfG „schriftlich oder zur Niederschrift" zu erheben. Unter welchen Voraussetzungen Einwendungen in elektronischer Form erhoben werden können, ist § 3a Abs. 2 VwVfG zu entnehmen. Nach dem zum August 2013 neu hinzugekommenen § 9a Abs. 1 S. 3 UVPG kann die zuständige Behörde der betroffenen Öffentlichkeit des Nachbarstaates auch abweichend von den Voraussetzungen des § 3a Abs. 2 VwVfG die elektronische Übermittlung von Äußerungen gestatten. Mit dieser Vorschrift möchte man insbesondere unzulässige Diskriminierungen der Grenznachbarn vermeiden, weil sie anders als die in Deutschland lebende Bevölkerung nicht unbedingt auf die für diese konzipierten Modalitäten zur elektronischen Kommunikation mit den deutschen Stellen vorbereitet sein dürften.[129] Allerdings wird die Zulässigkeit derartiger Abweichungen von § 3a Abs. 2 VwVfG davon abhängig gemacht, dass hierfür im bilateralen Verhältnis die Grundsätze der Gegenseitigkeit und Gleichwertigkeit erfüllt sind. Anders ausgedrückt müssen die Mitglieder der deutschen Öffentlichkeit bei einem Verfahren in dem anderen Staat gegenüber dessen zuständigen Behörden ihre Äußerungen unter vergleichbaren Voraussetzungen übermitteln können.[130] Auf jeden Fall wird an dieser Vorschrift erneut deutlich, dass sich die ausländische Öffentlichkeit über das Internet besser als bisher in das innerstaatliche Verfahren integrieren lässt.

Nach den deutschen Rechtsvorschriften sind Stellungnahmen, die erst nach Ablauf der Einwendungsfrist vorgebracht werden, regelmäßig materiell präkludiert (s. § 73 Abs. 4 S. 3 VwVfG). Damit ist gemeint,

---

[128] In § 9a Abs. 1 Nr. 2 UVPG wird das Äußerungsrecht auf die „betroffene Öffentlichkeit" bezogen, s. dazu *Wagner* (Fn. 102), § 9a Rn. 14.
[129] BR-Drucks. 557/12, S. 82.
[130] BR-Drucks. 557/12, S. 82.

dass dermaßen verspätetes Vorbringen nicht nur im anschließenden Verfahren, sondern auch im späteren Verwaltungsprozess ausgeschlossen ist.[131] Die Präklusionsvorschriften sollen zur alsbaldigen Herbeiführung von Rechtssicherheit beitragen, insbesondere für den Vorhabenträger.[132] Der EuGH hat diese Präklusionsvorschrift kürzlich für unionsrechtswidrig erklärt. Die Folgen dieser Entscheidung auf der Ebene der Normsetzung bleiben abzuwarten.

Jedenfalls wird man die Zulässigkeit dieser einschneidenden Rechtswirkung aber von bestimmten verfahrensrechtlichen Mindeststandards abhängig machen müssen.[133] Zumindest wenn der Nachbarstaat bei der Bekanntmachung der infrage stehenden Aktivität mit ihren grenzüberschreitenden Umweltauswirkungen auf den Präklusionseintritt nach deutschem Recht hingewiesen hat, wird eine entscheidende Hürde für die Zulässigkeit der Präklusion genommen.[134] Können die deutschen Behörden nicht auf die Unterstützung des Nachbarstaates zählen, müssen sie zumindest andere Anstrengungen unternommen haben, um die Bewohner des Nachbarstaates auf die Präklusionswirkung aufmerksam zu machen.[135] Des Weiteren wird man die Präklusion wohl nur dann rechtfertigen können, wenn die Beteiligung der ausländischen Öffentlichkeit am inländischen Verfahren nicht auf unzumutbar hohe Hürden gestoßen ist.[136]

iii. Erörterungstermin

Je nach Maßnahme findet in Deutschland nach Ablauf der Einwendungsfrist fakultativ oder obligatorisch eine mündliche Erörterung mit dem Vorhabenträger, den Behörden, den Betroffenen sowie den Einwendern statt. Für die Öffentlichkeit im Nachbarstaat ist wiederum wichtig, dass sie über Ort und Zeit dieses in Deutschland stattfindenden Verfahrensschritts unterrichtet wird. Auffallend ist, dass in

[131] *Kment* (Fn. 18), S. 412 f.; *Ress/Müller* (Fn. 88), S. 38.
[132] Zu den Zielen der Präklusionsnormen *Kment* (Fn. 18), S. 414 f.
[133] *Kment* (Fn. 18), S. 417.
[134] *Kment* (Fn. 18), S. 417.
[135] *Kment* (Fn. 18), S. 417 f.; zu diesem Problem auch *Durner* (Fn. 1), S. 158.
[136] *Kment* (Fn. 18), S. 419 f.

§ 9a Abs. 1 UVPG eine Hinwirkungspflicht des Ursprungsstaats auf eine in dem anderen Staat auf geeignete Weise erfolgende Bekanntmachung dieses Verfahrensschrittes fehlt. Dies dürfte aber kaum dahingehend zu verstehen sein, dass die deutschen Stellen den anderen Staat nicht um Unterstützung ersuchen dürfen. Gute Argumente sprechen dafür, dass von einer solchen Hinwirkenspflicht deshalb abgesehen wurde, weil zwar häufig, aber nicht in allen Fällen ein Erörterungstermin durchgeführt wird.

Im Leitfaden der deutsch-französisch-schweizerischen Oberrheinkonferenz ist in Bezug auf die in Deutschland erfolgende Erörterung vorgesehen, dass die zuständige deutsche Behörde die zuständige Behörde des Nachbarstaates über das Datum und die Modalitäten der Erörterung unterrichtet. „Wurde zum Zeitpunkt der Information der zuständigen französischen oder Schweizer Behörde das Datum des Erörterungstermins in Deutschland noch nicht festgesetzt, so unterrichtet die zuständige deutsche Behörde mit geeigneten Mitteln die Öffentlichkeit des Nachbarstaates über dieses Datum, nachdem sie zuvor die zuständige Behörde dieses Staates unterrichtet hat.“[137] Wegen der Gleichstellung der ausländischen und inländischen Öffentlichkeit ist es nicht zu beanstanden, wenn der Erörterungstermin sowohl für die Personen aus dem In- als auch Ausland gemeinsam durchgeführt wird, wobei auf etwaige Sprachprobleme zu achten ist. Angesichts des behördlichen Ermessens bei der Ausgestaltung des Erörterungstermins und der Möglichkeit, die Anhörung und Erörterung nach streitigen bzw. offenen Themen zu gliedern,[138] besteht unter Umständen die Gelegenheit, das Vorbringen der Betroffenen aus dem Ausland zu einem bestimmten Zeitpunkt zu „bündeln“ und für das diesbezügliche gemeinsame Gespräch Dolmetscher einzusetzen.

iv. Entscheidung der deutschen Behörde und deren Bekanntgabe

Die grenzüberschreitende Öffentlichkeitsbeteiligung macht nur Sinn, wenn die zuständige innerstaatliche Stelle das Vorbringen der auslän-

---

137 Leitfaden (Fn. 26), S. 15 f.

138 *Ziekow*, VwVfG, 3. Aufl. 2013, § 73 Rn. 67.

dischen Öffentlichkeit bei ihrer Entscheidung berücksichtigt.[139] Wie die Entscheidung der zuständigen Behörde inhaltlich ausfällt, hängt letztlich von den einschlägigen materiellen Entscheidungsparametern ab. Gem. § 9a Abs. 1 S. 2 Nr. 4 UVPG hat die zuständige Behörde wieder darauf „hinzuwirken", dass die an den Nachbarstaat übermittelte Entscheidung über die Zulässigkeit oder Ablehnung des Vorhabens der betroffenen Öffentlichkeit in dem anderen Staat auf geeignete Weise bekannt und der Inhalt der Entscheidung mit einer Begründung und Rechtsbehelfsbelehrung zugänglich gemacht wird. Gibt es nach dem innerstaatlichen Recht keinen gerichtlichen Rechtsschutz gegen einen Plan oder ein Programm, erübrigt sich nach zutreffender Ansicht die Notwendigkeit einer Rechtsbehelfsbelehrung.[140] Nach dem Leitfaden der Oberrheinkonferenz unterrichtet jede Partei ihre Öffentlichkeit über die von der zuständigen Behörde getroffene Entscheidung.[141] „Die Entscheidung wird der Öffentlichkeit zur Verfügung gestellt und kann während der im vorherigen Absatz erwähnten Zeitdauer eingesehen werden."[142] Diese offene Informationspolitik trägt dazu bei, dass sich die Öffentlichkeit im Nachbarstaat mit der getroffenen Entscheidung und ihren Gründen auseinandersetzen und damit auch auf mehr Verständnis stoßen kann. Sollte die Hinwirkungspflicht beim Nachbarstaat nicht von Erfolg gekrönt sein, sollte der Ursprungsstaat selbst geeignete Maßnahmen zur Information der ausländischen Öffentlichkeit ergreifen.

II. Sprachbarrieren als generelles Problem

Während der Fokus der vorherigen Ausführungen ganz auf der Fragestellung lag, welche Verfahrensschritte bei der grenzüberschreitenden Öffentlichkeitsbeteiligung gegenüber dem normalen innerstaatlichen Verfahren modifiziert sind, kann – wenn in dem benachbarten Staat eine andere Sprache gesprochen wird – die gegenseitige Ver-

---

[139] Leitfaden (Fn. 26), S. 16.
[140] *Kment* (Fn. 18), S. 331 f.
[141] Leitfaden (Fn. 26), S. 16.
[142] Leitfaden (Fn. 26), S. 16.

ständigung zu einem zentralen, das gesamte Verfahren durchziehenden Problem werden.[143] Das Sprachproblem kann einerseits im Verhältnis der Behördenmitarbeiter der verschiedenen Staaten relevant werden. Andererseits tut sich die fremdsprachige Öffentlichkeit im Nachbarstaat schwer, Dokumente und Hinweise in einer anderen Sprache zu erfassen oder sich gegenüber den Behörden des Ursprungsstaats in deren Amtssprache zu artikulieren. Dabei ist zu berücksichtigen, dass die jeweiligen Dokumente oft nicht in der Alltagssprache, sondern z. B. in der Fachsprache der Planer und Umweltschützer abgefasst sind.[144]

Würde man es bei diesem Zustand bewenden lassen, besteht angesichts der Sprachbarrieren die Gefahr, dass sich die Öffentlichkeit aus dem Nachbarstaat schon aus diesem Grund weniger effektiv im Rahmen der Öffentlichkeitsbeteiligung als die „Inländer" einbringen kann. Die Sprachprobleme lassen sich durch Übersetzung der Dokumente und Erklärungen reduzieren. Auch wenn Übersetzungen die Sprachschwierigkeiten minimieren, wird sich auf diesem Weg zwar eine annähernde, aber keine hundertprozentige Gleichstellung der Öffentlichkeitsbeteiligung im Inland und der Grenznachbarn erreichen lassen. Völlig zutreffend wird darauf hingewiesen, dass sich manche Rechtstermini nicht ohne Bedeutungsverlust in eine fremde Sprache transferieren lassen.[145] Auch ist zu klären, welche Seite – der Ursprungsstaat oder der Nachbarstaat – die Übersetzung vornehmen bzw. veranlassen soll. Eine Übersetzung durch Akteure aus dem Ursprungsstaat wird mit dem völkerrechtlichen Verursacherprinzip begründet. Wenn von dieser Seite erhebliche Umweltauswirkungen ausgehen, sei es ihr auch zuzumuten, die organisatorischen Mühen und finanziellen Lasten der damit im Zusammenhang stehenden Öffentlichkeitsbeteiligung zu übernehmen.[146] Andererseits wird darauf ver-

143 Etwas anders ist die Lage in Regionen einzuschätzen, in denen die ganz überwiegende Bevölkerung zweisprachig aufwächst, s. dazu *Spannowsky* (Fn. 2), S. 9.

144 *Spannowsky* (Fn. 2), S. 9.

145 *Kment* (Fn. 18), S. 360; *Kotzur* (Fn. 1), S. 80.

146 *Kment* (Fn. 18), S. 360 f., 419.

wiesen, dass mit der Übersetzungsleistung durch die Ursprungspartei diese möglicherweise auf den Informationsumfang Einfluss nimmt, die Übersetzungen als solche fehler- und möglicherweise sogar manipulationsanfällig seien.[147] Deshalb kann es durchaus plausible Gründe für die Vornahme der Übersetzungsleistungen auch durch den Nachbarstaat geben. Weil die Übersetzungen zu erheblichen Kosten führen können, ist gerade dieser Punkt in der Praxis konfliktanfällig.

Primär ist deshalb zu überlegen, ob Übersetzungspflichten nicht in völker- oder unionsrechtlichen Normen oder mittels Abkommen zwischen den jeweiligen Staaten geregelt werden können. Werden einmal derartige Festlegungen in verbindlicher Weise getroffen, geht damit der Vorteil einher, dass derartige Fragen nicht immer wieder von neuem zu erörtern sind. Zu klären ist insbesondere, ob der z. B. in der Espoo-Konvention enthaltene Grundsatz der gleichwertigen Beteiligung der ausländischen und inländischen Öffentlichkeit stets auch bedeutet, dass sich die Grenznachbarn in ihrer Sprache im jeweiligen Verfahren äußern können müssen.[148] Im Leitfaden der Oberrheinkonferenz hat man sich darauf verständigt, dass die zuständige Behörde jedes Staates die Stellungnahmen in ihrer eigenen Sprache an den Ursprungsstaat übermittelt und sich auch die Öffentlichkeit aus dem Nachbarstaat bei den zuständigen Behörden des Ursprungsstaats ihrer eigenen Sprache bedienen kann. Umgekehrt wird die endgültige Entscheidung des Ursprungsstaates den Behörden des Nachbarstaates in der Sprache des Ursprungsstaates übermittelt.[149]

Bislang gibt es nur wenige gesetzliche Regelungen in Deutschland zum Umgang mit der Sprachenfrage. Weil die Öffentlichkeitsbeteiligung auf die Involvierung eines größeren Kreises von Personen abzielt, die im Ausland leben, ist zumindest de lege ferenda zu überle-

---

147 *Kment* (Fn. 18), S. 361 f.; zu derartigen Problemen bei der Übersetzung auch *Jendroska*, in: Albrecht/Novaki (Hrsg.), Die grenzüberschreitende Beteiligung der Öffentlichkeit und von Behörden in Deutschland und Polen, 2006, S. 1, 12.

148 So die Bundesregierung, BT-Drucks. 17/9832, S. 5, hinsichtlich der Beteiligung der deutschen Öffentlichkeit an Umweltverfahren der Nachbarstaaten.

149 Leitfaden (Fn. 26), S. 17.

gen, ob und inwieweit nicht Modifizierungen des § 23 VwVfG sinnvoll sein könnten. Auf Bundesebene ergibt sich nämlich aus dessen Absatz 2 die Regel, dass Personen unabhängig davon, wo sie leben, bei einer nicht ausreichenden Beherrschung der deutschen Sprache für eine Übersetzung zu sorgen haben.[150] Das saarländische Landesrecht ist insoweit vorteilhafter, als die Behörden bei Dokumenten in französischer Sprache nach § 23 Abs. 2 S. 2 SVwVfG von der Vorlage einer Übersetzung absehen können. Wenn eine Person für die Übersetzung ihrer Einwendungen aufkommen muss, ist damit nach Meinung von *Kment* der Vorteil verbunden, dass sich die Einwender auf die wesentliche Aspekte ihres Vorbringens konzentrieren, worin zugleich eine Chance für die Verfahrensbeschleunigung liegt.[151]

Hinsichtlich der Information des Nachbarstaates über ein umweltrelevantes Vorhaben in Deutschland kann die zuständige Behörde nach § 9a Abs. 2 UVPG von dem Vorhabenträger eine Übersetzung der Zusammenfassung nach § 6 Abs. 3 S. 2 UVPG und – soweit erforderlich – weiterer, für die grenzüberschreitende Öffentlichkeitsbeteiligung bedeutsamer Angaben zum Vorhaben verlangen. Allerdings werden derartige Ersuchen von der Einschränkung abhängig gemacht, dass im Verhältnis zum anderen Staat die Grundsätze von Gegenseitigkeit und Gleichwertigkeit erfüllt sind. Auf diese Weise möchte der deutsche Gesetzgeber für gleiche Standards bei der Öffentlichkeitsbeteiligung im Grenzraum zweier Staaten sorgen.[152] Weiterhin wird als Grund genannt, man habe verhindern wollen, dass der Vorhabenträger in den benachbarten Staat ausweiche, weil dort möglicherweise geringere Verfahrens- oder Umweltstandards gelten.[153] In der Gesetzesbegründung zu § 9a Abs. 2 UVPG wurde darauf verwiesen, dass eine derartige Übersetzung einer bereits vielfach im Rahmen bilateraler Regierungsabkommen zur Durchführung des ECE-

---

[150] *Ziekow* (Fn. 139), § 23 Rn. 6; s. auch *Heßhaus*, in: Bader/Ronellenfitsch, Beck'OK VwVfG, Stand: 1.7.2013, § 23 Rn. 13.

[151] *Kment* (Fn. 18), S. 362.

[152] *Wagner* (Fn. 102), § 9a Rn. 17.

[153] *Wagner* (Fn. 102), § 9a Rn. 17.

Übereinkommens geübten Praxis entspreche.[154] *Kment* hält den Vorbehalt der Gegenseitigkeit und Gleichwertigkeit bei den Übersetzungspflichten nur auf den ersten Blick für überzeugend. Denn es werde vernachlässigt, dass dadurch die aus Sicht des Vorhabenträgers und der staatlichen Stellen wichtige Präklusionswirkung nach dem nationalen Recht gefährdet werden könne.[155]

E. FAZIT

Die zunehmende gesetzliche Ausgestaltung der grenzüberschreitenden Öffentlichkeitsbeteiligung in Deutschland erleichtert nicht nur den Behörden die Arbeit, indem ihnen klare Vorgaben zur Vorgehensweise gemacht werden. Die einfachgesetzlichen Vorschriften sorgen auch für mehr Rechtsklarheit und Rechtssicherheit, indem die ausländische Öffentlichkeit ihre Rechte und Möglichkeiten in Deutschland klar erkennen kann. Da die Befugnisse der deutschen Behörden und des deutschen Gesetzgebers an den Grenzen Halt machen, hängt das Gelingen der grenzüberschreitenden Öffentlichkeitsbeteiligung nach wie vor von der Kooperationsbereitschaft des Nachbarstaates ab. Die Verständigung der beiden Staaten kann im Einzelfall oder mit Blick auf eine Vielzahl ähnlicher Verfahren informell oder in verbindlicher Form erfolgen. Da grenzüberschreitende Umweltvorhaben heute keine Seltenheit mehr sind, sind generalisierende Maßstäbe zur Bewältigung grenzüberschreitender Öffentlichkeitsbeteiligungen sinnvoll. Dabei kann es sich anbieten, eine im Laufe der Zeit bewährte, zunächst nur informelle Praxis in einen verbindlichen rechtlichen Rahmen zu überführen.[156]

Im Unterschied zu früher werden durch das Internet die Chancen zur Einbeziehung der ausländischen Öffentlichkeit in die in Deutschland ablaufenden Verfahren verbessert. Momentan setzt man in Deutsch-

---

154 BT-Drucks. 14/4599, S. 100.

155 *Kment* (Fn. 18), S. 420.

156 Zur grenzüberschreitenden interregionalen Zusammenarbeit *Kotzur* (Fn. 1), S. 124 f.

land sehr stark auf die frühe Öffentlichkeitsbeteiligung, um einer Verhärtung von Konflikten zuvorzukommen. Gem. § 25 Abs. 3 S. 1 VwVfG wirkt die Behörde darauf hin, dass der Träger bei der Planung von Vorhaben, die nicht nur unwesentliche Auswirkungen auf die Belange einer größeren Zahl von Dritten haben können, die betroffene Öffentlichkeit frühzeitig über die Ziele des Vorhabens, die Mittel zu seiner Verwirklichung und die voraussichtlichen Auswirkungen des Vorhabens unterrichtet. Da es keinen Grund gibt, warum man den Begriff der „betroffenen Öffentlichkeit" auf das Inland beschränken sollte, besteht durchaus für die Behörden die Möglichkeit, den Vorhabenträger darauf aufmerksam zu machen, dass auch Grenznachbarn bei der frühzeitigen Beteiligung berücksichtigt werden sollten. Allerdings bleibt es dem Willen des einzelnen Vorhabenträgers überlassen, ob und in welchem Umfang er eine solche frühzeitige Beteiligung vornimmt. Langfristig sollte daher überlegt werden, wie man auch in der Phase vor der Antragstellung eine wirksame Einbeziehung der Öffentlichkeit aus den Nachbarstaaten gewährleisten kann.

Die grenzüberschreitende Zusammenarbeit im Bereich der Sicherheit

Thierry THOMAS*

* General Thomas, ehemaliger Leiter des Gendarmeriegebiets Elsass. Übersetzung aus dem Französischen.

Hinweis des Autors:

Die vorliegende Darstellung stützt sich auf die Folien, welche während des Kolloquiums vorgestellt wurden. Diese sind im Anhang zu finden. Für konkrete Beispiele zu den hier angesprochenen Themen wird hierauf verwiesen. Die Folien lassen sich in vier Gruppen einteilen:

- *geschichtlicher Überblick über die Zusammenarbeit in Sicherheitsfragen*
- *der entscheidende Schritt des Schengener Abkommens von 1990*
- *die Abkommen über grenzüberschreitende Zusammenarbeit*
- *die Modalitäten der grenzüberschreitenden Zusammenarbeit*

Die öffentliche Sicherheit und die Bekämpfung grenzüberschreitender Kriminalität sind Themen, für die sich die Bürger der Europäischen Union (EU) mehr und mehr interessieren, besonders in den Grenzregionen innerhalb des Schengenraums, wo die Freizügigkeit zur Selbstverständlichkeit geworden ist. Dies gilt für die Bundesländer Baden-Württemberg und Rheinland-Pfalz, die angrenzende französische *région* Elsass, sowie für die Schweizer Region Basel.

Die Verkehrsfreiheit zwischen diesen dicht bevölkerten und wirtschaftlich sehr starken Grenzregionen nahm im Laufe der Zeit mit der fortschreitenden Entwicklung der EU stetig zu. Somit wurde die Sicherheit zu einer Kernfrage der Gewährleistung der grenzüberschreitenden Personen- und Warenverkehrsfreiheit. Dies war besonders in Frankreich der Fall, wo die Sicherheit als das hochrangigste Freiheitsrecht angesehen wird.

Zum Verständnis der maßgeblichen Bedeutung der Sicherheitsfragen in Grenzregionen müssen folgende Aspekte betrachtet werden: Zunächst muss ein geschichtlicher Überblick erfolgen, um anschließend die entscheidende Rolle des Schengener Abkommens von 1990 für diese Frage zu erörtern. Weiterhin ist die Bedeutung der Abkommen über die grenzüberschreitende polizeiliche und zollbehördliche Zusammenarbeit zu beleuchten, welche allmählich die bereits existierenden Rechtsvorschriften ergänzt haben. Zuletzt soll auf die konkreten Modalitäten der grenzüberschreitenden Zusammenarbeit im Bereich der Sicherheit, wie sie täglich praktiziert werden, eingegangen werden.

1. Geschichtlicher Überblick der grenzüberschreitenden Zusammenarbeit im Bereich der Sicherheit

Die grenzüberschreitende Zusammenarbeit im Bereich der Sicherheit war keineswegs Teil der Gründungsidee des vereinten Europas. Mit dem Vertrag von Rom von 1957 wurde zunächst ein gemeinsamer Markt geschaffen, der auf den sog. „vier Freiheiten", dem freien Verkehr von Waren, Personen, Dienstleistungen und Kapital beruht. Das Konzept dieser Freiheiten ließ die Frage der Sicherheit völlig außer Acht. Lediglich im Rahmen des Europarates wurde dieser Frage mit dem Übereinkommen von 1959 über die Rechtshilfe in Strafsachen eine gewisse Bedeutung zugemessen.

Einige Vorreiterstaaten werden sich allerdings der Erforderlichkeit von Sicherheitsmaßnahmen im Rahmen dieses neuen gemeinsamen Marktes und des nötigen Schutzes ihrer Interessen bewusst. Es sind Zusammenschlüsse entstanden wie der Berner Club, eine Versammlung der jeweiligen Polizeichefs der Mitgliedsstaaten, die Pompidou-Gruppe, welche sich mit dem Drogenverkehr auseinandersetzt, oder die gegen den Terrorismus engagierte TREVI-Gruppe. Aufgrund der Lücken dieser inoffiziellen Zusammenarbeit werden neue, auf gewisse Staaten begrenzte Projekte angestoßen. Die Schengener Zusammenarbeit begann 1985 mit der Errichtung einer institutionalisierten Form der Zusammenarbeit zwischen den Polizei- und Justizbehörden als Ausgleichsmaßnahme zur tatsächlichen Öffnung der Grenzen 1995. Diese Zusammenarbeit sollte die unerwünschten Ergebnisse der Grenzöffnung begrenzen.

Durch den Vertrag von Maastricht von 1992 wurde die „dritte Säule" der EU, die Zusammenarbeit in den Bereichen Justiz und Inneres, errichtet. Seit 1957 wurden im Rahmen des Aufbaus von Europa somit erstmalig Möglichkeiten zur grenzüberschreitenden Zusammenarbeit im Bereich des Strafrechts geschaffen. Durch zwischenstaatliche Abkommen werden insbesondere der Kampf gegen den Drogenhandel und internationale Betrugsfälle sowie der Schutz finanzieller Interessen der Gemeinschaft gefördert. Hinzu kam die Errichtung operativer Strukturen, wie das seit 1995 existierende Europäische Polizeiamt Europol und das Europäische Amt für Betrugsbekämpfung, welches 1999 gegründet wurde.

Der 1997 unterzeichnete Vertrag von Amsterdam führte den Begriff „Raum der Freiheit, der Sicherheit und des Rechts" ein. Insbesondere das sog. Schengen-Acquis wurde durch den Vertrag in die EU-Rechtsordnung überführt, wobei gleichzeitig das juristische Instrument der Rahmenbeschlüsse eingeführt wurde, welche gegenüber den bis dato abgeschlossenen Abkommen mehr Anpassungsfähigkeit aufweisen. Zur Erleichterung der strafrechtlichen Zusammenarbeit wurden weitere Instrumente wie Eurojust und der Europäische Haftbefehl eingeführt (letzterer wurde 2002 eingeführt). Im Kampf gegen Geldfälschung, Terrorismus, Korruption, Drogenhandel, Cyberkriminalität und organisierte Verbrechen fassten die Mitgliedstaaten also seit Anfang der 2000er Jahre zahlreiche Rahmenbeschlüsse.

Der bedeutendste Fortschritt der grenzüberschreitenden Zusammenarbeit im Bereich der Sicherheit, wie wir sie täglich erleben, ist jedoch dem Schengener Abkommen und den bilateralen Abkommen zu verdanken, die den Rechtsrahmen des Schengener Abkommens von 1990 vervollständigt haben.

2. Der entscheidende Schritt des Schengener Abkommens von 1990

Das Schengener Abkommen von 1985 markiert die erste Etappe der grenzüberschreitenden Zusammenarbeit im Bereich der Sicherheit. Seine Entstehung basiert tatsächlich auf einem „historischen Unfall": Die Zusammenarbeit im Bereich der Sicherheit wurde durch die Bewegung der Berufskraftfahrer von 1984 beschleunigt. Aufgrund des Ärgers über die Schwerfälligkeit der Behörden und die häufigen Streiks der Zollbeamten kam es zu Verkehrsblockaden durch die Kraftfahrer und damit zur teilweisen Lähmung der europäischen Wirtschaft, was die Schwachstellen des gemeinsamen Marktes offenlegte. Daraufhin unterzeichneten Frankreich, Deutschland und die Benelux-Staaten am 14. Juni 1985 das Schengener Abkommen, welches durch die Abschaffung der Grenzkontrollen zwischen den Mitgliedstaaten den Grundsatz der absoluten Personen- und Warenverkehrsfreiheit aufstellte. Die Grenzen zwischen den Mitgliedstaaten werden seither als „innere Grenzen" des Schengenraums bezeichnet. Dieser Grundsatz des freien Personen- und Warenverkehrs konnte jedoch nicht für eine effektive Öffnung der Grenzen ausreichen, da das Risiko des Missbrauchs dieser neuen Freiheit durch Straftäter und kriminelle Organisationen bestand.

Die Schaffung von „Ausgleichsmaßnahmen" zum freien Verkehr wurde somit als erforderlich erkannt. Diese wurden im Übereinkommen zur Durchführung des Schengener Abkommens (Schengener Durchführungsübereinkommen – SDÜ) vom 19. Juni 1990 festgeschrieben. Am 26. März 1995 kam es mit Inkrafttreten des Übereinkommens zur tatsächlichen Grenzöffnung zwischen den Mitgliedsstaaten. Die Ausgleichsmaßnahmen basieren auf einem umfassenden Rechtsrahmen. Neben der erforderlichen Vereinheitlichung der Kontrollen an den Außengrenzen des Schengenraums, den gemeinsamen Regeln zur Visumerteilung und zum Umgang mit Asylbewerbern bilden die Vorschriften im Bereich der polizeilichen und justiziellen Zusammenarbeit den Kern der Schengener Zusammenarbeit. Diese Vorschriften sind der wichtigste Bestandteil des Schengener Systems und signalisieren tatsächliche Ansätze der Institutionalisierung der strafrechtlichen Zusammenarbeit innerhalb der Europäischen Gemeinschaft, ohne dass dies in den Gründungsverträgen vorgesehen wurde.

Die Schengener Zusammenarbeit basiert weiterhin auf sehr konkreten Mechanismen, wie der Einführung des Schengener Informationssystems (SIS), welches dem Herkunftsland eines Straftäters ermöglicht, sich über Ermittlungen gegen diesen zu informieren und zur vorläufigen Festnahme und Auslieferung aufzurufen. Ferner dürfen im Rahmen der Schengener Zusammenarbeit Verfahrensregeln zur Vereinfachung der Polizeiarbeit erlassen werden, wie z. B. über den Informationsaustauch, die grenzüberschreitende Observation und Strafverfolgung. Sie erlaubt für Rechtshilfeersuche direkte Kontakte zwischen den Justizbehörden, ohne Einschaltung der ministeriellen oder diplomatischen Stellen. Schließlich stellt die Schengener Zusammenarbeit das strafrechtliche Prinzip „*non bis idem*" auf, nach welchem niemand zweimal in verschiedenen Staaten für ein und denselben Sachverhalt verurteilt werden darf.

Das Schengener Abkommen kommt in einem gemeinsamen geografischen Gebiet verschiedener, im Norden und Osten an Frankreich angrenzenden Länder (Belgien, Luxemburg, Deutschland und Schweiz), welches man als „Großregion" bezeichnet, voll zum Tragen. Die Großregion setzt sich aus Lothringen, Luxemburg, dem Saarland, Rheinland-Pfalz sowie der „Region Oberrhein" (Elsass, ebenfalls Rheinland-Pfalz, Baden-Württemberg und Region Basel) zusammen. In diesen durch die Rheinachse dominierten Regionen konzentrieren sich ein großer Bevölkerungsanteil, ein hoher Grad an wirtschaftlicher Aktivität sowie einige der wichtigsten Verkehrs- und Austauschachsen Europas. Der wirtschaftliche und kulturelle Reichtum dieser geografisch ausgedehnten Zone schürt eine Kriminalität, welche nach der Verankerung eines umfassenden Rechts auf grenzüberschreitende Freizügigkeit keine Hemmungen mehr kennt.

3. Die Abkommen über die grenzüberschreitende Zusammenarbeit

Das Schengener Durchführungsabkommen überlässt den Vertragsstaaten den Abschluss ergänzender bilateraler Abkommen (Art. 39 Abs. 5). Diese sollen durch die Verabschiedung der für erforderlich gehaltenen zusätzlichen Maßnahmen der Verstärkung der grenzüberschreitenden polizeilichen Arbeit dienen. So wird der Schengener Rechtsrahmen durch Abkommen auf bilateraler Basis erweitert und gestärkt.

Die Verhandlungen über diese bilateralen Abkommen begannen 1996 auf Grundlage eines Modell-Rahmenvertrags, dessen Schema später in allen Vertragsstaaten angewandt werden sollte. Die ersten Überlegungen wurden von den Vorreitern Deutschland und Frankreich gemeinschaftlich angestellt und mündeten in einem normativen Text, dessen Vorschriften ebenso den anderen an Frankreich grenzenden Vertragsstaaten vorgeschlagen wurden. Diese Vorschriften wurden auch von der Schweiz angenommen, die zu diesem Zeitpunkt allerdings noch kein Vertragsstaat war, sodass einige Modifizierungen erforderlich waren. Hierauf wurden das Abkommen von Chambéry mit Italien (3. Oktober 1997), das Mondorfer Abkommen mit Deutschland (9. Oktober 1997), das Berner Abkommen mit der Schweiz (11. Mai 1998), das Abkommen von Blois mit Spanien (7. Juli 1998), das Abkommen von Tournai mit Belgien (5. März 2001) und das Abkommen von Luxemburg-Stadt mit Luxemburg geschlossen.

Zwei verschiedene, sich ergänzende Konzepte liegen den bilateralen Abkommen zugrunde: Zum einen das Konzept der Zentren der Zusammenarbeit von Polizei- und Zollbehörden (*centres de coopération policière et douanière, CCPD*), welches den Austausch von Auskünften zwischen den Behörden zweier Grenzstaaten vereinfachen soll, zum anderen die direkte Zusammenarbeit zwischen Polizei- und Zolleinheiten, welche explizit eingegrenzt und mit dem nationalen Recht vereinbar ist. Gegenwärtig zählt man neun dieser bilateralen Zentren der Zusammenarbeit von Polizei- und Zollbehörden. Diese befinden sich in Tournai (F-B), Kehl (F-D), Genf (F-CH), Modane (F-IT), Ventimiglia (F-IT), Perthus (F-ESP), Melles (F-ESP), Somport (F-ESP) und Irun (F-ESP). Das Zentrum von Luxemburg weist die Besonderheit auf, sich aus vier Staaten zusammenzusetzen (F-B-LUX-D).

4. Die Modalitäten der grenzüberschreitenden Zusammenarbeit

Die an den Staatsgrenzen gelegenen Zentren der Zusammenarbeit von Polizei- und Zollbehörden versammeln Vertreter der Polizei- und Zollbehörden beider Staaten. Diese Vertreter sollen den reibungslosen Ablauf der grenzüberschreitenden Zusammenarbeit sichern. Insofern soll die Bekämpfung der illegalen Einwanderung, der grenzüberschreitenden Kriminalität und des illegalen Handels gestärkt und Gefahren für die öffentliche Ordnung vorgebeugt werden. Die Zentren besitzen keinerlei operative Kompetenz, sondern tragen zum Austausch lokaler Informationen bei. Sie unterstützen die Vorbereitung und Durchführung von Observationen, die grenzüberschreitende Strafverfolgung und tragen zur im Schengener Durchführungsabkommen vorgesehenen gegenseitigen Unterstützung der Sicherheitskräfte bei. Die Zentren werden ferner bei der Koordinierung gemeinsamer Überwachungsaktionen in der Grenzzone sowie bei der Vorbereitung der Rückübernahme von illegal aufhältigen Ausländern unterstützend tätig.

Der operationelle Charakter der grenzüberschreitenden Beziehungen wird durch die direkte Zusammenarbeit zwischen den beteiligten behördlichen Einheiten zusätzlich verdeutlicht. Sie ermöglicht beispielsweise den Informationsaustausch oder das Entsenden von Verbindungsbeamten, welche bei denjenigen lokalen Einsätzen der Kriminalpolizei unterstützend tätig werden, die für die andere Seite von Interesse sind. Nach diesem letzten Kriterium wird auch bestimmt, an der Überwachung welcher öffentlichen Demonstrationen Verbindungsbeamte tätig werden sollen. Jedoch begründet die direkte Zusammenarbeit keine Kompetenz zur selbstständigen Durchführung polizeilicher Maßnahmen im Nachbarstaat. Jede Führungsebene kann mit den Amtskollegen Kontakt aufnehmen, um Informationen auszutauschen, gemeinsame Einsatzpläne zu erstellen, gemeinsame Streiffahrten zu organisieren, grenzüberschreitende Übungen zu planen, eine gemeinsame Auswertung stichhaltiger statistischer Daten vorzunehmen oder die zur Vorbeugung vorhersehbarer Ereignisse erforderlichen Mittel der Zusammenarbeit einzuschätzen. Die Einsätze dürfen jedoch nicht den gewöhnlichen Zuständigkeitsrahmen der jeweiligen Behörde überschreiten. In Fällen, in denen ein Rechtshilfeersuchen oder dessen Ausführung die Anwendung von Zwangsmaßnahmen erfordert, ist die direkte behördliche Zusammenarbeit ausgeschlossen. Hier wird auf den im Schengener Durchführungsabkommen vorgesehenen traditionellen Weg der Rechtshilfe zurückgegriffen.

Die durch die Sicherheitskräfte auf beiden Seiten der gemeinsamen Grenze angewandten Rechtsinstrumente ermöglichen also konkrete operationelle Antworten auf die diversen Phänomene grenzüberschreitender Alltagskriminalität. Hier muss allerdings betont werden, dass die EU für die weiter reichende internationale Kriminalität in Form von Abkommen oder Rahmenbeschlüssen andere Rechtsinstrumente sowie Kooperationsorgane mit größerer Reichweite wie EUROPOL, das Europäische Polizeiamt, vorsieht.

5. Die konkreten operationellen Lösungen

Die Instrumente der grenzüberschreitenden Zusammenarbeit im Bereich der Sicherheit tragen also zum täglichen Kampf gegen Erscheinungsbilder der Kriminalität bei, die in ähnlicher Weise auf beiden Seiten einer Grenze auftreten. Besteht der Verdacht, dass Straftaten in der Grenzzone begangen werden, führen die Polizei-und Gendarmeriekräfte beider Länder aus Effektivitätsgründen gemeinsame Ermittlungen durch. Die gemeinsame Arbeit der Ermittler bei Sachverhalten, die beide Länder betreffen, darf insgesamt als positiv bewertet werden. Solche Sachverhalte betreffen etwa Hauseinbrüche durch organisierte Banden, Auto-, LKW- und Frachtdiebstähle sowie Fälle des Metalldiebstahls. Letzterer wird durch unterschiedliche Gesetzgebung in den jeweiligen Ländern gefördert, welche die Bildung paralleler Märkte ermöglicht. Auf einer höheren europäischen Ebene gelingt es den Ermittlern, Netzwerke organisierten Menschenhandels (Prostitution, Zuhälterei) und bedeutsame Drogengeschäfte nicht nur in den europäischen Metropolen, sondern auch in den kleineren Städten und zurückgezogenen Gegenden zu zerschlagen.

Je nach Art des erkannten kriminellen Phänomens sind unterschiedliche operationelle Lösungen möglich. So wurden unterschiedliche Protokolle zum Informationsaustausch zwischen Ermittlern über die Zentren der Zusammenarbeit von Polizei- und Zollbehörden eingeführt. Über das Zentrum von Kehl wurden beispielsweise die sog. VENUS-Dateien zum Informationsaustausch über Einbrecher oder das MIDAS-System zur Kriminalanalyse von Metalldiebstählen und den hieran beteiligten Netzwerken ermöglicht. Dem gleichen Schema folgen die sog. TISPOL-Operationen zur Kontrolle der großen europäischen Verkehrsachsen sowie die Instanzen „Kleines Schengen“ zur Erleichterung der Koordination grenzübergreifender Aktionen durch regelmäßige Versammlungen von französischen und deutschen Polizei-, und Gendarmeriebeamten sowie Richtern und Staatsanwälten. Im Verlauf der letzten Monate hat diese Art von Zusammenarbeit zur Zerschlagung mehrerer, aus Staatsangehörigen verschiedener osteuropäischer Staaten zusammengesetzter krimineller Organisationen geführt, die Diebstähle und Einbrüche in Frankreich, Deutschland, Belgien und Luxemburg begangen hatten.

6. Die der grenzüberschreitenden Zusammenarbeit eigene Praxis

Die grenzüberschreitende Zusammenarbeit im Bereich der Sicherheit am Rhein bildet gegenwärtig die wahrscheinlich gelungenste Form der gemeinsamen Nutzung von Arbeitskräften und Mitteln. Sie ermöglicht eine hochwertige Schifffahrtspolizei auf einem der für den europäischen Wasserwarenverkehr wichtigsten Flüsse. Auf der Grundlage des am 10. November 2000 in Vittel unterzeichneten intergouvernementalen Abkommens legten die Polizeibehörden von Baden-Württemberg und vom Elsass die Gesamtheit ihrer nautischen Ausrüstung zusammen, um ihre Aufgaben auf dem deutsch-französischen Teil des Rheins gemeinsam wahrzunehmen. Der mit dieser Vereinbarung entstandene Rechtsrahmen ermöglicht diesen Behörden unter anderem, für eine verbesserte Ahndung festgestellter Straftaten gleichermaßen auf dem gesamten Flussgebiet zu handeln, ohne dass die Schiffsführer auf die andere Seite des Flusses flüchten können. Die Schiffsbesatzungen sind binational, sodass die Ermittlungen, wie beispielsweise der Einsatz von Tauchern mit Sonargeräten, stets gemeinsam durchgeführt werden. Diese gemischte Einheit verfügt über drei Standorte am Rheinufer, in Gambsheim (F), Kehl (D) und Vogelgrun (F). Sie setzt sich aus 30 deutschen und 30 französischen Polizisten zusammen. Ihre Kommandozentrale befindet sich in Kehl. Die Vorschriften des Abkommens von Vittel bilden den Höhepunkt eines im 19. Jahrhundert mit der Mannheimer Akte, welche den Rhein zur Förderung dessen wirtschaftlicher Bestimmung zu einem Fluss mit internationalem Status machte, begonnenen Prozesses.

Auch im Bezug auf die Ausbildung hat sich die grenzüberschreitende Zusammenarbeit im Bereich der Sicherheit entwickelt. Am Euro-Institut von Kehl werden Fortbildungen für Polizei- und Gendarmeriebeamte sowie Richter und Staatsanwälte der rheinischen Grenzregionen angeboten. Diese Fortbildungen ermöglichen ein besseres Verständnis der rechtlichen Bedingungen der deutsch-französischen Zusammenarbeit auf den Gebieten des Straf- und Strafprozessrechts auf Grundlage der geltenden Abkommen sowie den gegenseitigen Austausch über bewährte Praktiken in allen Belangen der Sicherheit. Die Teilnehmer erlernen in diesem Rahmen auch die in der forensischen Wissenschaft angewandten Methoden, Methoden der kriminellen Analyse und Untersuchung, welche Politiken zur Kriminalitätsprävention verfolgt werden sowie Methoden zur Bekämpfung straffälligen Verhaltens im Straßenverkehr. Die verfahrensrechtliche Seite wird in diesen Fortbildungen ausführlich behandelt, um ein Verständnis über gerichtliche Ermittlungsverfahren in Strafsachen sowie über die gerichtliche Strafverfolgung in internationalen Strafsachen herzustellen.

Den Bereich der Ausbildung tangieren auch technische Disziplinen, die den Sicherheitskräften nützen. Zur sprachlichen Ausbildung werden im deutsch-französischen Sprachzentrum der Polizei Lahr Einführungs- und Fortbildungskurse in Deutsch und Französisch angeboten. Diese werden von zwei französischen Ausbildern aus der Gendarmerie gemeinsam mit zwei deutschen Polizeiausbildern aus Baden-Württemberg geleitet. Die Sprachausbildung wird in der Praxis durch das sog. Tandemtraining ergänzt. Bei diesem Training werden Binome mit je einem deutschen und einem französischen Polizeibeamten gebildet, die gemeinsam den Arbeitsalltag des anderen bestreiten, um die andere Sprache besser zu beherrschen. Die Beherrschung der jeweiligen Nachbarsprache ermöglicht einerseits eine bessere Zusammenarbeit im Alltag, andererseits gestattet sie die Teilnahme an gemeinsamen Fortbildungen, wie dem jährliche Kommunikationsseminar in Straßburg, dem Seminar der forensischen Wissenschaft in Villingen-Schwenningen oder den deutsch-französischen Übungen zur Aufrechterhaltung der öffentlichen Sicherheit und Ordnung, welche alternativ von dem einen oder dem anderen Staat organisiert werden. Die Gesamtheit dieser Austausche fördert die Annäherung des Sicherheitspersonals auf beiden Seiten der Grenze, gestattet eine bessere Kenntnis der jeweils anderen Organisationsstrukturen und Praxis und trägt zu einer hohen Effektivität in der gemeinsamen Bekämpfung der Kriminalität bei.

Fazit

Zum Schluss lässt sich sagen, dass allmählich Rechtsinstrumente geschaffen werden, um der grenzüberschreitenden Zusammenarbeit im Bereich der Sicherheit im Alltag zu einem Aufschwung zu verhelfen. Die Vielzahl an Austausch-Maßnahmen ermöglicht insofern eine effektivere Bekämpfung internationaler Kriminalität, welche innerhalb des Schengenraums keine Grenzen mehr kennt. Die Sicherheit der Grenzzonen erfordert eine stetige Wachsamkeit, da Straftäter gelernt haben, jede Lücke im Rechtssystem zu ihren Gunsten auszunutzen, um sich Untersuchungen und Strafverfolgung zu entziehen. Insofern bleibt die Erfahrung der in Grenzgebieten tätigen Polizisten, Gendarmen, Richter und Staatsanwälten wertvoll. Denn diese Erfahrung ermöglicht es, hilfreiche und erforderliche Lehren für die Entwicklung des Rechts in Richtung einer verbesserten Harmonisierung der strafrechtlichen Doktrin in Europa zu ziehen.

Spezifische Aspekte der grenzüberschreiten-den Zusammenarbeit in der Großregion

Task Force Grenzgänger der Großregion

Kerstin GEGINAT*

* Kerstin GEGINAT ist seit dem 1. März 2011 Leiterin des Referates „Beschäftigung in der Großregion - Task Force Grenzgänger". Übersetzung aus dem Französischen.

Die Task Force Grenzgänger der Großregion (TFG) ist eine Institution auf dem grenzüberschreitenden Arbeitsmarkt, an der alle Teilregionen der Großregion beteiligt sind.

1. Historie und Struktur

Die Einrichtung der TFG erfolgte aufgrund eines Beschlusses des Gipfels der Großregion im Jahr 2008. Hintergrund der Einrichtung der TFG ist die Idee zur Gründung einer Institution, die sich mit der Beseitigung von juristischen und administrativen Ungleichheiten befasst, denen Grenzgänger oder Unternehmen, die Grenzgänger beschäftigen, begegnen.

Die Partnerregionen der Großregion haben sich darauf verständigt, das Projekt der TFG mit Hilfe der finanziellen Unterstützung der Europäischen Union in Form des Interreg IV-A Programms auf den Weg zu bringen. Dabei wird die TFG hälftig von EU-Mitteln und hälftig von Mitteln der Partnerregionen des Projektes getragen.

Mit der Federführung des Projektes der TFG wurde die saarländische Landesregierung beauftragt. Dem Saarland, vertreten durch das Ministerium für Wirtschaft, Arbeit, Energie und Verkehr (MWAEV), steht die Deutschsprachige Gemeinschaft Belgiens als sog. „operativer Partner" zur Seite. Daneben treten Luxemburg, Rheinland-Pfalz, die Wallonie vertreten durch die Arbeitsverwaltung (FOREM) sowie Lothringen, vertreten durch die Präfektur und den Regionalrat als sog. „strategische Partner" auf.

Das Projekt ist von den Interreg-Programmpartnern zum 1. Januar 2011 genehmigt worden und hat eine Laufzeit von vier Jahren. Die Arbeit wurde von den vier Juristinnen und der Verwaltungsfachkraft der TFG am 1. September 2011 aufgenommen.

Das Projekt ist im Rahmen von Interreg IV um ein halbes Jahr bis zum 30.06.2015 verlängert worden. Es wird daran gearbeitet, die TFG im Rahmen von Interreg V weiterzuführen.

2. Aufgabe der TFG

Die TFG ist keine Beratungseinrichtung für Grenzgänger, sondern arbeitet ausschließlich im Hintergrund als sog. „Back Office".

Ihre Aufgabe besteht in der **Förderung der grenzüberschreitenden Arbeitsmarktmobilität in der Großregion durch die Erarbeitung politisch adressierfähiger juristischer und administrativer Lösungsvorschläge für Probleme grundsätzlicher Art von Grenzgängern und Unternehmen, die Grenzgänger beschäftigen.**

Da sich die Probleme der Grenzgänger aus der alltäglichen Arbeit der Beratungseinrichtungen wie EURES, aber auch der Kammern, der Träger der Sozialversicherungen, der Gewerkschaften und der Arbeitsverwaltungen sowie aus den wissenschaftlichen Erkenntnissen der Interregionalen Arbeitsmarktbeobachtungsstelle (IBA) ergeben, ist eine enge Zusammenarbeit der TFG mit den übrigen Akteuren des grenzüberschreitenden Arbeitsmarktes erforderlich. In diesem Zusammenhang werden u. a. regelmäßig sog. „Runde Tische" durchgeführt, um den Informationsaustausch zwischen den verschiedenen Akteuren zu gewährleisten.

Die TFG fungiert dabei als Bindeglied zwischen den Arbeitsmarktakteuren der Großregion und den politischen Entscheidungsträgern auf regionaler, nationaler und europäischer Ebene, denen sie ihre Lösungsvorschläge zur Verbesserung der Arbeitsmarktmobilität in der Großregion unterbreitet.

Die Arbeit der TFG umfasst in der Regel drei Arbeitsstufen:

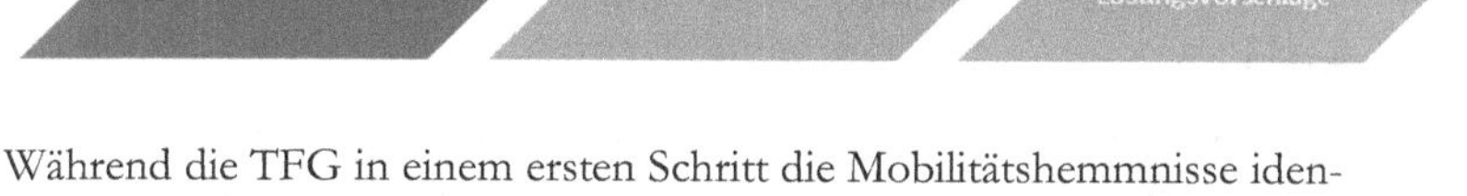

Während die TFG in einem ersten Schritt die Mobilitätshemmnisse identifiziert, bildet die zweite Arbeitsstufe den Kern ihrer Arbeit: die Ausarbeitung von juristischen und administrativen Lösungsvorschlägen. Dabei bestehen die Lösungsansätze in Vorschlägen zu Gesetzesänderungen oder zum Abschluss von zwischenstaatlichen Abkommen sowie in Vorschlägen an die Verwaltung, ihre Praxis entsprechend der Rechtslage anzupassen. In einem dritten Arbeitsschritt werden die Lösungsvorschläge an die zuständigen Entscheidungsträger und Institutionen weitergeleitet. Diesen steht die TFG auch in der Phase der Umsetzung der Lösungen mit ihrer fachlichen Expertise zur Seite.

3. Beispiele aus der Arbeit der TFG

In der bisherigen operativen Phase konnte die TFG zahlreiche Lösungsvorschläge erarbeiten, die teilweise bereits umgesetzt oder deren Umsetzung in naher Zukunft bevorsteht.

So hat sich die TFG mit dem Problem der **Besteuerung der in Frankreich lebenden Empfänger von Leistungen der deutschen gesetzlichen Rentenversicherung** befasst.

Hintergrund dieser Problematik ist die im Jahr 2005 in Deutschland eingeführte nachgelagerte Besteuerung der Renteneinkünfte.

Derzeit müssen auch Rentenempfänger mit Wohnsitz in Frankreich ihre deutsche gesetzliche Rente in Deutschland versteuern. Ausgangspunkt dafür ist eine Vorschrift im deutsch-französischen Doppelbesteuerungsabkommen.

Die Tatsache, dass die sog. „Grenzgängerrentner" ihre Rente in Deutschland besteuern müssen, stellt für diese eine besondere Härte dar. Viele Betroffene zahlen aufgrund ihrer in Deutschland beschränkten Steuerpflicht im Vergleich zu ihren ehemaligen Kollegen mit Wohnsitz in Deutschland eine höhere Steuer auf ihre Rente. Zudem müssen einige Rentner erhebliche Steuernachzahlungen leisten, da sie die deutschen Steuerbescheide aufgrund verwaltungstechnischer Probleme erst Jahre später erhalten.

In Anbetracht dieser Schwierigkeiten, die die Mobilität der heutigen Arbeitnehmergeneration beeinträchtigen können, hat die TFG in einem juristischen Gutachten vorgeschlagen, eine Änderung im deutsch-französischen Doppelbesteuerungsabkommen vorzunehmen. Demnach sollen die Renten aus der gesetzlichen Sozialversicherung nicht wie bisher in Deutschland besteuert werden, sondern ausschließlich im Wohnsitzstaat (im vorliegenden Fall also in Frankreich).

Dieses Gutachten wurde insbesondere an die zuständigen Finanzministerien in Deutschland und Frankreich weitergeleitet.

Im Dezember 2013 haben die Finanzminister beider Länder eine grundsätzliche Einigung dahingehend erzielen können, dass die in Rede stehenden Renten künftig nicht mehr unter die deutsche Besteuerungshoheit fallen. Als Ausgleich dafür habe sich Frankreich bereit erklärt, an Deutschland eine Ausgleichszahlung zu leisten.

Dies entspricht dem Lösungsvorschlag der TFG. Damit ist das Ende einer Benachteiligung von ehemaligen Grenzgängern in der Rentenbesteuerung in Sicht! Die Überarbeitung des deutsch-französischen Doppelbesteuerungsabkommens ist noch in Arbeit. Es wird voraussichtlich ab dem 01.01.2016 in Kraft treten.

Ein bereits umgesetzter TFG-Lösungsvorschlag betraf die **Grenzgänger, die in Frankreich wohnen und in Deutschland ihrer beruflichen Tätigkeit nachgehen**. Diese mussten bei der **Berechnung ihres Krankengeldes** eine Benachteiligung hinnehmen. Gegenüber ihren in Deutschland wohnhaften Kollegen erhielten sie verhältnismäßig geringere Lohnersatzleistungen. In der Praxis wurde zur Ermittlung der Höhe des Krankengeldes von den zuständigen deutschen Stellen bislang ein fiktiver Abzug der deutschen Lohnsteuer vorgenommen. Dies obwohl die Grenzgänger mit Wohnsitz in Frankreich normalerweise ihre Lohnsteuer entsprechend der französischen Einkommenssteuerregelungen in Frankreich zahlen, wo diese generell niedriger ausfällt.

In ihrem Rechtsgutachten weist die TFG zunächst darauf hin, dass gemäß Anhang XI der Verordnung (EG) Nr. 883/2004 zur Koordinierung der Systeme der sozialen Sicherheit eine gesonderte Art der Berechnung dann durchzuführen ist, wenn der Grenzgänger dies beantragt. Die Leistung ist in diesen Fällen auf der Grundlage des „tatsächlichen Nettoarbeitsentgeltes" zu ermitteln. Das Hauptproblem besteht hierbei in der Auslegung des Begriffs des „tatsächlichen Nettoarbeitsentgeltes".

Die TFG kommt zu folgendem Schluss: Sofern der Grenzgänger einen entsprechenden Antrag stellt, ist bei der Berechnung des Krankengeldes ein Abzug in Höhe der tatsächlichen französischen Lohnsteuer zugrunde zu legen. Lediglich diese Methode ist hinsichtlich des EU-Rechts und insbesondere in Bezug auf den Begriff des tatsächlichen Nettoarbeitsentgelts gerechtfertigt.

Das Rechtsgutachten wurde unter anderem an das Sozialgericht des Saarlandes weitergeleitet, wo mehrere Verfahren anhängig waren.

Das Sozialgericht ist der von der TFG vertretenen Position in zwei Urteilen vom Februar 2013 gefolgt.

Infolge dieser Urteile hat die AOK Rheinland-Pfalz/Saarland ihre Berechnungspraxis geändert. Im Falle der Antragstellung seitens des Grenzgängers wird nunmehr bei der Berechnung des Krankengeldes die tatsächliche französische Lohnsteuer zugrunde gelegt.

Es ist davon auszugehen, dass die anderen gesetzlichen deutschen Krankenkassen dieser Entscheidung folgen werden.

Folglich ist die Benachteiligung der Grenzgänger bei der Berechnung des Krankengeldes beseitigt!

4. Aktuelle Informationen über die Arbeit der TFG

Weitere bearbeitete Themen wie zum Beispiel

- zur grenzüberschreitenden Berufsausbildung in der Großregion,
- zum grenzüberschreitenden Taxiverkehr zwischen Deutschland und Frankreich,
- zum Bezug von Differenzkindergeld in der Großregion oder
- zum Erhalt eines europaweit anerkannten Nachweises der Weiterbildung von Berufskraftfahrern

können der TFG Website entnommen werden: www.tf-grenzgaenger.eu. Aber auch aktuelle Entwicklungen zur Umsetzung der Lösungsvorschläge werden auf dieser Seite veröffentlicht.

Die Ansiedlung von Handelsgesellschaften in der Großregion: Europäische Harmonisierung und nationale Besonderheiten in einer rechtsvergleichenden Perspektive

Liliane NAU*

* Maître de conférences en droit privé, Faculté de droit de Nancy, Université de Lorraine, Institut François Gény EA 7301. Übersetzung aus dem Französischen.

Einem im Oktober 2011 dem Plenum des *Conseil économique, social et environnemental de Lorraine* (Wirtschafts-, Sozial- und Umweltrat von Lothringen) vorgestellten Bericht[1] zufolge belegt Deutschland Platz eins der ausländischen Investoren in Lothringen. Insbesondere deutet dieser Bericht auf die zahlreichen Niederlassungen von Gesellschaften mit deutschem Kapital im französischen Teil der Großregion hin, vor allem in den lothringischen Départements. Die gleiche Feststellung gilt hinsichtlich der Niederlassung französischer Unternehmen auf der anderen Rheinseite.

Was wirtschaftlich als Selbstverständlichkeit angesehen werden darf, wirft allerdings zahlreiche Rechtsfragen auf, deren Antworten keineswegs selbstverständlich sind. Diese Fragen betreffen vor allem den Kauf von Anteilen oder Aktien an einer Gesellschaft, oder, bei einer Unternehmensgründung, die Wahl einer adäquaten Gesellschaftsform. Auf diese letzte Frage soll in diesem Beitrag besonders eingegangen werden.

Auch wenn zahlreiche europäische Richtlinien die gesellschaftsrechtlichen Vorschriften der Unionsmitgliedstaaten weitgehend harmonisiert haben (I), bestehen weiterhin deutliche nationale Unterschiede unter den Rechtsinstituten des deutschen und französischen Rechts (II). Wer die Gründung eines Unternehmens auf dem Territorium des Nachbarstaates anstrebt, sollte sich nicht von der irreführenden Ähnlichkeit dieser Rechtsvorschriften täuschen lassen...

Ich verfüge nur über wenig Zeit, und meine Kollegin F. Mansuy wird die Vorstellung der verschiedenen Institute des Europarechts für die Unternehmenszusammenarbeit innerhalb der Großregion übernehmen. Deswegen soll der Schwerpunkt dieses kurzen Beitrags auf gewisse „bedingte Reflexe“ bzw. Verhaltensmuster oder Vorgehensweisen gelegt werden, die man nicht auf dem Nachbarterritorium verwenden sollte. Die Untersuchung dieser „bedingten Reflexe“ soll in einer rechtsvergleichenden Perspektive erfolgen. Dabei werden nicht die Details jeder Rechtsordnung zum Gegenstand unserer Analyse – auch wenn der Teufel im De-

---

[1] Conseil économique, social et environmental de Lorraine, Bericht vom 19. Oktober 2011, „*L'Allemagne, partenaire incontournable de la Lorraine*“ („Deutschland, der unverzichtbare Partner Lothringens“).

tail steckt –, sondern grundlegende Überlegungen bezüglich der konkreten Anwendung der unterschiedlichen Gesellschaftsformen in der Großregion angestellt werden.

1. Zwischen europäischer Rechtsharmonisierung...

Wir gehen davon aus, dass ein Unternehmensgründer mehr oder weniger nach den gleichen Mustern denken würde, unabhängig davon, ob er sein Projekt auf deutschem oder französischem Boden durchführt. Denn beide Rechtsordnungen sind heute in Bezug auf ihre handelsgesellschaftlichen Vorschriften weitgehend harmonisiert worden und dies sollte leicht zu überprüfen sein. Dieser Eindruck wird mit einer vereinfachten Darstellung der jeweiligen nationalen Form der Handelsgesellschaft auf den ersten Blick bestätigt: das deutsche und das französische Recht bieten äquivalente Rechtsinstitute an. Aufgrund zahlreicher Ähnlichkeiten bereitet selbst die Terminologie keine größeren Schwierigkeiten.

Diese Rechtsinstitute können den klassischen Kategorien zugeordnet werden: Personengesellschaften (*sociétés de personnes*) bieten den Vorteil der Flexibilität und Einfachheit, allerdings mit dem Nachteil der unbegrenzten Haftung ihrer Gesellschafter, während Kapitalgesellschaften (*sociétés de capitaux*) zwar den Vorteil einer beschränkten Haftung bieten, allerdings mit beachtlichen Pflichten und Aufgaben verbunden sind.

Innerhalb dieser Kategorien trifft man auf die jeweiligen bekannten Erscheinungsformen: die *société en nom collectif* (*SNC*) bildet das Gegenstück zur offenen Handelsgesellschaft (oHG); die *société en commandite simple* (*SCS*) entspricht der Kommanditgesellschaft (KG); die *société à responsabilité limitée* (*SARL*) der Gesellschaft mit beschränkter Haftung (GmbH); die *société anonyme* (*SA*) der Aktiengesellschaft (AG); die *société en commandite par actions* (*SCA*) der Kommanditgesellschaft auf Aktien (KGaA).

Gewisse Nuancen werden sichtbar, ohne dem Gesamteindruck einer harmonisierten Erscheinung zu schaden: die französische *SARL* wird von ihrem hybriden Charakter gekennzeichnet, während die GmbH der Kategorie der Aktiengesellschaften zuzuordnen ist; die französische *société par actions simplifiée* (*SAS*) lässt Raum für Kreativität bei der Gestaltung des Gesellschaftsvertrages, während keine deutsche Aktiengesellschaft so viel Vertragsfreiheit einräumt.

So scheint im grenzüberschreitenden Raum alles beim Besten zu sein, und der Unternehmensgründer kann sich sorglos innerhalb eines vertrauten Rechtsrahmens bewegen. Oder etwa doch nicht?

Tatsächlich führen Meinungsverschiedenheiten über eine bestimmte Unternehmensform, über die Auffassung der Rolle des Unternehmens und die Rolle des Unternehmensleiters zur Wahl unterschiedlicher Gesellschaftsformen auf beiden Seiten des Rheins für eigentlich ein und dasselbe Unternehmen. Und dies obwohl die Europäische Union die Vereinheitlichung des Gesellschaftsrechts anstrebt, und obwohl Gesellschaftsformen sich in den beiden Rechtsordnungen angeblich gegenseitig entsprechen.

Mit anderen Worten führt die Anwendung der Kriterien, welche z. B. in Frankreich für die *SARL* als beste Rechtsform für ein gewisses Unternehmen sprechen würden, nicht notwendigerweise zur Wahl der GmbH in Deutschland.

Der gleiche Begriff entspricht nämlich nicht zwingend der gleichen Rechtsform mit dem gleichen Zweck und dafür gibt es zahlreiche Beispiele.

Die Durchführung eines Projekts auf dem benachbarten Territorium erfordert also nicht nur vertiefte Kenntnisse über die jeweiligen nationalen Regeln des Steuer-, Gesellschafts- und Sozialrechts, sondern auch den Verzicht auf bestimme Verhaltensweisen, die von der eigenen nationalen Rechtsordnung und den dazu gehörigen Denkmustern bedingt werden (dies sind die genannten „Reflexe“).

2. ... und nationalen Besonderheiten

Gleiche Anwendung gleicher Rechtsformen in Deutschland und Frankreich? Bereits bei einer flüchtigen Betrachtung der Sachlage erweist sich diese Vermutung als oberflächlich.

Fangen wir mit den *sociétés commerciales de personnes* – den Personengesellschaften – an, deren rechtsvergleichende Untersuchung bereits einige Überraschungen birgt.

In Frankreich wird recht selten von dieser Gesellschaftsform Gebrauch gemacht: sie macht nicht einmal 2 % der Gesamtzahl aller bestehenden Gesellschaften aus, unabhängig von ihrer konkreten Rechtsform.

Die französische *SNC* wird oft von kleinen Familienunternehmen, die sich eine offenere bzw. freiere Struktur wünschen, gewählt. Gegenwärtig trifft man aber auch auf *SNC* in unerwarteten Konstellationen, und zwar bei großen Konzernen, wo diese Rechtsform für manche Filialen der Gruppe gewählt wird. Diese moderne Rolle hat die *SNC* ihrer Flexibilität und der steuerrechtlichen Übersichtlichkeit ihrer Struktur zu verdanken. Die Rechtsform der *SCS* hat ihrerseits ihr Interesse verloren.

In Deutschland trifft man dagegen oft auf Personengesellschaften, sowohl auf die oHG als auch auf die KG, und vor allem auf die GmbH & Co. KG, also eine KG deren einziger Kommanditgesellschafter eine GmbH ist. Diese Kombination eröffnet den Zugang zu gewissen Vorteilen der Personengesellschaft, wobei der Nachteil der unbeschränkten Haftung des einzelnen Gesellschafters umgangen wird. Die deutsche *SCS* ist somit keinerlei eine Seltenheit.

Dies lässt sich anhand einiger konkreter Beispiele beweisen: LIDL Deutschland ist eine GmbH & Co. KG mit der Schwarz-Beteiligungs-GmbH als Gesellschafter. LIDL France ist eine *SNC* mit Sitz in Straßburg. Auch wenn die *SCS* in Frankreich immer seltener genutzt wird, könnte die KG für ausländische, vor allem französische Niederlassungen in Deutschland einige Überlegungen wert sein: zum Beispiel war die Fabrik Saint-Gobain in Saarbrücken bis vor kurzem noch eine GmbH & Co. KG.

Diese Entscheidung ist mit Sicherheit kein Zufall. Unter anderem soll in Erinnerung behalten werden, dass deutsche Personengesellschaften, darunter auch die KG, nicht der Mitbestimmungspflicht unterliegen, einer Form der Unternehmensführung, welche zwar einen integrativen Bestandteil der deutschen Unternehmenspraxis darstellt, dafür jedoch in Frankreich kaum bekannt ist...

Ferner ist festzustellen, dass die *SARL* die in Frankreich meist verbreitete Gesellschaftsform darstellt, genauso wie die GmbH in Deutschland. Alle Hinweise scheinen darauf hin zu deuten, dass es sich hierbei um „Zwillingsformen" mit ähnlichen konkreten Anwendungen handelt. An den französischen Universitäten wird sogar gelehrt, dass die *SARL* weitgehend vom deutschen Modell inspiriert wurde.

Aber auch hier muss vor voreiligen Schlüssen gewarnt werden: Auch wenn die französische *SARL* eine besondere Rechtsform für die kleinen und mittleren Unternehmen (KMU) schuf, darf das Gleiche nicht von der deutschen GmbH behauptet werden. Denn diese eignet sich auch für Großunternehmen, während eine französische *SARL* hierfür überhaupt nicht in Betracht käme: für solche Unternehmen wären die französischen *SA* oder *SAS* besser geeignet. Die auf die *SARL* anwendbaren Rechtsregeln bilden den Rahmen für ein gemischtes Rechtsinstitut, mit Aspekten der Personen- und der Kapitalgesellschaft, während die deutsche GmbH als Kapitalgesellschaft angesehen wird. Und dies auch wenn das MoMiG, das Gesetz zur Modernisierung des GmbH-Rechts von 2008, eine Steigerung des Potenzials der GmbH zu erreichen versuchte, namentlich mit der Schaffung einer vereinfachten „Mini-GmbH" ohne Erfordernis eines Mindeststammkapitals: dies ist die Unternehmensgesellschaft (UG).

Wer nach seinen vertrauten Mustern ohne Berücksichtigung etwaiger Besonderheiten denkt, geht das Risiko einer Enttäuschung ein! So bringt der französische Unternehmer den Aufsichtsrat (*conseil de surveillance*) mit der SA in Verbindung, aber nie mit der SARL. Der Aufsichtsrat kann aber aufgrund des Mitbestimmungsprinzips je nach Anzahl der Mitarbeiter zu einem Pflichtorgan der deutschen GmbH werden. Ein französischer Gesellschafter, der sich um die Sammlung der Mehrheit der Anteile einer GmbH bemüht hat, wird bestimmt sehr enttäuscht von der Entdeckung sein, dass er nicht unbedingt die Wahl des Geschäftsführers bestimmt: der Gesellschaftsvertrag könnte nämlich dem Aufsichtsrat diese Befugnis eingeräumt haben. Darüber hinaus muss sich diese Gesellschaft mit dem „Vier-Augen-Prinzip“ vertraut machen, und damit mit der Präsenz eines Prokuristen, der mit „*fondé de pouvoir*“ nicht perfekt übersetzt werden kann. Dieser Prokurist kann allein oder zusammen mit dem Geschäftsführer oder einem anderen Prokuristen (Generalbevollmächtigten) die Vertretung der Gesellschaft übernehmen, ohne dafür gesetzlicher Vertreter der Gesellschaft sein zu müssen.

Der deutsche Unternehmer wird auch einige Überraschungen hinnehmen müssen: deutsche Geschäftsführer verfügen folgerichtig über einen Arbeits- oder zumindest einen Dienstvertrag, und dies ab dem Zeitpunkt ihrer Ernennung. Die französischen Einschränkungen hinsichtlich der Kombinierung eines Amts als Geschäftsführer mit einem Arbeitsvertrag könnten den deutschen Unternehmer daher verwirren.

Zuletzt sollen die *SA* und die AG verglichen werden, zwei Rechtsformen, welche grundsätzlich für Großunternehmen bestimmt sind. Als einleitende Bemerkung soll auf die begriffliche Ähnlichkeit der Organe beider Gesellschaften hingewiesen werden: einerseits das Vorstand-Aufsichtsrat-Modell, andererseits die in begrifflicher Hinsicht ähnliche Struktur von *directoire* und *conseil de surveillance*. Auch letztere Struktur ist am deutschen Beispiel angelehnt. Weitere Ähnlichkeiten lassen sich nicht finden: Auch wenn alle deutschen AGs diese Struktur aufweisen, bleibt sie eine seltene Minderheit in den französischen *SA*, da der Gesetzgeber den Letzteren die Wahl zwischen der traditionellen Struktur mit c*onseil d'administration* (Aufsichtsrat) und *président/directeur général* (Präsident des Aufsichtsrats/Genederaldirektor) und der sogenannten dualistischen Struktur überlässt. Die Mitbestimmung innerhalb des Aufsichtsrates bleibt weiterhin eine deutsche Besonderheit.

Im Übrigen werfen auch die Statistiken Fragen auf: In Frankreich ist eine deutlich höhere Anzahl an *SA* zu finden als an AGs in Deutschland. Soll daraus geschlossen werden, dass in Frankreich eine erheblich höhere

Anzahl an Großunternehmen ansässig ist als in Deutschland? Diese Vorstellung wäre höchst unrealistisch...

Die Erklärung hierfür liegt erneut in der Wahl der Gesellschaftsform: Auch wenn beide Rechtsformen ursprünglich für Großunternehmen gedacht waren, sah die Realität dann doch anders aus.

In Deutschland entscheiden sich hauptsächlich Großunternehmen, öfters börsennotierte, für die AG, auch wenn die Reform aus dem Jahre 1994 in einem Versuch, die Beliebtheit dieser Gesellschaftsform für diese Unternehmen zu steigern, den KMU die „kleine AG“ als Alternative zur GmbH angeboten hatte.

Paradoxerweise sind in Frankreich *SA* in allen möglichen Größen zu finden, und sogar sehr kleine Unternehmen, d. h. Unternehmen, für welche diese einschränkende Rechtsform eigentlich ungeeignet wäre, entscheiden sich teilweise für die *SA*. Dieser Umstand ist dem sozial- und steuerrechtlichen Status des Leiters einer *SA* zu verdanken, welcher unabhängig von der Zahl an Aktien über die er verfügt, zahlreiche Vorteile anbietet – im Gegensatz zum Geschäftsführer einer *SARL*, dessen Status von seiner Position als Mehrheits- oder Minderheitsanteilseigner abhängt.

Somit wird vorliegend auch ein bei der Wahl der Gesellschaftsform ausschlaggebender Aspekt angesprochen: die steuerrechtliche Erwägungen mit ihren unzählbaren Folgen...

Abschließend soll Einiges zur jüngsten französischen Gesellschaftsform gesagt werden, der *société par actions simplifiée* – *SAS* –, für welche kein wirkliches Gegenstück im deutschen Recht existiert. Die *SAS* erfährt einen Aufwärtstrend, seitdem Unternehmensgründer sich der Vorteile der optimalen Freiheit bewusst geworden sind, die diese Gesellschaftsform bei der Gestaltung des Gesellschaftsvertrags bietet. Die Anzahl an *SAS* hat diejenige der *SA* übertroffen und könnte demnächst sogar die Stellung der *SARL* gefährden.

Somit können französische Unternehmer ihrer Fantasie freien Lauf lassen und bei ihnen erfreute sich die *SAS* daher auch von Anfang an einer großen Beliebtheit. Davon profitieren auch ausländische Unternehmen, die sich in Frankreich niederlassen wollen. Der Anzahl an *SAS* mit deutschem Kapital in Lothringen nach zu beurteilen, haben die deutschen Partner dies schon verstanden.: z. B. hat sich Smart France SAS, Mitglied des Konzerns Daimler-Chrysler AG, in Hambach (Mosel) niedergelassen; die in der Meurthe-et-Moselle niedergelassene Brauereigesellschaft Champigneulles SASU ist Tochter der in Berlin ansässigen TCB GmbH Gruppe (sie war Ende 2006 von der deutschen Brauerei Frankfurter Brauhaus übernommen worden); Viessmann France SAS, Mitglied des Konzerns Viessmann Werke GmbH & Co. KG, ist in Faulquemont (Mosel) niedergelassen und ThyssenKrupp Presta France SAS, dem Konzern ThyssenKrupp AG zugehörig, hat ihren Sitz in Fameck und Florange.

Es ergibt sich aus der flüchtigen Betrachtung, dass auch wenn die europäische Harmonisierung die grenzüberschreitende Zusammenarbeit erleichtert hat, es dennoch eine „gemischte“ Harmonisierung bleibt, welche gute Kenntnisse der Nachbarsprache, darüber hinaus auch des Rechtssystems, des Steuer- und Sozialrechts sowie der Unternehmenskultur des Nachbarlandes voraussetzt.

Diese Feststellung führt uns zu einer weiteren Bemerkung: Der Bedarf einer bi-kulturellen Ausbildung im Vorfeld des beruflichen Lebens an den jeweiligen Universitäten zur Erweiterung des Horizonts der künftigen erwerbstätigen Bevölkerung und zur Vertiefung ihrer Kompetenzen, ist immens. Denn ihre Gedanken und Ratschläge werden immer mehr grenzüberschreitende Elemente einbringen.

Günstige Rahmenbedingungen für die grenzüberschreitende Zusammenarbeit im Gesundheitswesen

Olivier RENAUDIE*

* Professor an der Université de Lorraine (IRENEE). Übersetzung aus dem Französischen.

Die grenzüberschreitende Zusammenarbeit im Gesundheitswesen kann als die Gesamtheit der gemeinsamen Maßnahmen auf dem Gebiet der Gesundheit definiert werden, welche von verschiedenen Akteuren auf beiden Seiten der Staatsgrenzen durchgeführt werden.[1] Diese Definition verlangt nach einigen Präzisierungen. Zunächst ist darauf hinzuweisen, dass der Begriff „Gesundheit" weit verstanden werden muss: Laut der Weltgesundheitsorganisation handelt es sich bei der Gesundheit um „einen Zustand vollständigen körperlichen, psychischen und sozialen Wohlbefindens und nicht nur das Freisein von Beschwerden und Krankheiten".[2] Die grenzüberschreitende Zusammenarbeit im Gesundheitswesen beschränkt sich also nicht auf die Kooperation zwischen Krankenhäusern, wie teilweise vertreten wird: Sie geht weit über die Kollaboration zwischen verschiedenen Krankenhäusern auf beiden Seiten einer bestimmten Grenze hinaus. Des Weiteren ist anzumerken, dass die grenzüberschreitende Zusammenarbeit im Gesundheitswesen von einer „beachtlichen qualitativen Verbesserung" der allgemeinen grenzüberschreitenden Zusammenarbeit profitiert.[3] Wie Anthony Taillefait erklärt, „stieß diese Art der Zusammenarbeit lange auf den Widerstand der souveränen Staaten, jedoch siegte der Wille, den lokalen grenzüberschreitenden Gegebenheiten gerecht zu werden".[4] Dies ist bezogen auf die Großregion besonders zutreffend. Es handelt sich hierbei um einen Europäischen Verbund für territoriale Zusammenarbeit, der diverse Gebiete Deutschlands, Belgiens, Frankreichs und Luxemburgs vereint.[5] Auch ist zu unterstreichen, dass die im Rahmen der grenzüberschreitenden

---

1 S. dazu Sandrine Perrot, „La coopération sanitaire transfrontalière: un cadre juridique en construction", *Revue de droit sanitaire et social*, 2008, S. 282.

2 Präambel der Verfassung der Weltgesundheitsorganisation, verabschiedet durch die Internationale Gesundheitskonferenz vom 19. bis 22. Juni 1946 in New York.

3 Anthony Taillefait, „Coopération transfrontalière" in: Jean-Bernard Auby und Jacqueline Dutheil de la Rochère, Hrsg., *Traité de droit administratif européen*, 2. Aufl., Bruylant, 2014, S. 1302.

4 *Ibidem.*

5 Zur Großregion s. insb. Jean-Luc Deshayes und Georges Grenn, Hrsg., *La construction des territoires en Europe: la Grande Région*, Presses universitaires de Nancy, 2010.

Zusammenarbeit entstehenden Maßnahmen von den verschiedensten Akteuren initiiert werden: Hoheitsträger, hauptsächlich die Staaten, Gebietskörperschaften, öffentliche Krankenhäuser, aber auch private Akteure wie Aktiengesellschaften, gemischtwirtschaftliche Gesellschaften oder Vereine, wobei hier noch weitere europäische Akteure hinzugezählt werden. Diese Eigenschaft ist keine Besonderheit des Gesundheitswesens, sie findet sich vielmehr auch in diversen anderen Bereichen der grenzüberschreitenden Zusammenarbeit.[6]

Im Hinblick auf diese Definition scheint die grenzüberschreitende Zusammenarbeit im Gesundheitswesen ein sehr weites Feld zu umfassen. Die in ihrem Rahmen durchgeführten Aktionen verfolgen die verschiedensten Ziele, wie die Verbesserung des Gesundheitszustandes der Grenzbevölkerung, den Zugang zu den geografisch nächsten Versorgungsangeboten, die Entwicklung einer gemeinsamen Politik in den verschiedenen Gesundheitssystemen im Bereich der gesundheitlichen Versorgung und der Vorsorge, die Verringerung der mit dem Leistungsort verbundenen Mehrkosten sowie größenbedingte Kosteneinsparungen.[7] Anhand dieser Aufzählung wird das Potential der grenzüberschreitenden Zusammenarbeit im Gesundheitswesen deutlich. Einerseits kann sie Bedürfnissen der Gesundheitsversorgung mobiler Personen und Patienten der Grenzregionen gerecht werden. Andererseits ist es möglich, folgenden aktuellen Herausforderungen des Gesundheitssystems einen Lösungsansatz zuzuführen:[8] Demografische Entwicklungen, die Entwick-

---

[6] S. Henri Compte und Nicolas Levrat, Hrsg., *Aux coutures de l'Europe. Défis et enjeux juridiques de la coopération transfrontalière*, L'Harmattan, 2006.

[7] Zu den verschiedenen Zielen der grenzüberschreitenden Zusammenarbeit im Gesundheitswesen s. Jean-Philippe Mallé, *Rapport fait au nom de la Commission des affaires étrangères sur le projet de loi autorisant la ratification de l'accord-cadre entre la République française et le Royaume d'Espagne sur la coopération sanitaire transfrontalière*, Assemblée nationale, Nr. 1164, 2013, S. 11–13 und Observatoire Franco-Belge de Santé (Französisch-belgische Gesundheitsbeobachtungsstelle), *L'accès aux soins des populations transfrontalières*, 2013, S. 6–7.

[8] Zu diesen Herausforderungen s. insb. Claude Evin, „Des évolutions nécessaires de notre système de santé", *Le Monde*, 17. September 2013 und Anne Laude, Bertrand Mathieu und Didier Tabuteau, *Droit de la santé*, PUF, Samml. « Thémis », 3. Aufl., 2012, S. 9 f.

lung gewisser Pathologien, die Schnelligkeit der Notfallversorgung, die Verringerung der Gesundheitsausgaben, der Fachkräftemangel, besonders in einigen Fachbereichen, die Abnahme der Versorgungsangebote in ländlichen Gebieten sowie finanzielle und strukturelle Schwierigkeiten, welchen zahlreiche Einrichtungen begegnen.

Die grenzüberschreitende Zusammenarbeit im Gesundheitswesen allein wird jedoch nicht all diesen Problemen des Versorgungssystems Abhilfe schaffen. Denn die Entwicklung einer solchen Zusammenarbeit stößt auf zahlreiche Hindernisse, wovon die meisten aus der „relativ isolierten Konstruktion"[9] der jeweiligen Gesundheitssysteme resultieren. Die Gesundheits- und Sozialsysteme sind für Bevölkerungen fest definierter Territorien von Nationalstaaten entwickelt worden. Vor diesem Hintergrund ist die Frage nach den Umsetzungsmodalitäten dieser Form grenzüberschreitender Zusammenarbeit in der Großregion besonders interessant: In welchem Zustand befindet sich die grenzüberschreitende Zusammenarbeit im Gesundheitswesen in der Großregion? Dieser Zustand darf in seiner Gesamtheit trotz verbesserungswürdigen Elementen als positiv bewertet werden. Die Zusammenarbeit in der Großregion ist dynamisch und entwickelt sich unter günstigen Rahmenbedingungen, da sich zahlreiche Elemente hierfür als vorteilhaft erweisen. Diese Elemente lassen sich sowohl auf europäische (A), nationale (B) als auch lokale (C) Umstände zurückführen.

A. — DIE EUROPÄISCHEN RAHMENBEDINGUNGEN

Die europäischen Rahmenbedingungen können für die Entwicklung der grenzüberschreitenden Zusammenarbeit im Gesundheitswesen insofern als günstig bezeichnet werden, als dass sie einerseits die grenzüberschreitende Zusammenarbeit in ihrer Gesamtheit fördern (I) und andererseits

---

[9] Stéphane Jarlegand, „Le développement de la coopération transfrontalière dans le domaine de la santé" in: Mission opérationnelle transfrontalière, *Les territoires transfrontaliers: l'Europe au quotidien*, Akten des Kolloquiums vom 8. und 9. November 2007, S. 92.

durch verschiedene Rechtsvorschriften, insbesondere eine Richtlinie von 2011, für die Zusammenarbeit im Gesundheitswesen einen Rechtsrahmen bieten (II).

I. Die Förderung der grenzüberschreitenden Zusammenarbeit

Die Ausführungen zu diesem Punkt werden kürzer ausfallen, da die Inhalte bereits hinreichend dokumentiert wurden.[10] Die grenzüberschreitende Zusammenarbeit entstand in den 1960er Jahren zunächst im Rahmen von Städtepartnerschaften. Ihre Entwicklung erfolgte anschließend in zwei Phasen.

In der ersten Phase kam es im Rahmen des Europarates zum Abschluss des sog. Madrider Abkommens über die grenzüberschreitende Zusammenarbeit zwischen Gebietskörperschaften.[11] Dieses Abkommen legt den Vertragspartnern zwar sehr wenig Pflichten auf, dafür haben sich seine Anhänge bereits als sehr nützlich erwiesen. Diese beinhalten Muster-Abkommen, „die die Gebietskörperschaften auf verschiedenen Grenzseiten zur Zusammenarbeit ermutigen sollen“.[12]

Die in den 1980er Jahren begonnene zweite Phase war von zwei Zielen geprägt, mit denen die Europäische Union die grenzüberschreitende Zusammenarbeit vorantrieb: Die Förderung des sozialen und territorialen Zusammenhalts und die Steigerung der Wettbewerbsfähigkeit und Attraktivität der Gebiete. Diese Förderung nahm zunächst eine finanzielle Form an: Der Europäische Fonds für regionale Entwicklung (EFRE) hat zwischen 2007 und 2013 7, 75 Milliarden Euro in die europäische territoriale Zusammenarbeit investiert.[13] Im nächsten Schritt kam es durch die Einrichtung der Europäischen Verbunde für territoriale Zusammenarbeit

---

[10] S. insb. Anthony Taillefait, „Coopération transfrontalière“, *loc. cit.* und Henri Labayle, Hrsg., *Vers un droit commun de la coopération transfrontalière?*, Bruylant, 2006.

[11] Europäisches Rahmenübereinkommen über die grenzüberschreitende Zusammenarbeit zwischen Gebietskörperschaften, Madrid, 21. Mai 1980.

[12] Anthony Taillefait, *loc. cit.*, S. 1287.

[13] Jean-Philippe Mallé, *loc. cit..*, S. 9–11.

(EVTZ) zu einer institutionellen Förderung der grenzüberschreitenden Zusammenarbeit.[14] Die Europäische Kommission hat für den Zeitraum 2014–2020 einen eigenen Verordnungsvorschlag zum Thema der territorialen Zusammenarbeit in der Europäischen Union unterbreitet. Für die grenzüberschreitende Zusammenarbeit soll durch die Kommission eine spezifische Liste von denjenigen Grenzzonen erstellt werden, die von einer thematisch orientierten Förderung profitieren sollen. Diese sollen beispielsweise die grenzüberschreitende soziale Integration oder die Aufwertung der rechtlichen und administrativen Zusammenarbeit ermöglichen,[15] zwei Zielsetzungen, denen sich die grenzüberschreitende Zusammenarbeit im Gesundheitswesen zweifelsfrei zuordnen lässt.

II. Der Rechtsrahmen der grenzüberschreitenden Zusammenarbeit

Die grenzüberschreitende Zusammenarbeit im Gesundheitswesen wurde lange Zeit von keinem Rechtsrahmen erfasst. Sie hat sich also „außerhalb jeden institutionellen Rahmens entwickelt, um den grenzüberschreitenden Strömen von Patienten gerecht zu werden".[16] Grund für diese Entwicklung ist, dass die Kompetenz für den Bereich des Gesundheitswesens grundsätzlich bei den Mitgliedstaaten liegt.[17] Allerdings ist die Tätigkeit der Union zur Ergänzung der Politik der Mitgliedstaaten nach den Verträgen einerseits auf „die Verbesserung der Gesundheit der Bevölkerung und die Verhütung von Humankrankheiten"[18] gerichtet, sowie andererseits auf die „Beobachtung, frühzeitige Meldung und Bekämpfung

---

[14] Verordnung (EG) Nr. 1082/2006 des Europäischen Parlaments und des Rates vom 5. Juli 2006 über den Europäischen Verbund für territoriale Zusammenarbeit (EVTZ). S. dazu Jean-Charles Lubac, „Un nouvel outil communautaire de coopération : le groupement européen de coopération territoriale", *JCP A* 2006, n° 48, Chron. 1295.

[15] *Ibidem.*

[16] Sandrine Perrot, „La coopération sanitaire transfrontalière : un cadre juridique en construction", *Revue de droit sanitaire et social*, 2008, S. 284

[17] S. Sylvie Hennion, „Service public de santé et droit européen", *Revue de droit sanitaire et social*, 2013, S. 45–56.

[18] Art. 168 des Vertrags über die Arbeitsweise der Europäischen Union (AEUV).

schwerwiegender grenzüberschreitender Gesundheitsgefahren".[19] Vor dem Hintergrund dieser doppelten Aufgabe wurde die Richtlinie vom 9. März 2011 über die Ausübung der Patientenrechte in der grenzüberschreitenden Gesundheitsversorgung[20] beschlossen, welche einen erheblichen Schritt voran in diesem Bereich darstellt: Seither ist die grenzüberschreitende Zusammenarbeit im Gesundheitswesen auf europäischem Niveau reglementiert. Der Titel ist jedoch etwas irreführend: Die Richtlinie regelt nicht die Patientenrechte im engeren Sinne, sondern die grenzüberschreitende Gesundheitsversorgung. Ziel der Richtlinie ist „die Aufstellung von Regeln zur Erleichterung des Zugangs zu einer sicheren und hochwertigen grenzüberschreitenden Gesundheitsversorgung in der Union und die Sicherung der Patientenmobilität".[21]

Im Bezug auf die Richtlinie sollte der Schwerpunkt auf vier Aspekte gelegt werden. Zunächst ist der Anwendungsbereich der Richtlinie zu betrachten: Sie gilt für die Gesundheitsversorgung, wobei einige Bereiche wie die Langzeitpflege, Organtransplantationen und öffentliche Impfprogramme gegen Infektionskrankheiten von ihrem Geltungsbereich ausgeschlossen sind.[22] Der zweite Aspekt betrifft die durch die Richtlinie geregelten Themenbereiche. Sie soll der Vereinfachung des Zugangs zur grenzüberschreitenden Gesundheitsversorgung durch die Festschreibung von Prinzipien dienen, welche die folgenden Fragen betreffen: Die Zuständigkeiten der Mitgliedstaaten im Bezug auf die grenzüberschreitende Gesundheitsversorgung, die Einrichtung nationaler Kontaktstellen für Informationen, eine Vorabgenehmigung erfordernde Gesundheitsdienstleistungen, die Verschreibung von Medikamenten und die Bewertung der Gesundheitstechnologien. Der dritte zu betrachtende Aspekt ist die empfindliche Frage der Kostenerstattung. Die Richtlinie legt das Prinzip

---

19 *Ibidem.*

20 Richtlinie 2011/24/EU des Europäischen Parlaments und des Rates vom 9. März 2011. S. dazu Nathalie de Grove-Valdeyron, „La directive sur les droits des patients en matière de soins de santé transfrontaliers : véritable statut juridique européen du patient ou simple clarification d'un régime de mobilité ?", *Revue trimestrielle de droit européen*, 2011, S. 299–314.

21 Erwägungsgründe 5 und 64 der Richtlinie.

22 Art. 1 der Richtlinie.

fest, dass ambulante Gesundheitsdienstleistungen im Ausland ohne Vorabgenehmigung auf Grundlage des im Versicherungsmitgliedsstaat geltenden Tarifs erstattet werden.[23] Der Patient streckt die Kosten vor und erhält nach seinem Versicherungssystem die Kostenerstattung, wenn er die entsprechenden Dokumente bezüglich der Versorgung im Ausland vorweist. Zuletzt ist auf den Absatz 3 des Artikels 10 der Richtlinie einzugehen, welcher besonders mit der grenzüberschreitenden Zusammenarbeit in Verbindung steht. In diesem ermutigt die Kommission „die Mitgliedstaaten, in Grenzregionen bei der Erbringung grenzüberschreitender Gesundheitsdienstleistungen zusammenzuarbeiten"; auch sollen die Mitgliedstaaten die Zusammenarbeit bei der grenzüberschreitenden Gesundheitsversorgung auf regionaler Ebene erleichtern.[24] Diese Vorschriften tragen, wie der nationale Kontext ebenfalls, zur Entwicklung der grenzüberschreitenden Zusammenarbeit im Gesundheitswesen in der Großregion bei.

B. — DIE NATIONALEN RAHMENBEDINGUNGEN

Es mag paradox klingen, im Rahmen der grenzüberschreitenden Zusammenarbeit die nationalen Rahmenbedingungen zu erwähnen. Die französischen rechtlichen Rahmenbedingungen, auf welche hier Bezug genommen wird, können nichtsdestotrotz als förderlich für die grenzüberschreitende Zusammenarbeit im Gesundheitswesen in der Großregion eingestuft werden. Einerseits beruht dies auf gewissen Rechtsvorschriften (I), andererseits auf bestimmten politischen Initiativen (II).

I. Die Rechtsvorschriften

Die Zusammenarbeit im Gesundheitswesen in der Großregion wird durch die französische Rechtsordnung seit mehreren Jahren durch Vorschriften zur die Kostenübernahme von im Ausland in Anspruch ge-

---

23 Art. 7 der Richtlinie.
24 Art. 10 Abs. 2 der Richtlinie.

nommenen Gesundheitsdienstleistungen vereinfacht.[25] Zwei dieser Vorschriften verdienen besondere Aufmerksamkeit.

Die ersten Vorschriften sind im Dekret (*décret*) vom 19. Mai 2005 bezüglich der Kostenübernahme von außerhalb Frankreichs erhaltenen Gesundheitsdienstleistungen zu finden.[26] Dieser Text ermöglicht den Akteuren der Gesundheits- und Sozialsysteme den Abschluss von Konventionen mit Krankenhäusern und Pflegeeinrichtungen jenseits der Grenze, um die Aufenthaltsbedingungen derjenigen Versicherten zu regeln, die in Frankreich keine angemessene Versorgung erhalten können. Bemerkenswert ist, dass die Versicherten aufgrund dieser Konventionen keinerlei Vorabgenehmigung benötigen. In diesem Rahmen werden beispielsweise auch Konventionen zur Kostenübernahme französischer Personen mit Behinderung in belgischen oder luxemburgischen Einrichtungen verhandelt.

Die zweite zu betrachtende Rechtsvorschrift ist der Runderlass (*directive*) des Gesundheitsministers vom 27. Mai 2005[27] über die sog. koordinierte medizinische Betreuung. Der Erlass legt die Anwendungsmodalitäten dieser Betreuung in Situationen fest, in denen entweder ein in Frankreich versicherter Patient im Ausland oder ein im Ausland versicherter Patient in Frankreich behandelt wird. Die für die grenzüberschreitende Zusammenarbeit im Gesundheitswesen wichtigste Vorschrift dieses Erlasses ist

---

25 Für eine Analyse der verschiedenen Rechtsvorschriften s. Französisch-belgische Gesundheitsbeobachtungsstelle, *L'accès aux soins des populations transfrontalières*, *loc. cit.*, S. 38 f.; s. auch Steve Chrétien, *Droit européen des patients en matière de soins transfrontaliers*, *Les Etudes Hospitalières*, 2011.

26 Dekret Nr. 2005-386 über die Kostenübernahme von im Ausland empfangenen Gesundheitsdienstleistungen, zur Änderung des Gesetzbuches über das Gesundheitswesen (*décret n° 2005386 relatif à la prise en charge des soins reçus hors de France et modifiant le Code de la sécurité sociale)*

27 Runderlass Nr. DSS/DACI/2005/75 zu den Aufnahmebedingungen in die koordinierte medizinische Betreuung von im Ausland versicherten Personen, welche Leistungen in Frankreich beziehen, sowie von in Frankreich versicherten Personen, welche im Ausland Leistungen in Anspruch nehmen (*Circulaire DSS/DACI/2005/75 relative aux conditions d'inscription dans le parcours de soins des assurés d'un régime étranger recevant des soins en France et des assurés d'un régime français recevant des soins à l'étranger*).

die Integration der Ärzte in den ausländischen Grenzregionen in das französische System der koordinierten Betreuung, indem sie als im „Umkreis des ständigen Wohnsitzes des französischen Versicherten" ansässig anerkannt werden.[28] So ist es also möglich, dass ein in Frankreich Versicherter einen ausländischen Hausarzt als seinen regulärer Arzt wählt.

II. Die politischen Initiativen

Verschiedene politische Initiativen der letzten Jahre haben in Frankreich die Entwicklung der grenzüberschreitenden Zusammenarbeit im Gesundheitswesen gefördert. Zwei dieser Initiativen sind besonders erwähnenswert.

Zunächst ist das Projekt zur Erstellung einer persönlichen Gesundheitsakte (*dossier médical personnel, DMP*)[29] zu erwähnen. In dieser Akte werden persönliche medizinische Informationen gespeichert. Sie sollte ursprünglich durch ein Gesetz vom 13. August 2004[30] eingeführt werden, begegnete jedoch zunächst insbesondere technischen Hindernissen, sodass die tatsächliche Einführung durch das sog. „HPST"-Gesetz („*hôpitaux, patients, santé et territoires*", „Krankenhäuser, Patienten, Gesundheit und Territorien") vom 21. Juli 2009[31] erfolgte. Die grenzüberschreitende Zusammenarbeit im Gesundheitswesen wäre ohne ein solches Instrument, welches den französischen und ausländischen Ärzten erlaubt, Informationen über einen Patienten zu teilen, nicht funktionstüchtig.[32] Auch wenn sich

28 Art. 12 des Runderlasses.

29 S. zur persönlichen Gesundheitsakte insb. Bourdaire-Mignot, „Le dossier médical personnel: un outil de stockage des données en vue d'une utilisation partagée", *Revue générale de droit médical*, 2012, Nr. 44, S. 295–311.

30 Art. 3 des oben zitierten Gesetzes n° 2004-810.

31 Gesetz Nr. 2009–879 zur Krankenhausreform und über Patienten-, Gesundheits- und Territorialverhältnisse *(loi portant réforme de l'hôpital et relative aux patients, à la santé et aux territoires (HPST).*

32 Wie von Camille Bourdaire-Mignot betont, ist „dieses Instrument für die Entwicklung von Praktiken unerlässlich, die eine Zentralisierung derjenigen Daten erfordern, auf welche das Gesundheitspersonal aus der Ferne zugreifen können muss (*loc. cit.*, S. 311).

das Projekt selbst auf dem nationalen Staatsgebiet erst in der Umsetzungsphase befindet und dessen Verbreitung langsamer abläuft als geplant, ist die Einführung einer solchen Akte durchweg als positiv zu bewerten. Auf lange Sicht wird voraussichtlich also die Einrichtung einer solchen persönlichen Gesundheitsakte auf europäischer Ebene eine der Herausforderungen der Entwicklung der grenzüberschreitenden Zusammenarbeit im Gesundheitswesen sein.

Die zweite Initiative bezieht sich auf die Telemedizin.[33] Diese wird als „Form der medizinischen Praxis auf Distanz, die sich der Informations- und Kommunikationstechnologien bedient"[34], definiert. Die Telemedizin beruht auf zwei Hypothesen: Eine Fernkommunikation zwischen Arzt und Patient (sog. Telekonsultation) sowie eine Fernkommunikation zwischen den verschiedenen Ärzten (Erfahrungsaustausch aus der Ferne).[35] Laut der ehemaligen Gesundheitsministerin Roselyne Bachelot „ist die Telemedizin ein Thema, das seinesgleichen sucht und in den kommenden Jahren die medizinische Praxis, wenn nicht sogar den Gesundheitsbegriff, verändern wird".[36] So erklärt sich auch die Investition Frankreichs von 180 Million Euro über fünf Jahre in die Förderung der Telemedizin. Die mit ihr verfolgten Ziele sind vielfältig: Gleichberechtigter Zugang zu Gesundheitsdienstleistungen, Qualitätsverbesserung der Gesundheitsdienstleistungen besonders durch die Vereinfachung der Betreuung auf Distanz, Kostenverringerung und optimale Nutzung der zur Verfügung stehenden Ressourcen.[37] Darüber hinaus kann die Telemedizin als Instrument der grenzüberschreitenden Zusammenarbeit im Ge-

---

[33] Zur Telemedizin s. Maïalen Contis, „La télémédecine, nouveaux enjeux, nouvelles perspectives juridiques", *Revue de droit sanitaire et social*, 2010, S. 235246 und Olivier Renaudie, „Télémédecine et téléservice public", *Revue française d'administration publique*, 2013, Nr. 146, S. 381–391.

[34] Artikel 78-I des oben zitierten Gesetzes Nr. 2009-879.

[35] Dekret Nr. 2010-1229 zur Telemedizin (*décret relatif à la télémédecine*).

[36] Eröffnungsrede des Kolloquiums zu den Medizinischen Informationssystemen in Gesundheitswesen („*Les systèmes d'information de la santé*"), 6. November 2008.

[37] S. dazu Pierre Lasbordes, *La télésanté : un nouvel outil au service de notre bien-être*, Bericht für die Ministerin für Gesundheit und Sport Roselyne Bachelot, 2009.

sundheitswesen verstanden werden,[38] indem sie einerseits die grenzüberschreitende Gesundheitsversorgung und andererseits den grenzüberschreitenden Austausch zwischen Medizinern erleichtert. Auf lokaler Ebene sind die Rahmenbedingungen für die Entwicklung der grenzüberschreitenden Zusammenarbeit im Gesundheitswesen ebenso günstig.

C. — DIE LOKALEN RAHMENBEDINGUNGEN

Die Großregion ist aufgrund ihrer besonderen Eigenschaften (I) und der hierauf basierenden Initiativen (II) für die Entwicklung der grenzüberschreitenden Zusammenarbeit im Gesundheitswesen förderlich.

I. Die besonderen Eigenschaften der Großregion

Die Großregion ist ein Europäischer Verbund für territoriale Zusammenarbeit, dessen Fläche von 65.400 km² sich zwischen Rhein, Mosel, Saar und Maas erstreckt. Sie setzt sich aus folgenden Mitgliedern zusammen: Die französische *région* Lothringen, das Saarland, Rheinland-Pfalz, das Großherzogtum Luxemburg, und die belgische *région* Wallonien. In den 1960er Jahren trat die Großregion erstmals zu Tage und festigte sich in den 1980er Jahren mit dem Ziel der Förderung der politischen und wirtschaftlichen Zusammenarbeit zwischen den verschiedenen Akteuren.[39]

Neben diesen topografischen und historischen Fakten sind die permanenten Ströme von Grenzübergängern (hauptsächlich Berufstätige und Konsumenten) die Haupteigenschaft der Großregion. Täglich überqueren 200.000 Berufstätige in der Großregion eine Staatsgrenze, davon reisen 145.000 nach Luxemburg.[40] Der Umfang und die Permanenz dieser

---

[38] S. dazu die Richtlinie 2011/24/UE und der oben zitierte Bericht von Pierre Lasbordes.

[39] Zur Geschichte der Großregion s. Camilo Carneiro Filho, „La Grande Région, région transfrontalière européenne", *Confins*, 2012, Nr. 16 (http://confins.revues.org/7908).

[40] STATEC (*Statistiques de la Grande Région)*, Statistiken der Großregion, Luxembourg, 2012.

Grenzübergänge führten schnell zur Einrichtung von Versorgungsangeboten, die der hohen Mobilität der Personen gerecht werden sollten. Diese wurden auch durch vereinheitlichte behördliche Verfahren, insbesondere im Bereich der Kostenübernahme, vereinfacht. So lassen sich die zahlreichen Initiativen in diesem Bereich erklären.

II. Die Initiativen in der Großregion

Die Umsetzung gewisser Projekte im Gesundheitsbereich wurde in der Großregion nicht vom Erlass europäischer oder französischer Rechtsvorschriften abhängig gemacht. Seit den 1990er Jahren kam es so zu zahlreichen Initiativen mit dem Ziel, „für die Bevölkerung der Grenzzonen einen besseren Zugang zu qualitativ hochwertigen Versorgungsangeboten zu sichern, deren Kontinuität zu garantieren [...] und eine gemeinschaftliche Nutzung von Wissen und Praktiken zu fördern".[41] Heute kann die Großregion also als „Versuchslabor" für neue Ideen im Bereich der grenzüberschreitenden Zusammenarbeit im Gesundheitswesen angesehen werden. Ein aktueller Parlamentsbericht über die grenzüberschreitende Zusammenarbeit im Gesundheitswesen zwischen Frankreich und Spanien bezeichnet die Großregion als vorbildlich in diesem Bereich.[42]

Unter diesen zahlreichen Initiativen[43] ist die Konvention zwischen den Krankenhäusern von Tourcoing (Frankreich) und Mouscron (Belgien) zu nennen, welche im Juni 1994 in Kraft trat, lange bevor Rechtsvorschriften zur Regelung bzw. Vereinfachung der grenzüberschreitenden Zusammenarbeit erlassen wurden.[44] Das Krankenhaus von Mouscron verfügte über kein Verifizierungs- und Referenzlaboratorium für die Be-

---

41 Sandrine Perrot, „La coopération sanitaire transfrontalière : un cadre juridique en construction", *loc. cit.* S. 284.

42 „Die Großregion ist mit mehr als zwei Mitgliedern ohne Zweifel eins der besten Beispiele für ein Projekt eines Europas ohne Grenzen" (Jean-Philippe Mallé, *loc. cit.*, S. 12).

43 Für einen umfangreicheren Überblick über diese Initiativen wird auf den Beitrag von Valérie Scheffzek verwiesen, ebenfalls in diesem Werk.

44 Zu dieser Konvention s. Französisch-belgische Gesundheitsbeobachungsstelle, *L'accès aux soins des populations transfrontalières*, *loc. cit.*, S. 42–45.

handlung der Infektionskrankheiten: Patienten mit schweren Infektionskrankheiten konnten also nicht in vollem Umfang behandelt werden. Diese mussten an Spezialabteilungen in Krankenhäusern verwiesen werden, die meist über 100 km von ihrem Wohnort entfernt waren, obwohl das zwei Kilometer entfernte Krankenhaus von Tourcoing über ein solches Labor verfügte. Dieses wiederum musste Patienten mangels Ausstattung zur Dialyse nach Lille oder Roubaix schicken, obwohl das Krankenhaus von Mouscron hierfür ausgestattet war. Zwischen den beiden Einrichtungen wurde also eine Konvention geschlossen, die belgischen Patienten mit Infektionskrankheiten die Behandlung in Tourcoing und französischen Patienten mit Nierenversagen die Dialyse in Mouscron ermöglichte.[45] Anhand dieses Beispiels wird deutlich, dass die ersten Initiativen der grenzüberschreitenden Zusammenarbeit im Gesundheitswesen in der Großregion sehr früh, insbesondere vor der Entstehung von Rechtsvorschriften in diesem Bereich, ergriffen wurden.

Die europäischen, nationalen und lokalen Rahmenbedingungen in der Großregion bilden für die grenzüberschreitende Zusammenarbeit im Gesundheitswesen einen sehr günstigen Kontext. Die dargestellten Elemente, in Verbindung mit einer politisch starken Willensrichtung, haben die Verwirklichung zahlreicher Projekte ermöglicht sowie eine allgemeine Entwicklung zur grenzenlosen Gesundheit in Gang gesetzt. Jedoch dürfen in dieser Euphorie die Hindernisse dieser Entwicklung der grenzüberschreitenden Zusammenarbeit im Gesundheitswesen nicht unterschätzt werden. Zu beklagen sind etwa eine gewisse Sprachbarriere sowie das Fehlen einer gemeinsamen Ausbildung des Gesundheitspersonals. Auf diese Faktoren ist zukünftig durch die Akteure der grenzüberschreitenden Zusammenarbeit im Gesundheitswesen in der Großregion der Fokus zu legen.

---

45 Dieser zweite Teil der Konvention wurde durch die Einrichtung der *ZOAST* (*Zone d'Accès aux Soins Transfrontaliers*, grenzüberschreitenden Versorgungszone) „MRTW URSA" obsolet, da hierdurch den französischen Patienten in dieser Zone der Zugang zum gesamten Versorgungsangebot im Krankenhaus von Mouscron ermöglicht wurde.

Die grenzüberschreitende Zusammenarbeit im Gesundheitswesen in der Großregion: Eine Bestandsaufnahme

Valérie SCHEFFZEK*

* Die Verfasserin ist Projektbeauftragte der Pariser Krankenhauseinrichtungen *Assistance Publique/ Hôpitaux de Paris.* Sie ist u. a. mit der Leitung eines Projektes zur Effizienzsteigerung des Versorgungsangebots betraut, dem sog. „projet *Efficience du Groupe Hospitalier*". Sie arbeitet ferner mit der Personalbteilung zusammen („*Contrôle de gestion DRH-DAF*"). Übersetzung aus dem Französischen.

In der europäischen Großregion, welche sich aus Luxemburg, Lothringen, dem Saarland, Rheinland-Pfalz, der deutschsprachigen Gemeinschaft Belgiens und Wallonien zusammensetzt, kommt es täglich zu zahllosen Strömen von Grenzgängern, welche durch die Öffnung der Grenzen vereinfacht wurden. So sind heute der Arbeitsplatz, der Wohnsitz sowie einfache Einkaufstouren die Hauptgründe für solche Übergänge. Diese Ströme von Grenzgängern erfordern einerseits die Bereitstellung einer angemessenen gesundheitlichen Versorgung. Vereinheitlichte behördliche Verfahren, besonders bezüglich der Kostenübernahme, sollten dies erheblich erleichtern. Andererseits könnte die hohe Mobilität des medizinischen Personals zwischen den Nachbarländern die Antwort auf gewisse demographische Schwierigkeiten des Gesundheitswesens (Mangel an Ärzten und Pflegepersonal) darstellen. Insofern bietet die grenzüberschreitende Kooperation vielversprechende Perspektiven in einem solch sensiblen Gebiet wie dem Gesundheitswesen. Jedoch „ist das Ziel dieser Kooperation weder die Vereinheitlichung der Gesundheitssysteme der EU-Mitgliedsstaaten, noch soll es zu einem Wettbewerb zwischen den Mitgliedsstaaten kommen“.[1]

Die grenzüberschreitende Zusammenarbeit im Gesundheitswesen könnte also eine Lösung für folgende Probleme darstellen:

- Demographische Entwicklungen des Gesundheitswesens
- Attraktivität des gesundheitlichen Versorgungsangebots in ländlichen Gegenden
- Probleme der öffentlichen Gesundheit
- Handeln in Notfallsituationen
- Unterstützung unter finanziellen und strukturellen Schwierigkeiten leidender Pflege- und Krankenhauseinrichtungen
- Angleichung der Rechnungsstellung im Gesundheitsbereich

Die Mitgliedstaaten der Großregion haben Rahmenverträge geschlossen, welche den betroffenen Grenzregionen den Abschluss von Kooperati-

[1] Gemeinsame Kommission zur Umsetzung des deutsch-französischen Rahmenabkommens über die grenzüberschreitende Zusammenarbeit im Gesundheitsbereich, Bericht von 2010.

onsverträgen ermöglichen. Der französisch-belgische Rahmenvertrag über die grenzüberschreitende Zusammenarbeit im Gesundheitswesen wurde am 30. September 2005 unterzeichnet und trat am 1. März 2011 in Kraft. Er gilt für die französischen Regionen (*régions*) Champagne-Ardenne, Lothringen, Nord-Pas-de-Calais und Picardie sowie für die belgischen *arrondissements* Veurne, Leper, Kortrijk, Mouscron, Tournai, Ath, Mons, Thuin, Philippeville, Dinant, Neufchâteau, Virton und Arlon.

Frankreich und Deutschland unterzeichneten am 22. Juli 2005 das sog. deutsch-französische Rahmenabkommen über die grenzüberschreitende Zusammenarbeit im Gesundheitsbereich, welches 2007 in Kraft trat und in den französischen Regionen Elsass und Lothringen sowie in den deutschen Bundesländern Baden-Württemberg, Rheinland Pfalz und im Saarland Anwendung findet.

Die Rahmenverträge selbst sehen eine gemeinsame Kommission mit der Aufgabe vor, die grenzüberschreitenden Zusammenarbeiten im Gesundheitsbereich zu beobachten. Sie sollen durch die zuständigen Behörden in den Bereichen der Organisation, des Zugangs zur medizinischen Versorgung und der Sozialversicherung umgesetzt werden. Der Abschluss eines ähnlichen Rahmenvertrags zwischen Frankreich und Luxemburg wird derzeit in Erwägung gezogen.[2]

Die Prozesse der grenzüberschreitenden Zusammenarbeit im Gesundheitswesen werden hauptsächlich im Rahmen der europäischen *INTERREG*-Programme erarbeitet, welche 1989 durch den Europäischen Fonds für regionale Entwicklung (EFRE) gegründet und weiter durch diesen finanziert wurden. Ziel dieser Programme ist die Förderung der wirtschaftlichen Entwicklung der Grenzregionen. Zur Entwicklung dieser Programme und zur Förderung der Zusammenarbeit wurden folgende Einrichtungen gegründet, deren Ursprung meist in den ersten Annäherungen auf dem jeweiligen Gebiet wurzelt:

- Die französisch-belgische Gesundheitsbeobachtungsstelle (*Observatoire Franco-Belge de la Santé)*, welche 1999 die Rechtsform einer Eu-

[2] Pressemitteilung der französisch-luxemburgischen Regierungskommission zur Vertiefung der grenzüberschreitenden Zusammenarbeit.

ropäischen Wirtschaftlichen Interessenvereinigung (EWIV) annahm. Sie setzt sich aus den Hauptakteuren des Krankenversicherungssektors und des Behandlungsangebotes sowie aus niedergelassenen Ärzten, Apothekern und Krankenhäusern an der französisch-belgischen Grenze zusammen. Diese Beobachtungsstelle ist für die Leitung mehrerer *INTERREG*-Projekte zuständig.

- Die Grenzüberschreitende Gesundheitsbeobachtungsstelle von Wallonien, Lothringen und Luxemburg (*Observatoire Transfrontalier de la Santé Wallonie-Lorraine-Luxemburg, GEIE LuxLorSan)*. Sie wurde 2002 gegründet, ist auch eine EWIV und vereint Organismen aus dem Gesundheitswesen der Mitgliedsregionen. Mit ihr wurde eine Plattform für Austausch, Forschung und grenzüberschreitende Aktionen in den Bereichen Gesundheit und Soziales sowie der Beseitigung der Schwierigkeiten im Zugang zu hochwertigen Behandlungsangeboten geschaffen.
- Die 2006 gegründete regionale Arbeitsgruppe „Gesundheitspolitik" des Gipfels SaarLorLux-Rheinland-Pfalz-Wallonien.
- Das Projekt „*Santé:Gesundheit Saar:Moselle*", welches von 2002 bis 2006 durchgeführt wurde. Ziel war die Realisierung einer vergleichenden Analyse der Gesundheitssysteme im Hinblick auf mögliche Zusammenarbeit.

Die grenzüberschreitende Zusammenarbeit im Gesundheitswesen kann also auf diverse Problemstellungen Antworten geben. Die folgenden Bereiche der Zusammenarbeit sollen vorliegend Gegenstand einer detaillierten Untersuchung werden: Die Zusammenarbeit im Bereich der Notfallversorgung, die Zusammenarbeit zwischen Krankenhäusern sowie die Zusammenarbeit in den Bereichen Forschung und Bildung.

A. — DIE MEDIZINISCHE NOTFALLVERSORGUNG

Die Zusammenarbeit im Bereich der Notfallversorgung erlaubt es, den Patienten schnellstmöglich zu versorgen, indem erforderlichenenfalls der Rettungsdienst des jeweiligen Nachbarstaats eingreift. Zu diesem Zweck wurden Mittel zur Gewährleistung einer effektiven Kommunikation zwischen den Rettungsleitstellen der betroffenen Staaten entwickelt. Zusätzlich werden gemeinsame Weiterbildungen und Austauschprogramme für das Personal eingerichtet.

In den Grenzregionen wurde diese Zusammenarbeit wie folgt formalisiert:

- Das Rettungsdienstabkommen (*Convention sur l'aide médicale d'urgence*) zwischen Frankreich und Belgien von 2007 mit spezifischen Anhängen bezüglich der Grenzzonen (wie der Anhang Lothringen von 2008). Im Jahr 2012 wurden 179 Rettungseinsätze durch belgische Rettungskräfte in Frankreich und 50 Einsätze durch französische Rettungskräfte in Belgien gezählt. Es muss jedoch darauf hingewiesen werden, dass diese Vereinbarung auch auf französisch-belgische Grenzregionen bezieht, die nicht Teil der Großregion sind.
- Die deutsch-französische Kooperationsvereinbarung über das grenzüberschreitende Rettungswesen von 2008, welche für das Saarland und Lothringen gilt. Im Jahr 2012 wurden 88 Einsätze der deutschen Rettungskräfte mit anschließender Beförderung des Patienten nach Deutschland gezählt, während französische Rettungskräfte 81 Mal in Deutschland tätig wurden und die Patienten nach Frankreich brachten.
- Das Deutsch-belgische Rettungsdienstabkommen zwischen dem Königreich Belgien und Rheinland-Pfalz, welches im Mai 2009 geschlossen wurde und grenzüberschreitende Rettungseinsätze in den Koordinationszonen Trier und Lüttich ermöglicht.
- In Luxemburg, dem Saarland und Rheinland-Pfalz werden grenzüberschreitende Einsätze mit dem Rettungshubschrauber durchgeführt.

B. — DIE ZUSAMMENARBEIT ZWISCHEN KRANKENHÄUSERN

Im Rahmen der Zusammenarbeit zwischen Krankenhäusern sollen im Folgenden zwei besonders innovative Formen der Kooperation im Detail dargestellt werden.

I. Die Zusammenarbeit französischer und belgischer Krankenhäuser

In den lothringischen und belgischen Grenzregionen *Meurthe-et-Moselle* und *Arrondissement du Luxembourg* wurde eine verstärkte Zusammenarbeit zwischen zwei Einrichtungen eingeführt. Diese kam einerseits durch Vereinbarungen und andererseits durch die Einrichtung einer sog. *ZOAST* (*Zone d'Accès aux Soins Transfrontaliers*), einer grenzüberschreitenden Versorgungszone, zustande. Die *ZOAST* sind geografische Gebiete, in welchen die Bevölkerung freien Zugang zu den Versorgungsangeboten auf beiden Seiten der Grenze hat. Die Besonderheit liegt in den Modalitäten der Kostenübernahme, welche durch vereinfachte behördliche Verfahren ermöglicht wurde. Französische Patienten können ihre französische Versichertenkarte nutzen, indem sie mithilfe eines Automaten in den belgischen Einrichtungen die entsprechenden Daten an ihre Krankenkasse übermitteln. Für belgische Patienten gibt es ein ähnliches Verfahren, welches auf dem System der Versichtertenvignette beruht.

Die 2008 eingerichtete *ZOAST* Arlon Longwy entstand aus der Zusammenarbeit zwischen den Krankenhäusern *Cliniques du sud Luxembourg (CSL)* und *Centre Hospitalier Hôtel Dieu ALPHA Santé* in Mont-Saint-Martin (Meurthe-et-Moselle). Sie ermöglicht den Bewohnern der Grenzregion, in beiden Einrichtungen ohne vorherige ärztliche Genehmigung oder Kostenübernahmeerklärungen versorgt zu werden. Das französische Krankenhaus hat eine Kapazität von 350 Betten und liegt in einer Nachbarkommune von Longwy, welche im Westen und Norden an Belgien und im Osten an Belgien und Luxemburg grenzt. Das belgische Krankenhaus von Arlon hat (zusammen mit den medizinischen Einrichtungen in Virton) eine Kapazität von 403 Betten (in den Bereichen der Akutmedizin und der Psychartrie sowie in einigen Spezialbereichen) und ist mit nur 19 km Entfernung das nächste Rettungskrankenhaus, während das nächste französische Rettungskrankenhaus (*CHR de Metz Thionville*) 48 km entfernt ist. Im Jahr 2012 waren zwei bis drei Prozent der Patienten in Arlon französischer Staatsangehörigkeit.

Kürzlich begegnete das französische Krankenhaus im Zuge des Verödungsprozesses der medizinischen Versorgung in der Umgebung (*bassin de Longwy*) finanziellen und strukturellen Schwierigkeiten.[3] Die Zusammenarbeit mit dem belgischen Krankenhaus trägt durch den Einsatz belgischer Ärzte im französischen Krankenhaus jedoch zu dessen Aufschwung bei, wie die von uns befragte Agentur für Gesundheit der Region Lothringen (*Agence Régionale de Santé*) berichtet.

Zur Unterstützung des französischen Personals sind jede Woche ca. 15 belgische Ärzte in diesem Krankenhaus in den Bereichen der Gastroenterologie, Urologie, Orthopädie und Pädiatrie tätig. Die Wirtschaftliche Interessenvereinigung „*les trois frontrières*" (die drei Grenzen) ermöglicht den Radiologen in Arlon die Nutzung der bildgebenden Verfahren (Computer- und Kernspintomograph) in Mont-Saint-Martin. Die Strahlentherapien der Krebspatienten werden in Esch-sur-Alzette (Luxemburg) durchgeführt, 20 km von Mont-Saint-Martin entfernt.

Es bleibt zu erwähnen, dass die zwischen Frankreich und Belgien vereinbarten *ZOAST* im Wege des Projekts „Santransfor" auf die Großregion ausgeweitet werden sollen.

II. Die Zusammenarbeit französischer und deutscher Krankenhäuser

Im französischen *département* de la Moselle liegt die Sterblichkeitsrate infolge kardiovaskulärer Krankheiten bei mehr als 20 Prozent über der nationalen Durchschnittsrate. Diese Krankheiten erfordern eine schnelle Behandlung der Patienten in der Kardiologie, welche in diesem *département* im interkommunalen Krankenhaus von Forbach (*CHIC Unisanité*) vorgenommen wird. Jedoch leidet auch diese Einrichtung unter demo-

---

[3] Medizinisches Projekt des *Centre hospitalier Hôtel-Dieu Mont-Saint-Martin*, Version vom 3. Oktober 2012.

grafischen Problemen und das nächste französische Rettungskrankenhaus ist mindestens 50 km entfernt (Metz und Nancy).

Um diesen Schwierigkeiten zu begegnen, schloss das *CHIC Unisanité* mit dem *Herzzentrum Saar der SHG-Kliniken Völklingen*, einer der zehn besten deutschen Einrichtungen im kardiologischen Bereich, ein Kooperationsabkommen. Neben der Behandlung von Patienten sieht dieses einen permanenten Einsatz deutscher Kardiologen im französischen Forbach vor. Diese Zusammenarbeit hat sich vor etwa zehn Jahren dank des Einsatzes der von uns befragten Beauftragten der SHG-Kliniken für grenzüberschreitende Zusammenarbeit entwickelt.

Um eine Lösung für diese Fragen der Vorsorge und Behandlung kardiovakulärer Krankheiten zu entwickeln, hat die Französisch-belgische Gesundheitsbeobachtungsstelle das Projekt „*ICAPROS Instance de Coordination des Actions pour la PROmotion en Santé franco-belge*" ins Leben gerufen, welches auf ein gezieltes Vorgehen in diesem Bereich ausgerichtet ist (Prävention kardiovaskulärer Risiken in der Bevölkerung, Information und Aufklärung des Pflegepersonnals sowie Empfehlung sog. *bewährter Praktiken*).

C. — FORSCHUNG, INNOVATION UND BILDUNG

Neben der Behandlung von Patienten sehen die Kooperationsverträge auch die Zusammenarbeit in den Bereichen der Forschung, Innovation und Bildung vor:

- Die Vereinigung *Saar-Lor-Lux* zwischen den Universitätskliniken von Nancy (Meurthe-et-Moselle) und Homburg (Saarland) und dem Luxemburger Nationallabor für Gesundheit *LNS* (*Laboratoire National de Santé*) wurde 1996 gegründet und ist in den Gebieten der organischen Synthese, der Virologie und der kardiovaskulären Forschung tätig.
- Das Kooperationsabkommen vom 14. Oktober 2008 zwischen dem Ausbildungsinstitut für Krankenpflege in Saareguemines (*Institut de Formation en Soins Infirmiers de l'Hôpital du Parc de Sarreguemines*) und der Kardiologie des SHG Kliniken Völklingen (Saarland) ermöglicht den

französischen Studierenden das Absolvieren von vierwöchigen Praktika in der deutschen Klinik. Von dieser Möglichkeit haben seit 2008 etwa einhundert Studierende Gebrauch gemacht. Zusätzlich wird auch der französisch-deutsche Sprachaustausch gefördert.

- Das Kooperationsabkommen zwischen dem Krankenhaus *Centre Hospitalier du Luxembourg* und der Universität des Saarlandes wurde im November 2008 geschlossen, um im Bereich der Erstausbildung und Weiterbildungen sowie der grenzüberschreitenden medizinischen Versorgung zusammen zu arbeiten.
- Ein solches Kooperationsabkommen wurde auch zwischen dem Krankenhaus *Centre Hospitalier du Luxembourg* und der Fachhochschule Trier für Technik, Wirtschaft und Gestaltung (Rheinland-Pfalz) in den Bereichen der Neurochirurgie und roboterassistierten Chirurgie geschlossen.
- Zwischen dem Caritas Krankenhaus Dillingen und dem Universitätsklinikum von Nancy (*Centre hospitalier universitaire Nancy*) besteht für die experimentelle Untersuchung von Schlaganfällen ebenso ein Kooperationsabkommen.

D. — DIE ENTWICKLUNG NEUER PROJEKTE

Parallel zu den bereits vorhandenen Projekten werden neue entwickelt, um die grenzüberschreitende Zusammenarbeit im medizinischen Bereich sichtbarer und einheitlicher zu gestalten:

- Das Projekt *COSANTE*, getragen von der *EWIV LuxLorSan*, wurde im Rahmen des *INTERREG*-Programmes *INTERREG IV-A* (2007–2013) durchgeführt und sollte die Gesundheitsversorgung der belgischen Provinz Luxemburg, Lothringens und des Großherzogtums Luxemburg verbessern. Ziel war vor allem die Entwicklung einer grenzüberschreitenden Gesundheitsbeobachtungsstelle und der Zugang zu den Versorgungsangeboten der Großregion. Seit Anfang 2014 ist die Beauftragte der SHG-Kliniken Völklingen für grenzüberschreitende Zusammenarbeit ebenso in der französisch-belgischen Beobachtungsstelle beschäftigt, um die Gründung einer ähnlichen Einrichtung auf dem Niveau der Großregion zu begleiten. Auch wird die grenzüberschreitende Kooperation im Gesundheitswesen weiter angeregt, indem die Verbindungen zwischen den betroffenen Grenzregionen besser ausgebaut werden.

- Seit dem 1. Juli 2013 wird von der französisch-belgischen Gesundheitsbeobachtungsstelle das Projekt *Recosantran* durchgeführt. Dieses löst die ausgelaufen Projekte im Grenzraum Frankreich-Wallonien-Flandern ab und soll sich auch mit der Frage des Autonomieverlustes älterer Menschen beschäftigen. Die Integration dieses sozialen Aspekts in die grenzüberschreitende Zusammenarbeit im medizinischen Bereich ist nicht neu. Zwischen der französischen Regierung und der der Region Wallonien des Königreichs Belgien wurde bereits am 21. Dezember 2011 ein Rahmenvertrag über die Aufnahme und Behandlung von behinderten Personen in den französischen und belgischen Krankenhäusern geschlossen.
- Im Oktober 2012 wurde das Projekt *HoNCAB* ins Leben gerufen. Es handelt sich um ein Pilotprojekt für ein Netzwerk von Krankenhäusern, welches sich mit der Frage der Zahlung von Behandlungen der Patienten, die sich auf der anderen Grenzseite behandeln lassen, beschäftigt. Hauptziel ist ein besseres Verständnis der finanziellen und organisatorischen Anforderungen, welche aus einer Behandlung im Nachbarstaat resultieren können.

E. — PROBLEMFAKTOREN

Die grenzüberschreitende Zusammenarbeit im Gesundheitsbereich ist mit einigen Problemfaktoren behaftet: Die Sprachbarriere, die langen und komplexen Behördenabläufe, unterschiedliche Gesundheitssysteme und organisatorische Modalitäten in Krankenhäusern, der Wechsel von Ansprechpartnern, wenn sich bereits eine Vertrauensbasis gebildet hat sowie begründete oder unbegründete Befürchtungen (wie etwa die Befürchtung, dass Wettbewerb zwischen den Staaten entstehen könnte). Als Beispiel können die Kooperationsverträge zwischen Frankreich und Deutschland dienen. Der Bericht der gemeinsamen Kommission zur Umsetzung der französisch-deutschen grenzüberschreitenden Zusammenarbeit im Gesundheitswesen für das Jahr 2009 betont, dass „auf Seiten Frankreichs nur die in diesem Bereich erfahrenen administrativen Organisationen befugt sind, Konventionen zu unterschreiben, während in Deutschland auch einzelne Krankenhäuser dazu ermächtigt werden können". Ferner wurde im französischen Runderlass (*circulaire*) von 2007 zur Umsetzung des Rahmenvertrages für deutsch-französische grenzüberschreitende Zusammenarbeit im Gesundheitsbereich bestimmt, dass die regionalen Gesundheitsagenturen (*Agences régionales de l'hôspitalisation*) darauf zu achten haben, dass „Konventionen zur Umsetzung des Rahmenvertrages nur dort abgeschlossen werden, wo sie der Deckung eines tatsächlich festgestellten Mangels des französischen Behandlungsangebots dienen.[4] Dieses Erfordernis eines Mangels löste eine Debatte zwischen den Vertragspartnern aus, da der Rahmenvertrag und die damit verbundenen Kooperationskonventionen nach deutscher Ansicht eher zur Steigerung der Qualität und der Quantiät des Versorgungsangebots angedacht waren.

FAZIT

Trotz der Problemfaktoren bleibt die grenzüberschreitende Zusammenarbeit im Gesundheitswesen ein weites Feld, welches sich aufgrund von folgenden neuen Entwicklungen verändert:

- der vorhandene Rechtsrahmen entwickelt sich aufgrund der Richtlinie des Europäischen Parlaments und des Rats vom 9. März 2011 über die Ausübung der Patientenrechte in der grenzüberschreitenden Gesundheitsversorgung,
- finanzielle Schwierigkeiten und der Wettbewerb im Gesundheitswesen,
- Entwicklungen der Deomographie sowie der Erscheinungsformen des Wohlfahrtstaates,
- Steigerung der Technisierung im Gesundheitswesen,

[4] Gemeinsame Kommission zur Umsetzung der französisch-deutschen grenzüberschreitenden Zusammenarbeit im Gesundheitswesen, Bericht von 2010.

- Entwicklung der Patientenrechte,
- neue Probleme der Volksgesundheit,
- Integration von anderen Bereichen, wie der Verlust der Autonomie älterer Personen oder der Umgang mit Behinderungen.

Im Hinblick auf diese Entwicklungen sollte die grenzüberschreitende Zusammenarbeit einerseits vertieft und andererseits regelmäßig fachgerecht evaluiert werden.

Die Teilnahme einer französischen öffentlich-rechtlichen Gebietskörperschaft an einer ausländischen privatrechtlichen Gesellschaft: Das Beispiel der Saarland Therme

Roland ROTH*

* Präsident der *Communauté d'Agglomération Sarreguemines Confluences*. Präsident des Eurodistricts SaarMoselle. Übersetzung aus dem Französischen.

Die Gemeinde Kleinblittersdorf an der deutsch-französischen Grenze beabsichtigt seit längerem die kommerzielle Nutzung einer Thermalquelle in ihrem Boden.

Bereits in den 1990er Jahren hat die Gemeinde mit der Absicht der Entwicklung eines Projekts in diesem Bereich verschiedene Maßnahmen ergriffen.

Die Gemeinde Kleinsblittersdorf, der Regionalverband Saarbrücken (zu dem die Gemeinde Kleinsblittersdorf zählt) sowie die Landesentwicklungsgesellschaft Saarland mbH haben 2005 die Projektgesellschaft Thermalbad Rilchingen mbH gegründet, zum Zweck der Entwicklung und Vermarktung eines Gesundheitsparks mit Thermalbad in Rilchingen.

Die Aufgabe der Gesellschaft besteht in dem Erwerb der zur Verwirklichung des Projekts erforderlichen Grundstücke, der Ausschreibung und Vergabe des Projekts sowie der Überprüfung seiner Entwicklung, der Anwerbung möglicher Investoren, der Erschließung der Grundstücke für das Gesamtprojekt, der Tätigung der zum Ausbau eines Thermalbads erforderlichen Investitionen sowie seiner langfristigen Verpachtung an eine Betreibergesellschaft auf Grundlage eines öffentlich-rechtlichen Vergabeverfahrens.

Das Gesellschaftskapital beträgt 50.000 €, und die Gesellschafter haben weitere 900.000 € als Bareinlage für die Finanzierung der Gesellschaftstätigkeiten eingezahlt.

Die Gesellschaftsvertreter stellten den Mandatsträgern des Gemeindeverbandes *Communauté d'Agglomération Sarreguemines Confluences* das Projekt im März 2009 vor.

Das Projekt ist weniger als fünf Kilometer von Saargemünd (Frankreich) und fünfzehn Kilometer von Saarbrücken entfernt und besteht aus drei Teilen:

- einem Thermalbad,
- einem Kurort,
- einem Viersternehotel.

Die Eröffnung des Thermalbads war für September 2011 geplant.

Der *Communauté d'Agglomération Sarreguemines Confluences* wurde die Teilnahme am Projekt sowie die Beteiligung an der Projektgesellschaft Thermalbad Rilchingen mbH angeboten.

Von positiven Auswirkungen einer solchen Einrichtung auf Tourismus und Wirtschaft überzeugt, strebten die Volksvertreter auf beiden Seiten der Grenze von Anfang an eine Verstärkung der grenzüberschreitenden Stellung des Projekts an.

Die Gesamtheit des Projekts soll ca. 200 Arbeitsplätze schaffen, wovon die meisten Zweisprachigkeit voraussetzen.

Der Artikel L. 1115-4 des Allgemeinen Gesetzbuches der öffentlich-rechtlichen Gebietskörperschaften *(Code Général des Collectivités Territoriales)* eröffnet französischen Gebietskörperschaften die Möglichkeit der Beteiligung an ausländischen Gesellschaften: „*Die Gebietskörperschaften und ihre Zusammenschlüsse dürfen im Rahmen ihrer Kompetenzen und unter Beachtung der internationalen Verpflichtungen Frankreichs öffentlichen Körperschaften ausländischen Rechts beitreten, oder sich am Kapital einer juristischen Person ausländischen Rechts beteiligen, sofern mindestens eine Gebietskörperschaft oder ein Zusammenschluss solcher Gebietskörperschaften eines Mitgliedstaates der Europäischen Union oder des Europarats beigetreten oder beteiligt ist.*

Dieser Beitritt oder diese Beteiligung wird durch einen Verwaltungsakt des Staatsvertreters in der région genehmigt. Der Beitritt oder die Beteiligung wird zum Gegenstand einer Übereinkunft mit der Gesamtheit der Mitglieder der betreffenden öffentlich-rechtlichen Einrichtung oder der am Kapital der betreffenden juristischen Person Beteiligten. Diese Übereinkunft legt die Dauer, die Bedingungen, die finanziellen Modalitäten und Kontrollmöglichkeiten des Beitritts oder der Beteiligung fest. Die Kapitalanteile an ein und derselben juristischen Person ausländischen Rechts oder die Beteiligung an ihren finanziellen Lasten einer französischen Gebietskörperschaft darf in ihrer Gesamtheit fünfzig Prozent dieses Kapitals oder dieser Lasten nicht übersteigen.“

- Die *Communauté d'Agglomération Sarreguemines Confluences* verfügt über eine fakultative Zuständigkeit für grenzüberschreitende Zusammenarbeit,

- das Karlsruher Abkommen von 1996 legt die Regeln der grenzüberschreitenden Zusammenarbeit zwischen Frankreich und Deutschland fest,
- die Projektgesellschaft ist eine juristische Person, an welcher mindestens eine Gebietskörperschaft eines Mitgliedstaates der Europäischen Union beteiligt ist.

Auf ihrer Versammlung vom 28. Mai 2009 beschloss *die Communauté d'Agglomération Sarreguemines Confluenes* die Antragsstellung auf Genehmigung des Erwerbs von fünf Prozent des Gesellschaftskapitals (2.500 €) sowie die Bareinzahlung von 45.000 € zur Finanzierung der Gesellschaftstätigkeiten durch den sog. *Préfet de Région*[1] .

Der Antrag wurde zum ersten Mal im März 2010 gestellt, jedoch musste die Präfektur[2] im Oktober 2010 hieran nochmals erinnert werden. Derartige Anträge sind so selten, dass die Präfektur selbst nicht die für einen solchen Antrag zuständige Dienststelle zu identifizieren vermochte.

Schließlich hat die Präfektur im November 2010 ergänzende Informationen angefordert, vor allem bezüglich zweier Fragen:

- „der Grundkompetenz, im Rahmen welcher die *Communauté d'Agglomération Sarreguemines Confluences* abgesehen von der fakultativen Kompetenz für grenzüberschreitende Zusammenarbeit handelt",
- „Informationen zur Natur der zu leistenden zusätzlichen ‚Beteiligung' in Höhe von 45.000 €".

Als Antwort auf diese Fragen haben wir beschlossen, unsere Kompetenz im Bereich der wirtschaftlichen Entwicklung präziser zu definieren und

---

[1] Anmerkung der Übersetzerin: Der *Préfet de Région* ist der Vertreter der französischen Regierung in den régions (hier ist Region als administrative Einheit und Gebietskörperschaft zu verstehen). Da die *région* als Gebietskörperschaft nur über wenige autonome Zuständigkeiten verfügt, müssen viele ihrer Handlungen vom *Préfet de Région* genehmigt werden.

[2] Bei der hier gemeinten Präfektur der Region handelt es sich um den Sitz des *Préfet de Région*. Die Präfektur des *département* hingegen bildet auch eine Verwaltungsstelle des Zentralstaats, die u. a. als Ausländerbehörde und Ordnungsamt fungiert.

daran erinnert, dass die Beteiligung in Höhe von 45.000 € eine Bareinzahlung auf das Gesellschafterkonto zur Finanzierung der Gesellschaftstätigkeiten darstellt. Diese Zahlung soll nach fünfzehn Betriebsjahren des Thermalbads zurückerstattet werden.

Der Genehmigungs-Erlass der Beteiligung an der Projektgesellschaft Thermaldbad Rilchingen mbH durch die *Communauté d'Agglomération Sarreguemines Confluences* erging erst im Juli 2011, die Bearbeitung dieses Sachverhalts hatte sich über ein Jahr erstreckt.

Am 3. November 2011 erwarb die *Communauté d'Agglomération Sarreguemines Confluences* also durch notarielle Urkunde fünf Prozent der Anteile eines der Gesellschaftspartner.

Entsprechend ihrer Verpflichtung beteiligt sich die *Communauté d'Agglomération Sarreguemines Confluences* somit in Höhe von 2.500 € am Gesellschaftskapital und hat eine zusätzliche Bareinzahlung in Höhe von 45 000 € geleistet, welche ab dem fünfzehnten Betriebsjahr der Anlage zurückerstattet werden soll.

Im Ergebnis setzt sich die Beteiligung der unterschiedlichen Mitglieder der Gesellschaft wie folgt zusammen:

- 25.000 € (50 %) für die Gemeinde Kleinblittersdorf
- 12.500 € (25 %) für den Regionalverband Saarbrücken
- 10.000 € (20 %) für die LEG Saar
- 2.500 € (5 %) für die *Communauté d'Agglomération Sarreguemines Confluences*

mit einem Gesamtkapital in Höhe von 50.000 €.

Die Bareinzahlungen sind nach den gleichen Anteilen erfolgt:

- 50 % für die Gemeinde Kleinblittersdorf, mit 450.000 €
- 25 % für den Regionalverband Saarbrücken, mit 250.000 €
- 20 % für die LEG Saar, mit 180.000 €
- 5 % für die *Communauté d'Agglomération Sarreguemines Confluences*, mit 45.000 €

Dies entspricht einer Gesamtsumme von 900.000 €.

Die *Communauté d'Agglomération Sarreguemines Confluences* ist mit einem von den acht Sitzen im Aufsichtsrat der Gesellschaft vertreten (drei Vertreter der Gemeinde Kleinblittersdorf, zwei Vertreter des Regionalverbands Saarbrücken, zwei Vertreter der LEG Saar und ein Vertreter der *Communauté d'Agglomération Sarreguemines Confluences*).

Letztendlich wurde die Therme im September 2012 eröffnet und mit über 200.000 Besuchern im ersten Betriebsjahr, davon 40 Prozent aus Frankreich, auf Anhieb zu einem großen Erfolg. Das Pflegezentrum soll demnächst öffnen, und gegenwärtig wird über den Ausbau eines Hotels verhandelt.

In einem Abkommen mit dem Tourismusamt wurden diesem die exklusiven Verkaufsrechte für Eintrittskarten in Frankreich gesichert.

Die Auswirkungen auf den Tourismus waren bereits spürbar und die Projektgesellschaft steht unmittelbar vor dem Erwerb weiterer Grundstücke zum Zwecke einer Erweiterung der Therme.

Der Eurodistrict SaarMoselle : Ursprünge, Zuständigkeiten, Zukunft

Gilbert SCHUH*

* Ehemaliger Präsident des Eurodistrikts SaarMoselle. Übersetzung aus dem Französischen.

A. — DIE URSPRÜNGE

Der Eurodistrict besteht seit Mai 2010.

Es handelt sich um einen sog. EVTZ, einen Europäischen Verbund für territoriale Zusammenarbeit.

Dieser bildet eine weitere Stufe des Prozesses grenzüberschreitender territorialer Integration, welche *de facto* mit der deutsch-französischen Versöhnung in den 1950er Jahren begann.

Zunächst wurden symbolische bilaterale Annäherungen von den Gemeinden selbst organisiert, wie etwa grenzüberschreitende Partnerschaften. Anschließend wurde gemeinsam an der Gewährleistung bestimmter Dienste des allgemeinen Interesses gearbeitet (Wasserversorgung, Sanierung usw.).

Angesichts der Fortschritte des europäischen Aufbaus mit der Gründung des Gemeinsamen Marktes, aber auch zur Unterstützung der erforderlichen Umstrukturierung der Ost-Mosel und des Saarlandes nach der Ankündigung der Einstellung des Bergbaus, entschieden sich 1997 die Gemeinden für eine Verstärkung der grenzüberschreitenden Zusammenarbeit. Ihre Beziehungen wurden 1997 mit der Schaffung eines Vereins im Sinne des französischen Gesetzes von 1908 institutionalisiert: Zukunft SaarMoselle Avenir.

Im Rahmen einer öffentlichen Ausschreibung des *CIATA*, welche zur Gründung von Metropolen europäischer Dimensionen animieren wollte, wurde dem erweiterten Territorium des Vereins 2005 der Status eines Metropolgebiets zuerkannt. In seiner Weisheit akzeptierte der Staat den grenzüberschreitenden Zusammenschluss der betreffenden Gemeinden, um die erforderliche Größe zu erreichen. Die Metropole SaarMoselle wurde damit 2005 ins Leben gerufen.

2003 wollten Präsident Chirac und Bundeskanzler Schröder anlässlich des 40. Feiertages des Elysee-Vertrags dem europäischen Aufbau durch eine auf grenzüberschreitende Beziehungen gestützte deutsch-französische Zusammenarbeit einen neuen Impuls geben.

Unser Verein wollte von vornherein in einen Eurodistrict münden.

2010 wurde der Gründungsprozess des Eurodistricts mit Hilfe der *Mission Opérationnelle Transfrontalière* (*MOT*), des französischen Staates und des Saarlandes endlich abgeschlossen. Der EVTZ Eurodistrict SaarMoselle war gegründet.

Die *MOT* hatte uns auf die Form des EVTZ hingewiesen. Als anwendbares Recht haben wir das französische öffentliche Recht gewählt, vor allem das sog. *droit des collectivités locales.*

Unser Sitz befindet sich in Saargemünd (Frankreich), in der *Communauté d'Agglomération de Sarreguemines Confluences* und unsere Büros in einem Gebäude des Regionalverbands Saarbrücken.

Der EVTZ wird durch eine Versammlung geleitet, die aus 62 Vertretern der verschiedenen interkommunalen Zusammenschlüsse besteht. Sie besteht zur Hälfte aus französischen, zur anderen Hälfte aus deutschen Vertretern.

Im Leitungsausschuss sind die interkommunalen Zusammenschlüsse unmittelbar vertreten, der Ausschuss wird von der Versammlung nach demselben Prinzip der deutsch-französischen Parität gewählt.

Das Gleiche gilt für den Präsidenten und den Vizepräsidenten, die beide nach einem Rotationsprinzip zwischen Deutschen und Franzosen für eine zweijährige Amtszeit gewählt werden.

Die Mitglieder der Versammlung und des Leitungsausschusses dürfen sich auch nach Ende ihrer nationalen Amtszeit zur Wiederwahl stellen. Das Personal des Eurodistricts ist französisch und deutsch.

Der EVTZ bildet einen *grenzüberschreitenden interkommunalen Zusammenschluss*, welcher acht interkommunale Zusammenschlüsse und 600 000 Einwohner umfasst.

Zum EVTZ zählen ein deutscher interkommunaler Verband, der Regionalverband Saarbrücken mit 350 000 Einwohnern sowie sieben französische Zusammenschlüsse: Die *Communautés d'agglomérations* von Forbach und Saargemünd, die *Communautés de communes* von Freyming Merlebach, Saint Avold, Sarralbe, Creutzwald und Faulquemont mit 250 000 Einwohnern.

Zwei interkommunale Zusammenschlüsse sind mit dem EVTZ assoziiert: Die *Communauté de Communes* vom Pays de Bitche und der Saarpfalzkreis (Homburg/Saar). Mit dem vorgesehenen Beitritt des Kreises Saarlouis sollte die Zahl von einer Million Einwohnern erreicht werden.

Der Eurodistrict verfügt also über ein Territorium: Das Metropolgebiet Saarbrücken-Ost-Mosel.

Er verfügt über eine Regierungsform: den EVTZ.

Er hat ein Projekt: eine Zukunftsvision, welche von gewählten Volksvertretern, Experten und grenzüberschreitenden Bürgern im Rahmen von Workshops herausgearbeitet wurde.

B. — ZUSTÄNDIGKEITEN, AUFGABEN

Auf den Eurodistrict wurden keine Zuständigkeiten im Sinne des französischen *droit des collectivités territoriales* übertragen; er erfüllt nur diejenigen Aufgaben, die ihm von den Mitgliederzusammenschlüssen aufgetragen wurden.

Diese umfassen zurzeit:

I. Die grenzüberschreitenden Verkehrsmittel

Zu nennen sind u. a.:

Eine Buslinie Saarbrücken – Saint Avold, welche zunächst für eine Probezeit von drei Jahren gegründet wurde. Sie wird jährlich von ungefähr 70 000 Reisenden genutzt. Ihre Anziehungskraft besteht in der Anbindung der Stadtzentren sowie des Gewerbegebiets am Stadteingang von Saarbrücken und des deutsch-französischen Gymnasiums.

Der *Conseil Général de la Moselle*, die *Communauté d'Agglomération* von Forbach, die *Communautés de communes* von Freyming Merlebach und Saint Avold sowie das Saarland sind zahlende Mitglieder dieses Projekts. Der jährliche öffentliche Beitrag beläuft sich auf 330 000 €.

Im Allgemeinen beschäftigen sich alle grenzüberschreitenden Zusammenschlüsse (ca. acht) mit der Frage der öffentlichen Verkehrsmittel.

Der Eurodistrict verfügt über eine Gesamtstudie der Verkehrslage auf ihrem Territorium, einschließlich Saarlouis.

Diese Studie kostete 300 000 €, welche zusammen von der EU, dem Staat und der Région Lorraine sowie den Mitgliedern des Eurodistricts getragen wurden.

Aus dieser Studie ist zu entnehmen, dass 110 000 Reisende täglich die Grenze überqueren, davon nehmen nur 1 100 die öffentlichen Verkehrsmittel in Anspruch.

Hier besteht ein erhebliches Verbesserungspotenzial, mit großer Bedeutung für die nachhaltige Entwicklung sowie die Wirtschaft unseres Territoriums.

Ein weiteres Anliegen besteht in der Förderung des Zugangs der Jugend zum Arbeitsmarkt.

Ich werde später darauf zurückkommen.

Aus dieser großen Studie ging die Idee hervor, die Saarbrücker Bahn weiter nach Forbach auszudehnen, ähnlich wie die bereits bestehende Saarbrücken-Saargemünd-Linie.

Dieses ehrgeizige Projekt soll Gegenstand einer Durchführbarkeitsstudie werden, welche vor Ende des Jahres 2013 in Auftrag gegeben werden soll.

Sie soll über die Trassenführung und die Art des Verkehrsmittels informieren; neben der Möglichkeit einer Bahn sollten die Vorteile einer Buslinie mit höherer Dienstqualität geprüft werden.

II. Die Gesundheit

Die Gesundheit, auch wenn sie nicht zum Zuständigkeitsbereich der interkommunalen Zusammenschlüsse zählt.

Der Gesundheitsausschuss des Eurodistricts widmet sich der Vorbeugung der Verbreitung von für die Ost-Mosel und für das Saarland typischen Krankheiten, vor allem Herz-Kreislauf-Erkrankungen. Die Tätigkeit des Eurodistricts besteht in der Kommunikation, der Entwicklung sportlicher Betätigungen und in der Verbreitung von Defibrillatoren in den Mitgliedsgemeinden.

Für den Eurodistrict wurde eine Studie der Ausbildungseinrichtungen zu den Berufen der Krankenpflege durchgeführt. Diese stellte die Notwendigkeit der Zusammenarbeit zwischen den Einrichtungen in Saint Avold, Saargemünd und Forbach mit den entsprechenden saarländischen Einrichtungen fest.

III. Die Energie

- *ERDF* hat sich mit der Bitte um Unterstützung zur Realisierung eines grenzüberschreitenden *Smart Grid* an den Eurodistrict gewandt.

- Der Eurodistrict hat sich mit einer Arbeitsgruppe ausgestattet, zu welcher auch Akteure des Energiesektors zählen. Diese wurde mit der Zusammenführung bereits existierender Daten sowie der Gründung eines *Observatoriums* beauftragt.

- Eine Studie zur Identifizierung relevanter Akteure und Möglichkeiten wird in Auftrag gegeben werden.

IV. Der Tourismus

Dies ist ein wichtiger Aspekt unserer Arbeit, denn damit soll ein bedeutsames historisches Erbe zur Geltung gebracht werden, unter anderen mithilfe des Werbeprospekts über das Museumsnetzwerk der sog. Straße des Feuers, welche das Bergbaumuseum von Petite Rosselle, das Stahlindustrienuseum in Völklingen, sowie Glas-, Keramik und Kristallmuseen miteinander verbindet...

Das touristische Angebot besteht auch aus einem Netzwerk an Fahrradwegen und einem 320 km langen grenzüberschreitenden touristischen Fahrradweg „*Vélo vis-à-vis*“ und umfasst auch den Bootsport auf der Saar.

Am 4. Dezember wird der Freizeitführer des Eurodistricts mit einem Geolokalisierungssystem online gehen, ebenso wie die entsprechende App für Smartphones. Damit soll jeder in der Lage sein, seine Freizeitaktivitäten und Ausflüge besser planen zu können.

V. Das territoriale Marketing

Der Eurodistrict hat die Aufgabe der Werbung nach innen und außen für unser ziemlich unbekanntes Territorium übernommen.

Als Beispiele hierfür sind eine an Akteure der Wirtschaft gerichtete Broschüre zu nennen, eine Webseite, sowie eine eigene Webseite für unsere Gewerbegebiete sowie die Teilnahme an Messen und Kongressen mit einem eigenen Stand.

Zurzeit wird eine Studie über die Attraktivität und wirtschaftliche Dynamik des Eurodistrict-Territoriums durchgeführt.

Immer um die Wahrung der Identität seines Territoriums bemüht, organisiert der Eurodistrict jedes Jahr zwei bedeutsame Veranstaltungen, das *Warndt Weekend* und das *Vélo SaarMoselle.*

Auf ein erstes Experiment zur Gestaltung des Territoriums soll ebenfalls hingewiesen werden.

Dieses besteht in der Koordinierung des Projekts des blauen Bands der Saar, d. h. in unterschiedlichen Bauarbeiten entlang des Saarufers zwischen Völklingen und Sarralbe, welche der harmonisierten Steigerung der Attraktivität dieses Gebiets dienen sollen.

VI. Aktuelle Fragen

Neben seinen Grundaufgaben muss der Eurodistrict auch eine Antwort auf relevante, aktuelle Fragen finden:

Als Beispiele sind zu nennen:

Die Güdingen-Schleuse. Der deutsche Staat hat eine allgemeine Untersuchung der Baufälligkeit deutscher Schleusen im gesamten Bundesgebiet durchführen lassen; die Schleuse Güdingen an der Saar befindet sich zwischen Saargemünd in Frankreich und Saarbrücken in Deutschland. Sollte sie nicht saniert werden, müsste sie geschlossen werden. In der Studie wird allerdings nicht zugunsten der Sanierung argumentiert. Die Städte Saarbrücken und Saargemünd sowie die *Communauté d'Agglomérations de Sarreguemines Confluences* haben den Eurodistrict damit beauftragt, für die Sanierung zu werben, denn ohne diese Schleuse würde der Tourismus an der Saar zum Erliegen kommen. Wir haben uns mit der Landesregierung des Saarlandes in Verbindung gesetzt und werden auch bei den nationalen Verkehrs- und Europaministern anfragen.

Ich könnte auch die regelmäßigen Verspätungen des ICE (TGV Frankfurt/Main-Paris) in Forbach erwähnen, die Bahnhofsgebühren...

VII. Die Beschäftigung und die Zweisprachigkeit

Ich werde auch ein paar Wörter zum Thema Beschäftigung und Zweisprachigkeit sagen.

Die Beschäftigungslage fällt auf beiden Seiten der Grenzen sehr unterschiedlich aus.

Die Ost-Mosel weist eine erhebliche Jugendarbeitslosigkeitsquote auf, während das Saarland infolge einer sehr niedrigen Geburtsrate Arbeitsstellen anbieten kann. Dieser Missstand muss dringend behoben werden, und die Jugend so ausgebildet werden, dass sie im Saarland arbeiten kann. Ich werde weder erneut auf die bereits erwähnten öffentlichen Verkehrsmittel zurückkommen, noch auf die Frage der Auszubildenden, mit welcher sich die *Région Lorraine*, die Landesregierung Saarland sowie die saarländische Handelskammer beschäftigen.

Bleibt noch die Frage der Zweisprachigkeit, welche in den 30 letzten Jahren deutlich gesunken ist. Der Eurodistrict kann im Rahmen der Zuständigkeiten seiner Mitglieder eine Rolle spielen, so auch bei der Kinderbetreuung. So kam es zur Idee grenzüberschreitender Krippen.

VIII. Die Finanzierung der Projekte

Schließlich werde ich die Finanzierung der Projekte des Eurodistricts erwähnen.

Der Eurodistrict nimmt 0,80 € pro Einwohner ein, welche von seinen Mitgliedern entrichtet werden.

Diesen Einnahmen alleine reichen jedoch nicht aus.

Der Hauptteil der Einnahmen wird kofinanziert, zum einen aus dem Planvertrag zwischen dem französischen Staat und der Region Lothringen, welcher besondere Vorschriften für die europäische Metropole und den sog. „lothringischen Graben" (*Sillon Lorrain*) vorsieht, und aus den Interreg-Fonds des Europäischen Fonds zur regionalen Entwicklung.

Diese Finanzierungsmöglichkeiten erlauben uns die Vorbereitung eines Arbeitsprogramms für 2014–2020. Wir sind also dazu verpflichtet, uns den Richtlinien der Region, des Staates und der EU zu fügen.

C. — UND DIE ZUKUNFT?

Gewisse Fragen wurden aufgeworfen: Ob der Eurodistrict, welcher nur aus öffentlichen Anstalten zum Zwecke der transkommunalen Zusammenarbeit (*EPCI - Etablissement Public de Coopération Intercommunale*) besteht, zur Aufnahme weiterer Mitglieder berufen ist, wie etwa die *région*, das *département,* das Bundesland, um die Effizienz unserer Kommunikation zu sichern?

Soll der EVTZ Eurodistrict ein Werkzeug zum Ausbau des Territoriums werden oder ein solches Werkzeug gründen?

Die Frage ist einige Überlegungen wert, insofern, als dass der Eurodistrict Strukturierungsprojekte vorschlagen soll.

Sinn und Zweck des Eurodistricts ist das Verblassen der Grenzen zur Gründung einer gewichtigen Metropole, welche nur auf diesem Weg entstehen kann.

Soll der Eurodistrict die Erlaubnis beantragen, experimentelle Maßnahmen für gewisse Projekte zu ergreifen, wie z. B. grenzüberschreitende Kinderkrippen, oder soll er mit Lobby-Aktivität für die Konvergenz des deutschen und des französischen Rechts werben?

Soll dem Eurodistrict im Etat der EU eine eigene Budgetlinie zugewiesen werden, damit dieser seinerseits unmittelbar die Projekte seiner Partner fördern kann?

Eigentlich bildet der Eurodistrict SaarMoselle eine völlig neue Struktur, welche oft mit bereits bestehenden Strukturen verglichen wird. In Frankreich wird oft das berühmte „millefeuille" als Metapher für solche komplexen Verwaltungsstrukturen erwähnt, im Saarland jedoch nie. Der Eurodistrict ist ein Netzwerk ohne ersichtliche Macht bzw. ohne jegliche Attribute der Macht. Innerhalb weniger Jahren ist er unentbehrlich geworden.

Meiner Meinung nach ist der Eurodistrict tatsächlich zur Begleitung des europäischen Aufbaus und zur Unterstützung der deutsch-französischen Integration berufen.

Der Interregionale Parlamentarierrat

Roland THEIS*

* Mitglied des Landtages des Saarlandes, Generalsekretär der CDU Saar.

Rholand THEIS

Meine sehr geehrten Damen und Herren,

sehr geehrte Frau Europa-Abgeordnete,

sehr geehrte Frau Präsidentin,

sehr geehrter Herr Niedermeyer,

sehr geehrter Herr Cossalter,

vielen herzlichen Dank für die Einladung, heute Morgen mit Ihnen und zu Ihnen über den Interregionalen Parlamentarierrat (IPR) sprechen zu dürfen. Herzlichen Dank insbesondere an Herrn Professor Cossalter für die Idee dieses Kolloquiums. Denn ich glaube, es ist unter zwei Gesichtspunkten etwas ganz Wichtiges:

Zum einen weil ich, seitdem ich mich mit der Großregion beschäftige, immer wieder feststelle, dass man immer wieder Neues lernt und neue Menschen trifft. Zum anderen aber auch deshalb, weil es eine großartige Idee ist, sehr geehrter Herr Cossalter, gerade Studierende dafür anzusprechen, denn die Großregion ist gerade für junge Menschen – und ich denke, das wird im Vortrag von Frau Professor Oster-Stierle nachher nochmal deutlich werden – eine fantastische Chance, hier in der Region vieles erleben und leben zu können.

Es ist meine Aufgabe, einen Vortrag über einen juristischen Sachverhalt und nicht einen politischen Sachverhalt zu halten. Das ist für mich eine willkommene Abwechslung – ich hoffe für Sie nicht allzu langweilig –, denn das Parlamentsrecht, wenn man überhaupt davon sprechen kann, in Bezug auf den Interregionalen Parlamentarierrat, ist natürlich in erster Linie Organisationsrecht, in erster Linie Verfahrensrecht, ist aber dennoch spannend, wie ich finde, auch wenn ich in meiner eigenen Studierendenzeit auf diese verfahrensrechtlichen Fragen nie Lust hatte. Es ist jedoch deshalb spannend, weil dahinter spannende politische Fragen hinsichtlich des Selbstverständnisses und des Wesens der Großregion und ihres „Parlaments“ stehen.

Meine sehr verehrten Damen und Herren, vorab, wenn es Fragen gibt: Ich versuche mich an die Regeln zu halten, vielleicht auch hinsichtlich des Verständnisses dessen, was ich sage, bitte dazwischen gehen. Vieles ist vielleicht neu, weil der Interregionale Parlamentarierrat genau wie die Großregion leider keine Kassenschlager, leider keine Blockbuster sind, die täglich in den Schlagzeilen stehen, sondern für viele eben Neuland ist.

Die zentrale Frage, der ich nachgehen will, ist: Was ist der Charakter der parlamentarischen Zusammenarbeit in der Großregion? Stimmt es denn, wenn wir in den Medien – wenn vom Interregionalen Parlamentarierrat gesprochen wird – lesen, es sei das Parlament der Großregion, und zwar im Hinblick darauf, ob es sich überhaupt um ein Parlament handelt?

Ich werde daher zunächst auf die Geschichte der Zusammenarbeit der Parlamente in der Großregion eingehen und danach etwas zum aktuellen IPR sagen und schließlich einen Ausblick dazu geben, wohin sich juristisch gesehen der IPR entwickelt. Ich werde mich nicht auf die Themen fokussieren, die der IPR zurzeit behandelt, sondern lediglich über die Strukturen sprechen.

Meine sehr verehrten Damen und Herren, die Geschichte der Zusammenarbeit der Parlamente in der Großregion ist schon ein paar Jahre älter. Der Hintergrund ist, dass es schon vorher – bevor die Parlamente zusammengearbeitet haben – Kooperationen der Exekutiven gab. Begleitend dazu gab es aber immer – und Einige sind da, die das Verfahren schon länger verfolgen – ein Treffen der Parlamentspräsidenten der sieben Parlamente in der Großregion, die irgendwann in den achtziger Jahren gesagt haben: „Es ist schön, wenn wir irgendwann miteinander zusammen essen gehen. Es wäre aber auch gut, wenn wir parlamentarisch zusammenarbeiten. Und dies auch nicht allein als Präsidenten, sondern gemeinsam mit Kolleginnen und Kollegen aus unseren jeweiligen Parlamenten."

Ich habe hier einen Auszug aus der Konvention über die Gründung des Interregionalen Parlamentarierrats mitgebracht und dort steht – und das ist das Gründungsdokument des IPR – : „Wir, die Präsidenten der Abgeordnetenkammer des Großherzogtums Luxemburg, des Landtages Rheinland-Pfalz, des Landtages des Saarlandes, des Regionalrates von Lothringen und des Provinzialrates der Provinz Belgisch Luxemburg," [heute heißt das auch anders] „gründen durch unsere Unterschrift einen INTERREGIONALEN PARLAMENTARIERRAT."

Und unterschrieben wurde das nicht von den paar Hundert Abgeordneten aus der Region oder wem auch immer, sondern von den Präsidenten der Teilparlamente der Region. Das heißt, am Beginn der parlamentarischen Zusammenarbeit in der Region, am Beginn des großregionalen „Parlaments" stand nicht eine verfassungsgebende Versammlung, die gesagt hat: „Dort finden jetzt die demokratisch zu legitimierenden Entscheidungsprozesse statt", sondern am Beginn stand eine Vereinbarung der Präsidenten der Parlamente. Das heißt, am Beginn 1986 war es zunächst einmal eine Vereinbarung über einen institutionalisierten Dialog, also darüber, dass man sich öfter treffen will, auf Basis der Freiwilligkeit. Das ist nachher, wenn wir uns über die aktuelle Diskussion unterhalten, auch immer wieder wichtig, sich vor Augen zu führen, welchen Charakter das Gründungsdokument und damit der Interregionale Parlamentarierrat haben. So jedenfalls zu Beginn. Ob sich dies später verändert hat, dazu kommen wir noch.

Doch wie ist die Zusammensetzung und Struktur des Interregionalen Parlamentarierrats? Sie sehen, der Rat setzt sich zusammen aus den Präsidenten der sieben beteiligten Versammlungen, das ist der Regionalrat von Lothringen, der Landtag des Saarlandes, der Landtag von Rheinland-Pfalz, das Abgeordnetenhaus von Luxemburg und die drei beteiligten Parlamente aus der Partnerregion Wallonie aus Belgien, eine deutschsprachige Mannschaft, eine französischsprachige Mannschaft und eine aus der Wallonie, das heißt sieben Parlamente und deren Präsidenten und die Mitgliedsdelegationen – jeweils neun –, so dass am Ende des Tages 50 Parlamentarier, sieben Präsidenten aus sieben Parlamenten und vier Ländern zusammenkommen, im Namen des Interregionalen Parlamentarierrats.

Sie sehen, eine zentrale Rolle spielen nach wie vor die Präsidenten der Parlamente, sie sehen, eine zentrale Rolle spielen die Mitgliedsdelegationen aus den einzelnen Parlamenten, sie sehen, es ist keine Rolle vorgesehen – und das ist auch so geblieben – für politische Parteien, für politische Gruppierungen, für Fraktionen innerhalb des Interregionalen Parlamentarierrats und Sie sehen noch etwas: Wie ist es nämlich mit dem für die parlamentarische Realität typischen Aufeinandertreffen von Opposition und Regierung? Sie werden später sehen, dass die typische Funktion eines Parlaments der Kreation, also die Regierungsbildung, fehlt. Und Sie werden auch feststellen, dass die klassische Kontrollfunktion des Parlaments gegenüber der einen Exekutive selbstverständlich auch fehlt, eben weil es schon keine einheitliche Exekutive gibt.

Der IPR setzt sich in seiner Struktur zusammen aus der Plenarversammlung. Dieser tagt zweimal im Jahr. Sein Vorsitz wechselt alle zwei Jahre unter den Regionen. Daneben gibt es den ständigen Ausschuss, der sozusagen organisatorische und inhaltliche Vorbereitungen dessen übernimmt, was der IPR in seinen Plenarsitzungen beschließt. Zusammengesetzt ist der Ständige Ausschuss aus den Präsidenten des jeweiligen IPRs, den Vizepräsidenten, in der Regel sind das die Präsidenten der Teilparlamente und die Vorsitzenden der Fachkommissionen. Unterstützt wird er durch die Geschäftsführung des Rates, was sozusagen die hauptamtlichen Mitarbeiter der einzelnen Parlamente sind. Im saarländischen Landtag ist das der Direktor des Landtags sowie ein weiterer wissenschaftlicher Mitarbeiter. Ebenso ist es in anderen Parlamenten.

Und schließlich gliedert sich der IPR in Kommissionen, derer es sechs gibt, die aus 15 Mitgliedern der unterschiedlichen Delegationen bestehen, auch im Turnus wechselnde Vorsitzende haben (jedenfalls ist das so in der Geschäftsordnung vorgesehen), und die – und das ist interessant, weil es eine wesentliche Funktion des IPRs ist – öffentlich tagen, im Gegensatz zu den Ausschüssen in den Parlamenten der Teilregionen. So auch der saarländische Landtag. Dessen Ausschüsse tagen grundsätzlich nicht öffentlich. Daran sehen Sie, dass es da einen Unterschied gibt. Aufgabe der Kommission ist es, die Entwürfe der Empfehlungen an den Rat im gesamten IPR zu organisieren.

An den Themen, die ich Ihnen aufgelistet habe, sehen Sie, dass der IPR für alle Fragen, die die Großregion und ihre Teile betreffen, über ein allgemeines politisches Mandat über Sozialpolitik, Schulpolitik, Energiepolitik, innere Sicherheit usw. verfügt .

Meine sehr verehrten Damen und Herren, was ist aus dieser Zusammensetzung heraus Aufgabe und Funktion des IPR? Ich habe Ihnen den Auszug aus der Gründungskonvention vom 17. Februar 1986 mitgebracht, aus dem ich vorher schon einmal zitiert habe. Dort haben die Parlamentspräsidenten beschrieben, was sie für die Aufgabe, ich möchte sagen, die politische Aufgabe des Interregionalen Parlamentarierrats damals festgesetzt haben. Und da steht: „Wir weisen dem IPR [...] die Aufgabe zu [...], die wirtschaftliche, soziale und kulturelle Rolle der Großregion [...] zu fördern, zur Entwicklung einer Perspektive für die grenzüberschreitende Zusammenarbeit beizutragen [...]." Sie sehen, die Begrifflichkeiten sind – zumindest mal für Juristen –wage: „beitragen, fördern, langfristige Perspektiven entwickeln". Das zeigt: Der Kern der Aufgabe des Interregionalen Parlamentarierrats – das liegt ja unserer Struktur auch nahe – ist keine rechtliche, juristische – im Sinne von Gesetzgebung im weitesten Sinne des Wortes – sondern eine rein politisch-deklaratorische Funktion.

Dennoch verfügt der IPR über rechtliche Instrumente, die seine Arbeit möglich machen. Er arbeitet mit dem Instrument der Empfehlung an die jeweiligen exekutiven Teilregionen der Großregion Luxemburg, Lothringen, Rheinland-Pfalz, Saarland und der Wallonie. So hat er den Anspruch darauf gegenüber den Exekutiven, dass diese ihm Rechenschaft ablegen über die Behandlung seiner Empfehlungen, das heißt, jede Exekutive ist verpflichtet, gegenüber dem IPR als Ganzes darüber zu informieren, was aus den Empfehlungen wurde, wie die Politik sich weiterentwickelt hat.

Der IPR hat einen Status als Beobachter beim Gipfel der Großregion, also der Zusammenarbeit der Exekutiven. Er hat – und das ist spannend – ein Initiativrecht hinsichtlich der Gestaltung der Tagesordnung. Er kann sozusagen die politische Agenda der Exekutiven bestimmen. Das ist nicht selbstverständlich. Der saarländische Landtag hat kein solches Initiativrecht für die Tagesordnung des Kabinetts des Saarlandes. Hinsichtlich des Initiativrechts hat der IPR ein relativ weitgehendes Recht. Ein Instrument, das – wie ich finde – hochspannend ist, aber leider viel zu selten genutzt wird.

Der IPR– und zwar jedes einzelne Mitglied des Parlamentarierrats, ob wallonischer Sozialist oder luxemburgischer Christdemokrat – jeder Einzelne hat das Recht, gegenüber jeder Exekutive der Teilregion oder einer der Teilregionen eine Anfrage zu stellen. Das ist ein sehr weitgehendes Instrument, wenn Sie sich überlegen, dass wir dadurch – auf der Basis der Freiwilligkeit und dennoch im Rahmen der Geschäftsordnung – , im Rahmen der Konventionen dem einzelnen Abgeordneten das Recht geben, die Exekutiven auch eines Landes zu befragen, im Rahmen einer parlamentarischen Anfrage, für das das einzelne Mitglied in Bezug auf die Exekutive der jeweils anderen Teilregion keine demokratische Legitimation hat.

An dieser Stelle sehen Sie, dass die politische Aufgabe über die politische Funktion des IPR hinaus durchaus hinterlegt ist mit rechtlichen Instrumenten, die ernst zu nehmen sind.

Daneben – und darauf möchte ich dann nochmals hinweisen – ist allerdings die wesentliche Funktion die politische Funktion des Interregionalen Parlamentarierrats. Es ist die Aufgabe, ein Ort der Vernetzung zu sein, die Aufgabe der Bürgernähe – mehr als die Exekutiven dies können –, mehr den Bürgerinnen und Bürgern die Möglichkeit zu geben, auch die Agenda der Politik in der Großregion zu bestimmen und schließlich insbesondere auch den Kommissionen die Möglichkeit zu geben, Themen inhaltlich zu bearbeiten, Themen inhaltlich aufzurufen.

Meine sehr verehrten Damen und Herren, interessant ist desweiteren – wir sind ja im Organisations- und Verfahrensrecht – wie die Meinungsbildung in diesem Gremium, in diesem Parlaments sui generis stattfindet.

Vorbereitet – ich bin darauf eingegangen – werden die Empfehlungen des Rats regelmäßig durch die Fachkommission. Von diesen werden sie eingebracht. Soweit kann man sich das alles vorstellen, sie werden beraten im Rat, werden möglicherweise modifiziert.

Soweit nichts Besonderes, aber die Frage, die sich stellt, wenn man sich ein „Parlament" vorstellt, das ausschließlich auf Basis der Freiwilligkeit, aufgrund der Zusammenarbeit von einzelnen Regionen besteht: Was ist, wenn sozusagen die Mehrheitsfindung gegenüber einer bestimmten Resolution nicht ganz einfach ist? Was passiert, wenn man sich nicht einig ist? Nur dann ist ja die Frage, wie abgestimmt wird, von Relevanz. Und hier sieht die Geschäftsordnung, und das ist sozusagen Ausfluss des Einstimmigkeitsprinzips, das auch für den Gipfel gilt, und ist Ausfluss des freiwilligen Charakters der Zusammenarbeit in der Großregion überhaupt, ein Vetorecht einer Mitgliedsdelegation zu jedem Thema vor.

Das heißt, wenn Lothringen oder wenn das Saarland sagen, wir wollen die Annahme der und der Empfehlung verhindern, dann muss darüber schon gar nicht mehr abgestimmt werden, weil das Vetorecht einer Delegation besteht. Diese Regelung steht in der Geschäftsordnung des Interregionalen Parlamentarierrats von 1986 und wurde zum ersten Mal erst im Jahr 2011 relevant. Erst seitdem gibt es die Diskussion über den Abstimmungsmodus und über das Vetorecht. Anlass war eine Sitzung des Plenums des IPR in Metz, bei der es zu einem Streit über die Zukunft des Kernkraftwerks Cattenom zwischen einer Vertreterin der deutschen Delegation und dem Präsidenten des Regionalrats von Lothringen, Herrn Masseret, kam. Eine Kommission unter saarländischem Vorsitz hatte eine Resolution eingebracht, die die Schließung des AKW Cattenom forderte. Die lothringische Delegation war dagegen und wollte die Annahme verhindern. Dadurch kam es zur Frage, wie über die eingebrachte Resolution denn nun abzusitmmen sei. Damit verbunden war selbstverständlich die Frage, wie denn eigentlich die Delegationen intern ihre Meinung bilden? Was passiert denn mit einer Abstimmung, die erst gar nicht stattfindet, weil eine Delegation ihr Veto erhoben hat? Und was passiert mit denen, die in der ablehnenden Delegation sind, aber eigentlich dafür stimmen wollen? Wie kommt das zum Ausdruck?

Diese Abstimmungsfrage, die sehr trocken daherkommt, ist daher im Grunde genommen die spannendste Frage, weil sie den Charakter, das Wesen des Interregionalen Parlamentarierrats im Kern anspricht. Vorläufig geklärt worden ist sie dergestalt, dass sozusagen ein gestuftes Verfahren notwendig ist. Das heißt, nach Einbringung und nach Beratung einer Resolution muss zunächst einmal geklärt werden, ob ein Veto eingebracht wird. Das muss natürlich in irgendeiner Form im Binnenrecht der Delegation geklärt werden, also in Abstimmung der zehn Lothringer, der zehn Saarländer, der zehn Rheinland-Pfälzer. Und wenn dieses Veto erhoben wird, ist auch im Grunde genommen eine weitere Abstimmung nicht mehr notwendig.

Dieses Abstimmungsverfahren ist jedoch lebhaft diskutiert worden und auch heute noch Gegenstand einer Debatte über die zukünftige Geschäftsordnung des Interregionalen Parlamentarierrats.

Dabei gab es diejenigen, die gesagt haben: „Lass uns doch ‚one man, one vote' machen, lass uns doch einfach abstimmen, so wie wir 50 zusammen kommen. Das ist demokratischer, das ist parlamentarischer." Und das ist auch nicht von der Hand zu weisen.

Auf der anderen Seite stehen diejenigen, die dagegen waren und argumentierten, dass der IPR eben auf der Basis der Freiwilligkeit arbeitet und dass die Großregion – und das ist ein politisches Argument – auch nur dann vorwärts geht, wenn man sich einig ist und wenn man gemeinsam an einem Strang zieht. Wenn einer dagegen ist, dann macht es auch keinen Sinn, ihn zu überstimmen. Daher wollen Letztere auch an diesem Abstimmungsmodus und damit dem Veto festhalten. Die Zukunft wird zeigen, welche der beiden Seiten sich durchsetzen kann.

Ich komme zur vorletzten Folie, die Diskussion um die Direktwahl des IPR, weil ich Ihnen diesen Einblick noch geben möchte, weil das ein Thema ist, das immer wieder durch die politische Arena läuft. Der Koalitionsvertrag für die fünfzehnte Legislaturperiode zwischen CDU und SPD im Saarland sah das ursprünglich in seinem ersten Entwurf vor, in seiner letzten Fassung nicht mehr. Dort steht immer noch kryptisch: „Wir werden die weitere Stärkung des Interregionalen Parlamentarierrats prüfen". Eine starke Aussage – wie ich finde – und die Frage ist immer noch: „Wie ist die zu prüfen?"

Argumente dafür, das können Sie sich denken, liegen auf der Hand. Es ist die Tatsache, dass durch eine Direktwahl die Bevölkerung stärker angesprochen wird. Die stärkere demokratische Legitimation dessen, was der Interregionale Parlamentarierrat tut, ist die damit verbundene stärkere Bürgernähe.

Die wesentlichen Argumente dagegen? Auch die liegen auf der Hand. Es ist zunächst einmal zu fragen: Demokratische Legitimation, ja schön, aber wofür? Denn wer nichts zu entscheiden hat, der braucht dafür auch keine demokratische Legitimation. Es geht um die freiwillige Zusammenarbeit, es geht darum, Initiativen zu starten, und dafür ist eine demokratische Legitimation nicht erforderlich. Im Gegenteil, ich finde sogar, sie wäre schädlich, weil wir den Menschen damit etwas vormachen, was es de facto gar nicht gibt. Und, meine sehr verehrten Damen und Herren, Demokratie ist so wertvoll, dass man sie nur dann zum Einsatz bringen sollte, wenn es tatsächlich etwas zu entscheiden gibt.

Meine sehr verehrten Damen und Herren, das Wesen des Interregionalen Parlamentarierrats – und das ist glaube ich deutlich geworden – ist nicht das eines Parlaments, auch nicht in Anführungsstrichen, sondern ist das eines institutionalisierten Dialogs, der auf der Basis der Freiwilligkeit herrscht und deshalb dennoch wichtig ist. Denn Jean Monnet hat schon gesagt : *„Rien n'est possible sans les hommes, rien n'est durable sans les institutions."*[1] Dieser institutionalisierte Dialog führt dazu, dass trotz der juristischen Schwäche des Interregionalen Parlamentarierrats die Großregion davon profitiert, dass die Entscheidungsträger außerhalb der Exekutiven zusammenkommen, dass wir gezwungen sind, die Themen miteinander zu besprechen und dass wir dadurch auch gezwungen sind, die Themen aufzugreifen, die die Bürgerinnen und Bürger gegenüber der Politik formulieren.

Und deshalb auch mein Angebot an Sie: Der Interregionale Parlamentarierrat ist vielleicht nicht das präsenteste Gremium, aber es ist ein spannendes Gremium. Nutzen Sie es auch für Ihre Interessen, sprechen Sie Ihre Abgeordneten an, die dort vertreten sind und sorgen Sie dafür, dass wir die Demokratie in der Großregion gemeinsam leben. Dafür braucht es auch eine interessierte Öffentlichkeit.

Deshalb nochmals herzlichen Dank für die Möglichkeit meines Vortrags. Ich wünsche Ihnen noch eine großartige Veranstaltung. Danke für die Aufmerksamkeit.

---

[1] Anmerkung des Herausgebers: „Ohne Menschen wäre nichts möglich, ohne Institutionen würde nichts dauern".

Table des matières / Inhaltverzeichnis

FSC
www.fsc.org
MIX
Papier | Fördert
gute Waldnutzung
FSC® C083411

Kolibri 360 GmbH
Ferdinand-Jühlke-Straße 7
99095 Erfurt, Deutschland
produktsicherheit@kolibri360.de

Druck:
CPI Druckdienstleistungen GmbH
im Auftrag der
Kolibri 360 GmbH
Ferdinand-Jühlke-Str. 7
99095 Erfurt